아브라함아!
너는 내 앞에 행하여 완전하라

아브라함아!
너는 내 앞에 행하여 완전하라

초판 발행 2013년 4월 8일
초판 3쇄 2023년 1월 30일
지은이 기동연
펴낸이 이기룡
펴낸곳 도서출판 생명의 양식
등록 1998년 11월 3일. 제22-1443호
주소 137-803 서울특별시 서초구 고무래로 10-5 (반포동)
전화 02)592-0986
팩스 02)595-7821
북디자인 노성일
ISBN 978-89-88618-62-2 (03230)
가격 17,000원

www.qtland.com

창세기 주석 시리즈 II 12-25장

아브라함아! 너는 내 앞에 행하여 완전하라

기동연 지음

생명의 양식
THE BREAD OF LIFE

머리말

창세기 1-11장 주석서인 "창조부터 바벨까지"를 출판한지 약 4년만에 창세기 12-25장 주석을 출판하게 되었다. 대작을 만들기 위해 공을 많이 들였기 때문이 아니고, 차일피일 하다가 늦어지게 되었다. 창세기 12-25장은 창세기 1-11장과는 다르게 심각한 이슈가 상대적으로 많지 않다. 그리고 의미가 모호한 내용도 그렇게 많지 않다. 그럼에도 불구하고 많은 설교가들과 주석가들이 창세기 12-25장을 설교하거나 주석하면서 핵심 이슈를 자주 놓쳤다. "믿음의 조상"이라는 명예스러운 호칭 덕분에 아브라함이 행동하고 말한 모든 것을 긍정적으로 받아들였기 때문이다. 창세기 12-25장은 아브라함이 가나안을 향하여 떠나고 정착한 후에 겪은 단편적인 사건들을 기록하고 있지만, 이 사건들은 가나안 땅과 아브라함의 후사라는 핵심 플롯을 중심으로 전개되고 있다. 즉 아브라함의 뒤를 이어 가나안 땅을 차지할 자손이 누구인가가 핵심 플롯이다. 창 11:27-32에서 아브라함과 사라에게 자식이 없었고 그들이 가나안으로 떠날 때 고아가 된 조카 롯을 데리고 갔다는 말은 아브라함의 기사 전체를 이해하는데 중요한 열쇠 역할을 한다. 하지만 많은 주석가들과 설교가들은 이 점을 간과하고 있으며 아브라함 기사 전체를 보려는 자세를 취하지 않고 있다. 이 주석에서 나는 가나안 땅과 아브라함의 후사라는 핵심 플롯이 어떻게 발전하며 해소 되어 가는지를 놓치지 않고 보려고 많은 노력을 기울였다. 이 책을 통해 목회자들과 성도들이 아브라함을 이해하는데 조그마한 도움이라도 받게 된다면 나로서는 큰 기쁨과 영광이 아닐 수 없다.

이 책의 출판을 위해 소중한 도움들이 많이 있었다. 고려신학대학원과 잠실중앙교회는 나에게 연구년 1년을 주었고, 이 기간에 미국 그랜드 래피드에 있는 칼빈 신학교에 교환 교수로 갈 수 있었다. 미국 생활을 위해 루미가넷 CEO 전성실 집사님이 많은 배려를 베풀어 주었다. 칼빈 신학교 교직원들은 모두 정말 친절하였다. 특히 도서관의 자료를 잘 쓸 수 있었으며, 헬스장을 사용할 수 있게 해 주어서 아내와 함께 매일 아침 이용하였다. 칼빈 신학교의 배려 덕분에 온 가족이 유익한 시간을 보낼 수 있었고, 그리고 이 책이 완성될 수 있었다. 사랑하는 아내(장혜란)와 아이들(예빈, 수빈, 우빈)과 함께 이스트 그랜드 래피드 도서관에 가서 창 밖의 호수를 보며 저술 작업할 수 있었던 것은 하나님께서 내게 주신 선물이었다고 생각한다. 이 책의 출판에는 거제 고현교회(박정곤 목사)의 도움이 컸다. 박정곤 목사님과 교회는 책의 출판을 위해 기도뿐만 아니라 재정적인 지원을 해 주었다. 신대원 교수들의 출판을 위해 아낌없는 지원을 해 준 박 목사님과 고현교회에 깊은 감사를 표한다. 책의 출판을 위해 도와준 생명의 양식 총회출판국의 장경미 국장님과 북디자이너 노성일 선생님을 비롯한 직원들에게 감사를 표한다. 주석서를 쓰는 동안 아브라함의 삶을 충분히 이해할 수 있도록 도와 주신 하나님 아버지께 영광을 돌린다.

천안 고려신학대학원

기동연

차례

Chapter 01

창세기 12~25장 서론

구조

창세기는 천지 창조와 노아 홍수, 그리고 바벨 성과 탑 사건에 이어 믿음의 조상 아브라함의 신앙 여정을 길게 기록한다. 창세기에 기록된 아브라함 이야기의 시작과 끝을 결정하기 위해서는 창세기의 기록과 구조를 이해하는데 가장 중요한 요소인 '톨레도트' תּוֹלְדוֹת를 알아야 한다. 히브리어 톨레도트는 족보, 대략, 개요라는 의미를 가지고 있으며, 이 표현은 구약 성경에서 39번 사용되었고, 창세기에서만 13번 사용되었다(2:4; 5:1; 6:9; 10:1, 32; 11:10, 27; 25:12, 13, 19; 36:1, 9; 37:2). 이들 중에서 창세기 구조 형성에 특별한 의미가 없는 톨레도트는 10:32; 25:13; 36:9이며, 나머지 10개의 톨레도트는 창세기 구성의 뼈대가 되었다. 창세기의 첫 톨레도트는 하늘과 땅 그리고 이들에 속한 피조물들의 창조에 대한 기록물이며(창 2:4), 나머지 톨레도트는 한 가문의 족보이자 가족사를 기록하고 있다. 창세기의 13개의 톨레도트 중에서 7개는 단순히 각 톨레도트의 주인의 후손들의 이름만 기록된 족보이고, 나머지 6개는 톨레도트의 주인이나 후손의 삶에서 발생한 사건들을 기록하고 있으며, 이 기록들은 창세기 기사의 주요 내용을 형성한다. 이 톨레도트들은 창 2:4; 6:9; 10:32; 11:27; 25:19; 37:2이다. 이 톨레도트들은 이전 기사의 내용을 이어서 다음 세대의 기사로 이어간다. 즉 이전 톨레도트에서 언급된 사람이 지금 톨레도트의 주인으로 제시된다. 하지만 톨레도트의 주인은 노아의 톨레도트를 제외하고 그 톨레도트의 이야기의 주인공 역할을 하지 않고, 톨레도트 주인의 후손이 주인공 역할을 한다. 아브라함의 신앙 여정이 기록된 톨레도트는 데라의 톨레도트이며, 이 톨레도트는 창 11:27에서 시작하여 창 25:11에서 끝나며 주인공은 아브라함이다. 아브라함의 기사는 창 11:27~32에서 시작되지만, 이 부분을 2009년 3월에 출판된 창세기 1~11장 주석서인 『창조부터 바벨까지』에서 이미 주석되었기 때문에 이 주석에서는 창세기 12장에서 창 25:11까지만 다루어질 것이다.

아브라함을 통한 하나님의 구속 역사는 무려 15장에 걸쳐 기록되고 있으며, 아래의 구조를 가지고 전개되고 있다.

A. 자손의 위기와 데라의 후손	창 11:27~32
B. 약속	창 12:1~9
C. 사라와 이집트 왕	창 12:10~20
D. 롯과 소돔	창 13~14장
E. 언약	창 15장
F. 하갈과 이스마엘	창 16장
E'. 언약	창 17장
D'. 롯과 소돔	창 18~19장
C'. 사라와 그랄 왕	창 20장
B'. 약속의 성취: 자손	창 21장
A'. 자손의 위기와 데라의 후손	창 22장
B''. 약속의 일부 성취: 막벨라 굴	창 23장
A''. 자손의 위기와 데라의 후손	창 24:1~25:11

아브라함의 이야기가 유사한 내용들로 대조를 이루고 있다는 사실은 이미 잘 알려져 있다. 위의 구조에서 볼 수 있는 것처럼, A~E의 사건과 주제들이 각각 E'~A'그리고 B"과 A"에서 유사하게 반복된다. 반복되는 주제들 중에서 A와 A' 그리고 A"를 예를 들어 간단하게 살펴보면, A인 창세기 11:27~32에서는 데라의 아들 하란의 죽음과 아브라함의 아내 사라의 불임 소식이 기록되어 있다. A'인 창세기 22장은 하나님이 아브라함에게 이삭을 번제로 바치게 하는 위기와 데라의 아들 나홀의 딸 리브가의 탄생 소식을 담고 있다. 그리고 A"로 분류할 수 있는 창세기 24장은 40살이 되도록 결혼하지 않은 이삭의 배우자로 데라의 후손 나홀의 딸 리브가를 하란에서 데려와 결혼시키는 내용을 기록하고 있다. 이처럼 A~E의 주제는 E'~A"에서 반복되고 있다. 위의 대구적인 구조 분석에서 가장 논란이 되는 부분은 F의 성격이다. 일반적으로 교차 대구적 구조 분석에서 사다리의 끝부분이 일종의 절정으로 이해되며, 아브라함의 이야기 구조에서는 F인 창세기 16장이 이에 해당되는 끝부분을 차지하고 있다. 이럴 경우 아브라함이 하갈을 통해 이스마엘을 낳는 것이 그의 이야기의 절정으로 보는 것이 타당한가에 대해 의문을 제기할 수 있다. 이런 의문을 제기하는 것은 절정에 긍정적인 요소가 와야 된다는 편협한 생각 때문일 것이다. 하갈과 이스마엘의 출생은 정반대에 해당되며, 아브라함이 하나님 앞에서 행한 잘못들의 절정에 해당된다. 아브라함은 하나님의 부름과 함께 가나안 땅으로 향하면서부터 실수를 하기 시작하며, 하갈을 통해 이스마엘을 낳는 사건은 그의 실수의 절정이었다. 창세기 17장부터 창세기 21장에서 하나님은 아브라함이 스스로 교정할 수 없는 잘못을 수습하는 것을 기록하고 있다. 아브라함의 실수가 무엇인지 그리고 아브라함의 이야기에서 하나님은 무엇을 보여 주려 하시는지를 이해하기 위한 핵심되는 신학을 조금 더 살펴보자.

창 11:27~25:11의 신학: 아브라함의 후손

하나님의 천지 창조와 함께 시작된 창세기의 주요 관심사는 하나님 나라의 백성이 태동되는 과정이다. 창세기 1~3장은 천지 창조와 더불어 최초의 사람 아담과 하와의 탄생과 타락 그리고 그들이 에덴에서 추방된 사건을 기록하고 있다. 선악과를 먹은 아담과 하와에게 내린 징벌의 내용은 인류의 불행한 미래만 말하는 것이 아니라 이어질 창세기의 내용과 관련된 중요한 단서를 제공해 준다. 아담과 하와와 그리고 뱀의 모양으로 나타난 사탄의 미래와 더불어 창 3:15은 선악과 사건 이후로 지속적으로 전개될 거대한 갈등을 예고한다. 그 갈등은 여자의 후손과 뱀의 후손의 갈등과 싸움이다. 여자의 후손은 여호와 하나님을 신앙하는 자들이며 뱀의 후손은 그 반대되는 자들로서 사탄의 길을 따르는 자들이다. 창세기 4~11장은 이들 여자의 후손과 뱀의 후손의 갈등이며, 이 갈등 속에서 여자의 후손은 누구이며 이들의 삶은 어떻게 되는가에 초점을 맞춘다. 가인과 아벨 사건이 그러하며 엘로힘의 아들들과 사람의 딸들 그리고 노아 홍수 사건이 그러하다. 노아의 세 아들 사건과 바벨 성과 셈의 후손 에벨의 고백도 이러한 관심을 보여 주고 있다. 창세기 11:27~25:11의 주요 관심사는 여자의 후손에서 아브라함의 후손으로 바뀐다. 노아에 대해 라멕이 "여호와께서 땅을 저주하시므로 수고롭게 일하는 우리를 이 아들이 안위하리라"라고 말한 것에서 알 수 있듯이 여자의 후손 주제에는 인류를 위해 에덴의 삶을 회복할 메시아에 대한 기대가 담겨 있다. 아브라함과 그의 후손에 대해서도 마찬가지이다. 창 12:3에서 볼 수 있듯이 아브라함 그는 땅의 모든 민족이 그를 통해 복을 받게 될 하나님의 도구였고, 그의 후손은 "대적의 성문을 차지하고" "천하 만민이 복을 받게"되는 메시아이다(창 22:17~18). 창세기 11:27~25:11의 주제는 가나안 땅을 차지하고 그 땅에 하늘의 별과 같은 큰 민족을 이루어 하나님의 나라를 세울 아브라함의 후손이 누구인가이다. 이 주제가 창세기 11:27~25:11에서 전개되어 가는 과정을 이해하기 위해서 반드시 알아야 할 것이 있다. 바로 창세기 11장의 셈의 족보 마지막에 소개된 노아와 셈과 에벨의 후손 데라의 가족사이다.

창 11:27~32은 데라의 톨레도트의 시작이며, 그 내용은 아브라함 기사의 주제 발전을 이해하는데 결정적인 역할을 한다. 창세기 11:27~32에는 독자들이 반드시 주목해야 할 내용이 몇 가지 있다. 첫째는 데라와 아브라함의 조상이다. 창세기 11:27~32을 읽는 독자는 놀라움과 안타까움을 동시에 느낄 것이다. 독자들은 아브라함의 조상은 다름 아닌 고대 대홍수에서 살아남아 새 인류의 시조가 된 노아와 그의 축복을 받은 셈이라는 사실에 놀랄 것이다. 더 나아가 아브라함의 조상은 최초의 인류 아담이라는 사실 앞에 아브라함의 기원이 궁극적으로 창조주 하나님으로 이어진다는 사실에 놀라게 된다. 이런 계보를 가진다는 것은 고대 메소포타미아 사람들에게는 생각하기 쉽지 않았다. 수메르 왕들은 그들의 연대기에서 자신들의 왕국과 왕권의 기원을 하늘에 두고 있다.[1] 이집트 왕들도 마찬가지이다. 그들은 그들의 기원을 태초의 창조신에게 두고 그 신들에게서 왕국과 왕권이 시작되어 이어져 왔다고 주장한다.[2] 이런 주장도 대제국의 왕들이나 할 수 있고, 지역의 소규모 도시 국가 왕들은 꿈도 꿀 수 없었다. 텔엘 아마르나 문서의 가나안의 도시 국가 왕들이 이집트 왕에게 보낸 편지에서 왕들은 자신의 권력이 이집트 왕의 덕분이라고 말한다.[3] 이런 점을 감안한다면 아브라함의 기원이 창조주 하나님께로부터 시작되었다고 하는 것은 고대 메소포타미아 사람들이나 이스라엘 사람들에게는 놀라운 일이었다. 그것도 대제국의 왕은 고사하고 늙고 정처 없이 떠돌아다니는 노인 아브라함이 이런 주장을 하는 것은 쉽게 받아들이기 힘들다. 그럼에도 불구하고 창세기 11:27~32은 아브라함의 기원을 창조주 하나님께 두었다. 하지만 다음에서 볼 수 있듯이 창세기 11:27~32에는 너무 안타까운 내용도 담겨 있다.

둘째는 데라가 가나안으로 이사하는 것이다. 데라의 고향 갈대아 우르의 위치에 대한 논쟁이 끊이지 않고 있다. 전통적으로는 메소포타미아 북쪽의 하란 인근으로 생각해 왔지만, 메소포타미아 남부의 우르 지역이 발굴된 후 많은 주석가들이 이 지역을 데라와 아브라함의 고향 갈대아 우르라고 생각하고 있다. 이에 대한 논쟁은 12:1에서 다시 소개하기로 하고, 신학적으로 이보다 더 중요

1) James B. Pritchard, *Ancient Near Eastern Texts Relating to the Old Testament* (Princeton: Princeton University Press, 1969), 267~268.

2) Jaromír Málek, "The Original Version of the Royal Canon of Turin," *Journal of Egyptian Archaeology* 68 (1982): 93~106.

3) ANET, 487.

한 문제는 데라가 갈대아 우르를 떠나 가나안 땅으로 가고 있었다는 것이다(31절). 무엇 때문에 데라가 우르를 떠나 가나안으로 가게 되었는지는 창 15:7이 그 해답이 될 것이다. 하나님이 아브라함을 갈대아 우르에서 불러내었고, 그 결과로 데라는 가나안으로 향하여 가게 되었다. 아마도 데라는 이때에 이미 여호와 하나님만 섬기는 것이 아니라 달의 신인 신(Sin)도 섬기는 신앙의 혼합주의의 길을 걷고 있었을 것이다(수 24:2~3). 사르나(Nahum M. Sarna)의 주장이 옳다면 그는 그의 딸에게 신(Sin)의 배우자에게 붙이는 호칭인 사래(아카드어 사라투 Sharrattu)라는 이름을 지어 주었다. 그리고 그의 아들 하란도 자신의 딸에게 달의 신의 딸에게 붙인 호칭인 밀가(아카드어 말가투 Malkatu)라는 이름을 지어 주었다.[4] 이런 신앙의 혼합주의적 태도 때문에 데라는 가나안으로 계속 가지 않고 당시에 달의 신 숭배의 중심지였던 하란에서 정착하게 되었다. 하지만 데라의 이주는 그렇게 끝나지 않는다. 하나님은 창 12:1~3에서 아브라함에게 가나안으로 갈 것을 명령하고, 아브라함은 하나님으로부터 그 땅을 약속 받고 그 땅으로 출발하게 된다.

세 번째 주목해야 하는 것은 데라의 자손 문제이다. 데라의 아들들에게는 많은 문제들이 있었다. 아브라함은 배다른 여동생 사래와 결혼하였고, 나홀은 동생 하란의 딸 밀가와 결혼하였다. 데라의 가문에 무슨 일이 있었기에 이들이 모두 근친 결혼을 하였는지 알 수 없다. 더 나아가 하란은 롯과 두 딸을 낳은 후 갈대아 우르에서 죽었다. 그리고 아브라함의 아내 사래는 아들을 낳지 못했다. 데라의 톨레도트는 데라의 가문에 무슨 일이 일어났는지 구체적으로 말하지 않는다. 하지만 데라의 톨레도트에 언급된 그의 후손들에 대한 정보는 단순한 정보 제공을 목적으로 하지 않고 창 11:27~25:11에 있는 아브라함의 기사의 주제 발전에 중요한 역할을 한다. 나홀과 밀가의 결혼은 창 22:20~24 그리고 창세기 24장에서 아브라함의 아들 이삭의 결혼으로 연결되고 있다. 사래의 불임 소식은 창 11:27~25:11을 이해하는데 더 중요한 역할을 한다. 아브라함이 75세

4) Nahum M. Sarna, *Genesis*, JPS Torah Commentary (Jerusalem: Jewish Publication Society, 1989), 87.

가 되도록 그리고 사래가 65세가 되도록 그들에게 자식이 없었다. 고대 인류는 수명이 길었기 때문에 이 정도 나이는 지금의 20대에 지나지 않는다고 생각하는 사람들도 있다. 그러나 이런 주장은 매우 부적절하다. 당장 창 11:1~25에 기록된 아브라함의 조상들이 출산한 나이를 확인해 보라. 대부분 30대에 첫 아이를 낳고 있다. 현대인들의 첫 출산과 비교했을 때 크게 차이가 나지 않는 나이다. 그렇기 때문에 75세의 아브라함에게 아들이 없다는 것은 심각한 내용이다. 아브라함에게 아들이 없다는 것은 미래도 희망도 없었음을 의미한다.[5] 하나님이 아브라함에게 가나안 땅을 준다고 한들 몇 년 후에 죽게 될 아브라함에게 무슨 의미가 있을까? 창 15:2에서 아브라함이 하나님께 "내게 무엇을 주시려 하나이까? 나의 상속자는 양자인 다메섹 사람 엘리에셀이니이다"라고 한 아브라함의 말에서 볼 수 있듯이 가나안 땅을 기업으로 받는 것은 자식이 없는 아브라함에게 아무런 의미가 없는 것이다. 창조주 하나님으로부터 가문이 시작되었다는 족보는 대를 이을 자식이 없는 아브라함에게 또 무슨 의미가 있을까? 여자의 후손의 계보를 이어 왔다는 것은 그에게 또 무슨 의미가 있을까? 자식이 없으면 아브라함 자신이 죽고 나면 모든 것이 끝이다. 그런 아브라함에게 창 12:1~2에서 하나님이 그를 큰 민족으로 만들어 주겠다고 하고 창 12:7에서 가나안 땅을 그의 후손에게 주겠다고 했을 때 아브라함이 무슨 생각을 하였을까? 아브라함은 자식이 없는 상태에서 하나님이 누구를 통해 자신을 큰 민족으로 만들어 줄 것이라고 생각했으며, 자신의 후손을 누구라고 생각했을까? 이런 미묘한 상황 속에서 등장하고 있는 사람이 아브라함의 조카 롯이다. 데라가 갈대아 우르를 떠날 때 그는 죽은 하란은 두말할 것도 없고 그의 둘째 아들 나홀을 남겨 두고 떠났다. 하란의 두 딸 밀가와 이스가도 남겨 두고 떠났다. 데라는 가나안으로 떠나면서 아브라함과 그의 딸이자 며느리인 사래를 제외하고 가족들을 모두 뒤에 남겨 두고 출발했다. 그런데 창 11:31에 의하면 데라는 이 두 사람 외에 한 사람을 더 데리고 갔다. 바로 그의 손자 롯이다. 왜 데라는 손자 롯을 데리고 갔을까? 특이하게도 롯은 데라가 가나안으로 떠날 때 함께

5) Walter Brueggemann, *Genesis*, Interpretation (Atlanta: John Knox Press, 1982), 116~117.

간 사람들의 목록에서 사래보다 앞서고 있다. 왜 그럴까? 그 후 본토 친척 아비의 집을 남겨 두고 떠나라는 하나님의 명령을 받은 아브라함은 조카 롯을 데리고 가고 있다. 왜 그랬을까? 특이하게도 이 롯은 아브라함의 기사에서 직접 또는 간접적으로 무려 4장에 걸쳐 등장하고 있다; 창세기 13~14장 그리고 창세기 18~19장. 이것은 아브라함 기사의 약 1/4에 해당되며, 아브라함의 기사에서 조카 롯이 차지하는 비중을 충분히 느끼게 해 준다: 이렇게 데라의 톨레도트에서 소개된 자식이 없는 아브라함과 조카 롯 그리고 불임녀 사래의 역학 관계는 창 11:27~25:11에서 누가 아브라함의 후손인가라는 주제 전개에 매우 중요한 역할을 하게 된다. 이 사실을 항상 염두에 두면서 창 11:27~25:11을 읽을 때 아브라함의 기사들의 의미가 좀 더 분명하게 다가온다는 것을 기억하자.

아브라함의 역사적 배경

아브라함은 75세에 하란을 떠나 가나안 땅으로 갔다. 이 때가 역사상 어느 시점이었을까? 이를 확인하기 위해서는 야곱이 이집트로 내려간 시기와 출애굽 시기를 산출해 내면 어느 정도 가늠이 된다. 출애굽 시기에 대해서는 몇 가지 견해들이 있지만 어느 것도 완전한 증거를 제시하지 못한다. 그러므로 여기에서는 구약 성경이 제시하는 연대에 따라 아브라함의 시대적 배경을 산출하도록 하겠다. 구약 성경은 이스라엘의 출애굽 시기를 두 번 언급한다. 왕상 6:5에 의하면 솔로몬은 그의 통치 4년째에 성전을 건축하였고, 이때가 출애굽한 지 480년 되는 해였다고 한다. 솔로몬의 성전 건축은 기원전 967년에 시작되었으므로 출애굽 시기는 기원전 1447년경이 된다. 유사한 주장을 삿 11:26에서 발견할 수 있다. 삿 11:26에서 입다는 암몬 왕에게 특사를 보내어 항의하는 글에서 이스라엘 백성들이 가나안 땅에 정착한지 300년이 되었다고 한다. 입다가 사사로 활동한 시기를 감안하여 계산하면 출애굽 시기는 왕상 6:5에서 제시된 연대와 거의 비슷하다. 출 12:40에 따르면 이스라엘 민족들은 이집트에서 430년 만에 출애굽하였다고 한다. 그렇다면 야곱이 이집트에 내려간 시기는 기원전 1877년경이 되며, 이때 야곱의 나이는 130살이었다. 야곱은 이삭이 60살

때에 태어났고, 이삭은 아브라함이 하란을 떠나 가나안에 도착한지 25년 후인 100살 때에 태어났다. 그렇다면 아브라함이 하란을 출발할 때의 시기는 기원전 약 2092년(1877+130+60+25)이 된다. 아브라함이 가나안으로 떠나던 시기를 단정적으로 확언할 수 없고 또한 고대의 특정한 시대와 단정적으로 연결 짓는 것은 부적절하다. 하지만 성경이 간접적으로 제시한 연대가 오류라고 확정할 수 없는 한 이를 무조건 거부할 필요는 없다. 이런 전제에서 출발하면, 아브라함이 가나안으로 이동하던 시기의 고대 메소포타미아는 초기 청동기 시대가 끝나고 중기 청동기 시대가 시작하는 시대였다. 이 시기에 메소포타미아와 팔레스타인 그리고 이집트는 혼란에 빠져 있었다. 전쟁이 끊이지 않았고, 민족들이 이주를 거듭하였으며, 가뭄이 창궐하였다.

아브라함의 고향 메소포타미아 지역은 전쟁의 혼란 속에 빠져 있었다. 수메르를 멸망시키고 제국을 세웠던 아카드 왕국은 사르곤 대제의 사후에 대규모 반란 전쟁에 휩싸였다. 먼저 이란과 이라크 지역을 북서쪽에서 남동쪽으로 길게 자리 잡고 있는 자그로스(Zagros) 산맥에 살고 있던 유목민인 구티(Guti) 사람들이 아카드 왕국을 공격하여 몰락하게 만들었다. 아카드 왕국은 메소포타미아 북쪽에 자리를 잡고 있던 후리안(Hurrians) 사람들의 공격도 받았으며, 이들은 티그리스 강 북쪽 지역을 밀고 들어 왔다. 메소포타미아 남쪽 지역도 지속적인 혼란 가운데 있었다. 남부 사막 지역에 거주하던 아모리 사람들이 메소포타미아 북쪽으로 거주지를 서서히 옮겼으며, 이들 중에 상당수는 계속 이주 하여 팔레스타인에 정착하였다. 이런 틈바구니 속에 수메르 민족들이 우르 제 3 왕조를 세워 중흥기를 맞이 하게 된다(약 기원전 2060~1950).[6] 하지만 수메르의 중흥기는 오래 가지 못하고 끝나게 되며, 수메르 인들은 셈족 계통의 사람들과 뒤섞이게 된다. 그 결과 당시 메소포타미아 공용어 역할을 하였던 수메르어는 역사의 뒤안길로 사라지고 아카드어가 그 자리를 대신 차지하였다. 하지만 수메르 시대에 형성된 문화적 종교적 전통은 그 이후에도 메소포타미아 지역에 지속적으로 영향을 끼쳤다. 수메르 시대에 만들어진 창조 신화인 에뉴마 엘리

6) John Bright, *History of Israel* (Louisville: Westminster Press, 2000), 41~42.

쉬와 길가메쉬 서사시와 같은 신화들이 바벨론 시대 사람들 사이에도 큰 인기를 끌었다는 것은 이런 사실을 뒷받침한다.

가나안에 도착한 아브라함은 가나안 땅의 흙을 제대로 만져 보기도 전에 가뭄을 이기지 못해 이집트로 떠났다. 그가 도착한 이집트는 기원전 약 3200년경부터 왕조를 형성하여 거대한 피라미드와 신전을 만드는 등의 번영을 이루고 있었다. 하지만 아브라함이 도착했을 때에 이집트는 남부 이집트와 북부 이집트로 나뉘어져 독립된 왕국을 세워 대립하고 있었다. 이 시기를 첫째 중간기 시대라고 하며, 중간기 시대는 대략 기원전 2181~2055년까지 지속되었다. 이 시기에 이집트의 권력은 왕의 손을 떠나 지방의 귀족 세력들에게 넘어가게 되었으며, 이들은 경쟁적으로 왕을 자처하며 전쟁과 반란을 되풀이하였고 왕조를 갈아 치웠는데, 이 시기에 제 7~10 왕조가 생겨났다가 소멸되었다. 설상가상으로 고왕국 시대가 끝날 무렵부터 가나안으로부터 유목민들이 이집트의 델타 지역으로 꾸준히 밀려 들어 왔다. 이들은 이집트 지배자들이 서로 싸우고 있는 동안 델타 지역을 장악하고 약탈을 일삼는 등 전체 델타 지역을 혼란 속으로 몰아 넣었다. 결국 이집트의 법과 질서 그리고 경제는 두말할 것도 없고 오랜 역사적 전통이 무너져 내렸다.[7] 하지만 제 11 왕조가 들어서면서 이집트는 안정을 되찾기 시작하며, 11 왕조의 5대 왕인 멘투호텝 2세(B.C 2061~2010)는 남북 이집트를 통일하고 혼란을 종식시켰다.

아브라함이 이주하여 정착한 가나안 땅에는 그가 가나안에 들어가기 훨씬 오래 전부터 사람이 거주하고 있었다. 여리고에는 기원전 9000년경부터 사람들이 성을 쌓고 소도시를 이루며 살고 있었다. 여리고에는 이 시기에 만들어진 성벽과 신전 그리고 계단을 갖춘 타워가 출토되었다. 여리고는 가장 오래된 도시 중에 하나이다. 아브라함이 가나안에 들어가기 전에 가나안 지역 곳곳에는 이미 성벽을 갖춘 소도시들이 있었다. 벳산(Beth-Shan), 므깃도(Megiddo), 그리고 아이(Ai)를 비롯한 소도시에는 가나안 원주민들이 살고 있었으며, 기원전 2300년 전후로 이들 도시들은 대규모 파괴를 겪는다. 존 브라이트는 이 같

7) John Bright, *History of Israel*, 43~44.

은 파괴는 아모리 민족들이 이주하면서 벌인 전쟁 때문이라고 한다. 반면에 알스트롬(Gösta W. Ahlström)은 이 시기의 도시 파괴 원인이 가뭄 때문이었다고 한다.[8] 분명한 것은 이 시기에 가나안 땅에 거주하던 사람들은 가나안 북쪽 지역에 살고 있던 사람들과 교류하고 있었다. 아브라함이 잠시 정착하였던 하란의 서쪽에 위치한 도시인 라스 사므라(Ras Shamra)와 시리아의 콰트나(Qatna) 그리고 가나안 땅에 속하는 하솔(Hazor), 므깃도(Megiddo), 그리고 여리고(Jericho)에서 출토된 토기들이 매우 유사하게 생겼다. 그리고 이 도시들의 거주민들은 모두 굴 무덤을 시신 매장의 한 방법으로 사용하였다. 이런 사실들은 이들 지역이 서로 밀접한 교류를 가지고 있었음을 보여준다.[9]

하나님이 아브라함에게 이주하여 정착하게 한 땅은 두 가지 이름을 가지고 있었다. 첫 이름은 가나안이며, 이 명칭이 언급된 가장 오래된 문서는 메소포타미아 북부 지역에 위치한 마리(Mari) 지역에서 출토된 편지이다. 이 편지는 삼시 아닷(Shamshi-Adad)이 아들 이아스마-아닷(Iasmah-Adad)에게 보낸 편지로서 기원전 18세기에 작성되었다.[10] 가나안 지명은 이집트 문헌에서도 발견된다. 기원전 15세기에 이집트를 통치했던 아멘호텝 2세(Amenhotep) 왕의 비문에는 왕의 가나안 군사 원정을 기록하고 있으며, 이 기록에 가나안 사람이라는 표현이 사용되었다. 가나안 땅은 블레셋으로도 불렸다. 이 명칭은 이집트의 라암셋 3세 왕이 기원전 1188년에 아시아 정복 전쟁을 벌인 후 기록한 비문에 기록되어 있다.[11] 블레셋은 기원전 911년부터 앗시리아를 통치한 아닷 니라리 2세의 연대기에 나타나며,[12] 아닷 니라리 3세 왕(기원전 801~783)의 가나안 원정 기록에서도 나온다.[13]

가나안 땅은 지중해 동쪽 해안에 붙어 있지만, 거의 적도와 맞먹는 기온을

8) John Bright, *History of Israel*, 43~44. Gösta W. Ahlström, *The History of Ancient Palestine* (Minneapolis: Fortress Press, 1993), 134~136.

9) Gösta W. Ahlström, *The History of Ancient Palestine*, 149~150.

10) Gösta W. Ahlström, *The History of Ancient Palestine*, 58.

11) ANET, 262.

12) ANET, 274.

13) ANET, 281.

가진 지역이었다. 특히 요르단 평야 지역은 적도처럼 덥다. 여름에는 덥고 건조하며, 특히 저지대의 기온은 견디기 힘들 정도로 덥다. 가나안은 건기와 우기로 나뉘어진다. 6월에서 9월은 건기이며 10월 중순부터 5월 중순까지는 우기이다. 건기 동안에는 너무 덥고 가물기 때문에 모든 식물들이 마치 말라 죽은 것처럼 보인다. 우기가 되면 가나안 땅에 비가 내리지만, 강수량은 지역별로 다양하다. 주로 가나안 북쪽과 동쪽 지역에 비가 많이 내리며, 가나안의 서쪽과 남쪽 지역으로 갈수록 강수량은 줄어든다. 예를 들면, 북쪽 시리아와 헐몬 산 인근에는 연간 700~800mm의 비가 내리지만, 예루살렘 인근은 연간 580mm 정도 내리고, 그리고 여리고 지역과 네게브 지역은 연간 200mm 정도의 비가 내린다.[14] 가나안 땅에 도착한 아브라함은 안타깝게도 강수량이 매우 적은 지역으로 점점 이동해 내려 갔다.

가나안은 전통적으로 이집트와 힛타이트 그리고 메소포타미아를 잇는 대상들의 무역로의 다리 역할을 하는 지역이었다. 힛타이트에서 이집트로 내려 갈 때에는 가나안 서쪽에 있는 지중해 해안 도로를 따라 시돈과 두로를 거쳐 욥바와 아스돗 그리고 가자 지역으로 내려 가는 길을 이용하여 이집트로 내려갈 수 있었다. 메소포타미아에서 이집트로 갈 때에는 다메섹을 거쳐 갈릴리 북쪽을 통해 므깃도로 내려와 욥바를 거쳐 해안 도로를 이용할 수 있었다. 또 다른 길은 다메섹에서 갈릴리 남쪽으로 와서 요르단 강을 따라 남쪽으로 내려 오다가 나인 성 근처의 에브라임 산악 지역 길로 올라가거나, 아니면 여리고 근처까지 내려올 수 있었다. 여리고에서 다시 예루살렘으로 바로 올라가거나 아니면 세겜과 벧엘 지역으로 올라가서 에브라임 산악 지역에 남북으로 나 있는 길을 이용하여 예루살렘과 헤브론과 브엘세바를 거쳐 술 광야 길을 통해 이집트로 들어갈 수 있었다. 이 길들은 인공적으로 만들어진 것이 아니라 가나안 지역의 지형 특징에 따라 자연스럽게 형성된 길들이다. 창세기 기자는 아브라함이 가나안에 들어와 머문 첫 도시를 세겜이라고 한다. 메소포타미아에서 세겜에 오기 위해서는 두 가지 길을 이용할 수 있다. 첫째는 갈릴리 남쪽에 도착하여 나인 성

14) Gösta W. Ahlström, *The History of Ancient Palestine*, 66~67.

으로 가는 길을 따라 에브라임 산악 지역의 길을 따라 남쪽으로 내려가 세겜에 들어갈 수 있다. 둘째는 갈릴리 남쪽에 도착하여 요르단 강을 따라 여리고에 도착한 후 세겜과 벧엘로 올라 가는 길이다. 아브라함이 이용한 길이 어느 길인지 단정적으로 말하는 것은 쉽지 않지만, 창세기 저자가 거두절미하고 세겜과 벧엘을 가나안에 도착하여 처음 머문 도시로 말하는 것을 보면 여리고에서 세겜으로 올라가는 길을 택하였을 가능성이 더 높은 것으로 판단된다.

Chapter 02

창세기 12장

창세기 12장은 믿음의 조상 아브라함이 아버지 데라의 집을 떠나 가나안에 정착하게 되는 과정을 기록하고 있다. 사실상 아브라함의 이야기는 창 11:27에서 시작되었다. 비록 데라의 족보이지만 아브라함의 이야기의 시작이다. 아버지 데라와 함께 갈대아 우르를 출발하여 하란에 도착했었지만, 알 수 없는 이유 때문에 데라의 가족은 하란에 정착하였다. 하란에서 얼마나 머물렀는지 알 수 없지만 75세가 된 아브라함에게 하나님은 아버지 데라의 집을 떠나 그에게 지시할 땅으로 가게 하였다. 그리고 하나님은 그에게 큰 민족을 만들어 주고, 그의 이름을 크게 하고, 그리고 그를 복의 근원이 되게 해 주겠다고 약속하였다. 자식이 없는 아브라함, 그래서 꿈도 미래도 없는 늙은 아브라함에게 하나님은 그로서는 상상하기 힘든 약속을 주시고 그를 통해 새로운 구원 역사를 펼치기 위해 가나안 땅으로 가게 하였다. 절망의 순간을 향하여 가고 있던 아브라함이 하나님의 약속을 믿고 그 명령에 즉각 반응한 것은 놀랍다. 이것이 바로 아브라함의 순종과 신앙이다. 아브라함은 아내 사라만 데리고 떠나지 않고 조카 롯도 데리고 가나안으로 갔다. 가나안 땅에 들어간 아브라함은 세겜과 벧엘을 거쳐 네게브로 갔다. 이곳에서 아브라함은 극심한 가뭄을 만났고, 가뭄을 피해 이집트로 내려감으로 약속의 땅에 대한 위기를 초래하였다. 이집트로 향하면서 아브라함은 죽음을 두려워하여 아내 사라에게 누이라고 사칭하자고 하였고, 이로 인해 약속의 후손에 대한 또 다른 위기를 초래했다. 하지만 하나님은 사라를 아내로 취한 바로에게 재앙을 내렸고, 아브라함은 아내와 함께 다시 가나안 땅으로 되돌아오게 된다. 이렇게 창세기 12장은 아브라함이 가나안 땅에 정착하는 과정에서 겪은 두 가지 위기를 기록하고 있다. 창세기 12장의 주요 주제는 아브라함의 가나안 정착이지만, 또 다른 중요한 주제는 아브라함의 후손으로 가나안 땅을 얻게 되는 사람이 누구인가이다. 사실상 이 둘, 즉 아브라함의 후손 그리고 가나안 땅이 창세기 11:27~25:10의 핵심 주제이다. 이 주제가 창세기 12장에서 어떻게 시작되는지 살펴보도록 하자.

창세기 12장의 내용은 다음과 같이 구분할 수 있다.

1. 가나안에 도착	1~9절
a. 가나안으로 가라는 명령과 약속	1~4절
b. 아브라함의 가나안 생활: 제단을 쌓음	5~9절
2. 이집트로 떠남	10~20절
a. 이집트로 간 이유와 누이로 호칭하게 명령	10~13절
b. 아브라함의 이집트 생활: 사라를 빼앗김	14~20절

창세기 12장은 1~9절과 10~20절 두 부분으로 나눌 수 있다. 1~9절은 하나님의 명령에 따라 아브라함이 가나안 땅에 도착한 후 처음 행한 일들을 기록하고 있다. 10~20절은 가뭄 때문에 다시 가나안을 떠나 이집트로 간 아브라함이 아내 때문에 위기를 겪는 내용을 기록하고 있다. 1~9절은 다시 1~4절과 5~10절로 나누는 것이 적절하다. 1~4절은 하나님이 아브라함에게 약속과 함께 축복하면

서 아버지 데라의 집을 떠나 지시할 땅으로 가라고 하며, 이에 아브라함은 하나님의 명령에 따라 떠났다는 말로 끝난다. 5~9절은 아브라함이 가는 곳마다 제단을 쌓았고, 하나님은 그에게 그의 후손에게 가나안 땅을 주겠다고 약속한다. 10~13절은 아브라함이 이집트로 떠날 수밖에 없었던 이유와 그가 아내 사라에게 누이라고 부르도록 명령하는 내용이 기록되어 있다. 그리고 14~20절은 이집트에 도착한 아브라함이 아내를 누이라고 호칭한 것 때문에 바로에게 아내를 빼앗긴 사건을 기록하고 있다.

1~4절. 하나님의 약속

1~3절에서 하나님은 아브라함에게 아버지 데라의 집을 떠나 그에게 보여 줄 땅으로 가라고 한다. 그리고 4절에서 아브라함은 하나님의 명령에 따라 가나안 땅으로 출발한다. 하나님은 아브라함에게 그가 가나안 땅으로 가면 그를 큰 민족으로 만들어 주고 이름을 크게 해 주고 그리고 그에게 복을 주어 땅의 모든 민족이 그를 통하여 복을 얻게 해 주겠다고 한다. 하나님의 메시지는 아주 정교한 수사학적 구조로 되어 있다. 1~3절은 이야기의 도입부에 해당하는 '와요엘 야웨 엘-아브라함' וַיֹּאמֶר יְהוָה אֶל־אַבְרָם(여호와께서 아브라함에게 말씀하시기를)을 제외하고 두 개의 명령문과 명령의 결과에 해당하는 내용으로 되어 있으며 명령의 결과에 해당되는 내용들은 각각 세 개의 문장으로 구성되어 있다.[1] 그리고 4절은 아브라함이 하나님의 지시에 따라 출발했다는 말로 마무리된다.

1 וַיֹּאמֶר יְהוָה אֶל־אַבְרָם

לֶךְ־לְךָ מֵאַרְצְךָ וּמִמּוֹלַדְתְּךָ וּמִבֵּית אָבִיךָ אֶל־הָאָרֶץ אֲשֶׁר אַרְאֶךָּ׃ (명령문)

2 וְאֶעֶשְׂךָ לְגוֹי גָּדוֹל וַאֲבָרֶכְךָ וַאֲגַדְּלָה שְׁמֶךָ

1 2 3

1) 창 12:1~3의 구문론적 구조에 대한 논쟁에 대해서는 Joel S. Baden, "The Morpho-Syntax of Genesis Translation and Interpretation," *The Catholic Biblical Quarterly* 72 (2010): 223~237을 참고 할 것.

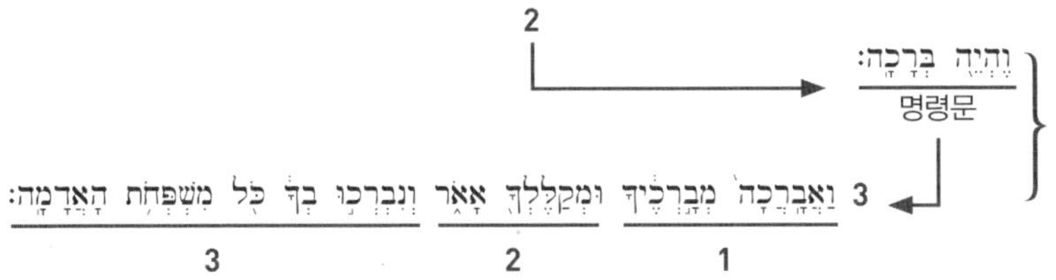

1절의 명령문 렉-레카(לֶךְ־לְךָ 너는 스스로 떠나라)는 아브라함이 떠나야 할 장소와 가야 할 장소를 길게 나열한 전치사구를 가지고 있고 이어서 2절에서 접속사 와우 ו + 미완료 1인칭 단수 + 대명사 접미사 2인칭 단수로 된 문장을 3개 연속 동반하고 있다. 1절의 명령문 '너는 스스로 떠나라'는 하나님의 말씀을 따르면 그 결과로 3가지 일을 아브라함에게 하겠다는 하나님의 의지를 수반한다. 첫째 명령의 결과로 하나님이 아브라함에게 행할 것들을 각 문장의 동사들에 접속사 '와우' ו와 자음 '알렙' **א**의 반복을 통해 강조하고 있다.

וְאֶעֶשְׂךָ לְגוֹי גָּדוֹל וַאֲבָרֶכְךָ וַאֲגַדְּלָה שְׁמֶךָ

2절 마지막 부분인 '베웨 베라카' בְּרָכָה וֶהְיֵה(and be blessing)는 '와아바렉카' וַאֲבָרֶכְךָ(그리고 내가 너를 축복할 것이며)의 추가적인 설명이지만, 내용상 3절의 첫 부분으로 보는 것이 더 적절하다. 하나님은 아브라함에게 가나안 땅으로 가라고 명령하였고, 또 그에게 복이 되라고 명령하였다.

하나님의 둘째 명령의 결과인 3절은 세 개의 문장으로 되어 있으며, 첫 두 문장은 각각 동사+분사로 구성되어 있으며, '알렙' **א**과 '멤' **מ**을 반복시키고 있다. 이 두 문장은 대구법으로 구성되어 있다.

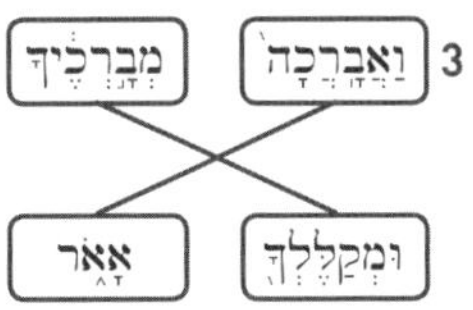

첫째 문장은 동사+분사로 배열되어 있고 둘째 문장은 분사+동사로 배열되어

있다. 셋째 문장은 아브라함 때문에 열방이 복을 받게 됨을 강조하기 위해 주어인 '땅의 모든 민족들'이 문장의 끝에 배치되었고, '너로 인하여'를 의미하는 전치사 '베' בְּ + 대명사 접미사 '카' ךָ를 주어와 도치시켜 동사 뒤에 배열하였다.

וְנִבְרְכוּ בְךָ כֹּל מִשְׁפְּחֹת הָאֲדָמָה׃

이와 같은 구문상의 특징을 통해 창 12:1~3은 하나님이 아브라함에게 약속한 내용들을 강조하고 있다. 이 약속은 창세기 12~24장에 기록된 아브라함의 신앙과 삶의 핵심 주제가 되며, 더 나아가서 창세기 전체의 핵심 주제가 된다.

1절

1 여호와께서 아브람에게 이르시되 "너는 너의 땅과 너의 친척과 너의 아비의 집으로부터 떠나 내가 네게 보여 줄 땅으로 가라."

창세기 11장에서 노아 이래로 10세대가 흘러가는 동안 하나님은 사람들에게 침묵을 지키다가 마침내 아브라함에게 자신을 드러내고 말씀하신다. 하지만 하나님은 자신이 누구인지에 대해 아브라함에게 전혀 말하지 않는다. 그럼에도 불구하고 모세가 하나님의 신명을 물었던 것과는 달리 아브라함은 자신에게 말하는 그분이 누구인지 묻지 않는다. 이것은 아브라함이 자신에게 말하고 있는 여호와 하나님을 어떤 형태로든 알고 있었음을 의미한다.[2] 셈과 에벨을 비롯한 조상들의 신앙을 계승하고 있었기 때문에 하나님을 자연스럽게 인식하였을 수도 있고, 하나님이 아브라함을 갈대아 우르에서 나오게 할 때 이미 하나님을 만났기 때문에 아브라함이 이름을 묻지 않았을 수도 있다. 사도행전 7:2~3은 다음과 같이 말한다.

2) 쥬빌리(Jubilees 12:16~24)에 의하면 아브라함이 먼저 하나님께 기도하였고, 그 기도에 대한 응답으로 하나님이 창 12:1~3의 메시지를 아브라함에게 주었다고 한다.

2 우리 조상 아브라함이 하란에 있기 전 메소보다미아에 있을 때에 영광의 하나님이
그에게 보여 **3** 이르시되 "네 고향과 친척을 떠나 내가 네게 보일 땅으로 가라." 하시니

스테반의 말에 의하면 하나님은 갈데아 우르에서 이미 아브라함에게 고향과 친척을 떠나 지시할 땅으로 가라고 말하였다. 창 12:1에는 '네 아버지의 집으로부터'가 있지만, 행 7:3에는 이 표현이 없다는 점이 차이점이다. 아마도 사도행전 7장의 스테반의 진술은 아브라함이 갈데아 우르에서 처음 받은 것이고, 창 12:1은 아브라함이 하란에서 다시 받았고, 그리고 이때에 하나님이 아버지의 집을 떠나라는 메시지를 주었기 때문에 생겨난 차이점일 수 있다. 창 15:7은 아브라함이 갈대아 우르에서 이미 하나님의 부름을 받았을 가능성을 보여 준다: '너를 갈대아인의 우르에서 이끌어 낸 여호와니라.' 이런 점을 고려한다면, 창세기 12:1에서 하나님이 자신의 정체를 아브라함에게 말하지 않은 이유는 아브라함이 이미 하나님을 알고 있었기 때문이다.[3)]

갈대아 우르의 위치에 대해서는 많은 논쟁이 있다. 레오나드 울리 경이 1922~1934년에 메소포타미아 남부의 우르를 발굴하기 전만 해도 터키의 울파(Urfa)를 일반적으로 아브라함의 고향 우르로 여겼고,[4)] 일부 학자들은 하란 인근의 우라(Ura)와 우루(Uru) 그리고 티그리스 강 북부의 텔 셈사라(Tell Shemshara)를 아브라함의 고향 우르일 가능성이 있다고 주장하고 있다.[5)] 사실

3) 행 7:2에서 스테반은 하나님이 아브라함에게 나타나 본토 친척을 떠나 지시할 땅으로 가라고 한 곳은 갈데아 우르라고 말한다. 만일 이것이 사실이라면, 하나님은 아브라함에게 갈데아 우르와 하란에서 두 번 나타난 것으로 생각할 수도 있다. 행전 7:3과 창 12:1(LXX)을 비교해 보면, 둘의 유일한 차이는 행 7:3에 '네 아비의 집'이라는 표현이 없다는 것이다.
행 7:3 ἔξελθε ἐκ τῆς γῆς σου καὶ [ἐκ] τῆς συγγενείας σου, καὶ δεῦρο εἰς τὴν γῆν ἣν ἄν σοι δείξω.
창 12:1 ἔξελθε ἐκ τῆς γῆς σου καὶ ἐκ τῆς συγγενείας σου καὶ ἐκ τοῦ οἴκου τοῦ πατρός σου εἰς τὴν γῆν ἣν ἄν σοι δείξω

4) Walter C. Kaiser, Jr., *A History of Israel: From the Bronze Age through the Jewish Wars* (Nashvill: Broadman and Holman, 1998), 56~57.

5) Alan R. Millard, "Where Was Abraham's Ur?: The Case for the Babylonian City," *Biblical Archaeology Review*, 27-3 (2001): 52~57. Victor P. Hamilton, *The Book of Genesis: Chapters 1-17* (Grand Rapids: Eerdmans, 1990), 371. John H. Walton, *Genesis*, NIVAC (Grand Rapids: Zondervan, 2001), 390~391. 해밀턴과 왈턴은 아브라함의 고향 우르는 북부 메소포타미아에 위치해 있었다고 생각한다. 이렇게 주장하는 이유는 첫째 아브라함이 이삭의 아내를 찾기 위해 종을 보냈을 때에 메소포타미아 북쪽에 있는 밧단 아람으로 갔다는 것이다. 둘째는 메소포타미아 남부가 갈대아로 불린 것은 신바벨론 제국 때부터이기 때문에 메소포타미아 남부를 갈대아로 포함시키는 것은 시대착오적이라는 것이다.

상 현재까지 알려진 고고학적 자료를 통해 아브라함의 고향을 확정 짓는 것은 불가능하지만, 지명 우르에 붙은 갈대아라는 수식어는 아브라함의 고향을 메소포타미아 남부에 있는 우르를 선호하게 만든다. 느 9:7과 행 7:2에서 각각 느헤미야와 스테반은 우르가 갈대아 지역에 있었다고 한다. 이것은 스테반은 물론 느헤미야 시대 때부터 아브라함의 고향 우르가 메소포타미아 남부에 있는 것으로 인식하고 있었음을 보여준다. 특별히 느헤미야가 언급한 갈대아는 바벨론 제국의 전통적인 이름 갈대아와 동일하다. 갈대아와 바벨론을 동일한 민족으로 여기는 전통을 요세푸스에서도 확인할 수 있다.[6)]

창 12:1~3은 그 하나님이 아브라함에게 준 첫 약속이다. 약속을 주기에 앞서 1절에서 하나님은 아브라함에게 가야 할 목적지 보다 떠나야 할 곳을 더 길게 구체적으로 말한다. 그리고 하나님은 '너'라는 말을 무려 다섯 번이나 반복하며 너의 모든 것을 버리고 너에게 보여줄 땅으로 가라고 명령하였다. 1절에서 하나님은 가야 할 목적지 보다 떠나고 단절해야 할 장소를 더 강조하고 있다. "너의 땅과 너의 고향과 너의 아비 집을 떠나"라는 말은 아브라함의 현재 상황을 이해하는 데 중요한 도움이 된다. '너의 땅'은 아브라함의 가족들이 살고 있거나 살았던 땅이다. 땅의 히브리어 표현은 '에레츠' אֶרֶץ이며, 구약 성경에서 '에레츠'는 개인 소유의 땅 보다는 지역과 공동체 그리고 국가 소유의 땅으로 주로 사용되며, 개인이 사고 파는 땅은 주로 '사데' שָׂדֶה를 사용한다. 이런 점을 고려하면 '너의 땅'은 그가 살고있는 하란을 의미할 수 있다.

하지만 '너의 땅'은 아브람이 현재 살고있는 땅이라기보다는 과거에 그가 살았던 고향 또는 고국일 가능성이 있다. 그 이유는 다음에 이어 나오는 표현 '모레데트' מוֹלֶדֶת가 주로 출생지 또는 친족을 의미하기 때문이다. 창 31:3에서 하나님은 야곱에게 가나안 땅으로 되돌아가라고 말하면서 '너의 땅과 네 고향'으로 가라고 하며, 땅과 출생지를 함께 말한다(TNK 창 31:3; 32:10). 이때 사용된 표현은 하나님이 아브라함에게 한 표현과 유사한 '엘-에레츠 우레모라드테카' אֶל־אֶרֶץ וּלְמוֹלַדְתֶּךָ이며, '모레데트'를 친족으로 이해할 경우 가나안에는 야곱이 돌

6) Josephus, Antiqueties, 1: 154~158; 187~199.

아 가야 할 친족은 이삭밖에 없고, 에서는 형이지만 그가 돌아가야 할 친족에 해당되지 않는다. 그렇기 때문에 '모레데트'는 태어난 고향의 의미로 사용된 것으로 보아야 하며, 이럴 경우 하나님이 아브라함에게 떠나라고 한 장소는 '너의 땅과 너의 고향'이며, 이곳은 하란이 아니라 갈대아 우르일 가능성이 있다. 그렇다면 이미 떠나버린 고향을 떠나라는 것은 문제가 있지 않은가? 이 표현은 아브라함에게 자기의 원래 고향으로 돌아가고자 하는 마음이 있었음을 함축하고 있는 것으로 이해할 수 있다. 쥬빌리(Jubilees 12:21)에 의하면 아브라함은 하나님께 갈대아 우르로 돌아가는 것을 고민하며 하나님의 인도를 기원하는 기도를 하고 있다.

> 그가 말했다. "내가 갈대아 우르로 돌아가 내가 돌아오기를 기다리고 있는 갈대아 사람들에게 가리이까? 아니면 내가 이곳에 머물러 있어야 하리이까? 주님 앞에 있는 길을 주의 종의 손으로 번성하게 하소서. 오 하나님! 나는 내 마음이 허탄한 길로 빠지지 않기를 원하나이다."

쥬빌리는 아브라함의 기도에 대한 응답으로 하나님이 아브라함에게 가나안으로 떠나도록 말하는 것으로 기록하고 있다. 쥬빌리의 내용을 확신할 수는 없지만, 최소한 쥬빌리의 내용은 당대의 일부 유대인들이 아브라함은 갈대아 우르로 귀향하는 문제로 고민했다고 생각했었음을 보여 준다. 하지만 이 표현은 아브라함이 아버지 데라처럼 하란에서 정착해서 살고자 하는 강한 집착을 나타내기 위해 사용되었을 가능성도 있다.[7] 즉 하란이 아브라함의 고국도 고향도 아니지만, 이미 고국과 고향처럼 되어 그곳에 안주하려는 아브라함의 성향 때문에 '너의 땅과 너의 고향과 너의 아비 집'이란 표현을 사용하여 그곳을 떠나도록 강하게 명령하려는 의도를 가지고 있을 수 있다. 이것은 아브라함이 이삭의 아내를 찾기 위해 종을 하란으로 보내면서 그곳을 '나의 땅 나의 고향'이라

7) John Skinner, *Genesis* ICC (Edinburgh: T. & T. Clark, 1976), 243. Claus Westermann, *Genesis 12~36* (Minneapolis: Augsburg Publishing House, 1981), 147~148. Nahum M. Sarna, *Genesis* (Jerusalem: Jewish Publication Society, 1989), 88.

고 한 것을 감안하면 충분히 가능한 이야기이다(창 24:4, 7). 어쨌든 우르를 떠나 가나안을 향하여 가다가 하란에 정착해 버린 아브라함에게 하나님은 모든 미련을 떨쳐 버리고 하나님이 보여 줄 땅으로 가라고 했다.

하나님은 아브라함에게 너의 아버지의 집을 떠나라고 하였다. 이것은 아브라함이 75년 동안 쌓은 모든 인간 관계를 포기하는 것이고, 더 나아가 하나님이 맺어준 천륜적 인간 관계를 단절하는 것이다. 고대 메소포타미아에서는 개인의 이름 앞에 아버지의 이름을 붙였다. 그 이유는 한 사람의 신분을 아버지와 조상의 이름을 통해 나타내었기 때문이다. 이삭은 아브라함의 아들 이삭이고 야곱은 이삭의 아들 야곱이다. 아브라함은 데라의 아들 아브라함이다. 그리고 고대 메소포타미아에서는 부계 중심의 가족 관계가 사실상 그들의 삶의 기초였다. 부계 사회에서 아버지는 가족의 삶의 안전과 생존 그 자체에서 가장 중요한 역할을 하였다. 모든 자식들은 아버지가 죽을 때까지 아버지의 집에서 아버지의 소유를 통해 모든 가족들이 살아가는 것이 고대 메소포타미아의 사회였다.[8] 그런 사회에서 하나님은 아비의 집을 떠나라고 요구했고, 이 요구 조건을 만족시키면 그에게 2~3절의 내용을 축복하겠다고 약속하였다.

2~3절

2 "내가 너를 큰 민족으로 이루고 그리고 내가 너를 축복하고 내가 너의 이름을 크게 하리라. 그러므로 너는 복이 될지어다. **3** 그리고 내가 너를 축복하는 자를 축복하고 그리고 너를 저주하는 자를 내가 저주하리니 땅의 모든 족속이 너로 인해 복을 받을 것이니라."

2절에서 하나님은 세 가지 중요한 약속을 한다. 1절에서 하나님이 아브라함에게 하란을 떠나 가나안으로 가라고 한 명령은 2절의 세 가지 약속의 전제 조건이다. 즉 아브라함이 하나님의 명령을 따라 지시할 땅으로 떠나면, 세 가지 일

8) Tikva Frymer-Kensky, "Patriarchal Family Relationships and Near Eastern Law," *Biblical Archeologist* 1981: 208~214.

을 이루어 주겠다고 약속한다. 하나님은 창 11:27~25:11에서 이 약속들을 반복해서 아브라함에게 말했으며, 창세기 전체의 중요한 주제가 된다.

1) 너로 큰 민족을 이루고　2) 너를 축복하고　3) 네 이름을 크게 하리라

이 약속들의 주어는 항상 하나님이란 점이 특별하다. 2~3절에서 하나님이 주어인 1인칭 단수 동사가 모두 다섯 번 사용되었다. 아브라함이 주어가 되어 '네가 큰 민족이 되고, 네가 축복을 받고, 네 이름이 크게 된다'고 하지 않고, 하나님이 주어가 되어 '내가 너로 큰 민족을 이루고, 내가 너를 축복하고, 내가 너의 이름을 크게 할 것이다'고 했다. 아브라함을 축복하는 자를 축복하고 아브라함을 저주하는 자를 저주하는 분도 모두 하나님이다.

하나님이 아브라함에게 한 첫 약속은 그가 지시할 땅에 이르면 그를 큰 민족으로 만들어 주겠다는 것이다. 하나님은 아브라함에게 단순히 규모가 큰 대가족을 약속한 것이 아니라 큰 민족이다. 이 약속은 아브라함이 현재 처해 있는 상황과 비교해 보면 아주 인상적이다. 창세기 5장에서 아브라함의 홍수 이전 조상들은 많은 자손들을 낳긴 했지만, 노아 시대에 이르러서는 노아와 그의 아들들을 제외하고 하나님을 제대로 믿는 자가 아무도 없었다. 창세기 11장에 있는 셈의 족보에서도 동일한 현상을 발견할 수 있다. 셈에서 아브라함과 데라로 이어지는 셈의 후손은 갈수록 줄어들었다. 데라에게 세 아들이 있었지만, 하란은 롯을 낳고 아버지 데라보다 먼저 갈대아 우르에서 죽었다.[9] 그리고 창 11:30에 의하면 65세나 된 사라가 잉태를 하지 못하였고 따라서 75세된 아브라함에게 자식이 없었다. 노아와 셈의 자손들이 갈수록 소수가 되고, 자식으로 인한 불행이 아브라함에게 큰 그늘을 드리우고 있는 상태에서 하나님은 아브라함을 대가족으로 만들어 주겠다고 하지 않고, 영토를 갖춘 국가 단위의 큰 민족을 만들어 주겠다고 약속한다. 독특하게도 하나님은 민족을 말하면서 일반적으

9) 쥬빌리(Jubilees 12:12~14)에 의하면, 하란은 아브라함과 함께 우상들의 집을 태우다가 화상으로 죽어 갈대아 우르에 묻혔다고 한다.

로 이스라엘 민족을 지칭할 때 흔히 사용하는 암 עַם이 아니라 이방 민족을 지칭하는 히브리어 고이 גּוֹי를 쓰고 있다. 문제는 자식이 없는 아브라함에게 이것이 실현 가능한 약속인가 하는 점이다. 아브라함은 이 약속을 받았을 때 어떤 의미로 생각을 했을까? 젊고 자식이 있다고 해도 아브라함은 이 약속의 성취를 살아 있는 동안 볼 수 없다.[10] 그런데 육신은 늙었고, 출산 기능은 끝나 버린 상황에서 아브라함은 이 약속을 어떻게 받아들였을까? 아브라함이 지시할 땅으로 떠났다는 것은 이 약속을 어떤 식으로든 성취 가능한 것으로 믿었다는 것을 의미한다. 그가 생각한 것은 무엇이었을까?

하나님이 아브라함의 이름을 창대하게 또는 매우 유명하게 만든다는 것이다. 고대 메소포타미아 사람들은 명예를 부와 권력에 못지않게 중요하게 생각했다. 잠 22:1은 "많은 재물보다 명예를 택할 것이요"라고 한다. 성경뿐만 아니라 고대의 문학에서도 명예에 대한 깊은 관심을 확인할 수 있다. 길가메쉬 서사시에서 길가메쉬는 엔키두에게 천상의 신 엔릴이 만든 백향목 숲을 지키는 황소 후와와를 죽이자고 부추긴다. 엔키두가 그 이유를 질문하자, 길가메쉬가 다음과 같이 말한다.[11]

> "친구여 누가 죽음보다 위대한가? 오직 신들만이 태양 아래서 영원히 살지. 인간으로 말하자면 그들의 나이는 아무것도 아니네. 그들이 성취하는 것은 무엇이든지 바람에 지나지 않네. 지금도 그대는 죽음을 두려워하고! 그대의 영웅적인 힘은 무엇인가? 내가 그대 앞에 갈 테니 그대의 입으로 나를 부르기를 '전진하라. 두려워 말라.' 라고 하게. 내가 쓰러진다면 나는 나를 위해 한 이름을 만들리라. 사람들이 말하기를 '길가메쉬는 사납기 짝이 없는 후와와와 싸우다가 쓰러졌네!' 오랜 세월 동안 내 자손들이 내 집에 태어나리니 나는 나를 위해 한 영원한 이름을 만들리라!"

이렇게 고대 사람들은 이름을 남기는 것에 큰 관심을 가지고 있었다. 아브라함의 이름을 크게 한다는 것도 이런 명예에 대한 관심이 내포되어 있을 수 있

10) Joyce G. Baldwin, *The Message of Genesis 12~50* (Downers Grove: IVP, 1986), 31.
11) ANET, 79.

다. 하지만 아브라함의 이름을 크게 한다는 것은 그의 이름으로 불리는 민족과 국가가 생긴다는 말이다.[12] 이것은 하나님께 그의 이름을 개명해 주는 창 17:5을 보면 알 수 있다. 하나님은 아브라함의 이름을 아브람에서 아브라함으로 개명하면서 그 의미를 여러 민족의 아버지가 된다고 한다. 즉 많은 민족과 국가가 그의 후손들에 의해 세워져 아브라함의 이름을 부르게 된다. 이것이 아브라함의 이름을 창대케 한다는 축복의 의미이다.

아브라함의 이름을 창대케 한다는 것은 또 다른 의미를 가지고 있다. 창 12:2의 아브라함의 이름을 창대하게 하는 것은 창 4:17; 창 6:4, 그리고 창 11:4과 아주 분명하게 대비된다. 창 4:17에서 가인은 성을 쌓고 자신과 아들의 이름을 남기려는 열망에 사로잡혀 자신의 아들의 이름 에녹을 그 성에 붙였다. 그러나 그의 이름 가인은 인류 최초의 살인자라는 오명이 따라 붙고 있다. 창 6:4은 네피림을 이름의 사람들(안세이 하셈 אַנְשֵׁי הַשֵּׁם) 또는 유명한 사람이라고 한다. 하지만 이들 유명한 사람 네피림은 세상의 모든 생명을 죽음으로 몰아넣는 하나님의 심판을 초래한 자들이었다. 창 11:4에서 바벨 성과 탑을 쌓던 시날 지역의 사람들이 열망했던 목적 중에 하나도 그들의 이름을 내는 것이었다(베나아쉐 라누 셈 וְנַעֲשֶׂה־לָּנוּ שֵׁם). 하늘에 닿는 건축물과 그 기술력을 통해 자신의 이름을 내려고 했던 바벨론 사람들을 하나님은 언어를 혼잡케 하고 땅 위에 흩어 버리는 벌을 내렸다. 이런 전례와는 달리 이제 하나님은 아브라함의 이름을 창대케 하겠다고 한다. 네피림과 바벨 성 사람들처럼 심판에 이르는 유명한 이름이 아니라, 하나님과 사람의 인정을 받는 유명한 이름을 아브라함에게 약속한 것이다.

셋째 약속은 아브라함에게 복을 준다는 것이다. 이 축복은 창세기 1~11장에 언급된 축복과는 성격이 다른 아주 특별한 축복이다. 창세기 1~11장에는 여러 차례에 걸쳐 하나님의 일반적이고 보편적인 축복이 기록되어 있다. 첫 번째 축복은 하늘과 땅과 바다의 모든 생명과 인간에게 주어졌었다(창 1:22, 28). 하나

12) Allan K. Jenkins, "A Great Name: Genesis 12:2 and the Editing of the Pentateuch," *JSOT* 10 (1978): 41~57.

님의 둘째 축복은 안식일에 대한 것이었고(창 2:3), 셋째 축복은 창 5:2에서 아담의 후손들에 대한 보편적인 축복이다. 창세기 9장의 축복도 마찬가지이다. 하나님이 노아와 그의 아들들에게 축복하지만, 이 축복의 성격은 창세기 1장의 축복과 동일하다. 즉 생육하고 번성하여 땅에 충만한 것이다. 창세기 12:2의 축복은 일반적 보편적 축복이 아니라 개인적이고 특정한 한 개인 아브라함에게 준 축복이다. 그럼에도 불구하고 아브라함의 축복의 정점은 그를 통해 땅의 모든 민족이 복을 받는 보편적인 축복이 된다.

아브라함의 축복은 또 다른 특징을 가지고 있다. 이 축복은 이어지는 문장에서 더 자세하게 부연 설명된다. 2절 마지막에서 하나님은 아브라함에게 명령문을 통해 '베웨 베라카' וֶהְיֵה בְּרָכָה, 즉 복이 되라고 한다. 이를 한글 성경은 복의 근원이라고 했는데, 이것은 무슨 뜻일까? 이 복은 아브라함 자신이 복을 받는다는 말이 아니고, 아브라함 때문에 다른 사람이 복을 받는다는 것이다. 이 복에 대한 설명이 3절에서 계속되며, 하나님은 아브라함에게 "너를 축복하는 자에게 '내가' 복을 내리고 너를 저주하는 자에게는 '내가' 저주하리니"라고 한다. 이 말씀은 아브라함에게 아주 부담스러운 말씀이다. 사람들이 아브라함을 축복하거나 저주하는 것은 전적으로 아브라함에게 달려있다. 그가 다른 사람들에게 덕을 끼치면 다른 사람들이 그에게 축복할 것이고, 그가 다른 사람들에게 해를 끼치면 다른 사람들이 그를 저주할 것이다. 그런데 하나님은 아브라함 자신의 행동 때문에 다른 사람이 그에게 저주를 할지라도 그에게 저주하는 사람을 친히 징벌하겠다고 한다. 하지만 아브라함에게 준 하나님의 축복의 초점은 복이란 용어가 거듭 반복되는 것을 통해 짐작할 수 있듯이 저주가 아니라 축복에 있다. 그것도 몇 사람이 아브라함을 이웃으로 둔 덕분에 혜택을 본다는 의미가 아니고, 땅의 모든 족속이 아브라함 때문에 복을 받는다. 이 축복은 범세계적인 성격을 지니고 있고, 아브라함 당대에 이루어질 수 없고 이루어진 적도 없다.[13)] 창 22:18에서 이 축복은 아브라함의 씨를 통하여 이루어진다

13) James Muilenburg, "Abraham and the Nations: Blessing and World History," *Interpretation* : 387~398.

고 하였다. 이를 감안한다면, 이 축복은 메시아를 통해 하나님이 인류에게 내리는 구속사적 축복으로 이해되어야 한다.

4절. 순종과 위기

4 그리고 아브람이 여호와께서 그에게 말씀한 대로 떠나니라. 그 때 롯도 그와 함께 떠났더라. 아브람이 하란에서 떠날 때에 75세였더라.

4절은 사실상 1~3절의 하나님의 말씀에 대한 아브라함의 반응을 선언적으로 기록하였다. 4절은 중요한 내용을 가지고 있다. 첫째는 아브라함이 하나님의 명령에 순종하였음을 밝히고 있다. 아브라함이 하란을 떠난 것은 전적으로 하나님의 명령 때문이라는 사실을 4절 첫 문장은 밝히고 있다. 4절의 첫 문장은 1절의 첫 4개의 표현과 같거나 동의어적인 표현들로 구성되어 있다.

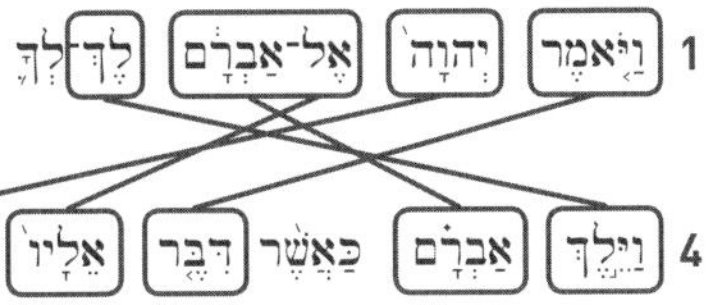

4절은 부사절 카아셀(כַּאֲשֶׁר ~처럼)을 제외하고 나머지는 모두 1절의 표현들을 재사용하였으며, 이를 통해 아브라함이 하나님의 명령대로 떠났음을 밝히고 있다. 둘째, 4절은 아브라함이 조카 롯을 데리고 떠났음을 밝히고 있다. 강조점이 '아브라함과 함께'에 있음을 보여 주기 위해 '오토'(אִתּוֹ 그와 함께)를 주어인 롯보다 앞에 배치하였다. 4절은 롯의 동행을 민감하게 다루고 있다고 생각되는데, 이렇게 생각하는 이유는 5절이 아브라함의 동행자로 그의 아내 사라도 언급하고 있음에도 불구하고 4절은 아브라함이 롯의 동행만 언급한다는 것이다. 사실상 4절은 하나님의 말씀에 대한 아브라함의 순종과 함께 롯의 동행으로 인한 위기의 시작도 함께 적시하고 있다. 아브라함이 롯을 데려간 것은 하나님이 '네 아버지의 집을 떠나라'고 한 것에 반하는 행동이었다. '네 아버지의 집'은 건물로서의 집을 말하는 것이 아니라 아브라함의 아버지 데라를 포함하여 데라의 직계 가족들을 의미한다. 아브라함이 롯을 데려간 것이 위기의 시작이라는 사실은 최소한 창세기 13~14장의 내용이 잘 대변해 주고 있다. 롯으로 인해 생겨난 위기는 사실상 아브라함에게 아들이 없었기 때문에 생겨났다(창 11:30). 아브라함이 롯을 데려간 이유는 롯이 그의 양자와 같은 존재였기 때문일 것이다. 쥬빌리(Jubilees 12:30~31)에 의하면 데라가 아브라함에게 롯을 아들로 데려가라고 한다.[14)] 요세푸스도 아브라함이 그의 양자인 롯을 데리고 갔다고 말한다.[15)] 이로 보아 롯은 아브라함의 양자였을 가능성이 있으며, 하나님이 큰 민족을 만들어 주겠다고 했을 때 아브라함은 자신과 사래의 불임 때문에 양자였던 조카 롯을 통해 이루어 지리라고 생각했을 가능성이 매우 높다. 어쨌든 아브라함은 본토 친척 아비의 집을 떠나라는 하나님의 말씀에 순종하였지만, 롯을 데려고 온 것은 하나님께서 그와 사라의 후손을 통해 큰 민족 만들겠다는 약속 수행에 큰 문제를 초래하는 행동이었다. 이후 롯은 아브라함의 기사에서 중요한 주제로 부상되며, 그와 관련된 기사는 아브라함의 기록 총 13장(12~24장) 중에서 4장을 차지 한다(창세기 13~14장과 18~19장). 하지만 롯은 창세기의 관심의 대상이 아니다. 롯의 등장으로 야기된 긴장은 사실상 아브라함의 후손이 누구인가를 풀어가기 위한 도입부에 지나지 않는다. 아브라함의 후손이 누구냐의 문제는 사실상 창 3:15의 여자의 후손과 관련된 문제이다. 창 3:15에서 촉발된 여자의 후손이 누구냐의 문제는 가인과 아벨 사건을 통해 긴장을 높였고, 노아와 셈의 후손 데라의 후손들의 죽음과 불임으로 정점에 도달하였다. 여자의 후손에 대한 관심은 아브라함에 이르러 누가 아브라함의 후손인가로 바뀌었다. 가나안을 향해 떠나는 아브라함은 그가 롯이라고 생각하고

14) "And when you have seen a land pleasant to your eyes to dwell in, come and take me to you. And take Lot, the son of Haran your brother with you (as) a son for yourself." James H. Charlesworth, *The Old Testament Pseudepigrapha*, vol. 2 (Garden City: Doubleday & Company, 1985), 82.

15) Josephus, Antiquities, 1:154. "Now Abram, having no son of his own, adopted Lot, his brother Haran's son, and his wife Sarai's brother; and he left the land of Chaldea when he was seventy-five years old."

데려갔지만, 이후 아브라함의 기사는 '롯이 아닌 진정한 아브라함의 후손이 누구인가'가 핵심 이슈가 되어 전개된다.

5~9절. 아브라함의 가나안 행

5 아브람이 그의 아내 사라와 그의 동생의 아들 롯과 그들이 획득한 모든 소유들과
그들이 하란에서 생산한 짐승들을 취하니라. 그들은 가나안으로 가기 위해 출발했
고, 그리고 그들은 가나안 땅에 들어갔더라. **6** 아브람이 그 땅을 가로질러 세겜에 이
르러 모레 상수리로 가니라. 그때에 그 땅에 가나안 사람들이 있었더라. **7** 여호와가
아브람에게 나타나서 말씀하시기를 "너의 후손에게 내가 이 땅을 주리라." 그가 그
곳에 그에게 나타난 여호와께 제단을 쌓았더라. **8** 그가 그 장소에서 그 산으로 옮겨
벧엘 동편으로 갔더라. 그가 서쪽의 벧엘과 동쪽의 아이 사이에 천막을 치니라. 그
가 거기에 여호와께 제단을 쌓았고 그리고 그가 여호와의 이름을 불렀더라. **9** 아브
람이 이동하여 가서 네게브로 옮겨 가니라.

아브라함은 그의 아내 사라와 그리고 동생의 아들 롯을 데리고 하란을 출발하였다. 이들은 모든 소유 재산을 가지고 출발했다. 이들의 재산에 대한 묘사가 인상적이다. 이 재산은 아브라함의 재산만 있는 것이 아니라 롯의 재산도 포함이 되어 있다. '레쿠샴'(רְכוּשָׁם 그들의 소유), '라카수'(רָכָשׁוּ 그들이 모은), 그리고 '아수'(עָשׂוּ 그들이 얻은)의 주어와 소유 대명사가 모두 복수이다. 이들의 재산은 아버지 데라에게 상속받은 재산이 아니라 그들이 하란에서 벌었거나 그들의 소유 짐승들이 번식하여 낳은 것들이라고 한다. 이 모든 것을 가지고 떠났다는 것은 아브라함이 하란으로 돌아가지 않겠다는 강한 의지를 내포하고 있다.[16)]

행 7:4에 의하면 데라가 하란에서 죽자 하나님이 아브라함을 가나안 땅으로 가게 했다고 한다. 이 같은 진술은 창 11:32과 12:4의 말을 종합해 보면 차이가 있다. 하나님의 지시에 따라 집을 떠날 때 아브라함의 나이가 75살이고 데라는

16) U. Cassuto, *A Commentary on the Book of Genesis Part Two: From Noah to Abraham* (Jerusalem: Magness Press, 1997), 320.

70살에 아브라함을 낳았기 때문에 이 당시 데라의 나이는 145살이다. 창 11:32에 의하면 데라는 205살에 죽었다.[17] 굳이 창 11:32에서 데라의 죽음을 밝힌 것은 11:27~32의 기사를 마감하고 아브라함의 기사로 전적으로 넘어가기 위해서이다. 결국 아브라함이 떠난 후 데라는 60살을 더 살다가 죽게 된다. 145살 된 아버지를 홀로 남겨 두고 떠나는 아들을 어떻게 평가하면 좋을까? 왜 그를 그렇게 두고 떠났을까? 수 24:2은 이 문제를 푸는데 도움을 준다.

> 이스라엘 하나님 여호와의 말씀에 "옛적에 너희 조상들 곧 아브라함의 아비, 나홀의 아비 데라가 강 저편에 거하여 다른 신들을 섬겼으나"

아담을 통해 시작하였던 하나님 섬기는 여자의 후손들이 노아의 시대에 이르렀을 때 노아를 제외하고 모두가 불신앙의 자손, 뱀의 후손이 되었는데, 아브라함 시대에 이르러서는 셈을 통해 다시 시작된 여자의 후손들이 겨우 그 명맥을 이어오다가 마침내 데라마저 하나님과 우상을 함께 섬기는 배교의 길을 걸었다. 아마도 이런 데라의 배교를 그의 죽음으로 간주하였을 가능성이 있다. 이런 상황에서 하나님은 노아를 통해 인류를 다시 시작하게 하였던 것처럼 이제 아브라함을 통해 다시 시작하려 한다. 그러나 그 방법은 판이하게 다르다. 노아 때에는 홍수를 통한 구세대의 제거가 선행되었지만, 아브라함 시대에는 구세대와 단절은 있지만 제거는 없다. 단절도 파괴적인 단절이 아니라, 아브라함을 통해 복을 주려는 창조적 단절이다.

6절

5절에서 하란을 출발하여 가나안에 도착한 아브라함은 곧장 세겜으로 가서 모레 상수리나무에 도착하였다. 세겜은 하란을 출발하여 가나안에 들어올 때 처음 만나는 도시가 아니다. 아브라함이 들어온 방향에 따라서, 북쪽에서 들어

17) 쥬빌리(Jubilees 12:29~31)에 의하면 아브라함이 하란을 떠날 때, 데라는 아브라함이 거주할 땅을 찾으면 데리러 오라고 당부하며 축복하였다고 한다.

왔다면 갈릴리 호수 남쪽을 통해 에브라임 산지의 길을 따라오는 동안 여러 도시들을 만났을 것이다. 얍복 강을 거쳐 들어 왔다면 숙곳을 비롯한 다른 도시들을 거치고 요르단 강을 건넜을 것으로 추정되지만 이들에 대해 전혀 언급하지 않고 세겜의 모레 상수리나무에 이르렀다고 말한다. 왜 아브라함이 세겜으로 바로 가게 되었는지 창세기는 침묵하지만, 이곳은 역사적인 장소이다. 세겜은 야곱이 밧단아람에서 돌아와 처음 하나님께 제단을 쌓은 곳이다. 그리고 신 11:30에서 모세는 가나안 땅에 들어가는 이스라엘 백성들에게 가나안에 들어가자마자 그리심 산과 에발 산에서 축복과 저주를 선포하라고 하는데, 그 산의 위치를 말할 때 세겜의 모레 상수리 옆이라고 한다. 수 8:30~35에서 여호수아는 모세가 명한 대로 세겜의 두 산에서 축복과 저주를 선포하며 하나님의 말씀을 선포하여 언약을 새롭게 세운다. 그리고 가나안 땅에 들어간 이스라엘 백성들이 하나님의 성소를 세운 곳이 세겜의 상수리나무 아래이고, 그 자리에서 율법의 말씀을 기록하고 기념비를 세웠다(수 24:26). 이런 역사적 의미를 가지게 된 동기는 아브라함이 이곳에 도착하여 제단을 쌓았기 때문이다. 세겜을 아브라함의 첫 도착지로 언급한 것은 그곳이 가나안 땅의 중앙이기 때문일 가능성이 높다. 그 중앙 지역에서 아브라함은 하나님께 제단을 쌓았다. 모레 상수리를 직역하면 가르치는 자의 상수리이다.[18] 이 상수리는 가나안 지역에서는 드물게 큰 나무였으며, 가나안 사람들이 이 상수리나무를 신탁을 받는 장소로 사용했을 가능성이 높다(cf. 삿 9:37).[19] 역설적으로 하나님은 이 나무 아래에서 아브라함에게 나타나 중요한 가르침을 주었다.

이 역사적인 장소에 도달한 아브라함의 첫 소감으로 그 땅에 가나안 사람들이 살고 있었다는 말을 남기고 있다. 이 표현은 창세기를 기록할 때에는 가나안 땅에 가나안 사람들이 살지 않았다는 인상을 주고, 결과적으로 창세기의 모세

18) Victor P. Hamilton, *The Book of Genesis Chapters 1-17* (Grand Rapids: Eerdmans, 1990), 376.

19) *Gordon Wenham, Genesis 1-14*, WBC (Waco: Word Books, 1987), 279. 사르나에 의하면 상수리나무는 생명 나무와 우주적인 상징으로 여겨졌다고 한다. 나무 둥치는 땅의 배에 해당하고 그 꼭대기는 하늘로 여겨졌으며, 인간과 하늘의 가교 역할을 하였고 신과 인간이 만나는 장소로서 신탁과 계시가 주어지는 매개체 역할을 하였다고 한다. Nahum M. Sarna, *Genesis*, 91.

저작성의 문제를 제기할 수 있기 때문에 오랫동안 논쟁의 대상이 되었다. 이 표현을 기록한 이유는 창세기의 저자가 살던 시기의 사람들이 가나안 땅에서 대면해야 하는 그 가나안 사람들이 이미 아브라함 시대에 살고 있었음을 보여 주려는데 있다.[20] 창 15:16~21에서 이 가나안 사람들은 죄악에 물든 사람들이었지만 하나님이 이들을 가나안 땅에서 몰아낼 정도에 이르지 않은 것으로 기록하고 있다. 이들 때문에 하나님은 가나안 땅을 아브라함의 후손들에게 400년 뒤에 주겠다고 한 것을 생각한다면, 6절의 가나안 사람에 대한 언급은 아브라함과 가나안 사람들과의 갈등에 대한 암시 역할을 한다.[21]

7절

창 12:1에서 하나님은 아브라함에게 보여줄 땅으로 가라고 했다. 7절은 아브라함이 세겜의 모레 상수리 아래에 도착한 날에 하나님이 그에게 나타났다고 한다. 동사 '나타나다'는 12:1의 '내가 너에게 보여 줄'(알에카 אַרְאֶךָּ)과 동일한 동사 '라아'의 닢알형(와 에라 וַיֵּרָא)이다. 하나님이 에덴 동산에 강림하여 아담과 하와에게 나타난 이래로, 에녹과 노아에게 말씀하기는 했지만, 직접 나타나셔서 사람에게 직접 말씀하신 것은 아브라함이 처음이다. 아브라함에게 나타난 하나님은 그에게 바로 이 땅을 그에게 주겠다고 알려 준다. 그러나 엄밀히 말해서 하나님은 가나안 땅을 그에게 주겠다고 하지 않고, 그의 자손에게 주겠다는 것이다. 75살이 된 아브라함에게 있지도 않은 그의 아들과 후손에게 준다고 했다. 이를 강조하기 위해 '네 자식에게'(레잘아카 לְזַרְעֲךָ)를 문장의 앞으로 도치시켜 놓았다. 그리고 히브리어 분리 악센트 '자켑 파르붐'(֔)을 '네 자손에게'에 붙여 문장과 구분을 두므로 강조를 하고 있다.

לְזַ֨רְעֲךָ֔ אֶתֵּ֖ן אֶת־הָאָ֣רֶץ הַזֹּ֑את 레잘아카 아텐 에트-하아레츠 하조트

네 자손에게 내가 이 땅을 줄 것이다.

20) Nahum M. Sarna, *Genesis*, 91.

21) Robert L. Cohn, "Negotiating (with) the Natives: Ancestors and Identity in Genesis," *HTR* 96:2 (2003): 147~166.

아브라함은 자식이 없어서 조카 롯을 양자로 데리고 나왔는데, 하나님은 조카 롯이 아니라 아브라함의 자손에게 가나안 땅을 주겠다고 처음으로 말하였다. 하나님은 이 말씀을 통해 아브라함이 그의 아비의 집으로부터 롯을 데려 나오므로 야기된 위기를 해소하려고 하였지만, 이어지는 이집트 여행에서 아내 사라를 누이라고 함으로 바로에게 빼앗기는 사건을 통해 알 수 있는 것처럼 아브라함은 그 의미를 제대로 파악하지 못하였다. 하지만 아브라함의 이어지는 행동은 놀랍다. 그는 이 땅을 네 후손에게 주겠다는 하나님의 말을 듣고 그 땅에 집을 짓고 성을 건축하여 세겜에 정착하려고 하지도 않고 하나님께서 자신에게 나타난 그 장소에 제단을 쌓았다. 이것은 가인과 바벨 성과 탑을 쌓은 사람들과 비교할 때 판이하게 다른 모습이다. 제단은 하나님께 예배 드리기 위한 목적도 있었겠지만, 하나님이 이 땅에 나타나서 이 땅을 주었음을 나타내려는 의도를 가지고 있었을 것이다.[22)]

8~9절

아브라함은 세겜에 쌓은 하나님의 제단을 남겨 두고 세겜에서 벧엘에 이르는 산악 지역을 통해 계속해서 남진하여 벧엘의 동쪽과 아이의 서쪽 사이의 한 장소로 옮겨 가서 그곳에 장막을 친다. 그리고 그곳에서도 역시 아브라함은 제단을 쌓고 여호와의 이름을 부른다. 창 12:6~8은 아브라함이 했을지도 모를 여러 행동들을 모두 생략하고 왜 아브라함이 세겜에 도착한 후 제단을 쌓고 다시 벧엘로 이동하여 그곳에 제단을 쌓은 사실을 연속으로 기록할까? 이 두 지역은 창 33:18~35장에서 야곱이 하란 또는 밧단 아람에서 돌아올 때 거쳤던 가나안의 지역들과 동일하다. 야곱은 먼저 세겜에 도착하였고, 이어서 벧엘로 이주하여 그곳에서 제단을 쌓은 후 하나님으로부터 가나안 땅에 대한 약속을 받았다. 이 두 지역은 여호수아의 가나안 정복 때에 여리고 성 함락 이후에 첫 공격 지역과 일치한다. 여호수아는 벧엘과 아이 사이에서 진을 치고 아이를 공격하고 점령한 후 곧바로 세겜으로 가서 에발 산과 그리심 산을 점령하고 이스라엘 백

22) U. Cassuto, *A Commentary on the Book of Genesis Part Two: From Noah to Abraham*, 328~329.

성들에게 율법을 낭독한다. 아브라함과 야곱과 여호수아가 공통적으로 가나안 땅에 들어가서 이 지역들을 먼저 찾는 것은 공통의 관심사 때문일 것이다. 카슈토(U. Cassuto)는 이 관심사를 가나안의 중앙에 자리 잡고 있는 지역을 먼저 찾음으로 가나안 전체를 소유하려는 의지를 드러내고 있다고 말한다.[23)]

8절에서 아브라함은 제단을 쌓고 여호와의 이름을 불렀다. 여호와의 이름을 부르는 행동은 창 4:26을 연상시킨다. 아담의 아들 셋의 시대에 여자의 후손들이 비로소 여호와의 이름을 불렀던 것처럼, 아브라함은 벧엘에서 제단을 쌓고 하나님의 이름을 부른다. 이것은 창 4:26의 신앙 전통이 아브라함에게 이어져 왔음을 보여준다.[24)] 특이하게도 창 12:2에서 하나님은 아브라함의 이름을 창대케 하리라고 약속하였는데, 벧엘에 도착한 아브라함이 하나님의 이름을 부른다. 하나님의 이름을 부른다는 것은 무슨 의미일까? 구약 성경에서 하나님의 이름을 부르는 것은 다양한 상황 속에서 일어난다. 예배 드리거나(시 116:17), 구원을 호소할 때(요 2:32), 그리고 하나님의 속성을 드러낼 때도 하나님의 이름을 부른다(출 34:5~6). 뿐만 아니라 하나님의 이름은 하나님을 굳게 잡거나 여호와만 하나님으로 인정할 때에도 부른다. 대표적인 것이 사 64:7과 슥 13:9이다. 하지만 아브라함이 벧엘에서 제단을 쌓고 여호와의 이름을 부른 이유는 가나안 땅은 하나님의 땅이며 하나님이 그 땅을 자신에게 주셨음을 알리는 행위였을 가능성이 높다.[25)] 모레 상수리나무와 벧엘은 가나안의 신전이 있던 장소이다. 그런 장소들 인근에 하나님의 제단을 쌓았다는 것은 그 땅의 주인은 가나안의 신들이 아니라 하나님임을 선포하는 것이다. 고대 메소포타미아 사람들은 전쟁에서 승리한 후 그 땅에 기념비를 세우고, 그 땅의 신전에 자신의 신의 신상을 세워 신의 도움으로 그 땅을 정복했음을 선포하였다.[26)] 아브라함의 제단 쌓기는 유사한 의미를 가졌을 가능성이 높다.[27)]

23) U. Cassuto, *From Noah to Abraham*, 304~305.

24) Walter Brueggemann, *Genesis*, Interpretation (Atlanta: John Knox Press, 1982), 124.

25) U. Cassuto, *From Noah to Abraham*, 332~334.

26) ANET, 293, 247~248, 293.

27) John Calvin, *Genesis*, 353; Derek Kidner, *Genesis*, 115; Sidney Greidanus, *Preaching Christ from Genesis* (Grand Rapids: Eerdmans, 2007), 143.

아브라함은 벧엘에서 정착하지 않고 계속 남쪽으로 이동하여 마침내 네게브 지역까지 간다. 아브라함이 세겜, 벧엘 그리고 네게브 경로로 이동한 이유는 이 이동 경로가 목축에 적합하고 다른 지역에 비해 인구가 많지 않아 토착민과의 불필요한 접촉을 피할 수 있는 지역이었기 때문일 수 있다.[28] 하지만 이보다는 하나님이 준 가나안 땅을 남북으로 가로지르며 확인하려는 의도였을 것이다. 세겜에서 벧엘 그리고 네게브에 이르는 지역은 가나안에서 가장 높은 산악 지역이며 가나안 땅의 동쪽과 서쪽을 가장 멀리까지 보며 북쪽에서 남쪽으로 이동하는 경로이다. 하지만 그가 네게브에 도착했을 때, 그를 기다리고 있었던 것은 가뭄이었다. 네게브는 가나안에서 가장 건조한 지역 중에 한 곳이었기 때문에, 10절에서 말하는 가뭄이 시작되었을 때 아브라함과 그의 일행은 생존의 위협을 느낄 정도로 혹독한 시련을 겪었다.

10~20절. 구속사의 위기: 아브라함이 가나안을 떠나 이집트로 가고 사라를 누이라고 사칭함.

가나안 전역을 살펴보고 여호와의 이름을 부르며 제단을 쌓았던 아브라함에게 심각한 위기가 찾아왔다. 아직 가나안에 제대로 정착하지도 못한 아브라함이 가나안 땅을 떠나야 하는 위기가 찾아온 것이다. 창세기 12장은 아브라함이 가나안 땅에서 대면한 두 가지 사실을 기록하고 있다. 첫째는 가나안 땅에는 원주민들이 살고 있었다는 것이고(창 12:6), 둘째는 가나안 땅에 기근이 있었다는 것이다(창 12:10). 아브라함은 가나안 원주민들에 대해 부정적인 생각을 가졌다. 창 20:11에서 아브라함은 이 땅에는 하나님을 두려워하는 사람이 없고 자기 아내 때문에 사람들이 자신을 죽일 수 있다고 생각하였다. 그런 그에게 가나안 땅의 형편은 가나안 땅 정착을 힘들게 만들었다.

28) Nahum M. Sarna, *Genesis*, JPS Torah Commentary (Jerusalem: The Jewish Publication Society, 1989), 90~91.

וַיְהִי רָעָב בָּאָרֶץ

그 땅에 기근이 있었더라

וַיֵּרֶד אַבְרָם מִצְרַיְמָה לָגוּר שָׁם

아브라함이 이집트에서 체류하려고 그곳으로 내려 갔더라.

כִּי־כָבֵד הָרָעָב בָּאָרֶץ

그 이유는 그 땅에 기근이 극심하였기 때문이라.

10절은 시작과 마지막 두 곳에서 가나안 땅에 기근이 있었다는 사실을 밝히며, 둘째 진술에서는 이 기근이 너무 극심했기 때문에 아브라함은 이집트로 가게 되었다고 한다.[29] 아브라함이 이집트로 내려간 것은 동사 '구르'(לָגוּר 나그네로 체류하다)를 통해 알 수 있듯이 그곳에 영구 정착하려 했던 것은 아니다.[30] 하지만 기근의 위기를 피해 이집트로 내려간 아브라함은 하나님의 구원 역사 성취에 치명적인 영향을 끼치는 위기를 초래한다. 아브라함은 기근이 창궐한 가나안 땅에 있으면 모두가 굶어 죽을 것이라고 생각했고, 가나안 땅을 약속의 땅으로 주신 하나님이 그와 그에게 속한 모든 사람과 가축을 먹여 살려 주신다는 신앙을 가지지 못했다. 해밀턴(Victor Hamilton)은 아브라함이 이집트로 내려간 것 자체는 큰 문제가 되지 않는다고 생각한다.[31] 그 이유는 야곱도 기근을 만나 이집트로 갔었다는 점을 든다. 하지만 야곱의 경우는 아브라함과 다르다. 하나님께서 기근을 대비하여 요셉을 미리 보내었고, 야곱은 두 차례에 걸쳐 기근을 이겨 내기 위해 이집트에 양식을 사러 자식들을 보냈었

29) 외국인들이 가뭄 때문에 이집트로 이주해 온 기록을 ANET 251에서 확인할 수 있다. Gordon Wenham, *Genesis*, 287; John H. Walton, *Genesis*, 395.

30) 헬라제국 시대에 유대인들은 아브라함이 이집트에 얼마나 오래 살았는지에 대해 많은 관심을 가졌다. 특별히 알렉산드리아에 많은 유대인들이 살았으며, 이들은 아브라함이 이집트에 천문학을 비롯한 많은 지혜를 전수해 주었다고 생각했다. Genesis Apocryphon과 쥬빌리는 아브라함이 이집트에 7년 살았다고 말한다(Genesis Apocryphon 19:9~10; Jubilee 13:11~15). 하지만 정통 랍비들은 아브라함이 이집트에 3개월 또는 짧은 기간 동안 체류하였다고 생각하였다(Tosefta, Yevamoth, 8:4). Ben Zion Wacholder, "How Long Did Abram Stay in Egypt?: A Study in Hellenistic, Qumran, and Rabbinic Chronography," in *Essays on Jewish Chronology and Chronography*, ed. Ben Zion Wacholder (New York: Ktav Pub. House, 1976), 43~56.

31) Victor P. Hamilton, *The Book of Genesis: Chapters 1-17*, 379~380.

다. 그리고 이집트에 가는 것 자체에 대해 우려하고 있었기 때문에 브엘세바에서 하나님이 나타나 그에게 애굽으로 내려가라고 하였고 하나님이 함께하고 큰 민족을 이루어 가나안으로 데려오겠다는 약속을 의지하고 이집트로 갔다(창 46:1~4). 하지만 아브라함의 경우는 이런 노력이 전혀 없었다. 어쨌든 하나님이 아브라함에게 했던 약속들, 가나안 땅에서 큰 민족을 만들어 주고, 그에게 복을 주고, 그의 이름을 크게 해 주겠다고 했던 하나님의 약속의 소리가 아직 귓가에 맴돌고 있을 때 아브라함은 가나안 땅을 뒤로하고 이집트로 내려갔다. 하나님께서 가나안 땅을 그의 후손에게 주겠다고 했지만, 늙고 자식이 없는 아브라함은 이 약속을 제대로 이해하지 못하였기 때문에 자손과 관련된 위기도 초래하게 된다. 이집트로 향하는 아브라함은 약속의 땅 가나안을 떠나는 위기와 함께 약속의 자손을 함께 얻을 아내 사라를 빼앗기는 위기를 맞이하게 된다. 가나안 땅을 후손에게 주겠다는 약속 앞에 제단을 쌓으면서 하나님께 화답하며 신앙의 최고 절정에 이르렀던 아브라함은 스스로 가나안 땅과 후손에 대한 치명적인 위기 속으로 빠져 들어갔다. 셈의 후손인 아브라함이 노아의 벗은 것을 드러내었던 함의 후손인 이집트 사람과의 만남은 구원 역사의 어머니인 사라의 벗은 몸을 드러나게 만드는 위기로 몰아넣었다. 창 12:10~20은 다음과 같은 구조를 가지고 있다.

- a. 10절. 아브라함의 이집트 행: 가나안의 기근
  - b. 11~13절. 아브라함의 말: 자신의 유익과 생명을 위해 아내를 누이라 부르자고 함
    - c. 14~16절. 이집트 왕의 행동: 사라를 아내로 취하고 아브라함에게 유익을 제공
    - c'. 17절. 하나님의 행동: 사라를 취한 것 때문에 바로에게 재앙을 내림
  - b'. 18~19절. 이집트 왕의 말: 왜 아내를 누이라고 했느냐
- a'. 20절. 아브라함의 가나안 행: 이집트 왕에 의한 추방

위에서 볼 수 있는 것처럼 창 12:10~20은 댓구 관계를 이루고 있다.

11~13절

11 그가 이집트에 가까이 왔을 때에 그가 그의 아내 사라에게 말하니라. "보라! 내
가 알기에 그대는 심히 아름다운 여인이라. **12** 이집트 사람들이 당신을 볼 때에 그
들이 이는 그의 아내라고 생각하고 그들이 나를 죽이고 당신을 살리리라. **13** 제발
당신은 당신이 나의 누이라고 말하시오. 그래서 그것이 당신 때문에 내게 유익이 되
고 내 생명이 당신 때문에 보존 되리라."

구속사의 위기는 아브라함이 가나안을 떠나 이집트로 내려감으로 촉발되어 아내를 누이라고 사칭함으로 폭발하게 된다. 사라에게 누이라고 사칭한 것은 전적으로 아브라함의 책임이다.[32] 가나안의 기근 가운데 함께 계시는 하나님을 믿지 못하고 불신한 아브라함은 이집트로 내려가면서도 하나님이 그를 보호해 주실 것이라는 믿음을 가지지 못하고 불안에 빠지게 되었다.[33] 아무런 근거도 없이 아브라함은 이집트 사람들이 예쁜 아내를 가진 남자를 보면 그를 죽이고 아내를 빼앗아 간다는 생각을 가졌다. 그의 불안은 결국 자신을 거짓에 빠지게 만들었다. 그래서 아브라함은 누이 사칭을 사라에게 먼저 제안하였고, 11~13절에서 사라는 한마디도 하지 않았다. 13절에서 아브라함은 하와에게 '임리-나' אִמְרִי־נָא 라고 한다. 이 말은 동사 '아말' אָמַר의 명령문에 간청과 청원을 나타내는 감탄 부사 '나' נָא를 첨가한 형태이다. '나' נָא는 아브라함의 어투에서 명령의 분위기를 약화시키기는 하지만 강력한 요청을 나타내는 표현을 만들고 있다. 즉 이 표현은 아브라함이 아내 사라에게 누이라고 하도록 강요하고 있음을 보여준다.[34]

32) 필로, 어거스틴, 루터를 비롯한 많은 주석가들이 아브라함의 누이 사칭을 긍정적인 차원에서 해석하고 옹호하려고 하였다. Philo, "On Abraham," *Philo* vol.6 (Cambridge: Harvard University Press), 7. Augustine, *Reply to Faustus the Manichaean*, Trans. R. Stothert (New York: Scribners, 1909), 272~286. Martin Luther, "Lectures on Genesis," *Luther's Works*, vol. 2 (St. Louis: Concordia, 1960), 289~303. 고든 웬함은 야곱의 딸 디나 사건 때에 그녀의 오빠들이 보여준 행동을 예로 들면서 아브라함의 행동을 옹호한다. 그에 의하면 아브라함은 사라를 누이라고 함으로 실제로 다른 사람에게 아내로 주려고 하기 보다는 문제를 해결하기 위해 시간을 벌려는 차원에서 누이 사칭을 하였다. Gordon Wenham, *Genesis*, 288.

33) U. Cassuto, *From Noah to Abraham*, 351~352.

34) Gershon Hepner, "Abraham's Incestuous Marriage with Sarah: A Violation of the Holiness

아브라함의 절박한 심정은 그가 11절에서 사용한 표현 '힌네-나' הִנֵּה־נָא 에서도 알 수 있다. '힌네' הִנֵּה와 '나' נָא는 감탄사이며, '나' נָא는 간청할 때 주로 사용된다. 이들 둘이 함께 사용된 것은 아브라함의 심리적 상태를 강조하고 있다. 아브라함은 매우 진지하게 사라에게 말하고 있다. 하지만 아브라함의 말은 몇 가지 이해하기 힘든 문제점을 가지고 있다.

1) 아브라함이 75살이면 사라는 65살이다. 65살의 할머니! 남편을 죽이고 빼앗아 갈 만큼 예쁜 할머니! 아브라함이 사라를 누이라고 사칭하자고 한 이유는 사라가 심히 아름다운 여인이라는 것이다. 창세기 외경은 사라가 어떤 처녀와 신부보다도 더 아름답고, 세상에서 가장 아름다운 여인이라고 말한다.[35] 어떤 주석가는 아브라함 시대의 사람들의 75살은 우리 시대의 30대라고 생각하기도 한다.[36] 이것은 당시의 사람들의 평균 수명을 제대로 알지 못한 주장으로 적절하지 못하다. 65살의 노인 사라의 미모는 현대적 의미의 미인이라기보다는 오히려 사라의 기품과 품격에서 찾아야 할 것이다. 사라의 이름이 공주 또는 왕비라는 뜻을 가지고 있다는 사실을 주목할 필요가 있다. 이것은 사라의 아름다운 외모가 단순히 얼굴을 뜻하는 것이 아니라, 그녀가 가진 외적인 위풍과 관련 있을 가능성을 보여준다.[37]

2) 아브라함은 이집트 사람들이 자신을 죽이고 아내를 빼앗아 갈 것을 알면서 왜 굳이 이집트로 가야만 했는가? 아브라함은 누이 사칭을 제안할 때 사라를 빼앗길 수도 있다는 것을 알았을 것이다. 12절에서 "나는 죽이고 그대는 살리니"라는 말에는 그가 이집트에서 아내 사라와 관련하여 일어날 일을 짐작하

Code," *Vetus Testamentum 53-2* (2003): 143~155.

35) Genesis Apocryphon
"and beautiful is her face! How ... fine are the hairs of her head! How lovely are her eyes! How desirable her nose and all the radiance of her countenance ... How fair are her breasts and how beautiful all her whiteness! …. No virgin or bride led into the marriage chamber is more beautiful than she; she is fairer than all other women."

36) Martin Luther, *Luther's Works*, 2: 304. Derek Kidner, *Genesis*, Tyndale OT Commentaries (Downers Grove, IL: IVP, 1967),116~117.

37) 사르나에 의하면 사래는 아카드어의 사라투(sharratu)에 해당되며, 왕후라는 뜻을 가졌고, 우르의 주요 신이었던 달의 신인 신의 아내에게 붙여진 호칭이다. 나홀의 아내 하란의 딸 밀가는 아카드어로 말카투(malkatu)이며, 왕후라는 뜻으로 사용되었고, 이쉬타 여신의 호칭이었다. 이쉬타는 하늘의 여왕이고 월 신인 신의 딸이다. Nahum M. Sarna, *Genesis*, 87.

고 있었음을 암시해 준다. 뻔히 알면서도 아브라함이 누이라고 하자고 한 것은 이집트 사람들이 사라를 아내로 취하여 가더라도 그녀의 오빠로 행세하는 아브라함 자신을 죽이지 않을 것으로 기대했기 때문이다. 아브라함은 사라를 잃더라도 자신과 그의 기업은 살려서 이집트 땅에 잠시 머물다가 약속의 땅인 가나안 땅에 가뭄이 걷히고 나면 그 땅으로 다시 되돌아오고자 하는 생각을 가지고 있었을지도 모른다.

3) 사라는 왜 아브라함의 요청에 말없이 동의했을까? 사라가 실제로 아브라함의 배다른 여동생이었던 것도 이유 중에 하나이다(창 20:12). Speiser와 Sarna는 고대 후리안(Hurrian)의 결혼 전통에 근거하여 아브라함이 아내를 누이라고 함으로 법적인 권력을 강화시키려 했다고 생각한다.[38] 그러나 이런 전통은 노예와 결혼한 경우에 해당하며 실제로 아브라함의 누이였던 사라에게 적용하는 것은 적절하지 않다. 그리고 죽음을 두려워하는 아브라함에게 사라의 법적인 지위를 고려한 전통 때문이라고 합리화해 주는 것도 어설퍼 보인다.[39] 오히려 고대 근동의 결혼 지참금과 신부 값 전통이 아브라함의 누이 사칭 제안에 사라가 동의하게 된 배경을 이해하는 데 도움이 된다. 고대 근동에서는 결혼할 때 신부의 부모는 결혼 지참금을 지급하고 신랑의 부모는 신부 값을 지급했다.[40] 결혼할 때 신부 값의 절반을 지불하였고, 나머지 절반은 아들을 낳아 부부 관계가 법적으로 완전하게 될 때 지불하였다. 아들을 낳지 못하면 부부 관계는 불완전하였으며, 결과적으로 아내는 남편에게 여종을 주어 아들을 낳거나, 아니면 양자를 데려와야 했다. 사라는 아들을 낳지 못했기 때문에 아내로서의

38) E. A. Speiser, "The Wife-Sister Motif in the Patriarchal Narratives," *Biblical and Other Studies I* (Waltham, MA: Brandeis University, 1963), 15~28; Idem, *Genesis*, Anchor Bible (Garden City, NY: Doubleday, 1982), 91~94; N. M. Sarna, *Genesis* (New York, Schocken Books, 1966), 102~103; Victor P. Hamilton, *The Book of Genesis: Chapters 1-17* (Grand Rapids: Eerdmans, 1990), 381~382. 누지 문서에 있는 후리안의 결혼 전통과 아브라함의 누이 사칭을 연관짓는 것의 문제점에 대한 글은 C. J. Mullow Weir, "The Alleged hurrian Wife-Sister Motif in Genesis," *Glasgow University Oriental Society Transactions* 22(1967~68): 14~25를 보라.

39) J. Van Seters, *Abraham in History and Tradition* (new haven, Yale University Press, 1975), 71~76. Van Seters는 아브라함의 누이 사칭을 기원전 6세기의 이집트의 전통인 아내에 대한 애정 깊은 표현과 관련 짓는다.

40) Marten Stol, "Private Life in Ancient Mesopotamia," *Civilizations of the Ancient Near East*, ed. Jack M. Sasson (Peabody, MA: Hendrickson, 1995), 1:489.

권리를 정상적으로 인정받지 못했을 가능성이 있다. 하지만 이러한 이유가 있다고 하더라도 사라가 왜 아브라함의 누이 사칭 제안에 침묵으로 동의해야 했는가에 대한 의문은 여전히 남아 있다. 아브라함의 유익과 생명이 무슨 의미를 가졌기에 사라는 누이 사칭에 동의했을까?

4) 하나님의 명령에 75살의 노인임에도 불구하고 본토 친척 아비의 집을 떠나는 믿음을 가졌던 아브라함이 가나안을 떠나고 그리고 아내를 누이라고 사칭하면서까지 지키려 했던 그의 기업과 생명은 그들에게 도대체 무슨 의미를 가졌을까? 아브라함이 누이 사칭을 통해 얻으려 했던 것은 두 가지이다. 첫째는 그의 생명이며(12, 13절), 둘째는 그의 기업이다(13절). 아브라함은 먼저 사라에게 누이 사칭을 제안하면서 그 목적을 둘째 문장에서 '이타브-리 바아부레읔' יִיטַב־לִי בַעֲבוּרֵךְ이라고 한다. 이를 직역하면, '그것이 당신 때문에 내게 유익이 될 것이라'이다. 이것의 의미는 16절에서 바로가 아브라함에게 하는 행동과 그 결과를 비교해 보면 알 수 있다.

12:13
12:16
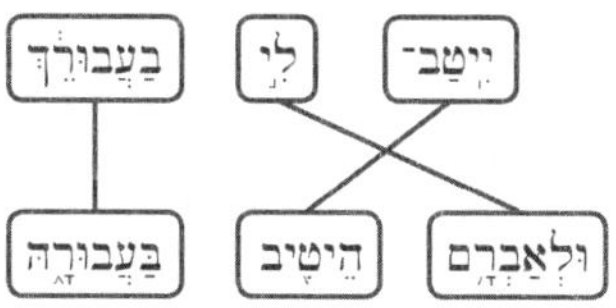

두 표현은 각각 동일한 동사 '야탑' יָטַב, 동일한 전치사 '레' לְ, 그리고 동일한 전치사구 '바아불' בַעֲבוּר을 사용하고 있다. 이것은 아브라함이 13절에서 했던 말을 바로가 그대로 했음을 보여주고 있다. 바로가 아브라함에게 준 유익은 아브라함의 기업을 지켜 주는 것이었다. 결론적으로 13절에서 아브라함이 누이 사칭을 통해 얻고자 한 첫 번째 것은 그의 기업의 안녕과 번영이었다. 그의 기업은 창 14:14에서 볼 수 있는 것처럼 하란에서부터 그와 함께 나온 318명의 종들과 그들의 가족으로 구성된 약 1,000명이 넘는 식솔들과 가축들이다. 그리고 롯이 거느리고 있는 종들과 가축들도 추가로 포함되어야 한다. 아브라함의 죽음은 이들 모두의 평화와 안녕과 관련되며, 그리고 가나안 땅으로 돌아가서 큰 민족을 이루고 큰 이름을 얻고 복의 근원이 되는 것을 포기해야 된다. 호프마이어(Hoffmeier)는 아브라함의 누이 사칭은 이집트에서 약자에 불과한 아브라함이 자신과 기업을 보호하기 위해 외교적 정략적 계약 관계를 바로와 맺기 위해 사라를 누이로 내세웠다고 한다. 이것은 사라를 다름 아닌 바로가 취하여 가고 그가 아브라함과 좋은 관계를 형성하는 것을 보면 어느 정도 타당성이 있다.[41] 만약 그렇다면 아브라함이 이렇게 행동한 이유는 창 12:7의 말씀을 제대로 이해하지 못했기 때문이다. 하나님께서 그에게 그의 후손에게 가나안 땅을 준다고 했을 때, 아브라함은 그의 후손을 평생 불임으로 살아온 그와 사라 사이에 태어날 자식으로 생각하지 못했기 때문에 아내 사라를 애굽 사람에게 내어 주고 자신의 생명을 지키려 했을 것이다.[42] 그렇다면 그는 누구를 하나님이 말씀한 그의 후손으로 생각했을까? 창세기 12장의 배경에서 생각할 수 있는 유일한 사람은 아비의 집을 떠나라는 하나님의 말씀에도 불구하고 굳이 아브라함이 그의 아비의 집에서 데려 나온 조카 롯이다. 하나님이 아브라함에게 그의 후손을 그와 사라 사이에 태어날 후손이라고 명시하지 않았기 때문에 아브라함은 그의 유일한 혈육 롯을 그의 후손으로 생각했고, 그래서 아브라함은 사라를 희생시키고 대신에 자신과 롯과 그의 기업을 보존하여 가나안으로 되돌아가려고 한 것이다. 어쨌든 아브라함의 제안은 하나님 앞에서 그리고 하나님의 약속에 비추어 보았을 때 아주 적절하지 못하다. 사라를 누이라고 함으로 자신의 생명과 가업을 지킬 수 있었을지는 모르지만, 사라가 없으면 하나님의 약속인 가나안 땅도 그 후손도 모두 사라진다. 사라가 없으면 무슨 수로 자손이 생겨나서 큰 민족을 이루는가? 이렇게 생겨난 위기를 하나님은 어떻게 풀어 갈까?

41) James K. Hoffmeier, "The Wives Tales of Genesis 12, 20 & 26 and the Covenants at Beer-Sheba," *Tyndale Bulletin* 43.1 (1992): 81~99.

42) John H. Walton, *Genesis*, 397~398.

14~16절

14 아브람이 이집트에 들어갔을 때 이집트 사람들이 본즉 그 여인이 심히 아름다웠더
라. **15** 바로의 신하들이 그녀를 보고 그들이 그녀를 바로에게 칭송하였고 그 여인은
바로의 집으로 이끌려 갔더라. **16** 그리고 아브람에게는 그것이 그녀 때문에 유익이 되
었더라. 그는 양과 소와 숫나귀와 남종과 여종 그리고 암나귀와 낙타를 가졌더라.

아브라함이 이집트로 들어가자 이집트 사람들은 사라를 보고 그녀의 미모에 깊은 인상을 받았다. 65살이나 된 할머니를 만난 이집트 사람들의 반응은 아브라함보다 한술 더 떴다. 아브라함이 사라의 미모를 아름답다고 평가했었는데, 이집트 사람들은 사라의 미모를 "심히 아름답다"고 하였다. 이집트로 간 아브라함은 당시의 수도였던 멤피스로 간 것으로 여겨진다. 바로의 신하들의 사라에 대한 평가는 경이롭다. 바로의 신하들은 이 사라를 보고 바로에게 칭송하였다. 동사 '칭송하다'의 히브리어는 '하랄' הָלַל이며, 주로 하나님을 찬양할 때 사용된다. 바로에게 칭송하는 관료들의 행동이 어땠는지 충분히 짐작할 수 있다. 당시 이집트 서민들은 일부다처제도를 가지고 있지 않았다. 그런데 하필이면 이집트 왕이 사라를 아내로 데려간다. 이집트 왕과 사람들은 늙은 여자에게 마음이 끌리는 그런 취향을 가졌을까? 이집트 왕이 사라를 데려간 이유는 사라가 현대적 의미에서 나이에 맞지 않는 외모를 유지하고 있었을 수도 있지만 앞서 13절에서 밝힌 이유가 작용했을 가능성이 있다.[43] 아브라함이 이집트에 내려 갔을 때에는 이집트 고왕국과 중왕국 사이의 중간기(B.C 2181~2055)이거나 아니면 중왕국 시대의 막이 올랐던 Mentuhotep II(B.C 2061~2010)의 지배하에 있었을 것이다. 멘투호텝은 여러 명의 아내를 두었는데, 그 중에 한 명은 누비아 여자이다. 이것은 당시 이집트 권력가들이 세력 확장을 위해 정략적인 결혼을 하였음을 보여준다.[44] 사라의 경우도 이와 유사한 이유로 아내로 취하여 들였을

43) John H. Walton, *Genesis*, 396~397.

44) Life of the Ancient Egyptians, 54. 구약 시대의 외교적 정략적 결혼에 관하여는 James K. Hoffmeier, "The Wives Tales of Genesis 12, 20 & 26 and the Covenants at Beer-Sheba," 81~99를 참고하라.

가능성이 있다. 창 14:14에서 아브라함에게 318명의 전사들이 있었다는 사실은 이를 어느 정도 뒷받침해 준다.

15~16절

바로의 집으로 가는 순간에는 사라가 어떤 행동을 취했을까? "와투카 하이사 베이트 파로"(וַתֻּקַּח הָאִשָּׁה בֵּית פַּרְעֹה)는 사라의 태도를 엿볼 수 있게 해 준다. '와투카' וַתֻּקַּח는 접속사 와우 ו + 동사 라카(לָקַח)의 칼 미완료 수동태이며, 수동태라는 것은 사라가 수동적으로 또는 타의에 의해 바로의 집에 갔음을 보여 준다. 공주와 같은 기품을 가졌지만, 아들도 없고 창 12:7의 '네 후손'의 의미를 깨닫지 못했던 사라는 아브라함이 하는 대로 무기력하게 따라야만 했다. 반면에 창 12:10~20은 바로가 사라를 데려갈 때 아브라함이 어떤 행동을 취했는지 아무것도 말하지 않는다. 그의 조카 롯도 그들과 함께 한 318명의 사람들 중에 어느 누구도 바로의 사람들을 가로막았다는 말이 없다. 대신에 16절은 바로가 사라를 데려간 대가로 아브라함에게 안녕과 번영을 제공해 주었다고 한다. 16절은 누이 사칭의 수혜자가 아브라함임을 강조하기 위해 "아브라함에게"를 문장의 앞에 도치하여 배열하였다.

12:16 וּלְאַבְרָם הֵיטִיב בַּעֲבוּרָהּ

헤이티브 הֵיטִיב의 주어는 바로이며 그가 사라 때문에 아브라함에게 유익을 제공했음을 밝힌다.[45] 창 12:13에서 아브라함이 사라에게 말했던바 대로, 그의 소원대로 되었다. 16절 둘째 문장은 아브라함에게 양과 소와 숫나귀와 남녀 노비 그리고 암나귀와 낙타가 있었다고 말한다. 이 재물들이 원래 아브라함의 재산이었는지 사라를 바로에게 준 결과로 바로가 그에게 준 재물인지 명확하지 않지만, 16절 첫 문장을 감안할 때 바로가 그에게 사라 때문에 준 것으로 볼 수도 있

45) James K. Hoffmeier는 그의 논문 "The Wives Tales of Genesis 12, 20 & 26 and the Covenants at Beer-Sheba" 81~99에서 야타브 יָטַב 또는 토브 טוֹב가 아마르나 문서를 비롯한 아카드어 문서에서 언약에 의한 외교적 유대관계를 나타내기 위해 사용된다고 밝힌다.

다.[46] 하지만, 5절에서 아브라함이 이미 많은 재물을 가지고 있었음을 간과해서 도 안 된다. 바로가 해준 것은 아브라함의 소유 재산들을 보호해 주는 것이었을 수 있다.[47] 야곱과 그의 아들들이 이집트로 내려갔을 때 바로가 그들에게 고센 땅에서 목축하며 살 수 있도록 편의를 제공한 것과 유사한 형태의 배려를 바로가 아브라함에게 해 주었을 가능성이 높다. 요셉이 이집트 사람들은 목축을 싫어한다고 했던 것을 이 경우에도 고려될 수 있다면 바로가 사라를 아내로 취한 답례로 아브라함에게 가축을 선물로 준다는 것은 적절하지 않다(창 46:34).

17~20절

17 여호와께서 아브람의 아내 사라의 일로 인해 바로를 그리고 그의 집을 큰 재앙으로 치셨더라. **18** 그래서 바로가 아브람을 불러 말하기를, "왜 네가 이것을 내게 행하였느냐? 어찌하여 너는 내게 이 여인이 네 아내라고 말하지 않았느냐? **19** 왜 너는 이 여인은 내 누이라고 말하여 내가 그녀를 내 아내로 취하게 하였느냐? 자 네 아내를 봐라! 너는 취하여 가라." **20** 그리고 바로가 그에 관하여 사람들에게 명령하였고 그들은 그와 그의 아내와 그에게 속한 모든 것을 내어 보내었더라.

아브라함이 가나안 땅을 떠나고 그의 자손을 잉태할 아내를 빼앗겨 구원 역사에서 최악의 위기에 빠져 있을 때에 전능의 하나님이 강력하게 역사하였다. 17절에서 하나님은 아브라함의 아내 사라를 데려간 일에 대한 책임을 물어 바로와 그 집에 큰 재앙을 내렸다. 바로가 사라에게 접근하지 못하게 할 목적으로 이 재앙은 내려졌을 것이다(창 20:3).[48] 이 재앙과 관련하여 두 가지 의문점이 생긴다. 첫째는 바로는 어떻게 이 재앙이 사라 때문에 발생했다고 알게 되었을까? 성경은 바로에게 내린 재앙이 어떤 종류인지 분명하게 말

46) Victor P. Hamilton, *The Book of Genesis: Chapters 1-17*, NICOT (Grand Rapids: Eerdmans, 1990), 383.

47) U. Cassuto, *From Noah to Abraham*, 354~355.

48) 카슈토에 의하면 하나님은 바로가 사라와 동침하기 전에 재앙을 내렸다. 그가 이렇게 생각하는 이유는 하나님이 사라를 바로의 손에서 구해낼 생각이라면 사라가 욕을 보기 전에 개입하지 뒤늦게 개입하지는 않을 것이라는 것이다. U. Cassuto, *From Noah to Abraham*, 356.

하지 않는다. 고든 웬함에 의하면 히브리어 동사 '나가' נגע는 종종 피부병과 관련이 있으며, 출애굽 때에 이집트에 내려진 여섯 번째 재앙인 독종과 관련 있는 것으로 생각한다.[49] 고든 웬함은 바로가 이 재앙이 사라를 아내로 취했기 때문이라고 생각한 것은 이 피부병이 일종의 성병이었을 가능성 있다고 주장한다. 그러나 이것도 적절한 대답이 될 수 없다. 단지 성병과 같은 피부병에 걸렸다고 해서 그 원인을 사라에게 돌릴 수 없기 때문이다. 성경이 바로의 집안에 내려진 재앙이 구체적으로 무엇인지 침묵하고 있지만, 그 원인을 사라에게 돌린 이유는 모두가 재앙으로 인해 고통을 겪고 있는데 유독 사라만 재앙의 고통을 받지 않고 있었기 때문일 수 있다. 또 다른 가능성은 창세기 21장에서 하나님이 아비멜렉에게 모든 것을 알리고 경고했던 것처럼 바로에게도 경고했을 수 있다. 아니면 바로가 자신의 술객들을 통해 확인해 보았을 수도 있다. 가장 유력한 가능성은 창세기 기사의 관심사가 이것이 아니었기 때문에 생략했을 수 있다는 것이다. 그렇다면 창세기 기자가 이 부분을 생략하고 관심을 기울이고 있는 것은 무엇일까? 창세기 기자의 관심은 바로가 아브라함을 불러 그의 잘못을 책망하는 것, 모든 것이 아브라함 때문에 생겨난 일이라는 것을 알리는 것이다.

둘째 의문은 왜 바로가 재앙을 겪어야 하는가 라는 문제이다. 바로는 부지 중에 잘못을 범했고, 이 경우 속건제에서 볼 수 있듯이 하나님은 죄로 여겼을 가능성이 있다. 하지만 이 문제는 아브라함에게 더 큰 책임이 있고, 부지 중에 잘못을 범한 죄에 대한 규정은 이스라엘 자손을 위한 것이지 이집트 사람을 위한 것이 아니다.[50] 그럼에도 불구하고 왜 바로만 극심한 재앙을 겪어야 했는가? 이것은 창 12:2에서 하나님께서 아브라함에게 준 둘째 축복과 관련 있다. '너는 복이 될지어다'(베웨 베라카 וֶהְיֵה בְּרָכָה). 하나님은 아브라함이 복의 근원이 되기를 원했고, 아브라함으로 인해 많은 민족이 복을 받기를 원하셨다. 하나님은 또한 아브라함을 저주하고 굴욕을 가하는 사람을 친히 저주하여 벌을

49) Gordon Wenham, *Genesis 1-15*, 290.

50) Walter Brueggemann, *Genesis*, 129~130. 브루그만은 사회과학적인 관점에서 아브라함과 바로를 지배자와 힘없는 사회적 약자의 관계로 이해하고 바로에게 재앙을 내린 것을 하나님께서 사회적 약자인 아브라함을 위해 지배자인 바로에게 벌을 준 것이라고 주장한다.

내린다고 하였다. 아브라함이 다른 사람에 의해 축복과 칭송을 듣거나 저주의 소리를 듣는 것은 전적으로 아브라함의 행동에 달려 있다. 하지만 하나님이 창 12:2~3에서 약속하신 것은, 비록 아브라함의 행동이 적절치 못하여 타인이 아브라함을 저주하는 일이 생길 경우 하나님은 아브라함을 저주하는 것이 아니라 아브라함을 저주한 사람을 벌주고 저주한다. 이 원리가 바로에게 적용된 것이다. 그러나 무엇보다도 하나님이 바로를 징벌한 것은 하나님께서 위기에 빠진 아브라함과 함께하시는 전능하신 하나님이심을 보여 주려는데 있다. 아브라함은 가나안 땅을 약속 받았지만 그 땅을 버려두고 이집트에 와서 기약 없이 머물고 있었다. 아브라함은 그의 후손에게 가나안 땅을 주겠다는 약속을 받았지만 그의 가정은 사라지고 없었다. 하나님의 약속과 관련된 모든 것을 잃어버리고 불신앙의 모습을 보인 아브라함을 위해 신실하신 하나님은 바로에게 재앙을 내리심으로 약속에 대한 소망의 불꽃을 다시 피운다. 이 재앙을 통해 하나님만이 아브라함에게 하신 약속을 이룰 수 있는 능력을 가진 창조주 하나님이심을 보여준다.

18~19절에서 바로는 하나님이 그에게 재앙을 내리자 즉각 아브라함을 불러 책망하였다. 바로는 아브라함을 책망하기 위해 의문사 '마'(מָה 1번)와 '라마'(לָמָה 2번)를 '왜'라는 의미로 반복 사용하면서 그의 분노를 나타내었다. 그의 말은 점진적으로 누이 사칭의 성격이 무엇인지 명확하게 드러낸다.

מַה־זֹּאת עָשִׂיתָ לִּי 마–조트 아시타 리

לָמָּה לֹא־הִגַּדְתָּ לִּי כִּי אִשְׁתְּךָ הִוא׃ 라마 로–힉가드타 리 키 이쉬테카 히

לָמָה אָמַרְתְּ אֲחֹתִי הִוא וָאֶקַּח אֹתָהּ לִי לְאִשָּׁה 라마 아말타 아호티 히 베엑카 오타 리 레잇사

왜 이것을 너는 내게 행하였느냐?

왜 너는 내게 그녀가 네 아내라고 말하지 않았느냐

왜 너는 그녀가 내 누이라고 말하여 내가 그녀를 내게 아내로 취하게 하였느냐

첫 책망에서 바로는 아브라함에게 "왜 이 일을 너는 내게 행하였느냐"고 말

한다. 놀랍게도 바로의 첫 책망은 창 3:13에서 하나님이 하와에게 한 책망과 동일하다.

מָה־זֹּאת עָשִׂיתָ לִּי 창 12:18

מָה־זֹּאת עָשִׂית 창 3:13

מֶה עָשִׂיתָ 창 4:10

그리고 바로의 첫 책망은 하나님이 가인에게 했던 책망과도 유사하다. 둘째 책망에서 바로는 이 일의 성격을 좀 더 분명하게 해서 "왜 너는 내게 그녀는 너의 아내라고 말하지 않았냐"고 했다. 그리고 셋째 책망에서 바로는 아브라함의 누이 사칭의 핵심 성격을 명확하게 말한다.

"왜 너는 그녀는 내 누이라고 말하여 내가 그녀를 내게 아내로 취하여 가게 하였느냐"

바로의 말을 액면 그대로 믿는다면 바로는 아브라함이 사라를 자기 아내라고 밝혔더라면 결코 아내로 데려가는 일은 없었다. 12절에서 아브라함이 생각했던 것과는 전혀 다르게 바로는 남편을 죽이고 아내를 빼앗는 그런 일을 하지 않는다고 말한다.

바로의 책망은 아브라함에게 사라가 그의 아내임을 명확하게 일깨워 주는 말로 끝낸다.

וְעַתָּה הִנֵּה אִשְׁתְּךָ קַח וָלֵךְ׃ 베아타 힌네 이쉬테카 카 바렉

그리고 이제. 네 아내를 보라! 너는 취하여 떠나 가라

바로는 아브라함에게 한 책망에 대한 논리적 결론을 이끌어 내는 부사 '베알타' וְעַתָּה와 감탄사 '힌네' הִנֵּה를 사용하면서 아브라함에게 "그러므로 네 아내를 보라!"고 한다. 바로는 아내를 부정한 아브라함에게 질책과 함께 굴욕을 안겨

주고 있으며, 아브라함에 의해 부정된 아브라함의 아내로서의 사라의 정통성을 강조하며, 사라는 네 아내, 즉 아브라함의 아내라고 한다. 이것은 "이 땅을 네 자손에게 주리라"고 하나님이 가나안 땅을 뒤로하고 이집트로 떠나는 아브라함에게 진작에 하고 싶었던 말이기도 하다. 그리고 바로는 아브라함에게 사라는 그의 아내이기 때문에 즉각 취하여 떠나라고 말한다. 아브라함의 행동에 대해 바로는 합법적으로 징벌을 내리거나 보복할 수 있었지만, 아브라함이 12절에서 자신은 죽이고 사라는 살려서 취하여 갈 것이라고 생각했던 것과는 달리 바로는 사라를 돌려주고 그를 이집트 국경 밖으로 추방시키는 것으로 종결짓는다. 바로가 관대하기 때문이 아니라, 재앙을 통해 아브라함의 배후에 하나님이 있다는 것을 깨달았기 때문이다.[51] 이렇게 하나님은 아브라함이 사라를 누이라고 함으로 생겨난 구속사적 위기를 종결시킨다.

20절

20절에 의하면 바로가 사람들에게 그의 일에 관하여 명령하였고, 그들은 아브라함과 그 아내와 그의 모든 소유를 보내었다고 한다. 이집트 왕은 자신에게 아브라함의 아내를 극찬했던 자신의 신하들을 시켜 아브라함의 모든 가족들을 이집트 국경 밖으로 돌려보낸다. "그의 모든 소유"를 보냈다는 말은 바로의 신하들이 아브라함과 사라를 왕궁에서 내어 보낸 것이 아니라, 이집트 밖으로 보냈음을 보여준다.[52] 하나님은 아브라함을 기근이 있는 그 땅으로 가게 만든 것이다. 왜 하나님은 이집트 국경 밖, 기근이 있는 그 가나안 땅으로 되돌아가게 했을까? 가나안 땅은 하나님이 아브라함에게 기업으로 주겠다고 약속한 땅이기 때문이다. 비록 그 땅에 기근이 창궐하고 있더라도 하나님은 아브라함이 그 약속의 땅으로 아내 사라와 함께 되돌아가서 고통을 이겨내고 버텨내어 하나님께서 그 땅을 그의 후손에게 주시는 날을 소망하며 살기를 원했다.

창세기 12:10~20은 아래의 도표에서 볼 수 있는 것처럼 창세기 3장과 6:1~8

51) Victor P. Hamilton, *The Book of Genesis: Chapters 1-17*, 385.
52) Gordon Wenham, *Genesis*, 290.

과 주제 상의 유사성을 가지고 있다.

창3장	거짓 (선악과를 못 먹게 한 이유)	보암직도 하고	선과 악 (5절 טֹוב וָרָע)	나와 함께 있게 하신 여자 (12절)	징벌	에덴에서 추방
창6장		아름다움을 보고	선과 악 (2, 5절)	아내로 취하여 감	징벌	
창12장	거짓 (아내를 누이)	보기에 아름다운	선 (13절 יִיטַב־לִי)	아내로 취하여 감	징벌	이집트에서 추방

이런 유사성이 실제로 저자에 의해 의도된 것이라면, 그 의도가 무엇일까? 그것은 아브라함을 통한 새로운 구속사의 시작에서 하나님께서 역사하심을 알리는 것이다. 세 사건은 공통적으로 하나님의 구속 역사의 시작을 알리는 사건들이다. 창세기 3장의 사건의 결과로 여자의 후손과 뱀의 후손의 다툼이 시작되었고 창세기 6장의 사건은 홍수 이전 시대의 종말과 함께 홍수 이후의 새 창조를 시작하게 하였다. 창세기 12장에서는 아브라함을 통한 새로운 구속 역사가 시작된다. 이 새로운 구원 역사에서 하나님은 아브라함이 약속의 땅과 언약의 후손을 잃을 위기에 빠졌을 때, 하나님이 그와 함께 역사하고 계심을 보여 주고 있다.

Chapter 03
창세기 13장

12장에서 아브라함은 하나님의 말씀에 순종하여 가나안 땅으로 갔지만, 가뭄으로 인해 가나안 땅을 떠나는 위기에 부딪혔고, 이집트행을 감행하고 그곳에서 아내 사라를 누이라고 하였다가 그녀를 바로에게 빼앗기는 위기에 직면하게 된다. 아브라함이 가나안 땅을 다시 떠나는 위기는 가뭄 때문에 생겨났지만, 그가 사라를 빼앗기는 위기는 조카 롯을 아비의 집에서 데려 나왔기 때문에 그리고 그의 후손에게 가나안 땅을 주겠다는 하나님의 약속을 바르게 이해하지 못했기 때문에 생겨났다. 가나안 땅과 후손에 대한 약속이 모두 대 위기에 처해 있을 때에 하나님은 바로에게 재앙을 내려 사라를 아브라함에게 되돌려 주고 그리고 아브라함을 가나안 땅으로 되돌아가게 하였다. 창세기 13장에는 가나안 땅으로 돌아온 아브라함과 롯이 서로 분가하게 되고, 롯이 다시 가나안 땅을 떠나는 과정을 기록하고 있다. 가나안 땅에 돌아온 아브라함은 처음부터 다시 시작하게 된다. 아브라함은 창세기 12장에서 그가 처음 가나안 땅에 들어와서 하나님께 제단을 쌓았던 세겜과 벧엘로 가서 하나님의 이름을 부르는 것으로 다시 시작한다. 그리고 이어서 아브라함은 롯의 목자들과 그의 목자들 사이에 분쟁이 발생하자, 롯과 분가를 함으로 그가 가나안 땅을 소유할 그의 후손인지 확인한다. 롯이 가나안 땅을 떠난 후 하나님은 다시 아브라함에게 나타나서 롯이 아니라 셀 수 없이 많은 그의 후손에게 가나안 땅을 주겠다고 말한다. 이런 줄거리를 가지고 있는 창세기 13장은 아래와 같이 세 부분으로 나눌 수 있다.

A. 처음 제단 쌓은 곳으로 돌아감	1~4절
B. 롯이 아브라함과 가나안 땅을 떠남	5~13절
A'. 땅과 자손의 약속과 제단 쌓기	14~18절

A인 1~4절과 A'인 14~18절은 동일한 주제를 가지고 있다. 1~4절의 배경이 되는 창 12:7~8에 의하면 아브라함이 세겜에 도착하였을 때 하나님은 그에게 가나안 땅과 자손에 대한 약속을 하였다. 유사하게 A'인 14~18절에서 하나님은 다시 아브라함에게 가나안 땅과 자손에 대한 약속을 하고 있다.

1~4절. 처음 제단 쌓은 곳으로 돌아감

1~4절은 아브라함의 가나안 귀환을 기록하고 있다. 1~4절은 두 부분으로 나눌 수 있다. ① 1~2절, ② 3~4절. 1~2절은 아브라함이 네게브로 돌아왔다는 말과 함께 롯과 분쟁의 원인이 되는 재산에 관한 내용을 기록하고 있다. 3~4절은 아브라함이 처음 제단 쌓았던 벧엘로 돌아온 사실을 기록하고 있다.

1~2절. 아브라함의 가나안 귀환과 그의 부

1 아브람이 이집트로부터 그와 그의 아내와 그의 모든 소유와 그리고 롯과 함께 네게브로 올라 갔더라. **2** 아브람에게는 육축과 금과 은이 매우 풍부하였더라.

창 12:20에서 바로의 명령에 따라 이집트 사람들이 아브라함 일행을 애굽에서 추방하였고, 아브라함은 창 12:10에서 그가 애굽으로 떠나기 직전에 머물렀던 그 네게브로 되돌아왔다.[1] 가나안의 가뭄을 피해 네게브에서 이집트로 들어갔던 아브라함은 아내 사라만 빼앗기는 시련을 당하고 네게브로 되돌아왔다. 창 13:1의 아브라함의 네게브 귀환은 창 12:20의 이집트 추방에 연이어 일어난 사건이다. 이렇게 보아야 하는 이유는 우선 창 13:1의 밑줄 친 부분에서 볼 수 있듯이 12:20과 비슷한 내용으로 시작되기 때문이다. 차이점은 창 13:1의 밑줄 친 표현에는 창 12:20의 목적 부호 '에트' **אֶת**가 없고, 창 12:20의 아브라함을 가리키는 '오토' **אֹתוֹ**를 창 13:1은 독립인칭 대명사 '후' **הוּא**로 바꾸었다.

창 12:20	וַיְצַו עָלָיו פַּרְעֹה אֲנָשִׁים וַיְשַׁלְּחוּ אֹתוֹ וְאֶת־אִשְׁתּוֹ וְאֶת־כָּל־אֲשֶׁר־לוֹ
창 13:1	וַיַּעַל אַבְרָם מִמִּצְרַיִם הוּא וְאִשְׁתּוֹ וְכָל־אֲשֶׁר־לוֹ וְלוֹט עִמּוֹ הַנֶּגְבָּה

이렇게 창 12:20과 유사한 표현을 창 13:1이 사용하는 이유는 두 사건을 연결시키려는 의도를 가지고 있다. 또한 창 13:1의 동사 '와야알' **וַיַּעַל**은 와우 계속법이고 아브라함이 네게브로 올라간 것을 창 12:20과 논리적으로 이어주고 있기 때문이다. 이집트에서 쫓겨나온 아브라함은 이집트로 가기 전에 머물렀던 네게브로 되돌아왔다. 네게브로 돌아오면서 아브라함은 사라와 무슨 대화를 주고받았을까? 묘한 분위기였을 것이다. 아브라함은 자신의 잘못에 대해 후회하고 회개했을까? 최소한 이들의 관계가 다소 개선되었을 가능성이 있다. 창 12:5에서 아브라함이 하란에서 가나안으로 갈 때 함께 동행한 사람들의 목록을 말할 때 공간적인 의미가 강한 전치사 '에트' **אֶת**(함께)를 사용하고 있다. 반면에 창 13:1에서는 관계성이 상대적으로 부각되는 전치사 '임' **עִם**(함께)을 사용하고 있다. 이것은 아브라함이 자신의 가족들에게 더 관심을 보이며 함께 네게브로 이동했을 가능성을 함축하고 있다.

1) 유대인 주석가들은 창세기 12:10~13:4의 주제들이 이스라엘 자손들의 출애굽 때에 겪었던 일들과 일치한다는 전통을 가지고 있다. Jacob Neusner, *Genesis Rabbah: The Judaic commentary to the Book of Genesis*, vol. 2 (Atlanta: Scholars Press, 1985), 83~85. U. Cassuto, *A Commentary on the Book of Genesis: Part Two From Noah to Abraham* (Jerusalem: Magnes Press, 1997), 334~336. John H. Sailhamer, *The Pentateuch as Narrative* (Grand Rapids: Zondervan, 1992), 141~143.

창세기 12장은 아브라함이 네게브에서 이집트로 갈 때 롯도 동행했는지 밝히지 않았지만, 창 13:1은 아브라함이 이집트에서 네게브로 돌아올 때에 조카 롯도 함께 동행했다고 밝히고 있다. 창 12:4~5에서 아브라함이 하란에서 가나안으로 올 때도 롯이 동행했다고 한다. 그러나 창 12:5에서 아브라함과 함께 나온 사람들의 목록과 창 13:1의 목록에는 차이점이 있다.

창 12:5 וַיִּקַּח אַבְרָם אֶת־שָׂרַי אִשְׁתּוֹ וְאֶת־לוֹט בֶּן־אָחִיו וְאֶת־כָּל־רְכוּשָׁם

창 13:1 וַיַּעַל אַבְרָם מִמִּצְרַיִם הוּא וְאִשְׁתּוֹ וְכָל־אֲשֶׁר־לוֹ וְלוֹט עִמּוֹ הַנֶּגְבָּה׃

창 12:5에서 롯은 사라 다음에 나오고 그리고 아브라함의 소유가 배열되어 있다. 반면에 창 13:1에서 롯은 사라와 아브라함의 소유 뒤에 배치되어 있다. 롯은 아브라함의 소유물들보다도 배열 순서와 관련하여 그 중요성이 떨어진다. 이렇게 배열한 이유가 무엇일까? 창 11:31에는 데라가 가나안을 향해 떠날 때 그와 동행한 사람들의 목록이 기록되어 있다.

창 11:31 וַיִּקַּח תֶּרַח אֶת־אַבְרָם בְּנוֹ וְאֶת־לוֹט בֶּן־הָרָן בֶּן־בְּנוֹ וְאֵת שָׂרַי כַּלָּתוֹ אֵשֶׁת אַבְרָם בְּנ

창 11:31에서 롯은 아브라함 다음에 기록되어 있고, 사라보다 앞에 기록되어 있다. 배열을 통해 판단할 경우 롯은 데라에게 사라보다 더 중요한 위치에 있었다. 그런 롯이 창 13:1에서는 사라는 두말할 것도 없고 아브라함의 짐승과 물건들보다 더 뒤에 배열되었다. 롯을 가장 뒤에 배열한 이유가 무엇일까? 창세기 13장의 주요 내용이 아브라함과 롯의 갈등이라는 점을 생각한다면, 이것은 둘 사이의 관계를 암시하며, 이집트에서 나올 때부터 두 사람의 관계에 문제가 생겼음을 보여 주는 듯하다.[2)]

2절은 가나안 땅에 되돌아온 아브라함에게 육축과 은금이 풍부하였다고 말

2) Nahum M. Sarna, *Genesis* (Jerusalem: The Jewish Publication Society, 1989), 97.

한다.[3] 아브라함의 부유함을 강조하기 위해 주어인 아브라함을 문장의 서두에 도치하여 배열하였다. 도치법과 함께 부사 '메오드' מְאֹד(심히)를 형용사 '카베드' כָּבֵד(부유한, 무거운) 뒤에 두어 아브라함이 굉장한 부자였음을 강조하고 있다. 창 12:17에서 볼 수 있는 것처럼 고대 사회는 주로 노예와 가축의 수로 재산을 표시하였는데, 아브라함의 재산에는 은과 금이 포함되어 있다. 이것은 구약성경에서 처음 나타나는 현상이며 그 시대에 서민들이 쉽게 구할 수 없는 물품이라는 점을 고려한다면, 아브라함의 부의 정도가 심상치 않았음을 나타낸다. 이 재산은 주로 아브라함이 하란에서 부동산을 처분하고 가져 나온 것들이지만,[4] 이집트의 바로로부터 받은 것도 포함되어 있을 수 있다. 학자들 중에는 아브라함의 재산 대부분은 이집트의 바로로부터 받은 사라의 몸값이라고 주장하는 사람도 있다.[5] 그러나 혼인 계약을 파기할 때 신부 값과 결혼 지참금을 모두 반환했던 고대 근동의 전통이 여기에서는 예외로 적용될 수 있는지 의문스럽다. 그것도 사라 때문에 재앙을 겪은 바로가 분노하며 아브라함을 즉각 추방하였음을 기억해야 한다. 하갈이 아브라함의 일행과 함께 가나안으로 왔던 것은 바로가 준 재물을 아브라함이 그대로 가나안으로 가져온 것으로 볼 수 있지 않느냐고 반박할 수 있다. 그렇더라도 창 12:16에서 바로가 아브라함에게 준 예물에는 가축과 남녀 종들이 포함되어 있지만, 금과 은에 대해서는 아무런 언급이 없다. 뿐만 아니라 롯이 소유하고 있는 가축과 장막들은 아브라함의 소유를 사라의 몸값으로 여기는 학자들이 간과해서는 안 될 요소 중에 하나이다(창

3) 칼빈은 아브라함을 예로 들면서 부자에게는 구원의 소망이 없고 가난만이 유일한 하늘 문인 것처럼 말하는 것은 광신자나 다름없다고 말한다. 부자나 가난한 자나 모두 동일한 생명을 상속받게 된다. 거지 나사로가 부자인 아브라함의 품에 안긴 것이 좋은 예가 된다. John Calvin, *The First Book of Moses called Genesis* (Grand Rapids: Eerdmans, 1948), 368~370.

4) Joyce G. Baldwin, *The Message of Genesis 12-50* (Downers Grove: IVP, 1986), 40.

5) 본 라드와 고든 웬함은 아브라함의 재산을 아내를 빼앗기고 얻은 부정한 돈이라고 단정하고 있다. 이들의 주장이 전혀 근거 없는 것은 아니지만, 신중할 필요가 있다. 이들의 주장대로 한다면, 이집트에서 함께 나온 롯의 재산을 어떻게 받아 들여야 할까? 그도 숙모이자 고모인 사라 덕분에 바로로부터 재물을 얻었는가? 창세기 13장은 롯의 재산의 출처를 밝히지 않지만, 창 12:5은 그의 재산은 아브라함처럼 하란에서 가져 나온 것들이다. Gerhard von Rad, *Genesis* (London: SCM Press, 1961), 166. Gordon Wenham, *Genesis 1-15* (Waco: Word Books, 1987), 296. Victor P. Hamilton, "The Book of Genesis: Chapters 1-17" (Grand Rapids: Eerdmans, 1990), 390.

13:5). 그리고 창 14:14에 기록되어 있는 아브라함의 집에서 길리고 훈련된 자 318명의 존재를 고려해야만 된다. 아브라함의 부가 어느 정도 사라의 몸값 때문에 형성되었을 가능성을 배제할 수는 없지만 그 규모는 그렇게 크지는 않았을 것이다.

3~4절. 위기를 벗어나기 위한 첫 행동

3 그가 장막을 이동하여 네게브에서 벧엘까지, 벧엘과 아이 사이에 있는 초창기에
그의 장막을 쳤던 그 장소에 이르러 **4** 그가 그곳에 이전에 만들었던 제단 장소로 갔
더라. 그리고 그곳에서 아브람이 여호와의 이름을 불렀더라.

애굽에서 나온 아브라함은 네게브에 머물지 않고 이동을 위해 장막을 치고 걷기를 거듭하여 곧장 벧엘로 되돌아갔다.[6] 아브라함이 거쳐 지나온 장소들이 많이 있지만 3절은 그 장소들에 대해 전혀 언급하지 않고 아브라함이 곧장 네게브에서 벧엘로 간 것처럼 보이게 만들었다. 아브라함은 왜 이집트에서 추방되어 나와 네게브에 도착한 후 곧바로 벧엘로 갔을까? 아직도 네게브에는 가뭄이 계속되고 있었기 때문에 아브라함은 그곳에 머물 수 없어서 벧엘로 옮겨 갔을까? 창 13:1은 아브라함이 되돌아온 네게브의 상황에 대해 전혀 언급하지 않는다. 그의 벧엘 귀환은 자신에게 발생한 위기를 원점에서 풀고자 하는 신앙 의지의 표현이다.[7] 아브라함의 벧엘 귀환은 창 12:5 이하에 기록된 아브라함의 가나안 이동 경로와 대조를 이룬다.

벧엘 ➡ 네게브 ➡ 이집트 // 이집트 ➡ 네게브 ➡ 벧엘

사실상 3~4절은 아브라함이 하나님께로 되돌아왔음을 강조하고 있다. 3절은 아브라함이 네게브를 떠나 단순히 벧엘로 되돌아왔다고 말하지 않고, 의미

6) John Calvin, *The First Book of Moses called Genesis*, 368.
7) Sarna, *Genesis*, 97.

심장한 부연설명을 더하고 있다.

3 וַיֵּ֙לֶךְ֙ לְמַסָּעָ֔יו מִנֶּ֖גֶב וְעַד־בֵּֽית־אֵ֑ל עַד־הַמָּק֗וֹם אֲשֶׁר־הָ֨יָה שָׁ֤ם אָהֳלוֹ֙ בַּתְּחִלָּ֔ה
בֵּ֥ין בֵּֽית־אֵ֖ל וּבֵ֥ין הָעָֽי׃

아브라함이 되돌아온 곳은 벧엘 중에서도 그가 이전에 자신의 장막을 쳤던 장소이며, 3절은 아주 친절하게도 그곳이 벧엘과 아이 사이의 장소라고 창 12:8의 표현을 다시 사용하고 있다. 한글 성경은 벧엘에 대해 그가 처음 제단을 쌓은 곳이라고 한다. 창 12:7에 의하면 아브라함은 이미 세겜 땅 모레 상수리나무에서 단을 쌓았던 적이 있기 때문에 벧엘의 제단은 엄밀한 의미에서 두 번째 제단이다. 이런 문제가 생긴 것은 히브리어 '테힐라' תְּחִלָּה(시작)와 '리소나' רִאשׁוֹן(처음, 이전)를 해석하는 과정에 생긴 오류이다. 이 두 단어는 첫 번째라는 의미보다는 가나안 생활 초기의 의미로 사용하였다. 분명한 것은 3~4절에서 아브라함이 되돌아와서 정착한 벧엘에 대하여 '시작'과 '처음'이란 말을 반복 사용함으로 아브라함의 벧엘 귀환의 의도가 '처음'과 '시작' 때의 것과 관련 있음을 아주 강조하고 있다. 왜 성경은 이 사실을 강조하며, 아브라함은 왜 과거의 거주지로 되돌아왔을까? 4절은 아브라함이 되돌아온 장소에 대해 3절에 이어 계속해서 덧붙이고 있다.

4 אֶל־מְקוֹם֙ הַמִּזְבֵּ֔חַ אֲשֶׁר־עָ֥שָׂה שָׁ֖ם בָּרִאשֹׁנָ֑ה וַיִּקְרָ֥א שָׁ֛ם אַבְרָ֖ם בְּשֵׁ֥ם יְהוָֽה

아브라함이 되돌아온 곳은 벧엘과 아이 사이의 불특정한 어떤 장소가 아니라 그가 초창기에 쌓아 만들었던 제단이 있는 장소로 돌아왔다. 3~4절은 광범위한 장소에서 특정한 장소로 좁혀 들어가며 한정 짓는 방법으로 아브라함의 도착 장소를 제시하고 있다.

전체 벧엘 지역 ➡ 벧엘과 아이 사이 ➡ 제단을 쌓은 장소이를 위해 명사 '마콤' מָקוֹם(장소)을 반복해서 사용하고 있으며, 전치사도 포괄적이고 방향의 의미를 가진 전치사에서 구체적이고 가까운 방향의 의미의 전치사로 구분하여 사용한다.

아드 עַד(~까지) ➡ 아드 עַד(~까지) ➡ 엘 אֶל(~에)

3절은 벧엘에 도착한 아브라함 그가 이전에 장막을 쳤던 장소라고 말하며 그의 최종 목적지에 초점을 맞추어 준다. 이에 더해 4절은 아브라함이 벧엘의 이전 장막터에 정착한 것으로 그의 귀환을 끝맺지 않고 그가 제단을 쌓고 여호와의 이름을 불렀던 장소에 도착했다고 덧붙여 그의 이동의 최종 목적이 이 제단에 되돌아오는 것임을 밝히고 있다. 이 제단에 돌아와서 했던 행동은 창 12:7~8에서 했던 것처럼 하나님께 예배를 드리며 하나님의 이름을 부르는 것이었을 것이다. 아브라함의 행동은 창 12:7~8에서 이 장소에서 하나님께 가졌던 처음 자세를 회복하려는 것이다.[8] 즉 아브라함은 가나안을 떠나 이집트로 갔다가 아내를 누이로 사칭함으로 야기된 모든 신앙의 위기를 떨쳐 버리고, 벧엘의 제단에서 하나님의 이름을 부름으로 하나님과의 처음 관계를 회복하고 하나님께서 주신 가나안 땅에 대한 비전을 구현하기 위해 처음부터 다시 시작하려고 했다. 이러한 아브라함의 의지를 보여 주기 위해 3~4절은 주어인 아브라함의 이름을 따로 언급하지 않다가 4절 마지막 문장에서 하나님의 이름을 부른 이가 다름 아닌 아브라함임을 거명하고 있다.

5~13절. 롯이 아브라함과 가나안 땅을 떠남

롯은 약속의 땅을 상속할 자가 아니었다. 아브라함의 자손이 아니기도 했지만, 그는 소돔 지역으로 옮겨 간 것에서 볼 수 있듯이 성공을 위해서는 옳고 그른 것을 구분하지 않는 사람이었기 때문이다. 아브라함이 벧엘로 돌아온 이유는 아브라함이 아내 사라를 누이라고 하면서까지 지키려고 했던 자신과 자신

8) Derek Kidner, *Genesis* (Downers Grove: IVP, 1967), 117~118.

의 기업에 대해 다시 생각하게 되었기 때문이다. 바로의 집안에 재앙을 내리신 하나님은 바로를 통해 사라가 아브라함 그의 아내임을 다시 한번 각인시켰다. 이것은 하나님이 창 12:7에서 말씀하신 '네 자손'의 의미가 롯이 아니라는 것을 생각하게 되었을 것이다. 결국 아브라함은 조카이자 양자인 롯과 가나안 땅에 대한 하나님의 계획을 알아보기 위해 롯이 가나안 땅에 대해 어떤 생각과 행동을 하는지 살피게 된다. 두 사람의 분가는 소유물로 인한 그들의 목자들 사이의 다툼에서 시작된다.

5~7절. 아브라함과 롯의 목자들의 갈등

5 그리고 아브람의 일행 롯에게도 역시 양떼와 소떼와 장막들이 있었더라. **6** 그 땅은 그들이 함께 거주하게 할 수 없었더라. 그들의 소유가 많았고 그래서 그들은 함께 거주할 수 없었더라. **7** 아브람의 가축의 목자들과 롯의 가축의 목자들 사이에 다툼이 있었고 그리고 그때에 가나안 사람과 브리스 사람이 그 땅에 거주하고 있었더라.

아브라함의 귀향 소식을 마무리한 후 5절은 곧바로 롯의 소유에 대해 말한다. 5절은 구문론적으로 두 가지 특징을 가지고 있다. 첫째는 롯이 문장의 앞으로 도치되어 강조되고 있다. 롯에게 많은 재산이 있었음을 강조하고 있다. 둘째는 '롯' 앞에 '감' גַּם(역시)이란 표현을 두었다.

5 וְגַם־לְלוֹט הַהֹלֵךְ אֶת־אַבְרָם הָיָה צֹאן־וּבָקָר וְאֹהָלִים

'감' גַּם(역시)은 문장의 내용이 앞의 특정한 문장과 논리적으로 이어지는 내용을 담고 있을 때 사용된다. 이 경우 창 13:5은 창 13:2의 아브람의 재산에 관한 진술과 논리적으로 이어진다. 아브라함에게 많은 재산이 있었던 것처럼 롯에게도 많은 재산이 있었다는 것이다. 이것은 창 13:5 이하에서 확인할 수 있는 것처럼 창 13:2의 아브라함의 재산에 대한 언급은 이집트에서 나올 때 아브라함이 바로에게 받았을지도 모를 재산에 대한 관심 때문이 아니라, 그의 조카 롯과의 갈등을 도입하기 위해 언급되었음을 보여준다. 둘의 재산에 대한 표현에는 차이가 있다. 아브라함의 재산은 육축과 은과 금으로 표현된 데 반해 롯은 양과 소와 장막이다. 양과 소를 육축과 같은 범주에 해당된다고 볼 때, 차이점은 아브라함의 재산에는 은과 금이 포함되어 있고 롯의 재산에는 장막이 포함되어 있다. 롯의 재산에서 특별히 눈길을 끄는 것은 그의 장막이다. 히브리어 표현에서는 장막이 단수가 아니라 복수형 '오하림' אֹהָלִים이다. 즉 롯에게는 다수의 장막이 있었다. 아마도 이들 장막은 그의 목자들의 주거지였을 것이며, 롯 자신도 많은 목자를 거느릴 정도로 큰 부자였음을 보여준다.

5절에서 주목해야 할 또 다른 특징은 롯에 대한 표현이다. 롯은 아브라함의 조카가 아니라 일행이라고 표현되었다. 둘 사이의 관계는 창 11:27에서 창 13:5까지에 묘사된 표현들을 살펴보면 여러 차례에 걸쳐 미묘한 변화가 있었음을 알 수 있다. 우선 데라가 갈대아 우르를 떠날 때 아브라함과 롯 그리고 사라를 데리고 갔다고 하면서 롯의 이름은 아브라함과 나란히 등장하고 아브라함의 아내 사라는 그다음에 등장한다(창 11:31). 그리고 아브라함이 하란을 떠날 때에 롯이 먼저 언급되든지(12:4) 아니면 사라와 롯의 이름은 나란히 등장한다(12:5). 그러나 창 13:1에서 롯의 이름은 아브라함의 소유물 다음으로 밀려나 있다. 놀랍게도 창 12:5에서 롯은 아브라함의 조카로 표현되었지만(בֶּן־אָחִיו), 창 13:5에서 롯은 아브라함의 일행(לוֹט הַהֹלֵךְ אֶת־אַבְרָם)이라고 불리고 있다.

아브라함 - 롯 - 사라(창 11:31)

→ 아브라함 - 롯(창 12:4)

→ 아브라함 - 사라 - 롯 - 모든 소유와 사람들(창 12:5)

→ 아브라함 - 사라 - 모든 소유 - 롯(13:1)

→ 아브라함의 일행(13:5)

이집트에서 빠져나온 그들에게 무슨 일이 있었을까? 아브라함과 롯은 벧엘에 함께 정착하였지만, 두 사람의 소유가 너무 많아 그 땅에 함께 살 수가 없게 되었다. 그들의 소유를 나타내는 히브리어 표현 '레쿠쉬' רְכוּשׁ는 창 12:5에서 그들이 하란에서 가져 나온 소유와 동일한 표현이다. 6절은 그 땅이 이 두 사람의 공존을 감당할 수 없었다고 한다. 6절은 더 나아가 이들도 소유물이 너무 많아 서로 함께 살 수 없었다고 한다. 결국 그들의 목자들은 주인을 대신하여 좋은 목초지를 서로 차지하기 위해 다투게 되었다. 이들의 다툼은 폭력적이지는 않았던 것 같다. 이들의 다툼을 묘사하는 히브리어 표현 '리브' רִיב는 법적인 다툼에 많이 사용된다.

아브라함과 롯의 목동들의 싸움의 직접적인 이유는 소유가 너무 많았기 때문이다. 그러나 이에 못지않은 다른 이유도 있었던 것 같다. 7절 후반부에는 예상치 못한 표현이 하나 있다. 바로 가나안 민족과 브리스 민족이 그들이 정착한 땅에 살고 있었다는 것이다. 이미 창 12:6에는 당시에 이 지역에 가나안 민족이 살고 있었다고 언급했다. 이번에는 가나안 민족에 더해 브리스 민족이 포함되었다. 이들 두 민족이 언급된 이유가 무엇일까? 아브라함과 롯의 목자들이 서로 갈등하는 동안 이들이 가나안과 브리스 민족과는 어떤 관계였는지 전혀 언급이 없다. 아마도 벧엘이 아브라함과 롯이 목축을 하며 공존할 만한 땅이었지만, 이미 이 지역에 이들 두 민족이 존재하고 있었고 아브라함과 롯이 이들에 덧붙여 살아가기에는 좁은 땅이었을 것이다.[9] 하지만 이 두 민족은 창 15:20에서 가나안에 살고 있는 죄악으로 물든 민족들에 포함되어 있음을 주목할 필요가 있다. 이들의 죄악이 아브라함과 롯의 목동들의 갈등에 무슨 역할을 하였는지 알 수 없지만, 둘의 갈등 다음에 이들의 존재를 언급한 것은 의미심장하다. 이들은 아브라함과 롯의 목자들 사이에 갈등을 조장하였을 수도 있다. 아니면 히브리어 '리브' רִיב를 사용하여 목자들의 갈등을 말한 후 가나안 족속들을 언급한 것을 감안하면, 목자들이 가나안 사람들에게 서로 상대를 비방하며 편들어 줄 것을 요청하였을 수 있다.

9) Sarna, *Genesis*, 98.

8~9절. 아브라함의 분가 제안

8 아브람이 롯에게 말하기를 "나와 너 사이에 그리고 나의 목자들과 너의 목자들
사이에 다툼이 없게 하자. 이는 우리는 친족이기 때문이라. **9** 모든 땅이 네 앞에 있
지 아니하냐? 너는 나로부터 분가하라. 좌로 가면 나는 우로 가고, 우로 가면 내가
좌로 가리라."

롯은 12장에서 하란을 떠날 때나 이집트에서 가족이 위기에 처했을 때 무대 뒤에 조용히 있었는데 반해, 13장에서는 목장을 두고 삼촌 아브라함과 갈등을 일으킨다. 아브라함의 목자와 롯의 목자 사이에 갈등이 고조되자 문제 해결을 위해 나선 사람은 아브라함이다. '너와 나 사이'(베이니 우베이네이카 וּבֵינֶיךָ בֵּינִי)에서 볼 수 있듯이 아브라함은 목자들 사이의 분쟁을 그들만의 문제로만 여기지 않고 롯과 아브라함 자신의 문제로 생각하였다. 아브라함이 이렇게 생각한 이유는 이 분쟁의 성격 때문이다. 아브라함은 롯에게 '다툼이 없게 하자'라고 할 때 이 다툼을 '므리바' מְרִיבָה라고 했다. 므리바는 구약 성경 다른 곳에서는 항상 이스라엘 백성들이 하나님 또는 모세에게 불평과 원망을 쏟아 내고 그 결과로 반석에서 물이 나왔던 므리바 우물 사건을 가리키는 말로 사용된다. 이런 점을 고려한다면, 아브라함과 롯의 목자들은 각각 상대방의 주인을 원망하고 비난하며 다투었을 것으로 생각된다. 그렇기 때문에 아브라함은 롯에게 너와 나 사이에 다툼이 있게 말자고 하였다. 아브라함은 롯에게 다투지 말자고 하면서 그 이유로 모든 사람이 형제들이라고 말한다. 학자들 중에는 조카인 롯에게 형제라고 한 것은 두 사람의 관계에 대한 또 다른 전통이 여과 없이 기록되면서 일어난 현상이라고 하기도 한다. 하지만 여기에서 형제라는 말은 동족 또는 친족이란 의미로 해석하는 것이 더 적절하다.[10] 창 12:5에서 아브라함은 롯을 동생의 아들 또는 조카라고 자신과 롯을 특별한 근친 관계로 말하였는데, 창 13:8에서 포괄적인 관계를 나타내는 친족 또는 동족이라고 표현한 것은 소

10) Gordon Wenham, *Genesis 1-15*, 297. 창 31:32와 레 10:4에서 '아흐' אָח는 친족의 개념으로 사용되고 있다.

원해진 두 사람의 상황을 드러내기 위해서이다. 어쨌든 아브라함이 12장에서 관계적 측면에서 볼 때 조카 롯보다 더 가까운 아내 사라를 누이라고 하며 갈등을 일으켰는데, 여기에서는 관계상 더 먼 친척이란 이유로 갈등을 종결짓는데 앞장서는, 일종의 대조되는 행동을 하고 있다.

조카 롯과 분가하는 과정에서 아브라함은 9절에서 두 가지 아주 특별한 모습을 보여 준다. 첫째, 아브라함은 하란에서부터 이집트로 그리고 이제 함께 벧엘로 돌아온 롯에게 자신을 떠날 것을 요구한다. 아브라함은 처음부터 이 문제에 대해 롯과 의논하거나 견해를 타진하는 것이 아니라, 홀로 생각하고 롯에게 자신으로부터 떠나라고 한다. 명령문으로 된 '나를 떠나라'는 말은 히브리어에서 '히파레드 나 메아라이' הִפָּרֶד נָא מֵעָלָי로 표현되어 있다. 이 표현은 명령문이지만, 강한 청원의 형태를 지니고 있다. 아브라함의 분가 요청은 단순히 누가 벧엘에 남을 것인가를 정하는 것이 아니다. 아브라함이 롯에게 '온 땅이 네 앞에 있지 아니하냐'(הֲלֹא כָל־הָאָרֶץ לְפָנֶיךָ 하로 콜-하아레츠 레파네이카)고 한 말은 가나안 전역을 염두에 두고 하는 말이다. 아브라함은 롯과 확실하게 분가하려 하고 있다. 창 12:1에서 하나님의 약속과 명령에 따라 아비의 집을 떠날 때 롯을 데리고 나온 것은 그가 롯도 함께 하나님의 약속의 성취를 누릴 것으로 생각했기 때문이다. 그런데 아직 하나님의 약속의 성취하고는 거리가 먼 시점에서 아브라함은 왜 갑자기 롯을 떠나 보내려고 했을까? 조카와 다투는 것을 견딜 수 없었기 때문일까? 13장이 이들의 분가 과정을 그리기에 앞서 창 13:2~5에서 제단을 다시 쌓고 하나님의 이름을 부르며 예배를 드리는 것을 중심으로 아브라함과 롯의 재산에 대한 언급을 배열한 것은 결코 우연이 아니다.

2절. 아브라함의 재산

  3~4절. 벧엘 제단에서 여호와의 이름을 부름

5절. 롯의 재산

5절의 '베감-레롯'(וְגַם־לְלוֹט 그리고 롯에게도 역시)이 논리적으로 2절의 아브라함의 재산과 연결시키는 것을 고려할 때 3~4절은 2절과 5절 사이에 의도적으로 삽입되었음을 보여준다. 그렇다면 3~4절에서 아브라함이 여호와의 이름을 부른 것을 삽입한 의도는 아브라함이 롯에게 분가 요청하는 일에 중요한 영향을 미쳤음을 보여 주려는 것이다. 벧엘의 장막과 제단을 호칭하면서 '밧테힐라' בַּתְּחִלָּה(3절, 처음에)와 '바리소나' בָּרִאשֹׁנָה(4절, 초기)라는 표현을 넣은 것은 벧엘에서 제단 쌓은 것과 세겜에서 제단을 쌓은 것을 하나로 묶으려는 의도를 가지고 있으며, 이렇게 한 의도는 당연히 하나님이 세겜에서 가나안 땅을 네 후손에게 주리라고 했던 약속을 벧엘 제단에서 여호와의 이름 부르는 행동에 포함시키기 위해서이다. 그렇다면 아브라함은 혹시 창 12:7에서 하나님이 하신 약속이 문자적으로 자신의 자식일 수 있다는 생각을 하고 그동안 자신의 기업을 상속받을 양자처럼 데리고 있던 롯이 창 12:7에서 하나님이 말한 '너의 자손'인지 아닌지를 확인해 볼 생각을 가진 것이 아닐까?[11] 아브라함이 이집트에서 나와 네게브에 도착하자마자 벧엘로 부랴부랴 달려온 것은 아마도 이집트에서 사라의 일로 인해 바로에게 일어난 모든 일들이 아브라함의 생각에 영향을 미쳤기 때문일 수 있다.

둘째 특별한 모습은 9절에서 아브라함이 롯에게 하는 행동들이다. 이집트로 내려가던 아브라함은 자신의 생명을 부지하기 위해 아내를 누이라고 하자고 간청할 만큼 이기적이고 불신앙의 모습을 보인 사람이었다. 이집트에서 바로가 그의 아내를 데려갈 때도 아브라함은 아무 소리하지 않고 그녀를 떠나 보내며 자신의 기업과 생명을 지키려 하는 야속한 모습을 사라에게 보였다. 그런 아브라함이 롯과 헤어질 때에는 사라에게 했던 모습과는 달리 롯에게 매우 관대하게 대하고 있다.[12] 롯이 좌하면 그는 우하고, 롯이 우하면 그는 좌로 가겠다고 하면서 아브라함은 롯에게 선택 우선권을 준다. 왜 아브라함은 선택 우선권을

11) Bill T. Arnold, *Encountering the Book of Genesis* (Grand Rapids: Baker, 1998), 75.

12) 본 라드는 아브라함의 관대한 태도를 창세기가 믿음의 조상들의 삶에서 본이 될 만한 것으로 언급한 몇 안되는 사례들 중에 하나라고 생각한다. Gerhard von Rad, *Genesis*, 166. Walter Brueggemann, *Genesis*, Interpretation (Atlanta: John Knox Press, 1982), 132~133. Victor Hanilton, *The Book of Genesis*, 391.

롯에게 주었을까? 비록 롯을 떠나 보내지만, 아브라함은 여전히 롯에게 깊은 애정을 가지고 있었을 것이다. 창세기 14장에서 롯을 구하려는 아브라함의 출전은 좋은 예가 될 것이다. 최소한 창 13:8에서 말한 것처럼 친족이라는 친밀감을 느끼고 있었을 것이다. 아브라함의 태도는 창 13:2~3에서 그가 하나님께 제단을 쌓고 이름을 부르며 예배 드림으로 생겨난 그의 성품의 변화일 수 있다.[13] 그러나 아브라함이 롯에게 선택 우선권을 준 것은 가나안 땅과 관련하여 이해해야 한다. 아브라함이 롯에게 "온 땅이 네 앞에 있나니"라고 말한 것은 벧엘만을 염두에 둔 것이 아니라 틀림없이 가나안 전역을 염두에 두고 있다. 혹자는 아브라함이 롯에게 선택 우선권을 넘겨 줌으로 롯이 가나안 땅을 차지할 위기를 자초했었다고 생각하는 사람들이 있다.[14] 그러나 아브라함이 창 13:2~3에서 제단을 쌓고 예배를 드리고 내린 결정이라면, 그의 선택권 양보는 하나님께서 그의 자손에게 가나안 땅을 주겠다고 하신 말씀에 대한 신뢰에 근거하였을 것이다.[15] 조카 롯과 하나님의 약속을 공유할 수 없음을 깨달은 아브라함은 롯에게 선택권을 줌으로 단순히 그와 헤어지겠다는 의지를 드러낸 것이 아니라, 롯이 무엇을 선택하는지, 즉 가나안 땅을 선택하는지를 확인하려 했을 가능성이 더 크다. 롯의 선택을 보면서 가나안 땅을 주겠다는 후손이 롯인지 아닌지를 확인하는 것이다. 아브라함의 의도는 하나님의 후손에 대한 약속의 대상을 확인하는 것이다. 이런 의도가 있었음을 본문 자체는 확인해 주지 않지만 이어지는 14절 이하에서 하나님이 아브라함에게 하는 말씀은 롯에게 선택권을 주고 분가시키는 아브라함의 의도를 짐작하게 해 준다.

10~11절. 롯의 선택

10 롯이 그의 눈을 들어서 요르단 평야 전체를 바라본즉 그 모든 땅은 물이 잘 공급되었고, 하나님이 소돔과 고모라를 멸망시키기 전이어서 소알 입구까지 여호와의

13) Sarna, *Genesis*, 98.

14) John H. Sailhamer, *The Pentateuch as Narrative*, 143.

15) Derek Kidner, *Genesis*, 118. Bill T. Arnold, *Encountering the Book of Genesis*, 75. Tremper Longman III, *How to Read Genesis* (Downers Grove: IVP, 2005), 130.

동산 같고 애굽 땅과 같았더라. **11** 롯이 자신을 위하여 요르단 평야 전체를 선택하
였고 그리고 롯은 동쪽으로 갔더라. 그리하여 그들은 서로서로 분가하였더라.

아브라함이 먼저 선택하라고 하자 롯은 삼촌 아브라함에게 함께 있자고 말하지 않고, 양보하거나 그를 배려하지 않고 즉시 옮겨갈 땅을 선택한다. 롯은 땅을 선택하기 위해 자신의 눈을 들어 살펴보기 시작했다. 아브라함과 함께 하나님이 지시할 땅을 찾아왔지만, 지금 롯은 하나님이 지시할 땅에 대해 전혀 관심이 없고 자신의 눈을 통해 마음에 드는 땅을 찾고 있다. 롯은 옳고 그른 것을 전혀 고려하지 않고 겉으로 보이는 것만 생각하고 선택하였다. 롯의 선택에 대해 창 13:10~11은 몇 가지 중요한 사실을 기록하고 있다. 첫째, 롯은 선택을 위해 요르단 평야 전체를 보았다는 것이다. 요르단 평야 전체라는 말은 10절과 11절에서 세 번 나오고 있다.[16)]

10b. כָּל־כִּכַּר הַיַּרְדֵּן 콜 킥칼 하야르덴 10c. כֻלָּהּ 쿨라

11a. כָּל־כִּכַּר הַיַּרְדֵּן 콜 킥칼 하야르덴

이 말들은 전체성을 강조하는 말이다. 이 말은 롯의 욕심을 부각시키는 말로 이해할 수도 있지만 이보다는 오히려 요르단 평지 전체와 가나안 땅 전체와 대비 점을 만들 목적으로 쓴 표현이다. 즉 롯이 요르단 평야 전체를 선택했다는 말은 역으로 말하자면 롯이 요르단 평야 전체와 대비를 이루고 있는 가나안 땅 전체에 대해 관심을 가지지 않았다는 뜻이다. 롯이 요르단 평야 전체를 선택함으로 자연스럽게 아브라함이 가나안 땅 전체를 선택하게 된다. 이로써 롯은 가나안 땅 전체를 기업으로 받을 창 12:7의 그 후손이 아님을 확실하게 보여주는 선택을 하였다.[17)]

16) Sarna에 의하면 벧엘은 해발 880m이고, 1 km 정도 남동쪽에 있는 Burj-Beitin은 요르단 평야를 한 눈에 볼 수 있는 곳이라고 한다. Sarna, *Genesis*, 98.

17) Larry R. Helyer, "The separation of Abram and Lot: Significance in the Patriarchal Narratives," *JSOT* 26(1983): 77~88.

둘째 특징은 롯의 선택에 대한 심상치 않은 표현들이다. 첫째는 '소돔과 고모라를 멸하시기 전이었는고로'이다.[18] 창 13:10은 먼저 롯이 바라본 땅이 물이 넉넉한 땅이었다고 말한다. 더 구체적으로 말하자면, 롯이 서 있는 벧엘 인근에서 소알 땅 입구까지의 요르단 강 좌우에 펼쳐져 있는 넓은 평야 지역이 물이 넉넉한 옥토였다고 한다. 그리고 롯은 요르단 평야 지역을 여호와의 동산 또는 에덴 동산과 애굽 땅과 같다고 생각했다. 이 메시지는 두 가지 의미를 지닌다. 우선 에덴 동산에 대한 전통이 당시에 존재하고 있었고, 아브라함과 롯은 그 전통을 알았다는 것이다. 그것도 요르단 평야가 에덴 동산처럼 물이 넉넉하다고 하는 말은 롯이 창세기 2:10 이하의 기록처럼 에덴 동산에 물을 충분하게 공급해 줄 수 있는 강이 있었던 것을 알고 있었음을 보여준다.[19] 요르단 강 주변 지역은 사막이지만 경작을 할 수 없는 모래 사막이 아니고, 물만 공급되면 훌륭한 경작지로 탈바꿈되는 그런 사막이다. 하지만 이 지역은 우기 때에 유다 산지에 내린 비가 지하로 스며들어 모이는 곳으로 지하수가 아주 풍부한 곳이어서 현대 이스라엘은 건기 때에도 지하수를 이용하여 거대한 농장을 개발하여 경작하고 있다. 둘째는 롯이 애굽 땅에 대해 긍정적인 생각을 가지고 있었다는 것이다. 아브라함과 사라에게 애굽 땅은 아내 사라를 누이라고 사칭했다가 빼앗기고 되찾은 고통과 치욕의 땅이었다. 롯에게 애굽 땅은 여호와의 동산 에덴과 비교되는 땅이었다. 애굽 땅에 대한 긍정적인 평가는 고라의 반역 사건에서 다단과 아비람이 애굽 땅을 "젖과 꿀이 흐르는 땅"이라고 한 말에서도 볼 수 있다(민 16:13). 이런 땅이었음에도 불구하고 창세기 저자는 요르단 평야에 대한 최상의 표현 '여호와의 동산'과 '애굽' 앞에 '여호와께서 소돔과 고모라를 멸망시키기 전'라는 말을 덧붙였다. 이 표현은 롯 자신의 눈으로 보기에 최고의 땅이었을지 모르지만 그 땅은 멸망의 그림자가 어른거리는 땅이라는 이미지를 주며, 창세기 18~19장에 기록된 소돔과 고모라에 대한 불 심판을 떠올리게 하며, 소알

18) 소돔과 고모라에 대한 첫 기록은 창 10:19이다. 창 10:19에 의하면 소돔과 고모라는 함의 자손인 가나안 자손의 거주지의 경계를 형성하고 있다.

19) John Calvin, *Genesis*, 373. Gordon Wenham, *Genesis 1-15*, 297.

은 롯이 당하게 될 운명을 연상시킨다.[20)]

롯의 선택과 관련된 둘째 특징은 '동쪽으로 옮기니'(וַיִּסַּע לוֹט מִקֶּדֶם 와잇사 롯 믹케뎀)라는 표현이다. 롯은 요르단 평야 전체를 선택하고 그리고 그곳으로 이사하였다. 요르단 평야는 벧엘 동쪽에 있기 때문에 그가 새로운 정착지로 옮겨 가려면 당연히 동쪽으로 이동하여야 한다. 하지만 이 표현이 사용된 예들이 매우 의미심장하다. 창 13:11을 포함하면 창세기 1~13장에는 '동쪽으로 이동'한 일들이 모두 네 번 기록되어 있다.[21)] 1) 아담과 하와가 선악과를 따먹고 그에 대한 징벌로 에덴 동산에서 쫓겨나갈 때 '그들이 에덴의 동편에 머물렀다'고 기록하고 있다(창 3:24, וַיַּשְׁכֵּן מִקֶּדֶם לְגַן־עֵדֶן 와야스켄 믹케뎀 레간-에덴). 2) 가인이 아벨을 살해한 후 하나님께 벌을 받아 하나님 앞에서 쫓겨나 땅에서 유리하는 자가 되었을 때, 그는 에덴의 동편으로 가서 정착하였다(창 4:16, וַיֵּשֶׁב בְּאֶרֶץ־נוֹד קִדְמַת־עֵדֶן 와에세브 베에레츠-놋 키드마트-에덴). 3) 노아 홍수 후에 다시 땅에 번성하기 시작한 노아의 후손들이 바벨 성과 탑을 쌓았다. 그 결과 노아의 후손들은 언어가 혼동되고 땅 위에 흩어지게 되는 하나님의 벌을 받았다. 그들이 바벨 성과 탑을 쌓은 장소도 동방이다(창 11:2, וַיְהִי בְּנָסְעָם מִקֶּדֶם 와예히 베나스암 믹케뎀). 공교롭게도 롯은 아브라함과 분가하면서 동쪽으로 이동하고 있다(창 13:11, וַיִּסַּע לוֹט מִקֶּדֶם 와잇사 롯 믹케뎀). 바벨 성과 탑을 쌓은 사람들의 이동에 관한 묘사와 롯의 이동에 관한 묘사는 유사하다.[22)]

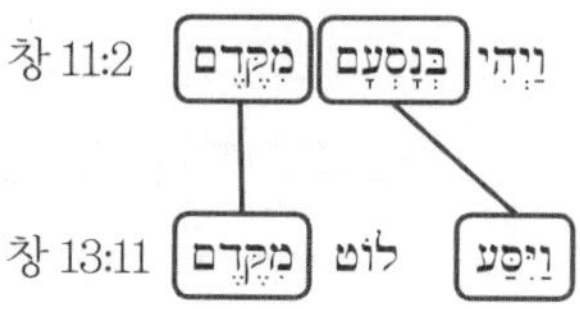

20) John H. Sailhamer, *The Pentateuch as Narrative*, 144.

21) Gordon Wenham, *Genesis 1-15*, 298. 해밀턴은 롯이 요르단 평야 지역을 보는 것을 하와가 선악과를 본 것과 엘로힘의 아들들이 사람의 딸들을 본 것과 같은 차원에서 부정적으로 생각한다. Victor Hamilton, *The Book of Genesis*, 392. John H. Walton, *Genesis*, NICAC (Grand Rapids: Zondervan,2001), 415.

22) John H. Sailhamer, *The Pentateuch as Narrative*, 144.

'동쪽으로'라는 부사구에 더하여 동사가 둘 다 '나사' נָסַע(텐트를 걷다, 이동하다)이다. 창 11:2에서는 '나사'의 부정사 연계형이고 창 13:11에서는 미완료형이다. 롯이 이동해 간 그 동쪽에 살고있는 소돔과 고모라 사람들은 죄인들이었고(창 13:13), 결국 하나님은 소돔과 고모라를 심판하며 롯의 가족은 아브라함의 중보기도와 천사들의 도움으로 그 심판의 폭풍에서 빠져나온다. 이렇게 창 13:11은 롯의 선택에 대해 매우 부정적인 평가를 내리고 있다.

12~13절. 아브람과 롯의 분가와 소돔에 대한 평가

12 아브람은 가나안 땅에 정착하였고 그리고 롯은 평야의 도시들에 정착하였더라. 그리고 그는 장막을 옮겨 소돔에 이르렀더라. **13** 소돔 사람들은 여호와께 심히 큰 악인이자 죄인이었더라.

롯이 요르단 들을 택한 것은 요르단 들이 에덴과 애굽처럼 물이 넉넉했기 때문이고, 또한 에덴과 애굽에 대한 동경 때문이었을 것이다. 그러나 롯은 겉을 보느라 정작 봐야 할 그 속을 들여다보지 못했다. 롯이 즐겁게 찾아간 소돔 사람들은 악하고 죄악으로 가득한 사람들이었다(13절). 노아 홍수 때에 '사람의 죄악이 세상에 관영함'이라고 할 때 '죄악'이란 표현이 '소돔 사람은 악인이며'에서 '악'과 동일한 표현이며, 선악과의 '악'과 동일한 표현이다. 이 표현이 소돔 사람의 죄악을 묘사하기 위해 여기에서 다시 사용되었을 뿐만 아니라, 그들을 '죄인'(וְחַטָּאִים מְאֹד)이라고 하였다. 이 표현은 구약 성경에서 여기에서만 사용되었다. 더욱이 그들은 심히 큰 악인이자 죄인이었다. 히브리어 표현에서 '심히'는 악인과 죄인 모두를 수식하고 있다. 13절은 소돔 사람들은 다름 아닌 여호와께 아주 심각한 죄인이었음을 강조하고 있다(וְאַנְשֵׁי סְדֹם רָעִים וְחַטָּאִים לַיהוָה מְאֹד). 창 15:16에서 가나안 땅을 아브라함과 그의 자손에게 바로 넘겨 주지 않은 이유가 그 땅에 살고 있던 아모리 족속의 죄악이 아직 관영치 않았기 때문이라고 했는데, 소돔과 고모라만큼은 이미 그 정도를 넘어서 하나님이 심판하지 않으면 안되는 상황에 이르렀음을 보여주고 있다. 안타깝게도 롯은 겉은 멀쩡하지만 속은 다 썩어 버린 벌레 먹은 복숭아 같았던 소돔을 택하여 이사하였다.[23] 이에 더해 롯이 요르단 들을 선택한 것은 아주 중요한 의미를 지닌다. 창 12:7에서 하나님은 아브라함에게 가나안 땅을 그의 자손에게 주겠다고 하였다. 75살의 나이에 자식이 없던 아브라함은 당연히 롯이 자신의 가업을 이어가리라고 생각했을 것이다. 그러나 창 13:12에서 아브라함은 가나안 땅에 거하였지만, 롯은 평지 성읍, 즉 일반적으로 가나안의 경계로 생각하는 요르단 강 건너편의 도시들로 옮겨 소돔에 이르렀다고 한다.[24] 즉 롯은 가나안 땅 밖으로 나감으로 창 12:7의 약속의 땅을 차지할 '네 자손,' 아브라함의 자손의 대열에서 빠져 버렸다. 아브라함은 롯의 선택을 지켜보면서 가나안 땅을 네 자손에게 주리라고 한 하나님의 말씀의 의미를 되새겨 보는 기회를 가졌을 것이다.[25] 이것은 롯이 떠난 후에 하나님이 아브라함에게 다시 나타나서 하는 말씀에서 확인할 수 있다. 하나님은 아브라함에게 가나안 땅을 주겠다고 하면서 그의 후손에 대해 거듭 강조하고 있다.

14~18절. 땅과 자손의 약속과 제단 쌓기

14 여호와께서 아브람에게 롯이 그로부터 분가한 후 말씀하시기를 "너는 네 눈을
들어 네가 있는 장소로부터 북쪽과 남쪽 그리고 동쪽과 서쪽을 바라보라. **15** 네가
보는 모든 땅을 너에게 내가 주고 그리고 네 자손에게 영원히 주리라. **16** 내가 너의
자손을 땅의 티끌같이 만들 것이며 만약 사람이 땅의 티끌을 셀 수 있다면 네 자손
도 역시 셀 수 있으리라. **17** 일어나 그 땅을 종과 횡으로 다녀 보라. 너에게 내가 주
리라." **18** 그리고 아브람이 장막을 이동하여 헤브론에 있는 마므레 상수리 숲에 이
르러 거주하였더라. 그리고 그가 그곳에 여호와께 제단을 쌓았더라.

23) 해밀턴은 요르단 평야 남쪽에 있는 소돔과 고모라의 상황을 알지 못했었고, 만약 알았더라면 이를 선택하지 않았을 것이라고 추측한다. Victor Hamilton, *The Book of Genesis*, 394.

24) 민 34:2~12에 의하면 가나안의 동쪽 경계는 사해와 요단강이다. 민수기 32장에서 르우벤과 므낫세와 갓 지파가 요단강 건너편 땅을 기업으로 삼으려 했을 때 모세가 극렬한 반응을 보였던 것을 생각해 보라. 비록 그들의 요단강 건너편 정착을 승인해 주었지만 모세는 그들의 행위를 받아 들이기 힘들었다.

25) Victor Hamilton, *The Book of Genesis*, 393.

롯이 아브라함을 떠난 것은 단순히 목장을 찾아 아브라함과 공간적으로 떨어지는 것이 아니라 아브라함과의 관계상 분리였다.

אַחֲרֵי֙ הִפָּֽרֶד־ל֣וֹט מֵֽעִמּ֔וֹ
롯이 그로부터 분가한 후에

전치사구 '메임모' מֵֽעִמּוֹ의 '임' עִם은 관계상 '함께' 있는 것을 주로 나타내는 전치사이다. 그러므로 '메임모'는 롯이 아브라함과의 동반자적 관계에서 분리 되어 나갔음을 의미한다. 동사 '히파레드' הִפָּרֵד는 닢알 수동형이지만, 닢알이 항상 수동의 의미를 가지는 것이 아니라 주어의 의지를 나타내는 재귀적 의미를 가지고 있다. 수동형의 의미를 가졌다면, 아브라함이 롯에게 먼저 떠날 것을 제시한 것을 염두에 둔 표현일 수 있다. 하지만 롯이 아브라함과의 관계를 청산하고 떠나간 것으로 생각한다면 롯의 분가 의지를 나타내기 위해 재귀적 의미로 사용한 것으로 이해할 수 있다.

롯이 떠난 후에 하나님은 아브라함에게 눈을 들어 동서남북을 보라고 말한다. 롯도 자신의 눈을 들어 요르단 평야 전체를 보았는데, 아브라함도 눈을 들어 사방을 보게 된다. 하지만 롯과는 달리 아브라함은 하나님의 지시에 따라 사방을 바라보았다. 창 12:1에서 하나님이 아브라함에게 지시할 땅으로 가라고 할 때 명령문을 사용하였는데 창 13:14에서 다시 명령문을 통해 아브라함에게 눈을 들어 보라고 명령한다. 특이하게도 하나님은 '눈을 들어'라는 표현에서 청원형 감탄사 '나' נָא(please, 제발)를 덧붙였다. 이 표현은 구약 성경에서 하나님이 사람에게 말할 때 4번밖에 사용하지 않은 희귀한 표현이다.[26] 왜 이런 표현을 사용했을까? 하나님은 롯의 분가로 마음이 불편한 아브라함에게 눈을 크게 떠서 하나님의 큰 계획을 보고 신뢰하도록 만들기 위해 이 표현을 사용하였을 가능성이 있다. 창 13:14~15은 사실상 하나님께서 가나안 땅 전체를 아브라함에게 주겠다고 한 첫 표현이다. 이것은 롯이 바라보고 선택한 요르

26) 창 13:14, 15:5, 22:2, 출 11:2. Victor P. Hamilton, *The Book of Genesis: Chapters 1-17*, 394.

단 평야 전체와 대조를 이루고 있다.

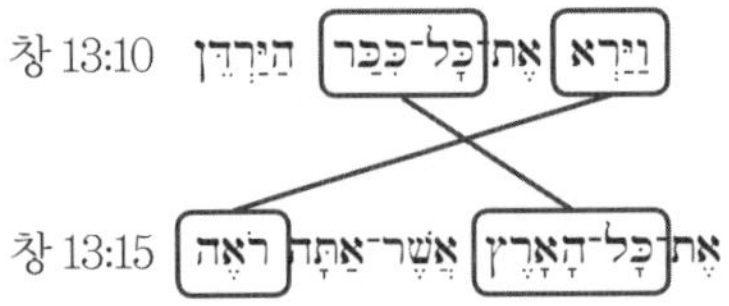

이같은 대조는 아브라함과 롯의 분가가 단순히 거주지에 관한 문제가 아니라 가나안 땅의 상속과 관련된 문제임을 보여준다. 롯이 가나안 밖의 모든 땅에 관심을 가진데 반해 하나님은 아브라함에게 가나안 땅 전체에 대한 비전을 제시하고 있다. 아브라함이 머물고 있는 벧엘과 아이 사이는 높은 산악 지역이기 때문에 비교적 넓은 지역을 볼 수 있다.[27] 창 13:14이 가나안 전역을 포함한다는 사실은 17절의 표현을 통해서도 알 수 있다. 아브라함이 종과 횡으로, 즉 동서남북으로 다니면서 밟는 모든 땅을 아브라함과 그의 자손에게 주겠다고 한다. 이런 큰 꿈을 심어 주면서 아브라함이 하나님의 약속을 신실하게 믿게 하기 위해 강한 권면의 뜻으로 청원형 감탄사 '나' **נָא**(please)를 사용하였다.

하나님이 아브라함에게 동서남북을 보게 한 이유를 15절은 말한다. 하나님은 아브라함이 보고 있는 모든 땅을 아브라함에게 주겠다고 한다. 히브리어 성경은 이 말에서 강조를 위해 도치법을 사용하였다.

כִּי אֶת־כָּל־הָאָרֶץ אֲשֶׁר־אַתָּה רֹאֶה לְךָ אֶתְּנֶנָּה וּלְזַרְעֲךָ עַד־עוֹלָם׃

키 에트–콜–하아레츠 아셀–아타 로에 레카 에트넨나 우 레잘아카 아드–올람

'네가 보는 모든 땅을'(키 에트-콜-하아레츠 **כִּי אֶת־כָּל־הָאָרֶץ אֲשֶׁר־אַתָּה רֹאֶה**)이 문장의 제일 앞으로 도치되어 있고, 그리고 '너에게'(레카 **לְךָ**)도 일반적인 히브리어 어순과는 달리 동사 '에트난나' **אֶתְּנֶנָּה**(내가 주리라)앞에 도치하여 배열하였다. 이를 통해 하나님은 아브라함에게 그가 보는 모든 땅을 아브라함 그에게

27) Gordon Wenham, *Genesis 1-15*, 298.

주겠다고 강조한다. 그리고 이어서 하나님은 아브라함 너에게 그 땅을 줄 뿐만 아니라 너의 자손에게 영원히 주겠다고 말한다. 이 말에서도 강조를 위해 동사를 생략하였다. 히브리어 문장을 직역하면 '그리고 너의 자손에게 영원까지'이다. 이 말은 가나안 땅을 롯에게 주지 않는다는 말이다. 이 약속을 통해 하나님은 가나안 땅뿐만 아니라 자식에 대한 약속도 다시 해 주었다.

15절에서 아브라함과 그의 자손에게 가나안 땅을 영원히 주겠다고 약속한 하나님은 이제 그의 자손에 대한 구체적인 약속을 한다. 하나님은 직유법을 통해 그의 후손을 땅의 티끌처럼 많게 하겠다고 한다. 사실상 16절은 하늘의 별들을 예로든 약속과 함께 하나님이 아브라함에게 셀 수 없을 정도로 많은 자손을 주겠다는 약속의 첫 직유법적 표현이다. 하나님은 75살을 넘겼지만 자식이 없는 아브라함에게 땅의 티끌처럼 많은 자손들을 주겠다고 약속한 것이다. 그리고 하나님은 땅의 티끌이 어느 정도의 티끌인지 밝히면서 아브라함에게 한 번 더 못을 박듯 말한다. 사람이 땅의 티끌을 셀 수 있다면, 그의 후손도 셀 수 있다는 말은 반의법이며 사람이 땅의 모든 티끌을 셀 수 없듯이 아브라함의 자손도 셀 수 없을 정도로 많을 것이라는 말이다. 이를 강조하기 위해 저자는 '네 자손'을 문장 앞으로 도치시켰고, '감' גַּם(역시)를 네 자손 앞에 덧붙였다. 창 12:7의 경우처럼 이번에도 하나님은 자손에 대한 약속을 하면서 그 자손이 그와 사라 사이에 태어날 아들이란 말을 하지 않는다. 롯을 떠나 보낸 아브라함에게, 자식도 없는 아브라함에게 '너의 자손'이라는 하나님의 말씀은 아브라함에게 어떤 의미로 다가갔을까? 아브라함은 이 자손을 자신의 몸에서 태어날 자손을 생각했을까?

17절에서 하나님은 다시 한번 아브라함에게 줄 가나안 땅의 범위에 대해 말한다. 창 12:1에서 하나님은 아브라함에게 지시할 땅으로 가라(לֶךְ־לְךָ, 렉-레카)고 명령하였는데, 이번에는 같은 동사 '하락' הָלַךְ의 히스파엘형 명령문을 통해 아브라함에게 그가 본 땅 전역을 향해 '일어나 가라'(קוּם הִתְהַלֵּךְ, 쿰 히트할렉)고 명령한다.

14절에서 하나님은 눈을 들어 동서남북을 보게 하고 그가 보는 땅을 주겠다고 했는데, 17절에서는 아브라함에게 일어나서 그 땅의 종과 횡을 다니라고 한 후 그에게 그 땅을 주겠다고 강조한다. 너에게 준다는 것을 강조하기 위해 '네게' לְךָ를 동사 앞으로 도치시켰다. 이 말씀들에 대해 아브라함의 반응이 어땠을까? 창세기의 저자는 아브라함의 반응을 13:18에 아주 모호하게 기록해 두었다.

하나님의 약속은 공간적인 성격과 시간적인 성격을 포함하고 있다. 공간적인 면에서 하나님은 아브라함에게 가나안 땅의 동서남북을 보게 하고 그리고 종과 횡으로 다니게 한다.

약속의 공간적 표현 – 동서남북을 보라, 종과 횡

약속의 시간적 표현 – 너와 네 자손에게, 영원히 이르리라

이 두 표현은 가나안 전역을 염두에 두고 한 표현이며, 시간적인 면에서 '내가 너와 네 자손에게 주리라'는 표현에서 볼 수 있듯이 지금 현재 아브라함의 소유가 되고(15, 17절), 그리고 미래에는 그의 자손의 것이 된다(15절). 하나님은 더 나아가서 '영원히 이르리라'고 하며 가나안 땅을 영원히 아브라함의 소유가 되게 하겠다고 강조한다(13:15, עַד־עוֹלָם).

18절에 의하면 아브라함은 하나님이 가나안 땅을 기업으로 주겠다는 약속과 함께 헤브론으로 옮겨가서 마므레 상수리 수풀에서 여호와를 위하여 제단을 쌓았다. 가는 곳마다 아브라함은 하나님 중심으로 살았다.[28] 그런데 아브라함의 이동과 롯의 이동은 공교롭게도 서로 대조를 이루고 있다. 롯은 벧엘에서 출발하여 틀림없이 여리고를 통해 요르단 강을 건너 사해 동쪽 지역을 따라 남쪽으로 이동하여 소돔에 도착하였을 것이다. 반면에 아브라함은 벧엘에서 출발하여 남쪽으로 예루살렘과 베들레헴을 거쳐 헤브론에 도착하게 된다. 롯이 떠

28) 요세푸스에 의하면 제 2 성전 시대에 헤브론 북서쪽에 천지 창조 때부터 생존한 상수리나무가 있었는데 사람들이 성스럽게 여겼다고 기록하고 있다 (Wars 4.533, Ant. 1.186)

나갔기 때문에 벧엘 인근 지역에서 여유 있게 정착할 수 있게 되었음에도 불구하고 아브라함은 벧엘에서 헤브론으로 이동하였다. 롯이 사해 동쪽 길로 내려갈 때 아브라함은 사해 서쪽 산악 길을 통해 헤브론으로 내려갔다. 아브라함이 가나안 남쪽 헤브론으로 옮긴 것은 그가 메소포타미아로 되돌아가지 않겠다는 의지의 표현일 수 있다. 그리고 그의 이동은 이전에 세겜과 벧엘에서 네게브로 옮겨간 것과 같은 차원에서 이루어졌을 수도 있고 종과 횡으로 가라는 하나님의 말씀에 대한 순종일 수도 있다.[29] 하지만, 창 19:28에 의하면 헤브론은 아브라함이 산꼭대기에 올라가서 멀리 소돔을 바라보곤 한 장소이다. 아브라함은 왜 헤브론으로 내려가서 소돔을 한 번씩 내려다보았을까? 롯이 떠난 직후 하나님이 아브라함에게 자손에 대한 약속을 한 것 때문에 아브라함이 자손에 대한 약속의 당사자를 롯으로 오판한 것이 아닐까? 이 오판 때문에 창세기 14장에서 아브라함은 롯을 구하기 위해 목숨을 걸고 메소포타미아 연합군과 싸우게 되었을 것이다.

아브라함은 하나님이 약속한 가나안 땅을 떠나지 않고 그곳에 정착하였다. 롯이 선택한 땅과 비교했을 때 열악하고 척박하지만, 가나안 땅에 대한 하나님의 약속을 믿었기 때문에 헤브론에 도착하였을 때도 아브라함은 그곳에 제단을 쌓고 하나님께 예배 드리는 삶을 산다. 아브라함의 성공을 위해서 가나안 산악 지역은 걸림돌 같아 보이는데, 하나님의 입장에서는 아브라함을 위한 디딤돌이다. 아브라함은 이를 믿고 신뢰하였기 때문에 마므레 상수리나무에서 여호와 하나님께 제단을 쌓았다. 세겜 인근 모레 상수리나무에서 여호와께 제단을 쌓았던 아브라함은 헤브론으로 이동하여 마므레 상수리나무에서 다시 제단을 쌓으며 가나안 중앙과 남부에 각각 하나님께 예배 드리는 장소를 세워 하나님의 약속을 소망하며 가나안에서의 삶을 다시 시작한다. 이로써 아브라함은 가나안을 떠나 이집트로 내려가면서 겪게 된 위기를 해소하게 된다. 12~13장에서 아브라함이 쌓은 제단들은 교차대구 형식으로 배열되어 있다.

29) Gordon Wenham, *Genesis 1-15*, 298.

세겜 : 제단 – 땅과 자손의 약속 창 12:7

벧엘 : 제단 + 여호와의 이름 부름 창 12:8

벧엘 : 제단 + 여호와의 이름 부름 창 13:4

헤브론 : 제단 – 땅과 자손의 약속 받은 후 창 13:18

차이점은 헤브론은 아브라함이 땅과 자손의 약속을 받은 그 장소가 아니라, 약속을 받은 후 이동하여 정착한 곳이다.

Chapter 04

창세기 14장

창세기 14장은 창세기 13장과 밀접한 관계를 가지고 있다.[1] 창세기 13장에 의하면 아브라함과 롯이 분가한 후 요르단 평야 지역을 선택한 롯은 점점 이동하여 마침내 소돔에 들어가서 정착한다. 창세기 14장은 바로 그곳에서 벌어진 메소포타미아 연합군과 소돔 고모라 지역 연합군의 전쟁과 롯의 포로 사건을 기록하고 있다. 롯은 소돔 지역이 하나님의 동산 같아 보여서 그곳을 선택하고 살기 위해 들어 갔지만, 얼마 지나지 않아 전쟁 포로로 메소포타미아 지역으로 끌려가는 신세가 되어 버렸다. 아브라함은 롯이 떠난 후 곧 헤브론으로 이동하여 마므레 상수리 숲에 정착하였다. 창세기 14장에 의하면 바로 그곳에서 아브라함은 조카 롯의 소식을 듣게 된다. 아브라함은 즉각 자기 군사와 그와 언약한 지역의 군사들과 함께 메소포타미아의 연합군을 추적하여 롯을 구출해 낸다. 창세기 저자의 의도는 이 일련의 사건들을 통해 아브라함이 어떻게 고대 근동의 국제 전쟁에 휘말리게 되었는지를 소개하려는 것이 아니다. 창세기 저자는 이 사건들을 통해 요르단 평야 지역을 선택한 롯의 비극의 시작과 전쟁의 고통

1) John H. Sailhamer, *The Pentateuch as Narrative* (Grand Rapids: Zondervan, 1992), 145.

을 겪는 이 지역 사람들이 아브라함을 통해 복을 받게 되며, 결과적으로 아브라함의 이름이 크게 되는 것을 보여 주고 있다. 뿐만 아니라 창세기 저자는 롯에 대해서 아브라함이 어떤 생각을 가졌는지를 보여 주고 있다. 창 12:10~20에서 아브라함은 그의 후손에 대한 잘못된 이해 때문에 아내 사라를 위기로 몰아넣었는데, 창세기 14장에서 아브라함은 롯을 구출하려다가 자신의 생명을 잃고 가나안 땅을 영원히 잃을 위기에 처한다. 사라를 위기로부터 구출하기 위해 개입하셨던 하나님이 이번에는 아브라함을 구출하기 위해 개입한다. 이런 내용을 담고 있는 창세기 14장은 아래와 같이 세 부분으로 나눌 수 있다.

1~12절. 메소포타미아 연합군과 소돔과 고모라 지역 연합군의 전쟁
13~16절. 아브라함 동맹군과 메소포타미아 연합군의 전쟁
17~24절. 아브라함과 멜기세덱 그리고 소돔 왕

1~12절의 지역적 배경은 소돔과 고모라 인근 지역이며, 주제도 이 지역에서 벌어진 전쟁이다. 13~16절의 지리적 배경은 단과 호바이며, 이곳에서 아브라함은 메소포타미아 연합군과 추격전을 벌인다. 17~20절의 지리적 배경은 다시 바뀌어 예루살렘 인근 왕의 골짜기이다. 이곳에서 멜기세덱과 소돔 왕이 아브라함을 영접한다.

1~12절. 메소포타미아 연합군과 소돔과 고모라 연합군의 전쟁

창세기 14장은 아브라함과 롯과 관련된 내용을 말하기에 앞서 메소포타미아 네 왕들의 연합군과 소돔과 고모라 지역의 왕들의 군사들 사이에 일어난 두 차례의 전쟁에 대해 길게 기록하고 있다. 첫째 전쟁에서 메소포타미아 네 왕들이 소돔과 고모라 지역의 왕들을 물리치고 조공을 부과하였다. 둘째 전쟁은 소돔과 고모라 지역의 왕들이 엘람 왕에게 조공 바치는 것을 거절함으로 발발하였고, 메소포타미아 왕들의 연합군은 파죽지세로 소돔과 고모라 지역을 공격하여 대승을 거두고 그 지역을 약탈하여 돌아갔다고 한다.

1~4절. 제1차 전쟁과 그 결과

1 시날 왕 아므라벨과 엘라살 왕 아리옥과 엘람 왕 그돌라오멜과 고임 왕 디달 시대
에 **2** 이 왕들이 소돔 왕 베라와 고모라 왕 비르사와 아드마 왕 시납과 스보임 왕 세
메벨과 벨라 즉 소알 왕과 전쟁을 하였더라. **3** 이들 모두가 싯딤 골짜기에 모였으니
이는 소금 바다라. **4** 12년 동안 그들이 그돌라오멜을 섬겼고, 제13년째에 그들이 배
반하였더라.

1절은 창세기 14장의 전쟁이 일어난 시기와 메소포타미아 4개국과 왕들의 이름을 기록하고 있다. 이들 4개 국가와 왕들은 다음과 같다.

국가	시날	엘람	엘라살	고임
왕	아므라벨	그돌라오멜	아리옥	디날

기록된 왕들이 역사적으로 어느 나라의 왕들인지 정확하게 확인하는 것은 매우 힘들다. 이들이 누구인지 추정할 수밖에 없으며, 추정하려면 우선 아브라함이 어느 시대 사람인지를 확인해야 한다. 사르나에 의하면 창세기 14장에 있는 단어들 중에서 4.5%가 다른 성경에서 전혀 사용되지 않고, 6.5%는 아주 드물게 사용되었다고 한다. 전체 11%가 드물게 사용되었거나 독특한 표현들이다. [2]차임 코헨은 기원전 15세기의 이집트 편지인 타아낙 6:6~8과 힛타이트 계약 문서에 근거하여 이 11%의 단어들 중에서 '하닉' חָנִיךְ(훈련된, 창 14:14)과 '미후트 베아드 쉐록-나알' מִחוּט וְעַד שְׂרוֹךְ נַעַל(실과 신들메, 창 14:23)은 기원전 1400년대 전후에 사용된 표현들이라고 한다.[3] 이런 주장들은 창세기 14장의

2) Nahum. M. Sarna, *Genesis* (Jerusalem: The Jewish Publication Society, 1989), 102.

3) Chaim Cohen, "Genesis 14:1~11: An Early Israelite Chronographic Source," in *The Biblical Canon in Comparative Perspective*, ed. Lawson K. Younger (Lewiston, N.Y.: E. Mellen Press, 1991), 68~69. 창세기 14장의 역사성에 대해서는 두 가지 주장이 있다. 첫째는 창세기 14장의 전쟁을 역사적 사실로 받아 들이는 주장이며, 알브라이트가 대표적이다. 둘째는 창세기 14장의 전쟁을 유대인들의 미드라쉬적인 작품으로 이해하는 주장이며, 마틴 노스와 본 라드가 대표적이다. J. Bright, *A History of Israel* (Philadelphia: Westminster, 1972), 82. M. Noth, *The History of Israel* (New York: Harper and Row, 1960), 124. 최근 알베르토 소진은 이들 두 전통적인 견해와 달리 창세기 14장의 내용을 하스모니안 왕가가 자신들의 정통성을 확보하려고

내용의 고대성을 입증하는 내용들이다. 하지만 아브라함의 시대를 확인하기 위해서는 이스라엘 백성들이 이집트에서 출애굽한 연대를 확인해야 한다. 그 이유는 창세기 15장에서 하나님이 아브라함에게 그의 후손들이 이집트에서 400년 동안 종살이 한 후에 출애굽 할 것이라고 말하였기 때문이다. 출애굽 연도에 대한 주장은 둘로 나뉘어진다. 이집트의 라암세스 2세 왕 시기인 기원전 13세기에 출애굽 하였을 것으로 생각하는 주장과 그보다 200년 앞선 기원전 15세기에 출애굽 하였을 것이라고 생각하는 주장이다.[4] 이 출애굽 연도에 이스라엘 자손들이 가나안에서 이집트로 내려가서 그곳에서 체류한 기간 430년(출 12:40)과 이삭이 야곱을 낳았을 때의 나이(60세, 창 25:26)와 그리고 야곱이 이집트에 내려갔을 때의 야곱의 나이(130세, 창 47:9)를 더하면 아브라함의 나이 100세 때를 산출할 수 있다. 이 경우 출애굽으로부터 620년 전이 이삭의 출생 시기이고, 아브라함이 100살이 되는 때이다. 객관적이고 과학적으로 정확한 연도를 산출할 수 없음을 전제하면서 출애굽 시기가 13세기일 경우 아브라함의 100살은 약 기원전 1820~1850년경이고, 15세기일 경우 2020~2050년경이 된다. 창세기 14:1에 기록된 국가 이름과 왕들의 이름은 각자의 나라의 표기에 따른 것이 아니라 히브리어로 표기되었기 때문에 정확한 이름 표기도 사실상 알 수 없다. 그래서 많은 학자들이 이들 국가와 왕들의 정체를 밝히기 위해 노력하였지만 여전히 이들이 누구인지 정확하게 확인하지 못하고 있다.[5] 그러나 지명은 히브리어로 표기되었어도 후대에까지 지속적으로 유대인들이 이 표기를 사용하였으므로 일부 확인이 가능하다. 시날은 투트모세 3세의 아시아 정복 기

만들어 내었다고 주장한다. Alberto J. Soggin, "Abraham and the Eastern Kings: On Genesis 14," in *Solving Riddles an dUntying Knots: Biblical, Epigraphic, and Semitic Studies in Honor of James C Greenfield*, ed. Ziony Zevit (Winona Lake: Eisenbrauns, 1995), 283~291. 이 외에 창세기 14장의 기록 연대에 대한 주장은 J. A. Emerton, "The Riddle of Genesis XIV," *Vetus Testamentum* 21/4 (1971): 403~439를 참고할 것. 창세기 14장의 역사성을 강하게 주장하는 소논문으로는 John C. Studenroth, "Árchaeology and the Higher Criticism of Genesis 14," in *Evidence for Faith*, ed. John Warwick Montgomery (Dallas: Probe books, 1991), 155~172를 참고하라.

4) 출애굽 연도에 대한 자료는 출애굽기의 주석들이나 구약 서론을 참고할 것. 특별히 월트 카이저의 이스라엘 역사를 참고할 것. Walter C. Kaiser, Jr, *A History of Israel: From the Bronze Age Through the Jewish Wars* (Nashville: Broadman & Holman Publishers, 1998), 95~112.

5) K.A. Kitchen, *On the Reliabiligy of the Old Testament* (Grand Rapids: Eerdmans, 2003), 322.

념 문서에서 상카라(Sankhar)라고 불리며,[6] 텔 엘 아마르나 문서에서는 산하르(Sanhar)라고 불린다.[7] 시날은 바벨론 지역이다. 유대인들의 가경 쥬빌리에 의하면 바벨탑은 시날의 바다에서 난 석청으로 만들었다고 기록하고 있다(Jubilees 10:20).[8] 이것은 유대인들 중에는 시날을 페르시아만 인근에 위치해 있는 것으로 생각했음을 보여주며, 고대의 바빌론 남부 지역 또는 갈대아 우르 인근 지역들이 시날 땅에 해당되는 것으로 여겨진다. 그돌라오멜의 이름 그돌은 아카드어 쿠둘이고 종이란 뜻을 가지며 엘람 왕들의 이름에 종종 붙여졌다. 하지만 엘람의 왕들의 이름들 중에 그돌라오멜이란 이름은 확인되지 않는다. 그돌라오멜의 통치 지역 엘람은 지금의 이란 남부 페르시아 만과 인접한 지역으로서 기원전 530년대에 고레스가 통치한 페르시아의 원래 영토가 있는 지역이다. 엘라살은 라르사, 앗시리아, 또는 후리안 지역으로 추정하며, 이들 중에 어느 지역인지 확증하기 어렵다. 고임은 민족이란 뜻을 가지며 수 12:23에 언급되어 있지만 동일 지역으로 보기 어렵다. 일반적으로 고임은 힛타이트(현재 터키) 지역으로 추정되지만 시리아 팔레스타인 지역에 초창기에 정착한 해양 민족이라고 주장하는 사람도 있다.[9]

북방 4개국의 왕들을 확인하는 것이 사실상 불가능하지만, 창 14:1은 이 시대를 추측할 수 있는 단서를 제공하고 있다. 개역개정 성경 창 14:1은 14장의 사건이 발생한 시기를 '당시에'로 표시하고 있지만, 히브리어 성경은 시날 왕 아므라벨을 비롯한 네 명의 왕들의 활동 시기라고 표현하고 있다. 하지만 창세기 14장의 전쟁을 실제로 주도하는 왕국은 엘람이다. 창세기 14장에서 엘람 왕의 이름 그돌라오멜은 5번이나 언급되고 있으며(14:1, 4, 5, 9, 17), 아브라함이 추격하여 무찌른 북방 연합군을 언급할 때도 엘람 왕 그돌라오멜의 이름만 언급되고 나머지 왕들은 그와 함께한 왕들로 표현되고 있다(창 14:17). 메소포타미아에서

6) ANET, 243.
7) Tel El Amarna Tablets, EA 35: 49~53.
8) 쥬빌리 9:3은 시날을 앗수르에 있다고 말하기도 한다. 하지만 이 앗수르는 지역 명이라기 보다는 고대 메소포타미아와 유대인들이 바벨론을 앗수르라고 부르는 전통 때문에 생겨났을 것이다.
9) Othniel Margalith, "The Riddle of Genesis 14 and Melchizedek," *ZAW* 112 (2000): 501~508.

엘람이 주도권을 행사한 시기는 언제일까?

우선 아브라함의 시대를 기원전 2020~2050년 전후라 가정하고, 아브라함의 고향 지역에 기반을 둔 우르(Ur) 3 왕국을 둘러싼 고대 메소포타미아의 상황을 살펴보자. 이들 네 국가가 연합군을 형성하였다는 것은 당시 메소포타미아 지역을 지배하던 우르 3왕국의 세력이 많이 위축되어 있었고, 엘람이 연합군을 주도한 것에서 볼 때 엘람이 세력을 확대하던 시기라고 볼 수 있다. 아멜리 쿠르트(Amelie Kuhrt)에 의하면 기원전 2029년부터 우르에 대한 Shu-sin의 반란에서 시작하여, 에쉬눈나(Eshnunna), 수세(Suse), 라가쉬(Lagash), 델(Der) 그리고 움마(Umma)가 우르로부터 독립을 선언하고, 조공 바치는 것을 거절하였다.[10] 그리고 우르에 심각한 가뭄이 지속되어 우르의 경제를 파경으로 몰아넣었다. 기원전 2009년에 우르는 마침내 두 왕국으로 쪼개어 졌고, 이어서 엘람이 B.C. 2007년과 B.C. 2004년에 두 차례에 걸쳐 벌인 공격에 의해 우르는 역사에서 영원히 사라진다. 이때의 비참한 형편을 고대 근동 문헌에서는 다음과 같이 묘사하고 있다.[11]

> 배고픔이 홍수처럼 도시를 가득 채웠다. … 백성들은 숨을 헐떡거렸고, 왕은 궁전에서 하루 종일 무겁게 숨을 몰아쉬었다. 백성들은 손으로 목을 치며 부르짖었다. "언제쯤 우리는 이 재앙에 의해 끝장날까?" 우르 안에도 죽음이 있고 우르 밖에도 죽음이 있다. 우르 안에서 우리는 가뭄에 의해 죽어 가고 있고, 우르 밖에서는 엘람인의 무기에 의해 죽어 간다. … 엘람은 불어 오른 홍수 같은 기세로 죽은 자의 영혼만 남겼고, 사람들은 진흙 토기처럼 부서졌다.

우르가 멸망하기 직전의 정치적 상황과 기후를 비롯한 경제적 상황이 창세기 14장의 사건과 어떤 직접적인 관계가 있는지 명확하게 말할 수는 없지만, 창

10) Amelie Kuhrt, *The Ancient Near East: c. 3000-330 BC*, vol. 1 (New York: Routledge, 1995), 70~72.

11) James Pritchard, *Ancient Near Eastern Text: Relating to the Old Testament* (Princeton: Princeton University Press, 1969), 611.

세기 14장의 정치적 기상도와 유사한 부분이 있다. 우르의 멸망을 전후하여 엘람은 메소포타미아를 완전히 장악하지는 못했지만 그 정치적 영향력은 가나안 지역까지 미쳤다.[12] 유사하게 창 14:1에서 엘람은 4개국 중에서 3번째에 언급되지만, 창 14:10에서 엘람은 첫번째에 언급되는 것에서 볼 수 있듯이 창세기 14장에서 엘람은 초기에는 주도적 역할을 하지 못하다가 14년이 지난 후에는 주도적 역할을 한다. 창 14:1에서 첫번째로 언급된 시날은 창 14:10에서 세 번째에 기록되어 있다. 소돔과 고모라는 독립을 선언하였고(창 14:4), 가나안 땅에는 가뭄이 창궐하였고(창 12:10), 아브라함은 가뭄에 대한 두려움 때문에 이집트로 피신하였다. 이런 때에 엘람은 가나안 지역을 공격하는데 주도적인 역할을 하고 있으며(창 14:5, 9), 그리고 북방 연합군들은 귀중품에 더하여 남부 가나안 인근 도시의 모든 식량을 약탈해서 돌아갔다(창 14:11). 그 당시 정치 군사적인 연합이 국가들 사이에 있었음을 보여주는 문서들이 있다. 이들보다 약 200년 후인 기원전 1800년경에 마리 지역의 약둔-림(Yakhdun-lim)은 시리아 지역의 작은 도시 국가들을 공격하여 그 지도자들에게 조공을 부과하였다. 삼시-아닷(Shamshi-Adad I)은 20,000명의 군사를 시리아 지역에 파견하여 친구인 콰트나의 왕을 도와 가나안 지역을 공격한다.[13]

창세기 14장의 전쟁을 주도하는 왕은 엘람 왕 그돌라오멜임에도 불구하고 창세기 저자는 시날 왕 아므라벨을 네 왕들 중에 제일 앞에 배열하였다. 이 배열은 단순히 왕들의 이름을 히브리어 알파벳 순서에 따른 것일 수 있다.[14] 그러나 이 보다는 아마 시날이 창세기의 저자나 아브라함에게 가장 친숙한 지역이었기 때문일 것이다. 시날은 바벨론 남부 지역이며, 아브라함의 고향 갈대아 우르가 있는 지역이라고 앞서 말하였다. 뿐만 아니라 창세기 저자는 14장의 사건을 창세기 11장의 바벨 성과 탑 건축이 있었던 시날 평지와 연결시키려는 의도를 가진 것으로 여겨진다.[15] 앞서 말한 것처럼 창세기 14장의 전쟁은 엘람의 그돌라

12) K.A. Kitchen, *On the Reliability of the Old Testament*, 320~321.
13) K.A. Kitchen, *On the Reliability of the Old Testament*, 321. ANET, 274.
14) Nahum M. Sarna, *Genesis* (Jerusalem: The Jewish Publication Society, 1989), 102.
15) John H. Sailhamer, *The Pentateuch as Narrative*, 145.

오멜에 의해 주도되었다. 그럼에도 불구하고 시날을 앞에 배치하여 시날에 대한 인상을 부각시킴으로 창세기의 독자들이 이미 10:10과 11:2를 통해 알게 되었던 바벨 성과 탑 사건을 연상하게 만든다(cf. 10:10).

2절에는 메소포타미아 4개 연합군에 맞서 형성된 사해 인근의 5개 연합군이 소개되고 있다. 소돔과 고모라 지역의 5개 나라가 언급된 것은 구약 성경에서 창세기 14장뿐이다. 이 도시 국가들은 사해 남단에 위치한 도시 국가들이며, 샘이 많았기 때문에 비옥했고, 역청 또는 아스팔트가 많았다. 알브라이트(W.F. Albright)는 이들 도시들은 현재 사해 바다에 잠긴 것으로 주장했다.[16] 하지만 라스트(W.E. Rast)와 사웁(R.T. Schaub)은 이들 도시가 사해 남동쪽에 존재했었다고 주장한다.[17] 이들 도시들의 위치를 증명하기 위해 다양한 시도들이 있었지만, 현재로서는 정확한 위치에 대한 확실한 근거를 어느 누구도 제시하지 못하고 있다.[18] 이 도시들의 왕들의 이름을 창세기 저자는 의도적으로 희화화하려 한 것으로 여겨진다. 이들 다섯 왕의 이름은 히브리어로 다음과 같은 의미로 해석될 수 있다.

소돔 왕 베라 בֶּרַע	죄악 속에	고모라 왕 비르사 בִּרְשַׁע	사악함 속에
아드마 왕 시납 שִׁנְאָב	아버지를 미워하다	스보임 왕 세메벨 שֶׁמְאֵבֶר	이름을 잃다
벨라 בֶּלַע[19]	삼키다		

모든 왕들의 이름에 이렇게 부정적인 의미를 가진 단어를 포함시킨 것은 의

16) W. F. Albright, "The Jordan Valley in the Bronze Age," *ASSOR* 6 (1924~1925): 13~74.

17) W.E. Rast and R.T. Schaub, "Expedition to the Southeastern Dead Sea Plain, 1979," *ASOR Newsletter* 8(June 1980): 12~17. Willem C van Hattem, "Once again: Sodom and Gomorrah," *Biblical Archaeologist*, 44/2(1981): 87~92. David M. Howard, Jr., "Sodom and Gomorah Revisited," *JETS* 27/4 (1984): 385~400.

18) David M. Howard, Jr, "Sodom and Gomorrah Revisited," *JETS* 27/4 (December 1984): 385~400. 고든 고비어에 의하면 트리니티 사우스웨스턴 대학의 고고학자 스티븐 콜린은 소돔과 고모라가 사해 북부 지역에 위치해 있었다고 주장한다고 한다. Gordon Govier, "Looking Back: Claims to New Sodom Location are Salted with Controversy," *Christianity Today*, 52/4 (2008): 15~16.

19) 벨라는 소알의 또 다른 지명인지 아니면 소알의 왕인지 분명하지 않다.

도적으로 이들 왕들의 사악함을 강조하고 회화하려는 듯하다. 이들 중에 소돔 사람들의 악명에 대하여 창 13:13은 소돔 사람들을 악인이고 하나님 앞에 죄인이었다는 말로 잘 나타낸다. 이 국가들은 선지서에서 멸망의 대명사로 등장한다. 호 11:8은 하나님이 에브라임과 이스라엘을 아드마와 스보임처럼 내버려 둘 수 없다고 한다. 사 1:10은 이스라엘 사람들을 소돔과 고모라 사람에 견주어 비교 하고 있다.

3절은 이들 메소포타미아 연합군과 소돔과 고모라 연합군이 벌인 첫 전쟁의 전쟁터가 싯딤 골짜기였다고 한다. 본문은 싯딤을 염해 즉 사해 바다의 옛 이름이라고 부연 설명한다. 싯딤은 깊은, 들판, 악마라는 뜻을 가지고 있으며, 자음의 소리가 소돔과 흡사하다(싯딤 שִׂדִּים - 소돔 סְדֹם). 골짜기(에멕 עֵמֶק)는 산과 산 사이의 지역을 의미하며, 산이 많은 한국과는 달리 요르단 이쪽과 저쪽의 골짜기 지역은 건조하고 넓은 광야를 형성하고 있다. 3절은 싯딤 골짜기를 사해 바다와 동일시하는 듯하다. 이것은 사해 바다가 이전에는 물이 없는 골짜기였다는 취지의 말로 이해할 수도 있지만, 사해 바다의 수위가 낮은 상태에서 소돔과 고모라 연합군이 전투를 벌인 지역이 마른 상태였던 것을 표현하였을 수도 있다. 분명한 것은 싯딤 골짜기를 그들의 전쟁에 적합한 지역으로 여겼다는 것이다.

이 전투에서 패배한 소돔과 고모라 지역의 다섯 연합군들은 12년 동안 메소포타미아 왕국들에게 조공을 바치다가 제13년에 배반하였다고 말한다. 소돔과 고모라 연합국을 정복한 국가는 메소포타미아의 4개국임에도 불구하고 4절은 이들이 엘람 왕 그돌라오멜을 섬기고 그를 배반한 것으로 기록하고 있다. 이들의 전투가 벌어진 지역이 싯딤이라는 것은 특별한 의미를 가지고 있다. 3절과 8절에 의하면 창세기 저자는 이들이 두 차례에 걸쳐 전쟁을 벌인 전투 지역이 두 번 다 싯딤 골짜기였다고 한다. 싯딤이 특별한 이유는 바로 앞 장인 창세기 13장이 이 지역을 언급하였기 때문이다. 즉 아브라함의 조카 롯이 소돔을 향하여 이동하며 갔던 장소이다.

그리고 롯은 평야의 도시들에 정착하였더라. 그리고 그는 장막을 옮겨 소돔에 이르렀더라.

놀랍게도 전쟁의 결과로 롯이 살기 위해 들어간 왕국 소돔은 롯이 떠나온 메소포타미아 왕국들에게 12년 동안 조공을 바쳐야 했다고 말한다. 이 싯딤 골짜기에서 역청 때문에 소돔과 고모라 왕이 산으로 도망한 것은(10절) 하나님의 소돔 고모라 심판에서 롯이 산으로 도망하게 되는 것을 떠올리게 한다.

5~7절. 메소포타미아 연합군의 가나안 주변 지역 공격

5 제14년에 그돌라오멜과 그와 함께 한 왕들이 와서 그들이 아스드롯 가르나임에서
르바임 족속을, 함에서 수스 족속을, 사웨 기랴다임에서 에밈 족속을 쳤고, **6** 그리
고 세일 산악 지역에 있는 호르 족과 광야 인근에 있는 엘 바란까지 공격하였더라.
7 그리고 그들이 돌이켜 엔미스밧 곧 가데쉬에 이르러 아말렉 모든 지역과 하사손
다말에 사는 아모리 족속도 공격하였더라.

소돔과 고모라 연합국이 엘람 왕 그돌라오멜에게 배신하자 제14년에 그는 그와 함께 소돔과 고모라 연합국을 정복하는데 참여했었던 왕들을 이끌고 이들에 대한 공격 전쟁을 벌였다. 이 전쟁을 주도한 왕은 엘람 왕 그돌라오멜이다. 독특하게도 이들은 소돔과 고모라 연합국을 바로 공격하지 않고 그들의 주변 지역 국가들을 광범위하게 공략한다. 이들 국가들은 특이하게도 신명기 1~2장에 기록된 요르단 강 저편의 민족들과 일치한다.

민족	르바임 족속	수스 족속	에밈 족속	세일의 호르 족속	엔미스밧/가데스	아모리
성경	신 2:11	신 2:20	신 2:10~11	신 2:12, 22	신 2:14	신 1:44

이런 현상은 이스라엘 자손들이 모압 광야를 지날 때 왕의 대로 인근을 통과했던 것처럼 메소포타미아 연합군들도 왕의 대로를 통해 침략해 왔기 때문

일 것이다. 이들이 이 지역을 공략한 것은 왕의 대로를 통한 고대 무역로의 안전을 확보하려는 차원이었을 가능성이 있다.[20] 하지만 5절에 기록된 메소포타미아 연합국들에게 정복당한 나라들인 르바임과 수스(삼숨밈)와 에밈 족속은 신 21:10~11과 20~21에서 아낙 자손과 같이 키가 크고 강한 민족들이라는 사실을 주목할 필요가 있다.[21] 출애굽한 이스라엘 자손들이 가나안 땅에 들어가기 직전에 거둔 최고의 전쟁 승리는 바산 왕 옥과 아모리 왕 시혼과의 전투이다. 신 3:11은 바산 왕 옥을 르바임 족속 가운데 유일하게 남은 자라고 하며, 그의 침상은 길이가 4m, 넓이가 1.8m인 철 침상이라고 한다. 수스와 에밈은 각각 암몬과 모압 지역에 살았던 신체가 거대한 민족들이었다. 세일 지역의 호르 족속도 막강한 전투력을 가진 민족들이었다(신 2:21~22). 아말렉도 출애굽한 이스라엘 백성들에게 가장 위협적인 대적이었다. 메소포타미아 연합군들이 이런 지역들과 민족들을 정복한 것은 소돔과 고모라 연합군에게 공포감을 심어주는 효과를 가졌을 것이다. 창세기 저자가 이를 언급한 것은 또 다른 효과를 가진다. 우선 최소한 창세기의 첫 독자들에게 메소포타미아 연합군들의 군사력을 돋보이게 하는 효과를 가졌을 것이다. 그러나 이런 메소포타미아 연합군과 싸워 이긴 아브라함의 승리는 르바임과 수스와 에밈과 비슷한 힘을 가진 아낙 자손과 싸워야 하는 창세기의 첫 독자들에게는 더 놀라울 수밖에 없고, 그들에게 큰 용기를 가져다주었을 것이다. 이에 못지않게 중요한 것은 메소포타미아 연합군들이 정복한 지역들은 가나안 동쪽과 남쪽 전역을 포함하고 있다는 것이다.[22] 이것은 곧 전개될 아브라함의 승리의 혜택이 미치는 지역 범위를 소돔과 고모라 지역의 5개 연합국에 국한 시키지 않고 가나안 주변의 국가들까지 최대화시키는 효과를 가진다.

20) Gerhard von Rad, *Genesis* (London: SCM Press, 1961), 172.

21) E. A. Speiser, *Genesis* (Garden City: Doubleday & Company, 1982), 102. 대하 20:2에서 하사손다말은 엔게디와 동일시되고 있다.

22) John H. Sailhamer, *The Pentateuch as Narrative*, 146.

8~12절. 제2차 전쟁과 그 결과

8 소돔 왕과 고모라 왕과 아드마 왕과 스보임 왕과 베라 곧 소알 왕이 나가서 싯딤
골짜기에서 그들과 함께 전쟁을 벌였더라. **9** 엘람 왕 그돌라오멜과 고임 왕 디달과
시날 왕 아므라벨과 엘라살 왕 아리옥 네 왕이 다섯 왕과 싸웠더라. **10** 싯딤 골짜기
는 역청 웅덩이가 많았고 소돔과 고모라 왕이 달아나다가 그들이 그곳에 넘어졌고
나머지는 산으로 도망하였더라. **11** 그들이 소돔과 고모라의 모든 재물과 그들의 모
든 양식을 취하여 갔더라. **12** 그들이 아브람의 조카 롯과 그의 재산을 취하여 갔으
니 그는 소돔에 거하였더라.

메소포타미아 연합군과 소돔과 고모라 연합군이 마침내 두 번째 전투를 벌이게 되었다. 메소포타미아 연합군들이 가나안 주변 지역을 공격하는 동안 소돔과 고모라 연합군들은 이들과 맞서 싸우기 위해 싯딤 골짜기로 모여 전투 대형을 갖추었다. 8절은 소돔과 고모라 지역의 연합국 이름과 왕들의 이름을 2절과 동일한 순서로 기록하고 있다. 반면에 메소포타미아 연합군들의 국가들과 왕들의 순서는 바뀌었다.

1절. 시날 왕 아므라벨과 엘라살 왕 아리옥 ➡ 엘람 왕 그돌라오멜과 고임 왕 디달
9절. 엘람 왕 그돌라오멜과 고임 왕 디달 ➡ 시날 왕 아므라벨과 엘라살 왕 아리옥

9절은 둘째 전쟁의 주도자인 그돌라오멜임을 가장 먼저 기록하고 있다. 10절은 싯딤 골짜기의 특징을 하나 더 언급하고 있다. 싯딤 골짜기에는 역청(헤말 חֵמָר) 구덩이가 많았다고 한다. 이를 강조하기 위해 구덩이를 의미하는 히브리어 '베에로트' בֶּאֱרֹת를 두 번 반복하였다.[23] 역청은 바벨 성과 탑을 건축할 때 사용되었다(창 11:3). 한글 성경은 노아 방주 건축에 '역청'이 사용된 것으로 번역하고 있으나 노아 방주 건축의 역청은 '코펠'(창 6:14 כֹּפֶר)이라는 히브리어의

23) W. F. Albright, "The Historical Background of Genesis XIV," *Journal of the Society of Oriental Research* 10(1926): 262~263.

명칭을 사용하고 있다. 소돔과 고모라 왕들은 역청 구덩이를 전략적으로 이용하려 한 것으로 여겨진다. 하지만 10절은 메소포타미아 연합군들이 아니라 오히려 소돔과 고모라 왕이 도망치는 과정에 역청 구덩이에 빠진 것으로 기록하고 있다. 그러나 창 14:17에 소돔 왕이 재등장하는 것으로 미루어 볼 때, 10절은 소돔 왕을 제외한 나머지 왕들이거나 아니면 이들 왕들의 군사들이 구덩이에 빠진 것을 의미할 수 있다.[24] 사르나는 역청 구덩이가 도피처 역할을 하였을 것이라고 추정한다.[25] 그러나 이들은 도망치다가 역청에 빠졌고, 역청에 빠지지 않고 살아 남은 남부 연합군들만 산으로 도망했다고 하는 것은 역청 구덩이를 도피처로 활용하려 한 것이 아니었음을 보여준다. 이들이 산으로 도망간 것과 유사하게 하나님이 소돔과 고모라를 멸망시킬 때에 롯과 그의 딸들도 산으로 피하였다.

11절은 메소포타미아 연합군들이 소돔과 고모라 연합군들의 지역을 약탈하였다고 한다. 메소포타미아 연합군들과 싸운 소돔과 고모라 연합군은 모두 5개 국가임에도 불구하고 11절은 약탈당한 국가를 소돔과 고모라만 기록하고 있다. 그 이유는 소돔과 고모라가 롯이 살며 활동한 지역이기 때문이다. 창 13:10은 롯이 아브라함과 분가하면서 선택한 지역의 특징을 설명하면서 소돔과 고모라를 언급하고 있다. 이 두 나라는 전쟁의 재앙에 더하여 하나님이 내린 재앙으로 멸망하게 되는 공통점을 가지고 있다. 창 14:11은 메소포타미아 연합군들이 식량을 약탈해 간 사실도 기록하고 있다. 고대의 전쟁에서 침략자들이 약탈을 통해 군량미를 조달하는 것은 일반적인 현상이었다.

12절은 메소포타미아 연합군이 롯을 포로로 잡아갔고 그리고 그의 소유를 약탈해 갔다고 기록하고 있다. 창세기 저자는 의도적으로 메소포타미아 연합군과 소돔 고모라 연합군의 전쟁을 롯이 포로로 끌려가는 것으로 종결짓는다. 약탈 과정에서 당연하게 일어났을 일이지만, 12절이 이를 언급하는 것은 창세기 13장의 롯의 선택과 대조시키고 롯의 위기를 부각시키려는 의도를 가지고 있다.

24) Wenham, *Genesis 1-15*, 312.

25) Sarna, *Genesis*, 107. Speiser, *Genesis*, 102. Hamilton, *The Book of Genesis: Chapters 1-17*, 403.

더 나아가서 12절은 독자들이 이미 알고 있는 사실인 롯이 아브라함의 조카이고, 그가 소돔에 살고 있음을 부연 설명하고 있다. 이를 통해 이 사건을 아브라함과 롯의 분가 사건과 연결 지을 뿐만 아니라, 아브라함과 롯의 관계를 계속해서 일어날 아브라함과 메소포타미아 연합군과의 전쟁의 중심으로 부각시킨다.

13~16절. 아브라함 동맹군과 메소포타미아 연합군의 전쟁

13 도망자가 와서 히브리인인 아브람에게 말하였더라. 그는 에스골의 형제이며 아넬의 형제인 아모리 사람 마므레의 상수리 인근에 살고 있었으며, 그들은 아브람과 언약을 맺었더라. **14** 아브람이 그의 친족이 포로로 잡혔다는 말을 듣고 그의 집에서 태어나 훈련된 318명의 종들을 뽑아 단까지 추격하였더라. **15** 그가 밤에 그와 종들을 나누어 그들을 공격하였고 그리고 다메섹 북쪽에 있는 호바까지 그들을 추격하였더라. **16** 그가 모든 재물을 되찾았고, 그리고 그의 친족 롯과 그의 재물을 되찾았고, 여자들과 백성들을 되찾았더라.

13절

13~16절은 가나안에서 일어난 세 번째 전쟁을 기록하고 있다. 이 전쟁을 주도한 사람은 아브라함과 그와 동맹을 맺은 헤브론 인근의 아모리 족속들이다. 전쟁의 발단은 소돔에서 도망 나온 한 사람이 아브라함에게 와서 소돔과 고모라 연합군의 패전과 그 지역에 일어난 모든 일들, 특히 롯이 포로로 잡혀간 소식을 알려 주었기 때문이다(cf. 14절). 13절은 이와 관련하여 몇 가지 주목해야 할 내용을 가지고 있다. 첫째, 13절은 그때 아브라함은 헤브론의 마므레의 상수리 수풀 근처에 거주하고 있었다고 한다. 롯의 현재 주거지를 12절 마지막 부분에서 밝혔던 것처럼 아브라함의 현재 거주지도 밝히고 있으며, 둘의 거처 소개가 문법적으로 동일한 구조로 되어 있다.

12절. 롯의 현재 거주지 וְהוּא יֹשֵׁב בִּסְדֹם 베후 요셉 비세돔
13절. 아브라함의 현재 거주지 וְהוּא שֹׁכֵן בְּאֵלֹנֵי מַמְרֵא 베후 소켄 베엘로네 마므레

둘 다 독립인칭 대명사 3인칭 남성 단수 + 분사 + 전치사 + 장소로 구성되어 있다. 동일한 문법 구조를 통해 두 사람의 현재 주소를 밝힌 것은 13장에서 두 사람이 현 위치로 이동해 간 것과 지금 현재 일어나고 있는 사건을 이어주려는 의도 때문이다. 롯이 소돔에 거주하는 것을 동사 '야삽' יָשַׁב(살다, 머물다)으로 표현한 것은 그가 도시에 정착하였기 때문이고, 아브라함의 마므레 상수리에 거주한 것을 표현하기 위해 동사 '사칸' שָׁכַן(거주하다)을 사용한 것은 그가 장막에 장기간 체류하기 때문이다. 장막에 단기간 체류하며 이동할 때에는 동사 '아할' אָהַל(천막을 치다)을 사용한다.[26)]

둘째, 13절은 아브라함을 히브리인이라고 호칭하고 있다. 히브리인이란 말이 공식적으로 성경에서 처음 나타나는데, 이 말이 아브람 자신이 아니라 소돔에서 아브라함을 찾아온 사람에 의해 사용되었다(cf. 창 39:14; 41:12). 소돔 사람이 아브라함을 히브리인이라고 호칭한 것은 간접적으로 아브라함과 롯을 모두 히브리인으로 묶는 역할을 할 뿐만 아니라 최소한 소돔에서 온 사람이 아브라함과 롯을 히브리인으로 알고 인정하고 있었음을 의미한다. 히브리인이란 말은 주로 가나안에 정착한 이스라엘 자손들을 지칭하는 말이며, 유대인 전통에는 이 표현의 기원에 대해 세 가지 다른 주장이 있었다. 미드라쉬 창세기 랍바 43:12에는 다음과 같은 내용이 기록되어 있다.

> "And told Abram the Hebrew(HA-IBRI). R. Judah said: [HA-IBRI signifies that] the whole world was on one side(eber) while he was on the other side(eber). R. Nehemiah said: [It denotes] that he was descended from Eber. The Rabbis said: It means that he came from across the river; further, that he spoke in the language of the dwellers across the river."

첫째 주장은 아브라함과 세상을 대비시키고, 온 세상이 불신앙의 길을 서

26) 사칸 שָׁכַן은 하나님이 성막에 임재하여 머무는 것을 말할 때 사용하는 동사이다. Gordon Wenham, *Genesis*, 313.

있지만 아브라함은 신앙의 길에 서 있음을 의미한다고 이해했다. 이 주장은 아브라함이 하나님과 달 신을 함께 섬기는 배교의 길에 빠져든 아버지 데라의 집을 떠난 것 때문에, 결국은 아브라함만 여호와 하나님을 섬기는 자로 남게 되었기 때문에 생겨난 것으로 여겨진다(수 24:2). 둘째 주장은 히브리인을 에벨(10:21, 25)의 후손으로 보는 견해이다.[27] 그리고 셋째는 수 24:3에서 아브라함이 '강 저쪽에서 왔다'는 말에서 기원했다. 수 24:3의 '강 저쪽에서'의 히브리어 문장 '메에베르 한나하르' מֵעֵבֶר הַנָּהָר에 포함되어 있는 동사 '아발' עבר(건너다)에 근거하여 유프라데스 강을 건너온 사람이라는 의미로 보는 전통적인 견해이다. 이 주장은 헬라어 구약 성경 70인역에도 나타나는 오래된 견해이다. 70인역은 창 14:13의 히브리인을 '페라테스'περάτης라고 번역하고 있다. 헬라어 '페라테스'περάτης는 수 24:3의 히브리어 '메에베르' מֵעֵבֶר(전치사 민 מִן+동사 아발 עָבַר의 부정사 연계형)의 동사 '아바르' עָבַר(건너다)를 헬라어로 번역한 동사 '페라오'περάω(건너다)의 명사형이다. 이들 주장 모두가 가능성을 가지고 있지만, 가장 가능성 있는 주장은 히브리인을 에벨의 후손으로 여기는 둘째 주장으로 여겨진다. 창세기 10:21은 셈을 "에벨 온 자손의 조상이요"이라고 소개하며 에벨을 셈의 후손들을 대표하는 인물로 내세우고 있다. 아마도 에벨은 노아가 셈에게 했던 축복을 계승하는 신앙을 가진 사람이었던 것으로 여겨지며, 에벨은 그의 시대에 "세상이 나뉘었음"을 기념하여 장자의 이름을 벨렉이라고 지었다. 이것은 아마도 에벨탑 이후 인류의 언어가 나뉘어지고 흩어진 것을 두고 한 말인 것으로 여겨진다. 에벨(עֵבֶר)이란 이름에 민족을 나타내는 접미사 '이'(ִי)를 더하면 히브리인(עִבְרִי)이 된다. 에벨의 자손들은 아브라함과 롯의 경우에서 알 수 있듯이 "여호와의 이름"을 부르는 신앙의 전통을 이어가는 사람들이었다.

히브리인은 특정 민족을 지칭하는 것이 아니라 노예나 사회적으로 소외된 계층을 의미하는 '하비루'(Apiru/Habiru)라고 주장하는 견해도 있다. 이 주장

27) John Calvin, *Genesis* (Grand Rapids: Eerdmans, 1948), 384; Derek Kidner, *Genesis*, 109; Victor P. Hamilton, *The Book of Genesis Chapters 1-17*, 405; Sarna, *Genesis*, 107. Genesis Rabbah 43:12은 히브리인의 의미에 대한 세 가지 전통을 다음과 같이 기록하고 있다.

은 고대 메소포타미아의 소외 계층을 의미하는 용어 '사-가즈'(Sa.Gaz)와 기원전 14세기에 가나안의 도시 국가 왕들이 이집트 왕들에게 보낸 편지인 텔엘 아마르나 문서에 나오는 하비루와 동일시하면서 생겨났다.[28] 하지만 텔엘 아마르나 문서에서 사-가즈는 비하적인 표현 또는 욕설에 가까운 표현이다. 사실상 텔엘 아마르나 문서에서 사-가즈로 불린 사람들은 소외 계층이 아니라 도시 국가 왕들을 공격하는 세력이며 이 가운데는 도시 국가 왕과 왕자들 그리고 그들의 군대들을 포함하고 있다. 하비루도 도시 국가를 공격하지만 주로 가나안 남부 도시 국가 왕들의 편지에서만 나타나며, 이 둘을 동의어로 생각할 근거가 전혀 없고, 사-가즈를 이스라엘 민족을 지칭하는 것으로 보기 힘들다.[29] 그리고 이 주장은 아브라함이 318명의 군사를 데리고 있고 헤브론 인근의 지배 계층과 동맹을 맺고 있는 점을 고려하면 적절치 못하다.[30]

셋째, 13절 마지막 부분에서 '바아레 베리트 아브람' בַּעֲלֵי בְרִית־אַבְרָם이란 표현을 통해 아브라함이 헤브론에 살고있는 마므레와 에스골 그리고 아넬과 언약을 체결하였음을 보여 준다. '바알'은 우상 바알, 주인, 남편, 소유자라는 의미를 가지고 있으며, 이 표현에서는 소유자의 의미를 가지고 있다. 이 말은 아브라함이 헤브론에 살고 있는 이들 삼 형제와 종속적인 주종관계가 아닌 대등한 관계에서 언약을 맺었다는 말이다. 즉 아브라함은 마므레와 에스골 그리고 아넬과 동맹 관계를 유지하고 있었다. 이는 아브라함의 위상을 보여 준다. 그 외에도 아브라함은 블레셋 족속과(창 21:22~34) 그리고 헷 족속(창세기 23장)하고도 동맹을 맺고 살았다. 아브라함은 신앙이 달라도 그 지역 사람과 공존하였다. 더 나아가 아브라함이 이들에게 북방 4개 연합군을 추격하는 무모한 군사 작전에 동참해 달라고 요구했을 때, 이들은 기꺼이 그를 따라나섰다

28) W. F. Albright, "Abram the Hebrew: A New Archaeological Interpretation," *BASOR* 163 (1961): 36~54; Gerhard von Rad, *Genesis*, 173; Gordon Wenham, *Genesis*, 313. 본 라드를 비롯한 많은 학자들이 히브리인이란 표현을 타 민족이 이스라엘을 호칭할 때 사용한 표현이라고 하지만 사실은 전혀 그렇지 않다. 출 2:7, 11, 13; 9:1; 신 15:12; 욘 1:9; 삼상 13:3; 렘 34:14은 모두 이스라엘 민족이 스스로를 히브리인이라고 부르고 있는 성경 본문이다.

29) Nahum M. Sarna, *Genesis*, 377~379.

30) 창 43:32 "그들이 요셉에게 따로 하고 그 형제들에게 따로 하고 배식하는 애굽 사람에게도 따로 하니 애굽 사람은 히브리 사람과 같이 먹으면 부정을 입음이었더라."

(cf. 창 14:24). 소돔과 고모라 연합군들을 격멸했던 것에서 볼 수 있듯이 메소포타미아 연합군들은 막강한 군사력을 가지고 있었기 때문에, 이들을 추격하는 것은 목숨을 담보로 해야 했을 것이다. 그럼에도 불구하고 동맹국들이 아브라함의 군사 작전에 동행한 것은 두 가지 이유 때문일 것이다. 첫째, 메소포타미아 연합군들은 소돔과 고모라 연합군과 전투를 벌이기 전에 헤브론에서 가까운 사해 서쪽 하사손다말(엔게디, 대하 20:2)에 있는 아모리 족들을 공격하였다(7절). 마므레와 에스골 그리고 아넬도 아모리 족속이었기 때문에 보복적 차원에서 아브라함의 추격전에 동참하였을 것이다. 둘째, 아브라함이 이들과 동맹을 맺을 정도로 좋은 관계를 유지하고 있었기 때문일 것이다. 아브라함은 소돔 왕이 소유물을 네가 다 가지라고 했을 때 그에게 그의 소유를 되돌려주면서 아넬과 에스골과 마므레의 분깃을 제하고 돌려줄 정도로 이들을 배려하고 있다(창 14:24).

14절

아브라함은 집에서 길리고 훈련된 종들 318명과 헤브론의 동맹군들을 데리고 메소포타미아 연합군들을 추격하기 시작하였다. "집에서 길리고"의 원 뜻은 '집에서 태어난'(예리데 베이토 יְלִידֵי בֵיתוֹ)이다. 이 말은 아브라함의 종들이 최근에 산 종이 아니라 그의 집에서 태어나서 성장하여 전쟁에 참여할 수 있는 나이가 된 종들이란 말이다. 318명은 또한 정기적으로 군사 훈련을 받은 사람들이다. '하닉' חָנִיךְ은 전투를 목적으로 훈련받은 자라는 뜻을 가지고 있다.[31] 이 같은 사실은 아브라함이 최소한 1,000명 이상의 무리를 거느리고 있었음을 말한다. 아브라함이 이렇게 많은 전투병을 데리고 있을 가능성이 있을까? 아브라함과 롯이 한 지역에 함께 있을 수 없을 정도로 많은 식솔을 거느렸던 것과 헤브론의 지도자들과 동맹을 맺는 것을 볼 때 그 가능성은 아주 높다(창 13:6 가나안 땅에 들어간 지 아직 몇 년이 지나지 않았음). 그러나 318명과 동맹군들

31) Chaim Cohen, "The Term חֲנִיכָיו (Genesis 14:14) - Etymology and Suggested Cognates," In *The Biblical Canon in Comparative perspective*, eds. Lawson K. Younger and William W. Hallo (Lewiston, N.Y: E. Mellen Press, 1991), 82~84.

을 데리고 북방 연합군을 공격한 것은 상대적으로 소수의 병력을 통한 군사 작전이었을 것이다. 아브라함이 전쟁을 선택한 것은 아주 파격적이다. 하란을 떠나 가나안으로 온 지 10년이란 세월이 흘렀지만, 그는 누구보다도 메소포타미아의 정치 기상도를 잘 알고 있었을 것이다. 북방 연합군의 군사력을 잘 알고 있었을 텐데 그는 왜 군사 행동을 택했을까? 그것도 아브라함은 헤브론에서 약 200km 떨어진 곳에 위치해 있는 가나안 최북단 지역인 단까지 쫓아갔다. 아브라함이 이렇게 군사 작전을 벌인 유일한 이유는 그의 조카 롯이 사로잡혀간 소식을 들었기 때문이다. 아브라함은 롯이 살고 있었던 소돔과 고모라가 엘람의 그돌라오멜에게 조공을 바치는 고통을 알고 있었을 텐데도 이 문제를 해결하기 위해 전혀 나서지 않았고, 메소포타미아 연합군들이 헤브론에서 동쪽으로 약 20km 떨어진 사해 서쪽의 하사손다말(엔게디)를 공략하고 소돔과 고모라 연합군과 싯딤 골짜기에서 싸울 때에도 전혀 개입하지 않았었다. 그런 아브라함이 롯이 포로로 잡혀 메소포타미아로 끌려갔다는 소식에 즉각 추격에 나선 것이다. 왜 그랬을까? 아브라함은 롯이 가나안 영역을 완전히 벗어나서 그의 고향으로 끌려가는 것을 외면할 수 없었기 때문이다. 롯에 대한 아브라함의 생각은 15절에서도 확인할 수 있다.

15절

아브라함은 단까지 쫓아가서 야간 기습 작전을 펼친다. 기드온의 300용사가 세 대로 나뉘어 야간 기습 작전을 펼쳤던 것과 유사하게 아브라함은 자신의 병사들을 나누어 기습적으로 메소포타미아 연합군을 공격하였다(삿 7:16~23). 아브라함의 작전은 대성공이었고, 메소포타미아 연합군은 갑작스러운 공격에 놀라서 도망하였다. 아브라함은 여기에 그치지 않고 달아나는 메소포타미아 연합군을 추격하여 메소포타미아 경내에 속하는 다메섹 좌편 또는 북편에 있는 호바까지 추격하여 조카 롯과 재물과 다른 사로잡힌 사람들을 찾아왔다. 여기에 두 가지 주목할만한 점이 있다. 아브라함이 단의 야간 공격으로 작전을 종료하지 않고 호바까지 간 것은 단에서 조카 롯을 구해내지 못했기 때문이다. 그렇다면 메소포타미아 연합군들이 허겁지겁 달아나면서 왜 아브라함의 조카 롯을 포기하지 않고 단에서 호바까지 데려갔을까? 본문은 전혀 말하지 않기 때문에 확신할 수 없지만, 롯의 언어가 그들과 같은 언어였기 때문일 수도 있고, 그들이 자신들을 공격하는 세력이 아브라함이라는 것을 알았고 그리고 그들이 포로로 잡아가고 있는 롯과의 관계를 눈치챘을 수도 있다. 호바는 메소포타미아 경내에 속하였기 때문에 아브라함이 그곳까지 메소포타미아 연합군들을 추격해 가는 것은 사실상 호랑이 굴로 대낮에 들어간 것이나 다름없었다. 왜 아브라함은 80살이나 된 나이에도 불구하고 목숨을 걸고 호바까지 가서 조카 롯을 구해 왔을까? 살기 위해 아내를 희생시켰던 아브라함이 왜 조카를 위해서는 목숨을 아끼지 않는 강력한 전사의 모습을 하였을까? 조카 롯에게 강한 집착을 보인 이유는 아브라함이 롯을 자신과 함께 하나님의 약속을 상속할 자로 이해하였기 때문에 그가 메소포타미아 연합군에게 끌려 가나안 인근을 떠나 메소포타미아로 되돌아가는 것을 방관할 수 없었다. 롯이 비록 자신으로부터 분가하여 소돔 지역으로 갔지만, 아브라함은 그의 나이 때문에 롯을 그의 기업을 이어받을 후손일 가능성에 대한 고민에서 벗어날 수 없었을 것이다. 기업과 후손에 관한 문제가 아브라함을 괴롭히고 있었다는 사실은 창세기 15장 전반부에서 분명하게 확인할 수 있다.

16절

16절은 아브라함이 메소포타미아 연합군을 격퇴하고 그들이 약탈해 가던 재물과 사람을 되찾아왔다고 한다. 16절은 두 가지를 강조하고 있다. 첫째, 16절은 조카 롯과 그의 소유를 찾아왔음을 강조하기 위해 독특한 구문론적 특징을 가지고 있다.

וַיָּ֕שֶׁב אֵ֖ת כָּל־הָרְכֻ֑שׁ וְגַ֨ם אֶת־ל֤וֹט אָחִ֙יו וּרְכֻשׁוֹ֙ הֵשִׁ֔יב וְגַ֥ם אֶת־הַנָּשִׁ֖ים וְאֶת־הָעָֽם

그리고 그가 모든 소유를 찾아왔다. 그리고 그의 혈육 롯과 그의 소유도 역시 찾아왔다. 그리고 역시 여자들과 백성을.

첫째 문장은 아브라함이 모든 재물을 되찾았다고 한다. 그리고 이어서 그가 롯과 그의 재물도 되찾았다고 한다. 문제는 마지막 표현 '그리고 역시 여자들과 백성을'이다. 여자들과 백성은 롯의 여자들과 백성이 아니고 소돔과 고모라 연합군의 여자들과 백성이다. 이들은 구문론적 일치와 어의론적 일관성을 유지하기 위해 '콜-하로쿠쉬'(모든 재산) 뒤로 옮겨 첫째 문장이 '그가 모든 재물과 여자들과 백성들을 되찾았더라'로 바뀌어야 한다. 창세기 12~14장의 다른 문장들과 비교해 보자.

12:5 모든 소유와 사람들을 　　12:20 그의 아내와 그의 모든 소유를

13:1 그의 아내와 모든 소유와 롯과 함께 　　14:11 모든 재물과 양식을

14:12 롯과 그 재물까지

위의 예들에서 볼 수 있듯이 아브라함의 기사에서 소유와 사람은 배열 순서가 바뀌기는 하지만 항상 함께 붙어 사용되었다. 그럼에도 불구하고 저자가 '여자들과 백성'을 '그의 혈육 롯과 그의 소유' 뒤에 배열한 것은 아브라함이 롯과 그의 소유를 찾아온 것을 강조하기 위해서 이다. 롯과 그의 소유에 관한 표현도 사실상 목적어인 '그의 혈육 롯과 그의 소유'를 동사 앞에 도치하여 배열함으로 아브라함이 롯과 그의 소유를 되찾아온 것을 거듭 강조하고 있다. 아브라함이 조카 롯을 되찾아온 것을 이렇게 강조하는 것은 그만큼 아브라함이 조카 롯에 대한 관심이 특별하였기 때문이다. 아브라함은 조카 롯을 하나님께서 그에게 말한 그의 기업을 소유할 그의 후손으로 생각했기 때문에 관심을 가질 수 밖에 없었다.

둘째 강조점은 아브라함은 조카 롯 때문에 메소포타미아 연합군을 기습했지만, 롯 뿐만 아니라 소돔 고모라 연합군에게 속한 모든 사람들을 다 찾아왔다. 이를 강조하기 위해 마지막 문장은 '여자들과 백성을'이라고 표현하였다. 일반적으로 '여자들'과 쌍을 이루는 표현은 '남자들'이다. 창 12:16은 쌍을 이루는 표현

들의 예를 잘 보여 준다.

וַיְהִי־לוֹ צֹאן־וּבָקָר וַחֲמֹרִים וַעֲבָדִים וּשְׁפָחֹת וַאֲתֹנֹת וּגְמַלִּים

와여히–로 촌–우바칼 와하모림 와아바딤 우세파호트 우아토노트 우게말림

아브라함은 양떼-소떼와 숫나귀들과 남종들과 여종들과 암나귀들과 낙타들을 가졌더라.

그런데 창 14:16의 마지막 문장은 '여자들과 남자들'이라고 하지 않고 '여자들과 백성을'이라고 하였다. 이렇게 일반적인 쌍을 나타내는 표현을 쓰지 않고 '여자들과' 다음에 '백성을'을 사용한 이유는 아브라함이 메소포타미아 연합군에게 포로로 끌려간 모든 민족을 되찾은 것을 강조하기 위한 것이다. 이것은 창 12:3에서 하나님이 그에게 약속한 "열방이 너로 말미암아 복을 받을 것이라"는 말씀의 부분 성취이다. 창 12:10~20에서는 아브라함 때문에 바로와 이집트 사람이 하나님의 징벌과 저주를 받는 과정이 기록되었다면, 창 14:16은 아브라함 때문에 열방이 복을 받아 포로에서 해방과 자유를 얻어 자기 고국과 고향으로 돌아가게 되었음을 기록하고 있다.

17~24절. 아브라함과 멜기세덱 그리고 소돔 왕

아브라함이 메소포타미아 연합군을 격퇴시키고 돌아왔을 때 소돔 왕 베라와 살렘 왕 멜기세덱이 아브라함을 찾아왔다. 17~24절은 이 만남을 다음의 교차 대구 구조로 된 문장을 통해 묘사하고 있다.

A. 소돔 왕과 살렘 왕 멜기세덱이 옴 (17~18)

  B. 멜기세덱의 축복 (19~20)

    C. 아브라함의 반응 (20b)

  B'. 소돔 왕의 말 (21)

    C'. 아브라함의 반응 (22~24)

17~20절

17 그리고 소돔 왕이 그가 그돌라오멜과 그와 함께한 왕들을 치고 돌아온 후 그를
만나러 사웨 골짜기 곧 왕의 골짜기로 나아 왔더라. **18** 살렘 왕 멜기세덱이 떡과 포
도주를 가지고 나아 왔으니, 그는 지극히 높으신 하나님의 제사장이었더라. **19** 그가
그에게 축복하여 말하기를 "아브람은 하늘과 땅을 만드신 지극히 높으신 하나님께
복을 받을지어다. **20** 너는 너의 대적을 네 손에 넘기신 지극히 높으신 하나님을 송
축하라." 그리고 그가 그에게 모든 것의 십일조를 주었더라.

17절

아브라함이 메소포타미아 연합군을 격퇴하고 모든 약탈물과 사람을 찾아서 돌아왔다. 17절은 다시 한 번 아브라함이 싸워 무찌른 북방 연합군들의 리더로 그돌라오멜을 지목하고 있고 다른 왕들은 단순히 그와 함께 참전한 왕들인 정도로 기록하고 있다. 아브라함은 헤브론으로 돌아가지 않고 사웨 골짜기로 돌아와 있었다. 왕의 골짜기는 삼하 18:18에서 압살롬의 기념비가 있었던 곳으로 언급되고 있지만 그 위치를 추정할만한 단서를 제공하지는 않는다. 사웨 골짜기 또는 왕의 골짜기의 위치에 대해 세 가지 주장이 있다. 일반적으로 주석가들은 기드론 골짜기와 힌놈의 골짜기가 만나는 지역이었을 것으로 추정한다.[32] 둘째와 셋째 주장은 사해에서 발견된 창세기 외경(Genesis Apocryphon) 21:29이 사웨 골짜기를 벹-하케렘(Bet-Hakerem)이라고 한 것과 관련되어 있다. 아하로니(Y. Aharoni)는 벹-하케렘(Bet-Hakerem)을 예루살렘에서 베들레헴으로 가는 길 동쪽에 있는 라맡-라헬(Ramat-Rahel)로 여긴다. 이에 반해 가브리엘 발케이(Gabriel Barkay)는 벧-하케렘을 예루살렘 남서쪽에 있는 에인-케렘(Ein-Kerem)을 사웨 골짜기라고 주장하는 것이 셋째이다.[33] 아브라함은 이 골짜기에

32) John H. Walton, *Genesis*, 419; Nahum Sarna, *Genesis*, 109; Victor Hamilton, *Genesis 1-17*, 408; Gordon Wenham, *Genesis 1-15*, 315~316.

33) Daniel A. Machiela, *The Dead Sea Genesis Apocryphon: A New Text and Translation with Introduction and Special Treatment of Columns 13-17* (Leiden: Brill, 2009), 134. Ein Kerem은 세례 요한이 출생한 지역이라고도 한다.

머무르고 있었고, 소돔 왕이 그를 만나러 찾아왔다. 그리고 살렘 왕이 아브라함과 318명 그리고 그와 함께 한 동맹군들에게 떡과 포도주를 제공하기에 적절한 가까운 장소였다. 그런데 아브라함은 왜 이 사웨 골짜기에 왔을까? 엄밀한 의미에서 아브라함이 예루살렘에 들른 것은 일반 상식을 벗어나는 행동이다. 아브라함은 단을 기습 공격하고 호바까지 추격하여 포로로 끌려가던 조카 롯과 가나안 동쪽과 남쪽 지역의 사람들을 되찾아 돌아오고 있었다. 이들이 귀향하기 위해 택한 길은 두말할 것도 없이 호바에서 왕의 대로를 타고 남쪽으로 내려오다가 요르단 강을 따라 북쪽에서 남쪽 사해로 내려오는 길을 택하였을 것이다. 이렇게 짐작하는 이유는 아브라함이 되찾아오는 사람들이 사해 인근에 있는 소돔과 고모라 사람들이었기 때문이다. 아브라함이 이 사람들을 데리고 에브라임과 세겜 산악 지역을 힘들게 오르내려야 되는 길을 택할 이유가 없다. 그런데 아브라함이 해수면보다 258m 낮은 여리고를 통해 해발 818m의 올리브 산을 통해 해발 760m에 이르는 예루살렘으로 가는 산길을 완전히 지친 사람들, 한 시간이라도 빨리 고향으로 가고 싶어 하는 사람들과 그들의 가축과 재물들을 이끌고 올라갔다. 아브라함이 이들을 이끌고 사웨 골짜기로 간 목적이 무엇일까? 그 목적은 아마도 살렘 왕 멜기세덱을 만나는 것일 것이다. 전쟁의 고통을 뼈저리게 체험하고 포로에서 돌아온 아브라함과 함께한 사람들에게 살렘 왕을 만나는 것은 평화의 소중함을 일깨워 줄 수 있을 것이다. 하지만 아브라함의 의도를 명확하게 확인할 수 없다. 창세기는 멜기세덱과 살렘에 대해 이전에 언급한 적이 없지만, 아브라함은 이미 멜기세덱과 살렘에 대해 알고 있었을 가능성이 있다. 이렇게 생각할 수 있는 이유는 하나님이 아브라함에게 지시할 장소로 가서 이삭을 바치라고 했을 때 하나님께서 특별히 그에게 지시하는 말씀이 없는데도 불구하고 살렘에 위치한 모리아 산으로 갔다. 아브라함이 일반적으로 생각할 수 있는 길을 택하지 않고 멜기세덱을 만나러 사웨 골짜기로 향했기 때문에 소돔 왕도 자기의 백성과 재물이 곧바로 소돔으로 되돌아 오지 않자 이곳으로 아브라함을 만나러 왔을 것이다.

18절

사실상 17절의 주어는 소돔 왕이다. 하지만 17절은 아브라함을 찾아온 소돔 왕의 다음 행동에 대해 전혀 언급하지 않고 이어서 18절은 멜기세덱이 아브라함에게 떡과 포도주를 가지고 와서 영접한 것으로 넘어가 버렸다. 소돔 왕 베라와 살렘 왕 멜기세덱이 거의 동시에 아브라함을 찾아온 것으로 여겨진다. 소돔(demon) 왕 베라(evil)와 살렘(peace) 왕 멜기세덱(my king is righteous)의 이름은 서로 명확하게 대조된다. 아브라함의 기습 작전의 최대 수혜자인 소돔 왕은 빈손으로 그를 맞이하러 왔지만, 살렘 왕 멜기세덱은 이 전쟁의 수혜자가 아님에도 불구하고 아브라함과 그의 군사들을 위해 떡과 포도주를 가지고 와서 아브라함을 영접하였다. 살렘은 예루살렘의 옛 이름이며 그 뜻은 평화이다. 학자들 중에는 살렘을 세겜의 또 다른 이름이거나 세겜에서 약 7km 떨어진 곳에 있는 한 지역이라고 주장하는 사람이 있다. 그러나 시 76:2는 살렘을 시온 즉 예루살렘과 동일시하고 있으며, 창세기 외경(Genesis Apocryphon)과 요세푸스도 살렘을 예루살렘이라고 한다(Genesis Apocryphon 22:13; Ant 1.10.2).[34] 살렘의 위치보다 더 중요한 것은 멜기세덱의 정체이다. 18절은 멜기세덱을 살렘 왕이라고 하며, 또 지극히 높으신 하나님의 제사장이라고 한다. 그의 이름의 의미는 '나의 왕은 의롭다'이다. 구약에 기록된 첫 제사는 가인과 아벨의 제사이지만, 엄밀한 의미에서 성경에서 거명된 첫 제사장은 멜기세덱이다. 멜기세덱과 관련하여 전통적으로 세 가지 주제가 중요한 이슈로 취급되어 왔다: 멜기세덱의 정체, 떡과 포도주의 의미, 그리고 메시아적 예표성.

이 이슈들은 히 6:20~7:28에서 예수님의 제사장직을 멜기세덱과 연결 시킨 것에 대한 설명을 시도하면서 생겨났다. 히 7:3에서 멜기세덱을 "아버지도 없고 어머니도 없고 족보도 없고 시작한 날도 없고 생명의 끝도 없어 하나님의 아들과 닮아서"라고 한 것 때문에 멜기세덱을 천사와 같은 존재라고 생각한 사람들이 있었다. 제롬에 의하면 오리겐과 디디무스가 멜기세덱을 천사라고 주장하

34) 살렘의 위치에 대한 논쟁에 관하여는 John A. Emerton, "The Site of Salem, the City of Melchizedek (Genesis 14:18)," *Studies in the Pentateuch*, ed. John A. Emerton (Leiden: E J Brill, 1990), 45~71을 참고하라.

였다. 이들 뿐만 아니라, 영지주의자들도 멜기세덱을 천사로 생각하였다.[35] 이에 반해 제롬은 랍비들의 해석 전통을 따라 멜기세덱을 노아의 아들 셈이라고 생각했고, 이런 생각은 루터를 비롯한 종교개혁시대의 주석가들에게 계승되었다.[36] 하지만 칼빈은 멜기세덱을 천사나 셈으로 여기는 해석 전통을 반대했다. 그 이유는 셈의 이름이 바뀌었다고 생각할만한 것이 성경에 없기 때문이다. 그리고 모세는 셈이 동방에서 유다로 이주했다고 말한 적이 없고, 만약 셈이 가나안에 있었다면 아브라함은 방황할 필요없이 곧바로 셈을 찾아가서 만나면 되었을 것이기 때문이다. 칼빈이 가장 중요하게 생각한 것은 타락한 땅에서 참된 신앙을 지키고 있던 유일한 사람이면서 이름이 제대로 알려지지 않은 사람인 멜기세덱에게 하나님의 은혜가 가장 잘 드러났었다는 것이다.[37] 평범한 사람에 지나지 않은 모세와 다윗이 그리스도의 예표적 인물인 것을 생각한다면 굳이 멜기세덱을 셈이나 천사적 존재로 신화화할 이유가 없다.[38] 멜기세덱은 살렘의 왕이자 지극히 높으신 하나님의 제사장이라는 그의 신분 그 이상을 생각할 필요가 없다. 그렇다면 왜 히브리서 6:20~7:28은 멜기세덱을 메시아적인 인물로 평가하였을까? 우선 창세기 14장 그 자체에서 멜기세덱의 행동에서 살펴보자.

첫째, 멜기세덱은 아브라함이 많은 무리들을 데리고 왔을 때 아브라함을 대표로 왕궁으로 초대하지 않고, 그가 직접 빵과 포도주를 가지고 아브라함과 군사들과 포로에서 돌아온 사람들을 영접하였다. 알렉산드리아의 클레멘트와 제롬은 이 빵과 포도주를 성찬식을 예표한다고 생각하였다. 이 전통은 15세기까지 이어지다가 리라의 니콜라스와 루터 그리고 칼빈에 의해 거부되었다.[39] 멜기세덱의 떡과 포도주가 아히멜렉이 다윗과 그와 함께한 사람들에게 준 진설병

35) Nag Hammadi Codex IX 1:1-27:10; Pistis Sophia IV. 139~140.

36) St. Jerome, "Epistle 73," *Nicene and Post - Nicene Fathers of the Christian Church*, Second series. Vol 6, ed. Philip Schaff and Henry Wace (Grand Rapids: Eerdmans, 1989), 154; Bruce McNair, "Luther, Calvin and the Exegetical Tradition of Melchisedec," *Review and Expositor* 101 (2004): 747~761.

37) John Calvin, *Commentary on Genesis* (Grand Rapids: Eerdmans, 1948), 387~388.

38) 멜기세덱을 신적 존재로 여기는 주장은 Anders Aschim, "Melchizedek the Liberator: An Early Interpretation of Genesis 14," *SBL Seminar Papers* 35 (1996): 243~258을 참고하라. David W. Cotter, *Genesis*, 96.

39) Bruce McNair, *Luther, Calvin and the Exegetical tradition of Melchisedec*, 747~761.

떡과 포도주와 유사한 성격을 가진다면 진설병 떡과 포도주가 언약의 잔치를 상징하며 성만찬이 새 언약의 잔치라는 점에서 상호 연관성을 생각해 볼 수 있다(삼상 21:4). 하지만 멜기세덱의 떡과 포도주가 진설병 떡과 포도주의 성격을 지니기에는 너무 많은 양이다. 멜기세덱이 떡과 포도주로 아브라함과 그와 함께한 사람들에게 잔치를 베풀어 준 것은 일반적인 왕들의 성격과 현저하게 구분된다. 고대 메소포타미아의 왕들이, 소돔과 고모라 연합군들의 왕들도 마찬가지인데, 백성들의 소유로 부귀영화를 누리고, 더 많은 것을 소유하기 위해 백성들을 전쟁 도구로 삼았던 것과는 달리, 멜기세덱은 백성들에게 다가가서 그들을 돌보는 평화의 왕이었고, 진정으로 포로들을 돌보아 주는 의의 왕이었다. 이것은 메시아 왕이 가질 중요한 덕목 중에 하나이다.

둘째는 멜기세덱이 왕직과 제사장직을 동시에 수행하고 있었다는 것은 그가 구약의 일반적인 왕이나 제사장과 구별되어 있다. 고대 메소포타미아의 왕들은 대제사장직을 겸하고 있었는데, 멜기세덱의 경우도 이 전통을 따르고 있을 가능성이 있다. 하지만 고대 메소포타미아의 왕의 제사장직은 타이틀에 지나지 않고, 새해 축제와 같은 특별한 행사에서 자신의 왕권을 위하여 자신의 신에게 제사장 역할을 하였다. 하지만 창세기 14:18~20에서 멜기세덱은 자신이 아니라 아브라함을 위하여 축복하는 역할을 하고 있다. 아브라함과 그와 함께한 백성들을 위해 왕직과 제사장직을 수행하는 멜기세덱의 역할은 에스겔 45~46장에 등장하는 제사장직을 수행하는 메시아 왕과 유사하다. 에스겔 45~46장의 제사장은 백성들을 위하여 제사하고(겔 45:17), 백성들에게 땅을 나누어 주고 강포와 겁탈이 아니라 공평과 공의를 행한다(겔 45:8~9). 창세기 14장에서 멜기세덱은 제사를 집행하지는 않지만, 떡과 포도주를 제공하고 축복하며 그리고 평화와 의를 세우는 자로 소개되고 있다.

셋째는 아브라함이 그에게 십일조를 바쳤다는 것이다. 구약 시대에는 백성들이 소득의 십일조를 레위인들에게 주었고, 레위인은 백성에게서 받은 것의 십일조를 다시 제사장에게 주었다. 아브라함이 멜기세덱에게 십일조를 준 것은 아주 특이하다. 아브라함은 메소포타미아 연합군으로부터 되찾은 것 중에서 자신의 몫 전부의 십 분의 일을 멜기세덱에게 주었다. 이것은 그가 일반 백성들이 십일조를 바치는 것과 유사하다. 그런데 우리가 생각해야 할 부분이 하나 더 있다. 아브라함은 수차례에 걸쳐 직접 제단을 쌓았는데(창 12:7, 8; 13:4, 18), 제사도 당연히 드렸으리라고 생각되지만 창세기 22:13의 경우를 제외하고 침묵하고 있다. 아브라함은 제사장의 역할을 하면서 일종의 레위인의 십일조와 유사한 성격의 십일조를 멜기세덱에게 바쳤다. 레위인 제사장 역할을 하는 아브라함에게서 멜기세덱이 십일조를 받았다는 것은 그가 십일조 사슬에서 최고 상층부에 있음을 보여준다. 이것은 아브라함의 십일조에 대한 히 7:4~10의 해석과 유사하다. 멜기세덱의 이런 독특한 신분과 역할 때문에 시편 110편은 메시아가 멜기세덱의 제사장직을 이어받는 것으로 묘사하고 있다. 시편 110편에서 다윗은 "내 주"로 묘사된 메시아의 사역을 창세기 14장의 아브라함과 멜기세덱과 관련된 두 가지 내용으로 찬양하고 있다. 첫째는 메시아가 "멜기세덱의 서열을 따라 영원한 제사장이라"고 한다(시 110:4). 서열로 번역된 '데바라' דִּבְרָה는 계보나 계층과 계급이 아니라 '방식'이라는 의미를 가지고 있다. 즉 메시아는 멜기세덱의 서열 또는 계보를 잇는다는 의미가 아니라 멜기세덱의 제사장 역할과 같은 방식의 제사장으로서 영원한 제사장이 된다고 한다. 이것은 멜기세덱이 창 14:18~20에 묘사된 왕과 제사장의 모습을 반영한다. 둘째, 다윗은 계속해서 그가 '주'라고 말하는 메시아가 왕들을 쳐부수리라고 말한다(시 110:5). 이것은 마치 아브라함이 메소포타미아 연합군을 격퇴시킨 것을 반영하며, 이 전쟁의 배후에서 지극히 높으신 하나님이 메소포타미아 연합군의 왕들을 물리친 것과 주제가 동일하다. 아브라함의 추격전에서 멜기세덱이 한 역할이 있다. 멜기세덱은 하나님이 대적들을 아브라함의 손에 넘겼다는 것을 모두 알고 있었다. 이것은 최소한 멜기세덱은 하나님의 대 메소포타미아 작전 내용을 하나님과 함께 알고 있었음을 의미한다. 멜기세덱은 쿰란 문서에서도 메시아적 인물로 묘사되고 있다. 멜기세덱은 제10주빌리 첫 주 대 속죄일에 포로들에게 자유를 선포 하며(11QMel 2.4~5), 그리고 사탄인 벨리알과 악의 세력들을 심판하고(11QMel 2.13) 빛의 자녀들을 벨리알의 손에서 구원해 낸다(11QMel 2.25). 시편 110편의 멜기세덱에 대한 묘사는 히브리서 7장이 멜기세덱을 메시아적 예표로 이해한 것에 직접적인 영향을 주었을 것이다.[40)]

19절

아브라함과 그와 함께한 사람들에게 떡과 포도주로 대접한 멜기세덱은 아브라함에게 축복한다. 멜기세덱의 축복은 창 12:1~3과 밀접하게 관련 있다. 창 12:2~3에서 하나님은 아브라함을 축복하면서 '축복'을 다섯 차례 사용하였다. 멜기세덱은 아브라함에게 축복하면서 '축복'을 세 번이나 반복한다. 멜기세덱의 축복은 창 12:3에서 하나님이 아브라함을 축복하는 자에게는 복을 내리고 저주하는 자에게는 저주하리라고 한 약속의 일부로도 볼 수 있다. 아브라함에게 해를 가하였다가 재앙을 만난 첫 인물이 이집트의 바로였는데, 멜기세덱은 창세기에 기록된 아브라함에게 축복한 첫 인물이다. 멜기세덱의 축복은 둘로 나뉘어진다. 19절에서 멜기세덱은 아브라함이 하나님께 축복받기를 기원하였고, 20절에서는 아브라함에게 하나님을 송축하라고 했다. 19절의 축복은 두 가지 중요한 의미를 가진다. 첫째, 멜기세덱의 축복은 아브라함의 이름을 크게 하는 효과를 가지고 있었다. 멜기세덱은 하나님의 이름 '엘 엘리욘' אֵל עֶלְיוֹן으로 아브라함을 축복했는데, '엘리욘' עֶלְיוֹן은 '지극히 높은'이란 뜻을 가지고 있다. 그 지극히 높은 하나님의 이름으로 멜기세덱은 아브라함의 동맹군들과 포로에서 돌아온 수많은 사람들과 그리고 심지어 소돔 왕과 같은 악인들 앞에서 아브라함을 축복하였다. 이로써 멜기세덱의 축복은 하나님이 창 12:2에서 아브라함의 이름을 크게 하겠다고 한 약속을 성취시키는 효과를 가지고 있다. 둘째, 멜기세덱은 엘 엘리욘을 하늘과 땅을 창조하신 분으로 묘사하며 그 하나님이 아브라함을 축복하기를 기원하였다. 18절에서 멜기세덱은 엘 엘리욘의 제사장이라고 소개되었는데, 19절은 그 엘 엘리욘은 하늘과 땅을 창조한 하나님이라고 그 성격을 좀 더 밝히고 그리고 창조주 하나님의 이름으로 아브라함에게 축복

40) Joseph A. Fitzmayer, "Now This Melchizedek," *The Catholic Biblical Quarterly* 25 (1963): 305~321. Victor P. Hamilton, *The Book of Genesis: Chapters 1-17*, 414~416. Gordon Wenham, *Genesis 1-15*, 322.

한다. 일반적으로 고대 사회에서는 전쟁에서 승리하고 돌아오는 왕과 장군들에게 그들의 전쟁 신의 이름으로 환영을 한다. 그리고 전쟁 신이 그들이 섬기는 신들 중에서 제일 높은 신이다. 창조 신은 형식적으로는 최고 신이지만 실제적으로는 그만한 대접을 받지 못한다.[41] 고대 사회의 최대 관심사는 전쟁과 먹고 사는 (풍년과 흉년) 문제였기 때문이다. 전쟁 신들은 농사에 지대한 영향을 미치는 폭풍과 비를 주관했다. 농사를 위해서는 비, 전쟁을 위해서는 폭풍을 내렸다. 일반적으로 창조 신은 늙고 힘없는 그런 신으로 여겨졌다. 하지만 멜기세덱은 그런 고대 메소포타미아와 가나안의 종교 전통을 따르지 않고, 하늘과 땅을 창조한 창조주 하나님만 섬기는 제사장이었고, 그 창조주 하나님의 이름으로 아브라함을 축복하였다. 메소포타미아와 가나안 사람들의 관점에서 볼 때에 창조주 하나님을 언급한 것은 대단히 이례적이었을 것이다. 하지만 구약의 관점에서는 하나님이 천지를 창조하신 참 하나님이기 때문에 메소포타미아 연합군과 소돔 고모라 연합군들의 전쟁을 평정하고 아브라함에게 승리를 줄 수 있다. 뿐만 아니라 멜기세덱이 창조주 하나님을 언급하며 축복한 것은 자식이 없는 아브라함에게 특별한 의미를 가지고 있다. 창 15:5에서 하나님이 아브라함에게 그의 자손을 하늘의 별과 같이 많게 하겠다고 했는데, 멜기세덱은 이에 앞서 하늘과 땅을 창조한 하나님이 아브라함에게 복 주실 것을 기원하였다.

20절

멜기세덱은 아브라함에게 엘 엘리욘을 찬양하라고 하면서, 천지를 주관하시고 지극히 높으신 하나님이 아브라함의 기습 작전을 승리로 이끌었음을 알려준

41) 멜기세덱이 하나님을 엘 엘리욘이라고 부른 것을 가나안 전통 종교와 관련된 것으로 여기고, 엘 엘리욘을 구약의 하나님과 동일시 할 근거가 없다고 생각하는 주석가들이 많다. 엘이 가나안의 신들을 일컫는 말이고, 가나안 만신전의 수장인 것은 사실이다. 하지만 가나안 신화에서 엘은 창조 신이지만 전쟁 신의 역할은 주로 바알과 아낫이 하고 있다. 엘을 전쟁 신으로 묘사하고 있는 곳은 케렛(Krt) 서사시에서만 확인할 수 있다(C. H. Gordon, "UH Krt. I. Krt's Wooing," *The Krt Text in the Literature of Ras Shamra: A social Myth of Ancient Canaan*, ed. by John Gray [Leiden: E.J. BRILL, 1955], 7~11). 그런 가운데 멜기세덱이 엘 엘리욘을 창조 신으로 묘사하면서 아브라함에게 승리를 준 전쟁 신으로 묘사한 것을 매우 이례적이다. 그러므로 멜기세덱의 엘 엘리욘을 가나안 전통 종교에서 찾으려는 것은 신중할 필요가 있다.

다. 멜기세덱의 말은 하나님의 사역에 관한 아주 중요한 점을 제공하고 있다. 아브라함의 승리의 배후에는 아브라함도 깨닫지 못한 하나님의 은밀한 개입이 있었다는 것이다. 이집트에서 바로가 사라를 데려갔을 때에도 하나님이 개입했었지만, 그 사실을 아브라함과 바로가 어떻게 알았는지 언급하지 않는다. 반면에 아브라함의 북방 왕들 추격 사건에서는 하나님이 그들을 아브라함에게 넘겼다고 제사장 멜기세덱을 통해 알려 준다. 아브라함이 복 받는다는 말(바룩 아브라함 בָּרוּךְ אַבְרָם)과 엘 엘리욘을 찬양하라는 말(바룩 엘 엘리요 בָּרוּךְ אֵל עֶלְיוֹן)은 동일한 동사 '바룩'이며, 사람을 두고 말할 때는 '축복하다'는 의미이지만 하나님을 두고 말할 때는 송축하라는 의미로 해석된다. 십일조는 고대 근동 사회에서 오랫동안 광범위하게 행하여온 관습이다. 십일조는 신전과 왕에게 바쳐졌다. 아브라함이 멜기세덱에게 십일조를 준 것은 세 가지 이유 때문일 것이다: 1) 멜기세덱이 제사장이기 때문, 2) 멜기세덱이 아브라함을 축복하였기 때문, 그리고 3) 멜기세덱이 아브라함의 승리가 하나님 때문이라는 것을 일깨워 주었기 때문. 하나님께서 아브라함에게 십일조를 바치라는 요청을 하지 않았지만 아브라함은 자발적으로 하나님께 십일조를 바쳐 그의 자손들이 따라야 할 전통을 세운다. 여기에서 "그 얻은 것에서 십분 일"은 아브라함이 도망하는 북방 연합군에게서 빼앗은 물건의 십분 일이다.

21~24절. 전리품과 귀환한 포로를 둘러싼 소돔 왕과 아브라함의 설전

21 그리고 소돔 왕이 아브람에게 말했다. "나에게 사람은 보내고 재물은 네가 취하
라." **22** 아브람이 소돔 왕에게 말했다. "내가 손을 하늘과 땅을 만드신 지극히 높으
신 하나님 여호와께 드노니 **23** 실이나 신발 끈 하나도 내가 네게 속한 모든 것에서
취하지 아니하리니 네 말이 내가 아브람을 치부케 하였다 할까 하노라. **24** 오직 청
년들이 먹은 것과 나와 함께 갔던 사람들 곧 아넬과 에스골과 마므레의 몫을 제외
할 것이라. 그들이 자신의 몫을 취할 것이니라."

21절

소돔 왕은 아브라함을 만나러 와서 아무런 말과 행동을 하지 않았다. 멜기세덱이 아브라함을 떡과 포도주로 대접하고 축복을 하는 동안에 그는 침묵만 지키고 있었다. 아브라함이 메소포타미아 연합군들을 물리치고 그의 빼앗긴 것들을 되찾아 왔기 때문에 아브라함이 임의로 모든 것을 처리할 권한이 있었음에도 불구하고,[42] 소돔 왕은 아브라함과 거래하기 위해 아브라함에게 예의를 전혀 갖추지 않고 명령하며 말한다: '나에게 사람을 보내고, 그리고 재물은 네가 취하라.'

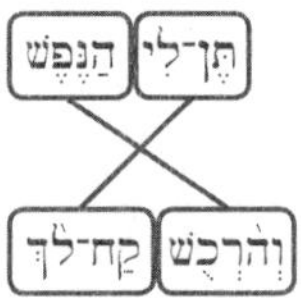

텐–리 하네페쉬 나에게 사람을 보내고

베하로쿠쉬 카–락 재물은 네가 취하라

소돔 왕이 입으로 내뱉은 두 문장은 명령문 + 전치사구 + 정관사 + 명사/ 정관사 + 명사 + 명령문 + 전치사구로 구성되어 있다. 소돔 왕은 교차 대구법과 목적어 도치를 통해 아브라함에게 재물을 가지라는 말을 강조한다. 소돔 왕은 재물에 관심 없고, 사람에게 관심 있는 듯이 본심을 감추고 자신을 가장하고 있다. 소돔 왕은 악한 사람이었고, 자신의 힘이 강해지자 그돌라오멜에게 조공을 바치는 것을 거부했던 것처럼 경제적 이해타산에 밝은 사람이었다. 자신의 백성을 되찾아온 아브라함에게 선물을 바쳐야 될 소돔 왕은 선물은커녕 아브라함이 멜기세덱에게 십일조를 주는 것을 보고 침묵을 깨트리고 아브라함에게 위선적인 말을 하였다. 소돔 왕의 말이 악의적이고 위선적으로 볼 수밖에 없는 이유는 아브라함의 반응이 매우 부정적이기 때문이다. 소돔 왕의 행동이 아브라함이 멜기세덱에게 준 십일조와 관련있다고 보는 이유는 아브라함이 말한 "치부케 하였다"의 동사(아사르 עשר)가 십일조(마아세르 מַעֲשֵׂר)와 동일한 어근

42) Baldwin, *the Message of Genesis 12-50*, 48. Gordon Wenham, *Genesis 1-15*, 318.

으로 되어 있기 때문이다.[43] 소돔 왕과는 달리 아브라함이 군사 행동을 한 것은 사람(조카 롯) 때문이었다. 소돔 왕은 아브라함의 군사 행동 이유를 알고 있었음에도 불구하고 이런 말을 한 것이다. 결국 소돔 왕은 아브라함으로부터 자신의 물건을 모두 되돌려받는 예기치 못한 소득을 얻게 되었다.

22~24절

소돔 왕의 말에 아브라함은 엘 엘리욘의 이름으로 소돔 왕의 소유를 단 하나도 취하지 않겠다고 맹세한다.[44] 실 하나 신발 끈 하나 취하지 않는다는 것을 강조하기 위해 이 표현을 "네게 속한 모든 것에서"(미콜-아셀 락 מִכָּל־אֲשֶׁר־לָךְ)를 떼내어 문두로 도치하였고, 그리고 실과 신발 끈에 민(מִן) 아드(עַד)를 붙여 전체성(totality)을 나타내었고, 임-임 표현을 통하여 취하지 않을 것이라는 것을 강하게 표현하였다.

고대 근동에서는 전쟁에서 승리한 군대가 전쟁터에서 획득한 물건들을 소유할 권리가 있었다. 아브라함도 승리자였기 때문에 재물과 사람들에 대한 권리를 가졌다. 24절에 의하면 아브라함의 동맹군이었던 아넬과 에스골과 마므레는 자신들의 권리를 행사하였던 것으로 보여진다. 하지만 아브라함은 이 권리를 행사하지 않고 사람 뿐만 아니라 소돔에게 속한 것은 아무것도 취하지 않는다. 그 이유는 소돔 왕 때문에 부자가 되었다는 소리를 듣지 않기 위해서이다. 아브람은 소돔 왕에게 속한 실 한 올과 신들메 즉 신발 끈도 취하지 않는다. 뿐만 아니라 아브라함은 사실상 팔레스타인을 메소포타미아 세력으로부터 구해냈기 때문에 가나안의 도시 국가 왕들에게 복종을 요구하거나 지분을

43) Gordon Wenham, *Genesis*, 318.

44) 이 표현은 구약 성경 다른 곳에서는 찾아볼 수 없는 표현이다. 대신에 고대 아카드와 아람어로 된 언약 문서에서 유사한 표현을 발견할 수 있다. Speiser, *Genesis*, 105; Nahum M. Sarna, *Genesis*, 111.

요구할 수 있는 입장이었다. 그렇게 된다면 아브라함이 가나안을 차지하는 것은 한결 쉬워질 수 있었을 것이다. 하지만 아브라함은 전혀 그렇게 하지 않는다. 아브라함은 왜 되찾은 재물들과 도시 국가 왕들에 대한 자신의 권리를 주장하지 않았을까? 22절에서 아브라함이 소돔 왕에게 맹세하는 말이 중요한 힌트가 된다.

아브라함은 19절에서 멜기세덱이 그에게 축복하여 주시도록 호소한 그 하나님의 이름을 똑같이 반복하고 있다. 한가지 차이가 있다면, 멜기세덱은 "천지의 주재시오 지극히 높으신 하나님"이라고 했는데, 아브라함은 그 하나님의 이름에 자신이 제단을 쌓고 이름을 불렀던 하나님의 이름 여호와를 덧붙였다. 아브라함은 자신의 승리가 하나님의 도우심의 결과라는 것을 알고, 자신의 승리에 대한 대가를 도시 국가 왕들에게 요구하지 않는다. 대신에 그는 멜기세덱이 그에게 한 "천지의 주재시오 지극히 높으신 하나님 여호와의" 축복에 모든 것을 전적으로 맡겼으며, 그리고 그 축복에 소돔 왕의 재물이 섞이지 않게 하겠다는 의지를 보여주고 있다.

아브라함은 되찾은 약탈물을 다 돌려주면서 소돔 왕의 말을 한마디로 웃음거리로 만들었다. 아브라함은 사람에게 관심이 있지 재물에 관심 없었기 때문이다. 그렇다면 아브라함이 그렇게 관심을 가지고 목숨을 건 전쟁을 통해 되찾아 왔던 사람들, 그 사람들 중에서 롯은 어떻게 되었을까? 특이하게도 14장은 구사일생으로 포로에서 되돌아온 롯이 어떻게 되었는지 아무런 언급이 없다. 아브라함은 재산을 돌려주면서 사람에 대한 관심을 표시했지만 롯이 이에 대해 어떤 행동을 했는지 전혀 말하지 않는다. 그러나 창세기 18~19장에서 롯이 소돔에 살고있는 것을 볼 때, 롯은 아브라함과 함께 헤브론으로 돌아가지 않고 소돔 왕과 함께 소돔으로 돌아가 버렸다. 창세기 14장은 메소포타미아 연합군과 소돔과 고모라 지역 연합군의 전쟁 기사의 포커스를 롯에게 두고 기록하면서도 처음부터 끝까지 롯의 말을 한마디도 남기지 않는다. 결과적으로 롯은 소돔으로 되돌아가면서 아브라함에게 단 한마디의 말도 하지 않은 셈이 되고 말았다. "사람은 내게 보내고 재물은 네가 가지라"며 아브라함에게 빈정거렸던 소돔 왕 베라처럼 롯은 그를 위해 호바까지 추격했던 아브라함을 웃음거리로 만들었고, 아브라함으로부터 그렇게 말없이 떠나가 버렸다.

Chapter 05

창세기 15장

창세기 14장은 북방 연합군과 남부 연합군의 전쟁을 통해 불거진 롯의 포로 사건을 통해 롯이 아브라함의 후손 또는 상속자인가에 대한 문제를 종결시킨다. 창세기 15장에서는 롯이 아니라면 누가 아브라함의 후손인가에 대한 문제(창 15:1~6)와 함께 아브라함의 후손이 언제 가나안 땅을 기업으로 얻게 되느냐 하는 문제(창 15:7~21)가 제기된다. 이 문제는 하나님께서 아브라함에게 거듭 약속하였음에도 불구하고 아브라함이 자신의 나이 때문에 오해하였기 때문에 생겨났다. 하지만 이 문제의 또 다른 축에는 하나님이 자신의 약속을 신속하게 성취하여 주지 않은 사실이 놓여 있다. 하나님의 약속 성취가 매우 긴 시간 간격을 가지는 경우는 성경에서 종종 발견된다. 당장 아브라함의 자손이 가나안 땅을 소유하게 되는 하나님의 약속도 400년 이상의 세월이 지나야 했다. 예레미야가 예언한 70이레 예언도 다니엘의 재해석을 통해 수백 년의 세월이 지나서 이루어진다(렘 25:11; 단 9:2~3). 이런 시간적 간격 때문에 하나님은 자신의 약속을 신실하게 이룰 것을 확신시키기 위해 다양한 징조를 보여 주기도 한다. 창세기 15장은 하나님과 아브라함의 언약을 통해 하나님께서 아브라함에게 준 약속을 반드시 이루시겠다는 의지를 드러낸다. 그리고 하나님의 의지 앞에 아브라함은 믿음으로 화답한다. 특별히 창세기 15장은 롬 4:3, 9, 22의 말씀에 근거하여 '아브라함의 믿음'과 관련된 유명한 본문이다. 창세기 15장의 내용은 두 부분으로 나눌 수 있다.

1~6절. 후손에 대한 하나님과 아브라함의 대화

7~21절. 언약을 통해 가나안을 아브라함의 후손에게 주겠다고 확증함

1~6절. 후손에 대한 하나님과 아브라함의 대화

1 이 일들 후에 여호와의 말씀이 이상 중에 아브람에게 있어 가로되 "두려워 말라.
아브람아! 나는 너의 방패이고 너의 지극히 큰 상급이니라." **2** 그러자 아브람이 말하
기를 "주 여호와여 무엇을 나에게 주시려나이까? 나는 자식 없이 살고 있사오며 그
리고 나의 집의 상속자는 다메섹 엘리에셀이나이다." **3** 그리고 아브람이 말하기를
"보소서! 나에게 자손을 주지 아니하셨나이다. 그러므로 보소서! 내 집의 종이 나를
상속하리이다." **4** 그 때에 "보라!" 여호와의 말씀이 그에게 있어 가로되 "이 사람이
너를 상속하지 못하리라. 왜냐하면 너의 배에서 나온 자 그가 너를 상속하리라." **5**
그리고 그가 그를 밖으로 데려 나가서 말하기를 "제발 하늘을 향하여 바라 보고 별
들을 헤아려 보아라. 만약 네가 그것들을 헤아릴 수 있다면," 그리고 그가 말하기를,
"너에게 그렇게 네 자손이 있을 것이다." **6** 그가 여호와를 믿었고 그리고 그가 이를
그의 의로 여겼더라.

1~6절은 하나님과 아브라함이 주고받는 대화로 구성되어 있다. 하나님이 자신을 아브라함의 방패와 상급이라고 소개하자 아브라함은 상급이라는 말에 불평이 짙게 깔려 있는 질문으로 대화의 주제를 이어간다. 아브라함은 상급의 상속자는 다메섹 엘리에셀에 지나지 않고 자식이 없는 자신에게는 상급이 아무런 의미가 없지 않느냐고 질문한다. 이에 하나님은 아브라함의 말에 대답하며 대화의 주제를 아브라함의 자손에 관한 것으로 이어간다. 하나님은 아브라함

에게 그의 몸에서 날 자가 그의 상속자가 되고, 그의 자손은 하늘의 별과 같이 많게 된다고 한다. 아브라함의 질문과 하나님의 대답은 서로 명확한 대조를 이루고 있다. 마지막 6절은 대화의 결론으로서 하나님의 말씀에 대한 아브라함의 마음의 자세인 믿음과 아브라함의 믿음에 대한 하나님의 인정으로서 그의 의를 기록하고 있다. 대화의 내용은 다음과 같은 구조로 되어 있다.

1절. 하나님의 자기소개 : 방패와 상급

2~3절. 아브라함의 질문 : 상속자는 양자 다메섹 엘리에셀
하나님이 자식을 주지 않았음

4~5절. 하나님의 대답 : 상속자는 네 친 자식
네 자손이 하늘의 별과 같이 많을 것

6a. 아브라함의 반응 : 신뢰

6b. 하나님의 인정 : 의로 여김

1절. 하나님의 자기소개

1절은 창세기 15장의 도입부이며, 1절은 1~6절의 하나님과 아브라함의 대화에 한정되지 않고, 창세기 15장 전체 사건에 대한 도입부의 역할을 한다. 1절은 하나님의 말씀이 이 일들 후에(아하르 핟데바림 하엘레 אַחַר הַדְּבָרִים הָאֵלֶּה) 아브라함에게 있었다고 말한다. 이 표현은 창세기 15장의 사건을 앞서 있었던 사건과 연결 짓고 있으며, 창세기 15장의 사건이 앞서 일어난 사건들 이후에 일어났다고 규정하고 있다.[1] 이것은 창세기 15장의 사건을 이해하는데 앞서 일어난 사건들이 중요한 역할을 한다는 것을 의미한다. 앞서 일어난 사건들이 어떤 사건들인지는 '이 일들'을 어떻게 규정하느냐에 달려 있다. 우선 '일들'이 복수로 되어 있는 것을 먼저 기억하고 있어야 한다. '일들'이 단수이면 저자는 창세기 15장을 14장과 연결시키고 있는 것으로 이해할 수 있다. 그러나 '일들'은 복수이다.

1) Nahum M. Sarna, *Genesis* (Jerusalem: Jewish Publication Society, 1989), 112; Gordon J. Wenham, *Genesis 1-15* (Waco: Word Books, 1987), 327. Claus Westermann, *Genesis* (Grand Rapids: Eerdmans, 1987), 118.

이 복수가 창세기 14장에 기록된 메소포타미아 연합군과 소돔과 고모라 연합군의 전쟁 그리고 아브라함이 롯을 비롯한 포로와 약탈물들을 되찾아 오는 것과 아브라함의 멜기세덱과 소돔 왕과의 조우를 별개의 사건으로 여기고 표현한 것으로 볼 수 있고, 따라서 이 사건들을 총칭하여 '이 일들 후에'라고 말하였을 수 있다. 그러나 창세기 14장의 사건들 모두를 하나의 사건으로 볼 수 있다. 이럴 경우 '이 일들'은 창세기 12~14장에서 일어난 사건들을 가리키며, 이 사건들이 일어난 후에 15장의 사건이 일어난 것으로 볼 수도 있다. 어쨌든 이 표현은 창세기 15장의 사건을 최소한 14장과 연결시키려는 의도를 가지고 있다. 그 의도가 무엇일까? 그것은 하나님과 아브라함의 대화를 통해 알 수 있으며, 특별히 아브라함의 반응에서 볼 수 있듯이 롯이 떠난 이후 그가 겪고 있는 자손에 대한 갈등과 관련 있다. 1절에서 하나님이 아브라함에게 말한 '방패'와 '상급'도 창세기 15장을 14장과 연결시키는 표현이다.

여호와의 말씀이 이상 가운데 아브라함에게 나타났다. 이 표현은 선지자들에게 하나님의 말씀이 임한 사실을 언급할 때 사용된다.[2] 아브라함도 선지자라고 불리었고(창 20:7), 또 창 15:13~21에서 아브라함의 후손의 미래에 대한 메시지가 주어진다는 것을 고려할 때 아브라함의 비전에서 이 표현은 전혀 어색하지 않다. 창세기 12~14장에서도 하나님은 아브라함에게 직접 또는 간접적으로 나타났지만, 그 현현 방법을 구체적으로 언급한 것은 여기가 처음이다. 이상의 히브리어는 '마하제' מַחֲזֶה이며 '보다'의 의미를 가지고 있는 동사 '하자' חָזָה의 명사형으로 눈으로 보는 것을 의미한다. 동사 '하자'와 선견자로 번역되는 '호제' חֹזֶה는 구약 성경에서 자주 사용되지만, 명사 '마하제'는 매우 드물게 사용되며, 발람과 에스겔이 본 이상과 관련하여 사용되었다(민 24:4, 16; 겔 13:7). 발람과 에스겔이 본 이상은 주로 특정한 일과 관련된 광경이지만, 아브라함이 본 이상은 하나님 자신이며 하나님이 아브라함과 함께 만든 광경이다.

하나님이 아브라함에게 나타나 제일 먼저 한 말씀이 '두려워말라 나는 너의 방패요 기업이다'이다. 왜 하나님께서 두려워 말라고 말씀하셨을까? 구약 성경

2) 왕상 18:31; 대하 12:7; 렘 1:2; 겔 1:3; 단 9:2; 학 2:1; 슥 1:1.

에는 종종 구약의 백성들이 하나님 또는 하나님의 사자를 보았을 때 죽음을 두려워하는 장면이 기록되어 있다. 아브라함도 하나님의 모습을 보고 죽음을 두려워하는 것일까? 그러나 아브라함은 하나님과 대면했을 때 제단을 쌓은 적은 있지만, 죽음을 두려워한 적이 없다(ex. 창 12:7, 창세기 18장). 하나님이 아브라함에게 두려워 말라고 하면서 '너의 방패이니라'고 한 말은 아브라함의 두려움의 성격을 알려 준다. 방패라는 말은 전쟁 용어이다.[3] '너의 방패요'는 멜기세덱이 창 14:20에서 한 말과 관련이 있다. 창 14:20에서 멜기세덱은 전쟁에서 승리하고 롯을 되찾아 돌아온 아브라함에게 '대적을 너에게 붙인 엘 엘리욘을 찬양하라'고 한다. 너의 방패의 히브리어 명사 '방패'는 '마겐' מָגֵן이며, 창 14:20의 '대적을 붙이신'의 히브리어 동사 '붙이다'(מגן)와 자음이 동일하다. 이것은 방패라고 말하는 하나님은 창 14:20에서 대적을 아브라함의 손에 붙였던 분임을 암시한다.[4] 하나님은 아브라함에게 메소포타미아 연합군과의 전쟁을 상기시키면서, 하나님 자신이 바로 그의 방패였고, 지금 현재도 그의 방패라고 말하고 있다. 하나님께서 아브라함에게 너의 방패라고 말한 것은 아브라함의 두려움이 창세기 14장의 기습 작전과 관련이 있음을 보여 준다. 아브라함이 자신의 집에서 키우고 훈련시킨 318명과 헤브론의 동맹 부족의 군사로 가나안 남부 지역의 5개 연합군을 격파한 메소포타미아 지역의 4개 연합군을 격퇴 시키는 것은 불가능한 일이었다. 군사의 수, 무기, 전략 등등 모든 면에서 북방 연합군이 아브라함보다 뛰어났을 것이다. 아브라함과 그를 아는 사람들은 이 사실을 잘 알고 있었던 것으로 여겨진다. 북방 연합군에 의해 혼이 났던 소돔 왕이 아브라함 앞에서 거만하게 행동하는 모습을 보면 아브라함이 막강한 군사력을 가졌다고 보기 힘들다(창 14:17, 21~22). 그래서 야간 기습을 하였고, 뜻하지 않은 전과를 얻었던 것으로 여겨진다. 그러나 정작 자신의 빈약한 군사력을 되돌아보면서 아브라함은 반격과 보복에 대한 두려움에 빠져 들었을 것이다.[5] 약자가 강자를 공격하는

3) P. E. Dion, "The 'fear not' Formula and Holy War," *CBQ*, 32 (1970): 565~570. Edgar W. Conrad, "The Fear Not Oracles in Second Isaiah," *Vetus Testamentum* 34 (1984): 129~152.

4) Gary A. Rendsburg, "Notes on Genesis 15," *Vetus Testament* 42(1992): 266~272.

5) Sarna, *Genesis*, 112; Joyce G. Baldwin, *The Message of Genesis 12-50: From Abraham to*

경우는 잘 없을 뿐 아니라, 설사 공격하는 경우가 있더라도, 큰 희생을 감내해야만 한다. 더군다나 창 14:16에서 말하는 것처럼 아브라함이 메소포타미아 연합군들로부터 모든 약탈물을 되찾아와 버렸다면, 오랜 원정을 통해 얻은 것을 잃어버린 북방 연합군들이 손실을 만회하기 위해 재침을 시도할 가능성이 충분히 있다.[6)] 어쨌든 아브라함은 멜기세덱에게서 하나님이 대적을 그에게 붙였다는 말을 들었음에도 불구하고 다시 두려워하고 있을 때에, 하나님이 이상 중에 나타나 그의 방패 되심을 일깨워 주고 있다. '나는 너의 방패요'는 임마누엘의 하나님, 즉 아브라함과 함께하시는 하나님이라는 뜻이다. 단순히 함께 하면서 구경만 하는 하나님이 아니라 적극적으로 원수로부터 보호하고, 승리하도록 돕는 하나님이다.

1절의 '너의 지극히 큰 상급'은 '너의 방패요'와 함께 1절 이하의 사건을 창세기 14장과 연결시켜 주는 표현이다. 상급의 히브리어 '사카르' שָׂכָר는 주로 임금이나 급여를 나타내는 말이다. 상급은 창세기 12~14장에서 등장한 또 하나의 주제인 소유 재산(레쿠쉬 רְכֻשׁ)과 관련 있다. 창세기 12장에서 아브라함과 롯은 하란에서 가지고 있던 소유 רְכֻשׁ를 가지고 가나안으로 들어갔고, 창세기 13장에서 이들은 그 소유 רְכֻשׁ의 많음으로 인해 서로 헤어져야 했었다. 창세기 14장에서는 북방 연합군들이 소돔과 고모라 지역과 롯의 소유 רְכֻשׁ를 약탈해 갔었고, 아브라함이 이를 되찾아 돌아왔었다. 그때 소돔 왕이 아브라함에게 했던 말 '사람은 내게 보내고 물품 רְכֻשׁ은 네가 가지라'할 때 물품은 바로 소유 רְכֻשׁ이다. 창세기 12~14장에서 소유에 관한 주제가 이어지고 있는데 하나님이 아브라함에게 '상급'이라고 한 것은 의도적인 것으로 보여진다.[7)] 상급과 소유의 히브리어를

Joseph (Downers Grove: Inter-Varsity Press, 1986), 49~50; Bill T. Arnold, *Genesis* (Grand Rapids: Eerdmans, 1998), 92.

6) 팔레스타인 탈굼은 하나님이 아브라함에게 "두려워 말라 아브라함아 나는 너의 방패이니라"고 한 말을 다음과 같이 첨가하여 아브라함의 방패의 의미를 설명하고 있다. Saying: "Do not fear, Abram, even if many legions gather against you, and come upon you, My memra(word) is your shield in this world, and protects you in the world to come." Michael L. Klein, "A Genizah Fragment of Palestinian Targum to Genesis 15:1-4," *Hebrew Union College Annual* 49 (1978): 73~87에서 인용.

7) Sarna, *Genesis*, 112.

나란히 놓고 비교해 보자.

창 14:21 רְכֻשׁ / שָׂכָר 창 15:1

1절의 '사카르' שָׂכָר의 자음을 역순으로 재배열하면 '레쿠쉬'(רְכֻשׁ)가 된다. 하나님이 아브라함에게 기업과 분깃이라고 하지 않고 상급(사카르 שָׂכָר)이라고 한 것은 특이하다. 민 18:20에서 하나님은 자신이 제사장과 레위인의 기업과 분깃이라는 말을 한다. 이때에 사용된 히브리어는 '헤렉' חֵלֶק과 '나흐라' נַחֲלָה이다. 이런 표현을 쓰지 않고 수고에 대한 보상을 의미하는 '사카르'(שָׂכָר)을 쓴 이유는 창세기 12~14장의 핵심 주제 중의 하나였던 '소유'와 관련 짓기 위해서이다.[8] 아브라함이 선택한 땅은 롯이 선택한 땅처럼 여호와의 동산과 이집트 땅과 같은 땅은 아니었다. 전쟁에서 승리하고 약탈물을 되찾아 왔을 때, 아브라함은 소돔 왕의 말에 '실 한 오라기나 들메끈 한 가닥도 취하지 않겠다'고 했다. 그 때 아브라함이 천지를 창조하신 지극히 높으신 하나님의 이름으로 맹세하였는데, 그 하나님이 아브라함에게 창세기 13장에서 롯이, 그리고 창세기 14장에서 소돔 왕이 말하던 그 재물을 상기시키면서 자신이 아브라함의 지극히 큰 상급임을 말하며 '사카르' שָׂכָר란 표현을 사용하고 있다. 7절에서 하나님은 가나안 땅을 아브라함에게 주어 소유로 삼게 하려고 그를 갈대아 우르에서 이끌어 냈다고 말한다. 1절의 '이 일들 후에'와 '방패' 등을 통해 word play를 시도하고 있는 점은 그 가능성을 더 높여 준다.

2~3절. 아브라함의 반응

창세기 12~13장에서 하나님은 여러 차례 아브라함에게 나타나기도 하고 말씀하기도 했지만, 아브라함이 하나님께 말하고 대답하는 일은 없었다. 아브라함이 하나님께 대답하여 말하는 것이 2~3절에서 처음으로 나타난다. 아브라함의 말의 저변에는 꿈과 희망을 상실한 기류가 깔려 있다. 아브라함은 하나님께

8) 사 40:10; 62:11; 렘 31:16에서만 하나님이 세칼(שֶׂכֶר) 또는 세칼(שָׂכָר)의 동사형의 주어로 사용되었다.

서 주신 꿈을 이루기 위해 하란을 떠나 가나안으로 들어 왔다. 75살의 노인답지 않게, 꿈을 이루기 위해 과감하게 자신의 땅과 고향 그리고 아비의 집을 뒤로하고 떠나는 진취적인 노인이었다. 재산만 따지고 보면, 아브라함은 사실 성공한 사람이다. 아브라함은 육축과 은과 금이 풍부하여 조카 롯과 더 이상 한 살림을 할 수 없어서 분가를 해야 했고(창 13:1ff), 집에서 키워 훈련시킨 군인이 318명이나 있었다(창 14:14). 그러나 그는 큰 민족을 이루어 땅의 모든 족속이 아브라함을 인하여 복을 얻을 것이라는 하나님의 약속에 대해서는 깊은 실의와 좌절감에 빠지게 되었다. 그 이유는 바로 자손이 없었기 때문이다.

2절에 의하면, 아브라함은 하나님께서 '너의 지극히 큰 상급이니라'고 하자 처음으로 하나님께 직접 말을 한다. 그의 첫 말은 '주 여호와여 무엇을 내게 주시려 하나이까'이다. 아브라함은 여호와 하나님을 '나의 주' אֲדֹנָי라고 하며, 이 호칭은 구약 성경에서 처음으로 사용되었다. 1절의 하나님의 말씀에서 '두려워 말라 나는 네 방패요'라는 말에는 개의치 않고 '너의 지극히 큰 상급이니라'는 말에 반응하며 '무엇을 내게 주시려 하나이까'하며 하나님께 질문한다. 아브라함의 질문은 창 14:21의 소돔 왕과 그의 대화와 관련이 있다.

하나님이 아브라함에게 창 14:20의 동사 '미겐'(מִגֵּן 넘기다)과 21절의 '레쿠쉬'(רְכֻשׁ 재물)를 1절의 대화에서 주제로 취하여 방패(마겐 מָגֵן)와 상급(사카르 שָׂכָר)이라며 말문을 열자, 아브라함은 창 14:21의 '텐-리'(תֶּן־לִי 나에게 주라)와 '레쿠쉬'(רְכֻשׁ 재물)를 2절에서 주제화 하여 '마 티텐 리'(מַה־תִּתֶּן־לִי 나에게 무엇을 주시려 하나이까)라며 반문하였다. 소돔 왕이 '재물을 네가 취하라'고 했을 때 아브라함은 실 한 올까지도 되돌려 주며 재물 앞에 당당했었다. 그런 아브라함이 '나는 너의 지극히 큰 상급이니라'는 하나님의 말씀 앞에 '무엇을 내게 주시려 하나이까'라고 말한 질문의 진의는 무엇일까? 아브라함의 질문은 결코 감사하며 기뻐하는 마음으로 이렇게 반응한 것이 아니다. 아브라함의 질문은 하나님께서 주시는 모든 것이 자신에게 아무런 소용이 없는데 무엇을 또 주려 하시느냐는 투의 부정적인 반응이다. 아브라함의 질문을 부정적인 반응으로 여기는 이유는 이어지는 표현 때문이다.

'나는 무자하오니 나의 상속자는 이 다메섹 엘리에셀이니이다'

'나는 무자하오니'의 히브리어는 '베아노키 호렉 아리리' וְאָנֹכִי הוֹלֵךְ עֲרִירִי이며, 동사 '하락'(הָלַךְ 걷다)의 분사형을 사용하여 아브라함은 지금 현재 자식 없이 살고 있다는 뜻으로 사용되었다. 일반적으로 '무자하오니'에 해당되는 히브리어는 아카르 עָקָר이다. 아브라함이 사용한 히브리어는 형용사 '아리리' עֲרִירִי이며, 이 단어는 레 20:20~21과 렘 22:30에서만 사용되었으며, 모두 다 하나님의 징벌의 결과로 자식이 없는 경우를 말하기 위해 사용되었다. 아브라함도 이런 의미로 사용하였을 가능성이 있으며, 아브라함은 하나님께 자신의 참담한 신세를 타령하기 위해서 이 단어를 사용하였다. '무자하오니'의 히브리어 '아리리' עֲרִירִי는 동사 '아랄' ערר에서 파생된 형용사로써 '벌거벗은'의 의미를 가지고 있는데, 이 단어를 '무자하다'는 의미로 사용하였다(BDB; Harris). 이를 통해 아브라함은 자식 없음을 벌거벗은 채로 인생길을 가고 있는 것으로 묘사하며 자신의 참담한 심정을 토로하고 있다. 고대 근동에서 벌거벗은 몸은 아주 수치스러운 상태를 나타낸다. 하나님은 모세에게 제사장의 의복을 만들 때에 하체가 드러나지 않도록 각별히 주의하여 만들게 하고 있다(출 28:42). 그리고 제단을 계단식으로 만들어 제단에 오를 때 하체가 드러나지 않게 하고 있다(출 20:26). 이런 문화권에서 아브라함이 자신의 무자식을 벌거벗은 것으로 묘사한 것은 그의 마음이 얼마나 참담한지 짐작하게 한다. 아브라함의 반응은, '나는 꿈도 희망도 없습니다. 왜냐하면, 하나님이 설사 나의 방패이고 지극히 큰 상급이라고 하지만, 나에게 자식이 없는데 무슨 의미가 있습니까? 하나님이 내게 무엇을 주어도, 이 모든 것을 다메섹 엘리에셀이 상속하게 됩니다'는 것이다. 자식이 없기 때문이겠지만 평소와 다르게 아브라함이 이렇게 가슴 뭉클하게 하는 말로 신세타령을 하는 이유는 롯 때문일 것이다. 아브라함의 격정적인 반응이 롯 때문이라고 여기는 이유는 다메섹 엘리에셀에 대한 언급 때문이다. 앞서 우리는 1~2절의 방패와 상급 그리고 '무엇을 내게 주시려나이까'가 창세기 14장의 배경 속에서 사용되고 있음을 밝혔다. 다메섹 엘리에셀은 창세기 14장에서 볼 수 있는 또 다른 표현이다. 창 14:15에 의하면 아브라함은 메소포타미아 연합군들에게 사로잡혀가는 롯을 구하기 위해 목숨을 걸고 추격해 갔던 곳이 다메섹 인근 호바이다.[9] 아브라함이 양자로 삼으려고 하는 다메섹 엘리에셀의 이름에는 이 다메섹이 붙어 있다. 아브라함에게는 하란에서부터 집에서 태어나 자라고 훈련시킨 많은 사람들이 있었음에도 불구하고 다메섹 출신을 양자로 삼으려는 이유가 무엇일까? 그것은 다메섹까지 추격하여 가서 포로에서 구출했었던 롯을 염두에 두고 있기 때문이다. 소돔 왕이 '사람은 내게 보내고 재물은 네가 가져라'고 했을 때, 아브라함은 롯 때문에 군사작전을 벌였기 때문에 기꺼이 재물을 돌려 보냈다. 그런 아브라함에게 롯은 아무 소리하지 않고 소돔 왕과 함께 소돔으로 가버렸다. 롯을 보낸 아브라함의 심정은 어땠을까? 다메섹까지 가서 롯을 찾아 왔던 아브라함은 그가 소돔으로 가버리자 즉각 다메섹 출신 엘리에셀을 양자로 삼고 있다. 아브라함이 다메섹 엘리에셀을 양자로 삼으려고 하는 것은 롯으로 인한 심정을 나타내는 것이다.

'나의 상속자는 이 다메섹 사람 엘리에셀이니이다' 이 표현의 의미에 대해 오랫동안 논란이 이어져 왔다. 우선 상속자로 해석한 메섹 מֶשֶׁק의 의미에 대해서 다양한 해석이 있는데, 이를 셋으로 압축할 수 있다: 1) 상속자, 2) 빼앗을 자, 그리고 3) 술 맡은 자.[10] 메섹은 구약 성경에서 2절에서만 사용되었기 때문에 그 의미를 파악하기 어려울 뿐만 아니라 고대의 번역본들의 다양한 해석 전통이 메섹의

9) John H. Sailhamer, *The Pentateuch as Narrative* (Grand Rapids: Zondervan, 1992), 150.
10) Gordon Wenham, *Genesis* (Waco: Word Books, 1987), 328. Nahum M. Sarna, *Genesis* (Jerusalem: Jewish Publication Society, 1989), 382~383.

의미를 파악하기 어렵게 만들었다. 메섹의 원래 의미를 영원히 알 수 없을지 모르지만, 본문에서 사용된 의미는 3절에 비추어 보아 상속자일 가능성이 매우 높다.

창 15:2 בֶן־מֶשֶׁק בֵּיתִי

창 15:3 בֶן־ בֵיתִי יוֹרֵשׁ אֹתִי

두 표현에서 '벤' בֵּן은 아들의 뜻이 아니라 사람으로 해석되며, 3절의 '벤 베이티 요리쉬 오티'는 2절의 '벤-메섹 베이티'의 의미를 이해하는 데 중요한 배경이 된다. '벤-메섹 베이티'는 내 집의 상속자의 의미를 가진다. 그렇다면 아브라함은 상속자라는 의미를 가진 일반적인 용어를 사용하지 않고 왜 의미가 불명확한 메섹을 사용하였을까? 그 이유는 메섹과 그의 출신지인 다메섹과 언어유희를 하고 이를 통해 엘리에셀을 양자로 삼으려는 자신의 심적인 불편함을 하나님께 극적으로 표현하고 불평을 강하게 나타내기 위한 목적 때문일 것이다.[11)]

'벤-메섹 베이티'의 또 다른 어려운 점은 아브라함이 실제로 엘리에셀을 양자로 삼았느냐는 것이다. 아브라함이 다메섹 엘리에셀을 상속자라고 한 것은 그가 엘리에셀을 그의 양자로 삼았다는 말이다. 고대 근동 사회에서는 아들이 없는 사람이 자신의 가족의 범주에 속하지 않는 사람을 양자로 삼을 수 있었다. 이 경우 양자는 부모의 노후의 삶을 돌보고 장례와 매장을 책임지게 되었고, 이에 대한 대가로 양부모는 양자에게 재산을 상속해 주게 되었다.[12)] 양자를 삼은 후에 아들을 낳게 되면, 양부모는 양자를 쫓아내지 못하고 재산을 친아들과 공유하게 했었다. 아브라함이 이런 고대 근동의 문화적 전통 속에서 살았다면 엘리에셀에게도 재산을 분배해 주어야 한다.[13)] 그러나 창 25:5~6에서 아브라함이 이삭을 비롯한 자기 자식들에게 재산을 나누어 줄 때에 엘리에셀을 전혀 언급

11) E. A. Speiser, *Genesis* (Garden City, NY: Doubleday & Company, 1982), 111.

12) "The tablet of adoption belonging to Nashwi, the son of Ar-shenni: he adopted Wullu, the son of Puhi-shenni. As long as Nashwi is alive, Wullu shall provide food and clothing; when Nashwi dies, Wullu shall become the heir." (Nuzi Akkadian "Sale-Adoption" ANET 219~220.)

13) Martin. J. Selman, "The Social Environment of the Patriarchs," *Tyndale Bulletin* 27 (1976): 114~136.

하지 않는다. 왜 아브라함은 엘리에셀에게 재산을 나누어 주지 않았을까? 엘리에셀에게 재산을 분배해 준 사실을 창세기 저자가 단순히 기록하지 않았기 때문일까? 그렇다면 창세기 저자는 그 존재를 전혀 알 수 없었던 아브라함의 서자들을 창 25:5~6에서 언급하면서 아브라함이 자신의 상속자라고 말했던 엘리에셀의 재산 분배를 말하지 않을 이유가 무엇인가? 그 이유는 아브라함이 그를 양자로 세우지 않았기 때문일 가능성이 높다. 1~6절에서 아브라함과 하나님의 대화를 다시 면밀히 살펴볼 필요가 있다. 하나님은 아브라함과의 대화 중에 다메섹 엘리에셀이 그의 상속자가 되지 못한다고 말하면서 엘리에셀을 지칭하여 히브리어 지시대명사 '제' זֶה(this 이 사람)라고 하였다. 이것은 일반적으로 대화 당사자 가까운 곳에 '이 사람'이라고 지칭 된 사람이 있다는 것을 의미한다.[14] 이 표현만 가지고 정확한 상황을 판단하기 어렵지만, 지시대명사 '제'와 창세기 15장에서 하나님과 아브라함 사이에 언약이 맺어지는 것을 감안한다면 아마도 아브라함은 다메섹 엘리에셀을 양자로 삼으려고 계약 의식을 집행하고 있었을 것이다. 그런 상황에서 하나님은 이상 가운데 아브라함에게 나타났을 것이다. 둘째로 고려해야 할 점은 2~3절에서 아브라함이 다메섹 엘리에셀이 자신의 상속자라고 했을 때 하나님이 보인 반응이다. 아브라함이 동사 '야라쉬' יָרַשׁ의 분사형 '요레쉬' יֹרֵשׁ를 사용하여 엘리에셀이 가까운 미래에 자신을 상속할 것이라고 한다. 이것은 엘리에셀이 이미 상속자로 확정된 것이 아니라, 곧 상속자가 된다는 것이다. 분사를 미래 시제로 보는 이유는 4절에서 하나님은 그가 아브라함의 상속자가 아니라고 말할 때 동사의 미완료를 사용하고 있기 때문이다. 이 말을 통해 하나님은 엘리에셀이 아브라함의 상속자가 된 것을 폐기하고 있는 것이 아니라, 아브라함이 엘리에셀을 그의 상속자로 세우는 것을 막고 있다.

3절

이어지는 아브라함의 말은 격정적이다. 3절은 아브라함의 말을 강조하기 위

14) 2절의 지시 대명사 '후' הוּא는 일반적으로 공간적으로 떨어져 있는 사람을 소개할 때 사용한다. 그러나 2절의 '후' הוּא는 지시 대명사의 기능을 하기보다 오히려 동사 없는 구문에서 be동사의 기능을 하고 있다.

해 '와요멜 아브람' וַיֹּאמֶר אַבְרָם을 기록하였다. 이를 강조로 볼 수 있는 이유는 2절에서 아브라함의 말을 도입하기 위해 '와요멜 아브람'을 이미 사용했다. 그렇기 때문에 3절은 아브라함의 말을 이어가고 있기 때문에 '와요멜 아브람'을 표기할 필요가 없다. 그럼에도 불구하고 와요멜 아브람을 다시 표기한 것은 이어서 기록된 아브람의 말을 강조하기 위해서이다. 이 표현을 통해 우리는 아브라함이 잠시 말을 끊고 다시 말을 이어간 것으로 짐작할 수 있다.[15] 아브라함이 사용하는 표현도 강조로 가득하다. 아브라함은 각 문장마다 감탄사 헨 הֵן힌네 הִנֵּה(보소서)를 사용하였다. 첫 문장에서 아브라함은 하나님이 그에게 자식을 주지 않았다고 말한다. 이 말에는 두 가지 구문론적 특징을 가지고 있다. 먼저 아브라함은 앞서 말한 것처럼 감탄사 '헨' הֵן을 사용한다. 그리고 '나에게'(리 לִי)를 동사 '나탓타' נָתַתָּה(주다) 앞으로 도치시켜 강조하였다.[16] 이를 충분히 반영하여 번역하면 다음과 같다.

> הֵן לִי לֹא נָתַתָּה זָרַע
> 보소서! 나에게 당신이 자손을 주지 않았습니다.

이어서 아브라함은 다메섹 엘리에셀이 자신의 상속자 또는 양자라는 사실을 말하는데, 이때에도 '와요멜 아브람'을 반복했던 것처럼 감탄사 '힌네'를 반복하며 자신의 말을 강조하고 있다. 이를 감안하여 번역하면 다음과 같다.

> וְהִנֵּה בֶן־בֵּיתִי יוֹרֵשׁ אֹתִי
> 그리고 보소서! 내 집의 사람이 나를 곧 차지하게 될 것입니다.

아브라함은 동사 분사형을 사용하여 다메섹 엘리에셀이 임박한 미래에 그의 집안의 상속자가 된다고 말한다. 이때 아브라함은 감정이 정점에 도달한 말을

15) David W. Cotter, *Genesis*, Berit Olam (Collegeville, Minnesota: Michael Glazier Book, 2003), 99.
16) Sarna, *Genesis*, 113.

한다. 아브라함은 엘리에셀이 상속하게 될 것을 나의 재산 또는 나의 집이라고 하지 않고 '나를'이라고 했다. 아브라함이 이렇게 감정적으로 격한 상태에 있는 이유도 그가 지금 엘리에셀을 양자로 세우고 있었기 때문이다.

양자를 삼는 아브라함은 사실상 자손과 기업에 대해 전적으로 포기했다는 것을 의미한다. 하나님께서 아브라함을 통해 이루고자 한 창 12:1~3의 계획이 무산될 위기에 처한 것이다. 그리고 아브라함은 깊은 실의와 좌절감에 빠져 하나님께 원망의 소리를 쏟아내고 있다.

4절

아브라함의 격정적인 반응에 대해 4절에서 창세기 저자는 하나님의 반응도 극적으로 묘사하고 있다. 아브라함이 하나님께 감탄사 '보소서'를 두 번 반복하여 사용하였는데, 저자는 4절에서 이 감탄사를 사용하여 하나님의 말씀이 아브라함에게 임하였음을 말한다.

וְהִנֵּה דְבַר־יְהוָה אֵלָיו לֵאמֹר

그리고 보라 야웨의 말씀이 그에게 있어 가라사대

이 표현은 원망을 쏟아 놓고 있는 아브라함에게 하나님의 말씀이 극적으로 임하였음을 보여준다. 하나님은 다메섹 엘리에셀이 아니라 아브라함의 아들이 그의 후사가 된다고 말한다. 이때 하나님은 그의 후사를 '너의 뱃속에서 나오는 그 자가 너를 상속할 것이다'고 말한다. 이를 강조하기 위해 하나님은 지시 대명사 제 **זֶה**와 후 **הוּא**를 대비시키며 구문론적 위치 배열을 다르게 하였다.

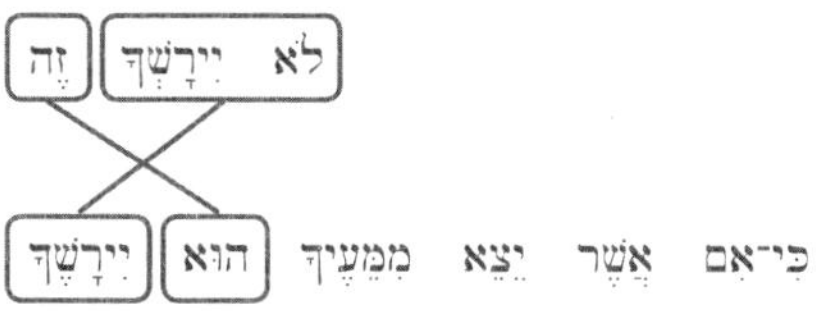

하나님은 엘리에셀을 '제'라고 부르면서 '이 사람'이 그를 상속할 것이 아니고 '후'라고 부른 아브라함의 배에서 나올 '그 사람'이 그의 상속자가 된다고 강조한다.[17] '제'로 표현된 엘리에셀은 공간적으로 아브라함 곁에 있지만 '후'로 표현된 아브라함의 아들은 시간상으로 먼 미래에 태어나게 된다. 하지만 미래에 태어날 아브라함의 아들은 엘리에셀과는 비교가 되지 않고 그가 절대로 가까이 갈 수 없는 공간적인 위치인 '너의 배'에서 나올 자이다.

'너의 배에서 나올 자'는 자손에 대한 하나님의 약속을 매우 명확하게 해 주는 표현이다. 지금까지 하나님은 아브라함에게 '네 자손에게' 가나안 땅을 주겠다고 하였지만 아브라함은 이를 문자 그대로 자신의 아들로 받아들이지 못했다. 아브라함은 자녀에 대한 약속을 잘못 이해함으로 이 약속을 성취시킬 수 있는 동반자인 아내 사라를 두 번씩이나 누이라 하여 다른 사람에게 빼앗길 뻔했다(12:10~20; 20:1~18). 창 13:15~16에서 롯이 떠난 후에 아브라함의 눈에 보이는 땅을 그의 자손에게 주되, 그의 자손이 땅의 티끌같이 많게 할 것이라고 하였지만, 그 약속을 제대로 이해하고 받아들이지 못했다. 다메섹 좌편 호바까지 가서 메소포타미아 연합군으로부터 찾아왔던 롯이 소돔으로 가 버리자, 아브라함은 마침내 다메섹 엘리에셀을 자신의 양자로 삼아 자신의 상속자로 삼는 예식을 진행하고 있었다. 그런 그에게 하나님은 이번에는 아주 명확하게 그 자손은 다른 사람이 아닌 '그의 뱃속에서 나오는 자'라고 아주 분명하게 밝히고 있다. 왜 아브라함의 몸에서 날 자만이 그의 후사가 될 수 있을까? 롯에게 문제가 있기 때문일까? 다메섹 엘리에셀에게 무슨 결함이 있을까? 많은 재산과 종들을 상속해 줄 양자를 택할 때 아브라함이 대충 보고 다메섹 엘리에셀을 선택했을까? 롯 때문에 상심해서 선택했을지라도 아브라함이 신임할 수 있는 그런 사람이었을 것이다. 그러나 하나님은 양자인 다메섹 엘리에셀이 아니라 아브라함의 몸에서 태어나는 친아들이 아브라함의 상속자가 된다고 못 박고 있다. 그 이유는 하나님은 신실하기 때문이다. 하나님이 애초에 약속했던 것이 그의 친자식이었기 때문에, 하나님은 그 친자식을 통해 약속을 이루실 수밖에 없다.

17) Gordon Wenham, *Genesis*, 324.

기록된 바 "아브라함이 두 아들이 있으니, 하나는 계집 종에게서, 하나는 자유하는 여자에게서 났다 하였으나 계집 종에게서는 육체를 따라 났고 자유하는 여자에게서는 약속으로 말미암았느니라." (갈 4:22~23)

이스마엘과 이삭을 두고 바울이 했던 말은 롯과 다메섹 엘리에셀에게 동일하게 적용된다.

5절

말을 마친 하나님은 아브라함을 밖으로 데리고 나가 하늘의 별들을 보게 한다. 5절은 4절과 창 14:19, 22의 표현들을 통해 하나님의 행동과 말의 주제를 만들고 있다. 아브라함을 데리고 나간 것(와요체 וַיּוֹצֵא)은 4절에서 하나님이 '너의 몸에서 나올 자'(예체 יֵצֵא)라는 말을 염두에 둔듯하다. 하나님은 아브라함의 몸에서 나올(예체 יֵצֵא) 그의 자손의 미래를 보여 주기 위해 그를 집 밖 거리로 데려나갔다(요체 יוֹצֵא). 하나님이 아브라함을 데려나간 것은 그의 몸에서 그의 아들이 나올 것이라는 약속을 아브라함에게 확신시켜 주기 위해 취한 행동이다. 이어서 하나님은 아브라함에게 하늘의 별들을 보게 한다. 이것은 창 14:19, 22와 관련 있다.[18] 창 14:19에서 멜기세덱은 아브라함을 축복하면서 그를 대적의 손에서 구원하신 하나님을 하늘과 땅을 만드신 분이라고 했다. 창 14:22에서 아브라함은 소돔 왕에게 그의 실오라기 하나도 취하지 않겠다고 하나님의 이름으로 맹세하였다. 멜기세덱의 말을 가슴에 깊이 새겼던 아브라함은 그 하나님을 하늘과 땅을 창조하신 분이라고 하였다. 그 하늘과 땅을 만든 창조주 하나님이 5절에서 아브라함을 밖으로 데리고 나가 그에게 명령하듯 청한다.

하늘을 바라보고 그 별들을 네가 셀 수 있을지 세어 보아라.

아브라함이 바라본 밤하늘의 별들은 현대인들이 밝고 오염된 도심에서 보는

18) John H. Sailhamer, *The Pentateuch as Narrative* (Grand Rapids: Zondervan, 1992), 151.

그런 별들이 아니다. 문명에 전혀 찌들지 않은 밤하늘에 무수히 반짝이는 별들을 아브라함은 보았을 것이다. 하늘 한 모퉁이에 있는 별들을 몇 개 세면서 아브라함은 하늘의 모든 별들을 헤아린다는 것은 자신의 능력으로는 불가능하다는 것을 절감하였을 것이다. 하나님이 아브라함에게 별을 헤아리라고 한 것은 단순한 제스처가 아니다. '임-투칼 리스포르' אִם־תּוּכַל לִסְפֹּר(네가 셀 수 있을지)는 아브라함에게 그의 셀 수 있는 능력의 한계를 인식하게 하려 하였음을 보여준다.[19] '와요멜 로' וַיֹּאמֶר לוֹ(그리고 그가 그에게 말했다)는 별을 세고 있는 아브라함에게 하나님이 말씀을 하고 있는 것을 강조하고 있다. 별을 세며 자신의 능력의 한계와 하늘과 땅을 만드신 창조주 하나님의 전능하심을 생각하고 있는 아브라함에게 하나님은 '네 자손이 이와 같을 것이다'고 말한다. '이와 같을 것'이란 말은 네가 결코 셀 수 없을 정도로 많은 그런 하늘의 별들처럼 네 자손이 많을 것이라는 말이다. 아브라함을 지켜 보호하고 승리케 하신 창조주 하나님은 아브라함의 몸에서 나오게 될 그 후손들의 미래에 대한 약속을 확신시키기 위해 아브라함을 집 밖 길로 데리고 나가 하늘의 별을 헤아리게 하며 그의 후손에 대해 보장하였다. 별들은 아브라함이 고백한 천지를 만드신 창조주 하나님에게는 그분의 능력의 보증이 될 수 있다.[20] 아브라함이 보고 있는 것은 이상이라는 것을 고려한다면, 그리고 요셉의 해와 달과 별들에 관한 꿈을 함께 고려한다면, 아브라함이 본 별들은 그의 후손들의 미래 그 자체이다.[21] 그렇기 때문에 별들을 통한 하나님의 보증에 아브라함은 믿음의 반응을 보일 수 있었다.

---

19) 창 13:16에서 하나님은 아브라함에게 그의 후손을 땅의 티끌같이 많게 해 주겠다고 말한다. 이 말에는 창 15:5과 유사한 표현을 가지고 있다.

창 13:16 אִם־יוּכַל אִישׁ לִמְנוֹת אֶת־עֲפַר הָאָרֶץ 임-우칼 이쉬 리메노트 에트-아팔 하아레츠
창 15:5 אִם־תּוּכַל לִסְפֹּר אֹתָם 임-투칼 리세폴 오탐

창 13:16에서 임-우칼(אִם־יוּכַל 사람이 ~할 수 있다면)의 주어는 일반적인 사람이고 창 15:5에서 임-투칼(אִם־תּוּכַל 네가 ~할 수 있다면)의 주어는 2인칭으로 표현된 아브라함이다. 그렇기 때문에 창 15:5에서 하나님이 아브라함에게 하늘의 별을 헤아리라고 한 것은 그의 능력의 한계를 인식시키려는 목적을 가지고 있었던 것으로 판단할 수 있다.

20) Walter Brueggemann, *Genesis* (Atlanta: John Knox Press, 1982), 144~145.

21) Ibid., 143.

6절

아브라함과 사라는 신체 조건으로는 이미 자손을 생산하는 것이 불가능한 상태였다(아브라함의 아버지 데라가 70살에 아브람과 나홀과 하란을 낳았다). 그러나 하나님이 '하늘의 별들을 헤아릴 수 있는가?'라고 묻고, 그로서는 엄두도 못 내는 엄청난 수의 자손을 약속하였을 때, 아브라함은 하나님을 믿어 버렸다! 그렇기 때문에 아브라함의 믿음에 대해서 바울은 롬 4:18에서 '아브라함이 바랄 수 없는 중에 바라고 믿었다'고 한다. 결국 아브라함이 조카 롯에 집착하고 다메섹 엘리에셀을 양자로 삼으려 했던 것은 하나님께서 자식을 신속하게 주지 않은데다가 자신의 나이 때문에 하나님의 약속을 오해하였기 때문이었지 결코 하나님을 믿지 못했기 때문이 아니다. 아브라함의 믿음은 세 가지 중요한 이슈를 가지고 있다.

1) 아브라함의 믿음; 6절에는 기독교 신앙에서 가장 중요한 용어인 믿음이 처음으로 사용되었다. 히브리어 동사 '아만' אָמַן은 '믿다' '신뢰하다' 등의 뜻을 가지고 있다. 이 기본적인 뜻보다 더 중요한 것은 이 단어가 창 15:6의 배경에서 사용된 의미와 믿음의 대상이다. 6절에서 '아만' אָמַן은 접속사 '베' וְ + 힙일 완료 3인칭 남성인 '베헤민' וְהֶאֱמִן의 형태를 가지고 있으며, 전치사 '베' בְּ + '야웨' יְהוָה로 된 전치사구 '바이와' בַּיהוָה를 수반하여 '그가 여호와를 신뢰하였다'의 의미로 사용되었다. 아브라함이 믿은 것, 즉 그의 믿음의 대상은 그의 자손이 하늘의 별과 같이 된다는 사실 그 자체가 아니라, 이렇게 많은 자손을 주겠다고 한 여호와를 신뢰하였다는 뜻이다. 아브라함의 여호와께 대한 믿음과 신뢰는 6절에서 처음 생겨난 것이 아니고 하나님이 그에게 가나안 땅으로 떠나라고 하기 이전부터 있었다. 하지만 6절의 믿음과 신뢰는 과거에 아브라함이 하나님을 처음 믿었을 때부터 지금까지 가지고 있는 하나님께 대한 신앙을 나타내는 것이 아니라, 그의 자손을 하늘의 별과 같이 주겠다고 하시는 하나님께 대한 신뢰이다.[22)]

22) Max Rogland, "Abram's Persistent Faith: Hebrew Verb Semantics in Genesis 15:6," *WTJ* 70 (2008): 239~244. Max Rogland는 וְהֶאֱמִן을 waw-consecutive perfect로 이해하고 아브라함의 믿음을 반복적이고 지속적인 믿음이라고 주장한다. 그는 단순 접속사 waw를 waw-consecutiv로 잘못 판단하고 있으며 본문의 문맥을 고려하지 않고 있다. John H. Walton, *Genesis* (Grand Rapids: Zondervan), 420~421.

2) 믿음과 의의 관계; 이런 아브라함의 믿음을 하나님은 그의 의로 여겼다. 아브라함이 도덕적으로 완벽하였기 때문에 의로운 것이 아니라, 하나님께서 그를 의롭다고 인정해 준 것이다. 구약 성경에서 의는 인간관계와 인간과 하나님과의 관계를 나타내는 말이다. 인간관계에서 의는 도덕적 윤리적으로 바른 것을 행하는 것이며, 재판에서 공정하게 판결하는 것을 가리키는 말이다. 이것이 가장 이상적으로 실현되는 것이 이웃 사랑이다. 하나님과의 관계에서 의는 인간관계에서 실천해야 하는 의도 요구되지만, 하나님과의 바른 관계와 관련된다. 예를 들면 노아의 경우 창 6:9은 그를 '당대의 의인이며 완전한 자'라고 한다. 그리고 노아가 하나님과 동행하였다고 한다. 하나님과의 동행은 하나님과의 관계를 나타내는 말이며, 의로움과 완전함은 하나님과의 바른 관계를 이루는데 중요한 요소이다. 이 관계의 핵심을 이루는 것이 하나님께 대한 믿음과 신뢰이다. 그렇기 때문에 하나님이 아브라함의 믿음을 의로 여긴 것은 그의 인관 관계와 관련된 윤리적 의가 아니라 하나님과의 관계라는 관점에서 의라고 여긴 것이다.[23)]

3) 6절은 1~6절과 7~21절의 관계를 난해하게 만든다. 사실상 6절은 1~5절의 하나님과 아브라함의 대화와 행동의 결론에 해당된다고 볼 수 있다. 그런데 아브라함의 믿음과 이에 대한 평가로 그를 의롭다고 결론을 내렸는데, 7절 이하에서 하나님과 아브라함의 대화가 이어지고 또 아브라함은 하나님의 말씀에 대해 의문을 표시하는 듯한 질문을 던진다. 그리고 1~6절은 별이 빛나는 밤이 배경인데 반해 7~21절은 초저녁을 배경으로 하고 있다. 이런 문제들 때문에 비평학자들은 창 15:7 이하를 후대의 편집가에 의한 첨가라고 주장한다. 최근에는 7~21절의 사건이 앞에 일어났고 1~6절의 사건이 나중에 일어났다고 주장하는 학자도 있다.[24)] 이들의 주장과는 달리 창세기 15장은 명확한 통일성과 주제의 일관된 발전을 보여 주고 있다.

23) Gerhard von Rad, *Genesis* (London: SCM Press, 1961), 180.
24) Ruth Fidler, "Genesis xv: Sequence and Unity," *Vetus Testamentum* 57 (2007): 162~180.

1절	나는 네 방패와 상급이라	אָנֹכִי מָגֵן לָךְ שְׂכָרְךָ
7절	나는 여호와라 너를 인도하여낸	אֲנִי יְהוָה אֲשֶׁר הוֹצֵאתִיךָ
2~3절	내 집의 사람이 나를 소유하리이라	בֶן־בֵּיתִי יוֹרֵשׁ אֹתִי
8절	무엇으로 내가 이 땅을 소유할 것을 알리이까	בַּמָּה אֵדַע כִּי אִירָשֶׁנָּה
5a	밤하늘의 별들	הַכּוֹכָבִים
9~12절	해질녘 쪼갠 짐승들	הַשֶּׁמֶשׁ לָבוֹא
5b	네 자손이 이와 같으리라	כֹּה יִהְיֶה זַרְעֶךָ
12~16절	네 자손이 나그네가 되리라	־גֵר יִהְיֶה זַרְעֲךָ
6절	아브라함의 의지적 반응: 믿음	וְהֶאֱמִן בַּיהוָה
17~21절	하나님의 의지적 반응: 언약	כָּרַת יְהוָה אֶת־אַבְרָם בְּרִית

이를 염두에 두고 창세기 15장의 주제를 구조화해서 살펴 보면 다음과 같이 표현할 수 있다.

A. 하나님의 자기소개 : 나는 네 방패와 상급	1절
B. 상속자에 대한 아브라함의 질문	2~3절
C. 별들의 증표를 통한 하나님의 대답	4~5절
D. 아브라함의 의지적 반응 : 믿음과 하나님의 인증	6절
A'. 하나님의 자기소개 : 나는 여호와라 너를 인도하여낸	7절
B'. 가나안 땅 상속에 대한 아브라함의 질문	8절
C'. 해질녘 쪼갠 짐승을 통한 하나님의 대답	9~12절
D'. 하나님의 의지적 반응 : 언약	17~21절

1절의 상급은 7절에서 하나님이 아브라함을 갈대아 우르에서 인도해 내어 주려 했던 가나안 땅이고, 2~3절에서 아브라함은 하나님이 주시는 가나안 땅을 소유할 자손에 대한 의문을 제기한 반면에 8절에서는 그가 (그와 자손이) 가나안 땅을 소유하게 된다는 증표를 물었다. 5절에서 하나님은 그의 자손들이 밤

하늘의 별들과 같게 된다고 했고, 12~16절에서는 그의 자손들이 나그네로 살다가, 하늘의 해와 달과 별들이 나타내는 연한으로 400년이 된 후에 가나안 땅을 차지하게 된다고 말한다. 그리고 6절은 17~21절과 각각 대비를 이루고 있으며, 6절은 밤하늘의 별들과 같게 된다고 한 하나님께 대한 아브라함의 의지적 반응, 즉 그의 믿음과 신뢰를 기록하고 있는 반면에, 17~21절에서는 아브라함과 그의 후손들이 가나안 땅을 반드시 차지하게 하겠다는 하나님의 의지적 반응으로서 언약을 말하고 있다. 6절의 아브라함의 믿음은 결코 한 사건의 종결이 아니라 창세기 15장에서 이틀 밤 동안 연속적으로 일어난 단일 사건의 일부이며 17~21절의 하나님의 반응과 대비를 이룬다.

7~21절. 가나안 땅을 아브라함의 후손에게 주겠다는 하나님의 언약

7~21절은 1~6절에 이은 하나님과 아브라함의 두 번째 대화이다. 두 번째 대화가 첫 대화와 연장선에 있는 것을 전제로 하고 있기 때문에 창세기 저자는 7~9절의 와요멜(וַיֹּאמֶר)에 주어를 특정하지 않고 앞선 대화의 화자들이 대화를 이어가고 있음을 전제하고 있다. 첫째 대화와 마찬가지로 하나님이 먼저 화두를 던졌고(7절), 아브라함의 반문(8절)에 이어 하나님의 대답(9~16절)과 언약(17절)이 이어진다. 18~21절에서 하나님은 처음으로 아브라함이 소유하게 될 가나안 땅의 경계를 표시하고 있다. 대화의 주제는 가나안 땅을 아브라함과 그의 후손들에게 주기 위해 하나님이 그와 그의 후손들의 방패가 되어줄 것을 언약을 통해 보증하는 것이다. 7~21절의 주제는 1~7절과 결코 무관하지 않다. 1절에서 하나님이 두려워하고 있는 아브라함에게 방패와 상급이라고 소개했을 때, 두려워하고 있던 아브라함은 방패가 아닌 상급의 상속자에 대한 주제로 이어갔다. 7절에서 하나님은 아브라함에게 가나안 땅을 주려고 그를 인도하여 낸 그의 상급이라고 다시 소개하고 있다. 이에 아브라함이 제기하는 질문과 하나님이 대답하는 모든 것들은 아브라함의 후손들의 방패가 되어 주는 것이다. 이 주제가 어떻게 7~21절에서 전개되는지 살펴보자.

7~8절

7 그리고 그가 그에게 말하기를 "나는 여호와라. 내가 너에게 이 땅을 네게 주어 소유하게 하려고 너를 갈대아 우르에서 인도하여 내었느니라." **8** 그리고 그가 말하기를 "내 주 여호와여 내가 이 땅을 소유하게 된다는 것을 무엇으로 알리이까?"

7절

1~6절은 아브라함의 자손에 관한 문제를 다루고 있지만, 7절부터는 아브라함이 차지하게 될 땅에 관한 문제를 다루고 있다. 1절에서 하나님은 아브라함에게 '나는 너의 방패와 상급이니라'고 했었는데, 7절에서는 자신을 '나는 여호와'(아니 야웨 אֲנִי יְהוָה)라고 소개한다. 하나님의 신명(神名) 여호와는 창세기 2장에서 이미 나타나고 있고, 창 4:26에서 하와와 셋의 가족들에 의해 불리고 있다. 그리고 아브라함도 하나님의 신명 여호와를 창 12:8과 13:4에서 불렀다. 하지만 하나님이 스스로 자신의 이름을 소개한 것은 7절이 처음이다. 하나님은 이런 식의 자기소개를 창 28:13의 벧엘의 야곱에게 그리고 출 6:2에서 모세에게 한다.[25] 하나님은 아브라함에게 던진 두 번째 화두의 첫 말로서 '나는 여호와로라'고 하였다. 창세기 15장에서 하나님은 언약을 체결하고 자손에게 가나안 땅을 주겠다는 약속을 하기에 앞서 자기소개를 하는데, 비슷한 메시지가 출 6:2에도 있다. 출 6:2에서 하나님은 모세에게 자신이 아브라함과 언약을 체결하고 가나안 땅을 주겠다는 약속을 하였음을 상기시키며 자신의 이름을 조상들에게 알려 주었다고 말한다.

자신의 이름을 밝히는 것은 자신의 정체를 바르게 상기시켜 주고 자신이 하고자 하는 일을 상대방에게 명확하게 확신시키려는데 있다.[26] 하나님은 아브라함에게 내가 누구냐 '나는 여호와로다'라고 하며, 하나님 자신이 아브라함에게

25) 출 6:2에서 처음 자신을 '나는 여호와로라'고 소개한 하나님은 출 6:6에서 창 15:7과 매우 유사한 문법적 구조로 메시지를 전달 한다.

창 15:7 אֲנִי יְהוָה אֲשֶׁר הוֹצֵאתִיךָ מֵאוּר כַּשְׂדִּים
출 6:6 אֲנִי יְהוָה וְהוֹצֵאתִי אֶתְכֶם מִתַּחַת סִבְלֹת מִצְרַיִם

26) Nahum M. Sarna, *Genesis*, 114; Victor P. Hamilton, *Genesis 1-17*, 429.

어떤 의미의 하나님인지 말한다. 즉 하나님은 아브라함에게 그에게 가나안 땅을 주어 소유하게 하도록 갈대아 우르에서 인도하여 낸 그 여호와라고 말한다. 이 말에서 하나님은 1절에서 말한 상급을 재언급하며 자신을 소개하고, 2~3절에서 아브라함이 한 표현을 다시 사용하며 주제를 이어간다. 2절에서 아브라함은 '주 여호와여 무엇을 나에게 주려 하시나이까'라고 말했는데, 이에 대해 하나님은 그 표현을 상당수 인용하고 있다.

2절에서 '주 여호와여'라고 말한 아브라함에게 하나님은 7절에서 자신을 '여호와'라고 말하며, '무엇을 내게 주시려나이까'라고 말한 아브라함에게 '너에게 이 땅을 주려고'라고 말한다. 그리고 3절에서 아브라함이 '내 집의 사람이 나를 *소유하리이다*'라고 하였는데 7절에서 하나님은 그에게 '이 땅을 네게 주어 *소유하게 하려고*'라고 말한다. 7절과 2~3절의 차이점은 여호와께서 아브라함을 갈대아 우르에서 인도하여 냈다는 것이다. 이를 통해 하나님은 아브라함에게 주려고 하는 상급이 구체적으로 무엇이며, 이 상급을 주려는 계획이 이미 그가 갈대아 우르에 있을 때부터였고, 그가 이곳에 있는 것도 이 상급을 소유하게 하는 것이라고 명확하게 말하였다.

창 11:31에 의하면, 갈대아 우르를 떠나는 것은 아브라함의 아버지 데라였고, 그가 아브람과 사라 그리고 롯을 데리고 갈대아 우르에서 떠나 가나안 땅으로 가려고 했다. 그런데 창 15:7에서는 아브람을 갈대아 우르에서 가나안으로 가게 한 이는 데라가 아닌 하나님이라고 밝히고 있다. 결국 아브라함의 가나안행은 하나님의 계획 속에 시작되어 데라에 의해 일시 좌절되었다가, 하나님이 다시 아브라함을 하란에서 불러냄으로 이루어졌다. 하나님이 아브라함을 갈대아 우르에서 인도하여 낸 것은 출 20:2에 기록된 하나님이 이스라엘을 이집트에서

인도하여 낸 것과 표현이 동일하다.[27)]

창 15:7 אֲנִי יְהוָה אֲשֶׁר הוֹצֵאתִיךָ מֵאוּר כַּשְׂדִּים

출 20:2 אָנֹכִי יְהוָה אֱלֹהֶיךָ אֲשֶׁר הוֹצֵאתִיךָ מֵאֶרֶץ מִצְרַיִם

가벼운 차이점은 출 20:2에는 '너희 하나님'이 더 있다는 것이다. 7절과 출 20:2은 표현만 동일한 것이 아니라 둘 다 과거의 하나님의 구원 사건을 먼저 소개한 후 언약 체결로 이어진다는 것도 동일하다.[28)] 이것은 오경의 저자가 아브라함을 불러낸 것과 이스라엘을 불러낸 것을 구속사의 발전으로 여기고 있다는 표시이다. 아브라함을 불러내심으로 구속의 역사를 시작하신 하나님은 이스라엘을 이집트에서 불러내심으로 그 역사를 확대하시고, 예수 그리스도를 이집트에서 불러내심으로 절정에 이르게 한다(호 11:1, 마 2:15).

8절

하나님의 말씀에 대해 아브라함의 반응은 너무나 뜻밖이다. '주 여호와여 내가 무엇으로 이 땅을 소유하게 되는 것을 알겠습니까?' 가나안 땅을 소유하는 것은 그가 막벨라 굴을 사는 것과는 달리 그의 재력으로 살 수도 없고 그의 생전에 소유할 수도 없다. 혹시 산다고 하더라도 후손이 없는 아브라함으로서는 소유 자체가 의미가 없다. 그렇기 때문에 아브라함의 '무엇'에 대한 질문은 자신의 능력과 가능성에 대한 질문이 아니라 하나님께 대한 질문이며, 그와 그의 후손이 가나안 땅을 소유하게 된다는 구체적인 근거가 무엇인지에 대한 질문이다. 이 구체적인 근거는 전적으로 하나님이 무엇을 어떻게 하실 것이냐에 관한 것이며, 이 근거를 하나님이 제시해 달라는 요구이다. 하나님께 근거를 제시해 달라는 요구는 6절에서 하늘의 별들만 바라보고 하나님을 믿을 수 있었던 아

27) Bill T. Arnold, *Genesis*, 94. William D. Barrick, "Ur of the Chaldeans" (Gen 11:28~31): A Model for Dealing with Difficult Texts," *Master's Seminary Journal* 20(2009): 7~18.

28) 언약이 축복과 저주를 기록하고 있는 렘 25:38은 창 15:7과 동일한 내용을 가지고 있다.

브라함의 모습과 아주 대조적인 것으로 보인다. 하나님을 믿었다고 한 아브라함의 반응과 모순된다고 생각할 수 있지만, 근거를 요구하는 것이 불신앙을 뜻하지 않는다.[29] 사 7:10~14에서는 근거를 요구하지 않는 것 때문에 하나님께서 아하스를 꾸중하고 있다. 아브라함의 요청은 2절에서 아브라함이 하나님께 질문하는 색채하고 흡사하다. 1절에서 하나님이 '너의 상급'이라고 한 것에 대해 2절에서 아브라함이 무엇을 주려 하시느냐고 질문했던 것처럼, 7절에서 하나님이 '소유하게 하려고'라고 한 말에 대해 '내가 그것을 소유한다'는 것을 무엇으로 알 수 있느냐고 질문 하였다.[30]

7절. כַּשְׂדִּים לָתֶת לְךָ אֶת־הָאָרֶץ הַזֹּאת לְרִשְׁתָּהּ

8절. בַּמָּה אֵדַע כִּי אִירָשֶׁנָּה

'소유하다'를 재인용한 아브라함의 의도는 명확하다. 하나님이 아브라함을 가나안 땅을 소유하게 하기 위해 갈대아 우르에서 인도해 내었다고 말하지만, 그 말을 믿고 가나안 땅에 온 자신은 지금까지 땅 한 평도 소유하지 못했고 자식도 없는데, 이런 상황에서 아브라함 자신이 가나안 땅을 얻을 것을 어떻게 알 수 있느냐고 절박하게 질문하고 있다. 아브라함의 질문은 하나님께 신뢰할 수 있는 구체적인 근거를 요청한 것이다. 그렇기 때문에 9절 이하에서 하나님이 아브라함에게 시키고 또 친히 행동하는 것은 아브라함의 이 질문에 대한 대답으로서 그 구체적인 근거를 제시하는 것이다.

9~10절. 쪼갠 짐승들

9 그리고 그가 그에게 말하기를 "나를 위하여 삼 년 된 암송아지와 삼 년 된 암염소와 삼 년 된 숫양과 산 비둘기와 집 비둘기를 취하라." **10** 그가 직접 이 모든 짐승들을 취하였고, 그리고 그가 그 짐승들을 가운데서 둘로 쪼개어 나누고 나눈 것들을

29) Gordon J. Wenham, *Genesis 1-15*, 331.
30) Derek Kidner, *Genesis*, 124; Victor P. Hamilton, *Genesis 1-17*, 429.

서로 마주 보게 두었더라. 그러나 새들을 그가 쪼개어 나누지 않았더라.

아브라함이 구체적인 근거를 질문하자 하나님은 이에 대해 쪼갠 짐승들을 준비하게 하였다. 이 쪼갠 짐승들과 관련하여 많은 논쟁들이 있어 왔다. 하나님의 이어지는 메시지를 이해하기 위해 쪼갠 짐승을 마련하게 한 목적과 쪼갠 짐승을 네 종류로 준비하게 한 이유, 그리고 쪼갠 짐승의 의미가 무엇인지 살펴 보아야 한다. 하나님은 아브라함에게 삼 년 된 암소, 암염소, 숫양, 그리고 산비둘기와 집비둘기 새끼를 취해 중간을 쪼개어 마주 대하여 놓고 새는 쪼개지 않고 준비하게 한다. '삼 년 된'으로 해석된 히브리어 '메슐라쉬' מְשֻׁלָּשׁ 또는 '메슐라세트' מְשֻׁלֶּשֶׁת는 동사 '샬라쉬 שָׁלַשׁ의 푸알 분사형이다. 이 동사는 '나누다, 삼등분으로 나누다'의 의미를 가지고 있다. 그래서 이 분사는 '삼 년 된'으로 해석할 수도 있지만, 이어지는 아브라함의 행동을 감안한다면 '쪼개어 나눈' 또는 '삼등분으로 자른'으로 해석할 수도 있다. 어쨌든 하나님은 무슨 목적으로 이렇게 준비시켰을까? 학자들 가운데는 하나님이 아브라함에게 제사를 요구했다고 생각하는 사람들이 있다.[31] 그렇다면 아브라함 쪽에서 행하는 제사가 하나님이 아브라함에게 제시하는 근거와 증거라고 볼 수 있는가? 만약에 제사라면 왜 아브라함은 이것들을 제단에 올려놓지 않았을까? 제사가 목적이었다면, 이들을 잡지 않고 털도 제거하지 않은 채로 두 동강 내어 두는 형태의 제사가 있는가? 아브라함이 새들을 쪼개어 놓는 제사 전통을 따르지 않은 이유는 무엇일까? 그리고 왜 아브라함은 즉각 제사를 드리지 않고 해가 지고 있는데도 기다리고만 있는 것일까? 하나님이 아브라함에게 요구한 것은 제사를 드리라는 것이 아니라 하나님이 아브라함과 언약을 세우기 위해 준비를 시킨 것이다. 18절에서 창세기의 저자는 이때 일어났던 일을 바로 언약이라고 한다. 고대 근동에서는 언약을 체결할 경우에 종종 짐승을 잡아서 토막을 내었는데, 이 짐승은 언약의 내용을 파기했을 때 당하게 될 대가를 나타내기 위해 사용되었다.[32] 언약의 당사자들은

31) Gordon, J. Wenham, *Genesis 1-15*, 331. Wenham은 이 부분을 제사로 생각한다.

32) E. A. Speiser, *Genesis*, 112; Victor P. Hamilton, *Genesis 1-17*, 430~434; John H. Walton,

언약을 어길 경우에 난자된 짐승과 같은 꼴이 되어 새와 짐승들의 밥이 된다고 신들 앞에 맹세하였다. 유사한 예를 렘 34:18-20에서도 확인할 수 있다.

> **18** "*송아지*를 둘로 쪼개고 그 두 조각 사이로 지나매 내 앞에 *언약*을 맺었으나 그 말을 실행하지 아니하여 내 계약을 어긴 그들을 **19** 곧 *송아지* 두 조각 사이로 지난 *유다* 고관들과 *예루살렘* 고관들과 내시들과 제사장들과 이 땅 모든 백성을 **20** 내가 그들의 원수의 손과 그들의 *생명*을 찾는 자의 손에 넘기리니 그들의 시체가 *공중*의 새와 땅의 짐승의 먹이가 될 것이며"

마찬가지로 하나님은 아브라함에게 언약을 통하여 그와 그의 후손이 가나안 땅을 소유하게 되는 근거를 제시하려고 한다.

왜 하나님은 네 종류의 짐승을 준비하게 하였을까? 9절에서 하나님이 아브라함에게 준비하게 한 짐승들의 공통점은 삼 년 생이라는 것과, 레위기 1장에 기록된 제사에 사용할 수 있는 짐승들이라는 것과 그리고 모두 정결한 짐승들이란 점이다. 하나님은 정결한 짐승들을 제사에 사용하게 했을 뿐만 아니라 먹을 수 있게 하였다. 이렇게 한 이유는 이스라엘 자손들의 제사와 음식을 구별함으로 이스라엘 자손을 다른 민족들로부터 구별하려는 의도 때문이다(레 11:44). 그러므로 정결한 짐승들은 이스라엘 자손들을 상징하는 것으로 여길 수 있다.[33] 11절에서 아브라함의 행동은 쪼갠 짐승들이 아브라함의 자손을 의미할 가능성을 엿보여 준다. 그렇다면 왜 하나님은 아브라함에게 한 마리의 정결한 짐승을 준비시키지 않고 네 종류의 짐승을 준비하게 했을까? 그 이유는 아브라함의 자손들이 가나안 땅을 차지하게 될 시기를 상징화하려는 의도 때문일 수 있다. 16절에서 하나님은 아브라함에게 그의 자손들이 사 대 만에 가나안 땅으로 돌아 온다고하며, 13절은 이 사 대를 사백 년의 기간으로 환산하였다.

Genesis, 423.

33) Gordon J. Wenham, "The Symbolism of the Animal Rite in Genesis 15: A Response to G. F. Hasel," *JSOT* 22(1982): 134~137. Gerhard F. Hasel, "The meaning of the Animal Rite in Genesis 15," *JSOT* 19(1981): 61~78. Wenham, *Genesis*, 332.

4종류(9절) - 4대(16절) - 400년(13절)

이렇게 9~16절은 숫자 4에 의도적으로 집중시키고 있다. 삼 년 된 짐승을 준비하게 한 것도 이스라엘 자손이 이집트에서 삼 세대가 지나는 동안 고통을 당하고 제 사 세대째에 가나안으로 오게 되는 것을 상징화하려는 목적 때문이다.[34)]

11~12절

11 그 때에 솔개가 사체 위에 내려 왔고 그리고 그것들을 아브람이 좇았더라. **12** 해가 지려할 때에 깊은 잠이 아브람에게 쏟아졌고 그리고 보라 암흑의 공포가 그에게 임하니라.

11~12절에서는 두 가지의 상징적인 사건이 일어난다. 첫째는 솔개가 쪼갠 짐승들의 사체 위에 내려오는 것이다. 둘째는 아브라함에게 깊은 잠이 쏟아지고 그가 암흑의 공포 속에 빠져드는 것이다.

11절

아브라함이 준비해 놓은 짐승들의 고깃덩어리에 매의 일종인 새들이 뜯어먹기 위해 달려들고 있다. 이것은 두 가지 의미를 가지고 있다. 첫째는 아브라함에게 이 언약을 어겼을 경우에 일어날 결과에 대해 아주 실제적으로 깨닫게 해주는 요소이다. 일반적으로 독수리나 매 종류들이 아무리 사나워도, 사람이 있으면 먹이에 접근하는 것을 꺼린다. 그러나 11절에서는 아브라함이 고깃덩어리 옆에 지키고 있고, 또 접근하는 새들을 쫓으려고 애를 쓰고 있음에도 불구하고 새들은 아랑곳하지 않고 쪼개놓은 고기에 날아든다. 일반적인 경험에 벗어나는 현상이 일어난 이유는 이를 통해 상징적인 의미를 보여주려는 것이다. 그 첫 상징적인 의미는 아브라함에게 언약을 어긴 자가 겪게 될 죽음을 미리 보여주고자 하는 의도이다(cf. 렘 34:20). 둘째는 정결한 짐승들이 아브라함의 자손을 상징할 경우에 가질 수 있는 의미이다. 매가 쪼갠 짐승을 먹으려고 하는 것은

34) Gordon J. Wenham, *Genesis 1-15*, 332.

아브라함의 자손들이 겪게 될 고통을 상징할 수 있다. 매는 이집트의 호러스 신과 왕을 상징하는 새이다.[35] 그렇다면 아브라함은 짐승의 사체를 지키기 위해 그 위에 내려 오는 솔개를 쫓으려고 애를 쓰는 것은 자신의 자손들을 고통으로부터 지키려는 제스처일 수 있다. 11절은 이를 강조하기 위해 솔개를 나타내는 목적어를 주어인 아브람 앞으로 도치하였다.

11절. וַיַּשֵּׁב אֹתָם אַבְרָם 와야셉 오탐 아브람

이것은 13절에서 하나님이 아브라함에게 그의 자손들이 400년 동안 이집트에서 고통을 겪게 된다고 말한 것에 비추어 본다면 그 가능성은 아주 높다.

12절

쪼갠 짐승들을 준비하고 하나님의 다음 행동을 기다리는 동안 아브라함에게 또 다른 상징적인 일이 일어났다. 1~6절의 사건이 밤중에 일어났었고, 12절의 사건은 또 다른 한밤이 시작될 때 일어나고 있다. 9~10절의 짐승을 준비하기 위해 하루가 지났을 것이다. 이렇게 창세기 15장의 사건은 이틀 밤을 보내며 오랫동안 지속되었다. 두 번째 밤이 시작할 무렵 곧 해가 거의 질 무렵, 아브라함에게 참을 수 없는 잠이 몰려오고 칠흑 같은 어둠과 함께 공포가 임하였다. 아브라함의 졸음은 히브리어 '탈데이마' תַּרְדֵּמָה로 표시되었다. '탈데이마' תַּרְדֵּמָה는 깊은 잠을 의미하며, 종종 이 잠을 하나님이 사람에게 내린다. 예를 들면, 하나님이 아담에게 이 잠을 내린 후 갈비뼈를 취하여 하와를 만든다(창 2:21). 십 광야에서 다윗을 쫓아 온 사울을 하나님이 이 '탈데이마'를 내렸고, 사울은 잠에 빠져 다윗이 그의 창과 물병을 취하여 가도 몰랐다(삼상 26:12). 욥 4:13과 33:15는 깊은 잠에 빠져 있는 동안 공포감에 휩싸이는 상황을 기록하고 있는 점에서 아브라함의 잠과 더 유사하다. 아브라함에게 깊은 잠이 쏟아져 내리는 동안 아브라함에게 공포와 칠흑 같은 어둠이 임하였다. 12

35) Nahum M. Sarna, *Genesis*, 115. Cf. Claus Westermann, *Genesis*, 121.

절은 이를 강조하기 위해 감탄사 '힌네' הִנֵּה를 문장의 앞에 배열하였다. 공포의 히브리어는 '에이마' אֵימָה이며, 출 15:16, 23:27, 수 2:9에서 이 공포는 종종 하나님이 대적들에게 내리며, 특히 어둠은 하나님이 이집트에 내린 아홉 번째 재앙인 흑암과 동일한 표현이다(출 10:21~22). 아브라함에게 내린 깊은 잠과 흑암과 공포는 두 가지 의도를 가질 수 있다. 첫째는 아브라함이 현재 하나님과 언약 체결을 앞두고 있기 때문에 언약 파괴가 가져올 재앙의 심각성과 언약 지키는 것의 중요성을 일깨우려는 의도를 가지고 있을 것이다. 공포와 흑암이 쏟아져 내리는 것을 표현하는 히브리어 동사는 분사형이며, 이것은 공포와 흑암이 계속되고 있는 가운데 13~14절의 하나님의 말씀이 아브라함에게 주어지고 있음을 보여준다. 또 다른 가능한 의도는 이 공포가 1절에서 하나님이 아브라함에게 두려워 말라고 한 것과 관련되어 있을 수 있다. 1절에서 하나님은 두려움에 사로잡힌 아브라함에게 두려워 말라고 하고 자신이 그의 방패 되심을 밝히고 있다. 하나님은 아브라함을 대적으로부터 보호하고 구해내고 승리하게 하시는 하나님이다. 12절에서 아브라함이 엄청난 흑암과 공포에 사로잡히게 한 것은 하나님이 가공스러운 시련에 빠지게 될 그의 후손에게 어떻게 방패가 되어 주실지를 알려 주기 위한 서막일 가능성이 높다. 이어지는 13~14절의 하나님의 말씀은 그의 후손이 겪게 될 시련을 알려주며, 이 시련은 아브라함을 거대한 공포에 빠지게 하고도 남는다.

13~16절

13 그리고 그가 아브람에게 말하기를 "너는 반드시 알지니 네 자손이 그들에게 속하지 않은 땅에서 나그네로 살 것이며, 그들이 그 땅의 사람들에게 종살이할 것이며 그들은 그들을 사백 년 동안 괴롭힐 것이니라. **14** 그들이 종살이한 민족을 역시 내가 심판할 것이며 그 후에 그들이 큰 재물을 가지고 나올 것이라. **15** 그러나 너는 네 조상에게 평안히 갈 것이고 너는 장수한 후 묻힐 것이라. **16** 사 대째에 그들이 여기로 돌아오리니 이는 아모리 족속의 죄악이 여기까지 차지 않았음이니라."

13~16절에서 하나님은 아브라함에게 그의 질문에 대해 세 가지를 말해 주고 있다. 1) 하나님은 아브라함에게 한 약속을 그의 후손을 통해 확실히 지킬 것이지만, 2) 그 약속의 성취는 400년 뒤로 연기될 것이다. 3) 그 이유는 아모리 족속의 죄악이 차지 않았기 때문이다.[36] 이집트와 아모리 족속에 대한 심판을 담고 있는 대답에서 하나님은 아브라함의 자손들뿐만 아니라 다른 민족들의 역사 곧 모든 인간의 역사 속에 특정한 계획을 가지고 그것을 이루어가시는 분이라는 사실을 보여준다.[37]

13절

하나님은 아브라함에게 그의 후손이 겪게 될 일과 그 기간을 알려주며 이 기간이 지난 후에 그의 후손이 가나안 땅을 차지하게 된다고 한다. 하나님은 아브라함이 '내가 무엇으로 알겠습니까?'라고 질문한 것에 대한 대답으로 '너는 반드시 알지니'라고 말한다.[38]

창 15:8 וַיֹּאמַר אֲדֹנָי יֱהוִה בַּמָּה אֵדַע כִּי אִירָשֶׁנָּה

창 15:13 וַיֹּאמֶר לְאַבְרָם יָדֹעַ תֵּדַע כִּי־גֵר יִהְיֶה זַרְעֲךָ

하나님은 아브라함에게 지금 하는 말을 반드시 알고 기억하라고 부정사 절대형을 동사 앞에 배열하여(야도아 테다 יָדֹעַ תֵּדַע) 강조하고 있다. 아브라함이 알아야 할 것은 그의 자손들이 그들의 소유가 아닌 땅, 즉 남의 나라에서 나그네로 산다는 것이다. 개역한글과 개역개정 성경은 이 본문을 '이방에서 객이 되어'라고 번역하였다. 하지만 이 표현은 하나님께서 가나안 땅을 아브라함과 그의 후손들의 소유로 준다고 아브라함에게 확신을 심어주는 과정에서 사용된 표현이기 때문에 '그들의 소유가 아닌 땅'으로 번역해야 본문의 전체적인 배경

36) Walter Brueggemann, *Genesis*, 148.

37) Gerhard von Rad, *Genesis*, 182~183. Joyce G. Baldwin, *the Message of Genesis 12-50*, 54. Claus Westermann, *Genesis*, 121.

38) Nahum M. Sarna, *Genesis*, 114.

에 부합된다. 더 나아가서 그들은 타국에서 그 나라의 사람들을 섬기며 종으로 살게 된다는 것이다. 출애굽기에 기록된 내용에 비추어 볼 때, 이 나라는 이집트이며, 이집트인들이 아브라함의 후손들을 400년 동안 괴롭히게 된다. 그리고 그 후에야 아브라함의 후손들은 가나안에 돌아와서 그 땅을 차지하게 된다고 한다. 하나님이 제시한 기간인 400년은 4의 패러다임에 맞춘 것이고, 실제로는 더 오랜 세월이 지난 후 아브라함의 자손들은 가나안으로 되돌아오게 된다. 출 12:41은 아브라함의 후손들이 430년 만에 출애굽 하였다고 한다. 야곱이 이집트에 들어가서 출애굽을 통해 가나안 땅에 들어가기까지 약 500년이란 세월이 지나게 되고, 아브라함이 이 약속을 받은 때부터 야곱이 이집트로 갈 때까지 약 210년의 세월이 지나게 된다. 그래서 아브라함이 이 꿈을 약속으로 받은 때부터, 실제로 이루어질 때까지는 무려 700년이라는 세월이 지나게 된다.[39] 희망을 가슴에 품기 어려운 암흑의 시기에 이 말은 아브라함에게 너무 충격적인 메시지였고 실망을 넘어 깊은 두려움에 빠지게 하였을 것이다.

14절

하나님은 아브라함의 후손이 섬길 그 민족을 심판하실 것이라고 한다. 하나님의 심판은 이집트 사람들이 아브라함의 후손을 경멸하고 괴롭힌 것 때문에 일어나게 된다. 이 둘의 인과관계는 선행하는 문장의 내용과 논리적인 연결을 나타내는 히브리어 표현 '감' גַּם을 통해 확인할 수 있다. 그러나 이 '감'은 창세기 14장을 염두에 둔 표현일 수 있다. 하나님께서 북방 연합군을 아브라함의 손에 넘긴 것처럼 아브라함의 자손을 종으로 부린 민족도 하나님이 심판하신다는 의미로 사용되었을 수 있다. 아브라함의 후손을 괴롭힌 자('아나' עָנָה)를 심판('딘' דִּין)하시는 것은 창 12:3에서 하나님이 아브라함에게 '너를 저주하는 자(קָלַל)를 내가 저주하고(아랄 אָרַר) 너를 축복하는 자를 내가 축복하리라'고 한 하나님의 약속과 관계있다. '카랄' קָלַל은 저주라는 의미와 함께 경멸하거

39) Nahum M. Sarna, *Genesis*, 116. 사르나에 의하면 랍비들은 400년을 이삭의 출생과 함께 시작하고 430년은 언약 체결이 이루어진 때부터 시작하는 것으로 생각한다.

나 가볍게 취급하는 것을 의미하며, '아나' עָנָה와 유사한 개념이다. '아랄' אָרַר은 저주한다는 뜻이며, 이것은 하나님께서 심판하여 징벌을 내린다는 의미이다. 14절에서 '딘' דִּין을 사용한 것은 창 12:3의 축복과 저주를 염두에 둔 표현이다. 아브라함에게 주었던 약속이 그의 후손들에게도 동일한 효력을 가지고 있다. 13~16절에서 아브라함의 자손들이 겪을 고난과 구원은 각각 세 단계의 과정을 거친다.[40)]

가나안 땅을 떠남 ➡ 노예가 됨 ➡ 억압을 받음
억압한 자들을 심판 ➡ 출애굽 ➡ 가나안 땅을 소유

하나님이 아브라함에게 메소포타미아 연합군에게서 조카 롯과 함께 재물들을 되찾아오게 해 주었던 것처럼 그의 자손들도 하나님의 이집트 심판한 후 출애굽 할 때 큰 재물을 가지고 나온다.[41)] 하나님이 심판할 것이라는 말은 두려움에 사로잡힌 아브라함에게 하나님 자신이 그의 방패이자 상급이 된다고 한 말과 동일한 차원에서 아브라함에게 위안을 주는 말이다. 하나님이 그의 상급이라고 했을 때 아브라함은 자신의 후손이 없기 때문에 무엇을 주더라도 의미가 없다고 했었다. 하나님은 그 아브라함에게 그의 후손들이 가나안 땅을 소유하게 되며 많은 재물을 가지고 돌아오게 된다고 한다. 아브라함의 후손들은 출애굽 할 때에 이집트인들에게 금은보석들을 요구하여 받아 나오며(출 3:21~22), 이 금은보석들을 가지고 시내 산에서 금송아지를 만들기도 하지만 주로 성막을 짓는 곳에 사용된다(출 35:4이하).

15절

하나님은 두려워하고 있는 아브라함에게 그의 시대에 그가 가나안 땅의 주인이 되지 못하지만, 나이가 많아서 평안히 죽어 그 조상들에게로 돌아간다고

40) David W. Cotter, *Genesis*, 101.
41) Victor P. Hamilton, *Genesis*, 435.

한다. 조상들에게 돌아가는 것은 두 가지 의미를 가질 수 있다. 1) 고대 이스라엘 민족들의 매장 전통 때문에 생긴 표현이다. 즉 이스라엘 민족은 죽은 사람을 가족 묘에 안장하였다가 몸이 모두 부패하여 없어지면 뼈만 납골함에 넣어 무덤 한쪽에 있는 납골함 보관 장소에 그 조상들의 납골함과 함께 보관한다. 이런 매장 전통 때문에 조상에게 돌아간다는 표현을 썼을 것이다. 2) 이런 의미와 함께 이 표현은 내세의 세상으로 돌아간 것을 의미할 가능성이 더 높다.[42] 그 이유는 아브라함의 시신은 그의 아버지와 조상들의 무덤이 있는 하란과 갈대아 우르로 돌아가서 매장되지 않기 때문이다. 아브라함은 헤브론에 묻히지만 하나님은 그의 죽음을 그의 조상에게 되돌아간 것으로 말하고 있다. 이것은 아브라함이 죽음과 함께 에녹을 비롯한 그의 조상들이 있는 곳, 아브라함이 신앙을 고백했던 것처럼(6절) 하나님께 대한 믿음과 신뢰를 지켰던 그의 조상들이 갔던 천국으로 가는 것을 의미할 것이다. 하나님은 특별히 아브라함에게 '평안히' 돌아간다고 한다. '살롬' שָׁלוֹם은 '살렘' שָׁלֵם 왕 멜기세덱을 연상케 하는 표현이다. 멜기세덱이 그에게 말한 것처럼, 비록 가나안 땅은 계속하여 전쟁과 기근을 겪게 되고 그의 후손들도 모진 시련을 겪게 되지만, 아브라함은 방패이신 하나님의 보호에 힘입어 평안히 조상에게 돌아간다.

16절

하나님은 다시 아브라함의 후손이 4세대 동안 타국에서 종살이하다가 여기 가나안 땅으로 돌아온다고 말한다.[43] 그리고 가나안 땅을 즉시 주지 않은 이유를 제시하고 있다. 창세기 15장에서 제시된 유일한 이유는 아브라함에게 문제가 있는 것이 아니라 그 땅에 현재 살고있는 아모리 족속을 비롯한 가나안의 여러 족속들의 죄악이 아직 하나님께서 이들을 멸해야만 될 정도로 최고조에 이

42) Nahum M. Sarna, *Genesis*, 116.

43) 사르나는 세대를 인간의 이상적인 수명으로 이해하는 것이 적절하다고 제안한다. 인간의 이상적인 수명은 사회적 전통에 따라 다르다. 창 6:3에서 이상적 수명은 120년이며, 사 65:20에서는 100년이며 신 90:10에서는 70~80년이다. 고대 이집트에서는 인간의 이상적 수명은 110년이다. Nahum M. Sarna, *Genesis*, 116.

르지 않았기 때문이다. 이를 히브리어 형용사 '살렘' שָׁלֵם으로 표시하고 있다. 독특한 것은 '살렘' שָׁלֵם으로 이들의 죄악의 정도를 충분히 표시할 수 있음에도 '아드-헤나' עַד־הֵנָּה라는 전치사구를 첨부하였다.

וְדוֹר רְבִיעִי יָשׁוּבוּ הֵנָּה כִּי לֹא־שָׁלֵם עֲוֹן הָאֱמֹרִי עַד־הֵנָּה

아브라함의 자손들이 돌아올 장소로 '헤나'라는 부사를 사용하여 표시한 후 아모리 족속의 죄악이 가득하지 않았기 때문이라는 말 다음에 전치사 '아드'를 붙여 다시 부사 '헤나'를 쓴 것은 아모리 사람들의 죄악의 정도를 표시하기 위해서라기보다는 오히려 아브라함의 자손들이 여기 가나안에 되돌아올 시기를 표시하기 위해서 사용하였을 수 있다. 즉 아브라함의 자손들이 여기에 돌아와 차지할 시기는 아모리 사람들의 죄악이 최고조로 달해 하나님의 심판을 받아야 하는데 아직 그 시기가 되지 않았다는 것이다. 하나님은 가나안에 사는 사람들을 이유도 없이 몰아내고 아브라함의 후손들에게 주는 것이 아니라, 모든 사람들이 그들의 멸망을 불가피한 것으로 여기고, 그들의 멸망에 대해 이의를 제기하지 않을 정도로 죄악으로 가득 찰 때까지 심판하지 않고 기다린다.

16절에서 아모리 족속이 가나안의 모든 족속들을 대표해서 언급된 것은 아주 인상적이다. 가나안 족속(창 12:6; 13:7)과 브리스 족속(창 13:7)이 이미 언급되었지만, 아모리 족속이 가나안에 살고있는 다양한 민족들을 대표하여 언급되면서 특히 그들의 죄악을 언급한 것은 아주 특별하다. 아모리 족속은 현재 아브라함이 살고있는 헤브론에도 거주하고 있고, 아브라함은 이들과 동맹을 맺고 메소포타미아 4개 연합군을 추격할 때 함께 전투에 참여하였었다.[44] 그런 아모리 족속을 왜 하나님은 죄악의 대표자로 언급하였을까? 아모리 족속은 창 10:15~18에서 함의 넷째 아들 가나안의 11명의 아들 중의 한 명으로 기록되고

44) 아모리 족속에 대한 언급은 창세기 15장은 창세기 14장과 연결시켜주는 요소 중에 하나로 볼 수 있다. "이는 아모리 족속의 죄악이 여기까지 차지 않았음이니라"의 히브리어 표현에서 아모리와 '살렘'(שָׁלֵם, 가득차다)은 주목할 만한 표현이 담겨 있다. 아브라함이 살렘와 멜기세덱과 소돔 왕과 대화할 때 아모리 족속인 아넬과 에스골과 마므레가 언급되고 있다.

있다. 함과 가나안의 후손답게 레 18:24~28은 가나안 거민들의 죄악을 성적인 것으로 묘사하고 있다.[45] 신 1:20 이하에서 가나안 땅을 아모리 족속의 산지라고 하고 있으며, 이들 중에서 열두 정탐꾼들은 아낙 자손을 보았다고 말하며 "여호와께서 우리를 미워하시므로 아모리 족속의 손에 넘겨 멸하시려고 우리를 애굽 땅에서 인도하여 내셨도다"라고 한다(신 1:27). 민 21:21 이하에서 헤스본에 살고 있던 아모리 족속은 아브라함의 자손들이 출애굽하여 가나안 땅으로 들어가기 직전에 이들이 가나안 땅으로 가는 것을 방해하였다. 아모리 왕 시혼은 바산 왕 옥과 함께 이스라엘의 광야 역사에서 가장 중요한 대적 중의 한 명으로 언급된다(신 2:32, 수 13:21, 시 136:19, 렘 48:45, 느 9:22). 16절은 이런 이유 때문에 아모리 족속을 언급하였을 수도 있고, 그들이 당장 아브라함이 살고있는 헤브론 땅의 주인이기 때문에 언급하였을 수도 있다.

아모리 족속의 죄에 대한 언급은 이집트에 대한 심판에 대한 언급과 함께 인간의 역사를 지배하시는 하나님의 주권을 나타낸다. 아모리 족속의 죄악이 찰 때까지와 아브라함의 자손이 400년간 종살이한 후 가나안에 돌아온다는 구체적인 언급들은 하나님이 아브라함의 자손들뿐만 아니라 다른 민족들의 역사 곧 모든 인간의 역사 속에 특정한 계획을 가지고 그것을 이루어 가시는 분이라는 사실을 보여준다.[46]

17~21절. 언약의 보증

17 해가 지고 어둡게 되었을 때 보라 연기 나는 화로와 타는 횃불이 이 쪼갠 것들
사이로 지나 가더라. **18** 그 날에 여호와께서 아브람과 언약을 체결하여 이르기를
"네 자손에게 내가 이 땅을 이집트 강에서부터 큰 강 유프라테스 강까지 주리니 **19**
겐 족속과 그니스 족속과 갓몬 족속과 **20** 헷 족속과 브리스 족속과 르바임 족속과
21 아모리 족속과 가나안 족속과 기르가스 족속과 여부스 족속의 땅이니라."

45) Gerhard von Rad, *Genesis*, 182.

46) Gerhard von Rad, *Genesis*, 182~183. Joyce G. Baldwin, *the Message of Genesis 12-50*, 54. Claus Westermann, *Genesis*, 121.

17절에서 아브라함은 지금까지 전혀 경험해 보지 못한 일을 겪게 된다. 아브라함뿐만 아니라 그를 제외한 어떤 사람도 들어보지 못한 일을 만나게 된다. 그 일은 태양이 완전히 서쪽으로 들어가고 어두워졌을 때이다. 이 어두움은 아브라함이 12절에서 겪었던 암흑의 경험과 다른 종류로서 시간의 흐름 속에 자연적으로 찾아오는 어두운 상황과 시간이다. 이때에 연기 나는 화로와 타는 횃불이 쪼개어 마주 보게 놓은 고깃덩어리 사이로 지나갔다. 17절이 초점을 맞추고 있는 것은 풀무와 횃불이다. 아브라함은 너무나 놀라운 광경을 보았기 때문에 감탄사 '힌네'(보라!)를 앞세웠고 연기 나는 화로와 타는 횃불 외에 다른 수식어를 사용하지 않았다. 한 마디로 '보라! 연기 나는 화로와 타는 횃불!'이라고 했다. 연기 나는 풀무와 횃불은 독립적인 것이 아니고, 출 13:21~22의 구름 기둥과 불 기둥처럼 하나의 실체의 두 양상이다. 연기를 강조하면 연기 나는 화로가 되고 불을 강조하면 타는 횃불이라고 할 수 있으며, 이것들은 시내 산에서 하나님이 연기와 불 가운데 강림하신 것과 유사한 하나님의 임재이다(출 19:18).[47] 이어서 연기 나는 화로와 타는 횃불이 무엇을 하고 있는지 '아셸'(that) 접속사로 이어지는 종속절을 통해 부가적으로 설명한다. 그 연기 나는 화로와 타는 횃불은 아브라함이 죽여서 쪼개어 마주 보게 놓았던 짐승들 사이를 지나갔다. 쪼갠 짐승들 사이로 지나가는 것은 언약 당사자들이 언약을 통한 약속의 내용을 반드시 지키도록 보증하는 행위이다. 이 보증 행위는 상하 관계에 있는 자들이 언약을 체결할 경우 지위가 낮은 사람이 하게 되며, 대등한 위치에 있는 사람들이 언약을 체결할 경우에는 함께 언약 보증을 위해 준비된 짐승들 사이에 서게 된다. 창세기 15장의 경우 아마도 아브라함은 하나님이 13~16절까지의 말씀을 끝내면 자신에게 고기 사이로 지나가라는 하나님의 명령이 뒤따를 줄 알았을 것이다. 그러나 이들 쪼갠 짐승들 사이로 지나간 것은 연기 나는 화로와 타는 횃불이었다. 아브라함은 결코 그 사이를 지나가지 않았다. 도대체 왜 하나님은 이러한 일을 하였고 또 무슨 의도를 가진 것일까? '내가 가나안 땅을 소유하게 된다는 것을 무엇으로 알겠습니까?'라고

47) Joyce G. Baldwin, *The Message of Genesis 12-50*, 55.

물은 아브라함의 요청에 대한 하나님의 응답이다. 이것은 하나님이 제사를 흠향하고 받는 것과 전혀 다르다. 삿 6:21, 13:19~20에는 각각 기드온과 삼손의 아버지가 여호와의 사자에게 제물을 바치고 반석에서 불이 나와 제물들을 불태우는 장면이 기록되어 있다. 그러나 17절에서는 여호와의 불이 짐승들 사이를 지나가지만, 짐승들을 불태우지 않는다. 이 땅을 얻을지 어떻게 알겠느냐는 아브라함에게 하나님은 쪼갠 짐승들 사이로 지나면서 13~16절에서 언급한 그의 자손들이 가나안 땅을 차지하게 해 준다는 약속에 대해 언약의 보증을 하고 있다. 아브라함에게 말한 내용을 수행하지 않으면 하나님 자신이 이 짐승들과 같은 모양이 된다고 하면서, 상상도 할 수 없는 방법으로 아브라함에게 약속에 대한 증거를 보여 주었다. 그 이유는 아브라함에게 주어진 약속의 성취를 아브라함이 볼 수 없고, 그의 아들도 손자도 아닌, 700년 뒤에 이루어질 일이기 때문이다. 이 사실을 알게 되었을 때 아브라함은 어떤 기분이 들었을까? 아브라함은 기가 막혔을 것이다. 그래서 하나님은 아브라함에게 이 일을 꼭 이루시겠다는 의지를 보여 줄 필요를 느꼈을 것이다. 지금 아브라함에게 행한 언약을 이루지 않으면 내가 이 짐승들처럼 죽으리라고 하며 언약 체결 의식에서 약자들에게 요구되었던 행위를 하나님이 직접 한 것이다.[48] 우리는 여기에서 하나님의 강력한 의지를 엿볼 수 있다. 이 일을 이루기 위해 생명을 걸겠다는 하나님의 강한 의지가 표현되어 있다. 이와 같은 하나님의 모습은 바로 그리스도께서 십자가에 못 박히신 그 일에서 더욱 뚜렷하게 나타난다. 자기 백성을 구원하여 하나님 나라를 완성하기 위해, 아브라함의 자손을 하늘의 뭇 별과 같이 많게 하기 위해 십자가에 못 박히시는 그 예수 그리스도의 모습을 우리는 이미 17절에서 분명하게 확인할 수 있다.

48) 웬함은 하나님이 쪼갠 짐승들 사이로 지나간 것을 하나님이 고난 받는 아브라함의 자손과 동행하는 이미지로도 이해할 수 있음을 지적한다. 웬함이 하나님이 맹세할 때에는 주로 하나님의 살아계심을 두고 맹세한 점을 지적한 것은 아주 적절하다. 하지만 창 15:7~21이 18절에서 적시하듯이 언약의 배경에서 일어난 행동들이라는 것에 더 무게를 두어야 할 것이다. Gordon Wenham, *Genesis*, 332~333.

18절

18절은 지금까지 일어난 모든 일의 성격이 무엇인지 말해 주고 있다. 아브라함이 겪은 모든 것들은 그와 하나님 사이의 언약이었고, 그 언약의 내용은 하나님이 아브라함의 자손에게 가나안 땅을 준다는 것이다. 이 언약의 내용을 확실히 이룬다는 것을 보여 주기 위해 하나님은 아브라함에게 그와 그의 후손에게 방패 되심을 알려 주었고, 그와 그의 후손에게 가나안 땅과 많은 재물을 주는 상급 그 자체이심을 확인해 보여 주었다. 그의 후손들이 상급으로 받을 가나안 땅의 경계는 둘로 표현되었다. 지리적인 경계는 이집트 강에서 유프라데스 강까지이다. 이집트 강은 일반적으로 나일 강을 뜻하지만 여기에서는 이집트와 시나이 반도를 나누는 작은 강을 지칭하는 말이다. 또 다른 가나안 경계 표시는 거주민에 따른 경계 표시로서 열 족속의 이름을 나열하여 표현하였다.[49)]

> 겐 족속과 그니스 족속과 갓몬 족속과 헷 족속과 브리스 족속 르바(르바임) 족속 아모리 족속 가나안 족속 기르가스 족속과 여부스 족속의 땅이니라.

출애굽기(3:8, 17)와 신명기(7:1; 20:17) 그리고 여호수아(24:11)는 이들 민족들 중에서 주로 네 민족(겐, 그니스, 갓몬, 르바임)이 빠진 여섯 민족을 언급하면서, 출애굽과 가나안 정복은 하나님이 아브라함에게 한 약속의 성취로서 이들을 가나안 땅에서 쫓아내거나 멸하게 한 사건이라고 말한다. 출애굽과 가나안 정복 사건이 일어난 지 약 1000년 후 느헤미야는 다음과 같은 말로 창세기 15장의 약속이 이미 이루어졌다고 말한다.

> **느 9:8** "그의 마음이 주 앞에서 충성됨을 보시고 그와 더불어 언약을 세우사 '가나안 족속과 헷 족속과 아모리 족속과 브리스 족속과 여부스 족속과 기르가스 족속의 땅을 그의 씨에게 주리라.' 하시더니 그 말씀대로 이루셨사오매 주는 의로우심이로소이다."

49) 세일하머는 이 가나안 경계를 에덴 동산의 경계와 동일하다고 주장한다. John H. Sailhamer, *The Pentateuch as Narrative*, 152.

18~21절에서 제시된 범위의 가나안 땅 정복은 사실상 다윗(사무엘하 8장, 역대상 18장)과 솔로몬 때에야 이루어진다(왕상 4:24).

Chapter 06

창세기 16장

창세기 15장에서 하나님은 아브라함에게 그의 자손들을 하늘의 별들과 같이 많게 해 주겠다는 약속을 하였고, 아브라함은 하나님과 그의 약속을 믿음으로 의롭다는 인정을 받았다. 하지만 창세기 16장에서 아브라함은 그의 자손에 관한 문제에 있어서 최악의 상황으로 빠지게 된다.[1] 최악의 상황으로 빠지게 만든 원인 제공자는 사라이고 아브라함은 동조자였다. 아브라함은 후손에 대한 하나님의 약속을 제대로 믿었다. 하지만 그는 '네 몸에서 날 자가 네 상속자가 되리라'는 하나님의 약속을 제대로 이해하지 못했다(창 15:4). 아브라함과 마찬가지로 이 약속을 이해하지 못한 사라는 아브라함의 후손의 문제를 해결하기 위해 하갈을 끌어들이지만 그녀는 자신과 남편을 더 큰 고통 속으로 빠지게 만들며, 하나님의 구속사에 큰 방해거리가 된다. 아브라함과 사라가 하나님의 약속을 이해하지 못한 이유는 그들의 나이와 불임이라는 상황적 요인도 있지만, 그들이 하나님의 약속의 성취를 믿고 인내하며 기다리지 못했기 때문이다. 하

1) Kenneth A. Mathews, *Genesis* 11:27-50:26, NAC (Nashville: Broadman & Holman Publishers, 2005), 178.

나님은 이 문제를 아브라함과 사라에게 일깨워주기 위해 창세기 16장의 또 다른 주인공인 하갈을 사용한다. 하나님은 사막으로 도망간 하갈에게 찾아가 그녀의 아들의 이름을 이스마엘이라고 부르게 하여 아브라함과 사라에게 하나님이 그들의 소리를 듣고 지켜보고 계심을 일깨워준다.

창세기 16장은 아브라함의 기사 중에서 가장 많은 관심을 받고 있는 본문들 중에 하나이다. 많은 학자들이 아브라함과 사라보다는 하갈과 이스마엘에 더 많은 관심을 보이고 있고, 아프리카와 아랍 사람들의 관점에서 이들을 조명해 보려고도 하고 있다.[2] 이들은 갈 4:22~31에서 바울이 유대주의화 되려고 하는 성도들을 책망하기 위해 비유로 도입한 사라와 하갈에 대한 평가에서 벗어나 하갈을 앞다투어 미화시키고 있다. 이들처럼 하갈을 지나치게 미화하는 것은 피해야 하지만, 하갈에 대한 창세기 16장의 기록들을 객관적으로 살피는 것은 꼭 필요하다. 창세기 16장의 내용은 둘로 나눌 수 있다. 1~6절은 아브라함의 집이 무대이고, 사라와 아브라함이 주인공이며, 아브라함의 후손을 낳기 위해 사라가 하갈을 아브라함에게 주는 과정과 이로 인해 생겨난 갈등에 대해 사라와 아브라함의 대화로 구성되어 있다. 7~16절은 광야의 오아시스가 무대이며 하나님의 사자와 하갈이 주인공이고, 하갈이 현재 해야 할 처신과 그녀의 자손의 미래에 관하여 하나님의 사자와 하갈이 나눈 대화로 구성되어 있다. 무대와 등장인물이 각각 다르지만 1~6절과 7~16절의 내용은 다음과 같이 대조를 이루고 있다.

A. 사라의 불임 1절

B. 사라의 말을 아브라함이 들음 : 자손 2~3절

C. 사라와 아브라함의 대화 : 멸시와 학대 4~6절

C'. 하나님의 사자와 하갈의 대화 : 복종 7~9절

2) Lauree Hersch Meyer, "Hagar's Holiness: Genesis 16 and 21," *Brethren Life and Thought* 37 (1992): 145~157; Thomas Michel, "Hagar: Mother of Faith in the Compassionate God," *Islam and Christian-Muslim Relations* 16 (2005): 99~105; J. Cheryl Exum, "Accusing Look: The Abjection of Hagar in Art," *Religion and the Arts* 11 (2007): 143~171. Phyllis Trible, *Hagar, Sarah, and their children: Jewish, Christian, and Muslim Perspectives* (Louisville, Ky.: Westminster John Knox Press 2006), 1~211.

B'. 하갈의 소리를 하나님이 듣고 살피심 : 자손 10~14절

A'. 하갈의 출산 15~16절

1절은 사라의 불임 소식을 전하는 반면 15~16절은 하갈의 출산 소식으로 끝나고 있다. 2~3절에서 사라는 모든 일을 주도적으로 계획하고 말하고 있지만, 아브라함은 사라의 말을 듣고 따르고 있다. 그리고 여호와는 사라의 출산을 저지하는 하나님으로 묘사된다. 반면에 10~14절에서 하나님은 하갈의 말을 듣는 분이면서도 주도적으로 하갈에게 말을 하고 있고, 하갈은 말없이 여호와의 사자의 말을 듣고 따르고 있으며 하나님의 별칭을 신앙 고백으로 짓기도 한다. 그리고 여호와는 하갈의 후손을 번성케 하는 분으로 묘사된다. 4~6절에서 사라와 아브라함은 사라가 하갈에게서 받은 멸시 때문에 서로 다투며 결국에는 하갈을 학대하게 된다. 반면에 7~9절에서 여호와의 사자는 하갈에게 사라에게 복종하라고 한다. 이런 구조를 염두에 두면서 각 절의 본문을 분석하고 당시의 문화적 배경 속에서 이해의 지평을 넓혀가 보자.

1~3절

1 아브람의 아내 사래는 그를 위해 아이를 낳지 못했고 그리고 그녀에게는 이집트인 여종이 있었으니 그녀의 이름은 하갈이더라. **2** 사래가 아브람에게 말하기를 여호와께서 나의 출산을 막았으니 당신은 나의 여종에게 들어가소서. 혹시 내가 그녀로 인해 세워질까 하나이다. 그 때에 아브라함이 사래의 소리를 들었더라. **3** 아브람의 아내 사래가 아브람이 가나안 땅에 거주한 지 10년 말미에 자신의 여종 이집트인 하갈을 취하여 자신의 남편 아브람에게 그의 아내로 주니라.

1절

창세기 16장에서 사라는 마침내 강화의 주인공으로 등장하였다. 사라는 창 11:30에서 아브라함의 아내로 이미 소개되었지만 우리는 사라가 무슨 말과 행동과 생각을 하고 있는지 전혀 알 수 없다. 사라는 창 12:10 이하에서 아브라함

이 그녀에게 누이라고 말하라고 할 때도 아무 말이 없었고, 바로가 그녀를 데려갈 때도 단 한마디의 말도 하지 않았다. 그러나 창세기 16장에서 사라는 강화 전반부의 주인공 역할을 하며 매우 능동적이고 적극적이다.

1절의 사라의 불임 소식은 창 11:30의 사라의 불임 사실을 상기시켜 주면서 동시에 2~6절에서 사라가 취할 행동에 대한 서론적 역할을 한다. 창 11:30에서 출산하지 못하던 아브라함의 아내 사라는 지금도 출산하지 못하였다. 하지만 창 16:1과 창 11:30에는 차이점이 있다. 창 11:30은 단순히 사라가 출산하지 못했음을 알렸는데 반해 창 16:1은 사라가 아브라함의 아이를 낳지 못했음을 강조하고 있다.

וְשָׂרַי אֵשֶׁת אַבְרָם לֹא יָלְדָה לוֹ 베 사래 에세트 아브람 로 야레다 로

강조를 위해 주어 '아브라함의 아내 사라'를 문두에 도치하여 배열하였다. 창 11:30에서는 불임을 의미하는 형용사 '아카르'(עָקָר 불임의, 자식이 없는)를 통해 사라의 불임을 묘사하고 사라에게 자식이 없음을 강조하고 있지만, 창 16:1에서는 사라가 아브라함에게 자녀를 낳아 주지 못하고 있음을 강조한다. 마치 아브라함은 출산 능력이 있지만 사라가 아브라함에게 자식을 낳아 주지 못해서 아브라함에게 자손이 없는 것으로 생각하게 하는 표현이다. 1절의 사라의 불임 소식은 또한 창 15:4의 하나님의 약속을 생각하게 만든다. 하나님은 아브라함의 양자가 아니라 그의 몸에서 날 자식이 그의 상속자가 된다고 했다. 이 약속은 아브라함이 그의 아내인 사라를 통해 자손을 얻게 된다는 것을 전제하고 있다.[3] 그렇기 때문에 16장을 처음 대하는 독자는 1절의 사라의 불임 상황을 접하면서 이어지는 내용은 아브라함과 사라가 아들을 낳게 되는 것과 관련된 내용이 나오리라고 기대할 것이다. 하지만 독자들의 기대와는 달리 창세기 15장에서 양자 소동을 치루었던 아브라함과 사라는 자손과 관련된 또 다른 소용돌이 속으로 빠져 들어간다.

3) Gordon Wenham, *Genesis 16-50* (Nashville: Thomas Nelson, 2000), 6.

1절은 사라의 불임 소식을 전한 후 신속하게 창세기 16장의 또 다른 주인공인 사라의 여종 하갈의 소개로 이어진다. 하갈의 이름은 이집트식이 아니고 아브라함과 같은 셈족 계통의 이름이며 뜻은 '도망'이다. 하갈의 이름은 그녀가 사라로부터 도망한 것 때문에 붙여졌을 가능성이 높다.[4] 하갈은 창 12:10~20에서 아브라함과 사라가 이집트에 갔을 때에 그곳에서 샀거나 아니면 바로가 선물로 주었을 수도 있다. 창세기 랍바는 바로가 사라의 처신에 감동받아 자기의 딸을 사라에게 종으로 주었다고 말하고 있지만, 이 주장은 근거가 너무 미약하다.[5] 하갈은 아브라함과 사라가 이집트를 떠날 때 함께 이집트를 떠나 가나안으로 와서 사라의 종으로 살고 있었다. 당시 여주인의 여자 하인은 전적으로 여주인의 손에 달려 있었다. 창세기 16장에서 하갈의 이름은 총 8번 언급되지만, 사라와 아브라함은 단 한 번도 대화 속에서 하갈의 이름을 언급하지 않는다. 이들의 대화 속에 하갈은 항상 여종이다.

2~3절

2절에서 독자들은 마침내 사라의 목소리를 듣게 된다. 아브라함의 기사의 약 절반에 해당되는 부분이 전개되는 동안 사라의 목소리를 단 한마디도 들을 수 없었다. 이제 사라는 마침내 입을 열었다. 그러나 그녀의 첫소리는 놀랍게도 '여호와께서 나를 잉태하지 못하게 막았다'는 신세타령과 불평이었다.[6] 사라의 말은 두 가지 특징을 가지고 있다. 첫째, 사라는 출산을 비롯한 생명 탄생이 전적으로 창조주 하나님께 달려 있다고 생각하고 있다. 이것은 멜기세덱과 아브라함이 하나님을 천지를 창조하신 여호와로 고백한 것과 일치한다. 둘째 사라는 하나님을 생명을 주관하시는 분으로 생각하면서 동시에 자신의 불임의 원인을 하나님께 돌리는 불신의 모습을 함께 보여주고 있다. 하나님께서 아브라함에게

4) Nahum M. Sarna, *Genesis* (Jerusalem: Jewish Publication Society, 1989), 119. Gordon Wenham, *Genesis 16-50*, 6.

5) Jacb Neusner, *Genesis Rabbah: The Judaic commentary to the Book of Genesis, A New American Translation*, vol 2 (Atlanta: Scholars Press, 1985), 146.

6) David W. Cotter, *Genesis*, Berit Olam (Collegeville: Michael Glazier Book, 2003), 103.

자손에 대한 약속을 더욱 명확하게 하자, 사라는 아브라함에게 아들을 낳아 주지 못하는 이유가 결국 하나님이 그녀의 출산을 가로막고 있기 때문이라고 생각하게 되었다.[7] 사라는 감탄사 '보라'(힌네-나 הִנֵּה־נָא)를 문장 앞에 배치시켜 아브라함에게 강조하여 말한다. 사라의 말은 자신이 아브라함의 아이를 낳는 것은 절대로 불가능한 일이라고 선언하는 것이며, 결과적으로 아브라함이 그녀의 제안을 거부할 수 없게 만드는 효과를 가지고 있다. 사라가 불임의 책임을 하나님께 돌리는 것은 선악과 사건의 책임을 하나님께 돌리던 아담의 모습과 그리고 뱀에게 돌리던 하와의 모습과 유사하다.[8] 그리고 아담이 하와의 말을 듣고 선악과를 먹은 것처럼 아브라함은 사라의 말을 듣고 있다. 2절의 표현은 창세기 3장의 아담과 하와 사건을 연상케 하는 표현을 가지고 있다.

창 16:2	וַיִּשְׁמַע אַבְרָם לְקוֹל שָׂרָי	와이세마 아브람 레콜 사래
창 3:17	שָׁמַעְתָּ לְקוֹל אִשְׁתֶּךָ	샤마타 레콜 이쉬테카

위에서 볼 수 있는 것은 '아브라함이 사래의 말을 들으니라'란 말은 창 3:17에서 하나님께서 아담에게 '네가 네 아내의 말을 듣고'와 같은 표현과 문법으로 구성되어 있다.[9] 창세기에서 '샤마 레콜'(לְקוֹל … שָׁמַע listen to the voice)은 창 3:17과 창 16:2에서만 나온다. 아브라함은 자기 아내에게 복종하는 자세를 보여주고 있으며, 이런 모습은 고대 족장 중심 사회에서 찾아보기 힘든 행동이다. 아브라함은 그의 자손이 하늘의 별과 같이 되게 해 주겠다는 하나님의 말씀을 듣고 하나님을 믿어 의롭다는 인정을 받았다. 지금 아브라함에게 필요한 것은 하나님께 기도의 소리를 높이는 것인데, 그는 안타깝게도 사라의 말에 아무런 말도 없이 듣고 순응하고 있다.

7) Joyce G, Baldwin, *The Message of Genesis 12-50: From Abraham to Joseph* (Downers Grove: Inter-Varsity Press, 1986), 57. Bruce K. Waltke and Cathi J. Fredricks, *Genesis* (Grand Rapids: Zondervan, 2001), 251.

8) Kenneth A. Mathews, *Genesis 11:27-50:26*, 178; George van Pelt Campbell, "Rushing Ahead of God: An Exposition of Genesis 16:1-16," *Bibliotheca Sacra* 163 (2006): 276~291.

9) Joyce G. Baldwin, *The Message of Genesis 12-50*, 58.

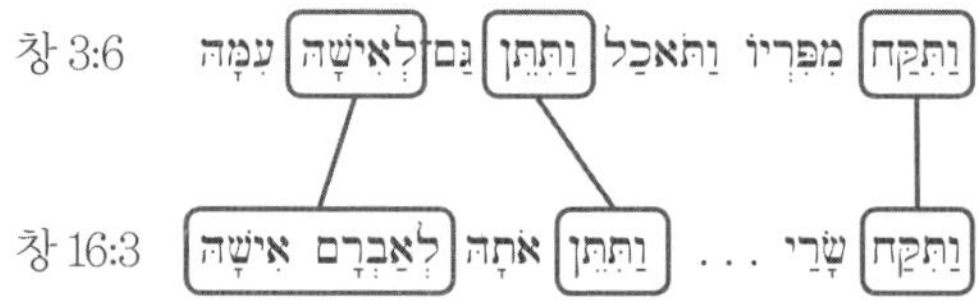

사라가 남편에게 하갈을 주는 것은 하와가 아담에게 선악과를 주는 것과 유사하다. 하와가 선악과를 취하여 아담에게 주고 아담은 그것을 먹는 것처럼 사라는 하갈을 취하여 아브라함에게 주고 아브라함은 하갈에게 들어간다.

3절은 사라가 하갈을 아브라함에게 준 때를 그들이 가나안에 들어온 지 10년, 85살 되던 때라고 한다. 고대 근동 사회에서 자녀가 없다는 것은 아주 심각한 일이었다. 여자에게 아들이 없다는 것은 재앙이었고 무자식은 불명예스러운 실패였다. 자식이 없는 아내들을 위해 대리모 제도가 있었고, 부잣집 여주인들은 여종을 일종의 씨받이로 주었다. 아이가 태어나면 그 아이는 여주인의 소유이자 자식이 되었다. 이런 사회적인 배경을 고려할 때, 사라가 하갈을 아브라함에게 준 행동은 당시의 사회적인 배경에서 볼 때 지탄을 받을 일이 전혀 아니다. 정작 우리가 관심 가져야 할 것은 당시에 대리모 제도가 있었고, 대리모를 세울만한 능력도 있었음에도 불구하고 사라는 왜 75살이 될 때까지, 그리고 아브라함이 85살이 될 때까지 대리모를 통해 자식을 갖지 않았을까? 하는 이유이다. 당시에는 결혼한 지 2~3년이 지나도 자식이 없으면 대리모를 세울 수가 있었다. 그럼에도 불구하고 아브라함이 85세나 되어 다메섹 엘리에셀을 양자로 삼으려고 시도하고, 하갈을 대리모로 세우게 된 것은 두 가지 이유 때문으로 추정된다. 첫째는 아브라함의 아버지 데라도 70살 이후에 아브라함과 나홀과 하란을 낳았기 때문에 아브라함과 사라는 하란을 떠날 때까지 희망을 가지고 있었을 것이다. 둘째는 아브라함이 하란을 떠날 때에도 자식이 생기지 않자 조카 롯을 양자로 삼았기 때문일 것이다.[10]

사라는 자신보다 10살이 더 많은 아브라함은 출산이 가능하고 자신의 출산은 하나님이 막고 있다는 것을 어떻게 알았을까? 그 이유는 아브라함의 몸에

10) Bill T. Arnold, *Genesis,* EBS (Grand Rapids: Baker Books, 1998), 96.

변화가 생겨났기 때문일 것이다. 창 15:4 이하에서 하나님이 '네 몸에서 날 자'가 네 후사가 된다고 한 것을 아브라함이 믿은 것을 두고, 바울은 롬 4:18에서 아브라함이 바랄 수 없는 중에 바라고 믿었다고 한다. 바울의 말은 이 당시 아브라함의 생식 능력은 이미 상실되었다는 것을 의미한다. 그런 상황에서 사라가 아브라함에게 하갈을 준 것은 아브라함에게 신체 변화가 있었고 사라도 이를 깨달았다는 것을 의미하지 않을까? 2절의 '우라이' אוּלַי(혹시)는 앞서 말한 것처럼 가능성을 나타내는 표현이며, 아브라함의 변화로 인해 생겨난 가능성에 대한 기대이다.[11] 그렇지만 사라에게는 아직 신체 변화가 생겨나지 않았기 때문에 사라는 하갈을 아브라함에게 주었을 것이다.

사라는 하나님께서 그녀의 생식 능력을 회복시켜 주신다는 것을 믿고 기다리지 못하고 성급하게 하갈을 남편에게 주었다. 하나님은 결코 아브라함의 생식 능력만 회복시켜 사라가 아닌 다른 여자를 통해 후손을 준다는 것을 말하지 않았다. 자신의 불임이 하나님 때문이라는 것을 알았다면, 하나님께 어떻게 해야 할지 물어 봐야 되는데, 사라는 그렇게 기도하지 않고 하갈을 통해 아이를 얻는 길을 선택한다. 그리고 사라는 하갈을 통해 자신이 세워지기를 희망하였다. '세우다'의 뜻을 가진 '바나' בָּנָה는 주로 건축과 관련되어 많이 사용되며, 사라가 이 말을 사용한 것은 자식을 둔 정상적인 가족을 세우고, 사라 자신은 그 가족의 어머니가 되려는 소망 때문이다. 고대 메소포타미아에서는 결혼할 때 신부 값을 주었다. 신부 값의 절반은 결혼할 때, 나머지 절반은 아들을 낳고 나서 주었다. 아들을 낳기 전에는 한 가정의 아내로서 법적인 지위가 인정되지 않았다는 것을 의미한다.[12] 사라가 아브라함이 누이라고 말하자는 제안을 거절하지 못한 것도 이런 배경 때문일 것이고, 2절에서 '바나' בָּנָה(세우다)를 사용한 것도 이 같은 이유 때문일 것이다. 창 30:3에서 라헬도 사라의 말과 동일한 표현으로 자신의 여종 빌하의 출산을 통해 자신이 세워지기를 희

11) Claus Westermann, *Genesis* (Grand Rapids: Eerdmans, 1987), 124.

12) Marten Stol, "Private Life in Ancient Mesopotamia," *Civilizations of the Ancient Near East*, ed. Jack M. Sasson (Peabody, MA: Hendrickson, 1995), 1:489.

망하고 있다(וְאִבָּנֶה גַם־אָנֹכִי מִמֶּנָּה). '바나' בָּנָה가 아들의 히브리어 '벤' בֵּן과 자음이 유사하며, 사라는 언어유희를 통해 자신의 의도를 드러내고 있을 가능성도 있다.[13)]

사라가 하갈을 아브라함에게 준 것은 고대 근동 사회의 관점에서 볼 때 도덕적인 문제가 전혀 없는 지극히 당연한 일이었다. 고대 근동에서는 자식을 낳지 못하는 아내가 남편에게 둘째 부인을 찾아 주는 일을 주도하였었다. 그렇기 때문에 사라도 하갈을 남편에게 주는 일을 주도하였을 것이다. 아브라함은 갈대아 우르와 하란에서부터 키운 종들이 있음에도 불구하고 다메섹 출신 엘리에셀을 양자로 삼으려 했는데, 사라도 집에서 태어나서 성장한 많은 여종들이 있음에도 불구하고 자신이 곤혹을 치렀던 이집트 출신의 하녀를 아브라함의 아내로 주고 있다. 더욱이 이삭과 야곱이 아내를 구하기 위해 하란에 있는 친족을 찾아갔던 것을 고려하면 아주 파격적이다. 그렇다면 왜 하필이면 이집트 여인 하갈일까? 창세기 저자는 하갈 사건을 창 12:10~20의 사건과 연결시키려는 의도를 가지고 있다. 창 16:2의 사라의 말은 창 12:11~13의 아브라함의 첫 목소리와 놀랍게도 유사한 점을 가지고 있다. 사건도 유사한 배경에서 시작하고 있다.[14)] 아브라함은 사라를 누이라고 한 덕분에 사라를 이집트 왕의 아내로 가게 만들었는데 반해, 사라는 이집트인 여종을 아브라함에게 아내로 주고 있다. 창 12:11에서 아브라함은 문제 제기를 하면서 감탄사 '힌네-나' הִנֵּה־נָא(please behold!)로 시작하여 문제 해결 방안을 제시하기 위해 『명령문 + 나』(임리-나 אִמְרִי־נָא 너는 제발 말하라)의 문장을 사용하였는데, 사라도 문제 제기를 하면서 '힌네-나' הִנֵּה־נָא(please behold!)로 시작하여 문제 해결 방안을 제시하기 위해 『명령문 + 나』(보-나 בֹּא־נָא)의 문장을 사용하고 있다. 아브라함은 결과적으로 자신에게 유익하게 되고 자신의 목숨이 살게 된다고 하였는데(창 12:13), 사라

13) E. A. Speiser, *Genesis* (Garden City, NY.: Doubleday & Company, 1982), 117; Sarna, *Genesis,* 119; Yair Zakovitch, "And You Shall Tell Your Son...": *The Concept of the Exodus in the Bible* (Jerusalem: Magnes, 1991), 26~30; Jon Levenson, *The Death and Resurrectionf of the Beloved Son* (New Haven: Yale, 1993), 97.

14) David W. Cotter, *Genesis*, 104; George van Pelt Campbell, *Rushing Ahead of God: An Exposition of Genesis 16:1-16*, 276~291.

는 자신이 세워지게 된다고 말한다(창 16:2). 아브라함은 가나안 땅이 기근으로 불모지처럼 되었을 때 생명(life)을 부지하기 위해 이집트를 의지하려고 하였다. 사라는 자신의 불임 문제를 해결하고 자신의 삶(life)을 세우기 위해 이집트 여인 하갈에게 의존하고 있다. 창세기 16장은 하갈이 이집트 여인이라는 사실을 반복해서 강조하고 있다(1, 3절).[15)]

3절

3절은 사라가 하갈을 아브라함에게 준 시기에 대한 정보를 제공해 준다. 그 때는 아브라함이 가나안 땅에 들어가 정착한 지 10년이 지난 때, 그의 나이 85세 때이다. 시간을 밝힌 것은 하갈 사건이 일어날 수밖에 없었던 당위성을 부각시켜 준다. 창 12:1~3에서 하나님은 아브라함에게 가나안 땅에 들어가면 큰 민족을 이루게 해 주겠다고 했고, 12:7에서 하나님이 가나안 땅을 아브라함의 자손에게 주겠다는 약속을 했다. 하지만 아브라함과 사라가 가나안 땅에 들어온 지 10년의 세월이 흘렀지만 자식이 없었다. 그런 상황에서 하나님이 아브라함의 몸에서 날 자가 그의 상속자가 된다고 했기 때문에 사라는 이렇게 제안할 수 밖에 없었고, 아브라함은 이 제안을 받아들일 수밖에 없었음을 보여준다.[16)] 이 사건이 일어난 시기를 말하면서 3절은 아브라함과 사라와 하갈의 관계를 밝히고 있다. 사실상 창 16:1~3은 사라의 신분을 아브라함의 아내이고(1, 3절), 하갈은 그의 여종이며, 그리고 아브라함은 사라의 남편이라는 사실을 반복해서 말하고 있다(1, 2, 3절). 창세기의 저자가 사라와 아브라함의 부부관계를 강조하고, 하갈을 아브라함에게 주는 것을 부정적으로 여기기 때문에 이렇게 표현하였을 것이다. 사라는 하갈을 아브라함에게 첩(필레게쉬 פִּילֶגֶשׁ)으로 주었다고 말하지 않고 아내(잇사 אִשָּׁה)로 주었다고 말한다. 창세기에서는 '잇사'를 본처와 첩에게 동시에 사용하였기 때문이며 하갈이 사라의 하녀 신분을 벗어나는 것을 의미하지 않는다.[17)] 사라가 하

15) Sarna, *Genesis*, 119.

16) Derek Kidner, *Genesis* (Downers Grove: Inter-Varsity Press, 1967), 116.

17) 창 30:4에서 라헬은 그녀의 시녀 빌하를 야곱에게 아내(잇사 אִשָּׁה)로 주었다고 한다. 하지만 빌하는 항상 라헬의 시녀였고, 창세기 저자는 빌하를 야곱의 첩(필레게쉬 פִּילֶגֶשׁ)이라고 불렀다

갈을 아브라함의 아내로 준 것은 하갈이 사라의 인정을 받았음을 보여준다. 하지만 아브라함의 제안에 의해 이집트의 바로의 아내가 될뻔하였던 사라가 이집트인인 하갈을 아브라함에게 아내로 주는 것은 아이러니이다.

4~6절

4 그가 하갈에게 들어갔고, 그리고 하갈은 잉태하였더라. 그녀가 자신이 잉태한 사실을 깨닫고 그녀의 여주인을 가볍게 보았더라. **5** 그래서 사라가 아브람에게 말하기를, "내가 받은 폭거는 당신에게 있기를... 나는 나의 여종을 당신의 품에 주었거늘 그 여자가 자신이 임신한 것을 깨닫고 내가 그녀의 눈에 업신여김을 당하였소. 그러므로 여호와께서 나와 당신 사이에 판단하시기를 바라오." **6** 아브람이 사래에게 말하기를, "보라! 당신의 여종은 당신의 손안에 있나니, 그녀에게 당신 눈에 좋은 것을 행하시오." 그래서 사래는 그녀를 핍박하였고, 그래서 그녀는 그녀의 면전에서 달아났더라.

4절

사라의 말을 듣고 아브라함은 하갈에게 들어간다. 히브리어 동사 '보' בוא의 일반적인 의미는 '들어가다'이지만 여기에서는 성적인 의도를 가지고 여인에게 들어간다는 의미를 가지고 있다. 놀랍게도 아브라함이 하갈과 동침하자 곧바로 잉태해 버렸다. 사라가 '혹시'(우라이 אוּלַי)하는 마음에 하갈을 아브라함에게 주었는데, 하갈은 임신하는 데 전혀 문제 없었다. 하갈이 임신했다는 것은 아브라함에게는 문제가 없고 전적으로 사라가 출산의 문제를 가지고 있다는 것을 증명하는 셈이다. 사라의 말처럼 하나님이 그녀의 출산을 막고 있음을 증명하는 것처럼 보인다. 반면에 아브라함은 생식 능력을 확실히 회복하였다. 창 25:1에 의하면 아브라함은 그두라라는 또 다른 아내를 취했고, 둘 사이에 6명의 아들을 두었다. 이삭을 낳기 전인지 후인지 알 수 없지만, 하갈을 통해 이스마엘을 낳고 난 이후에 일어난 일이 틀림없다. 그렇지 않다면 창 15:3~4의 아브라함

(창 35:22). 마찬가지로 창세기 25:6은 아브라함의 첩들이라는 복수 명사를 사용하고 있으며, 이 표현은 하갈과 그둘라를 지칭하는 말이다. 창 16:6에서 아브라함은 사라에게 하갈을 "너의 여종"이라고 부른다.

의 말은 모순된다. 어쨌든 아브라함은 그두라로부터 여섯 명의 자손을 더 두었다. 하지만 창세기 16장의 관심은 아브라함의 회춘이 아니라 하갈이 임신 이후에 사라에게 보인 태도이다. 그래서 4절은 하갈이 임신했다는 말을 하자마자 곧바로 하갈이 임신 사실을 깨닫고 사라를 멸시했다는 말로 이어가고 있다. 하갈은 아브라함 가문의 대를 이을 아들을 낳는다는 자부심에 사라를 멸시했을 것이다.[18] 히브리어 성경은 사라에 대한 하갈의 멸시를 매우 이례적인 단어로 표현하고 있다.

창 16:4	וַתֵּקַל גְּבִרְתָּהּ בְּעֵינֶיהָ	와테칼 게비라타 베에이네이하
창 12:3	וּמְקַלֶּלְךָ אָאֹר	우메칼렐카 아올

히브리어 성경은 놀랍게도 창 12:3에서 하나님께서 아브라함에게 '너를 저주하는 자에게 내가 저주하리니'라고 할 때 사용한 동사 '카랄' קָלַל을 사용하고 있다! 특이하게도 아브라함이 이집트에 갔을 때 바로가 사라를 취하여 수치스럽게 만든 것 때문에 하나님의 벌을 받았는데, 이번에는 이집트 여인 하갈이 사라를 멸시한 것을 동사 '카랄'로 표현하였다. 아브라함에 대한 축복과 저주는 그의 아내와 자손에 대한 축복과 저주를 포함한다는 점을 고려하면, 하갈의 사라에 대한 '카랄'이 몰고 올 파장이 얼마나 클지 예상된다. 하지만 하갈 또한 아브라함의 아내라는 것을 생각한다면, 하갈의 멸시가 저주를 불러오는 원인으로 생각하기에는 무리가 있다. 창세기 16장에서 하나님은 하갈을 저주하지 않고, 그녀를 축복하고 있음을 눈여겨 볼 필요가 있다. 그러나 하갈의 멸시가 사라와 두 사람의 후손 사이의 갈등의 서막이 된 것은 확실하다.

고대 근동의 전통에서 볼 때 하갈이 자신의 임신에 근거하여 사라를 멸시하는 것은 큰 잘못이었다. 여주인이 자식을 얻기 위해 여종을 남편에게 주더라도, 여주인과 여종의 주종관계가 변하지 않았다. 라헬과 레아가 남편에게 여

18) J. Cheryl Exum, "Hagar En Procès: The Abject in Search of Subjectivity," in *From the Margins v 1: Women of the Hebrew Bible and their Afterlives* (Sheffield: Sheffield Phoenix Press, 2009), 1~16.

종들을 준 사례에서도 이것은 충분히 확인할 수 있다. 레아와 라헬이 여종들을 야곱에게 주어 아들들을 낳았을 때, 그 아들들은 여종들 개인의 아들들이지만 동시에 그녀들의 여주인인 레아와 라헬의 아들들로 취급되고 있다(창 30:3, 6, 8). 여종들은 야곱과 정상적인 부부로 살아가는 것이 아니라 레아와 라헬의 종의 신분으로 살아간다(창 32:22; 35:25, 26).[19] 그렇기 때문에 하갈이 임신했다고 해서 사라를 멸시하거나, 아브라함이 사라를 무시하고 하갈을 본처처럼 대하며 생활하는 것은 고대 근동의 전통에 비추어 볼 때 적절하지 못하다.[20]

4절은 사라를 하갈의 여주인이라고 표현하며, '여주인'의 히브리어는 '게비라' גְּבִירָה이며 매우 특별한 신분 호칭이다. 왕상 15:13에 의하면, 유다 왕 아사는 그의 어머니이자 대왕대비인 마아가를 폐위시키는데, 마아가에 대한 공식적인 호칭이 '게비라' גְּבִירָה이다. 왕상 11:19에서는 바로 왕의 어머니가 '게비라'로 표현되고 있으며, '게비라'는 아래에서 볼 수 있는 것처럼 구약 성경에서 주로 왕의 어머니(대왕대비)에 대한 호칭이며 간혹 왕비 혹은 최고위직 인물의 아내에게 사용되기도 하였다.

성경	인물	성경	인물
왕상 11:19	바로의 어머니 다프네	왕상 15:13	아사 왕의 어머니 마아가
왕하 5:3	나아만의 아내	왕하 10:13	이세벨
대하 15:16	아사 왕의 어머니 마아가	시 123:2	왕실 안주인
잠언 30:23	불분명	사 24:2	불분명
사 47:5,7	바벨론-나라들의 게비라	렘 13:18	유다 왕의 어머니
렘 29:2	여고니야 왕의 어머니		

왕하 5:3에서 시리아의 2인자 나아만의 아내가 '게비라'로 불렸고, 잠언

19) Pamela Tamarkin Reis, "Hagar Requited," *JSOT* 87 (2000): 79~80.

20) 최근의 학자들은 사라는 문제가 많은 인물로 하갈은 아무런 잘못도 없이 억압받은 인물로 생각한다. 현시대의 배경에서 너무 당대의 배경을 무시한 판단이다. Thomas Michel, "Hagar: Mother of Faith in the Compassionate God," *Islam and Christian-Muslim Relations* 16 (2005): 99~105.

30:23과 사 24:2에서 '게비라'를 여주인으로 번역한 것을 제외하고, '게비라'는 왕의 어머니에 대한 호칭이었다. 사 47:5, 7의 '게비라'도 바벨론을 나라들의 '게비라'로 묘사하고 있는 것을 볼 때 최고 실력자의 의미로 사용되었다. 하갈은 이 표현을 사라를 호칭할 때 사용하며, 창 16:8, 9도 사라를 이렇게 표현한다. 이 표현은 사라와 하갈의 관계를 보여줄 뿐만 아니라, 사라와 아브라함의 신분과 위상을 평가하는데 중요한 역할을 한다. 사라의 첫 이름 사래가 공주라는 뜻을 가지고 있고 아브라함의 원래 이름 아브람은 '높으신 아버지' 또는 '아버지는 높으시다'라는 뜻을 가지고 있음을 고려할 때 아브라함 부부를 보잘 것 없는 목자로만 생각하는 것은 잘못이다. 잠언 30:21~23은 "땅이 진동하며 땅이 견딜 수 없는 서너 가지 일"이 있는데 그 중에 하나가 여종이 주모를 이은 것이라고 한다. 잠언 30:23에서 개역개정 성경이 주모로 번역한 히브리어 단어는 하갈이 사라를 부를 때 사용한 호칭 '게비라'이다.

5절

하갈의 멸시에 분노한 사라는 즉시 아브라함을 찾아와서 다투었다. 5절에서 사라와 아브라함은 각각 이름만 소개되고 1~2절과는 달리 남편과 아내라는 수식어가 모두 사라졌다. 더 이상 둘을 남편과 아내로 소개할 필요성이 사라졌기 때문일 수도 있지만, 두 사람의 감정적 상태를 나타낼 수도 있다. 5절에서 사라가 아브라함에게 쏟아내는 말은 매우 강렬하다. 사라는 아브라함에게 '내가 받은 폭거는 당신에게 있기를'이라고 말한다. 사라는 동사 없는 구문을 통해 자신의 말을 강조하면서 하갈이 자신을 멸시한 것을 폭거(하마스 חָמָס)라고 표현했다.[21] 창세기에서 이 표현은 홍수를 초래한 인류의 죄를 지칭하기 위해 사용되었고(6:11, 13), 야곱이 시므온과 레위가 누이 다말의 성폭행 사건 때문에 세겜 사람을 몰살시킨 죄를 지칭하기 위해 사용하였다(49:5). 하갈이 사라를 어떻게 멸시하였는지 여전히 명확하지 않지만, 사라의 신분상 하갈이 단순히 모욕적인 언사를 해도 엄청난 충격을 받았을 수 있다. 사무엘상 1장의 한나와 브닌나 사

21) Pamela Tamarkin Reis, "Hagar Requited," *JSOT* 87 (2000): 83~84.

이에 일어난 일들을 참고한다면 사라가 느낀 고통을 이해할 수 있으리라 생각된다.[22] 사라는 하갈에게서 받은 견딜 수 없는 '하마스' חָמָס를 당신이 받아야 한다며 아브라함을 공격하고 있다.

사라가 아브라함과 하갈에게 분노를 느낀 첫 이유는 하갈을 아브라함에게 준 것이 자기 자신임에도 불구하고 배은망덕했다는 것이다. 사라는 자신의 역할을 강조하기 위해 독립인칭대명사 일인칭 '아노키' אָנֹכִי를 동사 앞에 두었고, 반복해서 일인칭을 사용하고 있다.[23]

אָנֹכִי נָתַתִּי שִׁפְחָתִי בְּחֵיקֶךָ

사라의 관점에서는 아브라함과 하갈이 배은망덕했을 수 있지만, 하나님의 입장에서 볼 때 하갈 사건은 아브라함보다는 사라의 책임이 더 크다.[24] 더군다나 하나님이 창 15:4에서 아브라함의 몸에서 날 자가 그의 후손이라고 했음에도 불구하고, 그리고 아브라함의 생식 기능이 회복된 것을 눈으로 보았음에도 불구하고 이 일을 벌인 것은 하나님의 입장에서 볼 때 하나님의 약속의 성취를 기다리지 못한 사라에게 더 큰 책임이 있다.[25] 사실상 하갈이 임신한 것을 보고 사라가 취해야 할 태도는 아브라함에게 책임을 전가하는 것이 아니라 뼈저린 후회와 회개이다.

하지만 사라는 아브라함을 더 거칠게 몰아세우고 있다. 사라는 자신이 당한 멸시를 4절처럼 히브리어 '카랄'(קָלַל 저주)로 표현하고 있다. 그리고 사라는 아브라함에게 '당신과 나 사이에 여호와께서 판단하시기를 원하노라'라고 말한다. 하나님의 판단(사파트 שָׁפַט)은 누가 정당한지를 밝혀 정당한 쪽을 도와주고 정당하지 않은 쪽을 징벌하는 결과를 가져온다(창 30:6). 아브라함에게 한

22) Victor P. Hamilton, *The Book of Genesis: Chapters 1-17*, 447.

23) E. A. Speiser에 따르면, 사라의 표현은 고대 수메르-아카드 법적인 문서에서 발견되며, 사라의 표현을 같은 차원에서 이해해야된다고 말한다. E. A. Speiser, *Genesis*, 118.

24) Joyce G. Baldwin, *Genesis*, 58.

25) John H. Sailhamer, *The Pentateuch as Narrative* (Grand Rapids: Zondervan, 1992), 154; David W. Cotter, *Genesis* (Collegeville: Michael glazier, 2003), 102~103.

사라의 말과 행동은 모순적이다. 창 15:4에서 아브라함에게 '네 몸에서 날 자가 네 상속자가 되리라'고 한 하나님의 약속을 알고 있음에도 불구하고 사라는 하나님이 자신의 임신을 가로막고 있다며 불신의 모습을 보여 주었다. 그러나 지금은 자신과 아브라함 둘 중에 누가 더 정당한지에 대해 하나님께 묻자고 하면서 사라는 하나님께서 자신의 편을 들어 주리라는 신뢰감을 표시하고 있다.[26] 사라는 자신을 멸시한 하갈이 아니라 자신과 아브라함을 하나님이 판단하기를 희망하고 있다. 사라가 아브라함에게 분노한 이유는 그가 하갈의 멸시를 방임하였거나, 여주인인 사라의 허락 없이 두 사람이 정상적인 부부처럼 행동하였기 때문일 수 있다.

6절

사라의 말에 아브라함은 사라가 하갈을 원하는 대로 마음대로 할 수 있게 허락하는 무책임한 모습을 보인다.[27] 아브라함은 사라에게 감탄사 '힌네' הִנֵּה(여기서는 경이로움을 나타내기보다는 부정적인 어투로 '자', '그래'와 같은 의미로 사용되었다)를 앞세우고 '그대의 여종은 그대의 수중에 있으니 그대의 눈으로 보기에 좋은 대로 그에게 행하라'고 말한다. 아브라함은 정식으로 자신의 아내가 되어 자신의 아이를 임신한 하갈을 여전히 '당신의 여종'(시프하텍 שִׁפְחָתֵךְ)이라고 사라에게 말했다. '눈에 좋을 대로'는 창세기 1장의 천지창조에서 매일을 마무리하면서 사용한 '보기에 좋았더라'와 유사한 표현이며, '보기에 악하다'라는 표현과 함께 주로 하나님이 사람의 행위를 두고 판단할 때 사용하는 표현이다. 사람이 이 표현을 사용하는 경우가 종종 있는데, 주로 왕이나 지도자가 이런 표현을 사용한다. 사람이 '보기에 좋았다'는 표현을 사용할 경우 종종 부정적으로 사용된다. 하와의 경우 선악과를 보고 '보기에 좋았다'고 하며, 창 6:2에서 네피림들이 아내를 취할 때 보기에 좋은 자들을 취하였다. 이런 표현들은 긍

26) Bruce K. Waltke and Cathi J. Fredricks, *Genesis* (Grand Rapids: Zondervan, 2001), 253.

27) Alan Cooper, "Hagar in and out of Context," *Union Seminary Quarterly Review* 55 (2001): 35~46.

정적인 사건 보다는 오히려 부정적인 사건을 이끌어 간다. 아브라함의 이 말은 사라에게 하갈을 보기에 좋은 대로, 마음대로 하라는 것이다.

아브라함의 아들을 임신하자 아브라함을 믿고 주인을 멸시했던 하갈은 사라에 의해 모진 학대를 받았다. 사라가 하갈에게 가한 학대를 동사 '아나' עָנָה로 표현하였다. '아나' עָנָה는 창 15:13에서 이집트 사람들이 아브라함의 후손을 노예로 삼고 학대할 것이라는 예언에서 사용된 표현이다. 그 표현을 창세기 16장에서는 사라가 이집트 여인을 학대한 것을 표현하기 위해 사용하고 있다. 사라의 학대를 미래에 이스라엘 자손들이 이집트에서 받을 학대를 염두에 둔 예언적 행동이라고 주장하는 학자도 있지만, 사라와 하갈의 갈등을 이렇게까지 확대 해석할만한 근거가 미약하다.[28] 분명한 것은 이 표현을 통해 사라의 학대가 아주 매서웠음을 알 수 있다. 6절은 이를 강조하기 위해 동사 '아나' עָנָה의 피엘 강조형을 사용하였다(וַתְּעַנֶּהָ שָׂרַי). 결국 하갈은 사라의 학대를 견디지 못하고 사라를 피해 도망갔다. 그리고 무대는 7절에서 신속하게 여호와의 사자가 술 광야에서 하갈을 찾는 장면으로 전환된다.

7~12절. 하나님이 도망간 하갈에게 지금 해야 할 일과 자손의 미래에 대해 약속

7 그래서 여호와의 사자가 광야에 있는 샘에서 곧 술 광야 길에 있는 샘에서 그녀
를 찾았더라. **8** 그리고 그가 말하기를 "하갈! 사래의 여종아! 어디에서 여기로 왔으
며 어디로 가느냐?" 그녀가 말하기를, "사래 나의 여주인으로부터 내가 도망가고 있
나이다." **9** 그녀에게 여호와의 사자가 말하기를, "네 여주인에게 돌아가서 그녀의 손
아래에서 복종하라." **10** 그리고 그녀에게 여호와의 사자가 말하기를, "내가 네 자손
을 반드시 많게 하리니 많아서 셀 수 없게 하리라." **11** 그리고 그녀에게 여호와의 사
자가 말하기를, "보라! 네가 임신하여 아들을 낳으리니 너는 그의 이름을 이스마엘
이라 하라 이는 여호와께서 네 고통을 들었음이라. **12** 그리고 그는 사람들의 들나
귀가 되리니 그의 손이 모두 사람을 대항하고 모든 사람의 손이 그를 대항할 것이

28) Thomas B. Dozeman, "The Wilderness and Salvation History in the Hagar Story," *JBL* 117 (1998): 23~43; Kenneth A. Mathews, *Genesis 11:27-50:26*, 179.

며 그리고 그의 모든 형제들 접경에 그가 거주할 것이니라."

7~16절은 둘로 나눌 수 있다. 7~12절은 술 광야로 도망간 하갈에게 여호와의 사자가 나타나 그녀가 지금 해야 할 일을 말하고, 그녀의 자손의 미래에 대해 예언해 준다. 13~16절에서는 하갈이 자신에게 나타난 하나님의 이름을 지어 준다.

7절

창세기 16장의 둘째 무대는 여호와의 사자가 광야 오아시스로 도망 간 하갈을 찾아가는 장면으로 시작하고 있다. 하갈은 헤브론에서 술 광야에 이르기 직전 브엘라해로이의 오아시스까지 갔다. 아마도 족히 7일 이상 걸리는 길을 임신한 몸으로 광야 길을 가다가 간신히 오아시스를 만났다.[29] 그러는 동안에 아브라함은 하갈을 찾기 위해 아무런 조치를 취하지 않았다. 여기에서 아브라함의 행동이 석연치 않다.[30] 아브라함은 하갈이 자신의 아내이고 또 자신의 아이를 잉태했기 때문에 마땅히 보호해야 할 것이다. 물론 주인의 아이를 낳은 여종이 여주인에게 무례한 행동을 하는 경우 고대 함무라비 법전 146항에서는 다음과 같이 해결하도록 법으로 규정하고 있다:

여자 성직자가 여종을 남편에게 주어 아이를 낳고, 이로 인해 여종이 여주인과 동등한 지위를 요구할 경우, 여주인은 여종을 팔 수 없고 대신 종의 표식을 해서 종인 것을 분명하게 해야 한다.[31]

그리고 아브라함 시대의 갈대아 우르 지역을 통치하였던 우르-남무(Ur-Nammu B.C. 2112~2095)는 그의 법 22~23항에서 다음과 같이 말한다.

29) John H. Walton, *Genesis*, 448. '술'은 '벽'이란 뜻을 가지고 있으며, 이집트가 아시아 지역의 침략을 방어하기 위해 만든 방어진지를 가리키는 표현으로 생각된다. 사르나에 따르면 이 표현은 기원전 2650년경의 이집트 문헌인 네펠로후(Neferrohu)의 예언과 사누헤(Sinuhe) 이야기에서 이미 등장한다. Nahum M. Sarna, *Genesis*, 120.

30) Victor. P. Hamilton, *The Book of Genesis: Chapters 1-17*, 446.

31) ANET, 171~172. 잠언 30:21~23참고.
21 세상을 진동시키며 세상이 견딜 수 없게 하는 것 서넛이 있나니 **22** 곧 종이 임금된 것과 미련한 자가 음식으로 배부른 것과 **23** 미움 받는 여자가 시집 간 것과 여종이 주모를 이은 것이니라."

만약에 어떤 사람의 여종이 자신을 여주인과 비교하며 여주인에게 무례하게 말하면, 그녀의 입을 소금 1리터로 비벼 빨아야 한다. 만약 어떤 사람의 여종이 자신을 여주인과 비교하며 여주인을 때리면, (rest missing)

결과적으로 고대의 전통에 따라 사라가 하갈을 학대했고 그리고 하갈은 사라의 앞에서 도망했다고 볼 수 있을 것이다.[32] 그렇다고 하더라도 자신의 아이를 임신한 채 도망간 하갈을 찾지 않는 아브라함의 행동은 이해하기 어렵다. 너무 늙었기 때문일까? 늙은 몸으로 조카 롯을 찾기 위해 북방 연합군을 추격해 간 것은 어떻게 이해해야 할까? 어쨌든 사라의 학대로 인해 하갈은 도망가야 했고, 사라는 하갈을 통해 자신의 어머니로서의 위치를 회복하려는 계획을 완전히 망쳤고, 아브라함은 자기의 둘째 아내와 태어날 아들을 잃을뻔하였다. 아브라함은 사라의 보기에 선한 대로 하갈에게 행하게 하였지만, 최악의 결과를 초래하였다.

아무도 찾지 않고 무작정 도망가고 있는 하갈을 찾아 나선 이는 아브라함도 사라도 아닌 여호와의 사자이다. 창세기 16장 이전에 하나님이 아담과 하와, 가인, 노아, 그리고 아브라함에게 말씀하였지만, 여호와의 사자(말악 야웨 יְהוָה מַלְאַךְ)라는 호칭은 하갈에게 나타난 천사에게 처음 사용되었다. 여호와의 사자는 하나님의 사자와 동일시되며,[33] 주로 오경과 여호수아 그리고 사사기에 많이 등장하며, 그 외에는 포로후기 선지서에서 종종 등장한다. 창세기 21장에서 하갈에게 나타난 여호와의 사자는 하나님의 사자라고 불리고 있다. 창세기에서 여호와의 사자는 주로 아브라함과 이삭과 야곱에게 나타나며, 아브라함의 삶에서는 이삭을 번제로 드리는 장면에서 나타나 아브라함의 후손의 미래에 대한 예언을 전달한다. 그 여호와의 사자가 직접 하갈을 찾아왔다. 구약 성경에서

32) John H. Walton, *Genesis*, NIVAC (Grand Rapids: Zondervan, 2001), 446.

33) 삿 13:3에서 마노아의 아내에게 나타난 여호와의 사자를 삿 13:9에서는 하나님의 사자라고 칭하고 있다. 삿 13:10에서 마노아의 아내는 하나님의 사자를 "전일에 내게 오셨던 그 사람이 내게 나타났나이다"라고 하면서 여호와의 사자와 하나님의 사자 두 표현을 동일 인물에게 번갈아 사용하고 있다.

여호와의 사자가 여자인 하갈에게 나타난 것도 매우 드문 현상이다. 모세오경에서는 하갈이 유일하며, 구약 성경 전체에서는 삼손의 어머니에게 나타난 것과 함께 모두 두 번 기록되어 있다(삿 13:3). 사라가 아브라함에게 여호와께서 그와 그녀를 판단하기를 원했지만, 정작 여호와의 사자는 하갈에게 나타나 문제를 해결하여 준다.

8절

하갈을 찾아온 여호와의 사자는 곧바로 '하갈 사라의 여종아'라고 그녀의 이름을 부르며 대화를 시작한다. 아브라함과 사라는 여종이라고만 불렀지만, 여호와의 사자는 그녀의 이름을 불러 주었다.[34] 한글 성경(개역한글, 개역개정)에는 사라의 여종이 먼저 나오지만, 히브리어 성경에서는 '하갈'이 먼저 나오고 사라의 여종이란 말은 그 뒤에 나온다. 이 호칭은 하갈을 무척 놀라게 하였을 것이다. 여주인 사라를 피해 달아나고 있는데, 생면부지의 사람이 그녀에게 사라의 여종이라고 불렀을 때 도망자 하갈의 기분이 어땠을까?[35] 죽음의 공포가 확 밀려오는 듯한 두려움을 느끼며 대경실색했을 것이다. 그런 하갈에게 여호와의 사자는 '어디서 왔으며 어디로 가느냐'고 묻는다. 이 질문은 여호와의 사자가 하갈의 상황을 몰라서 던진 질문이 아니라 하갈의 상황을 모두 알고 그녀의 문제를 풀어가기 위해 던진 질문이며, 그리고 그녀를 깊은 생각 속에 빠지게 만드는 질문이다. 여호와의 사자는 '어디서 왔으며'를 통해 그녀의 과거에 대해 묻고 있고, '어디로 가느냐'를 통해 그녀의 미래에 대해 질문하고 있다.[36] 이와 같은 형태의 질문은 하나님께서 아담에게 '너는 어디 있느냐' 가인에게 '아벨이 어디 있느냐'고 질문한 이래로 처음이다. 아담과 가인의 경우는 이 질문 앞에서 솔직하지 못하고 발뺌하였지만, 하갈은 '사래 나의 여주인을 피

34) Lai Ling Elizabeth Ngan, "Neither Here Nor There: Boundary and identity in the Hagar Story," Ways of Being, *Ways of Reading* (Saint Louis: Chalice, 2006), 70~83.

35) Gordon Wenham, *Genesis 16-50*, 9~10.

36) Patricia Shelly, "Hagar and the God-Who-Sees: Reflections on Genesis 16:3-13," *Conrad Grebel Review* 11 (1993): 265~268.

하여 내가 도망하고 있나이다'라고 정직하게 대답한다. 하갈은 여호와의 사자에게 자신은 도망가는 종의 신분임을 밝혔다. 함무라비 법전에서 볼 수 있는 것처럼, 고대 근동 사회에서는 도망치는 노예는 물론이고 노예가 도망치도록 돕는 사람도 사형시킬 수 있었다.

> **15** 만약 한 시민이 국가나 개인 시민의 남종이나 여종이 성문을 통해 도망하도록 도왔다면, 그는 사형에 처할 것이다. **16** 만약 한 시민이 자신의 집에 도망한 종을 머물게 하고 그를 관가에 데려오지 않았다면 그 집주인은 사형에 처할 것이다.

그렇기 때문에 자신이 도망친 노예라는 사실을 밝히면 죽을 수도 있는데, 하갈은 여호와의 사자에게 자신의 처지와 형편을 솔직하게 말하였다. 여호와의 사자가 하갈을 사라의 여종이라고 불렀었는데, 하갈도 자신을 사라의 여종이라고 말하는 것은 특이하다. 여호와의 사자는 그렇게 부를 수 있지만, 하갈은 사라로부터 도망하고 있다고 말하면 되지 굳이 자신을 사라의 여종이라고 말할 필요가 없다. 하갈은 임신 후 주인 사라를 멸시했던 전력을 가진 연적 관계였음을 생각해 보라. 그렇다면 여호와의 사자와 하갈은 왜 불필요하게 하갈의 신분을 거듭 언급하고 있을까? 그것은 여호와의 사자가 하갈에게 말해 줄 그녀의 미래에 대한 해법과 관련 있기 때문이다.

9절

8절과는 달리 9절은 여호와의 사자가 하갈에게 말하고 있다는 것을 다시 언급하고 있다. 이 같은 현상은 9~11절에서 세 차례에 걸쳐 반복되고 있다.

9 וַיֹּאמֶר לָהּ מַלְאַךְ יְהוָה שׁוּבִי אֶל־גְּבִרְתֵּךְ וְהִתְעַנִּי תַּחַת יָדֶיהָ׃
10 וַיֹּאמֶר לָהּ מַלְאַךְ יְהוָה הַרְבָּה אַרְבֶּה אֶת־זַרְעֵךְ וְלֹא יִסָּפֵר מֵרֹב׃
11 וַיֹּאמֶר לָהּ מַלְאַךְ יְהוָה הִנָּךְ הָרָה וְיֹלַדְתְּ בֵּן וְקָרָאת שְׁמוֹ יִשְׁמָעֵאל כִּי־שָׁמַע יְהוָה אֶל־עָנְיֵךְ׃

이렇게 반복해서 언급한 데에는 두 가지의 가능성이 있다. 첫째 가능성은 하갈과 이스마엘의 미래에 대해 말하면서 하갈에게 메시지의 내용의 중요성을 강조하고 그녀에게 확신시켜 주려는 의도를 가지고 있다. 둘째 가능성은 각각의 메시지에 대해 하갈이 당혹감과 놀라움에 침묵하였고, 어느 정도의 침묵의 시간이 지난 후에 여호와의 메시지가 이어졌음을 나타내려는 의도이다.[37] 어느 한 쪽의 가능성을 배제하는 것은 적절하지 않는 듯하다.

여호와의 사자가 하갈에게 한 첫째 메시지는 '네 여주인에게로 돌아가서 그 수하에서 복종하라'이다. '복종하라'의 히브리어 동사는 사라가 하갈에게 행한 '학대하였다'와 같은 동사이다.

6 הִנֵּה שִׁפְחָתֵךְ בְּיָדֵךְ עֲשִׂי־לָהּ הַטּוֹב בְּעֵינָיִךְ וַתְּעַנֶּהָ שָׂרַי
9 שׁוּבִי אֶל־גְּבִרְתֵּךְ וְהִתְעַנִּי תַּחַת יָדֶיהָ

6절은 동사 '아나' עָנָה의 피엘 강조형이고 9절은 동사 '아나' עָנָה의 히스파엘 재귀형이다. 여호와의 사자가 일반적으로 순종하다는 뜻으로 사용되는 동사 '샤마' שָׁמַע가 아니라 동사 '아나' עָנָה를 사용한 것은 하갈의 순종이 사라의 학대를 견디어 내는 것이기 때문이다. 동사 '히트안니' הִתְעַנִּי는 히스파엘 재귀형이며, 자발적으로 겸비하라는 말이다. 그리고 '히트안니'를 수식하는 전치사구 '타하트 야데이하' תַּחַת יָדֶיהָ(그녀의 손 아래서)는 권위와 권력에 대한 관용어이며 하갈에게 사라의 권위를 인정하라는 것이다. 이것은 하갈에게 아주 고통스럽고 힘든 명령이다. 단순히 남편 아브라함에게 돌아가라는 것이 아니라 연적인 여주인에게 돌아가서 그녀의 학대를 견디고 그녀의 권위에 복종하는 것은 하갈에게 고통스러운 일이다.[38]

사라에게 돌아가서 복종하라는 여호와의 사자의 메시지는 독자들에게 궁금증을 유발시키는 점이 있다. 창세기 21장에서 하갈은 어차피 아브라함의 집에

37) Pamela Tamarkin Reis, "Hagar Requited," *JSOT* 87 (2000): 89~90.
38) Gordon Wenham, *Genesis 16-50*, 10.

서 쫓겨나게 되며, 아브라함과 이삭과 별개로 독립된 가문을 세워나가게 된다. 그렇다면 굳이 여호와의 사자가 하갈에게 사라에게 돌아가서 복종하라고 말할 필요가 있는가? 이미 도망친 하갈을 도와서 독립된 민족을 이루도록 축복할 수도 있지 않은가? 그런데 왜 하나님은 하갈에게 사라에게 돌아가라고 했을까? 첫째 가능성은 사라에 대한 하갈의 불순한 태도는 자신을 포함하여 아브라함 집안 모두에게 큰 고통 속으로 몰아넣었는데, 이 문제를 해결하기 위해서이다.[39] 하갈은 아브라함의 집을 떠나 정처없는 도망자가 되었고 태어날 아들을 위기로 몰아넣었다. 사라는 자신의 여종과 그 아들을 잃었고, 아브라함은 둘째 부인과 자신의 아들을 잃었다. 이 모든 문제를 단번에 해결할 수 있는 길은 하갈이 사라에게 돌아가 순종하는 것이다. 둘째 가능성은 9~11절의 메시지와 관련 있을 수 있다. 즉 학대를 견디고 인내하는 하갈의 모습을 통해 아브라함과 사라도 인내하며 하나님께 순종하며 그들의 자식이 태어나기를 기다리는 것이다. 셋째 가능성은 9절이 12절의 메시지와 관련 있다면 하갈의 순종을 그녀의 후손들이 본받아 형제들과의 갈등에서 스스로를 겸비하게 하려는 것이다.

10~11절

하갈이 사라의 학대를 견디고 인내한 결과는 그녀에게 아들이 태어나고 그녀의 후손이 심히 번성하여 너무 많아서 셀 수 없게 되는 것이다. 여호와의 사자는 하갈에게 먼저 먼 미래의 일을 말하고(10절), 이어서 가까운 미래에 대해 말한다(11절). 하갈에게 준 메시지는 파격적이다. 창세기에서 자손이 번성하게 되는 것은 하나님이 천지 창조와 노아 홍수에서 살아남은 피조물에게 한 축복과 같다. 그리고 이 축복은 아브라함과 이삭과 야곱에게 주어진 축복의 일부이다. 여호와의 사자가 '땅의 티끌'이나 '하늘의 별들'같은 비유법을 사용하지는 않았다는 것만 제외하고 하나님이 아브라함에게 자손과 관련하여 준 축복과 동일하다.

여호와의 사자는 먼 미래에 대한 메시지에 이어 가까운 미래에 하갈에게 아들이 태어날 것이라고 한다. 사라(2절)와 아브라함(6절)처럼 여호와의 사자도

39) Gordon Wenham, *Genesis 16-50*, 9.

하갈에게 '너는 보라'(힌낙 הִנָּךְ, 힌네 + 대명사 접미사 2인칭 여성 단수)라고 하며 강조한 후, 임신한 그녀가 아들을 낳을 것이라고 한다. 그리고 여호와의 사자는 하갈의 아들의 이름을 이스마엘이라고 지어 준다. 하나님이 아담의 이름을 지어 부른 이후 처음 지어준 이름이 이스마엘이다. 이스마엘의 이름을 지어준 이유는 하나님께서 하갈의 고통을 들었기 때문이라고 한다. 고통의 히브리어는 사라가 하갈을 학대한 것을 묘사한 히브리어 동사 '아나' עָנָה의 명사형 '오니' עֳנִי이다. 이것은 사라가 하갈에게 가한 학대가 아주 모질었음을 알 수 있다. 하나님은 하갈과 같은 평범한 사람의 고통의 소리를 들어 주신다. 하갈의 아들의 이름을 이스마엘이라고 지은 또 다른 이유가 있다. 이스마엘 יִשְׁמָעֵאל의 뜻은 '하나님이 듣고 있다'이다. 하나님이 하갈의 고통의 소리를 들었다는 것은 아브라함이 사라의 소리를 들었다는 것과 대조를 이루고 있다. 아브라함과 사라는 자손의 문제를 해결하기 위해 참고 인내하며 하나님께 자신들의 기도를 들어주기를 기대하며 기다리지 못했다. 사라는 자신의 불임 문제에 대해 하나님이 들어주지 않는다고 생각했다. 그래서 아브라함에게 하나님이 자신의 출산을 가로막고 있다고 말했고, 하갈을 취하라고 했을 때 아브라함은 사라의 소리를 들었다. 그러나 지금 여호와의 사자는 이스마엘의 이름을 통해 하나님은 하갈의 소리를 듣고 찾아와서 돌보아 주시는 분임을 보여주고 있다. 자손에 관하여 아브라함에게 했던 약속과 동일한 약속을 하갈에게 하며 '이스마엘'이라고 한 것은 아브라함과 사라에게 커다란 경종이다. 하나님은 아브라함과 사라가 기도의 소리를 높이면 즉각 듣고 찾아와서 사라의 자궁을 돌보아 주신다는 것을 알려주려 하고 있다. 사라가 자신의 출산을 막고 있다(2절 아찰 עָצַר)고 고백한 그 하나님은 아비멜렉의 집안의 태를 닫았지만(창 20:18 아찰 עָצַר) 아브라함의 기도를 듣고 태의 문을 열어 출산하게 해 준다. 창세기 저자는 아브라함이 롯에게 집착하고 다메섹 엘리에셀을 양자 삼으려 하고 그리고 하갈을 통해 이스마엘을 낳는 동안 단 한 번도 하나님께 자손 문제로 기도했다는 말을 기록하지 않고 있다. 그러나 이스마엘 사건 이후 아브라함은 소돔과 고모라를 위해 그리고 사라를 누이로 사칭한 문제를 해결하기 위해 아비멜렉을 위해 중보 기도하는 모습을 볼 수 있다(창 19:16~33, 20:17).

12절

12절은 하갈의 후손의 미래의 삶에 대해 예언하고 있다. 11절의 예언은 창 12:2의 아브라함을 큰 민족으로 만들어 주겠다는 약속과 유사하지만, 12절의 예언은 창 12:2~3과 현저하게 차이가 난다.[40] 그녀의 후손은 사람 중에 들나귀가 된다고 한다. 들나귀는 사람에 의해 길들여지거나 사육되지 않고 자유롭게 산다. 어쩌면 자유는 사라에게 복종해야 하는 여종 하갈의 이상이다. 그 이상을 하갈은 맛보지 못하지만 그의 아들은 마음껏 누리게 된다.[41] 하지만 들나귀처럼 하갈의 후손들은 다른 사람들에게 거칠게 행동하며 살게 된다. 이스마엘은 모든 사람들에게 대항하여 그의 손을 들고, 모든 사람들은 그를 대항하여 손을 들어 공격하게 된다. 12절은 8절과 9절에서 여호와의 사자와 하갈이 주고받은 대화 속에 있는 표현을 통해 하갈의 후손의 미래를 그려내고 있다. 우선 12절은 이스마엘의 후손들의 미래에 대해 손의 이미지를 거듭 사용하고 있다. 이것은 하갈이 사라의 손 아래서 복종하는 것과 관련된 표현이다.[42]

9 שׁוּבִי אֶל־גְּבִרְתֵּךְ וְהִתְעַנִּי תַּחַת יָדֶיהָ
12 וְהוּא יִהְיֶה פֶּרֶא אָדָם יָדוֹ בַכֹּל וְיַד כֹּל בּוֹ
11 כִּי־שָׁמַע יְהוָה אֶל־עָנְיֵךְ

12절이 9절의 표현을 사용하고 있다는 것은 11절의 '너의 고통'(오니 עֳנִי)을 9절의 동사 '아나' עָנָה와 비교해 보면 더 분명해진다.[43] 12절은 손의 이미지를 통해 사라에게 받을 하갈의 고난을 미래의 그녀의 후손들의 받을 고난으로 바꾸

40) George van Pelt Campbell, "Rushing Ahead of God: An Exposition of Genesis 16:1-16," *Bibliotheca Sacra* 163 (2006): 288~289.

41) Nahum M. Sarna, *Genesis*, 121; Gordon Wenham, *Genesis 16-50*, 10~11. Bruce K. Waltke and Cathi J. Fredricks, *Genesis*, 255.

42) Kenneth A. Mathews, *Genesis 11:27-50:26*, 186.

43) Ibid., 190.

고 있다. 12절의 메시지는 또한 8절에서 하갈이 사라로부터 도망하고 있음을 밝힐 때 사용한 전치사구 '미페니' מִפְּנֵי(~의 면전으로부터)를 사용하고 있다.

8 וַתֹּאמֶר מִפְּנֵי שָׂרַי גְּבִרְתִּי אָנֹכִי בֹּרַחַת

12 וְעַל־פְּנֵי כָל־אֶחָיו יִשְׁכֹּן

하갈이 사막에 머물고 있듯이 그녀의 자손들은 들나귀처럼 살게 된다. 그리고 하갈은 사라의 얼굴을 피하여 달아났었는데, 그녀의 후손들은 그의 모든 형제 즉 사라의 후손들의 면전에(알-페니) 거주하게 된다.[44] 형제들의 면전에 거주하면서 그 형제들에게 들나귀처럼 살아가는 하갈의 후손들은 형제들에게 그 손을 들어 대적하게 될 것이다. 그 첫 역할이 이스마엘의 후손들이 요셉을 형들로부터 산 후 이집트의 보디발의 집에 팔아넘기는 일이었다.

13~16절. 하갈이 하나님의 이름을 지어줌

13 그리고 그녀가 자기에게 말한 여호와의 이름을 '당신은 나를 보시는 하나님입니다'라고 불렀다. 왜냐하면 그녀가 여기에서도 '역시 내가 나를 보시는 이의 뒤를 보지 않았느냐?'고 말하였기 때문이니라. **14** 그러므로 사람들이 그 샘에 대해 '나를 보시는 살아계신 이의 샘'이라 불렀더라. 보라 그것은 가데스와 바레드 사이에 있느니라. **15** 하갈이 아브람에게 아들을 낳았고 아브람은 하갈이 낳은 그의 아들의 이름을 이스마엘이라고 불렀더라. **16** 아브람이 86세일 때에 하갈이 아브람에게 이스마엘을 낳았더라.

13절

11절에서 여호와의 사자가 먼저 이스마엘의 이름을 지어주자 하갈도 하나님의 이름을 지어 준다. 하나님이 이스마엘의 이름을 지어준 것은 아담 이후로 처

44) Toba Spitzer, "Where Do You Come From, and Where Are You Going?: Hagar and Sarah Encounter God," *The Reconstructionist* 68 (1998): 8~18.

음 있는 일이다. 구약 성경에서 사람이 하나님의 이름을 지어 준 경우도 하갈이 처음이다. 믿음의 조상들이 하나님이 나타나신 장소에 이름을 지어주는 경우는 있지만, 하나님에게 이름을 지어준 경우는 없다. 그런데 창 16:13에서 하갈은 파격적으로 하나님의 이름을 '엘 로이' אֵל רֳאִי(나를 보시는 하나님)라고 지어 주었다. 일반적으로 고대 근동에서는 부모가 자식의 이름을 지어주며, 성인이 되어 관료가 되거나 신전에서 봉사를 하게 될 경우 왕이나 제사장이 이름을 하사하는 경우가 있다. 신분이 낮은 자가 높은 자에게 이름을 지어주는 경우는 없다. 그런 점에서 볼 때 하갈이 하나님의 이름을 지어주는 행동을 긍정적으로 봐야 할지 부정적으로 봐야 할지 확실하지 않다. '로이' רֳאִי는 동사 '라아' רָאָה(보다)의 분사형이며, 이 동사는 4절에서도 사용되었다.[45] 4절에서 하갈은 자신이 임신한 것을 '보고' 늙고 무자한 사라를 멸시하였다.[46] 지금 하갈은 사막으로 도망간 자신을 하나님이 보고 찾아와서 돌보아주시는 은혜를 겪고 그 하나님을 나를 보시는 하나님이라고 이름 불렀다. 하갈이 하나님의 이름을 이렇게 지어 준 이유를 13절 후반부에서 설명한다. 그 뜻은 '내가 여기서도 역시 나를 지켜보시는 이의 등을 보았다'이다. '여기서도'라는 말은 이전에 하갈이 하나님을 본 적이 있다는 뜻으로 해석할 수 있다. 아마도 하갈은 아브라함의 집에서 사는 동안에 아브라함이 하나님을 섬기는 것을 보았고 그리고 하나님께서 아브라함에게 이상 가운데 나타나신 사건을 비롯한 여러 사건들을 직간접적으로 경험하였을 것이다. 그러나 하갈은 하나님이 아브라함과 함께 하시지 자신에게도 나타나 돌보아줄 줄은 전혀 생각하지 못했는데, 생각지도 못하게 하나님이 자신에게 나타난 것에 대해 경탄하며 이 말을 하였다. 하나님의 뒤를 보았다는 말은 난해 구절이며 '아하레이' אַחֲרֵי를 단순히 전치사로 해석해야 할지 아니면 명사로 해석해야 할지에 대한 논쟁이 계속되고 있다.[47] 전치사로 볼 경우 그 뜻은

45) Paul Edward Hughes, "Seeing Hagar Seeing God: Leitwort and Petite Narrative in Genesis 16:1~16," *Didaskalia* 8 (1997): 52~53.

46) Kenneth A. Mathews, *Genesis 11:27-50:26*, 192.

47) Th. Booij, "Hagar's Words in Genesis XVI 13B," *Vetus Testamentum* 30 (1980): 1~7. Antoon Schoors, "A tiqqun sopherim in Genesis 16:13b," *Vetus Testamentum* 32 (1982): 494~495.

'여기서도 내가 나를 찾는 이를 보았다'이다. 명사로 볼 경우 이 말은 출 33:23에서 모세가 하나님의 뒷모습을 본 것과 유사하다.

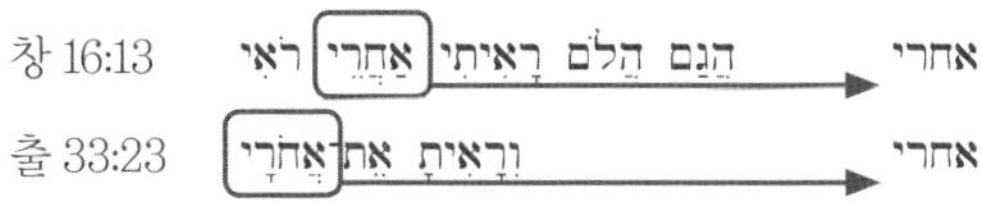

마소라 학자들이 붙인 모음을 빼고 자음만 보면 '아하레이' אחרי와 '아호라이' אחרי는 동일한 형태이다. 이를 본 주인공이 다름 아닌 하갈이라는 점은 매우 이례적이기 때문에 전통적으로 명사로 보는 것을 선호하지 않는다.

이어서 하갈은 14절에서 하나님을 만난 샘의 이름을 브엘라해로이라고 짓는다. 이름의 뜻은 나를 지켜보시는(로이 רֹאִי) 살아계신(라 לְ + 하이 חַי) 이의 샘물(בְּאֵר)이다.[48] 아마도 하갈은 하나님이 자신의 생명을 살려주시는 것을 경험하고, 하나님을 살아계신 하나님으로 믿고 고백할 수 있었을 것이다. 그러나 '생명'은 하나님이 그녀에게 준 자손에 관한 약속을 염두에 두고 이 이름을 지었을 수도 있다. 이럴 경우 하갈이 샘에 붙인 이름은 사라가 2절에서 하나님을 '생산을 허락지 아니하셨으니'라고 불평했던 것과 대조를 이룬다. 하갈이 샘에 붙인 이름은 14절의 동사 카라(קָרָא)의 주어가 불특정인인 점을 고려할 때 속담과 격언처럼 후대에까지 지속적으로 통용 되었다.

15절

마침내 하갈은 아브라함에게 아들을 낳아 주었고, 아브라함은 그의 이름을 이스마엘이라고 지었다. 이것은 아브라함이 하갈이 여호와의 사자를 만난 사건을 모두 인정한다는 표시이기도 하다.[49] 사라의 입장에서 볼 때, 이것은 결코 기뻐할 일이 아니었을 것이다. 2절에서 사라가 '내가 혹 그로 말미암아 세워지

48) 사르나는 '하이' חַי가 아랍어에서 부족을 의미한다는 점에 착안하여 이 이름의 원래 이름이 '로이' רֹאִי 부족의 우물이란 뜻으로 사용되었을 것이라고 한다. Nahum M. Sarna, *Genesis*, 122.

49) Joyce G. Baldwin, *The Message of Genesis 12-50*, 60.

리라'하며 하갈을 아브라함에게 주었다. 그러나 15절은 하갈이 낳은 아들을 아브람의 아들이라고 부른다. 우연이라기보다는 15장의 하나님의 약속을 이루어 가는 일에 사라의 인간적이고 분별없는 노력은 실패로 끝날 수밖에 없음을 보여준다. 하갈 사건을 계획하고 추진했던 사라가 15절에서 더 이상 언급되지 않는 것도 이런 점 때문일 것이다. 아브라함의 입장에서도 생각해 봐야 할 것이 있다. 아브라함은 사라의 말을 듣고 하갈을 취하였고, 사라의 말을 듣고 하갈에 대한 학대를 방조하였다. 그런 하갈의 고통 소리를 하나님이 듣고 아들의 이름을 이스마엘(하나님이 듣고 계시다)이라고 지어 주었다는 말을 들었을 때 아브라함은 어떤 기분이었을까? 이스마엘의 이름을 하갈에게 지어주라고 여호와의 사자가 말하였음에도 불구하고 창세기 저자가 아브라함이 그의 이름을 지어 주는 것으로 기록한 의도가 무엇일까? 이스마엘의 이름을 통해 아브라함의 부족한 점을 지적하려고 하는 것이다.[50] 그는 자손에 관한 문제를 하나님께 기도하며 인내하고 기다려야 했었음을 지적하려는 것은 아닐까?

16절

16절에서는 하갈이 아브라함에게 아들을 낳아 준 나이를 기록하고 있다. 3절 후반부가 사라가 아들을 얻기 위해 하갈을 아브라함에게 준 시기를 그들 부부가 가나안 땅에 들어온 지 10년째라고 밝혔는데, 16절은 하갈이 아브라함에게 아들을 낳아 준 때를 아브라함이 86세 때라고 밝히고 있다. 16절은 1절과도 대조를 이룬다. 1절에서 사라는 아브라함에게 아들을 낳아주지 못하고 있는 것으로 시작한 반면에, 16절에서는 하갈이 아브라함에게 아들을 낳아 준 것으로 끝내고 있다.

50) George van Pelt Campbell, "Rushing Ahead of God: An Exposition of Genesis 16:1-16," *Bibliotheca Sacra* 163 (2006): 290.

Chapter 07

창세기 17장

창세기 17장은 아브라함의 나이가 99세임을 밝히며 시작하고 있다. 창세기 16장에서 아브라함이 하갈을 통해 이스마엘을 낳았을 때가 86세였기 때문에 13년 만에 하나님은 다시 아브라함에게 나타났다. 창세기 15장에서 아브라함에게 직접 나타난 것을 기준으로 하면 약 14~15년이 지났다. 이때 아브라함은 아들 이스마엘이 자라는 것을 보며 그리고 그두라를 통해 6명의 아들을 더 낳고 꿈 같은 세월을 보내고 있었다(25:1~2). 그리고 아브라함은 장자 이스마엘을 자기의 후사라고 생각하며 모든 기대를 그에게 쏟아 부으며 행복하게 살았다(18절). 하지만 사라는 여전히 아들을 낳지 못하고 있었다. 이런 때에 하나님은 아브라함에게 나타나 언약을 세우고 사라에게 아들이 태어난다고 말했다. 하나님이 아브라함과 언약을 다시 세우는 것을 두고 비평학자들은 창세기 17장을 창세기 15장과 서로 다른 자료라고 주장한다. 이렇게 주장하는 이유는 하나님이 창세기 15장에서 이미 언약을 체결했기 때문에 창세기 17장에서 다시 언약을 체결할 필요가 없다는 것이다. 이들에게는 창세기 15장과 17장에 사용된 하나님의 이름이 다른 것도 문제점이다. 창세기 15장에서 하나님의 이름은 '여호와'인데 반해 창세기 17장에서 하나님의 이름은 '엘로힘'이다. 이런 이유로 인해 비평학자들은 창세기 15장은 J문서에 속하고, 창세기 17장은 P문서에 속한 것으로서 포로기 때에 만들어져서 그 후 현재의 창세기에 포함되었다고 주장한다.[1] 이 주장은 창세기 17장의 언약이 아브라함의 기사에서 차지하는 역할을 잘못 이해하기 때문에 생겨났다. 창세기 17장에서 하나님은 창세기 15장에서 아브라함과 이미 체결한 언약을 다시 세우고 있다. 창세기 15장에서 아브라함이 그의 종 다메섹 엘리에셀을 자신의 상속자로 세우려 할 때 하나님은 그의 몸에서 나올 자가 그의 상속자가 된다고 언약을 통해 약속하였다. 창세기 15장에서 하나님은 아브라함에게 언약과 관련된 아무런 요구를 하지 않았고 하나님 편에서 그에게 자손과 가나안 땅에 대한 확신을 심어 주기 위한 맹세의 차원에서 일방적인 언약을 체결하고 자손에 대한 약속을 보증하였다. 그럼에도 불구하고 창세기 16장에서 사라는 아브라함이 그의 종 다메섹 엘리에셀을 주어 상속자로 삼으려 한 것처럼 그녀의 여종 하갈을 아브라함에게 주어 아들을 낳아 상속자로 세우려 한다.[2] 창세기 17장에서 하나님은 이런 아브라함과 사라에게 나타나 그들의 자손에 대한 약속을 다시 주며, 그들도 하나님의 이 약속에 충실하도록 언약의 증표인 할례를 행하게 하여 창세기 15장에서 맺은 언약을 확고하게 한다. 그리고 언약의 계승자가 이스마엘이 아닌 아브라함과 사라의 몸에서 태어날 이삭임을 분명히 한다.

창세기 17장에서 하나님은 언약에 관한 주제로 창세기에서 가장 긴 말씀을 아브라함과 나눈다. 창세기 17장은 두 부분으로 나눌 수 있으며, 1~22절에서는 하나님이 언약과 관련된 주제로 아브라함과 대화를 나누고, 그리고 23~27절에서는 아브라함이 하나님의 명령에 따라 할례를 시술하고 있다. 하나님과 아브라함의 대화는 모두 다섯 차례에 걸쳐 이어진다: 1) 1-2절, 2) 3-8절, 3) 9-14절,

1) Walter Brueggemann, "Genesis 17:1-22," *Interpretation* 55 (1991): 55~59.
2) John H. Sailhamer, *The Pentateuch as Narrative* (Grand Rapids: Zondervan, 1992), 156; John H. Walton, *Genesis* (Grand Rapids: Zondervan, 2001), 449; David W. Cotter, *Genesis* (Collegeville: Michael Glazier Book, 2003), 106; Kenneth A. Mathews, *Genesis 11:27-50:26* (Nashville: Broadman & Holman, 2005), 192~195.

4) 15-16절, 5) 19-21절. 이 대화들을 중심으로 창세기 17장의 구조를 Sarna가 제시하는 것처럼 다음과 같이 간단하게 만들 수 있다.[3)]

A. 아브라함이 수많은 민족과 왕들의 조상이 된다고 약속	1~8절
B. 언약의 책무로서 할례를 제정함	9~14절
A'. 사라가 수많은 민족과 왕들의 조상이 된다고 약속	15~22절
B'. 아브라함이 할례를 시술함	23~27절

하지만 창세기 17장을 중요한 문학적 특징인 반복 현상을 감안하여 구조를 분석한다면, 좀 더 복잡하지만 다음과 같이 만들 수도 있다.

A. 99세의 아브라함에게 전능의 하나님의 강림 : 하나님의 명령과 언약	1~2절
B. 아브라함의 엎드림	3절
C. 아브라함의 이름 : 자손과 땅에 대한 약속	4~8절
D. 언약의 증표 : 할례	9~14절
C'. 사라의 이름 : 자손에 대한 약속	15~16절
B'. 아브라함의 엎드림 : 웃음(이삭)과 이스마엘	17~18절
C''. 이삭의 이름(언약의 계승자)과 이스마엘의 미래	19~21절
A'. 하나님의 올라가심	22절
D'. 아브라함이 할례를 행함	23절
A''. 99세의 아브라함의 순종	25~27절

이런 구조를 통해 창세기 17장에서 하나님은 아브라함을 수많은 민족들의 아비가 되게 하고, 왕들이 그에게서 나오며, 가나안 땅을 그와 그의 후손들에게 주리라는 언약의 약속을 다시 말해 준다. 그리고 하나님은 언약을 영원한 언약이라고 하며, 아브라함의 이름을 바꾸어 주고 언약의 증표로 할례를 행하게 한

3) Nahum M. Sarna, *Genesis* (Jerusalem: Jewish Publication Society, 1989), 122.

다. 하나님은 사라의 이름도 바꾸며 그녀에게도 아브라함과 동일한 언약의 약속을 한다. 하나님은 그녀가 이삭을 낳을 것을 알려 주며, 이스마엘에게도 복을 주지만 언약은 이삭과 함께 세울 것이라고 한다. 한편 아브라함은 사라의 수태 소식에 웃어넘기려는 모습을 보이기도 했지만 할례를 즉시 시술하는 순종의 모습을 보여 주기도 한다.

1~2절. 하나님의 명령과 언약

1 아브람이 구십구 세가 되던 해에 여호와께서 아브람에게 나타나셔서 그에게 말씀
하시니라. "나는 전능한 하나님이라. 너는 내 앞에 행하라. 그리고 너는 완전하라. **2**
네가 내 언약을 나와 네 사이에 두리니 내가 너를 심히 심히 번성케 하리라."

1절의 첫 문장은 아브라함이 99살 되었을 때에 여호와 하나님이 그에게 나타났다는 말로 시작한다. 여호와가 '나타났다'(와에라 וַיֵּרָא)는 표현은 창 12:7과 창 18:1에서도 사용되었다. 하지만 창 17:1에 사용된 이 표현은 하나님의 강림을 나타내는 일반적인 표현이기는 하지만, 창 16:13에서 하갈이 하나님을 '나를 보시는 하나님'(엘 로이 אֵל רֳאִי)이라고 한 후에 사용되기 때문에 창세기 17장의 사건을 창세기 16장과 연결하려는 의도를 가지고 사용된 것으로 볼 수도 있다.[4] 1절은 여호와가 아브람에게 나타났다고 말한 후 하나님은 자신을 전능의 하나님(아니 엘샤다이 אֵל שַׁדַּי)으로 소개하고 있다. 창 14:18~20에서 멜기세덱은 하나님을 지극히 높으신 하나님(엘엘룐 אֵל עֶלְיוֹן)으로 소개하고 있는데, 창 17:1에서는 하나님이 자신을 직접 소개하고 있다. 하나님의 직접적인 자기소개는 창 15:7(아니 야웨 אֲנִי יְהוָה)에서도 있었다.

4) 창세기 17장과 16장을 연결 지으려는 저자의 시도는 이스마엘을 언급하는 것(18절)과 아브라함과 이스마엘의 나이를 언급하는 것에서도 볼 수 있다(25~26절). 그리고 창세기 16장에서 하나님이 이스마엘의 이름을 지어 주었는데, 17장에서는 하나님이 이삭의 이름을 지어 주고 그리고 아브라함과 사라의 이름도 바꾸어 준다. 이것 역시 창세기 17장이 16장을 염두에 두고 있음을 보여주는 근거가 된다.

창 15:7 אֲנִי יְהוָה 아니 야웨

창 17:1 אֲנִי־אֵל שַׁדַּי 아니 엘 샤다이

둘은 모두 언약을 배경으로 하나님이 자신을 소개했다는 점에서 상호 관련성이 있다.[5] 차이점이 있다면 창 15:7에서 소개된 것은 하나님의 이름 '야웨' 이고 창 17:1에서 소개된 것은 하나님의 이름이 아니라 하나님의 속성인 전능을 나타내는 호칭이다. '엘샤다이'는 창세기(창 17:1; 28:3; 35:11; 43:14; 48:3; 49:25)와 출 6:3, 겔 10:5에만 나타난다. 민수기와 욥기에서 '엘'이 없는 '샤다이'로 하나님의 이름이 사용된다. 창세기에서 '엘샤다이'는 항상 자손에 대한 약속과 관련하여 사용되고 있다. 그런 표현을 아브라함에게 하였다는 것은 시사하는 바가 크다.[6] 하나님은 전능하기 때문에 99살의 아브라함에게 자식을 낳게 할 수 있는 분임을 나타내려고 이렇게 자신을 소개했다. 그렇다면 아브라함에게는 이미 아들 이스마엘이 있는데 아브라함에게 전능의 하나님으로 소개한 의도가 무엇일까? 하나님은 단지 자신의 전능하심을 알리려는 것이 아니라, 아브라함이 하나님의 전능하심을 믿지 못하고 있는 것을 책망하려는 의도를 가지고 있다. 이어지는 하나님의 말씀에서 우리는 그 힌트를 얻을 수 있다. 하나님은 아브라함에게 두 가지를 요구한다.

הִתְהַלֵּךְ לְפָנַי וֶהְיֵה תָמִים 히트할렉 레파나이 베웨 타밈

두 개의 명령문을 통하여 하나님은 아브라함에게 '너는 내 앞에서 행하라' (히트할렉 레파나이 הִתְהַלֵּךְ לְפָנַי) 그리고 '너는 완전하라'(베웨 타밈 וֶהְיֵה תָמִים)고 요구한다. '너는 내 앞에서 행하라'는 말은 에녹과 노아가 하나님과 함께 동

5) Nahum M. Sarna, *Genesis*, 123.

6) 462~463; Kenneth A. Mathews, *Genesis 11:27-50:26*, 201. Victor P. Hamilton, *The Book of Genesis: Chapters 1-17* (Grand Rapids: Eerdmans, 1990), 462~463; Gordon Wenham, *Genesis 16-50* (Nashville: Thomas Nelson, 2000), 19~20.

행하였다는 말과 흡사하다 (5:22, 24; 6:9).[7)]

창 5:22	וַיִּתְהַלֵּךְ חֲנוֹךְ אֶת־הָאֱלֹהִים	그리고 에녹은 하나님과 동행했다
창 6:9	אֶת־הָאֱלֹהִים הִתְהַלֶּךְ־נֹחַ	하나님과 함께 노아는 동행했다
창 17:1	הִתְהַלֵּךְ לְפָנַי	내 앞에 행하라

동사 '하락' הָלַךְ(걷다, 행하다)이 창 5:22에서 히스파엘 미완료형 '이트할렉' יִתְהַלֵּךְ으로, 창 6:9에서 완료형 '히트할렉' הִתְהַלֶּךְ으로, 그리고 창 17:1에서는 명령형 '히트할렉'으로 사용되었다. 에녹과 노아의 경우 '와이트하락/ 히트하락'은 전치사 '에트' אֶת(함께)와 함께 사용되어 '하나님과 함께 동행한다'는 의미를 가지고 있으며, 주로 경건한 성도의 하나님과 동행하는 삶을 나타내는 말이다. 그러나 아브라함의 경우에는 명령형 히트하락 הִתְהַלֵּךְ('걸으라' 또는 '행하라')이 전치사구 '내 앞에'(리파나이 לְפָנַי)와 함께 사용되어 '너는 내 앞에서 행하라'는 뜻을 가지고 있으며, 이것은 구약 성경에서 창 17:1에서만 유일하게 사용되었다. 창 17:1의 표현이 창 5:22과 6:9의 표현과 또 다른 점이 있다. 창 5:22과 6:9의 문장은 특정한 사실을 진술하는 서술형 문장으로서 에녹과 노아의 전체 삶의 성격을 알려주기 위해 사용되었다. 반면에 창 17:1의 문장은 서술형이 아니라 명령문으로서, 이것은 아브라함의 현재의 삶이 하나님 앞에서 행하는 삶이 아니기 때문에 지금부터는 하나님 앞에서 사는 삶의 태도를 가지라는 뜻으로 사용되었다. 즉 아브라함이 현재 '하나님 앞에서'(Coram Deo)라는 신앙 정신으로 살지 못하고 있음을 의미한다. 그렇지 않다면 하나님이 아브라함에게 이렇게 명령하지 않았을 것이다.

1절에서 하나님은 이어서 아브라함에게 '너는 완전하라'고 한다. 이 표현은 be 동사 '하야' הָיָה의 명령문 + 형용사 '타밈' תָּמִים(완전한)으로 구성되어 있다. '완전하라'는 말은 '내 앞에 행하라'와 마찬가지로 창 6:9의 노아의 삶을 묘사하기

7) Joyce G. Baldwin, *The Message of Genesis 12-50: From Abraham to Joseph* (Downers Grove: Inter-varsity Press, 1986), 63~64; Victor P. Hamilton, *The Book of Genesis: Chapters 1-17*, 461.

위해 사용한 표현과 같다.

창 6:9	תָּמִים הָיָה בְּדֹרֹתָיו	그는 그의 세대 가운데 완전하였더라
창 17:1	וֶהְיֵה תָמִים	그리고 너는 완전하라

노아의 경우는 서술형 문장이 사용되어 하나님의 관점에서 노아가 그의 시대의 사람들 중에서 완전하였고, 그의 '완전'은 과거와 현재, 즉 그의 삶 전체가 하나님 보시기에 완전하였음을 의미한다. 하지만 아브라함에게는 서술형이 아닌 명령문이 사용되었으며, 이것은 그가 완전한 것이 아니라 그의 삶에는 불완전함이 있음을 의미한다.[8] 아브라함의 어떤 점이 하나님께 불완전했을까? 도덕적·윤리적인 면에서 불완전했을까? 아니면 하나님께 드리는 예배와 감사가 부족했다는 것일까? 예배와 감사가 부족했다는 것은 아닐 것이다. 그는 가는 곳마다 제단을 쌓았다. 그럼 무엇이 문제일까? 본문이 창세기 16장의 하갈과 이스마엘 출생 기사에 이어 나오는 것과 그리고 창 17:1에서 전능의 하나님으로 소개한 여호와께서 2절에서 언약을 다시 세운다고 말하고 이어서 아브라함을 심히 번성케 하겠다는 말을 통해서 짐작할 수 있는 것은 하나님께서 아브라함과 맺은 언약과 그 언약의 핵심 내용인 그의 후사와 관련된 일임을 알 수 있다. 아브라함은 창 15:4의 '네 몸에서 날 자가 네 후사가 되리라'고 한 하나님의 약속을 오해하여 사라가 아닌 하갈을 통해 아들을 얻고 그를 하나님이 언약을 통해 약속한 아들인 줄로 착각했다. 그리고 아브라함은 지난 13년 동안 그두라를 첩으로 들여 그녀를 통해 6명의 자녀를 더 낳았다. 하지만 아브라함은 사라를 통해 아들을 낳는 것만큼은 불가능한 것으로 생각했다. 그런 아브라함에게 자신을 전능의 하나님으로 소개하며 '내 앞에 행하여 완전하라'고 한 것은 사라의 출산과 관련하여 전능하신 하나님께 대한 믿음과 신뢰 속에 살지 못하는 아브라함을 책망하기 위해서이다. 아브라함의 생각과는 달리 하나님은 자신의 언약에 신실하여 출산 능력을 상실한 사라를 통해서도 아이

8) David W. Cotter, *Genesis*, 108.

를 낳게 할 수 있는 전능의 하나님이다.[9)]

2절

하나님은 '나의 언약을 나와 너 사이에 주겠다'고 한다. 많은 학자들이 이 말을 하나님이 아브라함과 언약을 체결하는 것으로 이해한다. 하지만 이 표현은 하나님이 창세기 15장에서 이미 체결한 언약을 아브라함과 다시 세우겠다는 뜻이다. 이 두 언약은 서로 다른 두 언약이 아니고, 한 언약의 두 양상이다.[10)] 즉 창세기 15장의 언약은 하나님 편에서 약속 이행과 관련된 맹세의 표시로 한 언약 의식이고, 창세기 17장의 언약은 아브라함 편에서 창세기 15장의 언약의 내용을 신실하게 믿고 기다리겠다는 맹세의 표시로 요구된 언약 의식이다. 만약에 창세기 17징의 언약이 독립된 언약을 세우는 것이었더라면, 하나님은 창 15:18에서 볼 수 있는 것처럼 동사 '카라트' כָּרַת(자르다, 체결하다)를 사용하였을 것이다. 구약 성경에는 언약 체결 때에 사용되는 동사가 세 종류가 있다: '카라트' כָּרַת, '쿰' קוּם, '나탄' נָתַן. 이 동사들 중에서 독립된 언약을 처음 체결할 때에는 주로 동사 '카라트' כָּרַת를 사용한다. '쿰' קוּם은 이미 존재하는 언약을 갱신하거나(창 6:18; 9:9, 11) 그 언약에 근거하여 특정한 약속을 하거나(렘 34:18), 그 언약을 구체화하거나(레 26:9; 겔 16:62) 반복적으로 명확하게 할 때 사용한다(출 6:4, 신 8:18).[11)] '쿰' קוּם은 창세기 17장에서 세 번 사용되었다(7, 19, 21절). 언약이 동사 '나탄' נָתַן(주다, 두다)의 목적어로 사용된 경우는 창 17:2과 민 25:12 밖에 없다. 민 25:12에서 이 표현은 하나님이 이미 아론에게 준 제사장직

9) Bill Arnold, *The Book of Genesis* (Grand Rapids: Eerdmans, 1998), 97; David Cotter, *Genesis*, 110~111.

10) Derek Kidner, *Genesis* (Downers Grove: Inter-Varsity Press, 1967), 128.

11) 이 같은 현상은 아래의 본문에서 확인할 수 있다.
창 15:18; 21:27, 32; 26:28; 31:44; 출 23:32; 24:8; 34:10, 12, 15, 27; 신 5:2, 3; 수 9:6, 7, 15, 16; 삿 2:2; 삼상 11:1; 18:3; 삼하 3:12, 13, 21; 5:3; 왕상 5:26; 20:34; 왕하 11:4, 17; 17:35, 38; 대하 21:7; 23:3, 16; 29:10; 34:30, 31; 에 10:3; 느 9:8; 욥 31:1; 40:28; 시 50:5; 83:6; 89:3; 사 28:15; 55:3; 61:8; 렘 11:10; 31:31, 32, 33; 32:40; 34:8, 13, 15; 겔 17:13; 34:25; 37:26; 호 2:20; 10:4; 12:2.
예외적인 경우로서, 이전에 세운 옛 언약에 추가적인 요소를 더하여 갱신할 때에도 '카라트' כָּרַת를 사용한 경우도 다음과 같이 몇몇 성경 구절에서 발견할 수 있다: 신 29:13(모압언약); 수 24:25(세겜 언약); 왕하 23:3(요시아 언약).

을 그의 아들 비느하스와 그 후손들에게 영원히 계승되도록 굳게 약속하면서 사용하였다. 창 17:2에서 '나탄' נָתַן을 사용한 이유는 동사 '쿰' קוּם의 반복적인 사용에 비추어 볼 때 언약을 명확하게 하기 위한 것으로 여겨진다.[12)]

2절에서 하나님은 '내가 나의 언약을 나와 너 사이에 둔다'고 말한다. 언약 체결은 쌍방 간에 행하여지는 것이다. 그럼에도 불구하고 하나님이 '나의 언약'이라고 한 이유는 창세기 15장의 언약이 하나님의 주도하에 맺어진 언약이기 때문이다. 창세기 15장의 하나님의 언약은 아브라함이 '내가 이 땅을 소유하게 되는 것을 무엇으로 알겠습니까?'라고 한 질문의 답변이다. 하나님은 그 땅을 아브라함과 그의 후손에게 반드시 준다는 표시로서 언약을 체결하였다. 하나님은 언약의 내용을 반드시 지키겠다는 강력한 의지를 보여 주기 위해 맹세의 차원에서 쪼갠 짐승 사이로 지나갔다. 반면에 짐승을 쪼개어 준비하는 것을 제외하고 언약 그 자체를 체결하는 동안 아브라함이 특별히 한 것은 별로 없다.[13)] 그래서 하나님은 이 언약을 '나의 언약'이라고 하였을 것이다. 창세기 15장에서 하나님은 아브라함에게 그가 지켜야 할 책무를 전혀 언급하지 않았다. 언약 체결 후 아브라함은 하나님 앞에서 행동하지 않고 완전한 모습을 보이지도 않았다. 아브라함은 이스마엘을 자신의 상속자로 생각하였고, 자신과 사라를 통해 태어나는 아들에 대한 희망을 포기하고 살고 있었기 때문에 창세기 15장의 언약은 아브라함에 의해 사실상 훼손되어 있었다. 그래서 이제 하나님은 언약의 약속을 이루기 위해 아브라함이 해야 할 책무를 제시하려 하는 것이다. 창 17:2에서 하나님은 아브라함에게 자신의 언약을 내세우면서 동사 '나탄' נָתַן의 1인칭 미완료형 '에텐' אֶתֵּן이 아닌 권유형 '엣테나' אֶתְּנָה를 사용하여 자신의 의지를 드러내고 있다. 미완료형을 사용한 것은 하나님께서 그의 언약을 미래에 그와 아브라함 사이에 세우겠다는 것이 아니고, 지금부터 지속적으로 세워가겠다는 뜻이다. 그렇기 때문에 이어지는 메시지를 통해 하나님은 자기의 언약을 아브라함과 함께 지속적으로 이루어 가기 위해 필요한 상호 간의 책무를 제시한다. 4절에서

12) Gordon Wenham, *Genesis 16-50*, 20.

13) John Walton, *Genesis* (Grand Rapids: Zondervan, 2001), 449.

하나님이 '나의 언약이 너와 함께 있다'고 한 것은 이점을 분명하게 해 준다.

하나님은 언약을 자신과 아브라함 사이에 두면서, 먼저 자신이 할 역할을 다시 선포한다. 하나님은 아브라함에게 '내가 너를 심히 번성케 하리라'고 한다. 하나님은 이미 아브라함에게 그의 후손을 땅의 티끌과 하늘의 별과 같이 많게 해 주겠다고 약속하였다. 이 약속은 아브라함이 그의 본토 친척 아비의 집을 떠날 때부터 반복되었지만, 아브라함은 처음부터 지금까지 그 의미를 제대로 이해하지 못했다. 그는 조카 롯을 데려 나왔고, 아내를 누이라고 하여 다른 사람의 아내가 되게 하였고, 다메섹 엘리에셀을 양자로 삼으려 했으며, 그리고 하갈을 통해 이스마엘을 낳았다. 하나님은 이런 아브라함에게 자신의 언약을 둘 사이에 두겠다고 하면서 다시 이 약속을 선언한다. 그리고 언약의 약속을 신실하고 확실하게 그리고 반드시 이루겠다는 것을 강조하기 위해 '매우' 또는 '심히'의 의미를 가진 '메오드' מְאֹד를 두 번 반복하고 있다.

> 내가 너를 <u>심히</u> <u>심히</u> 번성케 하리라.

창세기 17장에서 하나님은 이 약속을 유사한 표현들을 통해 반복 또 반복한다(4절, 5절, 6절, 그리고 16절).

3~8절. 자손과 땅에 대한 언약을 재확언

3 아브람이 그 얼굴을 땅에 엎드리니라. 그리고 그에게 하나님이 말씀하여 이르시
되 **4** "내가, 보라! 내 언약을 너와 함께 두노라. 그리고 너는 수많은 민족의 아버지가
되리라. **5** 그리고 다시는 너의 이름이 아브람이라 불리지 않으리니 너의 이름은 아
브라함이라. 이는 수많은 민족의 아버지로 내가 너를 세우리라. **6** 내가 너를 심히 심
히 번성하게 하리니 내가 너를 민족들이 되게하며 왕들이 네게로부터 나오리라. **7**
그리고 나는 내 언약을 나와 너 그리고 네 이후의 네 자손 사이에 대대로 영원한 언
약으로 세워 네게 하나님이 되고 네 이후의 네 자손들에게도 되리라. **8** 그리고 내가
너와 네 이후의 네 자손들에게 네가 체류하고 있는 땅 곧 가나안 모든 땅을 영원한

소유로 주리니 나는 그들에게 하나님이 되리라."

3~8절은 세 부분으로 나눌 수 있다: 3절, 4~6절, 7~8절. 1~2절은 창세기 17장의 서론적 선언이며, 3절은 하나님의 강림과 선언에 대한 아브라함의 첫 반응과 이어지는 하나님의 말씀을 기록하고 있다. 4~8절이 아브라함에게 하신 하나님의 두 번째 말씀이라는 것은 3절 후반부의 '그에게 하나님이 말씀하여 이르시되'를 통해 알 수 있다. 4~8절은 언약의 한 축을 담당하고 있는 하나님이 언약을 세우고 언약을 통해 하실 일을 기록하고 있다. 4~6절에서 하나님은 언약과 아브라함의 자손의 번성에 대해 말하고 있고, 7~8절에서는 언약에 대해 반복해서 말하고 가나안 땅의 소유를 다시 약속한다. 무엇보다도 하나님은 언약과 자손에 대한 메시지에 많은 비중을 두고 있다.

4a. 너와 언약

4b~6절. 자손(4b 수많은 민족의 아비, 5 아브라함의 이름 개명, 6 민족과 왕들이 너로부터)

7절. 너와 네 후손과 언약

8절. 너와 네 후손이 가나안 땅을 소유

3절

하나님의 말씀을 들은 아브라함은 얼굴을 땅에 대고 엎드렸다. 3절의 첫 문장을 직역하면 '아브람이 그 얼굴 위에 떨어졌다'인데, 이것은 얼굴이 땅에 닿게 엎드리는 것을 의미하는 관용어적 표현이다. 하나님 앞에 얼굴을 땅에 대고 엎드린 기록은 여기가 처음이다. 이런 행동은 경외감을 표시하거나 마음의 깊은 고뇌를 하나님께 드러낼 때 한다. 아브라함이 엎드리는 모습은 창세기 15장에서 하나님이 말씀할 때마다 반박하던 것과 비교할 때 너무 다르다.[14] 아브라함이 엎드린 이유가 무엇일까? 하나님의 강림 때문에 두려워서가 아니라, 하나님께서 1~2절에서 하신 말씀 때문이다. 이렇게 엎드려 아브라함은 하나님의 말씀

14) Joyce G. Baldwin, *The Message of Genesis 12-50*, 64.

을 청종하겠다는 자세를 취했다. 또한 아브라함은 1~2절의 하나님의 말씀 속에 그의 행동에 대한 책망이 함축되어 있었기 때문에 엎드렸다. 이어서 하나님은 아브라함과 말씀한다. 아브라함에게 말하고 있다는 사실을 강조하기 위해 목적어 '그에게'를 주어 '엘로힘' 앞에 두었다.

4절

4절에서 하나님은 2절에서 이미 언급한 언약이란 말을 반복하고 있다. 2절에서 하나님은 자신의 언약을 자신과 아브라함 사이에 둔다고 하였는데, 이번에는 하나님의 언약이 아브라함과 함께 있음을 감탄사 '힌네' הִנֵּה를 통해 강조하고 있다. 그리고 이 언약을 아브라함과 함께 두는 이가 하나님 자신임을 강조하기 위해 문두에 독립인칭대명사 1인칭 공성 단수 '아니' אֲנִי(나는)를 두었고, 감탄사 '힌네' הִנֵּה(보라!)보다도 앞에 두어 '내가'를 매우 강조하고 있다. '내가'(아니 אֲנִי)는 9절의 독립인칭대명사 2인칭 남성 단수 '아타' אַתָּה(너는)와 그리고 15절의 '사라 네 아내는'과 대비를 이루고 있다. 4절의 '아니' אֲנִי는 이어서 하나님이 주체가 되어 하실 일들을 기록하고 있고, 9절의 '아타' אַתָּה로 시작된 메시지에서는 아브라함이 주체가 되어 해야 할 행위들을 말하고 있다.[15)]

둘째 문장에서 하나님은 아브라함에게 '너는 수많은 민족의 아버지가 되리라'고 말한다. 이 메시지는 창 12:2과 유사하다. 중요한 차이점은 창 12:2에서 하나님이 아브라함에게 약속한 것은 하나의 큰 민족이지만, 창 17:4에서 하나님은 아브라함을 다수의 민족들의 시조가 되게 해 주겠다고 한다. '민족들'은 그 자체가 복수이기 때문에 '다수'를 의미하고 있는데, 4절은 이를 강조하기 위해 명사 '하몬'(הָמוֹן 풍부, 대량)을 붙여 강조하여 '수많은' 민족들의 시조가 되게 해 주겠다고 한다. 명사 '하몬'을 통한 강조는 2절에서 부사 '심히 심히'(비메오드 메오드 בִּמְאֹד מְאֹד)를 통해 강조한 것과 같은 차원에서 아브라함의 후손을 번성케 하겠다는 하나님의 강력한 의지를 드러내고 있다. 하갈이 낳은 이스마엘과 그

15) Derek Kidner, *Genesis* (Downers Grove: Inter-Varsity Press, 1967), 129; Bruce Waltke, *Genesis*, 259; Gordon Wenham, *Genesis 16-50*, 21.

두라가 낳은 6명의 아들이 각각 한 민족을 형성하게 되며, 더 나아가 이삭을 통해 언약 백성을 형성할 것을 생각하면, 이 약속은 문자적으로 아브라함의 혈통을 물려받은 다수의 민족들을 의미한다고 볼 수 있다.[16] 그러나 하나님이 '열방이 너로 말미암아 복을 얻으리라'고 한 것을 고려한다면(12:3), 그가 '수많은 민족의 아버지가 되는' 것은 혈통적 차원에 머무르지 않고 영적 신앙적 차원까지 포함하고 있다.[17]

5절

5절에서 하나님은 아브라함의 이름을 아브람에서 아브라함으로 개명하였다. 하나님은 아브라함이 수많은 민족들의 아버지가 된다는 표시로 그의 이름 아브람을 아브라함으로 바꾸었다. 하나님은 아담의 이름을 구약 성경에서 처음으로 지어 주었는데, 이름을 개명해 준 것은 아브라함이 처음이다. '아브라함'(17:5 אַבְרָהָם)의 이름 그 자체의 의미는 모호하지만, 유사한 발음을 통해 '수많은 민족의 아버지'의 의미가 되도록 만들어졌다. 4절에서 아브라함을 '수많은 민족의 아버지'(아브 하몬 고임 אַב הֲמוֹן גּוֹיִם)이라고 했는데, '아브라함' אַבְרָהָם은 '아브' אַב(아버지) + '람' רָם(높은) + '하몬' הֲמוֹן(수많은)의 '함' הָם을 합하여 만든 것으로 여겨진다.[18] 아브라함의 이름에 '민족'이라는 뜻을 가진 단어가 포함되지 않은 것에서 볼 수 있듯이, 그의 이름은 이름을 구성하는 단어와 그 뜻에 집착하지 않고 특정한 이름자를 만들어 그 속에 특정한 의미를 부과하는 방식으로 만들어졌다. 이것은 하나님이 사래의 이름을 '사라'라고 바꾼 것과 유사하다(15절). 사라는 사래를 다르게 발음한 것으로 의미는 둘 다 공주(princess)이며 이름을 바꾸어도 의미 자체에는 변화가 없다. 하지만 16절에서 하나님은 사라의 이름을 바꾼 이유를 그녀가 많은 민족의 어머니가 되기 때문이라고 하였다.

고대 근동 사회에서는 주로 신이나 왕 또는 주인이 신하와 종에게 성인에게

16) Joyce Baldwin, *The Message of Genesis 12-50*, 64; Bruce Waltke, *Genesis*, 260.
17) Sarna, *Genesis*, 124.
18) Derek Kidner, *Genesis*, 129; Victor P. Hamilton, *The Book of Genesis: Chapters 1-17*, 464.

새 이름을 지어 주는 전통이 있었다. 개명은 단순히 호칭이 하나 더 늘어나는 것이 아니라 서로 간의 친밀성을 나타내기도 하고, 개명 받은 사람이 하게 될 새로운 역할과 지위를 표시하기도 하였다.[19] 아브라함의 새 이름도 마찬가지이다. 하나님은 아브라함에게 한 아들, 한 가족, 한 가문, 한 민족의 아버지가 아니라, 수많은 민족의 아버지가 되는 약속을 주었다. 부모가 자식의 이름을 지어 줄 때는 자신의 감정이나 미래의 희망을 담는다. 이 미래의 희망은 이루어질 수도 있지만 희망으로 그치는 경우가 더 많다. 하지만 아브라함의 새 이름은 하나님이 그에게 말한 수많은 민족의 아버지가 된다는 약속의 보증 역할을 한다.

아브라함의 이름을 변경하면서 하나님이 특별히 강조하고 있는 것이 있다. 하나님은 아브라함에게 과거의 그의 이름 아브람을 다시는 사용하지 못하도록 부사 '오드'(עוֹד 다시는)를 사용하였다. 하나님은 야곱에게도 이름을 개명하여 이스라엘이라고 부르게 하였다.[20] 그러나 야곱의 이름은 개명 이후에도 이스라엘과 나란히 사용되고 있다. 하지만 아브라함의 경우에는 다시는 사용하지 못하게 한다. 이렇게 한 이유는 그가 자식이 없는 노인이라는 과거의 패배주의적인 사고방식에 다시는 빠져 있지 말고, 그의 몸에서 날 자식을 통해 수많은 민족들을 만들어 가시는 하나님의 능력과 그 언약의 확실성을 이름을 부를 때마다 상기하도록 하기 위해서이다. 아브라함의 이름을 개명한 이유를 밝히는 마지막 문장은 이러한 점을 충분히 보여준다. 하나님은 개명의 이유를 밝히는 문장에서 '수많은 민족의 아버지'를 문장의 서두에 두어 강조하고 있다. 그런데 하나님이 사용한 동사 '네탈티카' נְתַתִּיךָ는 매우 인상적이다. 하나님은 독특하게도 동사를 '주다' 또는 '세우다'라는 의미를 가진 동사 '나탄' נָתַן의 완료시제를 사용하고 있다. 하나님이 실수로 완료시제를 통해 미래에 일어날 일을 과거의 일로 잘못 표현한 것이 아니다. 하나님은 소위 '예언적 완료형'을 사용하고 있으며, 이것은 미래에 특정한 일이 반드시 일어난다는 것을 단정적으로 말할 때 사용하는

19) Sarna, *Genesis*, 124; Bruce Waltke, *Genesis*, 258; Gordon Wenham, *Genesis 16-50*, 21.

20) 야곱에게도 그의 이름 야곱을 부르지 못하게 하였지만, 그의 이름 '야곱'을 하나님 자신도 부르고 있다(출 3:16). 하지만 아브라함의 경우는 개명 이후 과거의 이름 아브람이 대상 1:27의 셈의 후손 족보를 제외하고 다시는 구약 성경에서 보이지 않는다.

표현 방식이다. 완료시제를 통해 하나님은 미래에 아브라함이 수많은 민족들의 아버지가 확실히 된다는 것을 말하고 있다. '네탈티카' נְתַתִּיךָ의 주어가 일인칭 단수이며, 하나님이 일인칭으로 아브라함에게 말하고 있다는 것도 주목해야 한다. 4절에서 하나님은 아브라함에게 '너는 수많은 민족들의 아버지가 되리라'고 했는데, 5절에서는 아브라함이 자연 발생적으로 열국의 아비가 된다는 것이 아니라, 하나님이 '내가 너를' 수많은 민족의 아버지로 만든다고 한다.

6절

6절은 4~5절의 주제를 결론지으면서 반복하여 선언하고 있다. 특별히 2~5절에서 자손과 관련된 약속에서 사용된 표현들을 모아 반복하고 있다.

6절의 첫 문장은 2절의 '오트카 비메오드 메오드'(너를 심히 심히)를 재사용하였고, 둘째 문장은 4절과 특히 5절의 '고임 네탈티카'(내가 너를 민족들)를 재사용하였다. 6절은 단순 반복을 하지 않고 주제를 특별하게 발전시킨다. 첫 문장은 2절의 '베알베' וְאַרְבֶּה를 사용하는 대신에 접속사 '와우' וְ + 동사 '파라' פָּרָה의 1인칭 단수인 '베히페레티' וְהִפְרֵתִי를 사용하였다. 동사 '파라' פָּרָה는 하나님이 천지를 창조한 때(1:22, 28), 그리고 노아 홍수 이후 피조물을 재창조한 때(창 8:17; 9:1, 17)에 피조물들과 특히 아담과 하와 그리고 노아와 그의 가족들에게 '생육하라'고 했던 그 표현이다.[21] 천지 창조와 노아 홍수 때에 이 표현을 사용한 이래로 하나님은 아브라함에게 처음 사용하고 있다. 동사 '파라' פָּרָה는 2절의 '베알베' וְאַרְבֶּה의 동사 '라바' רָבָה(번성하라)와 함께 '생육하고 번성하라'

21) Gordon Wenham, *Genesis 16-50*, 21~22.

는 창조 때의 대표적 표현이며, 이 표현을 하나님은 놀랍게도 아브라함에게 수많은 자손을 약속하며 사용하였다. 차이점이 있다면 천지 창조와 노아 홍수에서는 생육하고 번성하라는 하나님의 축복은 피조 세계에 대한 자연법적인 축복이었다면, 아브라함에게 한 축복은 하나님이 아브라함 개인에게 언약의 맹세를 통해 의지적으로 이루겠다고 하는 특별한 축복이다. 월트 브루그만은 하나님이 아브라함을 새 창조의 첫 열매로 여기고 있는 것으로 봐야 한다고 주장한다.[22)]

6절의 둘째 문장 '내가 너를 민족들로 만들 것이다'는 5절의 마지막 문장의 일부를 재표현하면서 '아브-하몬' אַב־הֲמוֹן을 생략하였고 대신에 '고임' גּוֹיִם 앞에서 전치사 '레' לְ를 덧붙여 '우네탙티카 레고임' וּנְתַתִּיךָ לְגוֹיִם으로 만들었다. 이 문장은 뒤이은 6절 마지막 문장과 전치사를 통해 대비를 이루고 있다.

וּנְתַתִּיךָ לְגוֹיִם
וּמְלָכִים מִמְּךָ יֵצֵאוּ

6절의 둘째 문장은 전치사 '레' לְ(~에게)를 통하여 아브라함 한 사람을 세우고 그 앞에 수많은 민족들이 된 그의 후손들을 세워, 한 명에서 수억으로 빅뱅처럼 많아지는 이미지를 제공하는 효과를 가진다. 셋째 문장은 전치사 '민' מִ(~으로부터)을 통하여 아브라함 한 사람으로부터 왕들이 한 명씩 한 명씩 걸어 나와 나열하는 듯한 이미지를 제공한다. '왕들이 너로부터 나올 것이다'는 말에서 하나님은 강조를 하기 위해 정상적인 히브리어와는 달리 동사 '나올 것이다'(에체우 יֵצֵאוּ)를 문장의 마지막으로 옮겼고 주어인 '왕들이'(메라킴 מְלָכִים)와 전치사구인 '너로부터'(밈메카 מִמְּךָ)를 문장의 앞으로 도치시켰다. 이 말을 통해 하나님은 아브라함의 후손들이 숫자만 많은 집단이 아니라 정상적인 국가를 세우고 왕조를 이루어 번성하게 된다고 말해 준다. 그리고 하나님은 아브라함의 후손이 이렇게 되는 것은 자연적인 결과가 아니고 '내가' 너를 이렇게 만

22) Walter Brueggemann, *Genesis* (Atlanta: John Knox Press, 1982), 153~154.

들어 주는 결과라고 단언하고 있다.[23]

7~8절

4~6절에서 하나님은 아브라함에게 언약과 그의 후손에 대하여 말씀하였고, 이제 7~8절에서 하나님은 가나안 땅 소유라는 주제를 이어간다. 이 주제를 말하기 전에 하나님은 2절과 4절에서 말했던 언약을 또 한 번 말한다. 7절의 언약에 대한 표현은 2절의 언약에 대한 표현처럼 '베리티 베이니 우 베이네카' וּבֵינֶךָ בְּרִיתִי בֵּינִי(나의 언약을 나와 너 사이에)를 반복한다는 점에서 서로 유사하다.

2절. וְאֶתְּנָה בְרִיתִי בֵּינִי וּבֵינֶךָ

7절. וַהֲקִמֹתִי אֶת־בְּרִיתִי בֵּינִי וּבֵינֶךָ וּבֵין זַרְעֲךָ אַחֲרֶיךָ לְדֹרֹתָם לִבְרִית עוֹלָם

하지만 하나님은 단순 반복을 하지 않고 언약 주제를 또 한 번 발전시키고 있다. 2절과 7절을 비교해 보면 3가지의 차이점을 발견할 수 있다. 첫째, 하나님은 동사 '나탄' נָתַן의 미완료 일인칭 단수인 '엘테나' אֶתְּנָה를 사용하지 않고 동사 '쿰' קוּם의 힙일 와우 계속법 완료형인 '와하키모티' וַהֲקִמֹתִי를 사용하였다. 동사 '쿰' קוּם의 기본적인 뜻은 '세우다'이다. 이 기본적인 뜻이 7절 첫 문장의 '와하키모티' וַהֲקִמֹתִי에 담겨 있다면, 한때 하나님의 언약이 넘어진 적이 있음을 의미한다. 더군다나 이 언약을 하나님이 자신과 아브라함 사이에 세우려 하고 있음을 생각한다면, 하나님의 언약을 세우지 못한 당사자는 아브라함이다. 그래서 지금 하나님은 그 언약을 다시 세우려 하고 있다. 둘째, 2절과 7절의 차이점은 2절에서 하나님은 자신의 언약을 자신과 아브라함 사이에 세운다고 하였는데(베이니 우베이네카 בֵּינִי וּבֵינֶךָ), 7절에서는 아브라함뿐만 아니라 그의 후손들과도 세운다(베이니 우베이네카 우 베인 잘아카 아하레이카 레도로탐 אַחֲרֶיךָ לְדֹרֹתָם בֵּינִי וּבֵינֶךָ וּבֵין זַרְעֲךָ). 아브라함의 후손은 한 세대만을 의미하지 않고 세대를 반복하여 태어나게 될 아브라함의 자자손손들이다. 그래서 하나님은 자신과 아브

23) Joyce Baldwin, *The Message of Genesis 12-50*, 65.

라함과 맺은 언약을 그의 후손들 모든 세대에게 유효하게 될 영원한 언약으로 만들겠다고 했다.[24)] 셋째 차이점은 2절과 4절에서 하나님이 '나의 언약'이라고 하였는데, 7절에서 하나님은 이에 더해 '영원한 언약'을 덧붙였다는 것이다. 영원한 언약이란 표현은 창 9:16에서 홍수를 통해 온 세상을 멸망시킨 하나님이 다시는 물로 세상을 심판하지 않겠다고 언약을 세우면서 사용하였다. 영원은 시간적 무한성을 의미하지만, 7절에서는 언약을 결코 파기하지 않는다는 하나님의 신실성을 강조하는 측면이 더 강하다.[25)] 이런 영원한 언약을 하나님이 아브라함과 함께 세우는 언약에 적용하였다.

8절

8절은 7절의 표현들을 반복하고 있다. 하나님이 자신의 언약을 아브라함에게 '너와 네 이후의 네 자손' 사이에 세운다고 했던 것처럼, 8절에서 하나님은 가나안 땅을 '너와 네 이후의 네 후손'에게 준다고 말한다.

7 וַהֲקִמֹתִי אֶת־בְּרִיתִי בֵּינִי וּבֵינֶךָ וּבֵין זַרְעֲךָ אַחֲרֶיךָ לְדֹרֹתָם לִבְרִית עוֹלָם לִהְיוֹת לְךָ לֵאלֹהִים וּלְזַרְעֲךָ אַחֲרֶיךָ

8 וְנָתַתִּי לְךָ וּלְזַרְעֲךָ אַחֲרֶיךָ אֵת אֶרֶץ מְגֻרֶיךָ אֵת כָּל־אֶרֶץ כְּנַעַן לַאֲחֻזַּת עוֹלָם וְהָיִיתִי לָהֶם לֵאלֹהִים

8절은 7절과는 달리 '너와 네 이후의 네 자손'을 목적어 앞으로 도치시켜 아브라함과 그의 후손에게 하나님이 가나안 땅을 준다는 것을 강조하고 있다. 그리고 7절에서 하나님의 언약을 '영원한 언약'이라고 했던 것처럼 8절에서는 가나안 땅을 '영원한 소유'라고 말한다. 비록 지금은 아브라함이 나그네로 살고 있지만, 하나님이 가나안 땅을 아브라함과 그의 후손들에게 '영원한 소유'로 준다. 하나님이 이전에도 이 약속을 주었지만, '영원한 소유'로 준다고 한 것은 처음이다. 그렇다면 하나님은 왜 가나안 땅을 아브라함과 그의 후손들에게 '영원한 소

24) John Walton은 영원의 의미를 "특정한 목적을 위하여 다른 대안이 제시되지 않는 한 항구적인" 것으로 정의하고 있다. John Walton, *Genesis*, 450.

25) Sailhamer, *The Pentateuch as Narrative*, 158.

유'로 준다고 말할까? 7절에서 하나님은 왜 아브라함과 그의 후손들에게 '영원한 언약'을 세운다고 하였을까? 한가지 목적 때문이다. 7절이 영원한 언약을 주는 이유를 그들의 하나님이 되려 함이라고 했던 것처럼, 8절도 가나안 땅을 영원한 소유로 주는 목적은 하나님이 그들의 하나님이 되고자 함이라고 밝히고 있다.[26) 아브라함과 그의 후손들이 하나님을 하나님으로 옹립하게 하려는 것이 아니라, 하나님이 스스로 이들의 하나님이 되시고자 하신다. 그래서 하나님은 아브라함과 그의 후손을 통해, 하나님이 다스리는 영원한 나라를 세우려 하는 것이다. 하나님이 아브라함에게 영원한 언약을 세우고 가나안 땅을 영원한 소유로 주는 것은 언약과 가나안 땅의 소유권의 영속성만을 염두에 두고 한 말이 아니다. 창 17:7~8을 염두에 두고 히 11:9~12은 아브라함이 가나안 땅에 나그네로 산 이유를 하늘에 있는 영원한 기업을 사모하였기 때문이라고 한다. 이 말은 아브라함이 기대했던 것은 단순히 가나안 땅을 기업으로 받아 사는 것이 아니라, 영원한 하나님의 나라를 꿈꾸고 소망했다는 것이다.[27) 가나안 땅을 영원한 소유로 주신 하나님은 이제 그들의 하나님이 되었음을 다시 한번 말한다.

9~14절. 아브라함의 언약 지킴의 증표: 할례

9 그리고 하나님이 아브라함에게 말씀하시니라. "그러나 너는 나의 언약을 지키되
너와 네 후의 네 자손들이 대대로 지킬지니 **10** 이것은 나와 너희들과 그리고 네 후
의 네 자손들 사이에 너희들이 지켜야 할 나의 언약이니 너희를 위하여 모든 남자
들은 할례를 받으라. **11** 너희는 너희의 포피의 살을 벨지니 그것은 나와 너희 사이
의 언약의 표증이 될 것이다. **12** 팔 일째에 너희를 위하여 너희 세대의 모든 남아는
할례를 받을지니 집에서 난 자나 네 자손이 아닌 자로서 이방인으로부터 돈으로 산
자도 그리할지니라. **13** 네 집에서 태어난 자와 네 돈으로 산 자는 반드시 할례를 받
을지니 나의 언약이 너희 살 속에서 영원한 언약이 될 것이니라. **14** 할례 받지 않아
그 포피의 살을 자르지 않은 남자는 그의 생명이 그 백성으로부터 끊어지리니 그가

26) Walter Brueggemann, *Genesis*, 154; Bruce Waltke, *Genesis*, 260; Gordon Wenham, *Genesis 16-50*, 22.

27) Joyce Baldwin, *The Message of Genesis 12-50*, 65.

내 언약을 깨뜨렸느니라."

11~14절은 할례를 시행하는 방법을 말하며, 하나님은 아브라함에게 그의 집에 살고 있는 모든 남자의 생식기 표피를 자르게 하고 있다. 할례는 아브라함이 시행하기 이전부터 고대 근동의 여러 민족들이 행하던 전통이다. 헤르도투스는 이집트인들이 남녀의 할례를 고안해 냈다고 말한다. 기원전 2500년 전 Saqqara에 있는 고대 이집트의 제6왕조의 Ankhmahor의 무덤 벽화에는 청소년기의 소년들에게 할례를 시행하는 그림이 있는데, 이 그림에서 할례를 집행하는 한 제사장은 소년에게 아프지 않다고 확신시키고 있다. 제1중간기 시대의 한 비명에서는 120명이 한꺼번에 할례를 받았다고 말하는 것으로 미루어 보아 사춘기 때에 특정한 나이의 소년들이 단체로 할례를 받은 것으로 여겨지며, 이것은 Ankhmahor의 무덤에 기록된 '할례 축제'와 관련 있는 것으로 추정된다. 할례는 신전에서 봉사하려는 사람들에게 요구된 제의적 정결 중의 하나였던 것으로 여겨진다. 그러나 이러한 요구는 모든 시대에 걸쳐 성행했던 것 같지는 않다. 메소포타미아 지역에서는 할례와 관련된 전통을 찾아 볼 수 없지만, 기원전 3000년대에는 시리아 북부 지역에서도 할례가 유행했었다. 이 시기의 유적에서 발굴된 세개의 용사 조각상들 중에 하나는 할례를 시술한 형태로 조각되어 있다.[28)] 이 할례는 성인식이나 결혼 예식을 앞두고도 행하여졌다. 고대 우가릿의 닉칼 여신을 찬양하는 노래에서 Harhab 왕은 할례의 왕과 결혼의 왕으로 불리고 있다(KTU 1.24).[29)]

나에게 닉칼(Nikkal)과 입(Ib)을 노래하게 하라
할례의 왕 할합(Harhab)의 딸

28) Jack M. Sasson, "Circumcision in the Ancient Near East," *JBL* 85 (1966): 473~476; Victor Hamilton, *The Book of Genesis: Chapters 1-17*, 469; *Ancient Near East in Pictures relating to the Old Testament* (Princeton: Princeton University Press, 1954), no. 332. ANEP no. 332에는 할례를 받은 기원전 13~14세기 가나안 남자의 상아 조각 사진을 가지고 있다.

29) Nicolas Wyatt, "Circumcision and circumstance: male genital mutilation in ancient Israel and Ugarit," *JSOT* 33 (2009): 405~531.

결혼의 왕 할합의.

이런 고대 근동의 전통을 의식하고 벨하우젠을 비롯한 많은 비평학자들이 구약의 할례를 결혼 전에 행하여진 의식이라고 주장하였다.[30] 그러나 구약 성경에서 할례는 이런 목적으로 단 한 번도 사용되지 않는다. 여러 학자들이 주장하는 것처럼 야곱의 아들들이 세겜에게 디나와 결혼하기 위한 전제 조건으로 할례를 요구한 적이 있지만, 야곱의 아들들의 의도는 결혼을 위한 의식이 아니라 살인을 위한 계략이었다. 아브라함과 그의 가족들도 결혼과 관련된 할례의 전통을 알았을 것이다. 하지만 구약 성경의 할례의 특징은 이집트와 시리아 지역의 할례 전통과는 달리 할례에 언약의 증표라는 신학적 의미를 부여한 것이다. 8일 된 유아에게 할례를 행한 것도 이스라엘에서만 볼 수 있는 특징이다.[31]

9절

9~14절에서 하나님은 아브라함에게 셋째 말씀을 이어간다. 3절과는 달리 아브라함은 말이나 제스처 어느 것도 하지 않았지만 9절은 '와요멜 엘로힘 엘-아브라함' וַיֹּאמֶר אֱלֹהִים אֶל־אַבְרָהָם(그리고 하나님이 아브라함에게 말씀하시니라)으로 하나님의 말씀을 다시 시작한다. 4~8절과 비교했을 때 현저한 차이점이 있다. 비록 9~14절도 4~8절과 마찬가지로 하나님이 아브라함에게 말한 내용이지만, 4~8절은 하나님이 아브라함에게 행할 언약의 내용이고, 9~14절은 아브라함이 하나님 앞에서 해야 할 내용이다. 그렇기 때문에 4절이 독립인칭대명사 '아니' אֲנִי(나는, 내가)로 시작하였지만, 9절은 '아타' אַתָּה(너는, 네가)로 시작한다.[32] 4~8절의 모든 문장의 주어는 1인칭으로 표시된 하나님이고 아브라함은

30) J. Wellhausen, *Prolegomena to the History of Israel* (Edinburgh: Adam & Charles Black, 1885), 340. J. Morgenstern, "The 'Bloody Husband' (Exod 4:24~26) Once Again," *HUCA* 34 (1963): 35~70.

31) Walton에 의하면 고대 힛타이트에서는 출생한 지 7일 된 아이에게 특별한 의식을 행한 전통이 있었다. 하지만 왈톤의 생각과는 달리 이 의식을 할례라고 단정할 근거가 전혀 없다. John Walton, *Genesis*, 450~451.

32) Victor Hamilton, *The Book of Genesis: Chapters 1-17*, 468; Kenneth Mathews, *Genesis 11:27-50:26*, 204.

목적어에 지나지 않지만 9절의 모든 문장의 주어는 2인칭으로 표시된 아브라함과 3인칭으로 표시된 그의 후손들이다. 9절도 역시 2~8절에서 사용된 표현들이 다시 사용된다.

7절. וַהֲקִמֹתִי אֶת־בְּרִיתִי בֵּינִי וּבֵינֶךָ וּבֵין זַרְעֲךָ אַחֲרֶיךָ לְדֹרֹתָם
9절. וְאַתָּה אֶת־בְּרִיתִי תִשְׁמֹר אַתָּה וְזַרְעֲךָ אַחֲרֶיךָ לְדֹרֹתָם

'나의 언약'은 2, 4, 7절에서 사용되었는데 9절에서 또다시 사용되었다. 4~8절에서 '나의 언약'은 언약의 내용과 함께 하나님 편에서 하나님이 친히 아브라함과 그의 후손들에게 반드시 세우고 실행할 것들이었는데 반해, 9절에서 '나의 언약'은 아브라함 편에서 그가 지켜야 할 것으로 제시되고 있다. 그렇기 때문에 9절은 2~8절에서 '나의 언약'과 함께 사용된 동사들과는 달리 '지키다'의 의미를 가진 동사 '샤말' שָׁמַר이 사용되었으며, 동사의 주어는 이제 하나님이 아니라 2인칭 '너'의 대상인 아브라함이다. 아브라함이 지켜야 한다는 것을 강조하기 위해 독립인칭대명사 2인칭 단수 '아타' אַתָּה(너)와 목적의 '나의 언약'이 동사 앞으로 도치되었다. 아브라함 그가 지키고 더 나아가 그의 후손들이 대대로 지켜야 한다는 것을 강조하기 위해 독립인칭대명사 2인칭 단수 '아타' אַתָּה는 반복 사용되고 있다. 창세기 17장의 언약이 창세기 15장의 언약과 가장 현저한 차이를 보이는 것이 바로 이 할례를 행할 책임을 부여한 것이다.

10절

9절에서 말하는 아브라함과 그의 후손들이 지켜야 할 것은 언약의 내용이 아니다. 아브라함은 이삭의 출생부터 그의 자손들이 하늘의 별과 같이 되는 일을 할 수 있는 능력이 전혀 없다. 그리고 가나안 땅을 소유할 능력도 없다. 이것들은 하나님께서 하실 언약의 내용이다. 10절에서 하나님은 이제 15장에서는 전혀 언급되지 않았던 아브라함과 그의 후손이 지켜야 할 언약 규정을 제시하고 있다. 아브라함과 그의 후손들이 지켜야 할 언약은 할례이다. 할례 그 자체는 언약 전체가 아니며, 아브라함 쪽에서 언약을 세우기 위해 반드시 해야 할 의무 규정이다. 언약과 관련된 용어를 세분화시키지 않았기 때문에 할례를 언약이라고 한 것이지, 할례 그 자체가 언약의 핵심인 자손과 땅에 관한 약속도 아니고 하나님이 할 언약적 책무를 포괄하는 것도 아니다.[33] 10절은 9절의 표현을 대부분 반복하고 있다. 중요한 차이는 9절에서는 동사가 '샤말' שָׁמַר(지키다)의 미완료 2인칭 단수(티쉬모르 תִשְׁמֹר)였는데, 10절에서는 미완료 2인칭 복수(티쉬메루 תִשְׁמְרוּ)이다. 하나님은 이 언약의 규정을 아브라함에게 말하고 있지만, 이 언약 규정을 아브라함에게만 주는 것이 아니라, 아직 태어나지 않은 아브라함의 모든 자손들에게 직접 주시며 말하고 있다.[34] 마치 아브라함의 모든 자손들을 눈앞에 세워 두고 언약의 규정을 말하듯이 10~13절에서 하나님은 대명사 접미사 2인칭 남성 복수인 '켐' כֶם(너희)이나 동사 2인칭 남성 복수를 무려 9차례에 걸쳐 사용하고 있다. 지금 아브라함에게 말씀하는 하나님은 그야말로 과거 현재 미래의 하나님이다. 나의 언약이란 말을 통해 창세기 15장에서 과거에 아브라함에게 주신 자신의 언약을 말하고, '이것은'(조트 זֹאת)을 통해 현재 그 아브라함에게 '나의 언약'을 재확언하며, 2인칭 남성 복수를 통해 미래에 태어날 아브라함의 자손들을 '너희'라고 부르면서, 하나님은 과거 현재 미래의 시간을 초월해 존재하시는 하나님의 속성을 나타내고 있다.

11절

할례의 주된 목적을 알기 위해서는 반드시 창 17:11에서 하나님이 말한 '나와 너희 사이의 언약의 표시가 될 것이다'는 말을 주목해야 한다. 이 말은 하나님이 주체가 되어 아브라함과 그의 후손과 맺은 언약의 증표이지 그 이상도 그 이하도 아니다.

언약의 증표라는 말은 히브리어로 '오트 베리트' אוֹת בְּרִית이며 이것은 노아 홍수 이후 하나님이 노아와 방주에서 나온 모든 피조물들과 언약을 세우면서

33) Victor Hamilton, *The Book of Genesis: Chapters 1-17*, 470.
34) Kenneth Mathews, *Genesis 11:27-50:26*, 204.

다시는 물로 피조물을 멸망시키지 않겠다는 약속에 대한 증표로 무지개를 내세웠을 때, 이를 언약의 증표라고 불렀다. 창세기 17장은 하나님이 아브라함에게 언약과 관련하여 말을 할 때 노아와 관련된 표현을 반복적으로 사용하고 있음을 볼 수 있다. 노아를 하나님과 동행하는 완전한 자라고 말했었는데(창 6:9), 하나님은 아브라함에게 '너는 내 앞에 행하고, 그리고 너는 완전하라'고 했다(창 17:1). 노아 홍수 이후에 하나님이 노아와 모든 피조물들과 언약을 세우면서 그 언약을 영원한 언약이라고 하였던 것처럼(창 9:16), 하나님은 아브라함과 그의 후손들과 세우는 언약을 영원한 언약이라고 하였다(창 17:7). 그리고 무지개를 언약의 증표로 세웠던 것처럼(창 9:13), 하나님은 당시에 시리아와 이집트 지역에서 부분적으로 행하여지고 있던 할례를 아브라함에게 행하게 하면서 이를 언약의 증표로 내세웠다(창 17:11). 이렇게 노아와 노아 언약과 관련된 표현들을 재사용하는 이유는 노아 언약을 일종의 자연 법칙처럼 하나님의 섭리의 원칙으로 세운 것처럼, 아브라함의 언약을 그의 후손들을 통하여 세우게 될 하나님 나라의 핵심 원리로 세우려는 의도 때문이다. 그러나 할례 그 자체가 언약의 핵심인 것처럼 생각하면 안 된다. 할례의 목적은 무지개의 역할과 동일하다. 노아 홍수에서 무지개는 하나님이 홍수로 심판하지 않겠다는 약속을 상기시키는 역할을 한다(창 9:15~16). 마찬가지로 할례는 아브라함과 그의 후손들에게 하나님이 그와 그의 후손들과 세운 언약을 상기시키는 역할을 한다. 할례 그 자체가 언약이 아니며, 할례 그 자체가 구원을 가져다 주는 신비로운 종교적 의식이 아니다. 하나님은 아브라함을 수많은 민족들의 아버지로 만들어 주고 그와 그의 후손들에게 가나안 땅을 주어 그들의 하나님이 되시려고 이 언약을 세웠음을 알려 주는 증표가 할례이다. 할례와 무지개 사이에 중요한 차이점이 있다. 무지개는 하나님을 상기시키는 역할을 하였다(창 9:16). 하지만 할례가 하나님을 어느 정도 상기시키는 역할을 하겠지만 실제적으로는 아브라함과 그의 후손들을 상기시키는 역할을 한다.[35] 할례 받은 부분은 할례 받은 사람만이 볼 수 있는 은밀한 부분이

35) Victor Hamilton, *The Book of Genesis: Chapters 1-17*, 470~472; Gordon Wenham, *Genesis 16-50*, 23~24.

다. 할례를 시술하면서 그리고 할례 받은 자신의 신체를 보면서 어릴 때부터 '나는 하나님의 언약 백성이다'는 사실과 자손에 대한 하나님의 약속을 상기하도록 한 것이 할례의 목적이다.

12절

12절에서는 구체적으로 할례를 행하는 이유와 대상을 말하고 있다. 할례를 행해야 할 대상은 8일 된 남자아이이며, 할례 시술자의 아들과 그의 종의 아들 모두를 포함한다.[36] 고대 시리아와 이집트의 할례에서는 이렇게 어린 유아에게 할례를 시행하지 않았다. 할례가 언약의 증표라는 신앙적 가치를 부여하게 된 것과 함께 유아 할례는 구약의 할례만이 가지고 있는 특징이다. 물론 할례의 규정을 처음 받았을 때에는 99살 된 아브라함과 13살 된 이스마엘도 할례를 받았지만, 첫 할례 시술 이후에는 종을 사오는 경우와 같은 예외를 제외하고, 난지 8일 된 남자아이에게 할례를 시술하도록 하고 있다.[37] 8일 된 남자아이(3인칭 남성 단수)에게 할례를 베푼 이유를 '너희를 위하여'(라켐 לָכֶם 전치사 '레'+대명사 접미사 2인칭 남성 복수)라고 한다.[38] 즉 아이에게 할례를 행한 이유는 그 아이를 포함한, 그 할례를 시술하는 '너희들을' 위해서이다. 이것은 포괄적인 의미로 '너희들이 8일이 되면 할례를 받으라'는 의미로 이해 할 수 있다. 하지만 이런 의미 이상으로 아브라함이 자기 자식에게 할례를 시술함으로 하나님의 언약을 인정하고 순종하는 표가 되는 것처럼, 할례받은 내가 나의 자식에게 할례를 베푸는 것이 동일한 차원의 의미를 지니고 있다는 것이다. 이것은 본문의 구문을 살펴보면 시술자가 포함되어 있음을 알 수 있다.

36) Sarna와 Waltke는 8일은 아이가 창조 7일을 끝내고 새로 7일을 시작하는 날을 나타내는 것으로 생각한다. Srana, *Genesis*, 125; Bruce Waltke, *Genesis*, 261.

37) 남자아이만 할례를 받게 한 이유를 명확하게 알 수 없지만, 여자 아이에게 할례를 시술하는 야만성을 피하려는 의도가 있을 수도 있고 또한 가부장적 사회이고 남자 여자가 한 가족이기 때문일 수 있다(Victor Hamilton, *The Book of Genesis: Chapters 1-17*, 469). 이 외에도 아브라함이 하나님 앞에서 자손에 대한 언약을 신실하게 믿지 못했기 때문일 가능성도 있다. 또 다른 가능성은 무지개가 하나님의 언약을 상기시키는 목적이었고, 이 때 사용된 동사가 '자칼' זָכַר이다. 공교롭게도 남자의 히브리어도 명사 '자칼' זָכָר이다. 둘은 자음이 동일하고 모음도 둘 다 '아' 발음이다.

38) "너희를 위하여"는 10절부터 반복되고 있는 표현이다.

12절. וּבֶן־שְׁמֹנַת יָמִים יִמּוֹל לָכֶם כָּל־זָכָר לְדֹרֹתֵיכֶם

할례를 받을 대상을 나타내는 문장의 주어는 3인칭 남성 단수로서 8일 된 모든 남자아이(벤-세모나트 야밈 בֶן־שְׁמֹנַת יָמִים)이지만 할례를 통해 유익을 얻게 되는 대상을 나타내기 사용된 전치사 '레' לְ(~을 위하여)의 대상은 모두 2인칭 남성 복수 '켐' כֶם으로서 8일 된 남자아이에게 할례를 시술하는 사람이다. 즉 할례를 시술하는 사람을 위해서 8일 된 남자아이들에게 할례를 시술하는 것이다. 이것은 할례를 받는 것과 할례를 베푸는 것이 하나 되어 실효성을 발휘하는 것을 의미할 수 있다. 다르게 말하면 할례를 받았어도 자신이 성인이 되어 자식에게 할례를 행하지 않으면 자신이 받은 할례도 의미가 없다. 왜냐하면 그가 비록 부모에 의해서 자신의 의사와 무관하게 할례를 받았지만, 자신이 자식에게 할례를 베풂으로 하나님의 언약을 인정하고 순종하려는 신앙의 모습을 보이지 않았기 때문이다. 이런 사람은 육신의 할례는 받았지만, 마음의 할례는 받지 않은 사람이며, 결과적으로 할례를 베풀지 않은 사람과 받지 않은 사람이 모두 다 하나님의 백성이 되지 못한다.

구약 성경에서는 할례를 행한 사람은 하나님의 언약 백성이 확실하지만, 할례를 받았다고 해서 모두가 하나님의 언약 백성이 되는 것은 아니다. 그는 성인이 되어서 자식에게 할례를 행함으로 하나님의 언약을 지키고 있음을 보여 주어야 한다. 8일 만에(12절) 할례를 시켜야 하는데, 할례를 시키지 않았다면 할례 받지 않은 아이의 책임일까? 아니면 할례를 시키지 않은 부모의 책임일까? 부모의 책임이다. 이것은 모세의 경우에서 확인할 수 있다.[39] 하나님이 사명을 받고 이집트로 가는 모세를 죽이려고 할 때 왜 십보라가 모세가 아니라 모세의 아들에게 할례를 하였을까? 모세는 태어날 때 할례를 받았을 것이다.[40] 그러나

39) 출 4:24~26 "여호와께서 길의 숙소에서 모세를 만나사 그를 죽이려 하시는지라. 십보라가 차돌을 취하여 그 아들의 양피를 베어 모세의 발 앞에 던지며 가로되 당신은 참으로 내게 피 남편이로다 하니 여호와께서 모세를 놓으시니라. 그 때에 십보라가 피 남편이라 함은 할례를 인함이었더라."

40) 여호와의 사자가 모세를 죽이려하고 십보라가 아들들을 할례한 후 모세를 '피 남편'이라고 한 것과 관련하여 다양한 주장과 해석이 있다. Bernard P. Robinson, "Zipporah to the Rescue: A Contextual Study of Exodus IV 24-6," *Vetus Testamentum* 36 (1986): 447~462. William H.

모세는 아들에게 할례를 행하지 않았었고, 그래서 하나님은 할례를 행하지 않은 것에 대해 책임을 물어 모세를 죽이려 했다(물론 십보라가 아들에게 할례를 행하지 않으면 하나님께서 모세를 죽이셨겠지만, 이것은 경고에 가깝다). 모세의 예는 할례받은 사람은 자신이 하나님의 언약을 신실하게 지키는 자로서 하나님의 백성 됨을 확증하는 신앙 고백으로서 결혼 후 자기 자식이 태어나면 할례를 행해야 했음을 보여준다(롬 3:30).

아브라함과 그의 후손은 자기 자식뿐만 아니라, 자신이 돈으로 산 종에게도 동일한 할례를 시술해야 했다. 자식에게 할례를 베푼 것은 하나님이 나의 언약의 하나님이고 나는 그의 언약 백성이라는 사실과 가나안 땅을 유업으로 받은 아브라함의 자손이라는 사실을 고백하는 목적을 가지고 있을 것이다. 그러나 종들의 자식들에게 할례를 행한 것은 하나님께서 많은 민족들의 하나님 되심을 알리고 그들을 하나님의 언약 백성 안에 들어와 그 속에서 살게 하려는 목적을 가지고 있다. 이것은 하나님의 언약 백성 되는 것이 아브라함의 친 핏줄에게만 한정되는 것이 아니라, 아브라함의 신앙을 나의 신앙으로 받아들이는 사람들에게 개방되어 있음을 보여 준다. 출 12:48에서 이방인이 스스로 할례를 받고 언약 공동체에 들어올 수 있게 되는 것은 이와 관련된 중요한 사례다.

신약 시대에는 새 언약의 시대이기 때문에 할례를 받고 하나님 백성 되는 것이 아니라, 그리스도를 믿고 그의 십자가 보혈과 살을 먹고 마심으로 하나님과 새 언약을 맺게 되는 것이고 구원받은 하나님의 백성이 되는 것이다. 그리스도의 십자가는 새 언약 백성이 되는 길로서 구약의 할례와 같다(엡 2:11~15 할례와 관련된 율법을 자기 육체로 폐함; 골 2:11~15).

13절

13절은 다시 12절에서 자신의 아들과 돈으로 산 종의 아들에게 할례를 시술하게 하라고 했던 말을 다시 반복한다. 차이점은 할례를 행할 것을 부정사 절

Propp, "That Bloody Bridgegroom (Exodus IV 24-6)," *Vetus Testamentum*, 43 (1993): 495~518. Seth D. Kunim, "The Bridegroom of Blood: A Structuralist Analysis," *JSOT* 70 (1996): 3~16.

대형 힘몰 הִמּוֹל을 사용하여 모든 남자 아이에게 할례를 시술하라고 매우 강조하고 있다는 것이다. 하나님은 '나의 언약이 너희의 살에 있어서 영원한 언약이 되리라'고 한다. 이 수수께끼 같은 말은 구문론적으로 그리고 의미상 창 9:16과 매우 닮았다.

창 9:16 וְהָיְתָה הַקֶּשֶׁת בֶּעָנָן וּרְאִיתִיהָ לִזְכֹּר בְּרִית עוֹלָם

창 17:13 וְהָיְתָה בְרִיתִי בִּבְשַׂרְכֶם לִבְרִית עוֹלָם

구문론적 유사점은 둘 다 동사 '하야' הָיָה의 3인칭 여성 단수(הָיְתָה)이고 전치사 '베' בְּ와 '레' לְ를 가지고 있고 복합 명사 '베리트 올람' בְּרִית עוֹלָם을 가지고 있다. 이 같은 유사성은 할례와 무지개의 의미론적 유사성에 대해서도 생각하게 만든다. 여기에서 의미론적 유사성이란, 창 17:13에서 '나의 언약'은 언약의 증표인 할례를 가리키는 말이며, 이것은 창 9:16의 언약의 증표인 무지개와 같은 기능과 역할을 하고 있을 가능성이다. 창 9:16의 전치사 '레' לְ는 부정사 '제콜' זָכַר을 가지고 to 부정사을 만들어 '영원한 언약을 기억하는' 것이 목적임을 보여 주고 있다. 반면에 창 17:13에는 전치사 '레' לְ가 복합 명사 '베리트 올람' בְּרִית עוֹלָם에 붙어 있다. 둘의 구문론적 유사점과 동일한 배경 속에 있음을 고려할 때 창 17:13의 '리베리트 올람' לִבְרִית עוֹלָם의 의미도 '영원한 언약이 되는' 것이 아니라 '영원한 언약을 기억하는' 것이 그 목적임을 알 수 있다. 그러므로 창 17:13의 의미는 하나님의 언약의 증표를 그들의 할례받은 살에 두어 언약을 영원히 기억하게 하는 것이다.

하나님이 창세기 15장에서 쪼갠 짐승의 사이를 지나가심으로 많은 후손과 가나안 땅을 주겠다는 언약의 내용을 반드시 지킬 것을 맹세했던 것처럼, 아브라함과 그의 후손들은 할례로 잘라낸 살, 곧 출산과 관련된 유일한 신체 기관을 통해 하나님의 언약을 기억하고 하나님께 믿음과 신뢰를 표시해야 한다. 할례라는 언약의 표시가 없어도 하나님은 그 언약을 지키지만, 아브라함의 경우는 하나님의 언약과 관련하여 하나님 앞에서 행하여 완전하지 못했기 때문에 하나님은 할례라는 언약의 증표를 통해 그와 그의 후손들이 언약을 기억하고 하나님 앞에서 행하여 완전하게 살도록 다짐시킨다.

14절

10~14절까지 하나님은 할례를 받으라는 말을 반복하였고, 반복을 거듭할수록 할례 시술을 더 강하게 강조하였다.

10~12절. 할례를 받으라(10절 הִמּוֹל, 11절 נְמַלְתֶּם, 12절 יִמּוֹל)
13절. 반드시 할례를 받으라(13절 הִמּוֹל יִמּוֹל)
14절. 할례받지 않으면 끊어지리라(וְנִכְרְתָה)

10~12절에서 하나님은 아브라함에게 할례를 받으라고 말하지만, 13절에서는 부정사 절대형을 본동사 앞에 두어 강조문을 만들어 할례를 반드시 받으라고 말한다. 14절에서는 하나님은 더욱 강조하여 할례를 받지 않으면 백성 중에서 제거되리라고 한다. 매우 강력한 말로 할례를 하나님의 언약의 표시로 반드시 행해야 할 의무라고 한다. 표피의 살을 잘라내지 않고 보존하고 있는 사람은 대신에 그 생명이 백성 중에서 잘려지게 된다. 14절은 부정사 절대형을 통한 강조 외에도 두 가지 중요한 특징을 가지고 있다. 1) '끊어진다'의 히브리어 동사는 '카라트' כָּרַת로서 언약을 체결할 때 쓰는 동사 '카라트' כָּרַת와 같은 동사이다. 언약을 체결할 때 '자르다'는 의미를 가진 동사 '카라트' כָּרַת를 쓰는 이유는 15장에서 본 것처럼 짐승을 둘로 쪼개거나 토막 내어 그 짐승 사이에 서 있는 언약 체결 당사자에게 언약을 어길 경우에 초래하게 될 징벌의 무서움을 각인시키기 위해서이다. 17절에서 '카라트' כָּרַת를 사용한 것도 하나님의 언약을 깨트릴 경우 초래하게 될 무서운 재앙을 경고하려는 목적 때문이다. 이 동사는 또한 생식기 표피를 *자르지 않고* 남겨 둔 상태를 묘사하는 형용사 '아렐' עָרֵל과 대조를 이루어 *잘라내는* 이미지에 강한 강조를 두고 있다.[41] 둘째는 할례받지 않은 자

41) Victor Hamilton, *The Book of Genesis: Chapters 1-17*, 473~475.

를 문장의 서두에서 언급하였음에도 불구하고, 표피의 뜻을 가진 히브리어 여성 명사 '올라' עָרְלָה를 가리키는 지시대명사 여성 단수 '히' הִוא를 사용하여 표피를 가진 자가 잘려진다는 것을 강조하고 있다. 할례를 시술하지 않은 자나 할례를 받지 않은 자나 모두 하나님의 언약을 깨뜨린 것이 된다.

15~16절. 사라의 이름 개명과 이삭과 후손에 대한 약속

15 그리고 하나님이 아브라함에게 말씀하시니라. 사래 네 아내를 너는 사래라는 이름으로 부르지 말라. 이는 사라가 그녀의 이름이기 때문이니라. **16** 내가 그녀를 축복하고, 또한 내가 그녀로부터 네게 아들을 주리라. 내가 그녀를 축복하여 그녀는 민족들이 되며 백성들의 왕들이 그녀로부터 나올 것이니라.

10~14절에서 하나님은 자손과 관련하여 코람데오(하나님 앞에서) 정신으로 살지 않고 완전한 삶을 살지 않는 아브라함에게 언약의 책무로서 할례 규정을 제정하여 주었다. 이어서 15~21절에서는 사라와 이삭 그리고 이스마엘에 대하여 하나님과 아브라함의 대화가 이어진다. 그중에서 15~16절은 하나님이 사라에 대해 가진 계획을 아브라함에게 말한다. 15절에서는 더 이상 언약에 대한 표현을 언급하지 않고 대신에 5절에서 하나님이 아브라함의 이름을 바꾸었던 것처럼, 하나님은 아브라함에게 사라의 이름을 사래라고 부르지 못하게 하고 사라로 부르게 한다. 사라의 이름 그 자체의 의미는 공주 또는 귀부인이며, 사래의 의미도 동일하기 때문에 의미 자체의 변화는 없다. 하지만 두 사람의 이름 변경에 작은 차이점이 하나 있다.

5절. וְלֹא־יִקָּרֵא עוֹד אֶת־שִׁמְךָ אַבְרָם וְהָיָה שִׁמְךָ אַבְרָהָם

15절. שָׂרַי אִשְׁתְּךָ לֹא־תִקְרָא אֶת־שְׁמָהּ שָׂרָי כִּי שָׂרָה שְׁמָהּ

아브라함의 경우에는 그의 이름을 부르지 않을 주체는 익명의 사람들이다. 그래서 문장의 동사가 '카라' קָרָא(부르다)의 닢알 미완료 3인칭 남성 단수 '이카

레' יִקָּרֵא로 되어 있다. 그러나 하나님이 사라의 이름을 바꿀 때에는 익명의 사람이 아니라 아브라함에게 부르지 못하게 한다. 하나님은 사래라고 부르지 못하게 할 대상을 3인칭으로 하지 않고, 2인칭 남성 단수 '티케라' תִקְרָא에 부정어 '로' לֹא를 붙여 아브라함 '네가 부르지 마라'고 한다. 아브라함에게 부르지 말 것을 강조하기 위하여 하나님은 '네 아내 사래'를 문장의 앞자리로 도치시켰다. 하나님은 아브라함에게 그가 평소에 공주라는 이름에 걸맞게 자신의 생명을 위협할 정도로 대단한 미모를 가진 여인으로만 생각하며 불렀던 아내의 이름 '사래'를 더 이상 부르지 말고, 그의 아내로서 그의 자손을 낳을 언약의 자손들의 어머니라는 차원에서 아내의 이름을 '사라'라고 부르게 한 것이다. 사라에 대한 아브라함의 인식의 전환이 필요하고, 그녀를 통해 그의 자손을 주시겠다고 한 하나님의 약속에 대한 그의 인식의 전환이 필요한 것이다. 하나님이 아브라함의 이름처럼 사라의 이름을 바꾼 것은 두 사람을 동등하게 언약과 약속의 주체로 생각하기 때문이다. 아브라함도 동일한 생각을 가지라고 그에게 아내의 이름을 사래라고 부르지 못하게 하였다.

16절

하나님은 사라의 이름을 바꾸면서 사라에 대한 원대한 계획을 16절에서 말한다. 사라가 아들을 아브라함에게 낳아 주고, 그 자손을 통해 큰 민족을 이루게 된다는 것이다. 하나님은 이 사실을 강조하기 위해 '내가 그녀를 축복하리라'를 반복해서 먼저 말한 후 아들을 낳게 한다는 말과 민족이 되게 하겠다는 말을 이어간다.

וּבֵרַכְתִּי אֹתָהּ וְגַם נָתַתִּי מִמֶּנָּה לְךָ בֵּן
וּבֵרַכְתִּיהָ וְהָיְתָה לְגוֹיִם

마침내 하나님은 아브라함에게 약속했던 후손은 그의 아내 사라를 통해 출산할 아들임을 명명백백하게 말한다. 이 메시지에서는 다른 사람이 아닌 사라가 낳는다는 사실이 매우 중요했기 때문에 문장에서 '아들'은 마지막에 배열되고 '그녀로부터 네게'가 동사를 뒤따르며 강조되고 있다. 이 메시지는 아브라함의 후손의 정체에 대해 가장 분명한 메시지이다.[42] 아브라함의 후손에 대한 메시지는 다음과 같이 점진적으로 분명해 졌다.

12:2	내가 너로 큰 민족을 만들어 주겠다.
12:7	내가 네 후손에게 이 땅을 주겠다.
13:15~16	내가 네 후손에게 이 땅을 영원히 주고 네 후손을 땅의 티끌같이 많게 하리라.
15:4~5	네 몸에서 날 자가 네 후손이 되고 네 후손이 하늘의 별과 같이 된다.
17:16	사라를 통해 네게 아들을 주리라.

하나님이 수차례에 걸쳐 자손을 약속하였지만, 아브라함은 이 약속을 이해하지 못하고 자신의 생각과 방식으로 상속자와 후손을 얻으려고 했었다. 그런 아브라함 부부에게 마침내 하나님은 자신이 약속한 자손은 아브라함과 사라를 통해 태어날 자라고 못을 박고 있다.[43] 그리고 하나님은 지극히 당연하지만 사라에게 아브라함에게 했던 축복과 동일한 내용의 축복을 한다.[44]

6절. וּנְתַתִּיךָ [לְגוֹיִם] [וּמְלָכִים] [מִמְּךָ] יֵצֵאוּ
16절. וְהָיְתָה [לְגוֹיִם] [מַלְכֵי] עַמִּים [מִמֶּנָּה] יִהְיוּ

아브라함처럼 사라에게도 그녀가 낳은 아들이 민족들을 이루게 되며 아브라함처럼 사라가 낳은 자식의 후손들 중에서 왕들이 나오게 된다. 하나님은 이 사실을 말하면서 강조를 위해 교차대구법을 사용하고 있으며, 백성들의 왕들이 사라로부터 나온다는 사실을 강조하기 위해 복합 명사 '백성들의 왕들'을 문

42) Gordon Wenham, *Genesis*, 25.
43) David W. Cotter, *Genesis*, 110.
44) Kenneth Mathews, *Genesis 11:27-50:26*, 205.

두에 두고 동사를 문미에 배열시켰다.

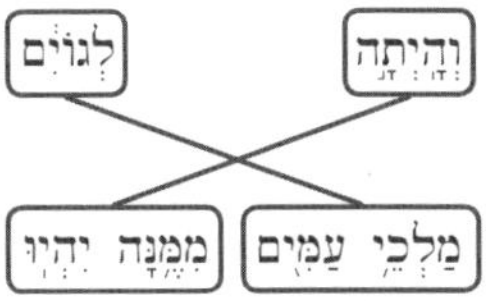

독특한 것은 아브라함에게 열방을 주겠다고 할 때는 이방인을 칭할 때 사용하는 히브리어 '고임' גּוֹיִם을 사용했는데, 사라를 말할 때에는 '고임' גּוֹיִם과 언약 백성을 지칭할 때 주로 사용하는 '암밈' עַמִּים을 사용하고 있다. 사라의 후손에는 에서도 있지만 언약의 백성인 이삭과 야곱의 후손이 그녀로부터 나오기 때문이다.

17~22절. 아브라함의 반응과 이스마엘과 이삭에 대한 하나님의 재확언

17 그러자 아브라함이 얼굴을 땅에 대고 엎드리고 웃었더라. 그리고 마음 속으로 말하기를 '백 세 된 사람에게 자식이 날 수 있을까? 사라는 구십 세인데 아이를 낳을 수 있을까?' **18** 아브라함이 하나님께 말하기를 "이스마엘이나 당신 앞에서 살기 원하나이다." **19** 하나님이 말씀하시기를 "진실로 사라 네 아내가 네게 아들을 낳으리니 너는 그의 이름을 이삭이라고 불러라. 그리고 내가 내 언약을 그와 함께 세워 그의 이후의 그의 후손에게 영원한 언약으로 세우리라. **20** 그리고 이스마엘에 대하여는 내가 너를 들었으니 보라 내가 그를 축복하리니 내가 그를 생육하게 하고 그리고 내가 그를 심히 심히 번성케 하리니 그가 열두 방백을 낳으리니 내가 그를 큰 민족이 되게 하리라. **21** 그러나 내 언약을 내가 이삭과 세우리니 그는 네게 사라가 내년 이맘때에 낳을 것이니라." **22** 그리고 그와 말하기를 마치고 하나님이 아브라함을 떠나 올라가시니라.

17~18절

17절에서 하나님의 말씀은 아브라함의 웃음과 속으로 하는 말 때문에 잠시 끊어지게 된다. 대신에 17절은 15~16절의 하나님의 말씀에 대한 아브라함의 반응이 기록되어 있다. 하나님이 아브라함에게 그의 자손에 대해 명확하게 정의하여 주었지만, 아브라함은 여전히 자신의 인간적인 한계 때문에 하나님의 말씀을 믿고 받아들이지 못하고 불가능하다고 생각했다. 그래서 아브라함은 3가지 태도를 보여 준다. 1) 웃어넘기려 했다.[45] 3절에서 하나님의 말씀 앞에 엎드린 것처럼, 17절에서도 아브라함은 다시 얼굴을 땅에 대고 엎드린다. 그러나 3절의 행동과 17절의 행동은 전적으로 다르다. 3절에서 아브라함은 하나님께 대한 경외감 때문에 엎드렸지만, 17절에서 아브라함은 자신의 웃음을 숨기기 위해 엎드렸다. 아브라함은 하나님이 언약과 관련하여 하나님 자신이 할 일(4~8절)과 아브라함이 해야 할 언약의 규정인 할례(9-14절)에 관하여 말할 때에는 아무 말 없이 듣기만 하다가, 사라에 관한 말을 듣자 웃으며 얼굴을 들었다가 다시 땅에 대고 엎드려 웃었다. 그리고 웃으면서 마음속으로 100살 된 자신과 90살 된 사라가 아이를 낳는 것은 불가능하다고 수사학적 의문문을 통해 스스로에게 말하고 있다. 불가능성과 의문을 강조하기 위해 아브라함은 자신에 대해서는 '백세 된 자에게'를 문장의 앞에 두고 동사를 문장의 끝으로 옮겨 도치시켰다.

הַלְּבֶן מֵאָה־שָׁנָה יִוָּלֵד
וְאִם־שָׂרָה הֲבַת־תִּשְׁעִים שָׁנָה תֵּלֵד

사라에 대해서는 훨씬 더 큰 강조점을 주기 위해 먼저 '그리고 만약 사라라면'(베임-사라 וְאִם־שָׂרָה)을 말한다. 자신도 불가능하지만, 사라의 경우는 더 불가능하다는 회의적인 생각에 이 표현을 먼저 썼다. 그리고 이어서 '구십 살 된 여자'를 문장의 앞에 두고 동사를 문장의 끝에 두어 도치시켰다. 이 두 표현을 통해 아브라함은 자신도 불가능하지만 사라의 임신은 절대 불가능하다는 생각을 수사학적인 의문문을 통해 스스로 마음 속으로 결론을 내리고 있다.[46] 아

45) Claus Westermann, *Genesis*, 132; Victor Hamilton, *The Book of Genesis: Chapters 1-17*, 477; Bruce Waltke, *Genesis*, 262.

46) Gordon Wenham, *Genesis 16-50*, 26.

브라함의 현실 인식은 정확하다. 하지만, 아브라함은 그가 86세 이후에 지금까지 경험하고 있는 중요한 일을 잊고 있다. 그는 '바랄 수 없는'(롬 4:18) 가운데서 '네 몸에서 날 자를'(창 15:4) 네 상속자로 주겠다는 전능하신 하나님의 능력을 힘입어 회춘하여 하갈을 통해 이스마엘을 낳고 그두라를 통해 지난 13년간 6명의 자녀를 더 낳았다(창 25:1). 그리고 지금 하나님이 자신을 전능의 하나님이라고 소개했음에도 불구하고 아브라함은 사라를 통해 그의 아들을 낳게 한다는 하나님의 말씀을 믿고 받아들이지 못한다. 아브라함은 상식에 얽매여서 하나님의 말씀을 믿지 못하고 실없는 소리 정도로 생각하였다. 2) 18절에서 아브라함은 마음속으로 자신의 생각을 정리하고 결론을 내린 후 하나님께 자신의 입장을 밝힌다. '이스마엘이나 하나님 앞에서 살기를 원하나이다.' 아브라함은 1절에서 하나님이 '너는 내 앞에서 행하라'고 한 말과 유사한 말로 이스마엘이 '하나님 앞에' 살기를 기원하였다. 아브라함의 말은 그가 아직도 하나님이 그에게 할례를 행하여 언약의 증표인 할례를 행하게 한 동기가 자신에게 있다는 것을 깨닫지 못하고 있으며, 내 앞에 행하여 완전하라고 한 이유가 무엇인지 깨닫지 못하고 있는 듯하다. 대신에 아브라함은 이스마엘이 하나님의 언약을 세워나갈 사람이라고 확신한 듯하다. 창 15:6에서 하늘의 별과 같은 자손을 약속할 때 하나님을 믿었던 아브라함은 이스마엘이라는 현실에 사로잡혀 하나님의 언약의 약속을 믿지 못하고 있다.[47] 아비의 집을 떠날 때부터 지금까지 아브라함에게 필요한 것은 자신의 한계를 극복하는 믿음이다. 3) 19~21절에서 하나님은 자신의 언약을 사라가 낳을 이삭을 통해 세울 것이라고(19, 21절) 거듭 분명하게 말하지만, 아브라함은 이 사실을 사라에게 말하지 않는다. 사라는 창 18:10에서야 아브라함이 아니라 하나님으로부터 이 소식을 듣고 웃고 있다.[48]

19절

아브라함의 말이 끝나자 19절에서 하나님은 아브라함의 부정적인 반응에 단

47) Walter Brueggemann, *Genesis*, 156; Sailhamer, *The Pentateuch as Narrative*, 159.
48) Victor Hamilton, *The Book of Genesis: Chapters 1-17*, 477.

호하게 말한다.[49] 그의 반응에 쐐기를 박듯이 하나님은 사라가 그의 아들을 낳을 것이라는 것을 강조하기 위해 여러 가지 구문론적 장치를 동원한다.

אֲבָל שָׂרָה אִשְׁתְּךָ יֹלֶדֶת לְךָ בֵּן 아발 사라 이쉬테카 요레데트 레카 벤

먼저 하나님은 부사 '진실로'(아발 אֲבָל)를 문장의 첫 부분에 넣어 사라가 아들을 낳는 것은 의심할 여지 없는 확고한 사실이라고 단언한다. 이어서 하나님은 '사라 네 아내가'를 강조하고 있다. 하갈이나 그두라가 아니라 아브라함의 아내 사라가 아들을 낳는다는 것이다. 그리고 동사를 가까운 미래에 일어날 일이라는 것을 보여 주기 위해 분사(요레데트 יֹלֶדֶת)를 사용하였다. 16절에서 하나님은 '내가 그녀를 통하여 네게 아들을 주리라'고 하면서 아브라함에게 아들을 낳게 해 주는 주체가 하나님 자신('내가')이었는데, 19절에서 하나님은 동사의 주어로 하나님 자신을 내세우지 않고 사라를 내세우고 있다. 정작 아브라함을 지칭하는 '레카' לְךָ와 '아들' בֵּן은 문장 끝으로 배열하여 다름 아닌 사라가 아브라함에게 아들을 낳는다는 사실을 강조한다. 사실상 사라가 아이를 낳는 것은 처녀인 마리아가 예수님을 잉태하는 것 못지않게 기적이며, 초자연적인 능력을 가진 분의 개입 없이는 불가능한 일이다. 하나님은 절대적으로 불가능한 일을 말하고 아브라함에게 믿을 것을 요구하고 있다. 어쩌면 하나님의 말씀 앞에 아브라함이 황당해하며 웃은 것은 당연하다. 하지만 하나님은 아브라함의 황당해하는 웃음 때문에 그의 아들의 이름을 '웃다'의 의미를 가진 이삭(이츠학 יִצְחָק)이라고 짓게 한다. 흥미롭게도 하나님은 아브라함이 불신의 표시로 웃은 것을 그의 태어날 아들의 이름으로 만들어 약속 성취의 강력한 증표로 주었다.[50] '이삭' יִצְחָק의 이름의 뜻은 '그가 웃을 것이다'이다. 여기에서 3인칭 남성 단수 '그'는 하나님이다.[51] 지금은 아브라함이 불신 속에

49) Gordon Wenham, *Genesis 16-50*, 26.

50) John Sailhamer, *The Pentateuch as Narrative*, 159.

51) Nahum Sarna, *Genesis*, 127. Sarna는 이삭의 원래 의도된 이름은 יִצְחָק־אֵל(이츠학-엘, 하나님이 웃으시다)이라고 생각한다.

웃고 있지만, 곧 이삭의 출생 때문에 하나님이 웃을 것이다. 그리고 하나님은 17:1~14에서 아브라함과 그의 자손들과 세우겠다고 했던 그 영원한 언약을 사라가 낳을 이삭과 세우고, 아직 이삭도 태어나지 않았는데 그의 후손과 영원한 언약으로 세우겠다고 말한다.[52]

20절

하나님은 이어서 이스마엘에 대해서도 중요한 약속을 한다. 그러나 하나님의 첫 말은 하갈과 이스마엘 사건을 일으킨 아브라함에게 뼈아픈 말이다.

וּלְיִשְׁמָעֵאל שְׁמַעְתִּיךָ 우레이스마엘 세마티카

사라의 말을 듣고 하갈을 취하여 아들을 가졌던 아브라함에게 하나님은 하갈을 통해 그의 아들의 이름을 '하나님이 들으신다'는 뜻을 가진 '이스마엘' יִשְׁמָעֵאל이라고 짓게 하였다. 이스마엘이라고 이름 짓게 한 이유는 하나님이 아브라함에게 그가 사라의 말을 들을 것이 아니라 그의 말을 들으시는 하나님께 사라의 임신을 위해 기도해야 된다는 것을 알려 주려는 의도 때문이다. 하지만 아브라함은 사라를 위해서는 하나님께 한 번도 말하지 않았다. 아이러니컬하게도 그가 '이스마엘이나 하나님 앞에 살기 원하나이다'고 말하자, 하나님은 아브라함의 그 말을 들어 주면서 '이스마엘(하나님이 듣는다)에 대하여는 내가 너를 들었다'고 말한다.[53] 아브라함이 사라의 임신을 위해 하나님께 진작 기도하였더라면 하나님이 그의 소리를 듣고 아들을 주는 일이 일어났을 것임을 하나님은 '이스마엘' יִשְׁמָעֵאל과 '쉐마티카' שְׁמַעְתִּיךָ를 통해 언어유희를 하며 아브라함에게 지적하고 있다.

아브라함의 말을 듣고 하나님이 이스마엘에게 한 축복은 너무 놀랍다. 이스마엘의 미래에 대해서 하나님은 이미 하갈에게 약속하였지만, 하나님은 하갈

52) Victor Hamilton, *The Book of Genesis: Chapters 1-17*, 478.
53) Gordon Wenham, *Genesis 16-50*, 27.

의 말을 언급하지 않고 아브라함의 말을 들었다는 것에 근거하여 이스마엘도 큰 민족이 되게 해 주겠다고 한다. 이를 강조하기 위해서 하나님은 감탄사 '보라'(힌네 הִנֵּה)와 동사 '축복하다'(בֵּרַכְתִּי)를 말한 후에 눈을 의심하게 하는 표현이 등장한다.

2절.	בִּמְאֹד מְאֹד	וְאַרְבֶּה אוֹתְךָ	
6절.	בִּמְאֹד מְאֹד		וְהִפְרֵתִי אֹתְךָ
20절.	בִּמְאֹד מְאֹד	וְהִרְבֵּיתִי אֹתוֹ	וְהִפְרֵיתִי אֹתוֹ

하나님은 2절과 6절에서 아브라함에게 자손을 약속하며 했던 표현들이 그대로 반복된다. 이스마엘에게 한 축복 '생육하고 번성케 하리라'는 천지 창조와 노아 홍수 이후 재창조 때에 썼던 그 표현을 그대로 사용하고 있다.[54] 하나님은 아브라함의 말을 확실히 들어 주어서 이스마엘을 큰 민족을 만들어 주겠다고 약속한다.

21절

아브라함의 소원대로 이스마엘에게 이런 축복을 내리겠지만, 그러나 하나님의 언약만큼은 이삭과 세울 것이라고 한다. 이스마엘에게 주는 축복이 아무리 거대할지라도 하나님은 자신의 언약을 더 소중하게 여기면서 그 언약을 이삭과 세울 것이라고 강조한다.[55] 하나님은 이 사실을 강조하기 위해 '에트-베리티'(אֶת־בְּרִיתִי)를 문장의 첫 부분에 배열하였다. 하나님은 이삭의 정체에 대해 못을 박기 위해 사라가 그에게 낳은 아이라는 사실을 다시 한 번 밝히며, 더 나아가 사라가 출산할 시기를 내년 이맘때라고 말한다. 마침내 하나님은 아브라함의 대를 이을 상속자가 사라의 후손이고 그 후손은 내년에 태어난다며 시간

54) John Sailhamer, *The Pentateuch as Narrative*, 159; Kenneth Mathews, *Genesis 11:27-50:26*, 206~207.

55) Gordon Wenham, *Genesis 16-50*, 27; Kenneth Mathews, *Genesis 11:27-50:26*, 207.

까지 못을 박고 있다. 창세기 12장에서부터 지금까지 하나님이 아브라함에게 자손에 관하여 여러 차례 반복하여 말했지만, 아브라함은 그 말을 이해하고 믿고 그 약속이 이루어지도록 기다리며 노력하지 않았다. 그런 아브라함에게 하나님은 급기야 '너는 내 앞에 행하고, 너는 완전하라'고 하시면서 언약의 책무인 할례를 부과하고 그의 자손이 사라를 통해 내년에 태어난다고 때와 기한을 밝혀 말하게 되었다. 이 말씀을 하시고 하나님은 아브라함과의 대화를 마치고 그를 떠나 위로 올라가셨다. 아브라함의 다음 행동을 지켜보지 않고 즉각 떠난 이유는 아마도 하나님이 아브라함이 할례에 대한 규정에 순종하는지 여부를 전적으로 그에게 맡기려 하였기 때문일 것이다.[56)]

23~27절. 아브라함이 할례를 시술함

23 아브라함이 이스마엘 그의 아들과 그의 집에서 난 모든 자와 그의 돈으로 산 모
든 자들 곧 아브라함의 집에 있는 사람들 중에서 모든 남자들을 취하여 하나님이
그에게 말씀하신 바로 이 날에 그들의 생식기 살에 할례를 행하였더라. **24** 아브라함
은 구십 구세에 그의 생식기 살에 할례를 받았더라. **25** 그리고 이스마엘 그의 아들
은 십 삼세 때에 그의 생식기 살에 할례를 받았더라. **26** 바로 이 날에 아브라함과 이
스마엘 그의 아들이 할례를 받았더라. **27** 그리고 집에서 난 자와 이방인으로부터
돈으로 산 그의 집안의 모든 남자들이 그와 함께 할례를 받았더라.

23~27절은 하나님이 아브라함에게 부과한 언약의 책무인 할례를 행한 사실을 기록하고 있다. 창세기 17장 전체가 반복법을 통해 강조하듯이 23~27절도 아래에서 볼 수 있듯이 반복법을 통해 강조를 거듭하고 있다. 반복된 표현들은 교차 대구법을 적용하여 배열되어 있다.

A. 아브라함이 모든 남자에게 할례를 베품 23절

  B. 아브라함과 이스마엘이 할례 받았을 때 나이 24~25절

56) David Cotter, *Genesis*, 111.

B'. 아브라함과 이스마엘이 할례 받음 26절
A'. 아브라함의 집안 모든 남자가 할례를 받음 27절

반복을 통해 가장 강조되고 있는 것은 아브라함이 자신의 집안에 있는 모든 남자에게 할례를 베풀었다는 것이다.[57] 하나님의 말씀에 따라 자신의 집에서 태어난 남자들과 돈으로 산 모든 남자들에게 할례를 받게 하였다고 23절과 27절은 반복해서 진술하고 있다. 이들 중에는 창 14:14에서 말한 318명의 종들과 다메섹 엘리에셀도 포함되어 있을 것이다. 이 모든 사람들이 모두 아브라함의 말에 따라 한꺼번에 할례를 받았다는 것은 두 가지 사실을 내포한다. 첫째는 백 살이 다 된 아브라함의 리더십이 여전히 뛰어났음을 의미한다. 그의 집인 사람들이 그의 말에 절대적으로 순종할 만큼 그의 리더십은 탁월하였다. 둘째는 아브라함의 집안 사람들은 창세기 17장에서 그들에게 할례를 행하도록 명령한 이는 하나님이라는 아브라함의 말을 받아들였음을 의미한다. 그렇지 않다면 고통스러운 할례 시술에 별다른 불평 없이 순순히 참여한다는 것은 상상하기 어렵다.

둘째로 강조되고 있는 것은 아브라함과 이스마엘이 할례를 받았다는 사실과 할례를 받았을 때의 나이가 강조되고 있다. 아브라함은 구십 구세에 할례를 받았고 이스마엘은 십삼 세에 할례를 받았다고 24~25절은 밝힌다. 주목할 점은 1절에서 이미 아브라함의 나이를 밝혔음에도 불구하고, 26절은 할례 받았을 때의 나이를 다시 기록하고 있다. 이것은 아브라함의 전적인 순종을 1절과 연결 짓고자 하는 의도 때문이다. 즉 1절에서 99세에 '너는 내 앞에 행하고 완전하라'는 말을 들은 아브라함은 99세임에도 불구하고 집안 모든 사람에게 즉각 할례를 시술함으로 하나님의 말씀에 완벽하게 순종했음을 보여주려는 의도를 가지고 있다.[58]

셋째로 강조되고 있는 것은 아브라함은 하나님이 언약의 책무인 할례를 시행

57) Kenneth Mathews, *Genesis 11:27-50:26*, 207.
58) John Sailhamer, *The Pentateuch as Narrative*, 160.

하라고 한 그날에 할례를 받았다는 것이다. 하나님이 떠나시자마자 바로 그날(베에쳄 하욤 하제 בְּעֶצֶם הַיּוֹם הַזֶּה)에 하나님이 말씀하신 대로 아브라함은 할례를 시술하였음을 두 차례에 걸쳐 반복하여 진술한다(23절, 26절). 23절은 아브라함이 그의 집안의 모든 남자에게 할례를 베풀었다는 사실을 말하면서 하나님이 그에게 말한 '바로 이 날'에 할례를 베풀었다고 말한다. 특별히 26절은 '바로 이 날에'를 문장의 서두에 두어 아브라함과 이스마엘이 할례를 받았다고 강조한다.[59] '베에쳄 하욤 하제'는 단 하루 동안에 그 모든 남자들이 할례를 받았음을 의도하고 있다. 이것은 아브라함의 할례 시술 경험이 풍부하더라도 쉽지 않은 일이다. 하물며 할례 시술 경험이 전무한 이들이 하루에 할례를 시술하는 것은 상상하기 쉽지 않다. 아브라함의 결단력과 실천력이 너무 압도적이다. 하지만 아브라함이 창세기 20장에서 사라를 누이라고 했다가 아비멜렉에게 빼앗기는 사건을 통해 볼 수 있듯이 아브라함은 사라를 통해 아들을 낳는 일에 있어서는 완전하지 못한 모습을 여전히 가지고 있다.

59) Gordon Wenham, *Genesis 16-50*, 27.

Chapter 08

창세기 18장

창세기 18~19장은 이전에 언급된 아브라함 기사의 주제들을 반복하고 있다. 창세기 18장에서 하나님은 창세기 17장에서 나타나신 후 불과 2개월 만에 다시 아브라함에게 나타난다. 매우 파격적이다. 창 17:21에서 '내 언약은 명년 이 기한에 사라가 네게 낳을 이삭과 세우리라'고 말한 후 아직 사라가 임신하지 않은 때에 하나님이 왔기 때문에 2개월이 지나지 않았다고 봐야 할 것이다. 왜 유사한 주제를 반복하고 있을까? 창세기 18~19장은 창세기 13~14장처럼 롯과 소돔이라는 주제를 다시 반복하고 있다. 창세기 13장에서 롯은 아브라함을 떠나 소돔으로 이주하였고, 창세기 14장에서는 북방 연합군들이 소돔을 공격하였고 아브라함은 포로로 끌려간 조카 롯을 위하여 소돔의 편에 서서 북방 연합군을 기습 공격하였다. 이번에는 하나님이 소돔을 멸망시키려고 왔고 아브라함은 조카 롯 때문에 소돔을 위하여 중보의 기도를 드린다. 창세기 18~19장은 왜 유사한 주제를 반복하고 있을까? 첫째 이유는 하나님이 아브라함에게 그의 후손들을 의로 교육시키도록 표본을 제공하기 위해서이다. 하나님은 롯과 소돔을 아브라함의 후손들을 위한 교육적 표본으로 삼았다. 이런 목적 때문에 하나님은

18장과 19장에서 나그네 대접과 같은 유사한 주제와 출생과 파멸 같은 대조적인 주제들을 사용한다. 둘째 이유는 복의 근원인 아브라함의 중보자적 역할을 더욱 강화시키는 것이다. 창세기 18장은 하나님은 자기 백성의 기도를 들으시며(이스마엘), 특별히 하나님은 열방을 위한 아브라함의 중보 기도에 귀를 기울인다는 사실이 부각되고 있다. 셋째 이유는 아브라함이 자신의 후사로 생각했던 인물 중의 한 명이었던 롯의 몰락을 보여 주는 것이다. 하나님은 아브라함에게 다메섹 엘리에셀과 이스마엘처럼 롯도 아브라함의 후사에 대한 기대에서 사라져야 하고, 구속사의 무대에서 내려가야 할 인물임을 인식시켜 준다.

창세기 18장에서 하나님은 아브라함에게 두 가지 주제를 중심으로 대화를 주고받는다.

1~15절. 아브라함과 사라에게 이삭이 태어날 것을 재 예고,

16~33절. 아브라함에게 롯과 소돔을 위하여 중보 기도하게 함.

창 18:1~15은 다시 두 부분으로 나눌 수 있다. 1~8절은 아브라함의 손님 대접 내용을 기록하고 있으며, 9~15절은 아브라함의 손님인 하나님의 일행이 그에게 사라를 통한 이삭의 출생을 다시 약속한다. 16~33절도 두 부분으로 나눌 수 있다. 16~21절에서는 하나님이 아브라함에게 소돔과 고모라 심판 소식을 알리는 근거와 이유를 말하고 있으며, 22~33절에서는 아브라함의 중보 기도가 기록되어 있다.

1~8절. 아브라함의 손님 대접

1 여호와께서 마므레 상수리 가에서 그에게 나타나시니라. 그 때에 그는 한 낮 더운
시간에 장막 문 앞에 머물러 있었더라. **2** 그리고 그가 그의 눈을 들어 보니, 보라! 세
사람이 그의 곁에 서 있는지라. 그가 보고 그들을 맞으러 장막 문에서 달려가 그들
에게 땅에 엎드려 절하니라. **3** 그리고 그가 말하기를 "내 주여 만약 내가 당신의 은
총을 얻었다면 제발 당신의 종을 지나치지 마소서. **4** 물을 조금 취하여 당신의 발을

씻으시고 나무 아래에서 기대어 쉬소서. **5** 내가 떡을 조금 취하리니 당신의 마음을 편하게 하시고 그 후에 지나가소서. 이는 당신들이 당신들의 종에게 왔기 때문이나이다." 그리고 그들이 말하기를 "네가 말 한대로 너는 그렇게 행할지니라." **6** 아브라함이 장막을 향하여 사라에게 서둘러 가서 말하기를 "세 스아의 가루를 서둘러 취하여 반죽하고 떡을 만드시오." **7** 그리고 아브라함은 소떼에게 달려가서 부드럽고 좋은 송아지를 취하여 소년에게 주어 그것을 서둘러 잡게 하니라. **8** 그리고 그가 치즈와 우유와 잡은 송아지를 취하여 그들 앞에 주니라. 그리고 그는 그 나무 아래에서 그들 곁에 서고 그리고 그들은 먹으니라.

1절

창 18:1은 여호와께서 아브라함에게 나타났다는 말로 시작하고 있다. 1절의 첫 표현 '와에라' וַיֵּרָא는 접속사 와우 계속법 + 동사 '라아' רָאָה의 닢알형이며, 그 뜻은 '그리고 그가 나타났다'이다. 와우 계속법은 선행하는 문장의 동사와 논리적 또는 시간적으로 연속성을 나타내며, 이를 감안한다면 하나님이 아브라함에게 나타난 때는 아브라함이 그의 집안의 모든 남자들에게 할례를 시술한 후 완쾌되어 갈 때였을 것으로 판단된다.[1)] 아브라함의 이름을 언급하지 않고 3인칭 대명사를 통해 문장을 전개하고 있는 것도 창 17:26의 주어인 아브라함이 창 18:1의 문장의 주어로서 스토리를 이어가고 있음을 보여 주고 있다. 하나님이 아브라함에게 나타난 때를 히브리어 성경은 '케홈 하욤' כְּחֹם הַיּוֹם이라고 하며, 이 표현은 '그날의 뜨거운 때' 또는 '한낮 가장 더운 시간에'로 번역하는 것이 적절할 것이다. 창세기 19장에서 롯과 소돔과 관련된 사건들은 저녁부터 밤 사

1) Genesis Rabbah 48:9는 세 사람이 아브라함에게 나타난 것과 창세기 17장의 할례를 다음과 같이 연결짓고 있다.

A. Said Abraham, "Before I circumcised myself, people passing by would come to me. Is it possible that, now that I have circumcised myself, they will not come to me anymore?"
B. Said the Holy One, blessed be he, to him, "Before you circumcised yourself, uncircumcised men would come to you. Now I and my retinue will appear to you."
C. So it is written, "and the Lord appeared to him [by the oaks of Mamre, as he sat at the door of his tent in the heat of the day]" (Gen. 18:1)

Genesis Rabbah 48:9는 세 사람을 모두 천사로 여기고 있으며, 각각 미가엘, 가브리엘, 그리고 라파엘이라고 부르고 있다.

이에 일어나고 있지만, 하나님의 아브라함 방문 사건은 정반대로 한낮에 일어나고 있다. 아브라함이 있었던 곳은 마므레 상수리나무들 사이에 친 천막 문 앞이었다. 당시의 배경에서 볼 때 텐트에 문이 있었다는 것은 고급 텐트였음을 알 수 있다. 베두인들은 한여름 뜨거운 대낮에는 천막을 완전 개방하고 그 그늘 아래 머무는 것이 일반적이다. 그런데 아브라함이 천막 문 앞에 있었다는 것은 일반적인 경우에서 벗어나 있다. 어쨌든 아브라함은 천막 문 앞에서 한낮의 더위를 피하고 있었을 것이고, 또는 할례로 인한 수술 부위가 회복되기를 기다리며 쉬고 있었을 수도 있다. 마므레 상수리나무는 창세기 13장에서 롯이 아브라함을 떠나 소돔으로 가서 정착한 후 아브라함이 와서 정착한 곳이다. 창세기 18장이 그 마므레 상수리나무에 하나님이 나타난 것과 이어서 소돔의 심판을 언급하는 것은 창세기 13장의 주제를 이어가려는 의도 때문이다.[2)]

2절

2절은 하나님이 아브라함에게 나타난 것을 구체적으로 설명하면서, 독특하게도 하나님과 관련된 표현은 없고 세 사람이 아브라함에게 나타났다는 사실만 말한다. 히 13:2은 이 사건을 두고 부지중에 하나님을 대접하였다고 말하며, 초대 교회 때부터 이 사건은 교부들과 랍비들 사이에 큰 논쟁거리였다.[3)] 이 같은 논쟁이 촉발된 이유는 전통적으로 천사들은 음식을 먹지 않는다고 생각하는데, 아브라함이 대접한 음식을 세 사람이 먹고 있기 때문이다.[4)] Philo의 영향을 받은 Justin Martyr와 Irenaeus of Lyon, Eusebius, Origen, Jerome은 기독론적으로 해석하여 셋 중에 한 분은 성자 하나님이고 둘은 천사라고 주장하였다. 성자 하나님은 먹었지만, 천사들은 먹는 체만 하였다고 주장하였다. 요세푸스와 같은 초창기 유대인 전통에 영향을 받은 유대인 랍비들은 창 18:2의 세

2) John H. Sailhamer, *The Pentateuch as Narrative* (Grand Rapids: Zondervan, 1992), 161.

3) Andrew E. Arterbury, "Abraham's Hospitality among Jewish and Early Christian Writers: A Tradition History of Gen 18:1-16 and Its Relevance for the Study of the New Testament," *Perspectives in Religious Studies* 30-3 (2003): 359~376.

4) 토빗 12:19; Philo, Quaest,Gen. 4:9; On Abraham 118; Josephus, Ant. 1. 11. 2; Genesis Rabbah 48:11~14.

사람은 모두 천사이고, 창 18:1에서 아브라함에게 나타난 하나님과는 전적으로 구분된다고 주장하였다. Genesis Rabbah, Targum Neofiti, Targum Pseudo-Jonathan은 교부들의 기독론적 해석에 분명한 선을 그었고, 세 천사들은 각각 아브라함에게 사라의 출산 소식을 알려 주는 임무를 맡은 미가엘과 소돔과 고모라를 멸망시키는 임무를 맡은 가브리엘과 롯을 구출하는 역할을 맡은 라파엘이었다고 주장한다.[5] 하지만 창세기 18장은 곳곳에서 1절의 하나님과 2절의 세 사람의 출현을 별개의 사건으로 볼 근거를 제시하지 않는다. 창 18:1에서 하나님은 아브라함에게 나타나셨고, 22절에서는 세 사람 중에 한 명이 떠나고 남은 한 분을 두고 '아브라함이 여호와 앞에 그대로 섰더니'라고 한다.[6] 창 18:3에서 아브라함은 하나님께 '주여'라고 하였고, 세 사람 중에 남아서 자신과 함께 대화하고 있는 분에게 '세상을 심판하시는 이'라고 말하고 있다.

아브라함은 세 사람에게 단순히 손님 대접 그 이상의 태도를 취하고 있다.[7] 세 사람의 출현 앞에 아브라함은 천막 문 앞에서 즉시 일어나 그들을 향하여 달려가 세 사람에게 엎드려 절하였다(한글 성경 - '몸을 땅에 굽혀'). 창 23:12, 37:9, 42:6에서 볼 수 있는 것처럼 높은 사람이나 강자에게 절을 하는 경우가 있다. 하지만 318명의 종을 데리고 있던 아브라함이 99살의 노구로 자기를 찾아온 세 사람에게 이렇게 절하게 만든 요인이 무엇일까? 동사 '하바' חָוָה는 하나님께 '예배하다'는 의미로 종종 사용되는 표현이다. 2절에서 제시하는 아브라함이 세 사람에게 경배한 이유는 세 사람의 출현과 관련 있다. 이들을 발견한 아브라함의 모습을 2절은 아주 인상적으로 표현하고 있다. 2절 첫 문장 '와잇사 에이나브 와야르 베 힌네' וַיִּשָּׂא עֵינָיו וַיַּרְא וְהִנֵּה에서 '보다'는 말이 세 번이나 연속으로 나오며 마지막은 감탄사이다. 이것은 아브라함이 본 것이 아주 갑작스

5) Emmanouela Grypeou and Helen Spurling, "Abraham's Angels: Jewish and Christian Exegesis of Genesis 18~19," *The Exegetical Encounter between Jews and Christians in Lat Antiquity*, eds. Emmanouela Grypeou and Helen Spurling (Leiden: Brill, 2009), 181~204.

6) 창 19:1은 세 사람 중에 한 명은 아브라함과 함께 남았었고, 나머지 두 명이 소돔에 도착한 것으로 기록하고 있다. Shubert Spero, "But Abraham stood yet before the Lord," *Jewish Bible Quarterly* 36 (2008): 12~15.

7) Joyce G. Baldwin, *The Message of Genesis 12-50* (Downers Grove, IL: Inter-Varsity Press, 1986), 69~70.

럽고 중요하다는 것을 암시한다. 히브리어 '닟차빔 아라브' נִצָּבִים עָלָיו라는 표현을 따르면, 아브라함은 비스듬히 눕거나 기대어 앉아 있고, 세 사람은 아브라함에게 가까운 곳에 서 있어서 아브라함이 그들을 올려다보는 형태이다(cf. 삼상 22:6). 세 사람이 이렇게 가까이 올 때까지 아브라함이 졸고 있었기 때문에 보지 못했을까? 아니면 세 사람이 아브라함에게 갑자기 나타난 것을 강조하려는 것일까?[8] 이들은 갑자기 어디에서 나타났을까? 공교롭게도 이들이 나타난 곳은 마므레 상수리나무 곁이라고 한다(1절). 마므레 상수리나무는 아브라함이 하나님께 제단을 쌓았던 곳이다(창 13:18). 이곳에 제단을 쌓은 이유는 하나님이 그에게 나타나 가나안 땅을 그와 그의 후손에게 주고 그의 후손을 땅의 티끌처럼 많게 해 주겠다고 약속하였기 때문이다(창 13:15~17). 마므레 상수리나무 곁은 자손과 기업에 대한 하나님의 약속이 깃든 장소이고 아브라함이 하나님께 예배 드리는 제단이 있는 거룩한 장소이다. 고대 사회에서 제단은 함부로 접근하지 않는 것이 일반화되어 있었는데, 그런 곳에 세 사람이 나타나 서 있었기 때문에 아브라함은 매우 특별한 반응을 보이게 된 것이다.

3절

아브라함이 이 세 사람에게 하는 말은 공손의 차원을 넘어 아주 극진하다. 아브라함은 '아도나이' אֲדֹנָי 또는 '주'라고 불렀으며, 히브리어 '베에네카' בְּעֵינֶיךָ, '타아보르' תַעֲבֹר, 그리고 '압데카' עַבְדֶּךָ에 내포된 대명사 2인칭 남성 단수에서 볼 수 있듯이 세 사람 모두에게 주라고 하지 않고 그들 중에 한 명에게 '아도나이' אֲדֹנָי(내 주여)라고 불렀다. 이 호칭은 창 19:2에서 롯이 두 천사를 호칭하여 부른 복수형 '아도나이' אֲדֹנַי(내 주님들)와 확연하게 구분되는 표현이다. 아브라함은 '아도나이'라고 부른 분에게 일반적으로 자신보다 높은 위치에 있는 사람에게 하는 말인 '내가 당신께 은혜를 입었사오면'이라고 했으며, 이 말의 히브리어 표현은 '마차티 헨 베에네카' מָצָאתִי חֵן בְּעֵינֶיךָ이다. 이 표현에서 '당신'은 2인칭 남성 단수이며, 이것은 세 사람 모두를 가리키는 것이 아니라, 그 중의 한 사

8) Gordon Wenham, *Genesis 16-50* (Nashville: Thomas Nelson, 2000), 45~46.

람을 가리킨다. 그리고 아브라함은 자신을 당신의 종이라고 하며 이 말의 히브리어 표현인 '압데카' עַבְדֶּךָ는 '당신'이 2인칭 남성 단수임을 보여 준다. 이런 점을 생각한다면, 2절에서 아브라함이 절하였던 대상도 세 사람이 아니라 세 사람 중에 한 명이었을 가능성이 높다. 아브라함의 호칭 '아도나이'가 하나님을 의미하는지 아니면 세 사람 중에 한 명을 단순히 높여 부른 말인지에 대한 논란이 오랫동안 지속되어 왔다. 하지만 아브라함이 '아도나이'라고 부른 분이 자신의 정체를 명확하게 아브라함에게 밝히지 않았음에도 불구하고 아브라함은 25절에서 그 분을 '온 땅을 심판하시는 이'라고 했다.[9] 창세기 18장에서 아브라함이 세 사람 중에 한 분을 하나님으로 인식한 것은 분명한데, 언제부터 인식하게 되었는지는 단정할 수 없다.

아브라함이 '주'라고 칭한 분에게 당신의 종을 지나쳐 가지 말기를 간청하면서 사용한 표현 '마차티 헨 베에네카' מָצָאתִי חֵן בְּעֵינֶיךָ는 창 6:8의 "노아는 여호와께 은혜를 입었더라." וְנֹחַ מָצָא חֵן בְּעֵינֵי יְהוָה와 동일한 표현이다. 노아의 경우 홍수와 관련하여 그의 삶 자체를 하나님이 좋게 보았던 것이고, 아브라함의 경우는 '하나님이 현재 아브라함을 좋게 여긴다면'의 의미로 사용되었다. 아브라함은 세 명을 그냥 보내지 않고 대접하려는 적극적인 마음을 가지고 있었다. 그래서 아브라함은 청유형 표현인 '임나' אִם־נָא (제발 만약) '알나' אַל־נָא(제발 ~마소서)를 문장 앞에 붙였다. 4절에서도 아브라함은 '제발 물을 약간 취하여'라고 하며 '나' נָא를 계속하여 사용하고 있다. 아브라함은 세 사람에게 '당신의 종을 지나가 버리지 마소서'라고 하면서 전치사구 '메알' מֵעַל (~위로부터)을 사용하고 있다. 이 전치사구는 아브라함이 세 사람 앞에 엎드린 채 이 말을 하고 있음을 보여준다.

4~5절

3절에서 시작된 아브라함의 말은 5절까지 이어진다. 고대 메소포타미아에서

9) Targum Onkelos는 아도나이의 대상을 하나님으로 여기고 있다. Moses Aberbach and Bernard Grossfeld, *Targum Onkelos to Genesis: A Critical Analysis Together with an English Translation of the Text* (Denver: Ktav Publishing House, 1982), 106.

는 손님 접대를 매우 중요하게 생각하였다. 길가메쉬 서사시에서는 길가메쉬는 야수처럼 살고 있던 엔키두를 문명화시키는 방법으로 그를 대접한다.[10] 고대 메소포타미아 사람들은 손님 대접을 신을 즐겁게 하는 지혜로운 행동으로 생각하였으며,[11] 고대 이집트에서는 죽음의 신인 오시리스가 죽은 자를 평가하는 중요한 덕목 중의 하나로 생각하였다.[12] 이런 고대 근동의 배경 속에서 전통적인 고대 근동의 손님 접대 방식에 따라 아브라함은 세 사람이 쉬어가도록 청한다. 물로 발을 씻고, 먹을 것을 취하여 몸과 마음을 쉬게 한 후 지나가도록 청한다. 아브라함은 자신을 종으로 표현하면서 3절과는 달리 대명사 접미사 2인칭 복수를 사용하여 '당신들의 종'으로 표현한다. 2인칭 복수를 사용한 이유는 세 사람 중의 한 명만이 아니라 세 명 모두를 접대하려 하였기 때문이다. 세 사람은 아브라함이 제단을 쌓았던 마므레 상수리나무 아래에 여전히 서 있고, 아브라함은 그들에게 그 나무에 기대어 쉴 것을 청하고 있다.

4~5절에서 아브라함과 세 사람이 나눈 대화는 아주 간단하다. 세 사람은 아브라함의 말에 간단하게 '네가 말한 대로 그렇게 하라'고 승낙한다. 이것은 롯이 이들 중 두 사람에게 자신의 집에 머물 것을 간청했을 때 거절했던 것과 대조를 이룬다. 전치사 '알' עַל(~위)은 아브라함이 여전히 엎드린 채 세 사람에게 말하고 있음을 보여 준다. 특이하게도 아브라함은 그들의 정체를 묻지도 않고, 그들도 아브라함에게 자신의 정체를 말해 주지 않는다. 그러나 18:1에서 '여호와께서 아브라함에게 나타났다'고 말한 것을 시작으로 아브라함은 이 세 사람 중에 한 명을 여호와로 아주 자연스럽게 대하고 있다.

10) ANET 77.

11) W. G. Lambert, *Babylonian Wisdom Literature* (Oxford: Clarendon, 1960), 103. Babylonian Counsels of Wisdom.
"Give food to eat, beer to drink,
Grand what is asked, provide for and honour.
In this a man's god takes pleasure, it is pleasing to Shamash,
who will repay him with favour. Do charitable deeds, render service all your days."

12) Miriam Lichtheim, *Ancient Egyptian Literature: A Book of Readings, vol. 1, The Old and Middle Kingdoms* (Los Angeles: University of California Press, 1973), 25.

6~8절

아브라함의 손님 접대를 위한 준비가 굉장하다. 아브라함은 마므레 상수리나무에서 장막에 머물고 있는 사라에게 급히 달려갔다. 사라는 아브라함이 세 사람과 대화를 나누는 동안 밖으로 나오지 않고 장막 안에 머물고 있었다. 아브라함은 사라에게 밀가루 세 스아를 반죽하여 떡을 만들게 하고 자신은 송아지를 잡아 하인에게 주어 요리하게 한다. 아브라함이 송아지를 가지러 달려 간 행동을 강조하기 위해 '엘-합바카르' אֶל־הַבָּקָר(가축에게)를 동사 앞에 도치하여 문두에 배열하였다. 가축들이 그가 머무는 장막에서 다소 떨어진 곳에 있었고, 그리고 시간을 지체하지 않기 위해 종들을 시키지 않고 직접 달려갔다. 7절은 아브라함의 이런 행동을 강조하기 위해 도치법을 사용했다.[13] 사라가 만든 떡의 양 세 스아는 어느 정도일까? 삼상 25:18에 의하면 아비가일이 다윗과 그의 부하들에게 주기 위해 고운 가루 다섯 스아로 떡을 만들었다. 그때 다윗은 나발을 공격하기 위해 400명을 데리고 올라오고 있었다(삼상 25:13).[14] 아비가일은 이들에게 줄 떡을 만들기 위해 다섯 스아의 밀가루를 사용하였다. 사라가 사용한 밀가루는 아비가일이 사용한 밀가루의 3/5이며, 세 스아는 6 갤론이고 약 24리터이다. 이렇게 많은 밀가루로 세 사람을 위해 떡을 만들었다. 약간의 음식이 큰 잔칫상으로 바뀌었다. 이렇게 많은 떡에 더하여 송아지를 잡고 버터와 우유를 가져다가 마므레 상수리나무 아래 상을 차린다. 최상의 재료로 만든 음식으로 아브라함은 이 세 사람을 극진하게 대접하고 있음을 엿볼 수 있다. 양도 중요하지만 아브라함의 대접 태도가 평범하지 않다. 90살이나 된 늙은 노파 사라에게 이렇게 많은 양의 떡을 반죽하게 하는 것도 그렇고 99살의 늙은이가 친히 송아지를 잡는 것도 예사롭지 않다. 그리고 그는 그들이 앉아 먹는 동안 그들 옆에 모셔 서 있다. 아브라함은 세 사람에게 말할 때는 엎드려 있었고, 세 사람이 먹을 때에는 서서 있었다. 자신의 하인들이 접대하게 할 수도 있었을텐데 아브라

13) Anthony Abela, "Dificulties for Exegesis and Translation: The Inversion in Genesis 18.7a," *Bible Translator* 60-1 (2009): 1~4.

14) 아비가일이 급히 떡 이백 덩이와 포도주 두 가죽부대와 잡아 준비한 양 다섯과 볶은 곡식 다섯 세아와 건포도 백 송이와 무화과 뭉치 이백을 취하여 나귀들에게 싣고(삼상 25:18)

함은 웨이터처럼 손님 3명의 식사를 접대하고 있다. 아브라함의 이들에 대한 태도는 단순한 손님 접대 그 이상임을 알 수 있다. 이 세 사람은 아브라함의 제단이 있는 상수리나무 아래에서 먹고 마셨다.[15)]

9~15절

9 그리고 그들이 그에게 말씀하시기를 "사라 네 아내가 어디 있느냐?" 그리고 그가
말하기를 "보소서! 장막에 있나이다." **10** 그리고 그가 말하기를 "내가 반드시 네게
생명의 시기에 돌아 오리라. 그리고 보라! 아들이 네 아내 사라에게 있으리라." 그리
고 사라가 장막 입구에서 듣고 있었고, 장막은 그의 뒤에 있었더라. **11** 아브라함과
사라는 늙었고, 나이가 많았으니 여자의 경수가 사라에게 끊어졌더라. **12** 사라가 그
녀의 마음 속으로 웃으며 이르기를 '희락이 내게 있었는지 오래 되었고, 나의 주는
늙었도다.' **13** 여호와께서 아브라함에게 말씀하시기를 "어찌하여 사라가 이렇게 웃
으며 '내가 진실로 출산하리요. 나는 나는 늙었거늘'이라 하느냐? **14** 여호와께 불가
사의 한 일이 있느냐? 정한 시기에 내가 네게 생명의 시기에 돌아 오리니 사라에게
아들이 있으리라." **15** 그러나 사라가 부인하며 이르기를 "내가 웃지 아니하였나이
다." 이는 그녀가 두려워 하였기 때문이라. 그리고 그가 말씀하시기를 "아니라 네가
웃었느니라."

식사가 끝나고 둘째 대화가 이어진다. 방문자의 목적이 밝혀지고 있지만, 방문자가 누군지에 대한 말은 없다. 그러나 방문자가 평범한 사람이 아니라는 사실이 방문자의 말 속에서 나타난다. 방문자가 사라의 이름 부른 것, 사라가 아들을 낳을 것, 사라를 보지 않고 그녀의 웃음을 지적한 것은 모두 방문자가 하나님이란 사실을 보여준다. 무엇보다도 아브라함은 이미 여러 차례에 걸쳐 하나님을 대면하였기 때문에 이 사람들을 본 순간 하나님이란 사실을 알았을 가능성을 배제할 수 없다. 하나님이 사람의 형태로 나타난 예들은 구약과 신약 성경

15) Kenneth A. Mathews, *Genesis 11:27-50:26* (Nashville: Broadmans & Holman publishers, 2005), 217.

에서 쉽게 찾아볼 수 있다. 수 5:13 여호수아가 여호와의 군대장관을 처음 만났을 때, 그를 '한 사람이 칼을 빼어 손에 들고 마주 섰는지라'라고 하고 있다. 눅 24:5과 행 1:10에서 천사들로 여겨지는 두 인물을 사람이라고 표현하고 있다.

9~10절

아브라함이 사라의 이름을 알려 주지 않았음에도, 세 사람은 아브라함에게 사라의 이름을 부르며 어디 있는지 묻고 있다. 사라는 그들이 먹을 빵을 만들기 위해 무려 세 스아로 작업을 하였다. 그렇게 부산을 떨었을 사라가 어디에 있는지 세 사람은 정말 몰랐을까? 이 질문은 사라의 존재를 모르고 묻는 질문이 아니라, 사라를 대화의 장으로 끌어들이기 위한 수사학적인 질문이다.[16] 하나님은 아브라함과 발하고 있지만, 실제로 긴장감 속에 대화를 주고받는 것은 하나님과 사라이다. 하나님은 이미 이삭의 탄생 예고를 받은 아브라함이 아니라 사라에게 이삭의 탄생을 예고해 주려 하고 있다. 세 사람의 질문에 아브라함은 사라가 장막 안에 있다고 말한다. 아브라함은 장막에 있다는 사실을 강조하기 위해 감탄사 '힌네' הִנֵּה를 사용하였다. 사라는 손님들이 찾아왔을 때에도 나와서 영접하지 않았을 뿐만 아니라, 아브라함이 이렇게 중요한 접대를 하고 있는 동안에도 그 손님들을 보러 장막 밖으로 나오지도 않고 있었다. 그 이유가 무엇일까? 어떤 학자는 결혼한 여자는 다른 남자 손님 앞에 모습을 나타내지 않는 고대 중동 지역의 전통 때문에 장막에 머물러 있었다고 주장한다. 하지만 아비가일이 다윗을 영접한 것이나(삼상 25:14~35), 사르밧의 과부가 엘리야를 접대한 것을 고려한다면 이 같은 주장은 지나침이 있다(왕상 17:10~16). 그리고 사라는 이 사람들이 아브라함을 방문하기 전부터 그렇게 더운 대낮에 장막에 머물러 있었고 아브라함은 그 문 앞에 앉아 있었다! 기원전 13세기 앗시리아 후궁들의 궁전에 보낸 칙령에 의하면 월경 중인 여자는 왕이 제사를 지내는 동안에 왕에게 나타나

16) Nahum M. Sarna, *Genesis*, 130; John H. Sailhamer, *The Pentateuch as Narrative* (Grand Rapids: Zondervan, 1992), 165; Gordon Wenham, *Genesis 16-50*, 47.

서는 안 된다고 한다.[17] 성경에도 유사한 전통이 있다. 창 31:33~35에는 라헬이 그녀가 숨긴 드라빔을 찾으러 들어온 라반에게 장막에 머물러 있으면서 경수 때문에 영접하지 못한다고 말한다. 혹시 사라가 장막에 머물러 있었던 것도 이런 이유 때문이 아닐까? 안타깝게도 그러나 당연한 말이지만 11절에서 사라는 정상적인 경수가 이미 끊어졌었다고 말한다. 하지만 예상치 못한 하혈이 있었을 가능성은 없는가?[18] 아브라함이 장막에 있다고 대답하자, 하나님이 곧바로 사라의 임신 사실을 예고한 것은 둘 사이의 관련성을 암시하고 있을 수 있다.

10절에서 세 사람 중에 한 명이 부정사 절대형을 사용하여 아브라함에게 반드시 돌아올 것이라고 말한다. 구약 성경에서 하나님이 누군가에게 돌아온다는 것은 그 사람에게 돌아올 때에 그에게 은혜를 베푸신다는 것을 의미한다.[19] 돌아올 시기를 '카에트 하야' כָּעֵת חַיָּה(생명의 시기)라고 한다. 왕하 4:16~17에서 이 표현은 '출산 일'의 의미로 사용되었으며, 창 18:10에서도 같은 의미로 사용되었다.[20] 하나님이 내년에 아브라함과 사라에게 돌아와서 베풀 은혜는 사라가 아들을 낳는 것이다. 창 21:1은 이 말을 다시 언급하며 약속을 지켰다고 말한다.[21] 하나님이 아브라함에게 말하는 동안 사라는 애초에 아브라함이 앉아 있었던 장막 문에서 듣고 있었다. 그리고 아브라함은 그 장막을 등지고 장막 문 앞에서 하나님의 말을 듣고 있었다.[22]

11~13절

사라의 출산 예고에 이어 11절은 아브라함과 사라의 현재의 신체적인 상태를 설명한다. 아브라함과 사라는 늙고 나이가 많았으며, 사라에게 경수가 이미 끊어졌다고 한다. 11절에서 아브라함과 사라가 임신할 수 없는 상태라는 것을 진

17) John H. Walton, *Genesis*, NIV Application Commentary (Grand Rapids: Zondervan, 2001), 452~453; Van der Toorn, *From Her Cradle to Her Grave*, 51.

18) John H. Walton, *Genesis*, Zondervan Illustrated Bible Backgrounds Commentary (Grand Rapids: Zondervan, 2009), 91.

19) 사 63:17; 렘 12:15; 슥 1:3; 말 3:7.

20) E. A. Speiser, *Genesis* (Garden City, NY: Doubleday & Company, 1982), 130.

21) Victor P. Hamilton, *The Book of Genesis: Chapters 18-50* (Grand Rapids: Eerdmans, 1995), 12.

22) E. A. Speiser, *Genesis*, 130.

술하였음에도 불구하고 12절은 동일한 사실을 사라의 입을 빌려 다시 말한다. 이를 통해 사라의 출산 불가능이 강조되고 있고, 출산 예고가 불가능 속에 주어졌음을 부각시키게 된다.

자기에게 아들이 있으리라는 말을 듣고 사라는 속으로 웃으며 의문 부사가 생략된 의문문을 통해 '내가 노쇠한 이래로 나에게 기쁨이 있었는가 그리고 내 주인은 늙었다.'라고 한다. 사라는 아브라함처럼 땅에 엎드려 웃지 않고, 속으로 웃는다. 둘 다 웃음을 감추려고 했지만, 사라의 웃는 행동이 아브라함보다 경미하다. 사라의 웃음은 당연한 듯하게 들리기도 하지만, 의문점이 있다. 사라는 하나님이 그녀를 통해 아들을 낳게 할 것이라는 소식을 아브라함에게 듣지 못했는가? 만약 들었다면, 다시 하나님으로부터 그녀의 출산 소식을 듣고 있다면 황당함 속에 웃기보다는 같은 소식을 두 번 듣는 것 때문에 다소 놀라는 반응을 보이는 것이 정상이 아닐까? 그런데 사라가 웃었다는 것은 아브라함으로부터 하나님이 전한 그녀의 출산 소식을 듣지 못했을 가능성을 보여준다. 사라가 웃으며 한 말에는 아브라함이 창 17:15~16에서 들은 사라의 출산 소식을 모르고 있음을 드러내는 암시가 있다. 사라가 출산이 불가능하다고 제시한 첫째 이유가 그것이다. 사라는 자신과 아브라함 사이에 성적인 접촉이 중단된 지 오래 되었다고 한다. '내가 노쇠한 이래로 나에게 기쁨이 있었는가'에서 기쁨(에드나 עֶדְנָה)은 성적인 희락을 의미하며, '하야' הָיָה 동사의 완료형을 통해 노쇠한 이래로 지금까지 부부가 출산을 위한 노력이 없었음을 보여준다.[23] 당연히 창 17:15~16에서 사라의 출산 약속을 듣고도 출산을 위한 아무런 시도를 하지 않았음을 의미한다. 사라가 자신의 출산을 불가능하다고 생각한 둘째 이유는 그가 늙었다는 것이다. 두 부부가 모두 너무 늙어 출산이 불가능하기 때문에 사라는 웃을 수밖에 없었을 것이다.

아브라함이 손님 접대를 위해 음식을 준비할 때, 그의 집안에는 하갈을 비롯해 많은 젊은 여자들이 있었음에도 불구하고 이들에게 일을 맡기지 않고 사라에게 맡겼다. 90살이 다 된 사라에게 세 스아나 되는 엄청난 양의 빵을 만들게

23) Gordon Wenham, *Genesis 16-50*, 48; Kenneth A. Mathews, *Genesis 11:27-50:26*, 218.

한 것은 사라를 박대했기 때문이 아니라 그녀의 리더십 때문이었을 것이다. 아브라함이 사라를 존중했던 것처럼, 사라는 아브라함을 '나의 주'라고 말하며 존중하고 있다. 아브라함과 부부의 성적 관계를 가진 지 오래 되었음을 말하면서도 사라는 전혀 아브라함에게 책임을 돌리지 않는다.

12절에서 사라는 텐트 뒤에 숨어 은밀하게 하나님의 말씀을 들었는데, 13절에서 하나님은 사라가 마음 속으로 은밀하게 한 말을 들었다. 그리고 하나님은 아브라함에게 사라의 웃음과 그녀의 부정적인 생각을 지적한다. 하나님의 질책에는 몇 가지 중요한 특징이 있다. 첫째, 13절은 아브라함을 질책하는 분이 여호와라고 밝히고 있다. 1절에서 여호와께서 아브라함에게 나타나셨다고 밝힌 이래로 세 사람의 신분에 대해 침묵하다가 이제서야 하나님의 신명 여호와가 사용되었다. 세 사람 중에 한 명은 여호와라는 사실을 분명히 하고 있지만, 어느 누구도 하나님의 정체를 밝히거나 깨닫게 된 경위를 말하지 않는다. 여호와 하나님은 사라의 은밀한 생각을 안다는 사실을 보여 줌으로 사라의 출산 예언의 신빙성을 뒷받침해 주고 있다.[24] 둘째는 하나님이 사라의 웃음에 대해 질타하는 것이다. 창 17:17에서 아브라함이 아들에 대한 말을 듣고 엎드려 웃을 때에 하나님은 그의 웃음을 책망하지 않았다. 하지만 하나님은 사라의 웃음에 대해 아브라함에게 책망하고 있다. 14절에서 하나님과 사라의 대화가 나오는 것에서 볼 수 있듯이 하나님은 사라에게 직접 책망할 수 있음에도 불구하고 아브라함에게 책망하였다. 아브라함이 하나님과의 대화 주체이고 가정의 대표이기 때문일 수 있다. 그러나 또 다른 중요한 이유는 사라가 하나님의 말씀을 듣고 웃은 이유 중에 하나는 자신의 출산 소식을 처음 들었고 그래서 부정적인 반응을 보였기 때문이다. 하나님이 창세기 17장에서 아브라함에게 사라의 출산을 말했지만, 아브라함은 웃어넘기고 사라에게 하나님의 말씀을 알려 주지 않았다.[25] 그 소식을 전혀 모르고 있던 사라는 이제서야 아브라함이 아닌 하나님으로부

24) Kenneth A. Mathews, *Genesis 11:27-50:26*, 218.

25) Gordon Wenham, *Genesis 16-50*, 47. 반대로 사라는 아브라함으로부터 이삭의 출산 소식을 들었음에도 불구하고 불신앙하는 태도를 견지하였을 수도 있다. Victor P. Hamilton, *The Book of Genesis: Chapters 18-50*, 13.

터 자신의 출산 소식을 처음 듣고 황당하게 생각하며 부정적인 반응을 보인 것이다. 그래서 하나님은 이미 말한 출산 소식을 사라에게 전하지 않은 아브라함에게 그녀의 웃음에 대해 책망하고 있을 가능성이 있다. 셋째, 하나님이 사라가 웃으며 마음속으로 한 말을 인용하며 한 표현이 실제로 사라가 마음속으로 한 말보다 훨씬 강하며, 둘을 비교해 보면 주제상의 차이점을 발견할 수 있다. 사라의 말과 하나님이 인용한 말은 다음과 같다.

12절. אַחֲרֵי בְלֹתִי הָיְתָה־לִּי עֶדְנָה וַאדֹנִי זָקֵן
13절. הַאַף אֻמְנָם אֵלֵד וַאֲנִי זָקַנְתִּי
17:17 הַלְּבֶן מֵאָה־שָׁנָה יִוָּלֵד וְאִם־שָׂרָה הֲבַת־תִּשְׁעִים שָׁנָה תֵּלֵד

사라의 말과 하나님의 인용 사이에 직접적으로 일치하는 것은 늙음이다. 사라는 아브라함과 부부관계가 없었다는 말을 하지만 출산이란 말을 직접적으로 하지 않았다. 하지만 하나님은 출산이란 표현을 직접 사용하면서 매우 강조하고 있다. 하나님은 강조를 위해 부사 '앞' **אַף**(정말로)과 부사 '움남' **אֻמְנָם**(진실로)를 나란히 이어 사용하면서 '정말로 진실로 내가 출산할 수 있는가?'라고 말했다. 늙었다는 말도 사라가 한 말보다 훨씬 강렬하다. 하나님은 동사를 1인칭 단수형으로 표현하고 있음에도 불구하고 동사 앞에 독립인칭대명사 '아니' **אֲנִי**(나는, 내가)를 첨가하여, '내 자신은 늙었다' 또는 '나는 나는 늙었다'라고 표현하였다. 하지만 출산의 가능성과 늙음을 강하게 말한 것은 사라가 아니라 오히려 창 17:17에서 아브라함 자신이었다: '백세 된 사람이 출산할 수 있으며 90세 된 사라가 출산할 수 있을까?' 이런 점을 감안하면, 하나님은 사라의 웃음과 부정적인 태도뿐만 아니라, 아브라함의 부정적인 태도도 함께 염두에 두고 책망하였다고 볼 수 있다.

14절에서 하나님은 "하나님께 불가사의한 일이 있느냐?"라고 아브라함에게 질문한다. 70인역이 '이파레' **יִפָּלֵא**(경이롭다, 불가사의한 일을 보여주다)를 '아두나테이'ἀδυνατεῖ(~할 수 없다, 불가능하다)라고 번역한 것에서 볼 수 있듯이 이 말은 하나님께는 불가능한 일이 없고, 하나님은 전능하시다는 것을 의미한다. 의문문을 통하여 하나님은 아브라함에게 질문하였고, 너무 늙어 아들을 낳을 수 없다는 인간의 경험에 근거한 생각에 강하게 사로잡혀있는 아브라함이 대답해야 할 질문이다. 하지만 하나님은 아브라함의 대답을 듣지 않고 자신의 전능하심을 아브라함과 사라에게 각인시켜 주시면서 임신 기간이 끝나는 출산 때에 아브라함에게 돌아와 사라에게 아들을 줄 것이라고 다시 한 번 못을 박는다.[26)]

15절

하나님의 질문에 아브라함은 아무런 대답이 없고, 사라의 반응이 기록되어 있다. 놀랍게도 하나님의 지적에 사라는 황급히 자신이 웃은 사실을 숨기려 한다. 하나님은 전능하시다고 말했고, 사라가 마음속으로 웃으며 말한 것을 다 알고 계심을 보여 주었음에도 불구하고 사라가 굳이 다시 거짓말을 하며 부인한 이유는 무엇일까?[27)] 사라가 마음속으로 웃었는데 하나님이 알고 왜 웃느냐고 지적했기 때문에 두려워했을 수 있다. 그렇다면 사라는 마음속으로 한 말을 꿰뚫어 아시는 하나님을 어리석게도 속일 수 있을 것이라고 생각하고 거짓말을 했을까? 사라는 거짓말쟁이라서 부인한 것이 아니다. 사라는 웃은 사실을 부인해야 할 정도로 깜짝 놀랄 일을 깨달았기 때문에 엉겁결에 거짓말을 하였다. 이렇게 생각할 수 있는 이유는 15절에서 사라가 거짓말을 한 이유를 그녀가 두려워하였기 때문이라고 말하기 때문이다. 독특한 것은 15절의 '키 야레아' כִּי יָרֵאָה(그녀가 두려워하였기 때문이라.)는 사라가 두려워한 것이 구체적으로 무엇인지 밝히지 않는다. 사라는 무엇을 두려워했을까? 하나님을 두려워했을까? 그렇다면 하나님을 속이려고 시도할 수 없었을 것이다. 그녀에게 아들이 태어날 것이라는 사실을 두려워했을까? 사라는 처음 하나님이 이 말을 했

26) 세 명의 손님을 접대하고 아들을 얻게 되는 아브라함의 일화를 그리스 신화의 오리온의 출생 신화와 같은 고대 근동의 신화와 관련 짓는 학자들이 있다. Herman Gunkel, *Genesis* (Macon, GA: Mercer University Press, 1997), 192~193; Thomas M Bolin, "The Role of Exchange in Ancient Mediterranean Religion and Its Implications for Reading Genesis 18~19," *Journal for the Study of the Old Testament 29* (2004): 37~56.

27) Gordon Wenham, *Genesis 16-50*, 49.

을 때 웃었는데, 이번에는 이 말 때문에 두려워했다고 생각하는 것은 문제가 있다. 사라가 두려워한 것은 하나님이 아브라함에게 '너무 경이로워서 여호와께서 할 수 없는 일이 있느냐?'는 질문에 동의해야만 할 일이 생겨났기 때문일 것이다. 하나님의 질문은 출산과 관련되었기 때문에 이와 관련하여 하나님의 질문에 동의하고 하나님의 전능하심을 인정해야만 하는 일이 사라에게 일어났을 가능성이 있다.[28] 단정할 수는 없지만, 하나님과 사라의 웃음에 대한 대화는 사라의 신체의 변화, 새로 시작된 경수를 염두에 두고 진행되었을 수 있다. 이렇게 생각할 수 있는 가능성은 히브리어 동사 '차학' צָחַק의 아랍어 어원에서는 '웃다'와 함께 '터져 나오다' 그리고 '마구 흐르다'의 뜻을 가지고 있다. 이에 근거하여 Suzanne Pinckney Stetkevych와 Don Seeman는 사라의 웃음에는 '웃다'와 함께 '월경하다'라는 두 뜻으로 해석될 수 있는 일종의 언어유희가 이루어지고 있다고 주장한다.[29] 본문이 이런 의도를 충분히 뒷받침하고 있지는 않지만, 만약 이런 의도를 가지고 있다면 사라는 자신의 하혈을 단순하게 생각했다가 하나님의 질문 앞에 그 하혈이 경수라는 것을 깨닫고 두려워하며 자신의 웃음을 엉겁결에 부인하려고 하였을 것이다. 그 가능성은 앞서 말한 것처럼 사라가 그 더운 날씨에 장막 내부에 머물고 있었던 사실에 의해 유추할 수 있다. 장막에 머물면서 사라가 손님이 와도 나오지 않고 손님을 접대하는 동안에도 나오지 않았던 것은 라헬이 라반이 추격해 왔을 때 자기 장막 안에 머물며 나귀 안장에서 내려오지 않았던 것과 비교될 수 있다(창 31:34~35; 레 15:19~24 참고할 것). 사라에게 경수가 중단되었다는 사실을 말하는 것도 주목할 만하다. 분명한 것은

28) John H. Sailhamer, *The Pentateuch as Narrative*, 166.

29) Suzanne Pinckney Stetkevych, "Sarah and the Hyena: Laughter, Menstruation, and the Genesis of a Double Entendre," *History of Religions* 36 (1996): 28.
"First, although the Arab lexicographers take "laughter" to be the denotative meaning and the other meanings, such as "flash," "split open," "grin," and "overflow," (and eventually "menstruate"), to be connotative or metaphoric, it seems possible to consider the basic meaning to be something on the order of "to burst forth," or "to flow uncontrollably," which would then extend equally to "laughter" and to "menstruation" inasmuch as both are perceived as something that bursts forth or overflows." Don Seeman, "Where is Sarah Your Wife, Cultural Poetics of Gender and Nationahood in the Hebrew Bible," Harvard *Theological Review* 91 (1998): 112.

이때로부터 10개월 후에 사라는 출산하게 된다. 웃은 사실을 부인하는 사라에게 하나님은 네가 웃었다고 말하면서, 하나님 자신은 사라의 마음속까지 모두 알고 있는 전능한 하나님이라는 사실을 다시 한번 각인시킨다. 이 말씀 이후에 사라는 전적으로 하나님의 말씀을 믿고 자신의 출산을 확신하였을 것이다. 그렇기 때문에 히 11:11은 "믿음으로 사라 자신도 나이 늙어 단산하였으나 잉태하는 힘을 얻었으니 이는 약속하신 이를 미쁘신 줄 앎이라."고 한다.

16~33절. 소돔을 위한 아브라함의 중보기도

하나님이 아브라함과 사라에게 이삭의 출생을 예고하고 이어서 소돔과 고모라를 심판하고 롯이 딸들을 통해 아들을 낳는 것은 중요한 대조를 이룬다. 16~33절은 하나님이 소돔과 고모라를 멸망시키기에 앞서 소돔의 심판에 대해 아브라함과 대화하는 내용을 기록하고 있다. 16~33절은 두 부분으로 나눌 수 있다. 16~21절에서 하나님은 소돔 심판 계획을 아브라함에게 말해 주어야 하는 당위성을 기록하고 있고, 22~33절은 아브라함이 소돔을 위해 중보하는 것을 기록하고 있다.

16~21절

16 그 사람들이 거기에서 일어나 소돔의 입구를 내려다 보았고 아브라함은 그들을
배웅하기 위해 그들과 함께 걷고 있었더라. **17** 그리고 여호와께서 말씀하시기를 "내
가 아브라함에게 내가 하려는 것을 숨겨도 되는가? **18** 아브라함은 반드시 크고 강
한 민족이 되려니와 땅의 모든 민족들이 그에 의해 복을 받으리라. **19** 내가 그를 택
한 것은 그가 그의 자손들과 그의 이후의 그의 집안 사람들에게 명하여 그들이 여
호와의 길을 지키고 의와 공의를 행하게 하는 것이라. 그리하여 여호와께서 아브라
함에게 말한 바를 이루시리라." **20** 여호와께서 말씀하시기를 "소돔과 고모라의 소
리가 크고 그들의 죄악이 심히 중대하니라. **21** 이제 내가 내려가서 내게 들려 올라
온 소리처럼 그들이 모두 행하였는지 확인하리라. 만약 아닌지를 내가 알리라."

16절

16절은 하나님의 일행을 다시 '사람들'로 언급하며 소돔 멸망 사건을 이야기하기 시작한다. 창 18:2은 하나님의 일행을 사람이라고 했다가 13절에서 그 신분을 드러내어 하나님이라고 하였다. 그런데 다시 16절에서 하나님의 일행을 사람으로 표현하였다. 이렇게 한 이유는 아브라함이 사람을 대접하는 것과 소돔 사람들이 사람을 대접하는 것을 대조시키기 위해서이다. 고대 메소포타미아에서는 나그네 대접하는 것을 통해 그 사람의 인품을 드러내는 것으로 생각하였다. 하나님의 일행은 그 나무 아래에서 일어나 소돔이 내려다 보이는 장소로 가고 있다.[30] 아마도 이 장소는 헤브론에서 가깝고 사해가 내려다보이는 장소일 것이다. 아브라함은 소돔과 고모라에 일어날 일을 전혀 모르고 단순히 손님들을 배웅하기 위해 그곳까지 따라간다. 아브라함이 세 사람과 동행하는 것을 표현한 동사 '하락' הָלַךְ(걷다)이 분사형(호렉 הֹלֵךְ)인 것을 감안한다면, 이어지는 하나님의 독백은 소돔이 내려다보이는 장소로 가는 도중에 있었던 것으로 생각할 수 있다.

17절

배웅 차 따라온 아브라함을 두고 하나님은 소돔 심판 계획을 알려 줄지에 대한 고민을 하기 시작한다. 하나님은 노아에게 세상을 멸망시킬 계획을 알려 주었는데, 이번에는 아브라함에게 소돔과 고모라를 멸망시킬 계획을 알려준다.[31] 하나님은 아브라함을 단순히 한 명의 신자로 취급하는 것이 아니라, 그를 하나님의 계획을 공유해야 할 존재로 여기고 있다. 하나님이 아브라함을 이렇게 존중하는 이유는 창 12:1~3에서 하나님이 아브라함에게 한 부름과 약속 때문이다.[32] 하나님의 말씀은 독백일 수도 있고, 함께 있는 두 천사에게 한 말일 수도

30) Victor P. Hamilton에 의하면 이 장소는 전통적으로 헤브론에서 3마일 떨어진 곳에 있는 Beni Na'im으로 알려져 왔다. 맑은 날에 이곳에서 보면 사해 바다가 산과 산 사이로 멀리 보인다고 한다. Victor P. Hamilton, *Genesis 18-50*, 17. John H. Walton, *Genesis*, 476.

31) Nahum M. Sarna, *Genesis*, 131.

32) Kenneth A. Mathews, *Genesis 11:27-50:26*, 222~223.

있다. 16절에서 세 사람이 소돔을 향해 내려갔다고 했지만 17절은 곧바로 세 사람 중에 한 분이 여호와임을 밝히고 있다. 그리고 여호와께서 말씀하고 있음을 강조하기 위해 주어 '여호와' וַיהוָה를 문두에 도치하였다. 17~19절의 하나님의 말씀은 독자들이 창 18:16~19:38의 내용을 이해하는데 반드시 필요한 해석 지침 역할을 한다.[33] 이 지침에는 두 가지 중요한 내용을 담고 있다. 1) 아브라함은 강대한 나라가 되고 천하 만민은 그를 인하여 복을 받게 된다. 2) 하나님이 아브라함을 택하여 그에게 그 자식과 권속에게 명하여 하나님의 도를 지켜 의와 공도를 행하게 하려고 한다(19절).

18절

하나님의 첫째 고민은 아브라함이 크고 강한 민족이 되고 땅의 모든 민족들이 그로 말미암아 복을 받게 되는 것이다. 크고 강한 민족이 된다는 사실을 강조하기 위하여 주어 아브라함을 문장의 첫 부분에 두었고 동사 '하야' היה의 부정사 절대형을 본동사 앞에 두었다. 18절의 표현들은 눈에 아주 익숙한 것들이다. 하나님께서 아브라함에게 아비의 집을 떠나 가나안으로 가라고 할 때 창 12:2~3에서 한 약속들이다. 하나님이 아브라함에게 소돔 심판 계획을 알릴지 여부를 고민했던 것은 바로 하나님이 아브라함을 선택하여(18:19) 아브라함에게 한 약속 때문이며, 아브라함과 그의 후손을 통해 땅의 모든 민족이 복을 받게 하는 것이 하나님의 계획과 약속이기 때문이다. 23절 이하에서 아브라함은 롯과 소돔을 위해 중보를 하고 있는데, 그가 중보자의 자격을 갖게 된 것은 창 12:2에서 하나님께서 그를 선택하셨기 때문이다. 자손에 대한 하나님의 약속에 대해 아브라함이 지금까지 보여준 자세에서 볼 수 있듯이 아브라함이 모든 사람을 압도하는 신앙과 인품을 갖추었기 때문에 민족들을 위한 중보자 역할을 하게 된 것이 아니라, 전적으로 하나님께서 그를 선택하시고 그에게 약속하신 언약에 근거하여 중보자의 역할을 한다.

하나님께서 아브라함에게 소돔에게 할 일을 밝힌 첫 이유는 소돔 멸망 사건

33) John H. Sailhamer, *The Pentateuch as Narrative*, 167.

을 통해 아브라함이 창 12:3의 큰 민족을 이루는 축복에 대한 그의 이해를 고쳐 주고 또 많은 민족의 축복과 저주의 근원으로 중보자 역할을 어떻게 해나가는지를 보려는 의도를 가지고 있다. 창 12:1~3에서 하나님께서 아브라함에게 상상하기 힘든 약속을 세 가지 하였다. 1) 아브라함으로 큰 민족을 이루게 하는 것, 2) 이름을 창대케 하는 것, 그리고 3) 복의 근원이다. 아브라함이 큰 민족을 이루게 되는 것은 아브라함과 사라 사이에 태어날 아들을 통해 이루어지지만, 당장 아브라함은 이삭이 태어나지 않은 상황에서 이미 태어난 이스마엘과 그리고 지금은 자신을 떠나가고 없지만 한 때 자신의 양자로 생각하였던 조카 롯을 통해서 큰 민족을 이루게 된다고 생각하고 있었을 것이다. 하나님은 롯이 살고 있는 소돔의 멸망 소식을 아브라함에게 알려 주면서, 롯에 대한 아브라함의 생각을 정리하게 하려 한다. 또한 하나님은 아브라함이 열방의 축복과 저주의 통로로서 그가 어떤 자세를 취하는지 보려 하고 있다. 즉 하나님은 소돔과 고모라를 위해 아브라함이 어떻게 중보자 역할을 하는지 보려한다. 하지만 소돔과 고모라 멸망 계획을 알려 주는 궁극적인 목적은 19절에 기록되어 있다.

19절

동사 '예다티브' יְדַעְתִּיו는 해석이 다양하다. 동사 원형 '야다'는 일반적으로 '알다'의 의미를 가지지만, 많은 번역본들은 '선택하다'(NIV, NRSV) 또는 '구별하다'(TNK, NJV)로 해석하였다. 동사 '바할' בָּחַר(선택하다)이 아니라 '야다' יָדַע를 선택하다의 의미로 사용한 것은 하나님이 아브라함을 선택하여 친밀한 관계를 형성하였음을 의미한다. '야다' יָדַע가 선택의 의미로 사용된 용례를 출 33:11~12에서 찾아볼 수 있다.

12 모세가 여호와께 아뢰되 "보시옵소서 주께서 내게 이 백성을 인도하여 올라가라 하시면서 나와 함께 보낼 자를 내게 지시하지 아니하시나이다. 주께서 전에 말씀하시기를 '나는 이름으로도 너를 알고 너도 내 앞에 은총을 입었다' 하셨사온즉"

하나님이 모세를 '이름으로도 너를 알고'라고 한 것은 그를 선택하였다는 말이며, 이런 선택적인 앎의 관계를 출 33:11이 잘 표현하고 있다. 출 33:11에 의하면 하나님은 모세와 말할 때 마치 사람이 자기 친구와 이야기하는 것처럼 하였다고 한다. 마찬가지로 하나님이 아브라함을 '야다' 동사를 통해 선택했다고 말한 것은 하나님과 아브라함 사이의 친밀함을 나타낸다. 18절에서 창 12:1~3의 메시지를 반복하고 있는 것도 동사 '야다'가 하나님께서 아브라함을 선택하여 부른 것을 염두에 두고 있음을 알 수 있다.[34)]

하나님이 소돔에게 할 일을 아브라함에게 밝힌 궁극적인 이유는 소돔 사건을 아브라함과 그의 후손들에게 반면교사로 삼기 위해서이다.[35)] 하나님은 아브라함의 자손들을 큰 민족으로 만들되, 거룩하고 의로운 하나님의 나라 백성으로 만들기를 원하였다(출 19:3~6). 그래서 19절은 하나님이 아브라함을 선택한 이유를 아브라함이 그의 후손들과 가정에 명령하여 이들로 하여금 여호와의 길을 지켜 의와 공의를 행하게 하는 것이라고 한다. 비록 창 17:1에서 하나님이 아브라함에게 '너는 내 앞에서 행하여 완전하라'고 하였지만, 하나님의 길에 대해서 창세기 12~18장에서 아무런 언급이 없었고, 의와 공도가 함께 사용된 것도 여기에서 처음으로 사용되었다.[36)] 여호와의 길은 일반적으로 율법과 관련 있으며(삿 2:22; 잠 10:29; 렘 5:4~5) 드물게 하나님의 구속사적 섭리(사 40:3)를 나타내기도 한다. 19절에서는 이어서 의와 공도가 언급되는 것을 감안할 때 하나님의 법도를 의미한다. 비록 창세기 12~18장에는 아무런 언급이 없지만, 하나님께서 아브라함에게 하나님의 택함 받은 자로서 하나님 앞에서 살아야 할 삶의 규범들을 말해 주었을 가능성도 있다. 요셉이 보디발의 아내의 유혹을 받았을 때 그런 일은 하나님 앞에 범죄라고 말했다. 창세기 어디에서도 간음과

34) T. Fretheim, 'יָדַע' *New International Dictionary of Old Testament Theology and Exegesis*, vol 2 (Grand Rapids: Zondervan, 1997), 411; Kenneth A. Mathews, *Genesis 11:27-50:26*, 223. Gordon Wenham에 의하면 암 3:2; 신 34:10; 삼하 7:20에서도 동사 '야다' יָדַע가 선택의 의미로 사용되었다. Walter Brueggemann은 '야다'(알다) 동사를 사용한 것은 창 19:5에서 소돔 사람들이 천사들을 '야다'하려 한 것과 관련 있다고 생각한다. Walter Brueggemann, *Genesis*, 169.

35) 벧후 2:6 "소돔과 고모라 성을 멸망하기로 정하여 재가 되게 하사 후세에 경건하지 아니할 자들에게 본을 삼으셨으며"

36) John H. Sailhamer, *The Pentateuch as Narrative*, 167.

관련된 하나님의 말씀이 없었음에도 불구하고 요셉은 이 사실을 어떻게 알았을까? 비록 성경에 기록되지는 않았지만, 하나님께서 하나님 백성으로서의 삶의 자세에 대해 아브라함을 비롯한 믿음의 조상들에게 말해 주었을 가능성을 보여 준다. 물론 구체적인 규범을 주었다기보다는, 하나님의 일반적인 윤리를 의미할 수도 있다. 의는 도덕적인 규범을 잘 지키고 구현하는 것을 일반적으로 의미하지만, 아브라함의 경우에는 창 15:6에서 그의 믿음을 의라고 규정한 것에서 볼 수 있듯이 하나님께 대한 신뢰적 관계를 나타낼 수도 있다. 아브라함은 이미 공의에 대한 개념을 알고 있는 것으로 여겨진다. 공의는 25절에서 아브라함이 하나님의 소돔 심판과 관련하여 다시 표현된다. 25절에서 아브라함은 의인이 악인과 함께 심판을 받아 죽게 하면 안 된다고 하며, 의인과 악인을 잘 구분하여 심판하는 것을 공의라고 말한다. 하나님은 의와 공의를 행하는 것이 여호와의 길을 지키고 따르는 것이라고 말한다.

하나님께서 소돔에게 할 일을 아브라함에게 밝힌 셋째 이유는 아브라함의 자손들의 의로운 삶이 천하 만민에게 복을 가져다줄 수 있음을 보여주려는 의도도 가지고 있다. 19절 후반부에서 하나님은 의로운 삶이 결과적으로 하나님이 아브라함에게 말한 것을 이루게 하는 역할을 한다고 말한다.[37] 하나님이 아브라함에게 말한 것은 그를 큰 민족 되게 하는 것도 있지만, 그로 하여금 열방이 복을 받는 것도 있다. 아브라함의 자손들이 하나님의 길을 지켜 의를 이루는 것과 열방이 복을 받는 것이 상호 밀접한 관계가 있음을, 이어지는 아브라함의 소돔을 위한 중보에서 알 수 있다. 소돔에 의인 10명만 있으면 소돔이 용서받고 구원받는 복을 누리게 된다.

이를 말하는 하나님의 화법에 변화가 19절 후반부에서 일어났다. 17절에서 시작된 하나님의 독백에서 1인칭 동사가 사용되었는데, 마지막 절은 '여호와'가 주어로 사용되면서 동사는 부정사 연계형과 동사 완료형 3인칭으로 바뀌었다 (cf. 슥 3:1). 이것은 하나님이 자신의 이름을 사용하여, 그 결연한 의지를 나타

37) Pinchas Kahn, "The Mission of Abraham: Genesis 18:17-22:19," *Jewish Bible Quarterly* 30 (2002): 155~163.

내려는 것으로 이해할 수 있다.

20~21절

독백을 끝내고 20절에서 하나님은 아브라함에게 말한다. 하나님은 먼저 소돔과 고모라의 소리가 크다고 하는데, 그 소리는 죄악의 소리이다. 그리고 하나님은 그들의 죄악이 매우 심각하다고 말한다. 12~15절에서 하나님은 사라의 웃음을 들었는데, 20~21절에서는 소돔과 고모라의 소리를 듣고 있다. 소돔과 고모라의 소리는 단순히 군중의 시끄러운 소리를 말하는 것이 아니라, 그들이 저지른 죄악의 희생자들의 피의 소리이며, 마치 하나님이 땅에서 하늘로 올라오는 아벨의 피의 소리를 들은 것처럼 하나님은 소돔과 고모라가 저지른 죄악의 소리를 들은 것이다(창 4:10).[38] 하나님은 들려온 죄의 소리처럼 소돔과 고모라가 죄를 짓고 있는지를 보기 위해 소돔으로 내려가고 있다. 이 말씀을 가지고 하나님의 전능하심과 전지하심에 대한 반대 논리의 근거로 삼아서는 안 된다. 이 말씀은 하나님이 명확한 증거에 근거하여 의로운 판결을 내리겠다는 의지로 보아야 한다.[39] 이것은 하나님이 성도의 소원을 알지만 기도하기를 원하고, 하나님을 사랑하는 것을 알지만 예배하고 찬양하기를 원하는 것과 유사하다. 창 18:21과 창 11:5은 동일한 동사로 바벨탑과 소돔을 살피러 가는 하나님의 행동을 표현하고 있다.

동일한 표현 사용은 두 사건을 같은 차원에서 보게 만든다. 바벨 성 사건이 당대를 대표하는 범죄이고 범세계적 종말론적 심판인 것처럼 소돔과 고모라

38) Derek Kidner, *Genesis*, 133; Nahum M. Sarna, *Genesis*, 132.
39) John H. Walton, *Genesis*, 475.

는 선지자들이 반복적으로 언급하는 모든 세대를 대표하는 범죄 도시이고 범세계적 종말론적 심판의 표본이었다(사 1:10; 렘 49:18; 겔 16:48, 56; 암 4:11; 습 2:9). 하지만 바벨 성 사건과 소돔 심판 사이에는 중요한 차이점도 있다. 하나님은 바벨 성에 내려가서 살펴본 후 그 성과 탑을 쌓던 사람들을 곧바로 심판하여 온 지면에 흩었다. 소돔과 고모라의 경우는 바벨 성과 큰 차이가 있다. 하나님은 17절에서 '내가 하려는 것을'에서 알 수 있듯이 소돔과 고모라에게 행하려고 하는 것, 즉 두 도시를 멸망시키려는 것을 이미 결정한 상태였다. 아브라함에게 소돔에 가서 살펴보려 한다고 말한 것은 소돔과 고모라의 죄악상을 확인하려는 차원도 포함되어 있을 수 있지만, 더 중요한 관심사는 23절부터 이어지는 하나님의 계획에 대해 아브라함이 어떻게 말하고 행동하는지를 보기 위해 던진 화두의 성격이 더 강하다. 이 화두를 통해 하나님은 아브라함에게 두 도시를 위해 중보 할 기회를 먼저 주고 있다.[40] 이것은 아브라함과 함께 시작되는 하나님의 구속 역사의 특별한 특징이다. 아브라함의 중보적 역할은 하나님이 그의 후손들을 제사장 나라로 세우는 것을 통해 확대된다(출 19:6).

22~33절. 아브라함의 소돔을 위한 중보

22 그리고 그 사람들이 거기서 돌이켜 소돔으로 갔지만 그러나 아브라함은 여전히
여호와 앞에 서 있었더라. **23** 그리고 아브라함이 가까이 나아가 말하니라. "정녕 의
인을 악인과 함께 멸하시려나이까? **24** 만약 그 성 가운데에 의인 오십 명이 있으면
정녕코 멸하시려나이까? 아니면 그곳에 있는 의인 오십 명 때문에 그곳을 용서 하시
려나이까? **25** 이 일처럼 의로운 사람들을 악인들과 함께 죽이려는 일을 당신은 행
하지 마소서. 의인을 악인처럼 취급하지 마소서. 온 세상의 심판자는 공의를 행해야
하지 아니하나이까?" **26** 그리고 여호와께서 말씀하시니라. "만약 내가 소돔 가운데
서 의인 오십 명을 찾는다면 내가 그들로 인하여 그곳을 용서하리라." **27** 아브라함
이 대답하여 이르기를 "제발 보소서. 내가 주님께 말씀드리기 원하나이다. 나는 티
끌과 재 같은 자이나이다. **28** 만약 의인 오십 명에서 다섯이 모자라면 그 다섯 때문

40) Gordon Wenham, *Genesis 16-50*, 50.

에 그 모든 도시를 멸하시려나이까?" 그리고 그가 말씀 하시니라. "내가 거기서 사십
다섯을 찾는다면 내가 멸하지 아니하리라." **29** 그가 다시 그에게 말하여 가로되 "만
약 거기서 사십 명만 찾게 된다면?" 그리고 그가 말씀하시니라. "내가 사십 명 때문
에 하지 않을 것이니라." **30** 그리고 그가 말했다. "제발 내 주를 격분시키지 않기를
원하오며 내가 말씀드리나이다. 만약 거기서 삼십 명을 찾게 된다면?" 그리고 그가
말씀하셨다. "내가 거기서 삼십 명을 찾는다면 내가 하지 아니하리라." **31** 그리고 그
가 말했다 "제발 보소서. 내가 주께 말씀드리기를 원하나이다. 만약 거기서 이십 명
을 찾는다면?" 그리고 그가 말씀하시니라. "내가 그 이십 명 때문에 멸하지 아니하리
라." **32** 그리고 그가 말했다. "제발 내 주를 격분 시키지 않기를 원하오며 내가 진정
한 번 더 말씀드리나이다. 만약 거기서 열 명을 찾게 된다면?" 그리고 그가 말씀하시
니라. "그 열 명 때문에 내가 멸하지 아니하리라." **33** 여호와께서 아브라함에게 말씀
하시기를 마치고 가셨고 그리고 아브라함은 자기의 처소로 돌아갔더라.

창세기 12~17장에서 아브라함이 하나님께 직접 말을 한 것은 두 번이며, 두 번 모두 자신의 후손과 기업과 관련된 것들이었다.[41] 그러나 창 18:22~33에서 아브라함은 하나님께 자기 조카 롯과 그리고 소돔과 고모라를 위한 중보의 대화를 6차례 나눈다. 롯과 소돔을 위한 중보도 아브라함과 그의 후손들에게 의를 교육시키고자 하는 17~19절의 하나님의 의도가 전제되어 있다. 대화에서 매번 아브라함은 '성 중에 의인 몇 명이 있으면 악인과 함께 멸하실 것인지' 묻고, 하나님은 '만약 내가 χ명을 발견하면 멸하지 않으리라'고 답하신다.

아브라함의 간청	23~25,	27~28,	29,	30,	31,	32
하나님의 대답	26,	28,	29,	30,	31,	32

독특하게도 아브라함은 조카 롯을 위해 중보하고 있음에도 불구하고, 롯을 언급하지 않는다. 하지만 창 19:29에서 볼 수 있는 것처럼 아브라함이 의도한

41) Nahum M. Sarna, *Genesis*, 132.

의인은 롯과 그에게 속한 사람들이다. 아브라함이 롯을 위해 하나님께 간곡히 기도하는 것은 당연하다. 아브라함은 메소포타미아 연합군에게 끌려가는 롯을 구하기 위해 자신의 목숨을 거는 군사 작전을 펼쳤던 것처럼 곧 멸망 당할 소돔과 고모라로부터 롯을 구해 내기 위해 하나님께 매달리고 있는 것이다.[42] 그럼에도 불구하고 아브라함은 롯의 이름을 직접 언급하지 않는다. 이로 인해 아브라함의 중보 대상은 의인들과 그들이 거주하는 소돔과 고모라로 차원이 확대되는 효과를 가져 온다. 그리고 중보 기도하는 아브라함의 태도는 매우 집요하고 간절하다.

22절

22절에는 등장 인물들의 변화가 일어난다. 세 사람 중에 두 사람은 소돔을 향하여 떠나고, 여호와는 남아 있고, 아브라함은 여호와 앞에 머물러 서 있다.[43] 세 사람 중에 한 사람의 정체가 가장 명확하게 되었다. 남아 있는 여호와는 사람의 형상을 가지고 나타난 것을 볼 때 구약 성경에서 종종 등장하는 '여호와의 사자'로 볼 수 있으며, 이 여호와의 사자는 성육신하기 이전의 성자 하나님의 강림으로 볼 수 있다. 아브라함의 롯과 소돔과 고모라를 위한 중보는 여호와 앞에 홀로 남아 있는 이때부터 일어난다. 23절에서 아브라함의 중보는 그가 하나님께 가까이 나아가는 것으로 시작된다. 이미 하나님 앞에 있었지만, 그는 간청하기 위해 좀 더 가까이 하나님께 나아가고 있다. 이것은 거리의 문제가 아니라 중보 기도하려는 아브라함의 진정 어린 기도 자세를 보여 주는 것이다.

42) Laurence A. Turner, "Lot as Jekyll and Hyde: A Reading of Genesis 18~19," *Bible in Three Dimensions* (Sheffield: JSOT Press, 1990), 89.

43) 마소라 전통에 따르면 창 18:22은 에스라 때부터 알렉산더 대왕이 죽을 때까지 서기관들이 하나님께 대한 불경을 우려하여 본문을 변경 시킨 18개의 본문들 중에 하나이다. Martin Pröbstle에 의하면 이 본문들은 창 18:22; 민 11:15; 12:12; 삼상 3:13; 삼하 16:12, 20:1; 왕상 12:16; 렘 2:11; 겔 8:17; 호 4:7; 합 1:12; 슥 2:12; 말 1:13; 시 106:20; 욥 7:20, 32:3; 애 3:20; 대하 10:16. 월터 브루그만을 비롯한 일부 학자들은 추정상의 변경되지 않은 본문을 수용하고 있다. 하지만 쿰란 사본과 70인역을 비롯한 고대 역본들은 MT와 일치하는 본문을 가지고 있다. Bruce K. Waltke, *Genesis*, 270; Walter Brueggemann, *Genesis*, 168; Martin Pröbstle, "YHWH Standing before Abraham: Genesis 18:22 and Its Theological force," *Inicios, Paradigmas y Fundamentos* (Entre Rios, Argentina: Editorial Univ Adventista del Plata, 2004), 169~189.

23절

아브라함이 하나님께 드린 첫 간청은 의인을 악인과 함께 멸망시켜서는 안 된다는 것이다. 아브라함의 간청은 하나님이 사라에게 아들 즉 생명을 주겠다고 한 것과 대조되는 개념이다. 13절에서 하나님이 사라의 말을 인용한 것과 아브라함이 하나님께 한 말을 비교해 보면 둘 사이의 주제 상의 대조를 확인할 수 있다.

창 18:13 הַאַף אֻמְנָם אֵלֵד

창 18:23 הַאַף תִּסְפֶּה

둘 다 '하앞' הַאַף(진실로)을 앞세우고 있고, 대신에 13절은 '아이를 낳다'(에레드 אֵלֵד)이고 23절은 '멸하다'(티스페 תִּסְפֶּה)이다. 사라의 출생을 알리고 소돔의 멸망을 알린 하나님께 아브라함은 의인을 악인과 함께 멸하지 말라고 간구하고 있다.

24절

아브라함은 22절의 논리를 더 확대하여 소돔에 50명의 의인이 있으면 이들 50명뿐만 아니라 이들이 살고있는 장소인 소돔과 고모라도 용서해 줄 수 없는지 하나님께 간청하고 있다.[44] 소돔의 죄악의 소리가 하늘의 하나님께 상달될 정도였기 때문에 아브라함을 포함한 당대의 모든 가나안 사람들이 소돔과 고모라의 죄악을 창 13:13의 말씀처럼 이미 알고 있었다. 그럼에도 불구하고 아브라함이 50명을 제시한 이유는 그의 조카 롯과 그의 집안 사람들과 혹시 롯을 통하여 변화된 소돔 사람들이 있을 것을 예상하고 이 숫자의 의인을 하나님

44) 특정한 의인을 근거로 도시를 구원하려는 주제는 렘 5:1과 겔 22:30에서도 찾아볼 수 있다. Joseph Blenkinsopp, "Abraham and the Righteous of Sodom," *Journal of Jewish Studies* 33 (1982): 119~132. Gordon Wenham은 암 5:3의 "백 명이 행군해 나가던 성읍"에 근거하여 최소 단위의 도시의 인구를 100명으로 계산한다. 그리고 그는 아브라함이 말한 의인 50명은 그 절반에 해당되는 수이며, 아브라함의 의도는 한 작은 도시의 인구의 절반은 의인이고 절반은 악인인데 이 절반의 의인이 절반의 악인 때문에 함께 심판 받으면 안 된다는 취지로 말했을 것이라고 추정한다. Gordon Wenham, *Genesis 1-50*, 52.

께 말하였을 것이다. 창 19:9의 소돔 사람들의 말은 롯이 소돔 사람들에게 의와 공의로 가르치려 했었음을 보여준다. 하지만 24절의 '베로-티사 람마콤' לַמָּקוֹם וְלֹא־תִשָּׂא(그곳을 용서하지 않겠나이까)에서 볼 수 있듯이 사실상 아브라함의 간청은 이들 50명에게 한정되지 않고 소돔과 고모라로 확대되었다.

25절

아브라함은 간청의 정당성을 하나님께 말씀드리기 위해 바른 재판의 원칙을 역설하듯 말한다. 아브라함은 하나님께 의인을 악인과 함께 죽이는 것은 부당하며, 의인을 악인과 같이 여기는 것도 멀리해야 한다고 말한다. 더 나아가 아브라함은 하나님을 온 땅을 심판하는 분으로 고백하며, 사실상 하나님을 온 세상을 다스리는 분으로 믿고 있음을 보여 준다. 그리고 아브라함은 온 땅을 심판하는 이는 의로서 행해야 한다고 하나님께 말한다. 마치 아브라함이 하나님보다 더 의롭고, 불의한 하나님에게 도덕적인 재판관의 자세를 가르치는 것처럼 여길 수도 있지만,[45] 이것은 중보 기도하는 아브라함의 진정성을 보여주기 위한 과장된 말로 볼 수 있다. 엄밀한 의미에서 아브라함의 정의에 관한 개념도 문제가 있다. 의인을 악인과 함께 죽이는 것이 바른 심판이 아니지만, 의인 때문에 악인을 살려 주는 것도 바른 의가 아니다. 하지만 아브라함과 하나님의 대화는 단순히 도덕적인 의의 문제를 논의하는 것이 아니다. 아브라함이 가진 의의 개념은 의인 때문에 악인이 용서받는 개념이다. 이것은 마치 그가 창세기 14장에서 롯을 구하기 위해 창 13:13에서 죄인으로 분류되었던 소돔 사람들을 함께 구해 온 것과 같은 차원에 서 있다. 아브라함이 하나님께 온 땅의 심판자로서 의롭게 재판해야 한다고 한 것도 결코 비도덕적인 하나님을 도덕적인 아브라함이 의에 대해 가르치는 것이 아니다.[46] 오히려 의와 공의에 대해 교육을 받아야

45) Nathan MacDonald, "Listening to Abraham-Listening to YHWH: Divine Justice and mercy in Genesis 18:16-33," *The Catholic Biblical Quarterly* 66 (2004): 25~43. Walter Brueggemann, *Genesis*, 167~177. Walter Brueggemann은 아브라함이 마치 신학 선생이 제자를 가르치듯 하나님께 의와 공평에 대한 새로운 가르침을 주고 있다고 주장한다.

46) Robert Eisen, "The Education of Abraham: The Encounter between Abraham and God over the Fate of Sodom and Gomorrah," *Jewish Bible Quarterly* 28 (2000): 80~86.

할 대상은 아브라함이며, 일종의 소크라테스식의 대화를 통한 의와 공의를 깨닫게 하려는 하나님의 교육이 진행되고 있다는 사실은 아브라함의 말과 하나님의 말을 비교해 보면 알 수 있다.

19절. וְשָׁמְרוּ דֶּרֶךְ יְהוָה לַעֲשׂוֹת צְדָקָה וּמִשְׁפָּט

25절. וְהָיָה כַצַּדִּיק כָּרָשָׁע חָלִלָה לָּךְ הֲשֹׁפֵט כָּל־הָאָרֶץ לֹא יַעֲשֶׂה מִשְׁפָּט

아브라함이 롯과 소돔을 위해 하나님께 중보하며 사용하고 있는 변론 기조는 하나님이 말씀한 의와 공의이다. 아브라함이 하나님께 이 말을 할 수 있었던 것도 그가 하나님의 선하심을 굳게 믿었기 때문에 가능했다. 하나님의 의가 아브라함보다 더 숭고하다는 것은 소돔의 용서를 위해 아브라함이 50명에서 10명으로 거듭 제시하는 동안 하나님은 단 한 번도 거절하지 않고 모두 들어 준 것에서 엿볼 수 있다. 이미 하나님이 말한 것처럼 하나님이 아브라함에게 중보할 기회를 준 목적은 아브라함이 조카 롯에 대한 집착 때문에 하고 있는 중보기도 대상을 더 넓히고 발전시키게 하려는 하나님의 교육이다. 아브라함의 말에 귀를 기울일 준비가 되어 있는 하나님께(이스마엘의 의미) 아브라함은 당장에 자신의 아내의 출산을 위해 기도하고 더 나아가 열방을 위해 기도하여 하나님께서 그에게 이루고자 하는 것이 이루어지게 해야 한다.

26절

아브라함의 간청과 주장을 들은 하나님은 소돔에 50명의 의인이 있으면, 그들 때문에 소돔 전체를 멸망시키지 않고 용서하겠다고 말한다. 하나님은 아브라함의 중보적 간청을 듣고 받아들이고 있다. 그리고 아브라함의 간청처럼 하나님은 자신의 공의가 의인들을 악인과 함께 멸망시키지 않는 것뿐만 아니라, 의인들 때문에 악인들도 용서하시는 것임을 보여준다. 이것은 아브라함이 하나님께 대한 간청의 근거로 끝나지 않고 18~19절에서 하나님이 말씀하신 것처럼 아브라함이 그의 자손들과 그의 집안 사람들에게 의롭고 공의롭게 사는 것의 중요성과 다른 사람들과 민족들에게 미치는 그 영향에 대해서 가르쳐야 할 내용이기도 하다.

27~32절

아브라함은 하나님이 자신의 간청을 듣고 너무 쉽게 허락하자, 과연 소돔에 의인 50명이 있을지에 대해 확신할 수 없었다. 그래서 아브라함은 27~32절에서 볼 수 있듯이 하나님께 거듭 간청을 하게 된다. 하나님과 아브라함의 말에서 몇 가지 특징을 찾아볼 수 있다. 첫째, 아브라함은 하나님께 간청하면서 청원법을 반복해서 사용한다. 모두 네 차례에 걸쳐 반복된 청원적 표현은 ‘힌네-나’ הִנֵּה־נָא(보소서-제발)와 ‘알-나’ אַל־נָא(제발 ~하지 마소서)이다. ‘힌네-나’ הִנֵּה־נָא는 27절과 31절에서 하나님께 간청하고자 하는 마음과, 의인들과 소돔과 고모라를 중보하고자 하는 진정 어린 심정을 용납해 달라고 할 때 동사 ‘호알티’ הוֹאַלְתִּי(내가 ~원하나이다)와 함께 사용하였다. ‘알-나’ אַל־נָא는 자신의 거듭된 간청이 하나님의 심기를 거슬러 분노하게 만들어 자신과 중보하는 의인들과 소돔과 고모라의 화가 미치지 않기를 바라며 동사 ‘이하르’ יִחַר와 함께 사용하였다. 둘째, 27절에서 아브라함은 자신을 먼지와 잿가루라고 하며, 자신을 지극히 미약한 존재라고 하나님께 말한다. 이 자세는 25~26절에서 의인을 악인과 함께 멸망시켜서는 안 된다는 심판의 원칙을 하나님께 주제넘게 말하는 아브라함의 모습과 아주 대조된다. 이런 대조된 모습은 그의 모순된 인격을 보여 주는 것이 아니라, 하나님께 소돔과 고모라를 위해 겸손하게 중보하는 그의 자세를 보여 준다. 하나님께 자신을 낮춘 아브라함은 청원법이 담긴 문장에서 항상 하나님을 ‘아도나이’ אֲדֹנָי(나의 주)라고 부르며 높인다. 셋째 아브라함은 하나님께 끈질기게 간청하였다. 아브라함은 의인 50명에서 5명이 모자라면, 이것 때문에 소돔을 멸망시킬 것인지 묻는다. 이에 대해 하나님은 45명만 찾아도 멸망시키지 않을 것이라고 말한다.

28 וַיֹּאמֶר לֹא אַשְׁחִית אִם־אֶמְצָא שָׁם אַרְבָּעִים וַחֲמִשָּׁה	28 אוּלַי יַחְסְרוּן חֲמִשִּׁים הַצַּדִּיקִם חֲמִשָּׁה	27 וַיַּעַן אַבְרָהָם וַיֹּאמַר הִנֵּה־נָא הוֹאַלְתִּי לְדַבֵּר אֶל־אֲדֹנָי וְאָנֹכִי עָפָר וָאֵפֶר
29 וַיֹּאמֶר לֹא אֶעֱשֶׂה בַּעֲבוּר הָאַרְבָּעִים	29 אוּלַי יִמָּצְאוּן שָׁם אַרְבָּעִים	29 וַיֹּסֶף עוֹד לְדַבֵּר אֵלָיו וַיֹּאמַר
30 וַיֹּאמֶר לֹא אֶעֱשֶׂה אִם־אֶמְצָא שָׁם שְׁלֹשִׁים	30 אוּלַי יִמָּצְאוּן שָׁם שְׁלֹשִׁים	30 וַיֹּאמֶר אַל־נָא יִחַר לַאדֹנָי וַאֲדַבֵּרָה
31 וַיֹּאמֶר לֹא אַשְׁחִית בַּעֲבוּר הָעֶשְׂרִים	31 אוּלַי יִמָּצְאוּן שָׁם עֶשְׂרִים	31 וַיֹּאמֶר הִנֵּה־נָא הוֹאַלְתִּי לְדַבֵּר אֶל־אֲדֹנָי
32 וַיֹּאמֶר לֹא אַשְׁחִית בַּעֲבוּר הָעֲשָׂרָה	32 אוּלַי יִמָּצְאוּן שָׁם עֲשָׂרָה	32 וַיֹּאמֶר אַל־נָא יִחַר לַאדֹנָי וַאֲדַבְּרָה אַךְ־הַפַּעַם

이어지는 29~32절의 메시지들은 반복적인 패턴의 문장으로 구성되어 있으며 숫자만 40에서 10으로 줄어들고 있다. 아브라함은 의인 50명, 45명, 40명, 30명, 20명, 그리고 10명을 소돔에서 찾으면 멸하지 말아 달라고 하면서 모두 6차례에 걸쳐 끈질기게 간청한다. 아브라함이 의인의 숫자를 더 줄이며 간청하지 않는 이유는 6차례 중보한 것이 일종의 완전한 중보임을 나타내기 위한 문학적 장치이기 때문이다. 아브라함이 소돔과 고모라를 위해 완벽하게 중보 하였음을 보여준다. 그리고 아브라함이 5명의 의인을 조건으로 간청하지 하지 않은 것은 조카 롯의 가족과 그들의 영향을 받은 자를 포함하여 최소한 10명은 될 것이라는 확신을 가졌기 때문일 것이다.[47)] 하나님께서 롯의 간청을 한 번만 듣고 소알을 멸망시키지 않고 남겨 둔 것과 아브라함의 간청을 비교해 보면 그 의도를 확인할 수 있다. 하나님께서 아브라함보다 롯의 기도를 더 잘 들어 주기 때문이 결코 아니다. 아브라함의 간청에서 부각시키려고 하는 것은 의인의 숫자보다 아브라함의 끈질긴 간청, 즉 완전한 중보이다.[48)] 하지만 아브라함의 기도

47) Nahum M. Sarna는 10명은 공동체를 구성하는 최소 단위의 인원으로 여기고 있다. Nahum M. Sarna, *Genesis*, 134.

48) Kenneth A. Mathews, *Genesis 11:27-50:26*, 229~230.

는 어찌 보면 좀 뻔뻔하다. 50에서 절반도 아니고, 1/5로 확 줄이면서 하나님께 간구하고 있다. 게다가 아브라함은 이렇게 고집스럽게 기도하면 하나님의 진노를 두려워하면서도 30절과 32절에서 '제발 내 주여 노하지 마소서'라고 거듭 말하며 하나님께 간청을 하고 있다. 이러한 아브라함을 마다하지 않고 하나님은 아브라함의 간청을 한 번도 거절하지 않고 'χ명을 찾으면, χ명으로 인하여 내가 멸망시키지 아니하리라'를 반복하며 매우 간결하게 그의 간청을 들어 주겠다고 말한다.

33절

아브라함의 간청을 모두 듣고 대화를 마친 하나님은 떠나고, 그리고 아브라함은 자신의 집으로 되돌아간다. 하나님이 어느 곳으로 갔는지 본문은 명확하게 말하지 않는다. 하지만 하나님은 아브라함에게 온 땅의 심판자이신 하나님은 의와 공평으로 심판하시는 분이시고, 한 도시를 심판할 때 다수의 악인보다 소수의 의인에게 더 큰 비중을 두신다는 것을 확인시켜 주고 떠났다. 하지만 아브라함의 중보에도 불구하고 소돔은 멸망하게 된다. 그 이유는 아브라함의 중보 기도의 정성이 부족했기 때문이 아니라, 소돔과 고모라의 죄악이 극에 달했기 때문에 그 성의 유일한 의인 롯과 그의 가족들에게만 구원의 은혜를 베풀고 그 성들은 멸망시켰다. 아브라함의 중보는 천하 만민을 위해 아브라함의 후손들이 어떤 자세를 가져야 하는지를 보여 주는 중요한 사건이며, 하나님 앞에서 의롭게 사는 것이 얼마나 중요한지를 보여주는 사건이다.

Chapter 09

창세기 19장

창세기 19장은 창세기 18장에서 예고된 소돔의 멸망과 롯의 시련을 구체적으로 기록하고 있으며, 이 두 장의 내용은 그 주제가 롯과 소돔이라는 점에서 창세기 13~14장과 유사하다. 창세기 13장에서 아브라함과 분가한 롯은 소돔으로 들어가 정착하였고, 그리고 창 13:13에서 '소돔 사람은 여호와 앞에 악하며 큰 죄인이었더라'고 하면서 소돔 사람들에 대한 윤리적인 평가를 내렸다. 이어서 하나님은 아브라함에게 그의 후손과 가나안 땅에 대한 약속을 주었다. 창세기 14장에서 소돔을 비롯한 인근 도시 국가들은 북방 연합군의 공격을 받아 멸망의 위기에 빠졌다가 조카 롯을 구하려는 아브라함의 군사 개입으로 회복되었다. 창세기 18장에서 하나님은 아브라함과 사라에게 그의 후손에 대한 약속을 하고 이어서 소돔 사람들의 죄악이 심히 크다고 아브라함에게 밝힌다. 창세기 14장에서 그랬던 것처럼, 아브라함은 조카 롯 때문에 소돔을 위해 하나님께 중보 기도한다. 그리고 창세기 19장에서 소돔은 자신들의 죄악 때문에 하나님께 멸망 당하고, 롯과 그의 두 딸만 살아남게 된다. 창세기 19장은 18장에서 이어지는 이야기이다. 하나님은 18장에서 이삭의 출생 소식을 알리고 동시에 소돔의 멸망과 함께 롯의 퇴조를 알린다. 창세기 19장은 18장에서 예고된 소돔의 멸망 과정을 기록하고 있으며, 롯이 두 딸을 통해 아들들을 낳고 이들이 모압과 암몬 두 민족의 시조가 되었음을 기록하고 있다. 창세기 19장의 이야기는 아래에서 볼 수 있는 것처럼 창세기 18장과 대조되는 주제들로 전개되고 있음을 발견할 수 있다.

창세기 18장		창세기 19장	
1~8	아브라함의 나그네 대접	1~11	롯의 나그네 대접과 소돔 사람의 공격
8~15	사라가 어디 있느냐 – 출생 소식	12~16	천사들이 롯의 가족 구원
16~19	하나님과 아브라함의 관계	17~23	하나님과 롯과의 관계 – 소알로 도망
20~21	소돔의 죄악	24~26	소돔의 멸망
22~33	소돔을 위한 중보 – 의인 10명	27~38	롯 외에 의인이 없음

이렇게 주제를 대조시키고 있는 이유는 두 가지이다. 첫째는 하나님이 소돔을 멸망시킬 수밖에 없는 이유를 보여 주는 것이다. 둘째는 하나님은 아브라함에게 그의 조카 롯의 몰락을 보여줌으로 그에 대한 기대를 접게 하는 것이다. 창세기 19장은 위의 주제들을 다양한 무대 변화를 통해 전개해 나간다.

1~3a	소돔 성문	3b~4	롯의 집	4~11	롯의 집 문 앞
12~13	롯의 집 문 안	14	소돔 성안	15	롯의 집
16~22	소돔 성문 밖	23	소알	24~26	소돔과 주변 들판
27~29	헤브론에서 소돔까지	30~38	산속의 동굴		

1~15절에서 롯의 이야기는 소돔 성과 롯의 집을 배경으로 전개되다가 16절 이후에는 점점 소돔 성에서 멀어진 곳을 배경으로 롯의 이야기가 전개되고 있다. 11~16절에서 무대가 빠르게 변하고 있으며, 이는 사건이 급박하게 전개되고 있음을 보여 준다. 30~38절의 이야기는 소돔 멸망의 결과로 생겨난 사건이지만, 소돔은 더 이상 이야기의 배경이 되지 않고 있다.

1~3절. 롯의 나그네 대접

1 두 천사가 저녁에 소돔에 이르렀고 그리고 롯은 소돔 성문 가에 앉았더라. 롯이 보고 그들을 맞이하려고 일어나서 얼굴을 땅에 대고 절하니라. **2** 그리고 그가 말하기를 "보소서 내 주님들! 당신들의 종의 집으로 돌이키사 머무소서. 당신들의 발을 씻고 아침에 일찍 일어나 당신들의 길을 가소서." 그들이 대답하기를 "아니라 우리는 광장에서 머물 것이라." **3** 그가 그들을 심히 강권하였고 그래서 그들이 그에게 돌이켜서 그의 집에 들어 가니라. 그리고 그가 그들을 위하여 잔치를 베풀고 그가 빵을 구우니 그들이 먹으니라.

우리는 일반적으로 롯에 대한 이미지는 그렇게 좋지 않다. 아브라함이 약속의 땅을 택할 때 외관상 에덴동산 같아 보이는 소돔 땅을 택했었기 때문에 우리는 일반적으로 롯을 다소 이기적이고 외면만 보는 사람으로 생각한다. 뿐만 아니라 만취한 상태에서 두 딸들과 동침하여 아들을 낳은 사람이지 않는가?[1] 우리가 롯을 이렇게 생각하고 있음에도 불구하고 벧후 2:7~8에서 베드로는 롯을 의인이라고 말한다.[2] 베드로는 무엇에 근거해서 롯을 이렇게 판단했을까? 창세기 19장은 롯에 대하여 무엇을 말하고 있을까? 1절 이하에서 펼쳐지는 사건들은 베드로의 말을 충분히 뒷받침해 준다.

1절

창 18:22에서 아브라함과 대화를 나누고 있는 여호와 하나님을 뒤에 남겨 두고 떠난 천사들이 마침내 소돔 성문에 도착하였다. 창 18:2에서 아브라함이 세 사람을 만난 것처럼 창 19:1은 롯이 두 명의 천사를 만나 그들에게 절하는 장면을 기록하고 있다. 둘 사이에 차이점이 있다. 창 18:2은 아브라함을 찾았던 이들을 사람이라고 표현하고 있는 데 반해 창 19:1은 창 18:22에서 여호와가 아

1) David W. Cotter, *Genesis*, Berit Olam (Collegeville, MN: Michael Glazier Book, 2003), 127.
2) 벧후 2:7~8 "7 무법한 자의 음란한 행실을 인하여 고통하는 의로운 롯을 건지셨으니 8 이 의인이 저희 중에 거하여 날마다 저 불법한 행실을 보고 들음으로 그 의로운 심령을 상하니라."

브라함과 대화를 하는 동안 소돔을 향하여 떠난 두 사람을 연상시키듯 '둘'(쉐니 שְׁנֵי)이란 표현을 썼지만, 이 둘을 사람이라고 표현하지 않고 천사들(말아킴 הַמַּלְאָכִים)이라고 표현하였다. '말아킴'에 정관사 '하' הַ를 붙인 것은 이 두 천사를 창 18:22의 두 사람을 염두에 두고 있음을 보여 주는 또 하나의 단서이다.[3] '바에렙' בָּעֶרֶב(저녁에)도 이들 천사들이 창세기 18장의 두 사람과 동일인이라는 단서가 될 수 있다. 창 18:2에서 이들은 한낮에 아브라함을 찾아갔다.[4] 창 19:1에서 이들 천사들은 저녁에 소돔에 도착하고 있다. 거리상으로 한낮에 헤브론의 마므레 상수리나무 아래에서 식사를 하고 저녁에 소돔에 도착하는 것이 어느 정도 가능할지에 관하여는 소돔의 정확한 위치를 모르기 때문에 아무도 알 수 없다. 하지만, 롯을 찾은 것은 사람이 아닌 천사라는 것과 창 18:2의 한 낮(케홈 하욤 כְּחֹם הַיּוֹם)과 창 19:1의 저녁(בָּעֶרֶב)은 시간적인 연속성을 보여주는 표현이라는 점은 부인할 수 없다. 창 19:27에서 소돔 심판 직후 아브라함이 불타는 소돔을 내려다보고 있는 시간을 아침 일찍이라고 한 것도 모두 시간의 연속성을 나타내려는 의도 때문이다. 낮과 저녁은 또 다른 역할을 한다. 낮의 이미지가 그렇듯이 낮에 아브라함을 찾아온 하나님은 그와 사라에게 이삭의 출생이라는 희망과 기쁨의 소식을 주었다. 반면에 저녁과 밤의 어두운 이미지는 소돔 사람들의 어두운 죄악을 나타내기도 하며 그리고 임박한 죽음과 멸망의 어두운 사건을 나타내기도 한다.

천사들이 저녁 시간에 소돔을 방문했을 때 롯은 성문에 앉아 있었다. 롯이 저녁 시간에 이곳에 있었던 이유는 이 지역이 팔레스타인에서 가장 더운 곳이기 때문에 더운 대낮을 피해 기온이 떨어져 활동할만한 시간에 사람들이 왕래하였기 때문일 것이다. 성문은 주민들과 나그네가 드나드는 관문이었지만, 그

3) John H. Sailhamer, *The Pentateuch as Narrative* (Grand Rapids: Zondervan, 1992), 170.

4) Victor P. Hamilton, *The Book of Genesis: chapters 18-50* (Grand Rapids: Eerdmans, 1995), 31. 해밀턴에 의하면 소돔이 사해 북쪽에 위치해 있었다면 헤브론에서 18 마일 떨어져 있고, 사해 남쪽에 위치해 있다면 40 마일 떨어져 있다. 어느 위치이든지 정상적인 사람이 점심 먹고 난 후 걸어서 저녁까지 소돔에 도착하는 것은 불가능하다. 오직 천사만 가능하다. Victor P. Hamilton, *The Book of Genesis: chapters 18-50* (Grand Rapids: Eerdmans, 1995), 31. Bruce K. Waltke, *Genesis* (Grand Rapids: Zondervan, 2001), 275. 왈케는 저녁은 같은 날의 저녁이 아니라고 생각한다.

성의 시민들은 성문을 자유롭게 드나들 수 있었으나 노예들은 주인의 허락 없이 통과할 수 없었다.[5] 성문은 또한 고대 근동 사회에서 일상적인 소식을 주고받고 사업과 재판을 위해 모이는 장소였다. 도시 국가의 왕들은 성문 앞에서 배심원 역할을 하는 장로들과 함께 백성들의 법적인 문제들을 재판 하였다. 텔 단 유적은 성의 왕이나 최고 지도자와 장로들이 앉는 돌로 된 자리가 성문 입구에 배치되어 있었음을 보여 준다. 고대 누지 법적인 문서들에 의하면 재판의 결과와 법적인 결정 사항들이 성문 앞에서 선포된 후 토판에 기록되었다.[6] 그렇다면 롯은 소돔의 성문에 왜 앉아 있었을까? 9절의 소돔 사람들이 롯에게 하는 말이 중요한 힌트가 될 수 있다. 롯은 소돔 사람들에게 재판관처럼 옳고 그른 것을 지적하고 있었을 가능성이 높다. 롯이 이런 지위를 얻게 된 것은 자신의 역량에 더하여 아브라함의 공로도 있었을 가능성이 높다. 창세기 14장에서 아브라함이 롯을 메소포타미아 연합군으로부터 구출하였을 때, 그는 소돔 왕과 함께 소돔으로 돌아가 살았다. 그리고 아브라함의 구출 작전은 소돔 성에서 롯의 지위를 향상시켜 장로의 위치에 오르게 하는데 영향을 주었을 가능성이 높다. 소돔에서 롯은 나그네 차림으로 찾아온 천사들에게 아브라함처럼 대접한 것에서 볼 수 있듯이 건강한 생활 양식과 신앙을 소돔 사람들에게 가르치려 했을 가능성이 높다. 하지만 소돔 사람들의 배척에서 볼 수 있듯이 소돔 사람들 중에는 롯에 대해 반감을 가진 사람들도 많이 있었을 것이다.[7]

이 두 천사를 본 롯은 아브라함처럼 즉각 그들을 맞이하기 위해 일어나 그들에게 절을 하였다. 창 19:1~3의 내용은 창 18:1~2과 유사하기 때문에 둘을 비교하며 살펴볼 필요가 있다. 롯의 행동은 창 18:1~2에서 아브라함이 세 사람에게 했던 행동과 동일하다. 가벼운 차이점이 있다면 아브라함은 한낮에 자신의 천막 문 앞에 있었는데, 롯은 저녁 무렵에 소돔 성 문 앞에 앉아 있었다. 아브라함은 이들을 보고 달려가서 맞이하였는데, 롯은 일어나 그들을 맞이하고 있다.

5) Victor H. Matthws, "Entrance Ways and Threshing Floors: Legally Significant Sites in the Ancient Near East," *Fides et Historia* 19 (1987): 25~40.
6) Nahum M. Sarna, *Genesis* (Jerusalem: Jewish Publication Society, 1989), 135.
7) Gordon Wenham, *Genesis 16-50* (Nashville: Thomas Nelson, 2000), 54.

그리고 아브라함이 세 사람에게 절하였던 것을 '와이스타후 알차'(וַיִּשְׁתַּחוּ אָרְצָה 그리고 그가 땅에 엎드려 절하였다)인데 반해, 롯이 절한 것을 표현할 때는 '와이쉬타후 앞파임 알차'(וַיִּשְׁתַּחוּ אַפַּיִם אָרְצָה 그리고 그가 얼굴을 땅에 대고 절하였다)이다. 아브라함의 경우 절하는 대상이 사람인지 천사인지 밝히지 않고 있지만, 창 19:1은 롯이 절하고 있는 대상을 천사들이라고 미리 밝히고 있다. 롯이 이들을 천사로 인식하지 못했지만, 아브라함이 세 사람 중의 한 명을 '주'라고 표현하였던 것과 유사하게 롯은 2절에서 이 둘에게 '주님들'(아도나이 אֲדֹנַי, 주의 복수)이라고 표현하고, 자신을 그들의 종이라고 말한다. 롯이 천사들을 아주 중요한 사람들로 인식하고 존중하며 맞이하고 있음을 보여 준다.[8)]

2절

2절에서 롯은 아브라함과 유사하게 두 천사들에게 자신의 집에 들어가서 발을 씻고 아침에 일찍 일어나 길을 가라고 요청한다. 창 13:12에서 롯은 소돔 인근에 천막을 치고 생활하였는데, 창 19:2은 그가 소돔 성안의 집으로 이사 들어갔음을 보여 주고 있다. 이것은 롯이 소돔 사람들과 동화되어 가고 있었음을 보여준다.[9)] 롯이 소돔 출신의 사위를 맞이하는 것은 그의 소돔 동화의 정도를 보여준다. 롯은 천사들에게 '보소서! 제발 내 주여! 제발 돌이켜서'라고 하며 또 자신을 낮추어 '당신들의 종'이라고 표현하며 겸손하고 정중하게 간청하였다. 하지만 아브라함의 요청에는 흔쾌히 동의하였던 것과는 달리, 두 천사들은 롯의 요청을 거절하고 광장에서 노숙하겠다고 한다. 천사들은 강조를 위해 '광장에'를 동사 앞으로 도치하였다. 천사들은 왜 롯의 간청을 거절했을까? 천사들은 롯 개인에 대한 문제 때문이 아니라 소돔 사람들의 죄악의 정도를 테스트하려고 광장에 머물려고 했다. 22절에서 천사들이 롯이 소돔에 머물고 있는 동안에는 소돔을 멸망시킬 수 없다고 한 것은 천사들이 롯을 배척하지 않았음을 보여

8) Victor P. Hamilton, *The Book of Genesis: chapters 18-50*, 28.

9) Joyce G. Baldwin, *The Message of Genesis 12-50* (Downers Grove, IL: Inter-Varsity Press, 1986), 77.

준다. 삿 19:15에는 베들레헴 출신의 레위인이 하룻밤 묵을 거처를 확보하기 위해 기브아의 광장에서 기다리고 있다. 오랜 시간이 지나도 레위인에게 숙식을 제공하려는 사람이 나타나지 않은 사실을 언급함으로 사사기의 저자는 기브아 사람들을 부정적으로 평가하고 있다. 창세기 19장과 사사기 19장에 유사한 내용이 공통적으로 나오는 것은 나그네가 도시의 광장에서 거처를 찾는 것이 당대의 사회적인 전통이었음을 보여준다. 천사들은 광장에 머물며 나그네를 대하는 소돔 사람들의 태도를 살펴봄으로 그들의 죄악의 정도를 평가하려 하였을 것이다. 롯은 천사에게 자신의 집에서 씻고 잔 후에 갈 길을 가라고 말했다. 이것은 롯이 천사들의 정체나 소돔 방문 목적을 전혀 알지 못하고 있음을 보여준다(히 13:2).

3절

천사들이 거절하였지만 롯은 포기하지 않았다. 오히려 천사들의 거절은 롯의 의로운 삶을 증명하는 도구가 된다. 소돔 사람들 중에 어느 누구도 나그네인 천사들을 영접하지 않는 상황에서 롯의 나그네 대접은 그의 의로운 삶의 자세를 대변한다. 롯은 천사들을 대접하기 위해 강권하여 자신의 집으로 데려간다. 3절은 롯의 강권하는 태도를 동사 '파찰' פָּצַר(강요하다)과 부사 '메오드' מְאֹד(심히)를 통해 강조하고 있다. '파찰'은 구약 성경에서 7번 사용된 동사이며, 끈질기게 요구하는 행동을 나타내는 표현이다. 예를 들면, 엘리야가 승천했을 때 제자들이 엘리사에게 엘리야의 시체를 찾아 나서라고 할 때 이 동사가 사용되었으며, 이렇게 강요하는 제자들 때문에 엘리사가 수치를 느꼈다고 말한다. '파찰'은 이 정도로 집요하게 요구하는 행동을 나타낸다. 롯의 경우에는 이 동사에 더하여 '메오드' מְאֹד(심히)를 더하였기 때문에, 롯이 천사에게 얼마나 끈질기게 강요했는지 짐작할 수 있다. 롯이 천사들을 이처럼 강권한 이유는 4절 이하의 소돔 사람들의 태도에서 볼 수 있듯이 아마도 나그네가 소돔 성의 광장에서 머무는 것이 위험천만한 일이었기 때문일 수 있다. 결국 천사들은 뜻을 바꾸어 롯의 집으로 들어갔고, 롯은 아브라함처럼 그들을 위해 잔치를 베풀었다고 한다. 잔치라는 표현을 볼 때, 롯이 천사들에게 극진하게 대접하였으리라고 판단된다. 하지만 롯의 벌인 잔치를 아브라함의 나그네 대접과 비교해 보면 너무 초라하다. 아브라함은 밀가루 세 스아로 빵을 굽고 송아지를 잡았는데 반해 롯의 잔치에는 무교병만 언급되고 있다. 무교병은 이스라엘 민족들이 출애굽을 기념하여 유월절과 무교절에 먹는 빵이며, 주로 급히 음식을 장만할 때 만들어 먹는 빵이다. 무교병을 구워 대접하는 것은 기드온이 천사를 대접한 것과 유사하지만, 기드온이 염소 새끼를 잡아 함께 대접한 것과 차이가 있다(삿 6:19~21). 롯이 무교병만 대접한 것은 그가 겉으로는 천사들을 대접하겠다고 강권했지만, 실상은 매우 인색했기 때문일 수도 있다.[10] 하지만 시간이 이미 저녁 시간이었기 때문에 아브라함처럼 풍성하게 준비할 수 없었을 수 있고 잔치라는 말을 사용한 것을 보면 무교병 외에 다른 음식도 제공되었을 가능성을 배제할 수 없다. 대부분의 주석가들이 롯과 아브라함이 손님 대접을 위해 준비한 음식의 양에 주목하고 있지만, 이에 못지않게 중요한 것은 음식을 준비하는 사람의 차이이다. 아브라함이 사라를 시켜 빵을 준비시키고 종들에게 고기를 준비하게 한 것과 달리 롯의 손님 대접에서는 음식을 준비하는 사람으로 롯만 언급되고 있다. 롯이 무교병을 직접 준비하였다. 왜 롯의 아내와 그의 두 딸 그리고 종들은 언급되지 않을까? 이들에 대한 언급이 없는 것은 단순한 생략이고, 실제로는 이들이 롯을 도왔을 가능성이 충분히 있다. 하지만, 3절은 롯의 나그네 대접에서 롯을 제외한 어느 누구의 역할도 말하지 않음으로 소돔에는 롯만이 나그네를 정중하게 대접할 줄 아는 의인이었음을 보여 준다. 3절은 아브라함의 경우와는 달리 천사들이 식사하는 동안 롯이 무엇을 하고 있었는지 아무런 언급이 없다.

4~9절. 소돔 사람들의 공격

4 그들이 눕기 전에 그 성의 사람들이 곧 소돔의 사람들이 그 집을 둘러 쌓으니 곧
소년으로부터 노인에 이르기까지 모든 사람들 곧 마지막 한 사람까지이니라. **5** 그리
고 그들이 롯을 불러 그에게 말하니라. "오늘 밤 네게 온 그 사람들이 어디 있느냐?

10) Bruce K. Waltke, *Genesis* (Grand Rapdis: Zondervan, 2001), 273.

그들을 우리에게 끌어내라. 우리가 그들을 알리라." **6** 롯이 그들에게 문 밖으로 나가
서 등 뒤로 문을 닫으니라. **7** 그리고 그가 말하기를 "제발 내 형제여 당신들이 악을
행하지 말라. **8** 제발 보시오! 나에게 남자를 알지 못하는 두 딸이 있으니 내가 그녀
들을 당신들에게 데려오리니 당신들은 그녀들에게 당신들의 눈에 좋은 대로 행하
시오. 오직 이 사람들에게는 어떤 일도 행하지 마시오. 이는 그들이 내 지붕 그늘에
들어 왔음이라." **9** 그리고 그들이 말하기를 "더 가까이 오라." 그리고 그들이 이르기
를 "이 자가 머물려고 들어와서 그가 이제는 재판을 행하려 하는도다. 우리가 네게
그들에게 보다 더 악을 행하리라." 그리고 그들이 그 사람 롯을 심히 강압하고 그들
이 가까이 나아가 그 문을 부수려 하니라.

4절

밤이 되어 천사들이 침소에 들어가기 전에 소돔 사람들이 천사들을 만나겠다며 롯의 집에 몰려와서 집을 에워싸는 사건이 발생하였다. 정작 천사들이 소돔 성문 앞에 있을 때에는 아무도 반기지 않았으면서 늦은 밤에 천사들을 만나려는 것 자체가 천사들을 괴롭히는 것이다. 롯과 달리 나그네를 괴롭히는 소돔 사람의 행동은 그들의 악한 모습을 보여 주는 것이다.[11] 5절에서 이들이 천

11) K. Renato Lings, "Culture Clash in Sodom: Patriarchal Tales of heroes, Villains, and Manipulation", *Patriarchs, Prophets and Other Villains* (London: Equinox, 2007), 185. K. Renato Lings는 구약 성경 곳곳에서 언급하는 소돔과 고모라의 죄악의 내용을 아래와 같이 정리하고 있다.

우상숭배	신 29:16~27; 32:5, 15~18, 37~38; 사 2:8, 18, 20; 렘 23:13; 50:2, 38; 겔 16:16~21, 35; 암 2:4, 8; 5:26; 습 1:4~6; 2:11.
하나님께 반역	사 1:2~5, 23; 3:8~9; 렘 50:14, 24; 애가 1:18, 20; 3:39, 42; 겔 16:59; 암 2:4; 습 1:13, 17; 3:11
거짓 선지자	렘 23:11, 15~17, 21~27, 30~39; 애가 2:14, 4:13, 습 3;4
교만	사 2:11~12, 17; 3:9, 16; 13:11; 렘 49:12, 16; 50:31~32; 겔 16:49; 암 6:8, 13; 습 2:8, 10; 3:11
음행	렘 23:10, 14; 겔 16:15~17, 20, 22, 25~29, 31~38, 41, 43, 48; 암 2:7.
타락	사 1:4, 16, 18, 21~23; 13:11; 렘 23:2, 10~11, 14~15, 22; 애가 2:14; 겔 16:47; 암 2:12; 5:12; 습 3:7.
사회적 불의	사 1:15~17, 21, 23, 3:14~15; 암 2:7; 4:1; 5:7, 11~12; 6:12; 8:4; 습 3:1, 3~4.
살인	사 1:21 애가 4:13~14; 겔 16:38; 습 1:9.

S. Levin은, "The Sickness of Sodom," *Judaism* 35 (1986): 281~283, 소돔 사람들의 문제는 도덕성의 문제가 아니라 오염된 물 때문에 얻은 건강의 문제를 가지고, 이런 사람들을 모두 죽인 하나님의 심판에 문제가 있다고 주장한다.

사들을 사람이라고 말하고 있는 점을 미루어 짐작할 때 이들이 천사들의 정체를 알고 온 것 같지는 않다. 그렇다면, 이들은 인간의 모습을 하고 있는 천사들의 어떤 점 때문에 그들을 알려고 하였을까? 인간의 모습을 하였지만 천사들의 외모에 특별한 점이 있었을 가능성이 있다. 소돔 성의 규모를 알 수 없지만, 천사를 만나기 위해 짧은 시간 안에 소돔 성의 모든 사람들이 모여 와서 롯의 집을 에워 쌓다. 강조를 위해 과장된 표현일 수 있지만, 4절은 소돔 성의 모든 백성이 모였다는 것을 강조하기 위해 몇 가지 문학적인 기교를 부리고 있다. 먼저 4절은 소돔 사람들이 롯의 집을 에워 싼 사실을 강조하기 위해 소돔 사람을 문장의 앞으로 도치하였고, 그 사람들이 소돔 사람이라는 것을 강조하기 위해 반복법을 사용하여 '그 성의 사람들, 곧 소돔 사람들'이라고 표현하였다. '소년으로부터 노인에 이르기까지'는 서로 극과 극에 해당되는 계층을 나타내는 표현이며, 소돔의 모든 사람들이 모였음을 보여 주려고 사용된 일종의 수사학적 표현(merism)이다. 이 표현은 동시에 소돔 사람들의 동성애가 모든 계층에 만연되어 있었음을 보여 주는 표현이다.[12] 이 표현에 더하여 소돔 사람들이 한 명도 남김없이 모였음을 나타내기 위해 '모든 백성'을 덧붙였고, 이어서 소돔 사람들 중에 롯의 집에서 가까운 곳에 사는 사람뿐만 아니라, 가장 멀리 떨어진 곳에 사는 사람까지도 모여들었음을 나타내기 위해 히브리어 '믹카체' מִקָּצֶה(끝에서부터)를 덧붙였다. 비록 예외 없이 모든 사람이 모인 것은 아닐지 몰라도 매우 많은 사람이 롯의 집 앞에 모여들었다. 3절은 롯의 집안에 손님을 대접하기 위해 롯을 돕는 자가 한 명도 없었음을 말하고 있는 반면에 4절은 창 18:32의 아브라함의 주장이 무색하게도 롯을 제외하고 소돔 성에는 단 한 명도 손님을 대접하는 사람이 없고 오히려 모든 사람이 손님에게 적대적이란 점을 강하게 부각시키고 있다. 잠자기 전 시간, 즉 밤은 소돔 사람들이 어둡고 은밀하고 악한 행동을 실행하기에 아주 적합한 시간이었다. 죄를 짓기 위해 모든 사람들이 잠자리에 들지 않고 모여 들 수 있다는 것은 매우 경이롭다. 소돔 사람들의 불순한 모임은 천사들이 아브라함의 대접을 받을 때 사라를 비롯한 모든 사람들이

12) Kenneth A. Mathews, *Genesis 11:27-50:26*, 235.

이들의 식탁 근처에서 얼씬도 하지 않은 것과 대조를 이루고 있다.

5절

소돔 사람들은 롯을 불러내어서 그 밤에 그에게 온 그 천사들의 행방을 묻고 있다. 소돔 사람들이 천사의 행방을 묻는 것은 창 18:9에서 세 사람이 아브라함에게 사라의 행방을 묻는 것과 매우 흡사한 문장으로 되어 있다.

창 18:9 וַיֹּאמְרוּ אֵלָיו אַיֵּה שָׂרָה אִשְׁתֶּךָ

창 19:5 וַיֹּאמְרוּ לוֹ אַיֵּה הָאֲנָשִׁים

이런 유사한 표현들은 창세기 18장과 19장을 대조시키려는 의도 때문에 생겨난 현상들이다. 롯의 손님들을 1절에서 천사들이라고 밝혔지만, 소돔 사람들은 이들을 사람들이라고 한다. 소돔 사람들은 이들의 정체가 천사라는 사실을 몰랐다는 것을 보여 준다. '저녁에'와 '잠자기 전'을 통해 이미 시간을 표시했음에도 불구하고 이 문장에서 시간을 나타내는 표현 '오늘 밤'이 또 사용되었다. 소돔 사람들은 롯에게 천사들을 자신들에게 데려 나오라고 말한다. 그리고 롯에게 '우리가 그들을 알리라'고 한다. 특이하게도 롯은 천사들이 누구인지 소돔에 무엇하러 왔는지 전혀 알려고 시도하지 않았는데, 소돔 사람들은 천사들을 알고자 데려 나오라고 한다.[13] 소돔 사람들이 사용한 동사 '야다' ידע의 기본적인 의미는 '알다'이다. 창 18:21에서 하나님은 소돔 사람들의 죄악의 소리가 하나님께 들려 왔기 때문에 그 정도를 '알아보려고'(에다아 אֵדְעָה) 소돔에 내려간다고 말했다. 이런 목적으로 찾아온 천사들을 5절에서 소돔 사람들은 '우리가 그들을 알려 하노라'(네다아 נֵדְעָה)며 모여들었다. 소돔 사람들은 무슨 의도로 두 천사를 알기 원한다고 했을까? 전통적으로는 '야다' ידע가 성적인 관계를 의미하는 것으로 이해하여, 소돔 사람들이 천사들을 집단 동성 성폭행을 시도한 것으로 여기고 있다. 최근의 학자들은 이렇게 많은 남자들이 두 사람을 상

13) Victor P. Hamilton, *The Book of Genesis: Chapters 18-50*, 33.

대로 성폭행을 시도하는 것은 말도 되지 않는다고 주장한다. 이들은 소돔 사람들의 죄는 나그네에게 적대적으로 행동한 것이며, 소돔 사람들이 알고자 한 것도 단순히 이 두 낯선 사람의 신분을 확인하려 했다고 한다.[14] 하지만 전통적으로 소돔 사람들의 요구는 성적인 것으로 이해되어 왔다. 70인역은 '야다'를 συγγενώμεθα로 번역하여 소돔 사람들의 의도를 성적인 것으로 이해하고 있다. 유다서 1:7도 소돔의 행위를 비정상적인 성행위로 여기고 있다. 소돔 사람들의 요구는 전통적인 해석처럼 성적인 의도를 가지고 있는 것으로 보인다. 창 19:8의 동사 '야다' ידע는 컨텍스트에 비추어 볼 때 성적인 의미를 가지고 있는 것으로 보아야 한다. 소돔 사람이 천사들을 알고자 한 것이 최소한 매우 적대적이고 불의한 것이라는 사실은 7절의 롯의 말과 8절의 롯의 행동을 통해 분명하게 확인힐 수 있다. 무엇보다도 독자 들은 하나님이 소돔과 고모라의 모든 사람을 멸망시킬 수밖에 없는 죄를 찾고 있다는 사실을 기억하며 소돔 사람들의 의도를 생각해야 할 것이다. 이러한 소돔 사람들의 행동은 하나님께 의와 공의에 대해 의견을 피력하였던 아브라함의 자세와 극단적인 대조를 이루고 있다.[15] 소돔 사람들의 요구가 성적인 것이라는 사실은 롯이 소돔 사람들에게 천사들을 대신하여 두 딸을 내어 놓는 것을 보면 확실하다.

6절

롯은 소돔 사람들의 소란스러운 요구를 듣고 문밖으로 나가 서서 집 문을 잠갔다. 롯은 자신의 손님들을 보호하려고 노력하고 있다. 6절의 표현은 창 18:10에서 사라가 천막 문 안에 아브라함 뒤에 머물고 있는 것과 유사한 표현

14) Walter Brueggemann, *Genesis*, 164. Scott Morschauser, "'Hospitality', Hostiles and Hostages: On the legal Background to Genesis 19:1-9," *JSOT* 27 (2003): 461~485. Scott Morschauser은 소돔 사람들이 천사들을 '야다'하려 한 목적은 창세기 14장의 전쟁의 배경 속에서 이해해야 한다고 주장한다. 그에 의하면 소돔 사람들은 두 천사의 신분을 확인하려고 하였고, 롯이 두 딸을 천사들을 대신하여 소돔 사람에게 주려 한 것은 두 천사가 소돔에 아무런 해를 끼치지 않고 떠날 것을 보증하기 위한 인질로 주려는 의도였다. Scott Morschauser의 가장 큰 약점은 그의 주장이 70인역과 유다서 1:7의 전통적인 이해와 너무 동떨어져 있다는 것과 그리고 롯이 유다 사람들의 요구를 악이라고 생각했고, 그들의 요구를 어느 정도 충족 시키기 위해 성적인 경험이 없는 딸을 원하는 대로 하라고 준 것을 설득력 있게 전혀 설명하지 못한다.

15) Bruce K. Waltke, *Genesis*, 276.

을 사용하고 있다.

창 18:10 וְשָׂרָה שֹׁמַעַת פֶּתַח הָאֹהֶל וְהוּא אַחֲרָיו

창 19:6 וַיֵּצֵא אֲלֵהֶם לוֹט הַפֶּתְחָה וְהַדֶּלֶת סָגַר אַחֲרָיו

아브라함이 사라를 그의 등 뒤에 천막 문에 있게 하고, 하나님의 일행과 대면하지 못하게 한 것은 매우 특이한 일이지만 그 이유가 무엇인지 명확하지 않다. 약 10개월 뒤에 이삭을 출산하는 것을 고려한다면, 사라가 하혈을 하기 시작했을 수 있고, 그래서 하혈하는 여인이 다른 사람의 옷이나 몸에 닿아 더럽히는 것을 방지하려는 전통에 따라 하나님의 일행을 더럽히는 것을 방지하기 위해 아브라함의 등 뒤 천막 문 안에 있었을 수 있다. 롯도 아브라함처럼 천사들을 소돔 사람들의 위협으로부터 지켜 보호하기 위해 자신의 집 문 뒤에 머물게 하였다. '뒤로 문을 닫고'란 표현은 집 안에 있는 사람을 보호할 목적으로 자신을 폭도들의 위협 앞에 완전히 노출시키는 아주 용감하고 희생적인 행동이다.

7~8절

문밖에서 롯은 소돔 사람들과 천사들 사이에서 중보자 역할을 하면서 천사들을 위하여 소돔 사람들에게 간청한다.[16] 롯은 그들에게 '제발'과 '내 형제'를 연발하며 그들의 행동을 제지하기 위해 아주 정중하게 설득하려고 노력한다. 그리고 롯은 이들에게 '악을 행하지 말라'고 한다. 소돔 사람의 말과 태도가 본문에 자세히 기록되어 있지 않지만, 롯은 그들이 '알려고' 하는 것이 단순히 신분을 확인하려는 것으로 생각하지 않고, 악을 행하려는 것으로 규정하였다. 8절의 롯의 행동은 이들의 요구가 성적인 것이라는 것을 알 수 있다. 롯은 천사들에게 악을 행하는 것을 막기 위해 소돔 사람들에게 자신에게 남자를 알지 못하는 두 딸이 있고 이들을 데려 나와 너희에게 줄 테니 너희 보기에 좋은 대로 하라고 말한다. 롯의 제안은 소돔 사람들이 알고자 하는 것이 성적인 의도를 가

16) Victor P. Hamilton, *The Book of Genesis: Chapters 18-50*, 35.

지고 있음을 보여준다. 이 말을 하면서 롯은 소돔 사람들이 사용했던 용어를 재사용하고 있다.

5절. הוֹצִיאֵם אֵלֵינוּ וְנֵדְעָה אֹתָם

8절. הִנֵּה־נָא לִי שְׁתֵּי בָנוֹת אֲשֶׁר לֹא־יָדְעוּ אִישׁ אוֹצִיאָה־נָּא

롯은 소돔 사람들이 사용했던 동사들인 '데려 나오다'와 '알다'를 재사용하면서 천사들을 대신하여 자신의 딸을 데려 나오게 해 달라고 하고 있다. 공교롭게도 롯의 집에 있는 천사는 두 명인데, 롯도 두 딸을 데려 나오겠다고 한다. 만약에 소돔 사람들의 의도가 성적인 것이 아니고 단순히 친분을 쌓는 차원이었더라면, 약혼자가 있는 두 딸을 성적인 희생양으로 주려고 한 롯의 제안은 정도가 지나칠 뿐만 아니라 우리는 그를 정신병자로 취급해야 할 것이다.[17)]

8절에서 롯은 두 딸을 대신해서 내어 놓을 테니 보기에 좋은 대로 하라고 한다. 롯의 절박한 심정이 감탄사 '힌네' **הִנֵּה**와 청원형 '나' **נָא**를 통해 드러나고 있다.

8 הִנֵּה־נָא לִי שְׁתֵּי בָנוֹת אֲשֶׁר לֹא־יָדְעוּ אִישׁ אוֹצִיאָה־נָּא אֶתְהֶן
אֲלֵיכֶם וַעֲשׂוּ לָהֶן כַּטּוֹב בְּעֵינֵיכֶם

소돔 사람들이 자신의 딸들에게 호감을 가지도록 롯은 '남자를 알지 못하는'을 덧붙였다. '보기에 좋은 대로'는 표현 자체는 긍정적이지만, 창세기에서 사람들이 '보기에 좋은 대로' 행동한 대부분의 사건들은 선악과 사건에서 볼 수 있듯이 부정적이다. 롯의 제안은 그가 폭도들과 대화를 시작하자마자 제안했다기보다는 설득에 실패했다고 느꼈을 때 절박한 심정으로 내놓은 대안이었을 것이다. 놀랍게도 롯은 손님 보호를 딸들을 성적으로 희생시키는 것보다 더 중요

17) Victor P. Hamilton, *The Book of Genesis: Chapters 18-50*, 34.

하게 생각하고 있다.[18] 그러나 롯이 딸들을 소돔 사람들의 손에 넘기겠다고 한 것은 실제로 그들에게 그렇게 하라는 것보다 그들의 양심을 일깨워서 손님들을 보호하려는 의도였을 가능성이 더 크다.[19] 소돔 사람들이 롯의 두 딸의 약혼자가 소돔 출신이라는 것을 알고 있었을 것이다. 그래서 롯은 곧 결혼할 여자를 취하는 것은 죄악이며 나그네에게 성적인 해를 끼치는 것은 이보다 더 악한 일이라고 일깨워 주려고 이런 제안을 하였을 가능성이 있다. 사실상 롯의 두 딸은 롯의 집 안에 있지 않았을 가능성이 매우 크다. 15절에서 천사들이 롯에게 아내와 두 딸을 데리고 소돔을 떠나라고 할 때 두 딸을 수식하는 분사구 '한님차오트'(הַנִּמְצָאֹת)는 '찾은'의 의미를 가지며, 이는 롯의 두 딸이 롯의 집안이 아니라 사위의 집이나 아니면 소돔 성 거리에 있었을 가능성을 보여 준다. 그리고 9절의 폭도들의 반응이 이를 뒷받침한다: '우리의 법관이 되려 하는도다.' 소돔 사람들은 이 사실을 강조하여 부정사 절대형을 첨가하였는데, 일반적인 용례에서는 부정사 절대형이 본동사 앞에 오는데 여기에서는 이례적으로 본동사 뒤에 배열되었다. 롯의 제안이 그들의 양심을 자극하였기 때문에 이렇게 반응하였을 것이다. 롯이 두 천사를 보호하려고 한 이유는 그들이 자신의 집 그늘 아래 들어 왔기(כִּי־עַל־כֵּן בָּאוּ בְּצֵל קֹרָתִי) 때문이라고 한다. '베첼 코라티' קֹרָתִי בְּצֵל의 문자적인 뜻은 '내 집 기둥의 그늘'이다. 롯이 자신의 딸들을 희생시켜야 할 정도로 자신의 손님을 대접해야 하는 이유가 무엇일까? 고대 근동 사람들은 자신의 손님의 안전을 책임지는 것이 매우 중요했고, 손님에게 무슨 일이 일어나면 주인의 책임이었다. 고대 가나안의 아카트 서사시(Epic of Aqhat)에서 단엘은 바알 신으로부터 아들을 얻게 되는데, 그 아들이 갖추어야 할 덕목 중의 하나로 자신의 손님을 공격하는 자들을 쫓아내는 것이다.[20] 고대 근동 사회에서

18) Victor P. Hamilton, *The Book of Genesis: Chapters 18-50*, 35. Victor P. Hamilton은 롯이 딸들을 희생시켜 천사들을 지키려 한 것은 아브라함이 사라를 희생시켜 자신과 소유를 지키려 한 것과 유사하다고 생각한다.

19) John H. Walton, *Genesis,* NIV Application Commentary (Grand Rapids: Zondervan, 2001), 477.

20) James B. Pritchard, *The Ancient Near East: An Anthology of Texts and Pictures* (Princeton: Princeton University Press, 1958), 135.

"Who sets up the stelae of his ancestral spirits, in the holy place the protectors of his clan; Who frees his spirit from the earth, from the dust guards his footsteps; Who smothers

손님 대접을 매우 중요하게 여겼다는 기록은 곳곳에서 찾아 볼 수 있다. 고대 바벨론의 지혜서에는 손님 대접을 잘하면 사마쉬 신을 즐겁게 하고 신의 보응을 받는다고 가르치고 있다.[21] 고대 이집트의 지혜서에서는 손님을 제대로 대접하지 않으면 이기적인 혼을 가진 사람으로 여겼으며, 손님 대접 잘한 것을 자신의 덕목으로 무덤에 새겨 넣곤 하였다.[22] 롯은 이런 전통을 가진 사회에서 살았기 때문에 손님 보호와 딸의 희생 사이에서 갈등하였을 것이다.

9절

롯의 말은 소돔 사람들의 양심을 자극하였지만, 소돔 사람들은 양심의 가책을 느끼는 것이 아니라 오히려 격분하였다. 소돔 사람들은 롯의 말을 듣자 롯에게 '이리 오라'고 하며 천사들에게 가하려고 했던 것보다 더 큰 해를 가하려고 한다.[23] 그리고 그들은 롯의 소돔 생활에 대한 아주 중요한 정보를 제공해 준다. 첫째는 롯은 소돔 원주민이 아니라 소돔에 거주하러 온 사람이라는 것이다. 소돔 사람들은 롯을 '이 자'(하에하드 הָאֶחָד)라고 부르면서 그의 존재를 아예 무시하고 있으며, 롯이 약 20년 동안 그들과 함께 살아왔고 소돔 남자를 사위로 삼으려고 함에도 불구하고 그들은 롯을 소돔 시민으로 생각하지 않고 그에 대해 이질감을 가지고 있었다.[24] 둘째는 롯은 소돔에서 재판관처럼 행동해

the life-force of his detractor, drives off who attacks his abode; Who takes him by the hand when he's drunk, carries him when he's sated with wine; Consummes his funerary offering in Baal's house, his portion in El's house; Who plasters his roof when it leaks, washes his clothes when they're soiled."

21) W. G. Lambert, *Babylonian Wisdom Literature* (Oxford: Clarendon, 1960), 103.
"Give food to eat, beer to drink, Grant what is asked, provide for and honour. In this a man's god takes pleasure, It is pleasing to Samas., who will repay him with favour. Do charitable deeds, render service all your days."

22) Miriam Lichtheim, *Ancient Egyptian Literature: vol.1: The Old and Middle Kingdoms* (Los Angeles: University of California Press, 1975), 69. The Instruction of Ptahhotep의 금언 22항
"Sustain your friends with what you have, You have it by the grace of god; Of him who fails to sustain his friends One says, "a selfish ka."

23) Christopher Heard, "What Does the Mob Want Lot to Do in Genesis 19:9?," Hebrew Studies 51 (2010): 95~105. 많은 번역본과 주석가들이 소돔 사람들이 롯의 집 문을 부수려 한 것에 초점을 맞추어 "저리로 물러서라"고 해석하지만, Christopher Heard는 소돔 사람들이 롯에게 천사들에게보다 그에게 더 큰 해를 끼치겠다고 한 말에 초점을 맞추어야 한다고 생각한다.

24) Nahum M. Sarna, *Genesis*, 136. Bruce K. Waltke, *Genesis*, 277.

왔다는 것이다. 동사 '와이스포트' וַיִּשְׁפֹּט(심판하다)는 미완료 와우 계속법이며, 현재 완료의 뜻을 가지고 있다. 이것은 롯이 소돔에 거주하러 온 이래로 지금까지 소돔 사람들의 잘잘못을 지적하는 행동을 지속해 왔음을 의미한다. 롯이 소돔 성문 앞에 앉아 있었던 이유는 이것 때문일 것이다. 소돔 사람들의 말은 롯이 소돔에서 의롭게 살려고 노력했고, 소돔 사람들에게도 의를 설파하며 살았음을 의미한다. '와이스포트' וַיִּשְׁפֹּט의 명사형은 창 18:19에서 하나님이 아브라함과 그의 후손들이 배우고 실천하기를 바랐던 '미스파트' מִשְׁפָּט(공의)이며, 아브라함이 하나님을 온 세상을 심판하실 분이라고 할 때 사용한 동사 분사형 '소페트' שֹׁפֵט(심판하다)의 미완료 와우 계속법이다. 아브라함은 하나님께 온 세상의 심판자이신 하나님께 의와 공의에 대한 자신의 생각을 피력했었다. 아브라함과는 달리 소돔 사람들은 롯의 의로운 판단을 조롱하고 있다. 어쨌든 9절은 롯의 의로운 삶을 소돔 사람들의 입을 통해 증명하고 있다. 분노한 소돔 사람들은 8절의 롯의 말 때문에 천사들에게 하려 했던 것보다 더 심한 폭력을 행하겠다며 그를 압박하였다. 소돔 사람들이 롯을 압박한 행동을 표현한 동사는 '파차르' פצר이며, 공교롭게도 롯이 2절에서 천사들에게 자신의 집으로 강권하며 초대한 행동을 표현한 바로 그 동사이다. 동사 '파차르'를 사용하여 9절은 나그네들을 대접하기 위해 강권하였던 롯과 나그네들을 해치려고 강압하는 소돔 사람들을 강하게 대조시키고 있다. 9절은 롯에 대한 소돔 사람들의 강압을 강조하여 단순히 '롯'이라고 하지 않고 '그 사람 롯'이라고 하였으며 부사 '메오드' מְאֹד(매우)를 덧붙였다. 그리고 소돔 사람들은 롯을 강압하면서 롯의 집 문을 부수려고 하였다.

10~11절. 은혜의 시작

10 그러자 그 사람들이 손을 내밀어 롯을 집안에 있는 그들에게 데려 들어오고 그
리고 그들이 문을 닫으니라. **11** 그리고 그 집 문 앞에 있던 사람들을 그들이 작은 자
로부터 큰 자에 이르기까지 쳐서 눈멀게 하니 그들이 문을 찾을 수 없었더라.

롯으로서는 더 이상 무엇을 어떻게 할 수 없는 절대절명의 순간에 천사들은 자신의 신분을 드러내고 롯을 위한 하나님의 구원의 은총을 발휘하기 시작한다. 1절에서 롯의 손님들을 천사들로 소개한 것과는 달리 10절은 이들을 사람들이라고 했으며, 이들이 손을 내밀어 롯을 그의 집안으로 끌어들여 소돔 사람들로부터 분리시킨다. 앞서 6절에서 롯이 천사들을 보호하기 위해 집 문을 잠갔던 것처럼, 천사들은 롯을 소돔 사람들로부터 보호하기 위해 그의 집 문을 잠갔다. 천사들이 소돔의 심판을 앞두고 롯을 보호하기 위해 집 문을 잠그는 것은 창 7:16b에서 하나님께서 노아를 방주 안으로 닫아 넣는 것과 유사하다.[25]

11절에 의하면 롯의 집 앞에서 소동을 벌이고 있는 모든 사람들에게 대재앙의 전조와 같은 일이 발생하였다. 천사들이 소돔 사람들을 쳐서 그들의 눈을 어둡게 하여 앞을 보지 못하게 만들었다.[26] '눈 멈'의 히브리어 '산베림' סַנְוֵרִים은 구약 성경에서 두 곳에서만 사용되었다. 다른 한 곳은 왕하 6:18이며, 엘리사가 자신을 잡으러 온 아람 군인들을 하나님께 기도하여 모두 눈 멀게 한 후 그들을 데리고 사마리아로 갔다. 동일한 재앙이 소돔 사람들에게 임했고, 11절은 소돔 사람들이 눈 멀게 된 것을 강조하기 위해 목적어인 소돔 사람들을 문장의 앞으로 도치시켰다. 그리고 눈 먼 사람들은 롯의 집 앞에 모여든 모든 사람이라는 것을 강조하기 위해 '작은 자로부터 큰 자에 이르기까지' 예외 없이 모두의 눈을 멀게 했다고 한다. 작은 자는 신분이 낮은 사람을 의미하며 큰 자는 신분이 높은 자를 말한다. 큰 자에는 소돔의 왕도 포함될 수 있는 말이다. 눈이 멀게 되자 소돔 사람들은 바로 코앞의 문을 찾지 못하고 헤매느라 피곤하게 되었다. 문을 찾지 못하고 우왕좌왕하는 이들의 꼴이 우습다.[27] 하지만 일반적으로 이

25) "들어간 것들은 모든 것의 암 수라 하나님이 그에게 명한 대로 들어가매 여호와께서 그를 닫아 넣으시니라."

26) E. A. Speiser, *Genesis* (Garden City, NY: Doubleday & Company, 1982), 139. Speiser는 천사들의 몸에서 발산된 빛에 의해 일시적으로 시각 장애를 일으켰다고 주장한다.

27) Brian Doyle, "The Sin of Sodom: yada', yada', yada'?: A Reading of the Mamre-Sodom Narrative in Genesis 18-19," *Theology and Sexuality* 9 (1998): 84~100; Ibid, "'Knock, Knock, Knockin' on Sodom's Door': The Function of פתחדֶלת in Genesis 18-19," *JSOT* 28 (2004): 431~448. Brian Doyle은 창세기 18~19장의 핵심 단어는 '데레트' דלת와 '페타' פתח이며, '페타' פתח는 하나님의 지식에 이를 수 있는 통로라고 주장한다. 아브라함은 천막 문 앞에서 하나님과 천사를 맞이하였고, 사라는 이삭에 대한 신적인 지식을 얻었다. 그에 의하면, 롯은 소돔

런 상황에 빠지면 두려워하며 안전을 확보하기 위해 우왕좌왕하는데 소돔 사람들은 이런 상황에서도 포기하지 않고 끈질기게 롯의 집 문을 찾았다. 이들은 왜 포기하지 않을 뿐만 아니라, 집으로 돌아가려 하지 않았을까? 이들이 그만큼 완악하고 죄악으로 썩어 있었기 때문이며, 그리고 사악한 군중 심리가 이들을 갈 데까지 가도록 몰고 갔을 수도 있다.[28)]

12~16절. 천사들이 롯의 가족을 구원하다

12 그 사람들이 롯에게 말하기를 "누구든지 네게 속한 자가 여기 있느냐? 사위이든
네 아들들이든, 네 딸들이든 이 성에 있는 네게 속한 모든 자들을 그곳에서 데리고
나가라. **13** 우리들이 이 장소를 멸하려 하노니 이는 그들을 향한 부르짖음이 여호
와 앞에서 큰지라. 여호와께서 우리를 보내어 멸하게 하심이라." **14** 그래서 롯이 나
가서 그의 딸들과 결혼할 그의 사위들에게 말하니라. "일어나 이 장소로부터 나가
라. 이는 여호와께서 이 성을 멸하시려 함이라." 그러나 그는 그의 사위들의 눈에 농
담하는 것처럼 되니라. **15** 날이 밝아 올 때에 그 천사들이 롯을 재촉하여 이르기를
"일어나 네 아내와 네가 찾은 두 딸을 취하여 네가 이 성의 죄에 대한 심판 가운데
멸망치 않도록 하라." **16** 그러나 그는 지체하였고 그래서 그 사람들이 그의 손과 그
의 아내의 손과 그의 두 딸의 손을 강하게 잡았으니 여호와의 은총이 그 위에 있었
음이라. 그들이 그를 이끌어 내어 그 성 밖 길에 두니라.

12~14절에서 천사들은 롯에게 소돔 멸망 소식과 그 이유를 밝히고 그에게 가족들을 데리고 소돔 밖으로 탈출하라고 시킨다. 천사들의 행동과 소돔 멸망 소식은 창 18:20~23에서 하나님이 아브라함과 주고 받은 대화와 밀접하게 관련되어 있다. 11~16절에서는 무대가 무려 다섯 차례나 바뀐다: 롯의 집 문 앞, 롯

사람들이 자신의 집을 에워싼 후 천사들이 그를 그의 집안으로 들이고 문을 닫았을 때 소돔의 운명에 대한 신적인 지식을 얻었다. 그리고 그는 소돔 사람들이 롯의 문 앞에서 소란을 피운 것은 하나님에 대한 지식을 얻으려는 시도로 이해해야 한다고 주장한다. Brian Doyle의 문제점은 롯도 처음에 알지 못했던 두 천사의 정체를 소돔 사람들이 어떻게 알고 롯의 집에 찾아와서 두 천사로부터 신적인 지식을 얻으려고 시도하게 되었는지 전혀 대답하지 않고 있다.

28) Gordon Wenham, *Genesis 16-50*, 56.

의 집 문 안, 소돔 성 안, 롯의 집, 소돔 성문 밖. 이것은 재앙이 임박한 가운데 모든 상황이 급박하게 돌아가고 있음을 보여 준다. 상황의 급박함은 12~17절에서 천사가 롯에게 하는 어투에서도 감지할 수 있다. 12~17절에서 천사가 롯에게 하는 말들에는 명령문이 7번 포함되어 있다.[29)]

12절

여전히 사람들로 소개된 천사들이 롯과 그의 가족들을 멸망할 소돔에서 구출하려고 롯에게 가족들을 모두 데리고 소돔에서 나가라고 한다. 창 18:10에서 하나님이 천막 문 안에(페타 오헬 פֶּתַח הָאֹהֶל) 있는 사라에게 이삭의 탄생을 알렸는데, 12절에서 천사들은 롯의 집 문(페타 하바이트 פֶּתַח הַבָּיִת) 안에서 소돔의 멸망을 알리고 있다.[30)] 그리고 롯의 가족을 살리기 위해 소돔을 떠나라고 한다. 천사들이 롯에게 자신에게 속한 사람들과 함께 떠나게 한 것은 창 18:23에서 아브라함이 의인을 악인과 함께 멸하려 하시는지 하나님께 질문한 것과 관련 있다. 아브라함이 의인 50명에서 시작하여 10명으로 줄여 소돔에 있을 의인의 수를 언급하였는데, 이를 반영하여 롯에게 속한 모든 사람들을 소돔에서 데리고 나가라고 한다. 창 13:5~7에 의하면 롯에게는 아브라함의 가족과 벧엘에서 공존할 수 없을 정도로 많은 양과 소와 그리고 종들이 있었다. 그래서 롯의 목자들은 아브라함의 목자들과 가축들의 목초지 때문에 서로 다투었다고 한다. 이를 반영하듯 천사들은 롯에게 속한 모든 자들을 데리고 가라고 한다. 하지만 롯과 함께 소돔을 탈출한 사람들 중에 이들 목자들은 안타깝게도 단 한 명도 포함되지 않았다. 이로써 의인 50명의 가능성은 모두 사라지고, 오직 롯의 가족들 중에서 악인들과 함께 멸망하지 않을 의인 10명을 찾아야만 한다. 과연 롯의 가족들은 의인 10명을 채울 수 있을까? 천사들은 롯의 가족들의 범주에 들어가는 사람들을 열거하면서 제일 먼저 사위들을 언급하고 이어서 그의 아

29) Claus Westermann, *Genesis* (Grand Rapids: Eerdmans, 1987), 143.

30) Nachman Levine, "Sarah/ Sodom: Birth, Destruction, and Synchronic Transaction," *JSOT* 31 (2006): 145.

들들과 그의 딸들 그리고 그에게 속한 모든 자들이라고 했다. 사위들이 먼저 언급된 것은 14절에서 일어날 소돔 멸망 소식에 대한 롯의 사위들의 반응을 독자들에게 기대하게 만들려는 의도 때문이다.[31] 천사들은 롯에게 그에게 속한 사람들을 데려나가라고 하면서 그들의 소재를 '성 안에 있는'이라고 한다. 이 말은 롯의 딸들도 집안이 아니라 성 안에 있었음을 시사한다.

13절

천사들은 롯에게 가족들을 데리고 소돔을 탈출해야 하는 이유를 밝히고 있다. 먼저 천사들은 '우리가 이곳을 멸망시키려 한다'고 밝힌다. 소돔 멸망 시기가 임박하였기 때문에 천사들은 동사의 분사형을 사용하고 있다. 천사들은 임박한 소돔 멸망을 강조하기 위해 일반적인 분사 구문과는 달리 주어와 도치시켜 분사를 문두에 두었다. 창 18:20에서 하나님이 아브라함에게 소돔의 멸망 사유를 말할 때처럼 천사들은 소돔을 향한 원성이 하나님 앞에서 크기 때문에 하나님이 자신들을 보냈다고 말한다. 창 18:20~21에서 천사들은 소돔의 죄악과 원성을 알아보려고 소돔에 가고 있었는데, 롯의 집 앞에서 벌인 소돔 사람들의 소동을 통해 천사들은 그들의 죄악과 원성이 사실이라는 것을 확인했다.[32] 13절에서 천사들은 사실상 자신의 신분을 롯에게 알리고 있다. 비록 그들이 롯에게 '우리들은 천사들이다'고 말하지는 않았지만, 그들이 하나님으로부터 소돔을 멸망시키러 보냄을 받았다고 말하는 것 자체가 그들이 하나님의 사자 곧 천사임을 밝히는 것이다.

14절

천사의 말을 듣고 롯은 나가서 두 사위를 만난다. 14절은 롯의 사위를 수식하는 분사구 '로크헤이 베노타브' לֹקְחֵי בְנֹתָיו를 가지고 있다. 일반적으로 이 분사

31) E. A. Speiser, *Genesis I*, 140. Bruce K. Waltke, *Genesis*, 277. Waltke는 롯의 사위를 먼저 언급한 것은 그의 사위들도 구원받을 수 있는 롯의 가족으로 인정하는 하나님의 은총을 강조하기 위해서라고 말한다.

32) Gordon Wenham, *Genesis 16-50*, 57.

는 '그의 딸들과 결혼할'로 번역되고 있는데, 이 분사는 '그의 딸들을 붙잡고 있는'으로 해석할 수도 있다. 이럴 경우 '로크헤이 베노타브'는 현재 딸들이 사위들과 함께 있는 상태를 설명하는 것으로 이해할 수 있다. 15절의 '쉐테이 베노테이카 한님차오트' אֶת־שְׁתֵּי בְנֹתֶיךָ הַנִּמְצָאֹת(네가 찾은 두 딸)는 롯이 그의 두 딸도 만났음을 보여주는 표현이다. 하지만 롯은 딸들과 사위들을 모두 만났음에도 불구하고 두 사위를 만나 나눈 대화만 소개되고 있다. 롯은 천사들의 말을 듣고 즉각 믿었고, 그리고 아마도 자신의 집 문을 찾기 위해 소동을 벌이는 무리들 가운데 끼여 있든지 아니면 구경하고 있을 사위들을 찾아 천사들의 말을 전하며 하나님의 심판이 임박하였으니 도망하라고 말한다. 이에 대해 롯의 사위들은 장인의 말을 우스갯소리로 받아들였다. 사위들의 농담을 표현한 히브리어 동사는 '차학' צָחַק(웃다, 놀리다)의 분사형이다. 하나님이 아브라함에게 그리고 아브라함을 방문한 세 사람이 사라에게 이삭의 출생을 예고했을 때 아브라함과 사라가 웃은 것을 표현한 동사도 '차학'이다. 이들처럼 롯의 사위도 '차학'했다고 한다. 하지만 롯의 사위들의 '차학'은 아브라함과 사라와 차이가 있다. 아브라함과 사라는 히브리어 동사의 기본형인 칼의 미완료형(17:17 - 3.m '이츠학' יִצְחָק, 18:12 - 3.f '티츠학' תִּצְחַק)을 사용하였지만, 롯의 사위들의 '차학'은 피엘 강조형의 분사(메차헥 מְצַחֵק)이며 이것은 이스마엘이 이삭을 희롱한 것(메차학 מְצַחֵק)과 동일하다.[33] 이것은 사위들이 롯의 말을 듣고 단순히 웃었던 것이 아니라, 마치 이스마엘이 이삭을 희롱하였던 것처럼 롯의 말을 듣고 그를 희롱하였음을 의미한다. 사라가 분을 참지 못했던 것과 유사한 모욕적인 희롱을 롯의 사위들은 장인에게 하였다. 이것은 롯의 사위들은 아브라함이 말한 의인에 포함되지 않는다는 것을 보여준다. 롯의 사위들이 웃고 조롱해야 했던 장면은 장인 롯의 진정 어린 말이 아니라, 그들의 눈앞에서 장인의 집 문을 찾지 못하고 우왕좌왕하고 있는 그들의 동족들의 우스꽝스러운 행동이어야 했다. 눈먼 소돔 사람들이 벌이고 있는 집단적인 웃음거리가 눈앞에 펼쳐지고 있었음에도 불구하고 이들은 심상치 않은 상황을 뻔히 보면서 진정어린 장인의 말을 웃어넘길 정도로 마음이 강퍅

33) John H. Walton, *Genesis*, 478.

하였다. 소돔에 의인이 있는지 확인해야 하는 천사들과 그리고 창세기 독자들은 이제 남아 있는 롯의 가족들에게 시선을 돌릴 수밖에 없다.

15절

날이 밝아 오는 것은 천사들이 소돔을 멸망시키기 시작할 신호탄 역할을 한다.[34] 소돔의 죄상을 밝혀줄 사건들은 밤중에 일어났었지만, 롯을 구원하는 일은 날이 밝자 시작된다. 빛이 어둠을 물리치듯이 롯의 구원이 시작되고, 그리고 소돔의 심판도 이제 시작된다.[35] 천사들은 소돔의 멸망에서 희생당하지 않도록 롯에게 아내와 두 딸을 이끌고 소돔을 탈출하도록 재촉한다. 천사들이 롯을 재촉하게 된 것은 16절에서 볼 수 있듯이 그가 지체하고 있었기 때문이다. '한님차오트' הַנִּמְצָאֹת(찾다)를 고려한다면, 롯이 지체한 이유는 그가 사위들 외에 자신의 딸들과 자신에게 속한 자를 찾고 있었기 때문일 것이다. 딸들을 이미 집으로 데려왔지만, 그는 자신에게 속한 자들에게 천사들이 말해준 소돔의 임박한 멸망을 말해주고 함께 소돔을 탈출하자고 설득하는데 시간을 보냈을 가능성이 높다. 하지만 롯의 딸들을 제외하고 아무도 그와 함께 돌아 오지 않았다. 4절에서 롯의 손님들이 눕기 전에 시작된 소동은 아침 해가 떠오를 때까지 계속되었다. 모든 소돔 사람들이 밤새도록 벌인 대소동은 하나님 앞에 상달된 소돔의 죄악의 소리를 입증하고 남음이 있다. 천사들은 롯에게 소돔을 떠나도록 재촉하면서 '이 성의 죄에 대한 심판 가운데 멸망치 않도록 하라'고 한다. 이 말은 아브라함이 '의인을 악인과 함께 멸하시려 하나이까?'라고 했던 말을 연상시킨다 (18:23). 이 말을 통해 하나님이 롯을 의롭게 여기고 있는 것으로 볼 수 있다.[36]

34) 사 9:2 "흑암에 행하던 백성이 큰 빛을 보고 사망의 그늘진 땅에 거주하던 자에게 빛이 비치도다."
35) John H. Sailhamer, *The Pentateuch as Narrative*, 171.
36) John H. Sailhamer, *The Pentateuch as Narrative*, 172. Victor P. Hamilton, *The Book of Genesis Chapters 18-50*, 43.

16절

모든 상황이 이제 급박하게 돌아가고 있고 천사들이 롯을 재촉하고 있음에도 불구하고 롯은 여전히 머뭇거렸다. 전력을 다해 달아나야 할텐데 롯은 왜 머뭇거렸을까? 일반적으로 성 안과 집 안은 안전한 장소이며 롯은 임박한 재앙의 성격을 제대로 알지 못했을 것이다. 그래서 롯은 집과 도시를 떠났을 때 겪을지도 모를 안전에 대한 두려움과 재산에 대한 미련 때문에 머뭇거렸을 것이다.[37] 재앙이 임박하였기 때문에 천사들은 롯을 탈출시키기 위해 매우 적극적으로 움직인다. 롯에게 탈출하라고 말만 하지 않고, 두 명의 천사가 각각 양손으로 머뭇거리고 있는 롯과 그의 아내와 딸들의 손을 강하게 잡고 이끌고 나갔다. 2절에서는 롯이 천사들을 강권하여 자기 집으로 데려갔는데, 이번에는 천사들이 롯의 가족들을 강권하여 집 밖으로 데려나가고 있다. 롯의 강권은 그의 의를 나타내고, 천사들의 강권은 하나님의 은혜를 나타낸다.[38] 롯의 가족을 양손에 각각 붙잡고 재앙이 임박한 소돔 성 밖으로 안내하는 장면을 상상해 보라. 왜 천사들이 롯을 살리려고 이렇게 애를 썼을까? 하나님의 긍휼과 자비 때문이다. 긍휼을 의미하는 히브리어 '헴라' חֶמְלָה는 16절과 사 63:9에서만 사용되었다. 사 63:9에서 '헴라'는 하나님께서 자기 백성들을 모든 환난에서 구원하시는 근원이다. 마찬가지로 천사들이 롯의 가족들의 손을 잡고 성문 밖으로 나갈 때, 여호와의 긍휼이 롯 위에 있었다고 한다. 천사들은 롯의 가족들을 성문 밖의 길로 안전하게 내어 보내고 신속히 도망하라고 한다. 이 사실을 표현하기 위해 동사 '누아흐'(와얀니후후 וַיַּנִּחֻהוּ)를 사용하였다. '누아흐' נוח는 창 2:15에서 아담을 에덴동산에 둘 때, 그리고 창 8:4에서 노아의 방주가 아라랏 산에 정박하였을 때 사용되었다.

17~23절. 소알로 도망하게 하소서

17 그들이 그들을 밖에 데려 나왔을 때에 그가 말하기를 "네 생명을 위해 달아나

37) E. A. Speiser, *Genesis V*, 140.

38) Gordon Wenham, *Genesis 16-50*, 57.

라. 뒤 돌아보지 말라. 들판의 어느 곳에서도 멈추지 말고 산으로 달아나라. 그렇지
않으면 네가 멸망 당하리라." **18** 롯이 그들에게 말하기를 "제발 그리하지 마소서. 내
주여! **19** 보소서 제발! 당신의 종이 당신의 눈에서 은총을 찾게 하시고, 내 생명을
살리기 위하여 내게 행하신 당신의 은혜를 크게 하소서. 나는 그 산으로 도망칠 수
없나니 그 재앙이 내게 미쳐 내가 죽으리이다. **20** 제발 보소서! 이 도시는 거기로 도
망치기 가깝고 그것은 작은 성이라. 제발 내가 거기로 도망치게 하소서. 그 성은 작
고 내 생명을 살릴 수 있지 않겠나이까?" **21** 그리고 그가 그에게 말하기를 "보라. 내
가 이 말에 대해서도 네 얼굴을 들게 하리니 네가 말한 그 성을 뒤엎지 않으리라. **22**
서둘러라. 그 곳으로 달아나라. 이는 네가 거기로 들어가기까지 내가 한 일도 행할
수 없음이라." 그러므로 그가 그 성의 이름을 소알이라 불렀더라. **23** 해가 땅 위로
나왔을 때에 롯은 소알에 들어갔더라.

17절

성 밖으로 나간 천사들은 롯에게 '도망하여 생명을 보존하라'고 말한다. '도망하다'의 히브리어는 '마라트' מָלַט이며 이 동사의 자음은 '롯' לוֹט의 이름 두 자음을 포함하고 있다. 17~23절에서 천사들은 롯의 이름을 연상시키는 '마라트'를 일곱 번 사용하며 도망하라고 반복하고 있다.[39] 17절에서는 '마라트'로 교차대구법을 만들고 있다.

달아나라 (힘마레트 הִמָּלֵט)	돌아 보지 말라 (알–탑비트 아하레이카 אַל־תַּבִּיט אַחֲרֶיךָ)
멈추지 말라 (알–타아모드 אַל־תַּעֲמֹד)	달아나라 (힘마레트 הִמָּלֵט)

천사들이 롯의 가족을 성 밖으로 이끌어 내었지만, 성 밖에서 산까지 달아나

39) Nahum M. Sarna, *Genesis*, 137. Kenneth A. Mathews, *Genesis 11:27-50:26*, 239~240.

는 것은 롯의 몫이었다.[40] 천사들은 롯에게 도망하는 동안 해서는 안 되는 행동 두 가지를 말한다. 첫째는 뒤를 돌아 보지 않는 것이고, 둘째는 들판 어느 곳에도 머물지 말고 산으로 달아나는 것이다. 눅 17:32에서 예수님은 롯의 아내의 행동을 기억하라고 하면서 마지막 심판 때에 재물에 집착하지 말라고 경고한다. 이것은 뒤를 돌아보지 말라는 것이 재산에 대한 미련을 가지지 말라는 것임을 보여 준다. 이들이 단지 도망한다고 재앙의 영향권에서 벗어나 생명을 보존하는 것이 아니다. 이 조건은 롯의 가족들 중에서 하나님이 인정하는 의인에 속하지 않는 사람을 가려내는 방편이 되었다. 그 사람은 26절에 기록된 롯의 아내이다. 두 가지 금지 사항 중에 하나인 뒤돌아보지 말라는 사항을 어긴 롯의 아내는 소금 기둥이 되었다.

18~19절

천사들이 롯에게 목숨을 구하기 위해 도망하되, 뒤돌아보지 말고 평지에 머물지 말고 긴급하게 산으로 도망하라고 하자 롯은 천사에게 애절하게 간청하였다. 간청에 앞서 그의 절박함을 나타내기 위해 18~19절에서 세 가지 표현을 사용하였다.

18 אַל־נָא אֲדֹנָי׃ 19 הִנֵּה־נָא מָצָא עַבְדְּךָ חֵן בְּעֵינֶיךָ וַתַּגְדֵּל חַסְדְּךָ

1) 그리하지 마소서. 제발. 오 주여! 2) 보소서 제발. 당신의 종이 당신 눈에서 은혜를 찾게 하소서. 3) 당신의 사랑을 크게 하소서. 롯은 감탄사(오 주여, 보소서)와 청원법(제발) 그리고 반복법(은혜, 사랑/ 보라, 당신 눈에서)을 거듭 사용하며 천사에게 자신의 생명을 위해 절절하게 간청한다. 놀랍게도 롯은 천사들에게 구하면서 주로 하나님을 호칭할 때 사용하는 '아도나이' אֲדֹנָי라고 하며 간청하고 있다. 이 표현은 롯이 두 천사들 중에 한 명에게 했을 수도 있고, 아니면 이즈음에 하나님이 두 천사와 합류한 것으로 볼 수도 있다. 또는 롯이 두려

40) Joyce G. Baldwin, *The Message of Genesis*, 78.

움 속에 하나님께 직접 기도하는 것으로 볼 수도 있다. 하지만 본문은 명확하지 않다. 롯은 하나님께 '사랑(또는 은혜)을 크게 하소서'라고 간청하였지만, 하나님께 대한 신앙인의 모습보다는 나약하고 비겁한 모습만 보이고 있다. 하나님은 성 밖으로만 이끌어 내어 주어도 롯이 충분히 소돔의 재앙을 피할 수 있는 지역으로 달아날 수 있다고 생각하는데, 공포에 사로잡힌 롯은 산으로 도망갈 능력이 없다고 한다. 그가 산으로 도망하는 동안 재앙이 그에게 집요하게 따라붙어 마침내 자신은 죽게 된다고 한다. 그가 사용한 히브리어 '다박' דָּבַק(붙이다, 연결하다)은 접착제로 물체를 붙일 때 사용하는 동사이다. 창 2:24에서 하나님이 아담과 하와의 결혼식에서 "부모를 떠나 둘이서 하나가 되리라"고 할 때 사용되었다. 하나님은 롯을 소돔의 재앙에서 구원하려고 하고 있음에도 불구하고, 그는 소돔의 재앙이 끝까지 자기를 따라 붙을 것이라고 생각하였다. 겁에 질린 롯은 천사들이 그를 소돔의 재앙에서 구원해 내려고 행한 모든 것을 보았고, 하나님의 구원의 손길을 직접 체험하고 있음에도 불구하고 하나님을 믿고 신뢰하지 못했다.[41] 광란하는 군중들 앞에서 자신의 딸들을 희생시킬 각오를 하며 천사들을 보호하려고 나서던 용기가 사라지고 없다.

20절

롯은 결국 산으로 도망가서 살게 되지만, 당장은 소알로 도망가게 해 달라고 한다. 소알을 선택한 이유는 도망하기 가깝고 작기 때문이라고 했다. 롯은 소알을 구하면서 대조법을 사용하고 있다.[42] 19절에서 롯은 하나님께 하나님의 은혜를 크게 확대해 달라고 말했는데, 소알을 멸하지 말라고 할 때에는 소알의 작음을 내세웠다. 소돔과 소알의 거리를 짐작하게 해 주는 표현이 '하이르 핫조트' הָעִיר הַזֹּאת(이 성)와 '케로바' קְרֹבָה(가까운)이다. '이 성'(this city)은 소알이 소돔 성 밖에 서 있는 천사들과 롯의 눈에 보이는 곳에 위치해 있음을 추정하게 만든다. 무엇보다도 소알은 창 14:2에서 소돔과 고모라와 동맹 관계를 유지하던

41) Bruce K. Waltke, *Genesis*, 278.
42) Nachman Levine, "Sarah/ Sodom: Birth, Destruction, and Synchronic Transaction," 140.

도시이며, 이들과 동일하게 악한 도시였을 가능성이 많다. 하지만 롯은 소알의 죄악은 생각하지 않고 단지 작은 도시이기 때문에 멸망시키지 말고 남겨 달라고 간청한다. 롯은 소알이 작은 도시라는 것을 두 번이나 반복해서 천사들에게 말한다. 아브라함이 소돔을 위해 중보 기도할 때, 그 도시에 있을지도 모를 의인들을 근거로 내세운 것과 큰 차이가 있다. 결국 소알은 소돔과는 달리 나약한 의인 롯 때문에 재앙에서 벗어난다. 이것은 아브라함이 의인과 그가 살고 있는 도시를 멸하지 말아 달라고 했던 것의 성취이기도 하다.[43] 특이하게도 롯은 아브라함이 소돔을 위해 기도했던 것과는 달리 소돔을 위해 간청하지 않는다. 그곳에 자기 사위들이 남겨져 있음에도 불구하고, 롯은 천사들에게 자신의 도피처를 위해서는 간청하였지만 소돔을 위해서는 한마디도 말하지 않았다.

21~22절

롯의 말을 들은 천사들은 그의 간청을 들어 준다. 천사들은 롯에게 그의 얼굴을 들게 해 주겠다고 한다. 이것은 1절에서 롯이 얼굴을 땅에 대고 절을 했던 것과 관련 있고, 또 소돔 사람들과 사위들로부터 모욕을 당했기 때문에 천사들은 롯의 얼굴을 들게 해 주겠다고 했을 것이다.[44] 그리고 천사들은 롯이 구한 도시를 뒤집어엎지 않겠다고 약속한다. '뒤집어엎는다'(하팍 הָפַךְ)는 표현은 출애굽 때에 이집트에 재앙을 내려 심판할 때에도 사용되며(출 10:19), 더 나아가 하나님의 종말론적 심판에서 세상을 멸망시킬 때에도 이 표현을 종종 사용한다(암 4:11; 학 2:22). 22절에서 천사는 놀랍게도 롯에게 소알로 도망할 때까지 '내가 아무 일도 행할 수 없노라'고 한다. 롯의 가족이 소돔의 재앙으로부터 안전한 지역에 도달할 때까지 기다린다는 아주 적극적인 표현이다. 아브라함은 하나님이 의인을 악인과 함께 멸할까 걱정하며 하나님을 가르치려 했었지만, 하나님은 의인 한 명을 살리기 위해 하나님의 계획을 실행하지 않고 미루고 있다. 만약 롯이 더 멀고 안전한 곳으로 가겠다고 했다면 천사들이 기다리지 않았을까?

43) John H. Sailhamer, *The Pentateuch as Narrative*, 172.
44) Paul Tonson, "Mercy Without Covenant: A Literary Analysis of Genesis 19," *JSOT* 95 (2001): 111.

23절

해가 동쪽 산 위로 솟아오를 때에 롯과 그의 가족은 소알에 도착했다. 23절은 소돔에서 소알까지의 거리가 날이 밝기 시작해서 해가 돋을 동안에 걸어갈 수 있는 곳에 있었던 것으로 추정할 수 있게 해 준다. 롯이 소알에 들어간 것을 신호로 여기듯 소돔의 멸망이 시작되었다(24절). 저녁때에 두 천사가 소돔에 이르렀었는데(1절), 롯을 소알로 탈출시키고 소돔의 멸망이 시작할 때에는 해가 돋고 있다. 소돔 사람들은 말 그대로 밤새도록 소동을 벌였고, 롯은 자신에게 속한 사람들을 찾기 위해 광란의 도시를 헤집고 다녔다. 마침내 소알에 도착하여 간밤의 사건들을 되돌아볼 시간도 없이 롯과 그의 가족들은 하늘에서 유황과 불이 소돔에 쏟아져 내리는 것을 보면서 깊은 충격에 빠져 들어갔다.

24~29절. 소돔의 멸망

24 여호와께서 소돔과 고모라에 유황과 불을 여호와로부터 곧 하늘로부터 쏟아 부
었더라. **25** 그리고 그가 이 성들과 모든 들판과 그 성에 거주하는 모든 사람과 그리
고 땅의 식물들을 뒤집어엎었더라. **26** 그의 아내가 그의 등 뒤에서 보았고 그래서
그녀는 소금 기둥이 되었더라. **27** 아브라함이 아침에 일어나 그가 여호와 앞에 거기
섰었던 장소로 가니라. **28** 그가 소돔과 고모라와 그리고 그 들판의 모든 지면을 내
려다 보았고, 그가 본즉 보라! 땅에서 짙은 연기가 옹기 가마의 짙은 연기처럼 올라
왔더라. **29** 하나님께서 그 들판의 성들을 멸하실 때에 하나님이 아브라함을 기억하
셨고 그래서 그가 롯이 살고 있던 도시들을 뒤엎을 때에 그 뒤엎음 가운데서 롯을
내어 보내셨더라.

24~25절

하나님은 소돔과 고모라를 멸망시키기 위해 하늘과 땅을 모두 이용하였다. 하나님은 하늘에서 유황과 불을 소돔에 쏟아 내렸다. 소돔의 멸망은 변덕스러운 자연 현상 때문이 아니고 유황과 불이라는 하나님의 징벌의 결과이다. 이를 강조하기 위해 문장의 주어인 '여호와'가 동사 앞으로 도치되었고, 그리

고 하늘로부터 앞에 '여호와로부터'(메에트 야웨 민-핫샤마임 יְהוָה מִן־הַשָּׁמָיִם מֵאֵת)를 추가하여 유황과 불의 출처를 강조하여 표시하였다.[45] 하나님은 유황과 불을 비를 내리듯이 내렸다. 동사 '마탈' מָטַר(비를 내리다)은 창세기에서 세 번 사용되었다. 창 2:5에서 비는 생명을 위해 필요한 것으로 묘사되며, 창 7:4에서 비는 생명을 파괴시키고 있다. 창 19:24의 비는 창 7:4과 마찬가지로 생명을 파괴시키고 있다. 하지만 창 19:24의 비는 평범한 비가 아니라 유황과 불로 된 비이다.

소돔을 멸망시키기 위해 하나님께서 사용한 또 다른 도구는 하나님이 소돔과 고모라를 뒤집어엎는 것이다. 25절에 의하면 하나님은 소돔과 고모라와 그리고 그 주변의 들판을 뒤집어엎었다고 한다. 이것은 지진과 같은 초대형 천재지변이 동원되있음을 의미한다.[46] 25절에서 멸망의 대상이 두 가지로 표시되었다. 지역 전체를 나타내기 위해 '도시'와 '들판'을 사용하였고, 생명체 전체를 나타내기 위해 '도시의 주민'과 '땅의 식물'을 사용하였다.

וְאֵת כָּל־הַכִּכָּר	אֶת־הֶעָרִים הָאֵל
וְצֶמַח הָאֲדָמָה	וְאֵת כָּל־יֹשְׁבֵי הֶעָרִים

이들은 모두 서로 대구를 형성하며, 첫째 표현들은 둘째 표현의 생존 기반이 된다. 하나님은 이 모두를 뒤집어엎었다고 한다. 하나님의 심판 때문에 하늘과 땅이 요동치고 있었지만, 롯이 도망간 소알의 하늘과 땅은 보호막을 쳐 놓은 것처럼 아무 일도 일어나지 않았다.

45) Victor P. Hamilton, *The Book of Genesis Chapters 18-50*, 46.

46) E. A. Speiser, *Genesis*, 141. Nahum M. Sarna, *Genesis*, 138. Sarna는 소돔과 고모라를 덮친 대재앙은 요르단 계곡을 형성하게 만든 대지진들 중에 하나였을 것이라고 생각한다. 신 34:3은 하나님이 임종을 앞둔 모세에게 "여리고 골짜기 평지를 소알까지" 보여 주었다고 한다.

26절

소돔의 멸망은 독특하게도 롯의 아내의 죽음으로 종결되며, 롯의 아내는 소금 기둥이 되어 죽었다. 17절에서 천사가 도망하는 도중에 죽음을 면하기 위해 뒤돌아보지 말라고 했음에도 불구하고 롯의 아내는 롯의 뒤에 따라 오다가 소돔을 바라봄으로 죽었고 그리고 소금 기둥이 되었다. 그러나 롯의 아내가 뒤돌아본 장소는 명확하지 않고, 그녀의 죽음이 재앙에 의한 것인지도 분명하지 않다. 23절에 의하면 재앙이 시작되기 전에 롯의 가족들은 소알에 들어 갔다. 만약 롯의 아내가 소알에서 소돔의 재앙을 보기 위해 뒤돌아보았고 그 결과로 소금 기둥이 되었다면, 그녀의 죽음은 모순된다. 17절에서 천사들이 뒤돌아보지 말라고 한 것은 지체하지 말고 신속하게 도망하라는 것이었지, 불타는 소돔을 보지 말라는 것이 아니었다. 만약 불타는 소돔을 보는 것이 문제가 된다면, 이를 멀리서 바라본 아브라함도 죽어야 할 것이다. 안전한 장소에 도달한 후에 멸망하는 소돔을 보는 것이 문제가 될 필요가 없다. 롯의 가족이 소알에 도착하기 전에 그의 아내가 뒤돌아보았다면, 롯의 아내가 되돌아본 것은 멸망하는 소돔을 보려 한 것이 아니라, 소돔에 대한 미련 때문이었을 것이다. 재앙의 시작 여부를 확인하기 위해 뒤돌아보았을 수도 있지만, 그의 가족들이 소알에 도착하기 전에 재앙이 시작되지 않았음을 고려한다면, 그 가능성은 낮다.[47)] 롯의 아내가 소돔에 대해 가진 미련은 그 땅의 풍성함과 자신의 재산과 그의 남겨진 사위들 때문일 것이다. 롯은 소돔 지역이 에덴동산 같아 보여 욕심에 이끌려 들어갔는데, 롯의 아내는 롯처럼 그 땅에 대한 욕심을 극복하지 못하고 뒤돌아보았다.[48)] 이것은 뒤돌아보지 말라고 한 천사의 말을 어기는 것이 되었고, 결과적

47) 많은 주석가들이 롯의 아내가 쏟아지는 유황과 석청에 의해 죽었고 그리고 소금 기둥이 되었다고 생각한다. 이들의 주장이 옳다면, 롯과 그의 두 딸은 롯의 아내가 유황과 석청에 의해 휩쓸릴 때 어떻게 안전하게 피할 수 있었을까? 재앙이 롯의 가족들이 소알에 도착하기 전에는 시작되지 않았는데, 롯의 아내는 소알 성에 도착한 후에 뒤돌아보고 재앙 속에 죽어 소금 기둥이 되었다고 봐야 할 것이다. 그렇다면 롯의 아내가 소알에서 재앙을 당할 때 롯의 가족들은 두 말할 것도 없고 소알 사람들은 어떻게 그 재앙에서 무사할 수 있었는가? 더군다나 천사들이 롯의 간청 때문에 소알을 남겨 두었지 않는가? 전통적인 주석가들의 주장은 롯이 소알에 도착할 때까지 재앙이 시작되지 않았다는 사실을 고려하지 않았기 때문에 모순을 범하고 있다.

48) John H. Walton, *Genesis*, 479~480.

으로 그에 대한 벌로서 롯의 아내는 죽게 되었다. 눅 17:31~32에서 예수님이 마지막 날의 재앙에서 소돔과 고모라 사건과 함께 롯의 아내 사건을 언급한 것에서도 롯의 아내는 욕심 때문에 뒤돌아보았음을 확인할 수 있다(히 10:39). 마지막 날의 재앙에서 지붕에 있는 사람이 집안으로 들어가지 말라고 한 것은 집안으로 들어가는 것이 문제가 아니라, 집 안에 있는 물건에 대한 욕심 때문에 재앙을 피하지 못하는 일을 겪지 말라는 것이다. 롯의 아내의 죽음은 그녀가 아브라함이 하나님께 구한 의인 10명 중에 들어가지 못했음을 보여 주는 사건이다. 롯의 아내는 남편이 천사들에게 손님 대접하는 동안에 전혀 언급되지 않다가 천사들에게 최악의 손님 대접을 하려 했던 소돔 사람들이 멸망 당할 때 그녀도 함께 죽었다. 롯의 아내는 의로운 사람이 아니고 오히려 소돔 사람과 전혀 다를 바가 없는 사람이었다.[49] 이제 남아 있는 사람은 롯과 그의 두 딸이다.

27~28절

27~28절은 아브라함이 소돔과 고모라의 멸망을 확인하는 모습을 그리고 있다. 아브라함은 아침에 일찍 일어나 하나님 앞에서 소돔을 위해 중보하였던 그 장소로 갔다. 그리고 그곳에서 아브라함은 소돔과 고모라 지역이 불타고 있는 것을 보게 되었다. 27~28절과 창 13:10~13은 유사한 표현을 사용하고 있으며 이들을 비교해 보면 소돔과 고모라의 과거와 현재가 서로 대조되고 있음을 알 수 있다.

창 13:10. 이에 *롯이* 눈을 들어 요단 들을 바라본즉 소알까지 온 땅에 물이 넉넉하니 여호와께서 *소돔과 고모라*를 멸하시기 전이었는고로 **여호와의 동산 같고 애굽 땅과** 같았더라.

창 19:27~28. *아브라함이* 그 아침에 일찍이 일어나 여호와의 앞에 섰던 곳에 이르러 그가 *소돔과 고모라*와 그 온 들을 내려다 보았고 그리고 그가 바라본즉 보라 그 땅의 **연기가 옹기점 연기 같이** 올라 오고 있었더라.

49) Kenneth A. Mathews, *Genesis 11: 27-50:26*, 242.

1) 창 13:10에 의하면 아브라함과 롯은 소돔과 고모라와 소알 온 땅이 보이는 지점에 서 있었고, 롯은 소돔과 고모라로 이어지는 가나안 땅을 눈을 들어 *바라 보았다*. 롯이 이 지역을 택한 후 아브라함은 헤브론에 있는 마므레 상수리로 옮겨 갔다. 창 19:27~28에 의하면 아브라함은 헤브론의 마므레 상수리에서 이곳으로 아침 일찍 왔다. 그리고 아브라함은 소돔과 고모라와 그 온 들이 보이는 지점에서 *내려다 보았다*. 2) 창 13:10에서 롯은 여호와의 동산 즉 에덴동산 같고 애굽 땅과 같은 소돔과 고모라 지역을 바라 보았다. 그리고 롯은 그곳에 넘쳐 흐르는 물을 바라 보았다. 창 19:27~28에서 아브라함은 에덴이 아니라 초토화된 소돔과 고모라 지역을 바라 보고 있다. 그리고 아브라함은 그곳에 물이 아니라 옹기점의 불덩어리와 연기처럼 온 도시와 들을 뒤덮은 불덩어리와 연기를 보았다. 아브라함이 이 광경을 본 것을 강조하기 위해 28절은 '보다'의 의미를 가진 동사('와야스퀖' וַיַּשְׁקֵף - 내려다 보다, '와얄' וַיַּרְא - 보다)와 감탄사('힌네' וְהִנֵּה - 보라)를 모두 세 번 사용하였다.

29절

소돔과 고모라의 멸망은 아브라함에 대한 하나님의 배려로 끝이 난다. 하나님은 이 도시들을 멸망시키는 와중에 아브라함을 생각하고, 롯을 그 엎으시는 중에서 내어 보냈다. 아브라함이 의인 50명을 언급한 이유가 롯 때문이었음을 확증해 주는 말이다. '아브라함을 생각하사'는 창 8:1에서 노아 홍수를 종결한 동기로서 하나님께서 노아를 기억했다는 말과 동일하다. 하나님께서 노아를 기억한 것 때문에 방주에 있는 모든 동물에게 은총을 베푸신다. 마찬가지로 하나님께서 아브라함을 기억하시고 롯을 살려 주었다고 말한다. 비록 롯 자신도 의로운 사람으로 인정을 받았지만, 그의 구원은 아브라함의 중보 기도 때문이었음을 보여 준다.[50] 롯을 구원함으로 하나님은 아브라함의 생각과는 달리 의인

50) 롯이 의로운 사람이지 사악한 사람으로 변질되었는지에 대한 논쟁이 끊이지 않고 있다. T. Desmond Alexander는, "Lot's Hospitality: A Clue to his Righteousness," *JBL* 104 (1085): 289~291, 롯을 의롭다고 생각한다. 반면에 Sharon Pace Jeansonne는, "The Characterization of Lot in Genesis," *BTB* 18 (1988): 123~129, 롯을 불의하다고 생각한다. Laurence A. Turner는, "Lot as Jekyll and Hyde: A Reading of Genesis 18~19," *The Bible in Three Dimensions*

을 악인과 함께 멸망시키지 않는다는 것을 보여 주고 있다.

30~38절. 롯과 그의 딸들의 자손들

30 롯이 소알로부터 올라가서 산에 거하니 그의 두 딸도 그와 함께 있었나니 이는
그가 소알에 거하기를 두려워 하였음이라. 그와 그의 두 딸이 동굴에 거하였더라.
31 그리고 큰 딸이 작은 딸에게 말하기를 "우리 아버지는 늙었고 그 땅에는 온 땅의
도리를 따라 우리에게 들어 올 사람이 아무도 없도다. **32** 오라. 우리가 우리의 아버
지에게 포도주를 마시게 하고 우리가 그와 동침하여 우리 아버지를 통해 자손을 보
존하자." **33** 그녀들이 아버지에게 포도주를 그 밤에 마시게 하였고 그리고 큰 딸이
들어가서 아버지와 동침하였더라. 그러나 그가 그녀의 동침하고 일어나는 것을 알
지 못하였더라. **34** 다음날이 되자 큰 딸이 작은 딸에게 말하기를, "보라. 내가 어제
아버지와 동침하였으니 우리가 포도주를 이 밤에도 마시게 하자. 그리고 들어가서
그와 동침하라. 그리고 우리가 우리 아버지를 통해 자손을 보존하자." **35** 그리고 그
녀들이 그 밤에도 역시 아버지에게 포도주를 마시게 하였고 그리고 작은 딸이 일어
나 그와 함께 동침하니라. 그러나 그는 그녀가 동침하고 일어나는 것을 알지 못하였
더라. **36** 롯의 두 딸이 아버지를 통해 임신하였고 **37** 큰 딸이 아들을 낳고 그의 이
름을 모압이라 불렀으니 그는 오늘날의 모압의 조상이었더라. **38** 그리고 작은 딸 그
녀도 역시 아들을 낳고 그의 이름을 벤-암미라고 불렀으니 그는 오늘날의 암몬 자
손의 조상이었더라.

30~38절은 롯의 비참한 운명을 묘사하고 있다. 아브라함과 함께 가나안으로 왔고, 에덴동산과 같아 보이는 소돔과 고모라 지역의 들판으로 들어가서 번영을 꿈꾸었다. 아이러니하게도 롯은 지금 풍요의 땅 소돔 들판에 살지 못하고 들판의 반대되는 이미지를 물씬 풍기는 이름 모를 산속에 들어가서 모든 것을 잃고 살게 된다. 그는 양들과 목자들을 잃고 아내마저 잃고 산속 동굴에서 사

(Sheffield: JSOT Press, 1990), 85~101, 롯이 천사들에게 손님 대접할 줄 아는 의로운 사람이었지만, 딸을 천사들을 대신하여 내어 주고 마침내 딸들을 통해 아들을 낳을 정도로 악을 행하였던 사람으로서 지킬과 하이드와 같은 양면적인 모습을 가지고 있었다고 주장한다.

람들의 눈을 피해 초라하게 산다. 더 나아가 롯은 딸들과 살며 딸들을 통해 아들이라 불러야 될지 손자라고 불러야 될지 모를 아들들을 낳고 사는 비운의 주인공이 되었다. 이 모든 일을 롯의 큰 딸이 작은 딸과 함께 벌였다. 결국 이 두 딸은 아브라함이 생각한 의인에 포함되지 않았다.

30절

소알이 소돔과 고모라와 동맹 관계였고 이들과 마찬가지로 죄악의 도시였지만 하나님의 심판을 면했다. 그 이유는 롯이 자신의 생명을 구하기 위해 도망쳐 갈 수 있는 가장 가까운 도시라며 이곳으로 도망치게 해 달라고 천사들에게 간청했기 때문이었다. 하지만 소알로 도망간 롯은 그곳에 정착하지 않고 산으로 들어가서 동굴 생활을 하였다. 그 이유는 롯이 소알에 사는 것을 두려워하였기 때문이다. 롯은 무엇을 두려워했을까? 소알 사람들이 그의 가족을 해칠 것을 두려워했을 수도 있다. 그러나 롯이 두려워한 이유는 롯이 소알도 소돔과 고모라처럼 악하다는 것을 알았고, 천사들이 소알을 비롯한 다른 요르단 들판에 있는 도시들도 멸망시킬 것으로 생각했기 때문일 수 있다.[51] 롯이 소알에서 나와 천사들이 처음 제시했던(17절) 산으로 올라 간 것은 이런 추정을 가능하게 한다. 하지만, 롯과 두 딸은 어둡고 음습한 동굴에서 살면서 암흑과 같은 삶을 시작한다.

31~33절

롯이 천사들을 대신하여 딸들을 소돔 사람들에게 내어 주려 했던 것에 대한 대가를 치루는 것일까? 소돔 사람들의 죄악에 노출된 채로 성장한 롯의 딸들은 아버지를 통해 자식을 낳는 거대한 음모를 꾸민다. 롯이 아들을 낳는 기사는 노아의 기사와 유사한 점이 있다. 우선 둘 다 재앙에 이어서 나온 사건이며, 두 사건 모두 술과 연관되어 있다. 노아가 술 취했을 때 함이 성적인 죄를 지었는데, 롯이 취했을 때도 딸들이 성적인 죄를 짓는다. 결과적으로 이 일 때문에 자식들의 미래에 심각한 영향을 미쳤다는 것도 유사하다. 그러나 차이점도 있

51) Kenneth A. Mathews, *Genesis 11:27-50:26*, 244.

다. 롯은 노아보다 훨씬 더 술에 취했기에 딸들의 행동을 눈치채지 못했다. 함은 우연히 죄를 지은 듯하지만 롯의 딸들은 계획적이며, 롯의 딸들은 함보다 더 큰 죄를 짓고 있다.[52] 이들은 결코 의인이 아니라 함과 같은 저주를 받아야 마땅한 죄인에 지나지 않는다.

롯의 딸들의 행동은 비극이라고 할 수 있다. 그녀들은 욕망을 채우기 위해 이런 엄청난 일을 저지른 것이 아니다. 31절에 의하면 롯의 딸들은 두 가지 이유 때문에 아버지를 통해 아들을 낳을 음모를 꾸민다. 1) 아들이 없는 아버지는 늙었다. 이 말은 아버지가 더 늙기 전에 대책을 세워야 한다는 의미가 아니라 아버지에게 아내로 올 사람이 없다는 말이다. 2) 이 땅에는 세상의 도리를 좇아 우리에게 장가 올 사람이 아무도 없다. 즉 아버지는 아내가 없고 우리에게는 남편이 없으니 그러므로 우리가 아버지를 통해 자식을 낳자는 말이다. 롯의 딸들은 자신들의 약혼자들이 소돔과 고모라의 심판에서 모든 사람들과 함께 죽었고, 소알도 소돔에서 살아서 탈출한 자신들에게 우호적이지 않기 때문에 자신들의 남편을 얻을 수 없다고 절망적인 생각을 가진 듯하다. 그러나 그녀들의 절망감은 매우 과장되었다. 그녀들은 땅 위에 자신들을 신부로 맞이할 남자가 하나도 없다고 하지만, 이것은 전혀 사실과 다르다. 소돔과 고모라가 멸망 당한 것은 사실이지만, 당장 소알과 가나안에는 많은 사람들이 살고 있다. 이 같은 과장은 큰 재앙으로 인한 정신적인 충격 때문에 생긴 현상일 수 있다.

아버지를 통해 자식을 낳자는 음모를 주도한 사람은 롯의 큰 딸이다. 롯의 큰 딸은 자기 동생을 끌어들여 아버지에게 술을 먹이고 동침하는 모든 일을 주도한다. 아버지를 술 취하게 만든 것은 큰 딸이 자신의 행동이 죄악이고 아버지가 동의하지 않는다는 것을 알았음을 의미한다. 큰 딸은 자신의 동침뿐만 아니라 동생의 동침까지도 지휘하고 있다. 31~38절은 이 모든 사건들을 롯은 전혀 알지 못했다고 강조한다. 이렇게 강조하는 이유는 롯만 아브라함이 기대했던 의인이고 롯의 가족들과 그에게 속한 사람들 중에는 의인이 아무도 없었음을 보여 주기 위함이다. 그렇지만 현재 롯의 모습은 하나님이 아브라함을 여호와의

52) Gordon Wenham, *Genesis 16-50*, 60.

도와 의와 공의를 행하고 가르치도록 선택한 것과 너무 거리가 먼 꼴을 하고 있다.[53] 동시에 하나님은 롯을 소돔에서 구원해 내어 주었지만, 그가 두 딸의 음모를 통해 모압과 암몬 민족의 조상이 되고 결국 아브라함의 기업을 이을 자가 아니라는 것을 보여 준다.

34~38절

32~33절과 34~35절은 문장의 내용이 거의 유사하다. 32절과 34절은 서로 쌍을 이루는 문장이며, 32절에서는 큰 딸이 둘째 딸에게 아버지를 통한 출산을 제안하기 때문에 동사가 1인칭 권유형(נַשְׁקֶה וְנִשְׁכְּבָה עִמּוֹ וּנְחַיֶּה)으로 되어 있다. 반면에 34절에서는 큰 딸이 작은 딸에게 동침을 지시하기 때문에 동사 명령문(בֹּאִי שִׁכְבִי עִמּוֹ)이 빈번하게 사용되었다. 33절은 35절과 쌍을 이루며 거의 동일한 단어로 문장을 구성하고 있다. 중요한 차이점은 33절에서는 롯에게 술을 먹인 후 큰 딸이 롯에게 '들어가서 그녀의 아버지와 동침하였다'고 말하는데, 33절에서는 롯에게 술을 먹인 후 둘째 딸이 '일어나 그와 동침하였다'고 말한다. '들어갔다'는 말이 빠진 것은 롯에게 술을 마시게 한 그 장소에서 동침 행위가 있었음을 암시하며, 33절에서 '그녀의 아버지'(아비하 אָבִיהָ)와 동침하였다고 하는데 반해 35절은 '그와'(임모 עִמּוֹ) 동침하였다고 한 것은 이미 아버지에 대한 존경심이 상실되고 있음을 암시한다. 이런 차이점은 두 딸이 아들을 낳고 이름을 지어 줄 때에 반영된다. '그녀의 아버지'(아비하 אָבִיהָ)와 동침한 큰 딸은 아들의 이름을 모압이라고 하였고, '그와'(임모 עִמּוֹ) 동침한 둘째 딸은 벤-암미라고 하였다.[54]

33절.	아비하	אָבִיהָ	35절.	암모	עַמּוֹ
→ 37절.	모아브	מוֹאָב	→ 38절.	벤-암미	בֶּן־עַמִּי

53) Bruce K. Waltke, *Genesis*, 279.
54) 대부분의 주석가들은 벤-암미의 뜻을 내 친족의 아들이라고 생각한다. 이들은 '그와'(임모 עִמּוֹ)를 보지 못하고 주석하고 있다.

큰 딸의 아들 이름의 뜻은 아버지를 통해 낳았다는 뜻이고, 작은 딸 아들의 이름의 뜻은 아버지와 함께 낳은 아들이란 뜻이다. 모압은 모압 족속의 조상이 되었고, 벤-암미는 베니-암몬 족속의 조상이 되었다.[55] 두 딸의 아들의 이름을 자신의 자식들이 아버지의 자식이란 것을 모두가 알 수 있는 이름을 지었다. 롯의 딸들은 도덕적인 잘못에 대해 관심이 없고, 단지 자신들이 아버지의 자식을 낳고 보존하였다는 사실에 대해서만 관심을 가지고 있다. 롯의 딸들은 씻을 수 없는 죄를 지었고, 비난과 벌을 받아 마땅한 자들이다. 아버지를 통해 자식을 낳은 롯의 딸의 행동은 다말이 시아버지 유다를 통해 자식을 낳으려고 했던 것과 조금도 다를 바가 없다. 아이러니하게도 유다가 다말을 통해 낳은 베레스의 자손은 롯의 딸이 천륜을 거스린 결과로 태어난 모압 민족의 딸인 룻과 함께 오벳과 이새와 다윗의 조상이 되고, 이들을 통해 메시아 계보를 이어가는 것은 정말 미스터리이며 하나님의 은총의 결과이다.[56]

55) Nahum M. Sarna, *Genesis*, 139. Sarna에 의하면 모압과 암몬이 서로 적대적인 관계를 오랫 동안 유지해 왔기 때문에, 이들이 이스라엘과 친족관계였다는 것을 인위적으로 꾸며내는 것은 가능한 일이 아니다.

56) Kenneth A. Mathews, *Genesis 11:27-50:26*, 246.

Chapter 10
창세기 20장

창세기 20장에는 아브라함이 사라를 누이라고 부르고 그 결과 아비멜렉이 그녀를 아내로 데려가버리는 황당한 사건이 기록되어 있다. 이 사건이 황당하게 느껴지는 이유는 아브라함의 나이는 이미 99살이고 사라의 나이도 89살일 뿐만 아니라, 사라가 아브라함의 아들 이삭을 낳을 때까지 10개월도 남지 않은 시기로서 이미 사라가 이삭을 임신하였을 시기이기 때문이다. 하나님이 두 달에 걸쳐 아브라함에게 사라를 통해 이삭을 낳을 것이라는 예고를 반복했었는데, 그럼에도 불구하고 오빠 동생하며 아브라함은 아내를 아비멜렉에게 넘겨 주었고 사라는 아무런 저항 없이 아비멜렉에게 갔다. 이들의 황당한 행동에 대해 독자들은 당연히 몇 가지 의문을 품어야 한다. 불과 앞장에서 소돔과 고모라 사건 끝에 롯과 그의 두 딸이 자손을 낳는 것으로 끝났는데, 아브라함과 사라는 왜 부부 관계를 파경으로 몰고 갈까? 창세기 19장에서 소돔과 고모라 사람들을 멸망시키는 사건이 일어났었는데, 창세기 20장에서 아브라함과 사라가 그들의 거짓말 때문에 그랄 모든 사람들을 죽음으로 몰아넣을 수 있는 사건을 야기시키는 이유가 무엇일까? 창 12:10~20에서 아브라함은 사라를 누이로 위장했다가 바로에게 빼앗기는 사건을 이미 겪었었는데, 창세기 20장에서 같은 일을 되풀이하고 있다. 아브라함은 왜 이런 어리석은 행동을 되풀이 하였을까? 많은 학자들이 이런 종류의 질문에 나름대로 해답을 제시하고 있지만, 논쟁이 수그러들지 않고 있다. 최근의 학자들은 두 가지에서 어느 정도 일치된 의견을 제시하고 있다. 첫째는 창세기 20장의 누이 사건과 창 12:10~20의 누이 사건은 창 12:1~3에서 하나님이 아브라함에게 약속한 열방의 축복과 저주와 관련하여 이해해야 한다. 둘째는 창세기 20장을 창세기 18~19장과의 배경 속에서 읽어야 한다는 것이다.[1] 이에 더하여 창세기 20장의 누이 사건은 이삭의 출산을 앞두고 아브라함과 사라가 가나안으로 출발할 때부터 잘못 설정된 그들의 관계 회복에 관심을 가지고 있다. 이런 목적으로 기록된 창세기 20장의 내용은 아래와 같이 구분할 수 있다.

1~2절. 아브라함과 사라의 누이 호칭
3~7절. 하나님과 아비멜렉의 대화
8~13절. 아비멜렉과 아브라함의 대화
14~18절. 아브라함과 사라의 회복과 아비멜렉을 위한 기도

1~2절. 아브라함과 사라의 누이 호칭 사건 재발

1 거기서 아브라함이 네게브 땅으로 이주하였고 그가 가데스와 술 사이에 머물렀으며 그리고 그가 그랄에서 체류하였더라. **2** 아브라함이 그의 아내 사라에게 말하니라. "그녀는 내 누이이다." 그랄 왕 아비멜렉이 보내어 사라를 취하였더라.

1절

창세기 20장이 창세기 19장 뒤에 기록되어 있기 때문에 창세기 20장의 사건이 시간적으로 창세기 19장의 사건 이후에 일어났다고 전제하면, 1절에서 아브라함은 소돔 멸망 후 몇 달 사이에 헤브론에서 이주하여 여러 곳을 떠돌아다닌

1) John H. Sailhamer, *The Pentateuch as Narrative* (Grand Rapids: Zondervan, 1992), 174.

것처럼 보인다. 본문은 특이하게도 지역을 특정하지 않고 아브라함이 '그곳에서' 네게브 땅으로 이동하였다고 한다. 창세기 20장이 창세기 19장에 이어 일어난 사건으로 보면 자연스럽게 아브라함이 헤브론의 마므레 상수리 숲에서 네게브 땅으로 이주하였다고 생각하게 된다. 네게브로 이주한 아브라함은 다시 가데스와 술 사이에서 살다가, 마침내 그랄 지역으로 가서 나그네처럼 잠시 체류하게 된다. 아브라함은 이전에도 네게브 지역으로 이주한 적이 있다. 창 12:9~10에 의하면 아브라함은 벧엘 동쪽에서 점점 네게브로 옮겨갔다가 이집트로 내려가서 체류하게 된다. 아브라함의 네게브 이주를 기록하고 있는 창 20:1~2과 창 12:9~10을 비교해 보면 유사한 점이 있다.

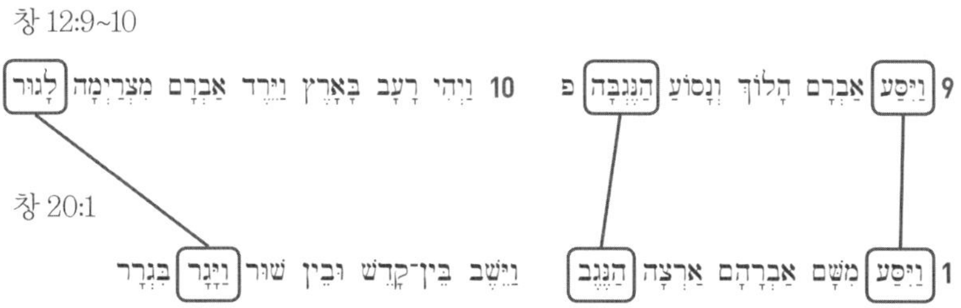

창 12:9에 의하면 아브라함은 먼저 네게브로 이주하였고, 그 후 가뭄 때문에 이집트에 체류하기 위해 내려간다. 창 20:1에서도 유사한 현상을 발견하게 된다. 아브라함은 먼저 네게브로 이주하였고, 이어서 그랄에 체류하기 위해 다시 이사하고 있다.[2] 차이점도 있다. 창 12:10에 의하면 아브라함은 네게브의 가뭄 때문에 생존을 위해 애굽으로 내려가서 체류하게 되었다고 말한다. 하지만 창 20:1에서는 아브라함이 왜 네게브로 내려가게 되었는지 그 이유를 밝히지 않고 있다. 창 20:1은 본론에 해당하는 3절 이하의 내용으로 신속하게 이동하기 위해 그 이유를 밝히지 않고 생략하고 있다.[3] 생략되었지만, 창세기 20장의 아브

2) John H. Walton, *Genesis* (Grand Rapids: Zonderan, 2001), 494. 그랄은 헤브론에서 약 56km 떨어져 있다. David W. Cotter, *Genesis* (Collegeville, MN: Liturgical Press, 2003), 129.

3) Gordon Wenham, *Genesis 16-50* (Nashville: Thomas Nelson, 2000), 69~70.

라함의 네게브와 그랄 이주 이유는 창세기 12:9 이하의 네게브와 이집트 이주 이유와 유사할 것이다.

2절

아브라함은 아내를 누이라고 하였고, 그랄 왕 아비멜렉이 사라를 아내로 취해 가버렸다. 창 12:9 이하에서도 아브라함은 사라를 누이라고 했다가 이집트 왕 바로가 아내로 데려가 버리는 사건을 겪었었다. 같은 사건을 반복하는 아브라함을 어떻게 이해해야 할까? 차이점이 있긴 하지만 성격이 같은 두 사건을 어떻게 이해하고 평가해야 할까? 두 사건을 평가하기 위해서는 먼저 창세기 20장의 사건이 언제 일어난 사건인지 윤곽을 잡아야 한다. 창세기 20장의 누이 사건은 창 12:10~20의 누이 사건과 비슷한 시기에 일어난 사건일까? 아니면 두 사건은 약 25년의 시간적 간격을 두고 일어났을까?

창세기 20장의 누이 사건은 창 12:10~20의 누이 사건과 비슷한 시기에 일어났을 가능성이 아주 높다. 그 근거는 다양하다. 우선 창세기 20장에서 아브라함이 처한 상황 자체가 99살의 아브라함에게 일어났다고 보기 어렵게 만든다. 아브라함과 사라는 각각 99살과 89살인데 이 정도 나이이면 아브라함과 사라는 아내의 미모 때문에 죽을 것을 걱정하기에는 나이가 너무 많다. 그리고 90살이나 된 사라를 아비멜렉이 데려간다는 것도 말이 되지 않는 일이다. 창세기 20장의 사건이 창세기 19장의 사건과 창세기 21장의 이삭 출생 사이에 일어난 사건이라면, 창세기 20장의 사건은 사라가 임신하기 이전에 일어났어야 한다. 창 17:21에서 하나님은 이삭이 내년 이맘때에 태어날 것이라고 하였고, 창 18:10, 14에서 하나님은 다시 생명의 시기('에트 하야' עֵת חַיָּה) 또는 임신 기간이 끝나는 약 10개월 뒤에 사라가 아들을 낳을 것이라고 하였다. 그렇다면 창세기 20장의 사건은 사라가 임신하기 전이거나 임신한 상태여야 한다. 임신하기 전이라면 100살이 다 된 아브라함이 창세기 19장의 소돔과 고모라 사건 이후 매우 짧은 시간에 네게브, 가데스와 술 사이, 그리고 그랄로 이사 다니는 것은 불가능하다. 하나님께서 아브라함과 사라에게 창 17:16과 18:10에서 두 차례에 걸쳐 이삭의 출생 시기를 예고해 주었는데도 아브라함이 하나님의 말씀을 무시하고 아내를 빼앗길 수 있는 무모한 짓을 하는 불신앙의 사람이 아니다. 더군다나 사라는 이미 이삭을 임신하였을 가능성도 있다. 창세기 18장에서 하나님께서 아브라함과 사라에게 나타나 이삭의 탄생을 예고한 후 10개월 후면 출산을 할 것인데, 소돔과 고모라의 멸망 이후에 아브라함이 헤브론에서 네게브로 그리고 가데스와 그랄 중간 지역을 거쳐 그랄로 이사하는 데에는 많은 시간이 필요하다. 그들이 그랄에 도착했을 때에는 아브라함과 사라가 임신을 깨달을 정도의 시간이 지났을 것이다. 그런데 아브라함이 사라를 누이라고 할 수 있을까?

창세기 20장의 이야기를 아브라함의 생애의 시간적인 발생 순서에 따라 기록되었다고 볼 필요가 없다. 그 근거는 창세기 26장의 이삭의 누이 호칭 사건을 참고해 보면 알 수 있다. 창 26:6~11에서 이삭은 그랄에서 리브가를 누이라고 호칭했다가 그랄 왕 아비멜렉에게 두 사람의 부부 관계가 탄로 난다. 황당한 것은 창 25:20~28에서 이삭은 40살에 리브가와 결혼하여 60살에 에서와 야곱을 출산하였고, 그리고 그의 아들들은 성장하여 에서는 이미 사냥꾼으로 활동하고 있다. 그렇다면 이삭과 리브가는 두 아들을 낳고 장성한 후에 약 75세가 되었을 때에 오라비와 누이로 호칭하기로 했을까? 그럴 수도 있지만, 창세기 25장의 사건과 창세기 26장의 사건은 기록 목적에 따라 배열되었지 사건 발생 순서에 따라 배열된 것이 아닐 가능성이 아주 높다.

창세기 20장의 사건은 이집트 스캔들이 있기 이전의 사건일 수도 있고, 창 13:1의 내용에 비추어 볼 때 오히려 이집트에서 나온 직후에 발생했을 수도 있다. 전자로 생각할 수 있는 이유는 창 20:13에서 아브라함이 아비멜렉의 질책에 대답하면서 오라비와 누이로 부르게 되었던 시점을 이집트로 내려가던 시기가 아니라 하나님의 부름을 받고 가나안 땅으로 이주하던 시기에 이미 그렇게 하기로 했었다고 말하기 때문이다.[4] 그렇다면 왜 창세기 20장의 사건을 12장 전후에 배열하지 않고 창세기 19장 이후에 배열하여 독자들을 혼란스럽게 만들

4) Claus Westermann, *Genesis* (Grand Rapids: Eerdmans, 1987), 148; David W. Cotter, *Genesis* (Collegeville, MN: The Liturgical Press, 2003), 129.

까? 이렇게 배열한 이유는 아브라함의 기사를 창세기 16장을 중심으로 대조를 만들려는 의도 때문이다.

A. 데라 가족의 기사, 하란의 죽음	창 11:27~32
B. 아비의 집을 떠남, 복의 근원	창 12:1~9
C. 사라를 누이라 함	창 12:10~20
D. 롯과 소돔	창 13~14장
E. 아브라함 언약	창 15장
F. 이스마엘	창 16장
E'. 아브라함 언약	창 17장
D'. 롯과 소돔	창 18~19장
C'. 사라를 누이라 함	창 20장
F'. 이삭과 이스마엘	창 21장
B'. 아들을 버림, 복의 근원	창 22:1~19
A'. 데라 가족의 기사, 사라의 죽음	창 22:20~23:20

창세기의 이 같은 구조를 유념한다면, 창세기 20장의 사건이 현재의 위치에 배열한 것은 다분히 의도적이라고 할 수 있다. 그 의도가 무엇일까? 기본적으로 그 의도는 창세기 20장을 12:10~20과 상호 비교하고 또한 창세기 20장을 아브라함의 기사 전체의 흐름 속에 살필 때에 파악될 수 있다.

창세기 20장의 누이 사건을 창 12:9~20의 사건과 유사한 시기에 일어난 것으로 보게 하는 근거를 창 20:1~2에서도 찾아볼 수 있다. 앞서 1절에서 보았던 것처럼 창 20:1의 아브라함의 이사와 관련된 표현들이 창 12:9~10의 표현과 일치한다. 아브라함이 네게브로 가기 전에 있었던 곳을 '거기서'라고 표현하였는데, 이 표현은 창세기 19장까지 아브라함이 거주했던 헤브론이었다고 보장하지 않는다. 창 12:8~10은 창 20:1의 표현을 모두 포함하고 있다.

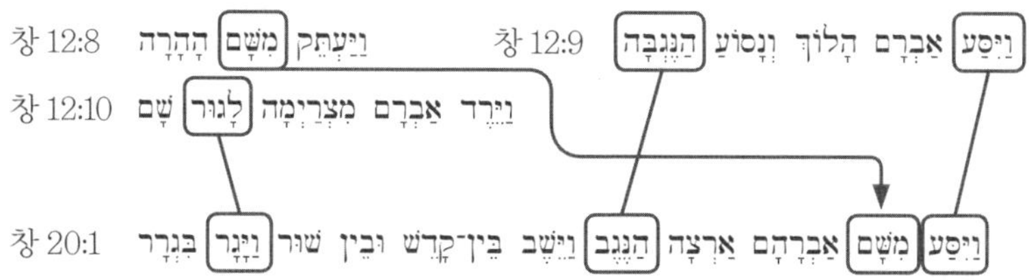

창 20:1의 표현과 창 12:8~10의 표현의 유사성을 감안할 때 창 20:1의 '거기서'를 비슷한 지역인 세겜과 벧엘 인근 지역을 가리킬 가능성을 결코 배제할 수 없다. 공교롭게도 창 20:1~2에서 아브라함이 사라를 누이라고 호칭한 장소가 네게브이고, 이 장소는 창 12:9~10에서 누이 호칭 사건이 일어난 장소와 일치한다. 25년이 지난 후 같은 장소에서 임신한 아내에게 누이라고 호칭하는 사건을 반복하는 것이 가능할까?

더 중요한 것은 창 20:1~2의 어의론적 특징인 생략법은 창 12:9 이하의 사건을 전제하고 있는 것으로 보인다. 1절에서 이미 지적한 것처럼 아브라함은 창 12:9~10과는 달리 네게브와 그랄로 내려간 이유를 밝히지 않았다. 저자는 창세기 20장의 상황이 창 12:9 이하의 상황과 동일하다는 것을 전제로 하고 이유를 생략하였을 것이다. 2절에서도 동일한 현상을 보이고 있다. 창 20:2의 한글 성경은 대체적으로 다음과 같이 번역한다.

창 20:2 וַיֹּאמֶר אַבְרָהָם אֶל־שָׂרָה אִשְׁתּוֹ אֲחֹתִי הִוא

개역개정 그의 아내 사라를 자기 누이라 하였으므로

공동번역 그 때 아브라함은 아내 사라를 누이라고 했다가

한글 번역들은 한결같이 히브리어 성경을 문법에 맞게 정확하게 번역하지 않았다. 히브리어 성경은 두 문장으로 되어 있다.

וַיֹּאמֶר אַבְרָהָם אֶל־שָׂרָה אִשְׁתּוֹ 와요멜 아브라함 엘–사라 이쉬토

아브라함이 그의 아내 사라에게 말하니라.

אחֹתִי הִוא 아호티 히

그녀는 나의 누이니이다.

첫째 문장은 창 12:11에서 아브라함이 사라에게 누이라고 부르자고 제안하기 위해 운을 떼던 말과 비교해 보면 창 20:2이 주어 '아브라함'을 가지고 있는 것을 제외하고 동일하다.

창 12:11 וַיֹּאמֶר אֶל־שָׂרַי אִשְׁתּוֹ

창 20:2 וַיֹּאמֶר אַבְרָהָם אֶל־שָׂרָה אִשְׁתּוֹ

창 20:2은 아브라함이 사리에게 말하고 있기 때문에 이어지는 둘째 문장은 창 12:13처럼 '임리-나 아호티 아트' אִמְרִי־נָא אֲחֹתִי אָתְּ(너는 나의 누이라고 하자)가 나와야 한다. 하지만 창 20:2은 아브라함이 사라에게 직접하는 표현인 '아호티 아트' אֲחֹתִי אָתְּ(너는 나의 누이라)를 사용하지 않는다. 대신에 창 12:19에서 이집트의 바로가 말하는 것처럼 아브라함이 다른 사람에게 사라를 소개하는 표현인 '아호티 히' אחֹתִי הִוא(그녀는 내 아내라)를 쓰고 있다. 이것은 아브라함이 창 12:9 이하에서 사라에게 누이라고 하자고 할 때의 상황을 전제로 하고 중복되는 것을 생략하였기 때문에 생겨난 현상이다.[5] 이러한 생략들은 두 사건이 유사한 시기에 일어난 것으로 생각하게 만든다.

'나의 아버지는 왕이다'라는 뜻을 가지고 있는 그랄 왕 아비멜렉이 사라를 데려갈 때 아브라함은 어떤 행동을 취했을까? 창 20:2은 아무런 언급이 없으며, 아브라함은 아무런 저항도 하지 않고 사라를 떠나 보냈고, 사라는 아무런 거부감 없이 따라나선 것처럼 보인다. 아브라함 시대에 갈대아 우르 인근에 있었던 도시 국가인 에쉬눈나(Code of Eshnunna B.C. 2900~B.C. 1736)의 법전 27항에 따르면 부모의 허락을 받고 정식 혼인 서약을 하지 않으면 그 결혼은

5) John H. Sailhamer, *The Pentateuch as Narrative* (Grand Rapids: Zondervan, 1992), 175.

무효가 되었다.[6] 고대 메소포타미아 지역에서는 부모가 없는 경우 오빠가 보호자로서 부모를 대신하여 누이의 결혼을 결정하였기 때문에 사라의 경우에는 아브라함이 사라의 오빠로서 아비멜렉과 함께 사라의 혼인 서약을 하였을 것이다.[7] 아브라함과 사라는 이 혼인 절차가 진행되는 동안 무슨 생각들을 하고 있었을까?

3~7절. 하나님과 아비멜렉의 대화

3 하나님이 아비멜렉에게 그 밤 꿈에 나타나서 그에게 말씀 하시니라. "보라! 너는
네가 취한 그 여자로 인하여 죽으리니, 그녀는 한 남편의 아내이니라." **4** 아비멜렉이
그녀에게 가까이 아니한지라. 그가 말하기를 "내 주여 의로운 백성도 역시 당신이
죽이나이까? **5** 그가 내게 그녀는 내 누이라고 말하지 아니하였나이까? 그녀도 역
시 그는 내 오라비라고 말하였나이다. 온전한 마음과 깨끗한 손으로 내가 이를 행
하였나이다." **6** 그에게 하나님이 꿈에 말씀하시기를, "나 자신도 역시 네가 온전한
마음으로 이를 행하였음을 아노라. 나 자신도 역시 네가 내게 범죄하지 못하게 하
려 하노라. 그러므로 나는 네가 그 여자에게 가까이 못하게 하려 하노라. **7** 이제 너
는 그 사람의 아내를 돌려 보내라. 이는 그가 선지자이고 그가 너를 위해 기도하리
니 네가 살리라. 만약 네가 돌려 보내지 않으면 너와 네게 속한 모든 자가 반드시 죽
는다는 것을 너는 알아라."

창 20:1~3을 창 12:9~20과 비교해 보면, 많은 차이점들이 있다. 3절의 내용도 그중에 하나에 속한다. 3절의 사건이 일어나는 과정을 창 12:9~20과 비교해 보면, 창 20:1~3에는 창 12:11~17에서 있었던 사건들이 상당수 생략된 채 단숨에 3절 사건으로 이어진다.

6) ANET, 162. Edwin M. Yamauchi, "Cultural Aspects of Marriage in the Ancient World," *Bibliotheca Sacra* 244 (1978): 241~253.

7) Marten Stol, "Private Life in Ancient Mesopotamia," *Civilization of the Ancient Near East*, ed. Jack M. Sasson (New York: Scribner, 1995), 488.

창세기 20장		창세기 12장	
1a	네게브로 이동	9	네게브로 이주
1b	그랄에 체류	10	이집트에 거류 계획
2a	아브라함의 누이 제안	11~13	아브라함의 누이 제안과 이유
		14	이집트인들이 사라의 미모를 봄
		15b	바로의 신하들의 사라 칭송
2b	아비멜렉이 사라를 취함	15c	바로가 사라를 취함
		16	바로가 아브라함을 후대
		17	여호와가 바로에게 재앙 내림
3~7	하나님이 아비멜렉에게 현몽		
8	아비멜렉이 신하들과 의논		
9~10	아비멜렉이 아브라함을 책망	18~19	바로가 아브람을 불러 책망
11~13	아브라함의 변명		
14~15	아비멜렉이 아브라함에게 후대		
16	아비멜렉이 사라에게 후대		
17~18	아브라함이 아비멜렉을 위해 기도, 재앙 끝		
		20	바로가 아브라함을 추방

창 12:11~17에서는 아브라함이 사라에게 누이로 위장하자고 제안하고 그 이유를 설명한다. 이어서 그들이 이집트에 도착했을 때 이집트 사람들과 바로의 신하들이 사라를 칭송하며, 사라를 취한 대가로 바로가 아브라함을 후대한다. 이어지는 사건은 하나님이 바로에게 재앙을 내린 것이다. 창 12장은 이 사건들을 11~17절까지 7절에 걸쳐 전개해 나가는 데 반해, 창세기 20장은 아브라함의 누이 사건을 단숨에 하나님이 아비멜렉에게 현몽한 사건으로 이동해 버린다. 창세기 12장에서는 하나님이 바로에게 재앙을 내렸다고 하지만, 하나님이 바로에게 직접 경고하는 내용이 없다. 바로가 이 재앙이 하나님께서 사라의 일 때문에 내렸다고 생각하게 된 계기가 무엇인지도 전혀 설명하지 않는다. 이런 차이점은 창세기 20장의 아브라함과 사라의 누이 사건의 목적이 어디에 있는지 짐작하게 만든다. 3~7절은 바로 그 첫 번째 목적을 보여 주며, 그 목적은 창 12:1~3에서 하나님이 아브라함에게 약속한 것처럼 아브라함의 처신 때문에 다

른 민족이 아브라함을 축복하면 축복받을 수 있고, 저주하면 저주받을 수 있음을 다시 보여 준다. 이것은 창 12:9~20의 첫 누이 사건과 동일한 주제이다. 둘 사이에 근본적인 차이점은 열방이 아브라함에게 해를 가하여 그들이 저주를 받게 되었을 때 하나님이 그 저주의 문제를 해결하는 방법을 보여 주는 것이다. 그 방법은 아브라함의 중보 기도이다.

3절

아비멜렉이 사라를 데려갈 때 두 부부가 별다른 저항을 하지 않았던 것과는 달리 하나님은 아비멜렉이 사라와 자는 것을 막기 위해 신속하게 개입한다. 하나님은 아비멜렉이 사라를 데려간 바로 그 밤에 아비멜렉의 꿈에 직접 나타났다.[8] 하나님이 꿈을 통해 나타난 것은 아비멜렉의 꿈이 처음이다. 하나님의 현몽을 표현하기 위해 히브리어 성경은 동사 '보' בוא의 와우 계속법 미완료형 '와야보' וַיָּבֹא를 사용하였다. 일반적으로 하나님이 꿈을 통해 계시할 때에는 '꿈에 말씀하시니라'는 표현을 주로 사용하며(예, 창 31:11), 하나님이 꿈에 나타난 것, 즉 현몽을 말할 때에는 동사 '라아' רָאָה(보다)의 닢알형(나타나다)을 주로 사용한다(왕상 3:5). 동사 '보' בוא(들어가다)를 사용한 경우는 드물며, 주로 급박한 상황에서 하나님이 현몽할 때 사용한다. 예를 들면, 라반이 야곱을 죽이려고 추격할 때 하나님께서 라반의 꿈에 나타났을 때에도 동사 '보' בוא를 사용하고 있다(창 31:24). 아비멜렉의 경우에도 마찬가지다. 동사 '보' בוא는 아비멜렉이 어쩌다가 꿈을 꾼 것이 아니라, 하나님이 아비멜렉의 꿈에 긴급하게 그리고 강제로 들어가서 나타났음을 나타낸다.

하나님이 아비멜렉의 꿈에 나타난 시기를 '그 밤'이라고 한다. 히브리어 성경은 명사 '라일라' לַיְלָה(밤)에 정관사 '하' הַ를 붙여 아비멜렉이 사라을 취하여 간 그 날의 밤에 하나님이 아비멜렉에게 나타났다고 한다. 하나님은 거두절미하고 아비멜렉에게 죽는다고 말한다. 창 12:10~20에서는 하나님이 바로와 그의 집

8) John H. Walton, *Genesis*, 494. 고대 근동에서 꿈은 신들의 신탁을 받는 중요한 수단 중에 하나였다. 이집트의 투트모세 4세(ANET, 449)와 바빌로니아의 나보니두스 왕(ANET, 314)이 꿈에서 받은 신탁이 좋은 예들이다.

안에 재앙을 내렸지만, 하나님이 바로에게 직접 경고를 하거나 나타난 적이 없다. 그러나 창 20:3에서 하나님은 즉각 아비멜렉에게 경고하며 그가 죽게 되는 이유가 '네가 취한 그 여자 때문'이라고 한다. 그가 곧 죽게 되는 것을 강조하기 위해 감탄사 '힌네' הִנֵּה와 동사 '무트' מוּת의 분사형을 사용하였다. 아비멜렉이 사라 때문에 죽는 이유는 그녀가 남편이 있는 결혼한 여자이기 때문이다. 고대 이집트의 경우 간음을 하여도 사형시키지 않았지만, 메소포타미아와 그 직접적인 영향을 받는 지역에서는 간음의 경우 죽일 수 있었다. 아비멜렉의 경우도 결혼한 사라를 데려가는 것은 간음이었기 때문에, 그의 백성들은 그에게 법적인 책임을 묻을 수 없었겠지만, 공의의 하나님은 그에게 책임을 묻는다.

4~5절

아비멜렉이 사라를 취하여 간 것은 심각한 일이다. 창세기 18~19장에 이어서 이 사건이 배열되어 있기 때문에, 창세기 20장의 배치 특징을 모르는 독자는 사라의 배속에 있는 이삭의 아버지가 아브라함인지 아비멜렉인지에 대한 문제를 야기하게 만들 수 있다. 창세기의 저자는 4절에서 이 점을 명확하게 정리한다. 아비멜렉이 사라와 동침하지 않았다. 창세기 저자는 아비멜렉이 사라와 동침하지 않은 사실을 하나님과 아비멜렉의 직접적인 대화를 통해 밝히지 않고, 나레이터의 입을 빌려 아비멜렉의 반응에 앞서 미리 밝힌다. 이점을 강조하기 위해 주어 '아비멜렉'을 동사 앞으로 도치시켜 놓았다. 이렇게 한 이유는 이삭의 아버지의 정체에 대한 의문을 불식시키려는 의도 때문이다.

아비멜렉이 사라를 데려간 날에 왜 사라와 동침하지 않고 홀로 잠들었다가 하나님의 현몽을 경험하게 되었을까?[9] 창세기 24장에서 이삭은 리브가와 결혼하고 즉시 동침하였고, 창세기 29장에서 야곱도 결혼 당일에 레아와 라헬과 동침하였다. 하지만 아비멜렉의 경우에는 사라의 미모에도 불구하고 동침하지

9) Marten Stol, "Private Life in Ancient Mesopotamia," 1:489; Mayer I. Gruber, "Private Life in Ancient Israel," *Civilization of Ancient Near East*, 1:645~646. 고대 메소포타미아와 가나안에서는 결혼 잔치가 5~7일간 지속되었다. 축제 첫날 마지막 시간에 신부를 신랑의 방으로 데려가 동침하게 하였다.

않았다. 그 이유는 사라의 나이 때문일 수 있고, 또 그의 결혼 목적이 정치적이었기 때문일 수 있다. 하지만 6절은 더 중요한 이유를 밝히고 있다.

아비멜렉은 놀랍게도 구약 성경에서 이스라엘 백성들이 하나님을 부르는 특별한 호칭인 '주'(아도나이 אֲדֹנָי)라고 호칭한다. 이 호칭을 사용하였다고 해서 아비멜렉을 하나님 경외하는 자로 여길 필요는 없다. 아비멜렉은 하나님께 '주께서 의로운 백성도 죽이려 합니까?'라고 반문한다. 이 표현은 몇 가지 중요한 문제들을 가지고 있다. 첫째는 아비멜렉이 백성을 의미하는 히브리어 '고이' גּוֹי를 사용하였다는 것이다. 하나님은 아비멜렉의 백성 모두를 말하지 않고 '네가 죽으리라'고 하였지만, 아비멜렉은 '의로운 자'라고 하지 않고 '의로운 백성'이라고 하였다. 18절에서 하나님이 아비멜렉의 집의 모든 태를 닫았다는 말에 비추어 볼 때, 이미 그랄에 민족적 차원의 재앙이 발생하였고 이를 아비멜렉이 알고 있었음을 보여 주는 표현이다.[10] 그래서 아비멜렉은 죽음의 재앙이 자신에게만 내려지는 것이 아니라 그랄 모든 사람에게 내려지는 것으로 알았기 때문에 '백성'이라고 했다. 둘째 문제는 아비멜렉이 '백성'을 형용사 '차딕' צַדִּיק(의로운)으로 수식하고 있으며, 그리고 '차딕' צַדִּיק에 부사 '감' גַּם(~도, 역시)을 추가한 것이다. 이를 해석하면 '의로운 백성도 역시'가 되며, 이 표현은 '하나님이 악한 백성을 죽이는데, 지금 의로운 백성도 죽이려고 합니까?'라고 묻는 것이다. 아비멜렉은 이 부분을 강조하기 위해 '의로운 백성도 역시'를 동사 앞으로 도치하여 문장 앞 부분에 배열하였다. '의로운 백성'이라는 말은 그들의 모든 삶이 의롭다는 것이 아니라, 사라를 취한 일에 불의한 점이 없고 정당했다는 말이다. 셋째 문제는 아비멜렉의 말이 창 18:23의 아브라함이 하나님께 한 말과 매우 흡사하다는 것이다.

창 18:23	의인을 악인과 함께 멸하려 하나이까
창 20:4	주여 의로운 백성도 역시 당신은 죽이시나이까

10) Victor P. Hamilton, *The Book of Genesis: Chapters 18-50* (Grand Rapdis: Eerdmans, 1995), 62.

이 표현을 통해 창세기 저자는 의도적으로 아비멜렉과 아브라함을 대조시키고 있다. 창 18:23에서 소돔에 있을지도 모를 의인을 위해 하나님께 항변하던 아브라함은 아내를 누이라고 위장함으로 그랄 사람들에게 죽음의 재앙을 불러온 불의한 사람이 되었고, 그로 인해 죽음의 재앙에 직면한 그랄 사람들은 오히려 의로운 사람들로 묘사되면서 아브라함과 그랄 사람들의 처지가 완전히 뒤바뀌었다.[11)]

5절

아비멜렉이 '의로운 백성'이라고 한 것은 실제로 그의 삶이 의로운 것이 아니라, 그가 사라의 결혼 여부를 모르고 취했기 때문에 자신의 무죄를 강조하는 말이다. 아비멜렉은 하나님께 자신의 무죄를 증명하기 위해 두 가지를 말한다. 첫째, 아비멜렉은 아브라함과 사라가 자신에게 오누이 관계라고 했음을 강조하여 말한다. 아브라함이 '그녀는 나의 누이'라고 한 말을 강조하기 위해 아비멜렉은 지시대명사 남성형 '후' הִוא(that)를 동사 앞에 두었다. 사라가 '그는 나의 오빠'라고 말한 것을 강조하기 위해 아비멜렉은 지시대명사 여성형 '히' הִיא를 반복해서 '그녀-그녀도 역시'(히-감-히 הִיא־גַם־הִוא)라고 표현했다. 이 표현은 두려움 속에 말도 제대로 못하는 아비멜렉의 말투를 보여주는 듯하다. 아비멜렉은 아브라함뿐만 아니라 사라도 자기에게 두 사람의 관계를 오누이라고 말했다고 강조하여 말하고 있다. 이 말은 아브라함과 사라 두 사람이 신분 위장에 서로 동의하였고, 5절 첫째 문장에서 아비멜렉이 '하로 후 아말-리' הֲלֹא הוּא אָמַר־לִי(그가 내게 말하지 아니하였나이까)라고 한 것에서 볼 수 있듯이 아브라함과 사라가 아비멜렉 앞에서 서로 누이와 오빠 관계라고 진술했음을 보여준다. 이 진술에 근거하여 아비멜렉은 사라를 아내로 데려가겠다고 했고, 아브라함은 오빠로서 사라와 아비멜렉의 결혼 잔치를 주관하였을 것이다.[12)] 정상적인 사람은 이

11) Robert Alter, *Genesis: Translation and Commentary* (New York: Norton, 1996), 93; Kenneth A. Mathews, *Genesis 11:27-50:26*, 253.

12) Victor Harold Matthews, *Old Testament Parallels: laws and stories from the ancient Near East* (New York: Paulist Press, 1997), 50. 고대 근동의 누지(Nuzi)에는 아버지가 죽은 후 오빠

런 아브라함과 사라를 이해할 수 없지만, 만약 창세기 20장의 사건이 창세기 19장 이후에 일어났다면, 이미 이삭을 임신했을 가능성이 높은 사라나 아브라함이 정상적인 정신 상태였다고 볼 수 없다. 둘째, 아비멜렉은 자신의 의도도 순수했음을 강조하기 위해 '온전한 마음'과 '깨끗한 손'이라는 유사한 표현을 반복하여 문두에서 먼저 말한다. 아비멜렉은 사라를 취하고자 한 그의 생각과 행동 모두가 순수했다고 하나님께 무죄를 호소하고 있다.

6절

6절에서 하나님은 아비멜렉의 말에 대답한다. 아비멜렉의 꿈이 이어지고 있는 상황인데 6절은 하나님이 꿈을 통해 그에게 말하고 있음을 다시 언급하고 있다. 이를 통해 창세기 저자는 하나님이 다른 형태의 계시 방법을 사용하지 않았음을 못박고 있다. 하나님은 아비멜렉이 남의 아내를 뺏으려는 의도가 없었다는 것을 인정하고 있다. 그래서 하나님은 '나도 역시 아노라'고 하며, 하나님 자신도 아비멜렉이 사라를 취한 과정을 알고 있음을 강조한다. 강조를 위해 일반적인 독립인칭대명사와 동사의 배열 순서를 따르지 않고 독립인칭대명사를 동사 앞에 두었다. 이어서 하나님은 아비멜렉의 꿈에 나타나 그의 죽음을 예고한 이유가 아비멜렉이 하나님께 범죄하는 것을 막기 위해서라고 말한다. 하나님은 말씀을 강조하기 위해 아비멜렉이 '감' גַּם(~도 역시)을 반복하며 '의로운 백성도 역시'와 '그녀-그녀도 역시'라고 말한 것처럼 하나님도 '감-아노키' גַּם־אָנֹכִי(나도 역시)를 첫 문장에서 사용하고 이어서 둘째 문장에서도 '감 아노키' גַּם־אָנֹכִי를 반복하고 있다. 그리고 하나님은 '감 아노키' גַּם־אָנֹכִי를 첫째 문장과 둘째 문장에서 서로 구문상의 교차대구를 이루게 배치하여 다시 한번 하나님 자신의 생각과 말씀을 전반적으로 강조하고 있다.

가 보호자로서 누이의 혼인 서약을 체결하는 전통이 있었다. "I, Kuni-asu, daughter of Haut-tesup, declare before witnesses: "Previously, Akam-musni negotiated a marriage covenant for me and received thirteen ounces of silver as a bride price. Akam-musni and my husband are now dead. Now, Akkiya, son of Hut-tesup, had adopted me as his sister. As my legal guardian, he shall negotiate a marriage covenant for me and will receive three ounces of silver as a bride price. Whoever breaks this covenant shall pay a fine of eighteen ounces of gold."

하나님은 아비멜렉을 범죄하지 못하게 막은 것은 그가 사라에게 가까이 가는 것을 막는 것이었다. 하나님의 말씀에는 세 가지 중요한 사실을 담고 있다. 첫째, 4절에서 창세기의 나레이터는 아비멜렉이 사라에게 가까이하지 않았다고 했는데, 6절은 아비멜렉이 사라에게 가까이하지 않은 것이 그의 뜻이 아니라 하나님께서 막았기 때문이라고 한다. 하나님께서 아비멜렉을 어떻게 막았을까? 7절을 보면 아브라함이 기도하면 '네가 살려니와'라고 말하고 있다. 이 말은 이미 아비멜렉이 삶과 죽음의 갈림길에 서 있는 질병에 걸렸다는 것을 의미한다. 17절에 아브라함이 기도하자 하나님께서 아비멜렉을 치료했다고 말한다. 아비멜렉은 틀림없이 병에 걸려 있었고, 이 병 때문에 사라에게 가까이 가지 못했을 것이다. 18절에 의하면 이 병은 불임병이다. 아브라함은 아내를 빼앗길 수 있다는 것을 알면서도 아내를 누이라고 거짓말하였는데, 하나님은 그런 그의 아내를 보호하기 위해 신속하게 개입하였다.[13] 하나님의 신실하심을 엿볼 수 있다. 둘째, 하나님은 아비멜렉이 사라와 자는 것만 막지 않고 아예 그가 사라에게 가까이 가는 것 자체를 막았다.[14] 히브리어 성경은 성적인 동침을 의미하는 동사가 아니라 가까이 가는 것 자체를 의미하는 동사 '나가' נָגַע(닿다, 때리다, 도달하다)의 부정사 연계형을 사용하였다. 셋째, 아비멜렉이 사라와 동침하는 것은 그가 아브라함과 사라에게 죄를 짓는 것이 아니라 하나님 자신에게 죄를 짓는 것이라고 못을 박고 있다. 간음과 관련하여 요셉과 다윗도 동일한 말을 한다.[15] 하지만 아비멜렉이 하나님께 짓는 죄는 단지 윤리적인 면에 한정되지 않

13) Bruce K. Waltke, *Genesis* (Grand Rapids: Zondervan, 2001), 283.

14) John H. Wlaton, *Genesis*, 495.

15) "이 집에는 나보다 큰 이가 없으며 주인이 아무것도 내게 금하지 아니하였어도 금한 것은 당신뿐이니 당신은 그의 아내임이라 그런즉 내가 어찌 이 큰 악을 행하여 하나님께 죄를 지으리이까?" (창 39:9); "내가 주께만 범죄하여 주의 목전에 악을 행하였사오니" (시 51:4).

고, 구속사적 차원에서 짓는 범죄이다. 즉 아비멜렉은 메시아 계보의 정통성에 심각한 도전을 야기할 수 있는 죄를 짓고 있는 것이다. 그렇기 때문에 하나님은 아브라함의 가족을 지키기 위해서 그리고 아브라함의 아들, 메시아의 출생 계보를 지키기 위해서 즉각적이고 신속하게 아비멜렉에게 현몽하였다.

7절

하나님은 아비멜렉에게 사라를 지금 당장 돌려보내라고 명령한다. 그리고 하나님은 그 이유로 아브라함이 선지자이기 때문이라고 한다. 에녹(유다서 1:14)과 노아(벧후 2:5)를 신약 성경에서 선지자라고 말하지만, 아브라함을 선지자로 밝히는 것은 7절이 유일하며, 선지자라는 표현 자체도 처음 사용되었다. 놀랍게도 이 사실을 하나님이 직접 밝히고 있다. 아브라함이 어떤 의미에서 선지자인지 본문은 명확하게 밝히지 않고 있으며, 아비멜렉은 이를 어떻게 받아들였을지 분명하지 않다. 아비멜렉이 살았던 시기의 고대 근동 사회에서 선지자는 주로 신으로부터 신탁을 받아 전달해 주는 역할을 했고, 신의 저주를 풀어 주는 일은 주로 제사장들이 했다. 이들은 주문을 외우거나 제사를 통해 신의 저주가 풀렸다고 선언하였다. 7절에서 아브라함이 기도하면 아비멜렉이 살게 된다고 한 것은 고대 근동의 제사장직과 유사한 점을 가지고 있다. 아브라함이 세겜과 벧엘 그리고 헤브론에서 제단을 쌓은 것도 제사장이 하는 일이다. 아브라함의 역할이 고대 근동의 제사장들의 역할과 유사한 점이 있어 보이지만 이 둘 사이에는 근본적인 차이점이 있다. 아브라함의 제사의 용도는 신의 저주를 푸는 것이 아니었고, 그의 제사는 하나님께 예배 드리는 것이었다. 아비멜렉을 위한 기도도 신탁을 전해 주는 것도 아니고 신을 달래고 협박하기 위해 주문을 외우는 것도 아니다. 아브라함의 기도 역할에는 중요한 특징이 하나 있다. 아브라함이 기도해야 아비멜렉이 살 수 있다는 사실을 하나님이 아브라함에게 말해 주지 않고 아비멜렉을 통해 간접적으로 말해 주고 있다. 하나님은 아브라함의 선지자와 중보 기도자로서의 역할을 아비멜렉에게 확실하게 심어 주기 위해 이렇게 하였다. 그리고 하나님은 복의 근원이어야 할 아브라함이 저주받을 열방을 위해 어떤 신앙의 자세를 취해야 하는지를 보여 주고 있다.

하나님은 다시 한번 아비멜렉에게 사라를 돌려보내라고 명령하면서 만약 돌려보내지 않으면 그가 죽는다고 경고한다. 놀랍게도 하나님은 아비멜렉에게 아담에게 선악과를 따먹지 말라며 했던 말과 동일한 표현을 사용하였다.

창 2:17 וּמֵעֵץ הַדַּעַת טוֹב וָרָע לֹא תֹאכַל מִמֶּנּוּ כִּי בְּיוֹם אֲכָלְךָ מִמֶּנּוּ מוֹת תָּמוּת

창 20:7 וְאִם־אֵינְךָ מֵשִׁיב דַּע כִּי־מוֹת תָּמוּת אַתָּה וְכָל־אֲשֶׁר־לָךְ

하나님은 아담에게 선악과를 따먹으면 '반드시 죽으리라'(모트 테무트 מוֹת תָּמוּת)고 했던 그 말을 아비멜렉에게 하고 있다. 창 2:17의 '네가 반드시 죽으리라'는 부정사 절대형 '모트' מוֹת를 본동사 '무트' מוּת(죽는다) 앞에 첨가하여 죽는다는 사실을 강조하는 표현이다. 이것은 창 20:7에서도 마찬가지이다. 하지만 창 20:7은 이를 더 강조하여 독립인칭대명사 '아타'(너)와 '네게 속한 모든 자들'을 '모트 테무트' מוֹת תָּמוּת 뒤에 첨가하였다.[16] 아비멜렉이 사라에게 손대는 것은 메시아 계보를 파괴하는 것이었기 때문에 하나님은 선악과를 따먹지 말라고 아담에게 경고한 것처럼 아비멜렉에게 그와 그에게 속한 모든 자들을 반드시 죽이겠다고 강력하게 경고하고 있다.

3~7절까지 이어진 하나님과 아비멜렉의 대화에는 세 가지 특징이 있다. 첫째, 하나님과 아비멜렉의 대화에는 아브라함과 사라의 이름이 단 한 번도 언급되지 않고 있다. 아비멜렉은 아브라함과 사라를 모두 '그'와 '그녀'로 언급하고, 하나님도 역시 이들을 '그 여자,' '그녀,' '그 사람', '그'로 표현하고 있다. 대명사 3인칭과 지시대명사를 통해서도 당사자가 누구인지 하나님과 아비멜렉은 서로 명확하게 알고 있음을 보여준다. 둘째, 아브라함의 거짓말 때문에 아비멜렉의 나라가 하나님의 저주를 받게 되는 처지에 이르렀음에도 불구하고 하나님은 그의 거짓말을 벌하지 않고, 오히려 아비멜렉이 그에게서 중보 기도를 받아야 할 자로 여기고 있다. 이것은 창 12:1~3에서 하나님이 아브라함에게 약속한 열방의 축복과

16) Kenneth A. Mathews, *Genesis 11:27-50:26*, 254.

저주에서 저주를 받게 된 열방의 문제를 해결할 때에 아브라함의 중보자로서 의 역할이 필요하다는 것을 보여 준다.[17] 다시스로 도망가던 요나를 여전히 선지자로 인정하고 니느웨로 보낸 것처럼 은혜의 하나님은 사라를 누이라고 거짓말한 아브라함을 그랄의 중보자로 세우고 있다. 창세기 20장은 다른 민족의 심판을 앞두고 아브라함이 하나님께 기도해야 한다는 점에서 창세기 18장과 공통된 주제를 가지고 있다. 창세기 18장에서는 소돔과 고모라 심판에 대해 말했을 때, 하나님의 기도에 대한 언급 없이 아브라함이 자발적으로 기도했지만, 창세기 20장에서는 하나님이 먼저 아브라함의 기도가 필요하다고 아비멜렉에게 말한다. 셋째 특징은 아비멜렉이 사라를 취하는 죄를 지었을 때 하나님은 그에게 회개할 기회를 주었다는 것이다. 소돔 사람들에게도 롯이 나그네로 온 천사들에게 해를 끼치지 말라고 호소했을 때, 하나님께서 그들에게 재앙을 면할 기회를 주었다고 볼 수 있다. 하지만 소돔 사람들은 그 기회를 외면하였지만, 아비멜렉은 하나님께서 준 기회를 놓치지 않고 죽음의 재앙을 면하게 된다.[18]

8~16절. 아브라함과 사라 그리고 아비멜렉의 대화

8 아비멜렉이 아침에 일찍 일어났고, 그가 그의 모든 종들을 불러 이 모든 일들을
그들의 귀에 들려 주자, 그 사람들이 심히 두려워하였더라. **9** 그리고 아비멜렉이 아
브라함을 불러서 그에게 말하기를 "네가 우리에게 무엇을 행하였느냐? 내가 네게
무슨 죄를 지었기에 네가 나와 내 나라에 큰 죄벌을 끌어들였느냐? 사람이 해서는
안될 일들을 네가 나와 함께 행하였느니라. **10** 그리고 아비멜렉이 아브라함에게 말
하니라. 너는 이 일 행한 것을 어떻게 생각하느냐?" **11** 아브라함이 이르기를 "내가
이르기를 하나님 경외가 이 땅에 없으므로 그들이 내 아내와 관련된 일 때문에 나
를 죽이리라. **12** 그리고 역시 진실로 나의 누이라. 그녀는 내 아버지의 딸이요 오직

17) Mark E. Biddle, "The Endangered Ancestress and Blessing for the Nations," *JBL* 109 (1990): 599~611; Kenneth A. Mathews, *Genesis 11:27-50:26* (Nashville: Broadman & Holman, 2005), 254. Biddle은 아브라함 자신이 복과 저주를 줄 수 있는 것이 아니라, 그와 열방의 관계를 통해 하나님이 열방에게 복을 주기도 하고 저주를 주기도 한다고 바르게 주장하고 있다.

18) Kenneth A. Mathews, *Genesis 11:27-50:26*, 251.

내 어머니의 딸은 아닌데, 그녀가 내 아내가 되었음이라. **13** 나를 하나님이 내 아버지의 집에서 떠나 방황하게 할 때에 내가 그녀에게 이르기를 '이것이 당신이 나와 함께 행할 당신의 은혜라. 우리가 들어갈 모든 땅에서 그는 내 오라비라고 말하라.'"
14 아비멜렉이 양떼와 소떼와 남종들과 여종들을 취하여 아브라함에게 주었고 그리고 그에게 그의 아내 사라를 돌려 주었더라. **15** 아비멜렉이 말하기를 "보라. 나의 땅이 네 앞에 있으니 네 눈에 좋은 곳에 머물라." **16** 그리고 사라에게 그가 말하기를 "보라. 내가 은 천 개를 네 오라비에게 주었도다. 보라. 그것이 너를 위해 너와 함께 한 모든 사람들에게 눈 가림이 되며 그리고 모든 일에 보증 되리라."

8절

아비멜렉은 아침에 일어나자마자 신하들을 불러 모아 꿈에서 들은 하나님의 말씀을 모두 말해 주었다. 이를 강조하기 위해 히브리어 성경은 '이 모든 말을 그들의 귀에 들려주었다'고 말한다. 아비멜렉이 이렇게 신속하게 행동한 것은 그가 의롭기 때문이 아니라 하나님이 이미 그와 그의 왕국에 내린 재앙과 불순종했을 경우 닥치게 될 죽음의 재앙에 대한 두려움 때문이다.[19] 아비멜렉의 행동은 창세기 19:12 이하의 롯과 그의 가족들의 행동과 대조를 이룬다. 창 19:13에서 천사들이 롯에게 소돔의 멸망을 경고하고 그의 가족들과 '그에게 속한 모든 사람들'(콜-아셀-레카 כָּל־אֲשֶׁר־לְךָ)을 데려나가라고 했을 때에 롯은 그의 사위들에게 이야기하고 그리고 그들은 롯을 조롱하였다. 반면에 아비멜렉은 그랄성에 있는 그에게 속한 모든 자들(콜-아셀-락 כָּל־אֲשֶׁר־לָךְ), 즉 그의 종들을 모두 불러 모아 말해 주었고, 그리고 그들은 아비멜렉이 들려준 죽음의 멸망 소식을 듣고 조롱하는 것이 아니라 심히 두려워하였다. 아비멜렉의 신하들의 두려워하는 행동은 요나의 경고를 들은 니느웨 사람들의 즉각적이고 집단적인 회개와 유사해 보인다.

19) 아비멜렉과 그랄 사람들의 행동을 그들의 의로움에서 생겨난 것으로 이해하는 주석가들도 있다. Bruce K. Waltke, *Genesis*, 286; Gordon Wenham, *Genesis 16-50*, 72.

9절

아비멜렉은 자기 신하들에게 자초지종을 말한 후 즉각 아브라함과 사라를 불러 질책하며 그들의 거짓에 대해 심문한다. 아비멜렉은 첫 질문에서 '무엇을 너는 우리에게 했느냐?'고 책망한다. 1인칭 복수 '우리에게'는 아브라함이 아비멜렉만이 아니라 그랄 모든 사람에게 사라를 누이라고 했음을 의미한다. 하지만 '무엇'은 그랄 사람 모두에게 임한 죽음의 재앙을 의미할 수도 있다. 둘째 질문에서 아비멜렉은 자신이 아브라함에게 무슨 잘못을 했는지 따진다. 아비멜렉은 아브라함이 해서는 안 될 짓을 자신에게 행하였고 그래서 아브라함이 아비멜렉 자신 뿐만 아니라 그를 모든 사람들에게 큰 죄를 짓게 하였다고 말한다. 아비멜렉은 남편과 아내를 오빠와 누이라고 거짓말함으로 다른 사람이 그 결혼한 아내를 취하게 하는 행위를 죄라고 못을 박고 있다. 이것은 아비멜렉과 그랄 사람들이 고대 근동의 일부 도시에서 행하여진 아내를 누이라고 부르는 전통을 따르지 않고 있었음을 보여준다. 9절 마지막 두 문장에 기록된 아비멜렉의 말은 두 가지 중요한 특징을 가지고 있다.

כִּֽי־הֵבֵ֧אתָ עָלַ֛י וְעַל־מַמְלַכְתִּ֖י חֲטָאָ֣ה גְדֹלָ֑ה מַעֲשִׂים֙ אֲשֶׁ֣ר לֹא־יֵעָשׂ֔וּ עָשִׂ֖יתָ עִמָּדִֽי׃

첫째는 '하타아 게돌라' חֲטָאָה גְּדֹלָה(큰 죄)와 '임마디' עִמָּדִי(나와 함께) 두 표현을 통해 자신이 사라를 데려온 행동을 죄라고 인정하고 있다.[20] 둘째 아비멜렉은 죄를 인정하면서도 그 죄의 일차적인 책임이 아브라함에게 있다고 한다. '하타아 게돌라' חֲטָאָה גְּדֹלָה(큰 죄)를 자신과 자신의 왕국에 몰고 온 사람은 다

20) Nahum M. Sarna, *Genesis*, 143. '하타아 게돌라'(חֲטָאָה גְּדֹלָה)를 간음을 의미하는 죄로서 아비멜렉이 사라와 동침했음을 시인하는 표현으로 생각하는 학자도 있다. 그러나 아비멜렉이 '하타아 게돌라'(חֲטָאָה גְּדֹלָה)를 통해 표현하고자 한 것은 자신이 사라를 아내로 데려온 행위를 두고 하는 말이다. 아비멜렉은 이 말을 그의 왕국 전체에 미친 영향을 두고 하는 말이기 때문에 '하타아 게돌라'(חֲטָאָה גְּדֹלָה)는 개인적인 간음 죄도 의미할 수 있지만, 그와 그의 왕국에 임한 죄로 인한 재앙을 의미하는 것으로 볼 수도 있다. 고대 근동 사회에서 결혼과 관련된 큰 죄는 주로 간음을 의미했다. Jacob J. Rabinowitz, "The 'Great Sin' in Ancient Egyptian Marriage Contracts," *JNES* 18 (1959): 73; W. L. Moran, "The Scandal of the 'Great Sin' at Ugarit," *JNES* 18 (1959): 280.

름 아닌 동사 '헤베타' הֵבֵאתָ(네가 초래하였다)의 힙일 2인칭의 주어인 아브라함이다. '임마디' עִמָּדִי(나와 함께)에서도 자신을 죄짓게 만든 사람은 동사 '아시타' עָשִׂיתָ(네가 행하였다)의 2인칭 주어 아브라함이다. 아비멜렉은 아브라함에게 '네가 해서는 안 될 일을 나와 함께하였다'며 책망하고 있다. 안타깝게도 이 순간 아브라함은 아비멜렉으로부터 그가 그랄 사람들에게 축복의 근원으로 존재하는 것이 아니라, 저주의 근원이 되었다고 책망받고 있다.

10절

9절에서 '아비멜렉이 아브라함을 불러 그에게 말하기를'을 통해 아비멜렉이 아브라함을 심문하기 시작했음을 알렸는데도, 10절은 다시 '아비멜렉이 아브라함에게 말하기를'이라는 발화 행위를 알리는 표현을 사용하였다. 그 이유는 9절에서 아비멜렉이 아브라함에게 분노에 차서 격정적으로 단숨에 질책하였고, 잠시 숨을 몰아쉰 후 다시 아브라함에게 질문을 하고 있기 때문이다.[21]

מָה רָאִיתָ כִּי עָשִׂיתָ אֶת־הַדָּבָר הַזֶּה

너는 네가 행한 이 일들을 어떻게 생각하느냐

동사 '라아' רָאָה는 여기에서 '보다'라는 의미보다는 '생각하다'라는 의미로 사용되었다. 9절의 질문들에서 아비멜렉은 대답을 듣기 위해서가 아니라 화풀이 차원에서 질책하였는데, 10절에서 아비멜렉은 냉정을 찾고 아브라함에게 그가 저지른 일에 대해 어떻게 생각하는지 그리고 이유와 목적이 무엇인지 답변을 듣기 위해 질문하고 있다.[22] 사실상 아비멜렉은 아브라함에게 아내를 누이라고 부르는 행동에 대해 깊이 반성하는 대답을 듣고 싶어 했다. 그리고 어쩌면 하나님은 아비멜렉의 입을 통해 아브라함에게 반성을 요구하고 있을 수도 있다. 하지

21) Robert Alter, *Genesis*, 94.

22) Menahem Z. Kaddari, "Ma ra'ita ki... (Genesis 20:10)," *Dort ziehen Schiffe dahin...* (Frankfurt am Main: Peter Lang, 1996), 79~84.

만 아브라함은 선지자라는 말이 무색한 변명으로 11~13절까지 이어가고 있다.

11절

11~13절에서 아브라함은 아비멜렉의 질책과 질문에 대한 자신의 입장을 변호하기 시작한다. 11절에서 아브라함은 그랄 성의 도덕적 상황에 대한 자신의 생각을 통해 변명하고, 12절에서는 자신의 가족사를 통해 변명한다. 그리고 13절에서 아브라함은 하나님이 그를 가나안 땅으로 가게 한 소명과 관련된 변명을 한다. 무엇보다 중요한 것은 아브라함의 변명은 하나님이 창 12:1~3에서 그에게 가나안 땅으로 가게 하면서 한 약속들에 반하는 내용과 상황으로 채워져 있다.

아브라함은 창 12:9~20과는 달리 11절에서 그랄에는 하나님 경외가 없기 때문에 그들이 자신의 아내 때문에 자신을 죽일 것을 염려하여 아내를 누이라고 부르게 되었다고 한다. 특이하게도 창세기 20장에서 아브라함은 사라의 미모에 대한 언급을 하지 않는다. 하지만 '내 아내의 일로 나를 죽이리라'는 말은 창 12:12의 '이는 그의 아내라 하여 나는 죽이고 그대는 살리리니'와 유사하기 때문에 창세기 20장에서도 아브라함은 사라의 미모 때문에 자신을 죽일 것이라고 생각했을 가능성이 매우 높다. '하나님 경외'는 하나님을 믿는 신앙이 아니라 도덕적 윤리적 정의를 표현하는 말이다. 구약 성경에서 하나님 경외는 정의와 지혜로운 삶의 근본으로 제시되고 있고, 또 창 20:11의 전후 문맥을 고려할 때 '하나님 경외가 이곳에 없다'는 말은 정의의 부재를 의도하고 있다.

그랄 사람들에 대한 아브라함의 생각은 창세기 19장에서 소돔 사람들이 보여 주었던 행동과 유사하다. 소돔 사람들이 나그네로 찾아온 천사들에게 성적인 폭행을 저지르려 하고 그들을 보호하려는 롯을 해치려고 했던 것처럼 그랄 사람들은 그 땅에 체류하러 온 나그네의 아내를 빼앗아 성폭행하기 위해 남편을 죽이는 악한 사람들이라고 아브라함은 생각하였다. 그러나 창세기 20장에서 아비멜렉과 그의 신하들이 보여준 행동은 아브라함의 생각과 많은 차이점을 가지고 있다. 첫째, 아브라함의 생각과는 달리 8절에서 아비멜렉과 그의 신하들은 하나님의 말씀 앞에 자신들을 의로운 백성이라고 지칭하였다. 이 말이 일차적으로는 사라를 데려온 사건에 대하여 무죄함을 의미하지만, 하나님께 자신들을 의롭다고 말한 것은 매우 인상적이다. 뿐만 아니라 아비멜렉이 자신의 모든 신하들에게 꿈에서 나눈 하나님과의 대화를 모두 말해 주자, 그들은 한결같이 두려워하였다고 말한다. 아브라함은 그랄 사람들의 불의에 대해 확신을 가졌기 때문에 '하나님 경외' 앞에 히브리어 부사 '락' רַק(확실히)을 사용하였지만, 그랄 사람들의 반응은 아브라함의 생각과 전혀 다른 반응이었다. 그렇다면 아브라함의 그랄 사람에 대한 판단은 직접적인 경험에 의한 것일까? 아니면 소문과 선입견 때문일까? 학자들 중에는 그랄 사람들이 가나안에 있는 의인들이었다고 생각하기도 하지만, 창세기 20장의 아비멜렉과 그랄 사람들의 행동은 사라 사건과 관련된 매우 제한된 일에서만 의로운 모습을 보여 준다.[23] 창 21:25에서 그랄 사람들이 아브라함이 판 우물을 강탈한 것과 창 26:7에서 이삭이 그랄 사람들의 불의를 의심하고 있는 점에서 볼 때 아브라함의 확신은 사실일 가능성이 있다. 그러나 최소한 창세기 20장에서 하나님을 두려워하지 않은 사람은 그랄 사람들이 아니라 오히려 아내를 누이라고 속이는 음모를 꾸민 아브라함이다. 아브라함의 생각에서 더 중요한 것은 이 땅은 아브라함이 자신이 죽을 수 있는 땅이라는 것이다. 이 땅은 13절의 아브라함의 말에 비추어 보면 그랄 땅에 한정되지 않고 가나안 땅 전체이다. 창 12:1~3에서 하나님이 그에게 약속한 땅은 그를 죽음으로 몰아넣을 수 있는 땅이라고 아브라함은 생각하고 있다.

12절

이어서 아브라함은 자신의 행동을 정당화하기 위해 자신의 집안 내력을 말한다. 아브라함은 먼저 '감-아메나' וְגַם־אָמְנָה(그리고 역시 진실로)로 시작한다. '그리고 역시'는 11절의 부사 '락' רַק(확실히)과 논리적으로 연결해 주며, 11절에서 아브라함이 말한 것과 함께 12절의 내용도 진실임을 강조하고 있다. 하지만 그가 진실이라고 밝힌 내용은 매우 충격적이다.

23) Fredrick C. Holmgren, "Looking Back on Abraham's Encounter with a Canaanite King: A Reversal of Expectations (Genesis 20:1~18), *Currents in Theology and Mission* 37 (2010): 366~377.

그리고 역시 진실로 나의 누이라. 그녀는 내 아버지의 딸이요 오직 내 어머니의 딸은 아닌데, 그녀가 내 아내가 되었음이라.

아브라함은 엄청나게 충격적인 사실을 아주 강조해서 또박또박 고백한다. 아브라함과 사라는 아버지가 같고 오직(아크 אַךְ) 어머니만 다른 남매라고 말한다. 왜 창세기 저자와 아브라함은 이 사실을 이제야 밝힐까? 창세기 19장에서 조카 롯은 딸들과의 관계에서 아들을 낳고 있는데, 20장에서는 아브라함은 사라가 자신의 배다른 친동생이라고 말한다. 롯의 두 딸이 자신들을 아내로 데려갈 남자가 없기 때문에 아버지의 아이를 임신하려고 음모를 꾸몄다. 아브라함과 사라는 각각 남편과 아내로 삼을 사람이 없었기 때문에 친남매 간에 결혼을 했는가?[24] 신 27:22는 '배다른 동생과 결혼하는 자는 저주를 받을 것이라'하며 결혼을 금지하고 있다. 그런데도 아브라함뿐만 아니라 창 11:29에서 아브라함의 동생 나홀은 그의 동생 하란의 딸과 결혼하고 있다. 도대체 아브라함의 가문에 무슨 일이 있었을까? 혹시 데라의 가족들이 갈대아 우르를 떠난 후에 데라의 자식들은 결혼을 통해 타민족과 섞이는 것을 방지하기 위해 예외적으로 근친 결혼을 하였을까? 고대 메소포타미아 사회에서는 결혼 지참금 때문에 재산이 줄지 않도록 근친 결혼을 하는 경우가 있었다. 아브라함도 이런 문제 때문에 사라와 결혼하였을까? 아브라함과 사라만 근친 결혼을 한 것이 아니라 나홀, 하란, 그리고 이들의 후손인 밀가와 이삭과 리브가 그리고 야곱과 그의 두 아내도 근친 결혼을 하였다. 다른 사람들의 경우는 그 이유를 알 수 없지만 이삭이 리브

24) Geraldine Pinch, "Private Life in Ancient Egypt," *Civilization of the Ancient Near East* (New York, NY: Scribner, 1995), 1:372; P. B. Adamson, "Consanguinous Marriages in the Ancient World," *Folklore* 93 (1982): 85~92. Gerraldine Pinch에 의하면 고대 이집트 왕실에서는 아버지는 동일하더라도 어머니가 다를 경우 남매 간의 결혼이 가끔 이루어지곤 하였지만 왕실을 제외하고 남매 간의 결혼은 아주 드문 현상이었다. 그에 의하면 이집트에서는 아버지가 같은 것보다 어머니가 같은 것을 더 중요하게 생각하였다고 한다. 남매 간의 결혼은 고대 메소포타미아 지역에서도 있었던 전통으로 여겨진다. P. B. Adamson에 의하면, 고대 수메르의 신화들에는 친족간의 결혼과 근친상간이 빈번하게 일어나고 있으며, 이것은 고대 메소포타미아 사회의 일면을 반영한다. 하지만 레 18:9, 11; 20:17; 신 27:22에서는 배다른 형제와 결혼하는 것을 엄격히 금지시키고 있다.

가와 그리고 야곱이 레아와 라헬과 결혼한 것은 신앙 문제 때문이었다.[25] 하지만 아브라함은 반쪽 짜리 진실로 자신의 잘못을 덮으려고 하다가 아비멜렉으로부터 사라의 오빠라는 소리를 듣게 된다. 이 순간 아브라함은 창 12:1~3에서 하나님이 그의 이름을 크게 해 주겠다고 한 약속이 무색하게도 아비멜렉에게 거짓말쟁이로 그리고 여동생과 결혼한 자로 스스로 이름을 크게 먹칠하고 있다.

13절

13절에서 아브라함은 11절에서 아비멜렉에게 한 답변을 반복하거나 재인용하고 있다. 11절과 13절에는 대조를 이루는 주제들이 있다.

11절	13절
하나님 경외가 없는 이 곳	하나님이 우리를 방황하게 하여 우리가 들어간 모든 곳
내 아내의 일로 죽이리라	그는 내 오라비라고 말하라

아브라함은 9절에서 아비멜렉이 사용한 어투를 모방하고 있다.

9절. מַעֲשִׂים אֲשֶׁר לֹא־יֵעָשׂוּ עָשִׂיתָ עִמָּדִי

13절. זֶה חַסְדֵּךְ אֲשֶׁר תַּעֲשִׂי עִמָּדִי

아비멜렉은 아브라함이 자신에게 한 행동을 해서는 안 될 짓이라고 하였는데, 아브라함은 자신을 위해 사라에게 시킨 행동을 '헤세드'라고 불렀다.

아비멜렉에게 한 아브라함의 마지막 말은 창세기 20장의 사건이 언제 일어났는지를 짐작하게 하는 중요한 실마리가 된다. 아브라함은 사라에게 누이라고 부르도록 한 시기를 다음과 같이 표현한다.

'엘로힘이 나로 내 아비 집으로부터 떠돌아 다니게 하실 때에'

25) Kenneth A. Mathews, *Genesis 11:27-50:26*, 257.

아브라함이 사라에게 자신을 오빠라고 부르게 한 때는 우리가 일반적으로 알고 있는 것처럼 그가 이집트로 들어가던 때가 아니라, 그가 그의 아비의 집을 떠나 가나안 땅으로 갈 때부터였다고 말한다. 이 말은 창 12:10~20의 사건을 포함하여 그가 사라를 누이라고 부르는 거짓을 계획한 것이 하나님의 부름을 받을 때부터였고, 이때부터 아브라함과 사라의 관계는 정상적이지 않았음을 의미한다. 이 관계는 이제 이삭의 출생을 앞두고 정리되어야만 한다. 아브라함은 아담이 그랬던 것처럼(창 3:12) 점입가경으로 엘로힘 אֱלֹהִים을 이 사건의 한 당사자로 끌어들이고 있다.[26] '떠돌아 다니게'의 히브리어 '타아' תָּעָה는 도덕적으로 그릇된 길로 인도한다는 뜻과 목적과 희망도 없이 배회한다는 뜻으로 많이 사용되는 동사이다. 그런데 이 동사가 단수가 아닌 복수(히테우 הִתְעוּ)로 사용되었다. 이것은 '엘로힘' אֱלֹהִים이 장엄 복수인 하나님이 아니라 '신들' 혹은 '천사들'을 의미한다. 창세기 20장에서 하나님이 아비멜렉에게 나타났을 때에도 '엘로힘' אֱלֹהִים으로 표현되지만 동사는 모두 단수형으로 사용되어 엘로힘 אֱלֹהִים이 장엄 복수인 하나님이라는 사실을 보여 주었다. 그런데 아브라함은 엘로힘 אֱלֹהִים이 지배하는 동사 '타아' תָּעָה의 힙일 완료 복수형 '히트우' הִתְעוּ를 사용했다. 이것은 아브라함의 가나안행을 지시하는 하나님을 표현할 때 유일하게 복수형 동사를 사용한 경우이다. 고든 웬함은 아브라함이 이런 표현을 사용한 이유가 아비멜렉의 다신론주의 때문일 것으로 추정하며, 켄네스 매튜는 이를 아브라함의 신앙심의 약화로 볼 수 있다고 생각한다.[27] 창 12:1에서 여호와 하나님이 그를 가나안으로 가게 하였지만, 이 순간 아브라함은 아비멜렉에게 신들이 그를 가나안 땅에서 떠돌아 다니게 하였다고 말하였다. 아브라함의 대답에서 대제사장의 여종 앞에서 예수님을 세 번 부인하였던 베드로의 모습이 떠오르는 것은 지나친 상상일까?

아브라함이 동사 '타아'를 부정적으로 사용하였을 가능성은 이어지는 그의 말을 통해 알 수 있다. 아브라함은 하나님이 그에게 가나안 땅으로 가게 한 것

26) Bill T. Arnold, *The Book of Genesis* (Grand Rapids: Baker Books, 1980), 105.
27) Gordon Wenham, *Genesis 16-50*, 75; Kenneth A. Mathews, *Genesis 11:27-50:26*, 257~258.

을 긍정적으로 생각하지 않은 것으로 여겨진다.[28] 그 이유는 하나님이 가게 한 그 곳은 아브라함이 아내를 누이라고 부르지 않으면 그가 죽을 수 있는 위험한 곳이고, 아브라함은 하나님이 그런 위험한 일을 자신에게 시켰다고 아비멜렉에게 말하고 있다.

> '이후로 우리가 들어가는 모든 곳에서 네가 나와의 관계에서 행할 너의 헤세드는 이것이라. 나를 위해 나를 너의 오빠라고 말하라.'

고 하였다. 하나님이 그를 나그네로 만들었고 살아남기 위해서는 아내를 누이라고 할 수밖에 없었다며 아브라함은 책임을 하나님께 돌리고 있다. 아브라함의 변명은 아담의 변명과 비슷하다. 하지만 아브라함이 사라에게 자신을 오빠라고 부르게 한 것은 매우 일방적이었음을 보여준다. 아브라함은 과거에 사라에게 한 말을 인용하면서, 사라에게 오빠라고 부르게 한 것은 자신이었다고 말하며, 그렇게 부르는 것이 사라가 아브라함과의 관계에서 그에게 베풀 수 있는 헤세드(사랑, 자비)라고 한다. 안타깝게도 아브라함은 하나님을 자신을 방황하게 만든 분으로 묘사하면서, 사라의 경우 고작 누이라고 거짓말하는 헤세드를 베풀어 줄 사람으로 말하고 있다.[29] 창 12:1~3에서 하나님께서 그를 큰 민족으로 만들어 주겠다고 하였음에도 불구하고, 아브라함은 사라의 불임 때문에 그 큰 민족이 그와 사라를 통해 태어난 아들을 통해 이루어진다는 것을 전혀 생각지 못하고 조카이자 양자인 롯을 통해 이루어질 줄로 생각하였다. 그래서 그는 아내 사라에게 그녀가 아브라함에게 보여 줄 수 있는 진실된 사랑 헤세드는 자신을 오빠라고 부르는 것이라고 하며, 가는 곳마다 사라를 희생시켜 자신의 생명과 기업을 살리려 하였다. 사라를 누이라고 부르게 된 것도 두 사람의 합의에 의해 된 것이 아니다. 아브라함은 사라에게 자신을 오빠라고 부르도록 명령을 하고 있

28) Derek Kidner, *Genesis* (Downers Grove: IVP, 1967), 138~139.

29) Derek Kidner, *Genesis I*, 138~139; Victor P. Hamilton, *The Book of Genesis: Chapters 18-50*, 68~69.

다. 아브라함은 사라에게 누이와 오빠로 부르자고 일방적으로 강요하였고, 불임이었던 사라는 수용할 수밖에 없었다. 이렇게 아브라함은 하나님이 창 12:1~3에서 가나안 땅으로 보내며 약속한 모든 것을 무의미하게 만들었다. 가나안 땅은 그가 죽을 수 있는 땅이었고, 자신의 생명을 부지하기 위해 큰 민족을 만드는데 가장 중요한 아내를 누이라고 함으로 아내를 다른 사람에게 빼앗겼고, 거짓말이 탄로 나서 이름이 크게 되기는커녕 수모를 당하게 되었다.

14~15절

아브라함이 아비멜렉에게 그랄 사람들은 도덕적으로 엉망이라고 생각했다고 말했음에도 불구하고 아비멜렉은 아브라함을 관대하게 대접하여 많은 선물을 준다. 아비멜렉은 아브라함의 설명에 만족했기 때문이 아니라, 그와 그에게 속한 모든 사람들에게 하나님이 내릴 죽음의 재앙 때문에 아브라함에게 선물을 주었다. 선물의 구체적인 규모를 알 수는 없지만, 아비멜렉은 양과 소와 남녀 노예를 아브라함에게 주었다. 이 선물을 창 12:10-20에서 바로가 아브라함에게 준 것으로 생각할 수도 있는 선물 목록과 비교해 볼 때 나귀와 낙타를 제외하고 종류가 동일하다. 차이점은 바로는 사라를 데려올 때 일종의 신부 값으로 선물을 주었겠지만, 아비멜렉은 사라를 돌려 보낼 때 명예회복을 위한 보상적 차원에서 아브라함에게 선물을 주었다.[30] 그리고 바로는 아브라함의 일행을 신하들에게 시켜 추방하였지만, 아비멜렉은 나그네인 아브라함에게 원하는 곳에서 거주하게 해 준다. 아비멜렉의 행동은 죽음의 재앙을 눈앞에 두고 눈이 머는 재앙을 겪고 있으면서도 나그네를 해치고자 했던 소돔 사람들과 대조되고 있다. 아비멜렉은 자신에게 엄청난 해를 끼친 나그네 아브라함에게 소돔 사람들과는 달리 극진하게 대우하면서 아브라함의 중보 기도를 이끌어 내고 마침내 죽음의 재앙에서 벗어난다.

30) Fredrick C. Holmgren, "Looking Back on Abraham's Encounter with a Canaanite King: A Reversal of Expectations (Genesis 20:1~18)", 370~371.

16절

창세기 12:10~20에서는 바로가 아브라함에게 일방적으로 말하고 그를 추방시키는 것으로 끝났었지만, 창세기 20:9~16에서는 아비멜렉이 아브라함과 대화를 나누는 것으로 끝나지 않고 아비멜렉이 사라에게 말하는 내용도 담고 있다. 아비멜렉은 아브라함에게 은 천 세겔을 준 후 사라에게 다음과 같이 말한다.

> 그리고 사라에게 그가 말하기를 보라 내가 은 천 개를 네 오라비에게 주었도다. 보라. 그것이 너를 위해 너와 함께 한 모든 사람들에게 눈 가림이 되며 그리고 모든 일에 보증되리라.

아비멜렉은 은 천 세겔 준 것을 강조하기 위해 감탄사 '힌네' הִנֵּה를 연발하면서, 사라에게 말하기를 그 은을 너의 남편이라고 하지 않고 너의 오빠에게 주었다고 말한다. 이 표현을 통해 아비멜렉은 아브라함에 대한 자신의 불쾌한 감정을 표출하는 것으로 볼 수도 있고, 아니면 남편이란 표현 대신에 오빠라는 표현을 사용함으로 유부녀를 데려왔다는 점을 희석시켜 상호 간의 불명예를 희석하려는 의도가 담겨있을 수도 있다. 아비멜렉은 왕으로서 사라에게 법적인 명예회복을 위해 이 돈을 주었다는 사실을 밝힌다. 아비멜렉은 먼저 감탄사 '힌네'를 한 번 더 사용하면서 이 돈이 사라를 위한 눈가림용이라고 한다. 즉 이 돈은 그녀의 명예를 회복시키는 차원에서 주어졌다는 말이다. 기원전 15~12세기 앗시리아 법전에 의하면, 누구든지 여행 중인 유부녀를 집으로 데려갔다면, 그 사람은 유부녀인 줄 몰랐다고 맹세하고, 여인의 남편에게 2 달란트의 납을 주어야 한다고 기록하고 있다(이 법에서 맹세는 성관계와 관계없다). 이에 비해 아비멜렉이 사라에게 준 돈은 파격적으로 많은 돈이었다. 당시 고대 바벨론의 노동자들이 한 달에 반 세겔을 임금으로 받았고, 신 22:29에 의하면 결혼할 때 신부에게 요구할 수 있는 결혼 지참금의 최대 금액이 은 50세겔이었던 것에 비추어 본다면, 아비멜렉이 사라에게 준 은 천 세겔은 파격적이다. 아비멜렉은 왜 이렇게 많은 돈을 아브라함에게 주었을까? 아비멜렉이 사라를 데려간 것에 대한 불명예가 사라에게 있는 것이 아니라 돈을 주고 있는 아비멜렉에게 있음을 강하게 자인하여 사라에게서 불명예를 찾고자 하는 사람들의 눈을 가리우기 위해서이다.[31] 둘째는 아비멜렉은 그 돈의 성격을 '노카하트'(נֹכַחַת 보증하다)라고 했다. '노카하트'는 동사 '야카' יָכַח의 닢알 여성 분사이며, '야카'는 주로 공식적인 법적 재판에서 정당성을 인정할 때 사용하는 표현이다.[32] 이것은 아비멜렉이 사라를 취하여 간 문제를 돈으로 해결하려는 것이 아니라, 그가 왕으로서 사라가 이 사건을 통해 불명예를 당할 것이 전혀 없음을 법적으로 보증하는 조치이다. 아비멜렉은 사라의 불명예를 해소할 대상이 아브라함만이 아니고, 사라와 함께한 모든 사람들이라고 한다.

이로써 하나님이 아브라함을 가나안 땅으로 가도록 불러낼 때부터 생겨난 아브라함과 사라의 비정상적인 관계가 청산된다. 그들의 비정상적인 관계는 이삭의 출생에 앞서 정리되어야만 했고, 이 관계가 정리된 것을 아비멜렉 사건을 통해 창세기 저자는 보여 주려고 하였다. 아비멜렉이 아브라함을 반의법 또는 야유의 성격이 강한 사라의 오빠라고 부르며 사라를 되돌려 보내고, 그래서 아브라함을 부끄럽게 하여 남편 역할을 제대로 하도록 일깨워 줌으로 그 정리가 이루어진다. 아브라함과 사라의 정상적인 관계 회복은 19장의 롯에 대한 정리와 21장에서 이스마엘의 정리와 함께 이삭의 출생에 앞서 반드시 이루어져야 할 부분이다.

17~18절

누이 사건의 해결은 아브라함의 기도로 종결된다. 아브라함이 하나님께 기도하자 하나님은 즉각 아비멜렉과 그에게 속한 모든 여자들을 고쳐 주었고, 정상적으로 출산할 수 있게 되었다. 하나님은 여자들의 태만 닫은 것이 아니다. 물론 18절은 아비멜렉이 사라를 데려가자 하나님이 즉각 그에게 속한 모든 사람들의 태의 문을 닫아 버렸다고 강조하고 있다. 이것은 하나님이 아비멜렉 집안

31) Claus Westermann, *Genesis*, 151.
32) Kenneth A. Mathews, *Genesis 11:27-50:26*, 259.

의 여성들만 불임 상태로 만들었다는 말이 아니다. 17절에서 하나님이 아비멜렉을 치료하였다는 말과 동사 '야라드' יָלַד (출산하다)가 미완료 3인칭 남성 복수(에레두 יֵלֵדוּ 그들이 출산하다)로 사용된 것에서 짐작할 수 있듯이 하나님은 아비멜렉을 비롯하여 그의 집안 사람들의 성기능을 무력화시켰다.[33] 창세기 12:10~20에서 바로의 집안에 내려졌던 재앙도 이와 유사하리라고 판단된다. 아브라함의 잘못 때문에 그에게 해를 끼친 바로가 하나님의 저주를 받았던 것처럼, 아비멜렉은 아브라함의 잘못 때문에 저주를 받게 되었다. 하지만 창 12:9~20과 창세기 20장의 차이가 있다. 창 12:9~20에서 바로가 사라를 돌려보내자 하나님은 바로에게 내린 저주를 스스로 철회하였다. 창 12:9~20에서는 아브라함의 중보 기도가 없었다. 하지만 창세기 20장에서는 아브라함의 기도를 통해 하나님이 이들을 치료하여 출산을 정상화시켜준다. 아브라함의 중보 기도는 두 가지 중요한 사실을 함축하고 있다. 첫째, 비록 아브라함은 창 20:1~3에서 하나님의 약속을 제대로 이해하지 못하여 하나님의 구원 역사를 지연시키고, 또 사라를 누이라고 함으로 아비멜렉과 그랄에 대재앙을 초래하는 연약한 사람에 지나지 않았지만, 하나님은 여전히 아브라함을 선지자로, 열방을 위해 중보 기도해야 할 자로 인정하고 있다. 하나님이 아브라함을 이렇게 대우하는 이유는 하나님이 그를 선택하였고 자신의 약속에 신실하기 때문이다. 하나님은 아비멜렉의 꿈에 나타나 아브라함을 중보 기도할 선지자로 소개하고, 또 아브라함의 기도의 결과를 보여 줌으로 그에게 하나님과 아브라함의 관계를 각인시켜 주었다. 하나님은 아비멜렉에게 열방이 아브라함을 통해 하나님의 복을 받을 수도 있고 하나님의 저주도 받을 수 있음을 보여 주었다. 둘째는 하나님이 닫은 그랄 여인들의 태의 문을 아브라함이 기도로 열었다. 이것은 중요한 의문을 가지게 한다. 창 16:2에서 사라는 하나님이 자신의 태의 문이 닫혔다고 말했는데, 하나님께서 자식을 주겠다는 약속을 거듭 받은 아브라함이 사라의 태의 문을 열기 위해 기도하면 안 될까?[34] 하나님은 왜 아브라함이

33) John H. Walton, *Genesis*, 195.

34) Nahum M. Sarna, *Genesis*, 145; Bruce K. Waltke, *Genesis*, 288; Gordon Wenham, *Genesis 16-50*, 74~75.

아비멜렉과 그의 여인들을 위해 기도하게 한 후 태의 문을 열어주는 기적을 베풀까? 하나님이 기도로 태의 문을 열 수 있다는 것을 정말 보여주고 싶었던 당사자는 아브라함이었다. 하갈의 기도를 듣고 이스마엘(창 16:11 여호와께서 들으셨음이니라)을 아브라함에게 주었던 하나님은 그의 소돔과 고모라를 위한 기도를 듣고 롯을 구하였고(창 19:29 하나님이 아브라함을 생각하사), 아비멜렉을 위한 기도를 듣고 태의 문을 열었었다(창 20:17 아브라함이 하나님께 기도하자 하나님이 치료하시고). 그 하나님은 이제 아브라함을 위해 사라의 태의 문을 열어 이삭이 태어나게 한다.

Chapter 11
창세기 21장

오랫동안 기다렸던 아브라함과 사라의 아들 이삭이 마침내 태어났다. 하나님이 아브라함을 가나안 땅으로 가라고 명령하면서 그를 큰 민족으로 만들어 주겠다고 약속할 때부터 계속 반복되었던 자손에 대한 약속이 마침내 이루어졌다. 하지만 창세기 21장은 이삭의 출생에 대해 아주 짧게 언급하고 지나간다. 창 11:27에서 시작된 아브라함의 이야기의 정점이 이삭의 출생이라고 해도 과언이 아닌데 창세기 21장은 이삭의 출생을 간단하게 언급하고, 이어서 하갈과 이스마엘을 쫓아낸 이야기로 이어지고, 그리고 다시 아비멜렉이 재등장하여 아브라함과 언약을 체결하는 내용으로 종결된다. 창세기 저자는 왜 이삭의 출생을 기대 이하로 간단하게 언급하고 급히 다음 이야기로 넘어갔을까? 그 이유는 두 가지 때문이다. 첫째, 아브라함 이야기의 정점은 이삭의 출생이 아니라 창세기 22장에 있는 아브라함이 이삭을 번제로 바치는 것이기 때문이다. 여기에 대해서는 다음 장에서 다루자. 둘째, 아브라함의 이야기의 대부분은 그가 아비의 집에서 떠날 때부터 생겨난 오류와 그 오류를 교정하는 것으로 구성되어 있다.[1)]

1) Nahum M. Sarna, *Genesis* (Jerusalem: Jewish Publication Society, 1989), 145; Bill T. arnold,

하나님은 아브라함에게 이름을 크게 해 주고 큰 민족을 이루고 복의 근원으로 만들어 주겠다며 본토 친척 아비의 집을 떠나라고 했지만, 큰 민족이 그와 사라의 몸에서 태어날 자손을 통해 이루어진다는 것을 사라의 불임 때문에 바르게 이해하지 못하고 롯을 데리고 나왔고, 누이 사칭을 통해 아내 사라를 빼앗기고, 다메섹 엘리에셀을 양자로 삼으려 했고, 그리고 하갈을 통해 이스마엘을 낳았다. 그가 이스마엘을 낳는 것이 가나안 땅으로 향하면서부터 일으킨 오류들의 정점이었고, 이후부터는 이 오류들을 교정하는 과정이 시작된다. 하나님은 창 17:1에서 아브라함에게 "너는 내 앞에 행하고 완전하라"고 한 후, 그 완전한 삶을 위해 할례를 받게 하였고, 그리고 아브라함이 분명하게 알아들을 수 있도록 그와 사라 사이에 태어날 이삭이 그의 후사가 된다고 말했다. 그가 도달해야 할 완전함은 자손과 관련된 것이었고, 아브라함이 스스로 이 완전한 신앙에 이르지 못하자 하나님은 그의 오류들을 교정하기 시작했다. 사라를 통해 아들이 태어난다는 소식을 반복해서 알려 주었고, 롯을 구속사의 무대에서 내려보냈고, 그와 사라의 관계를 정상화시켰고, 그리고 이삭의 탄생과 함께 이스마엘을 구속사의 무대에서 내려보냈다. 이처럼 창세기 21장은 아브라함이 가나안 땅에 오면서 저지른 오류들을 최종 정리하는 내용들을 기록하고 있다. 창세기 21장에는 세 가지 사건이 다음과 같이 기록되어 있다.

1~7절. 사라의 출산, 이삭의 출생
8~21절. 하갈과 이스마엘의 출가
22~34절. 아브라함과 아비멜렉의 언약

1~7절. 사라의 출산

1 여호와께서 말씀한 대로 사라를 돌보셨고, 여호와께서 말씀한 대로 사라에게 행
하였더라. **2** 사라가 잉태하여 아브라함의 노년에 하나님이 그에게 말씀한 시기에 그

The Book of Genesis (Grand Rapids: Baker Books, 1998),105~106; Bruce K. Waltke, *Genesis* (Grand Rapids: Zondervan, 2001), 291.

에게 아들을 낳았더라. **3** 아브라함이 사라가 그에게 낳은 태어난 그의 아들의 이름을 이삭이라고 불렀더라. **4** 아브라함이 그의 아들 이삭을 제 팔 일에 하나님이 그에게 명령한 대로 할례를 행하였더라. **5** 아브라함은 그의 아들 이삭이 그에게 태어났을 때에 일백 세였더라 **6** 사라가 말하기를 "하나님이 나를 웃게 하였고 모든 듣는 자들이 내게 웃으니라." **7** 그리고 그녀가 말하기를 "누가 아브라함에게 '사라가 아들들을 젖먹이리라.' 하였으리요. 그러나 내가 그의 노년에 아들을 낳았느니라."

창 21:1-7은 사라의 출산을 기록하고 있으며 이와 관련하여 세 가지 주제가 기록되어 있다. 1~3절은 하나님의 약속에 따른 사라의 출산과 이삭의 작명을 기록하고 있고, 4~5절은 할례 시술을 그리고 6~7절은 사라의 노래가 기록되어 있다.

1절

오랫동안 기다렸던 아브라함의 아들이 하나님의 약속에 따라 마침내 태어났다. 하지만 창 21:1~7의 초점은 이삭에게 맞추어져 있지 않고 사라에게 맞추어져 있다. 그래서 창 21:1~7의 주제는 이삭의 출생이 아니라 사라의 출산이다. 1절은 사라의 출산이 하나님의 약속의 성취라는 것을 매우 강조하고 있다. 여호와 하나님께 포커스를 맞추기 위해 첫 문장의 주어 '여호와'가 동사 앞에 배열되었다.[2] 둘째 문장에서는 히브리어 구문 특징상 일반적으로 동사에 포함된 주어를 통해서 앞 문장과 논리적으로 그리고 시간적으로 주제를 이어갈 수 있음에도 불구하고 주어 '여호와'를 첨가하여 한 번 더 강조하였다. 그리고 둘째 문장은 여호와께서 사라에게 약속을 지키셨다는 사실을 더욱 강조하기 위해 첫 문장과 연결하여 주어와 동사를 교차 대구 구조로 배열하였다.[3]

2) Walter Brueggemann, *Genesis* (Atlanta: John Knox Press, 1982), 180~181. Brueggemann에 의하면, 이삭의 출생에서는 모든 것이 약속한 분의 힘과 신실함에 달려 있다. 기적은 자연 질서의 파괴가 아니다. 그것은 하나님이 자신의 약속들에 대해 신실하다는 것을 구체적으로 확인시켜 주는 것이다. 기적은 우리가 필연에 의해 묶여 있는 것이 아니라 하나님의 사랑의 자유에 묶여 있음을 보여 주는 것이다.

3) Victor P. Hamilton, *The Book of Genesis: Chapters 18-50* (Grand Rapids: Eerdmans, 1995), 72; Gordon Wenham, *Genesis 16-50* (Nashville: Thomas Nelson, 2000), 79; David W. Cotter, *Genesis* (Collegeville, MN: Michael Glazier Book, 2003), 139.

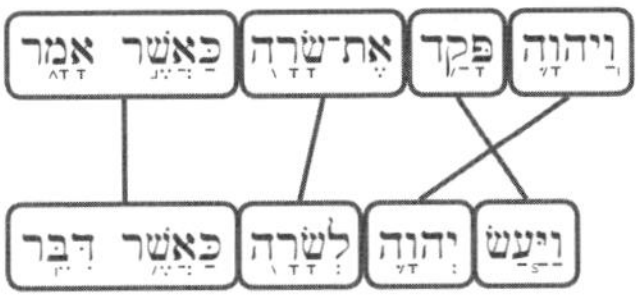

사실상 첫 문장과 둘째 문장은 동일한 주제를 반복하며 종속절 '카아셀' כַּאֲשֶׁר을 통해 하나님이 "말씀하신 대로"를 반복하여 말하고 있다. 여호와께서 말씀하신 대로 사라를 돌보셨다는 말이나, 여호와께서 말씀하신 대로 사라에게 행하셨다는 말은 같은 말이다. 첫 문장의 동사 '파카드' פָּקַד는 다양한 의미를 가지며, 종종 하나님이 직접 인간의 삶에 개입하여 심판과 구원을 베푸시거나 하나님이 어려움에 처한 자기 백성을 친히 찾아와서 '돌본다'는 의미로 사용된다.[4] 이 동사는 출산의 배경에서도 사용되었으며, 삼상 2:21에서 한나가 자녀를 낳은 것도 하나님의 '파카드' פָּקַד의 결과였다고 말한다. 1절에서도 하나님은 자식도 없고 남편으로부터 누이라고 사칭하게 된 덕분에 두 번이나 다른 사람의 아내로 취하여졌던 사라를 불쌍히 여겨 직접 찾아와서 돌아보셨다는 의미를 가지고 있다. 하나님은 창 18:10, 14에서 아브라함에게 "내가 생명의 시기에 네게 돌아오리니"라고 반복하여 말씀하신 약속을 지키셨다. 둘째 문장에서는 하나님이 창 18:14에서 아브라함과 사라에게 "여호와께 능치 못한 일(דָּבָר)이 있느냐"고 말씀하시며 사라가 아들을 낳을 것이라고 말씀한(דִּבֵּר) 대로 행했다고 선언한다.

2~3절

첫 문장(2a)은 또다시 하나님의 약속에 따라 사라가 임신하고 늙은 아브라함에게 아들을 낳아 주었음을 진술하고 있다. 1절이 사라의 출산은 전적으로 하나님의 약속을 이룬 것임을 강조하였다면, 2절은 사라가 출산하였음을 말한다. 이렇게 1~2절의 주된 강조점은 사라의 출산이 하나님의 약속의 성취라는 것이다. 1~2절은 하나님의 약속의 성취를 세 차례(1a, 1b, 2b)에 걸쳐 아셀 אֲשֶׁר

4) Nahum M. Sarna, *Genesis*, 145.

절을 통해 반복하여 밝힌다.

1a וַיהוָה פָּקַד אֶת־שָׂרָה כַּאֲשֶׁר אָמָר
1b וַיַּעַשׂ יְהוָה לְשָׂרָה כַּאֲשֶׁר דִּבֵּר
2a וַתַּהַר וַתֵּלֶד שָׂרָה לְאַבְרָהָם בֵּן לִזְקֻנָיו
2b לַמּוֹעֵד אֲשֶׁר־דִּבֶּר אֹתוֹ אֱלֹהִים

2절은 사라의 출산이 정확하게 하나님이 말씀한 시기에 이루어졌음을 언급한다. 창 21:2의 "하나님이 그에게 말씀한 시기에"(라모에드 아셀 오토 엘로힘 לַמּוֹעֵד אֲשֶׁר־דִּבֶּר אֹתוֹ אֱלֹהִים)는 창 18:10의 "기한이 이를 때에"를 가리킨다. 특이하게도 사라의 출산 과정에 아브라함의 역할은 매우 제한적이고, 특별한 언급이 전혀 없다.[5] 하나님의 약속과 사라의 임신과 출산은 거듭 강조되고 있는 반면에 아브라함의 경우에는 그가 사라와 동침했다는 말조차 없다. 창 16:4에서 그가 하갈을 통해 이스마엘을 낳을 때에 그가 하갈에게 들어가 동침하였다고 말한 것을 고려한다면, 창 21:1~7의 침묵은 매우 이례적이다. 3절에서 아브라함은 태어난 이삭의 이름을 짓고 있다. 이삭이 출생하자 아브라함은 하나님께서 그에게 명한 작명과 할례 시술에서는 매우 순종적이다. 작명에는 두 가지 특징을 가지고 있다. 첫째는 이삭이 아브라함의 아들임을 세 번에 걸쳐 강조되고 있다: '그의 아들', '그에게 태어난', 그리고 '사라가 그에게 낳은'. 둘째는 이 이삭을 창세기 저자는 다시 한번 사라가 아브라함에게 낳은 아들임을 밝힌다. 이를 강조하기 위해, 3절의 주제가 이삭의 이름을 짓는 것임에도 불구하고, 저자는 '이삭'을 문장의 가장 마지막 부분에 배열하였다. 이삭이 태어났을 때 아브라함이 큰 잔치를 베풀었을 것으로 생각되지만, 모든 것이 생략되어 있다. 대신에 아브라함의 순종을 보여주기 위해 하나님께서 사라를 통한 출산을 말씀하실 때 아브라함에게 시킨 일 두 가지만 기록하고 있다. 3절은 아브라함이 한 첫 행동을

5) Victor P. Hamlton, *The Book of Genesis: Chapters 18-50*, 74; Wendell W. Frerichs, "The Birth of Isaac: Genesis 21:1~7," *Word & World*, 14 (1994): 154~161; Bruce K. Waltke, *Genesis* (Grand Rapids: Zondervan, 2001), 293.

기록하고 있으며, 그 행동은 아들의 이름을 이삭이라 짓는 것이다. 하나님이 이름을 이삭으로 짓게 한 이유는 아브라함과 사라가 하나님의 약속을 불가능한 것으로 생각하고 황당해하며 웃었기 때문이다. 하지만 3절에서 아브라함이 이삭의 이름을 실제로 지을 때는 황당함 때문이 아니라, 오랜 불임의 아픔을 전능하신 하나님이 씻어 날려 버린 것에 대한 큰 기쁨의 웃음이다. 뿐만 아니라 이삭의 이름은 출생 전에 하나님께서 직접 지어 주신 이름이다. 하나님의 직접적인 작명은 아담 이후 처음 있는 일이며, 아브라함과 야곱과는 달리 그의 이름은 바뀌지 않는다. '이삭'은 그의 출생 전에 하나님이 선택하고 약속하였고 그리고 그의 출생과 함께 성취되었다는 하나님의 구원 역사가 함축되어 있는 이름이다.

4절

이삭이 태어났을 때 아브라함이 행한 둘째 행동은 이삭이 태어난 지 8일째에 그에게 할례를 행한 것이다. 그의 할례는 태어난 지 8일 만에 할례받은 첫 사례이다. 아브라함은 백 살이나 된 노인이었지만 아들의 할례를 직접 시술하였다. 4절은 아브라함이 할례 시술을 "그가 하나님의 명대로" 하였다고 한다. 일 년 전에 그가 자신을 비롯한 그의 집의 모든 남자에게 할례를 베풀라고 한 하나님의 명령에 순종하였던 것처럼(창 17:23~27), 아브라함은 난 지 8일 만에 할례 시키라는 하나님의 명령에 순종하였다(cf.창 17:12). 1~2절이 사라의 출산을 하나님의 약속의 성취라고 강조하였다면, 이삭의 이름과 할례는 아브라함의 순종을 강조하는 것이다. 출산과 관련된 다른 일들을 전혀 언급하지 않고 이 둘만 언급한 것은 하나님이 창세기 17장에서 말씀하신 것을 아브라함이 전적으로 순종한 사실에 모든 초점을 맞추기 위해서이다.

5절

5절은 이삭의 출생 시 아브라함의 나이가 100살이었다고 밝히는데, 이는 이삭의 출생 시기를 밝히려는 목적도 있지만, 아브라함과 사라가 출산이 불가능한 상태에서 아들을 낳았음을 강조하기 위해서이다. 그렇게 기대하고 기다렸던 이삭의 출생에 대해 이렇게 간단하게 언급하고 지나가는 것은 의외이다. 뿐만 아니라 이삭의 출생과 관련하여 하나님께 대한 감사가 전혀 없는 것도 특징이다. 이것은 아브라함의 전기에서 이삭의 출생은 절정이 아님을 암시하며, 진정한 절정이 남아 있음을 예상하게 한다.

6~7절

6~7절에서 사라는 몸서리 쳐지는 오랜 기다림 끝에 맛본 자신의 출산의 기쁨을 시로 표현하였다.[6] 사라의 출산 시는 첫째 연에서 '이삭'(웃음)의 이름을 패러디하였고, 둘째 연에서는 사라 자신이 불임 신세에서 맛본 출산의 기적을 표현하고 있다.

6절. וַתֹּאמֶר שָׂרָה צְחֹק עָשָׂה לִי אֱלֹהִים כָּל־הַשֹּׁמֵעַ יִצְחַק־לִי׃

7절. וַתֹּאמֶר מִי מִלֵּל לְאַבְרָהָם הֵינִיקָה בָנִים שָׂרָה כִּי־יָלַדְתִּי בֵן לִזְקֻנָיו׃

각 시의 도입부에서 발화 도입 표현인 '와토멜' וַתֹּאמֶר(그리고 그녀가 말했다)을 반복하여 사용한다. 6절의 시에서 사라는 아들의 이름을 직접 부르지 않고, 아들의 이름을 패러디하여 웃음을 강조한다. 웃음(체혹 צְחֹק)을 문장의 첫 위치에 두어 웃음을 하나님이 사라에게 주었음을 강조한다. 둘째 문장에서는 이삭이라는 말이 나오지만 이것은 사람의 이름이 아니라 동사 '웃다'(차학 צחק)의 미완료형이다. 아들의 이름을 패러디하여 사라는 이삭의 출생 소식을 듣는 모두가 나에게 웃는다고 한다. 시를 통해 사라는 하나님은 그녀에게 웃음을 주었고, 그녀의 소식을 들은 모두가 웃었다고 하면서 이삭의 출생이 모든 사람의 기쁨과 즐거움이라고 한다. 창 18:12에서 사라의 웃음은 부정적이고 조소가 담긴 웃음이지만, 6절의 웃음은 하나님의 약속의 성취를 경험하고 내면에서 나오는 기쁨과 감격의 웃음이다. 7절에서 사라는 자신이 출산이 불가능한 절망적인 상황에서 아들을 낳았음을 강조한다. 첫 문장에서 사라는 자

6) Nahum M. Sarna, *Genesis*, 146.

신이 "아들에게 젖을 먹일 것이라고 누가 아브라함에게 말할 수 있었겠는가?" 하고 묻는다. '말하다'의 히브리어 '밀렐' מִלֵּל은 구약 성경에서 시에서만 사용되는 표현이다.[7] 사라는 아들의 히브리어 '벤' בֵּן(아들)을 복수형 '바님' בָּנִים(아들들)으로 만들어, 자신의 아들 이삭을 강조하고 있다.[8] "누가 말하랴?"는 사람으로서는 누구도 늙은 사라가 늙은 아브라함에게 아들을 낳을 것이라고 말할 수 없고, 오직 하나님만 이를 약속할 수 있고, 그 약속을 이룰 수 있다는 대답을 유도한다. 사라의 시는 늙은 아브라함에게 아들을 낳은 그녀의 경험을 토대로 만든 기쁨의 찬양 시이다.

8~13절

8 그 아이가 자라서 젖을 떼자 아브라함이 이삭의 젖 떼는 날에 큰 잔치를 베풀었더
라. **9** 사라가 이집트 여인 하갈이 아브라함에게 낳은 아들이 조롱하는 것을 보았더
라. **10** 그녀가 아브라함에게 이르기를 "이 여종과 그녀의 아들을 쫓아내라. 이는 이
여종의 아들이 내 아들 이삭과 함께 상속하지 못하리라." **11** 그 말이 그의 아들 때
문에 아브라함이 보기에 심히 나빴더라. **12** 하나님이 아브라함에게 이르기를 "너는
그 소년과 네 여종에 관하여 사라가 네게 말한 모든 것을 나쁘게 보지 말라. 너는 그
녀의 소리를 들으라. 이는 이삭을 통해 나는 자가 네 씨라 불리리라. **13** 그 여종의 아
들도 역시 한 민족으로 내가 만들 것이니 이는 그가 네 자손이기 때문이라."

이삭의 출생 소식에 이어 8~13절에서는 곧바로 그의 이복 형 이스마엘이 하나님의 구속사의 무대에서 내려가는 과정이 기록되고 있다. 하나님은 아브라함에게 가나안 땅을 소유하게 될 사람은 그와 사라의 아들인 이삭밖에 없음을 분명하게 한다. 이 과정에서 사라는 매우 비정하게 행동하고, 반면에 아브라함은 이러지도 저러지도 못하는 우유부단한 모습을 보여준다. 하갈은 다시 이

7) David W. Cotter, *Genesis*, 140.
8) Bruce K. Waltke, *Genesis*, 293. Waltke는 아들의 복수형을 이삭 이후의 그의 후손들을 염두에 둔 표현이라고 생각한다.

스마엘과 함께 아브라함의 집에서 쫓겨나 광야에서 방황하게 된다. 이스마엘의 이름은 단 한 번도 언급되지 않고 그 소년이라고만 불리며 이삭의 이름이 1~10절에서 6번이나 언급된 것과 대조를 이룬다.[9] 하지만 8~13절에서 하나님은 전반적으로 하갈과 이스마엘에게 우호적이다.

8절

이삭의 출생 때에는 별다른 행사를 벌이지 않았던 아브라함이 이삭이 젖을 뗄 때에는 큰 잔치를 베풀었다. 이삭이 정확하게 몇 살에 젖을 뗐는지 확신할 수 없지만, 마카비 2서 7:27에는 고대 이스라엘의 어머니가 아이에게 3살까지 젖을 먹였다는 대화를 기록하고 있다. 삼상 1:22~24에서 한나가 사무엘을 젖 뗀 후에 성막으로 데려가서 하나님을 섬기게 한 것으로 볼 때, 아이가 어머니의 품에서 떠나도 될 정도로 자랐음을 알 수 있다.[10] 유아 사망률이 높았던 고대 사회에서 젖을 떼는 것은 매우 경사스러운 일이었고 마치 첫 돌을 맞이한 아이를 축하하는 것처럼 가족과 이웃을 초대하여 잔치를 벌였다.[11] 아들 이삭의 젖 떼는 것을 축하하는 잔치에서 그를 축하하는 기쁨의 소리와 풍성한 음식을 먹고 마시는 즐거움이 아브라함의 집에 가득할 때, 하갈과 아들 이스마엘이 통곡하며 쫓겨나는 비극의 막이 오르기 시작한다.[12]

9절

급박한 반전은 사라가 이스마엘의 행동을 목격하면서 시작된다. 9절은 이스마엘이 무슨 행동을 하였는지를 먼저 밝히지 않고, 그가 누구인지를 먼저 강조하며 밝힌다. 9절은 이스마엘의 이름도 밝히지 않은 채 하갈이 아브라함에게

9) Nahum M. Sarna, *Genesis*, 145; Bruce K. Waltke, *Genesis*, 292.

10) Ibid., 146. Sarna에 의하면 고대 근동 지역에서 아이들의 젖 떼는 시기는 다양했다고 한다. 랍비들은 수유 기간이 24개월을 넘지 못하게도 했지만, 경우에 따라서는 4~5년 동안 수유하기도 했다고 한다. 고대의 여성들은 수유가 월경을 멈출 수 있고, 임신을 방지할 수 있다는 것을 알고 널리 이용했다고 한다.

11) Gordon Wenham, *Genesis 16-50*, 81.

12) L. Juliana M. Claassens, "Laughter and Tears: Carnivalistic Overtones in the Stories of Sarah and Hagar," *Perspectives in Religious Studies* 32 (2005): 295~308.

낳은 아들이라고 하며, 그리고 하갈의 신분을 이집트 여자라는 것을 먼저 말한다. 그리고 이스마엘의 행동은 문장의 제일 마지막에서 한 단어로 표현하였다. 한글 성경은 9절에서 다음과 같이 번역하고 있다.

> "사라가 본즉 아브라함의 아들 애굽 여인 하갈의 아들이 이삭을 놀리는지라"
>
> וַתֵּרֶא שָׂרָה אֶת־בֶּן־הָגָר הַמִּצְרִית אֲשֶׁר־יָלְדָה לְאַבְרָהָם מְצַחֵק

하지만 히브리어 성경은 '조롱하다'로 해석할 수 있는 말을 가지고 있지만, '이삭'이란 표현을 가지고 있지 않다. '조롱하다'는 표현 '메차헥' מְצַחֵק은 동사 '차학' צחק의 피엘 분사이다. 칼 기본형으로 사용될 때에는 단순히 '웃다', '놀이하다'로 번역할 수 있지만, 피엘 강조형일 때에는 '조롱하다'의 의미를 가진다. 70인역은 '메차헥'을 '놀이하다'로 번역하고, 더 나아가서는 하갈이 "아브라함에게 낳은"의 '아브라함에게'를 '메차헥' מְצַחֵק의 술어부로 만들어 이스마엘이 아브라함에게 재주 부려 그를 즐겁게 한 것으로 번역하고 있다. 유사하게 유대인들의 외경 쥬빌리 17:4도 이스마엘이 아브라함 앞에서 재주부리며 춤추는 것을 아브라함이 즐거워하자, 사라가 이스마엘을 질투하였다고 한다. 랍비들 중에는 '메차헥'을 성적인 희롱으로 생각하기도 하였다.[13] 이들은 이삭과 리브가가 서로 '안고 있는' 것을 '메차헥'이라고 한 것과(26:8), 보디발의 아내가 요셉을 모함하면서 그가 그녀를 '희롱하였다'는 말도 '차학' צָחַק의 피엘 부정사 연계형 '차헥' צַחֵק을 사용한 것에 근거하여 이렇게 주장하였다. 하지만 갈 4:28~29는 이런 번역과 해석과 다르게 생각할 여지를 제공한다.

> "형제들아 너희는 이삭과 같이 약속의 자녀라. 그러나 그때에 육체를 따라 난 자가 성령을 따라 난 자를 핍박한 것 같이 이제도 그러하도다."

13) Genesis Rabba 53:11에 의하면, 랍비 아키바를 비롯한 유대인 랍비들이 '메차헥'을 간음, 우상숭배, 살인으로 이해하였다. Joshua Schwartz, "Ishmael at Play: On Exegesis and Jewish Society," *Hebrew Union College Annual* 66 (1995): 203~221. David J. Zucker, "What Sarah Saw: Envisioning Genesis 21:9-10," *Jewish Bible Quarterly* 36 (2008): 57.

이에 근거하여 이스마엘은 단순히 놀이를 한 것이 아니라, 이삭을 조롱한 것으로 생각할 수 있다. 비록 이삭이란 말이 없지만, 저자는 이스마엘의 행동을 이삭과 연결시키려는 의도가 있었을 가능성이 있다. 이스마엘의 행동을 표현한 히브리어 '메차헥' מְצַחֵק과 이삭의 이름 '이츠학' יִצְחָק은 동일한 동사에서 만들어졌다. '메차헥' מְצַחֵק은 동사 '차학' צחק의 피엘 분사형이고 '이츠학' יִצְחָק은 칼 미완료형이다.

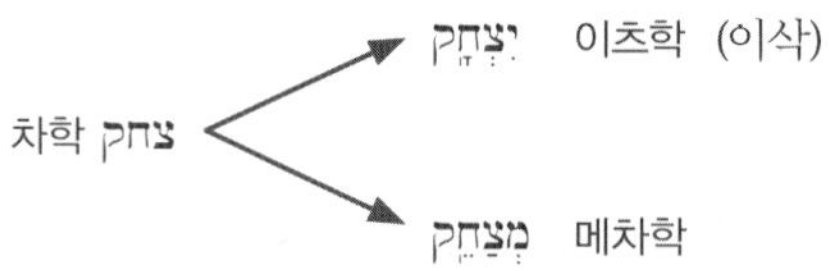

이것은 이스마엘의 행동을 구체적으로 확인할 수는 없지만, 그의 행동은 단순한 놀이가 아니라 이삭과 관련된 행동이었을 가능성이 높다. 이스마엘의 '메차헥'이 창 19:14에서 롯의 두 사위들이 롯에게 했던 반응과 동일한 표현이다. 천사들이 알려준 소돔 성의 멸망 소식을 듣고 롯을 조롱하였던 것처럼, 이스마엘은 이삭을 매우 심하게 조롱하였다. 이스마엘이 무엇 때문에 이삭을 조롱하였는지 명확하게 알 수 없지만, 사라가 이스마엘을 이집트 여인 하갈의 아들이라고 한 것을 보면, 과거에 하갈이 사라를 멸시한 것과 동일한 차원에서 이해한 것으로 볼 수 있다.

창 16:4 וַיָּבֹא אֶל־הָגָר וַתַּהַר וַתֵּרֶא כִּי הָרָתָה וַתֵּקַל גְּבִרְתָּהּ בְּעֵינֶיהָ׃

창 21:2, 9 וַתַּהַר 9 וַתֵּרֶא שָׂרָה אֶת־בֶּן־הָגָר הַמִּצְרִית אֲשֶׁר־יָלְדָה לְאַבְרָהָם מְצַחֵק׃

창 16:4에서 하갈은 임신하자 주인인 사라를 멸시하였고, 하갈의 태도는 자신을 주인보다 더 크게 생각하며, 주인의 자리에 도전하는 것이었다. 창 21:9에서 사라는 그 하갈의 아들이 자신의 아들 이삭을 조롱하는 것을 보고 자신에 대한 하갈의 멸시를 생각해 내었을 것이다.[14)] 사라는 주인을 멸시하던 하갈처럼 이삭을 조롱하는 이스마엘도 주인의 아들보다 자신을 더 크게 생각하며 그의 기업을 넘볼 것으로 생각했을 것이다.[15)] 결국 사라는 하갈을 쫓아내었듯이 이스마엘을 쫓아내라고 아브라함에게 강청하였다.

10절

'메차헥' מְצַחֵק의 의미가 무엇이든 간에 이 일 때문에 사라는 매우 격분하여서 하갈과 이스마엘의 이름조차 부르지 않고 이 계집종과 그 아들이라고 부르며 아브라함에게 내어 보낼 것을 요구한다. 이것은 창 16:2~3에서 사라가 하갈을 통하여 자식을 얻고자 할 때 그녀를 아브라함의 정식 아내로 주었던 파격적인 대우와 너무나도 대조된다. 지금 사라는 하갈과 이스마엘을 아브라함의 아내와 아들이라는 것을 인정하지 않으며, 사라의 눈에 하갈은 여종이고, 이스마엘은 여종의 아들에 지나지 않는다. 사라가 하갈을 내쫓으라고 한 이유는 이스마엘이 이삭과 함께 아브라함의 기업을 공유할 수 없다는 것이다.[16)] 이것은 사라의 분노 때문에 생겨난 일종의 핍박으로 생각할 수도 있지만, 동시에 하나님이 창 17:20~21에서 아브라함에게 말한 것을 대변하는 요구이기도 하다. 이 말을 하면서 사라는 언어유희를 한다.

여종과 그 아들을 내쫓으라.	가라쉬	גָּרֵשׁ
여종의 아들은 기업을 얻지 못하리라.	이라쉬	יִירַשׁ

"내 쫓으라"와 "기업을 얻지 못하리라"의 동사는 각각 첫 자음만 다르고 나

14) Gordon Wenham, *Genesis 16-50*, 82; Kenneth A. Mathews, *Genesis 11:27-50:26*, 269.

15) Genesis Rabba 53:11. "Reverting to Simeon, 1.B: "But I say that the word 'making sport' refers only to inheritance. For when our father, Isaac, was born, every body rejoiced. Ishmael said to them, 'You really are fools. I am the first born, and I shall take a double portion. For from the answer that Sarah gave to Abraham, you learn what is at issue..." Nahum M. Sarna, *Genesis*, 146.

16) Sarna, *Genesis*, 147. "The key to Sarah's demand lies in a clause in the laws of Lipit-Ishtar where it is stipulated that the father may grant freedom to the slave woman and the children she has borne him, in which case they forfeit their share of the paternal property."

머지는 같은 발음이다. 사라가 하갈과 이스마엘에게 얼마나 분노했는지 짐작할 수 있다. '메차학' מְצַחֵק했던 여종의 아들은 '이츠학' יִצְחָק(이삭)과 기업을 함께 상속할 수 없다는 것이다.

11절

아브라함은 사라의 말 때문에 매우 근심하였다. '와야라 … 베에니'(בְּעֵינֵי … וַיֵּרַע)는 옳고 그런 것에 대한 판단과 관련된 표현이며, 11절에서는 아브라함이 사라의 요청을 옳지 못한 것으로 여겨 근심했다는 것이다. 아브라함이 근심한 이유는 창 17:18에서 아브라함이 하나님께 "이스마엘이나 하나님 앞에 살기 원하나이다"라고 말했던 것에서 알 수 있듯이 이스마엘을 자신의 장자로서 그의 기업을 이어갈 아들로 생각했기 때문이다. 뿐만 아니라 창세기 16장에서 아브라함은 사라의 말을 듣고 그녀가 원하는 대로 하갈을 내쫓았지만, 하나님이 두 부부의 행동을 옹호하지 않고 오히려 하갈에게 이스마엘에 대한 약속을 주어 귀가시켰었다. 아브라함은 사라의 요구를 듣고 잘못 판단한 과거의 전례에 근거하여 사라의 두 번째 요구에 대해 부정적으로 생각하였을 것이다. 아브라함은 고대 근동의 전통 때문에도 사라의 의견을 받아들이기 불편했을 것이다. 함무라비 법전에 의하면 여종을 통해 낳은 아들을 아버지가 아들로 인정한 경우에는 반드시 아내의 아들과 동일하게 재산을 나누어 주어야 했다.[17] 아브라함의 경우 이미 16장에서 하갈을 아내로 인정하였을 뿐만 아니라 이스마엘을 아

17) ANET, 172~173: Hammurabi Code 146~147, 170~171. "146 If a man take a wife and she give this man a maid-servant as wife and she bear him children, and then this maid assume equality with the wife; because she has borne him children her master shall not sell her for money, but he may keep her as a slave, reckoning her among the maid-servants. 147 If she have not borne him children, then her mistress may sell her for money. 170 If his wife bear sons to a man, or his maid-servant have borne sons, and the father while still living says to the children whom his maid-servant has borne: "My sons," and he count them with the sons of his wife; if then the father die, the the sons of the wife and of the maid-servant shall divide the paternal property in common. The son of the wife is to partition and choose. 171 If, however, the father while still living did not say to the sons of the maid-servant: "My sons," and then the father dies, the sons of the maid-servant shall not share with the sons of the wife, but the freedom of the maid and her sons shall be granted. The sons of the wife shall have no right to enslave the sons of the maid."

들로 인정하였고, 11절에서도 아브라함은 이스마엘을 자신의 아들이라고 말하고 있다. 그렇기 때문에 고대 메소포타미아의 전통에 따르면, 아브라함이 하갈과 이스마엘을 쫓아내고 이스마엘의 상속권을 박탈하는 것은 불법이었다.[18] 이런 이유들 때문에 아브라함은 사라의 요구를 부정적으로 생각할 수밖에 없었을 것이다. 하지만 아브라함은 지금 이삭에 대한 하나님의 계획을 생각하지 않을 뿐만 아니라, 이스마엘에 대한 하나님의 약속도 전혀 생각하지 않고 있다.

12절

창 16:2에서 아브라함이 사라의 말을 들었던 것은 큰 실수였지만, 지금 아브라함의 고민은 당시의 관점에서 볼 때 바르고 정상적이었다. 하지만 이번에는 하나님이 사라의 손을 들어 준다. 사라가 요구한 것이 고대 근동의 관점에서 볼 때 불법이었지만, 하나님은 아브라함에게 사라의 요청을 받아들이라고 한다. 하나님은 사라를 편들면서 이스마엘을 소년이라고 부른다. 아브라함과 하갈은 이스마엘을 '아들'(벤 בֵּן)과 '아이'(에레드 יֶלֶד)라고 불렀지만(11, 14, 15, 16), 사라는 그를 '이 계집종의 아들'(벤-하아마 핫조트 בֶּן־הָאָמָה הַזֹּאת)이라고 불렀고(10) 하나님은 그를 '소년'(나알 נַעַר)이라고 불렀다(12, 17, 18, 20).[19] 하지만 11절에서 아브라함이 자기 아들 이스마엘 때문에 근심하고 있는 것과 달리 하나님은 이스마엘뿐만 아니라 아브라함의 아내 하갈에게도 관심을 가지고 있다('네 여종을 위하여').[20]

왜 하나님은 사라의 요청을 들으라고 했을까? 그 이유는 하나님이 그가 가나안 땅으로 갈 때 큰 민족을 만들어 주겠다고 했던 약속 때문이다. 이 약속에서 하나님이 의도했던 것은 불임의 고통을 겪고 있었던 아브라함과 사라 두 부

18) 신 21:15~17(개역개정) **15** "어떤 사람이 두 아내를 두었는데 하나는 사랑을 받고 하나는 미움을 받다가 그 사랑을 받는 자와 미움을 받는 자가 둘 다 아들을 낳았다 하자 그 미움을 받는 자의 아들이 장자이면 **16** 자기의 소유를 그의 아들들에게 기업으로 나누는 날에 그 사랑을 받는 자의 아들을 장자로 삼아 참 장자 곧 미움을 받는 자의 아들보다 앞세우지 말고 **17** 반드시 그 미움을 받는 자의 아들을 장자로 인정하여 자기의 소유에서 그에게는 두 몫을 줄 것이니 그는 자기의 기력의 시작이라 장자의 권리가 그에게 있음이니라."

19) Victor P. Hamilton, *Genesis 18 -50*, 81.

20) Pamela Tamarkin Peis, "Hagar Requited," *JSOT* 87 (2000): 98.

부를 통해서 자식을 낳고 그 자식을 통해 큰 민족을 만들어 준다는 것이다. 굳이 하나님이 사라를 통해 이삭이 태어나게 하는 것도 이 약속 때문이다. 그래서 12절에서도 하나님은 "이삭을 통해 나는 자가 네 씨라 칭할 것임이니라"고 한다. '씨' 또는 '후사'는 '아들'과 동의어이며, 이스마엘에게도 적용될 수 있는 말이지만, 하나님은 이 표현을 단순히 아들과 후손의 의미로 사용하지 않고 하나님이 아브라함에게 한 언약을 이어갈 그의 특별한 아들에 한정시켜 사용하고 있다. 이 말은 하나님의 약속이 이삭을 통해 이루어질 것임을 보여 준다. 하나님은 아브라함에게 이삭을 "너의 후손이다"고 하지 않고 "이삭에게서 나는 자라야" 네 씨라고 했다. "이삭에게서 나는 자"의 히브리어 표현은 '베이츠학' בְּיִצְחָק이며 이삭 앞에 전치사 '베' בְּ(~에 의해, ~을 통해, ~안에)를 첨가하여 이삭을 통해 태어나는 후손들을 의미하고 있다. 이스마엘에게는 당사자 이스마엘 본인만 아브라함의 씨라고 하였지만, 이삭의 경우는 "이삭에게서 나는 자"라고 하였다. 이를 강조하기 위해 '베이츠학' בְּיִצְחָק을 문장의 앞부분에 동사 앞에 배치하였다. 이 말을 통해 하나님은 아브라함에게 그의 상속자가 누구인지를 말해 주는 것에 그치지 않고 하나님이 그에게 약속한 큰 민족, 하나님의 언약 백성이 누구를 통해 만들어지는지를 알려주고 있다. 사라의 관점과는 달리 하나님의 관점에서 이스마엘을 내보내는 것은 단순히 지금 현재 아브라함이 가지고 있는 재산을 누가 차지할 것인가의 문제가 아니다. 누가 아브라함의 후손으로서 약속의 땅인 가나안을 기업으로 얻게 되는가가 하나님의 관심사이다. 또한 창세기의 가장 큰 관심사인 메시아의 계보가 누구를 통하여 형성되는지를 보여주고 있다. 그러므로 롯이 구속사의 무대에서 내려가야 했던 것처럼, 이스마엘도 구속사의 무대에서 내려가야만 한다. 이렇게 하여 하나님은 아브라함이 하나님의 말씀을 잘못 이해하고 저지른 오류들을 교정하며, 사라가 잘못된 동기에서 화를 내고 일을 꾸민 것을 통해 자신의 계획을 이루어 가신다.

13절

13절은 둘째 이유를 밝히고 있으며 그 이유는 이스마엘을 한 민족이 되게 해 준다는 것이다. 이스마엘을 한 민족으로 만들어 주는 이유는 두 가지이다. 첫째는 13절 전반부에서 하나님이 말씀한 것처럼, 이스마엘이 아브라함의 아들이기 때문이다. 둘째는 하나님이 창 16:10과 17:20에서 하갈과 아브라함에게 한 약속 때문이다. 하나님은 하갈과 이스마엘을 구속사의 무대에서 내려가게 하였지만, 하나님은 그들에게 한 약속을 신실하게 지킨다.

14~21절

14 아브라함이 아침에 일찍 일어나 떡과 물 가죽 부대를 취하여 하갈에게 주어 그녀의 어깨에 지우고 그 소년과 함께 그녀를 내어 보냈더라. 그래서 그녀가 가다가 브엘세바 광야에서 방황하니라. **15** 가죽 부대의 물이 고갈되자 그녀가 그 소년을 한 관목 아래에 내려 놓았더라. **16** 그리고 그녀는 반대편으로 화살이 날아가는 거리만큼 떨어진 곳에 가서 앉았으니 이는 그녀가 이르기를 '내가 그 소년의 죽음을 보지 못하겠다 함이라.' 그리고 그녀가 반대편에 앉아 소리를 높여 울었더라. **17** 하나님이 그 소년의 소리를 들었고 하나님의 사자가 하늘로부터 하갈을 불렀더라. 그가 그녀에게 이르기를 "무엇 때문이냐? 하갈아! 두려워 말라. 이는 하나님이 저기에 있는 소년의 소리를 들었음이라. **18** 일어나 그 소년을 데려가라. 그리고 네 손으로 그를 강하게 잡으라. 내가 그를 큰 민족으로 만들리라." **19** 하나님이 그녀의 눈을 여니 그녀가 샘물을 보니라. 그녀가 가서 물을 가죽 부대에 채우고 그 소년에게 마시게 하였더라. **20** 하나님이 그 소년과 함께 하시니 그가 자라서 광야에 거하였으니 그가 활 쏘는 자가 되었더라. **21** 그리고 그가 바란 광야에 거하였으며 그의 어미가 그를 위해 이집트 땅에서부터 아내를 취하여 주었더라.

14절

아브라함은 하나님의 말씀을 듣고 즉각 실행하였다. "아브라함이 아침에 일찍 일어났다"는 말은 하갈과 이스마엘을 내어 보내라는 하나님의 계시의 말씀을 지난밤에 받았음을 의미한다. 창 19:27에서 아브라함은 지난밤 사이에 하나님이 소돔과 고모라를 심판했는지 여부를 보기 위해 아침 일찍 일어나 세 천사를 배웅한 곳으로 나갔다. 창 20:8에서는 아비멜렉이 지난밤에 하나님으로부터 받은 경고를 신하들에게 말해 주기 위해 아침 일찍 일어나 그들을 불러 모았다. 이런 배경에서 생각한다면, 아브라함도 하나님의 말씀을 지난밤에 듣고, 아침 일찍 일어나자마자 떡과 물 한 가죽 부대를 하갈에게 주어 이스마엘을 데리고 황량한 광야로 떠나게 한다.[21] 아브라함이 이렇게 신속하게 행동한 것은 그가 하갈과 이스마엘에게 냉혹했기 때문이 아니라(cf. 11), 하나님이 그에게 이스마엘을 한 민족을 이루게 해 주겠다며 이스마엘의 미래에 대한 확신을 주었기 때문이다. 하지만 하갈과 이스마엘을 내보내면서 아브라함은 그들에게 너무 인색하게 주어 보낸다. 아브라함은 하갈과 이스마엘에게 재산과 종들을 넉넉하게 주어 분가시키지 않고, 불과 이 삼일 먹을 분량의 떡과 물 한 가죽 부대를 주어 보냈다. 그 분량은 하갈이 여자의 몸으로 혼자 충분히 짊어지고 갈 수 있을 정도였다. 고대 근동의 법도 그렇지만, 신 15:12~14에 의하면 떠나 보내는 종에게 후히 주도록 하고 있는 데 반해 아브라함은 자신의 아내와 아들에게 너무 인색하게 주어 보낸다. 하갈과 이스마엘은 광야에서 방황하며 금방 목말라 죽을 상황에 처하게 된다. 아브라함과 사라는 너무 잔인하지 않은가? 칼빈에 의하면, 아브라함은 하갈이 멀리 가지 말고 가까운 곳에 머물게 하려는 은밀한 의도를 가지고 있었다고 한다.[22] 하갈이 방황하며 떠돌아 다닌 곳을 보면 사실일 가능성이 높다. 사라가 아브라함에게 하갈을 내어 쫓으라고 강하게 말했지만('가라

21) 14절에서 이스마엘을 의미하는 히브리어 '베에트-에레드'(וְאֶת־הַיֶּלֶד 그 아이를)의 구문상의 애매한 위치 때문에 많은 학자들이 '에트-에레드'의 문맥상의 동사가 무엇인지에 대한 논쟁을 하고 있다. 혹자는 '에트-에레드'(וְאֶת־הַיֶּלֶד)의 동사를 앞에 있는 분사 '삼'(שָׂם 두다)으로 여기고, 아브라함이 약 16세나 된 이스마엘을 하갈의 어깨 위에 올린 것으로 생각한다. 이것은 불가능한 일이기 때문에 많은 학자들이 이 사건을 이스마엘이 하갈의 어깨에 엎혀 다닐 정도로 어렸을 때에 일어난 일이라고 생각한다. 그러나 문맥상 '에트-에레드'(אֶת־הַיֶּלֶד)의 동사는 그 앞에 있는 본동사 '와잇텐'(וַיִּתֵּן 주다)으로 보는 것이 더 적절하다. 18절에서 천사는 하갈에게 이스마엘을 어깨에 다시 메라고 하지 않고 그의 손을 강하게 잡으라고 하고 있다. 이것은 빈사상태에 빠져 있는 이스마엘이 물과 음식만 섭취하면 스스로 다닐 수 있을 정도로 충분히 자랐음을 보여준다. 그러므로 14절에서 아브라함은 하갈에게 빵과 물을 주면서 어깨에 얹어 주었고, 이어서 아들 이스마엘을 그녀의 손에 넘겨 준 것으로 보는 것이 적절하다. '에트-에레드'의 동사를 분사 '삼'(שָׂם)으로 보는 견해에 대하여는 Larry L. Lyke, "Where does 'the Boy' Belong? Compositional Strategy in Genesis 21:14," *The Catholic Biblical Quarterly* 56 (1994): 637~649를 참고 하라. '에트-에레드'의 동사를 '와잇텐'으로 보는 견해는 Victor P. Hamilton, *Genesis 18-50*, 82; Kenneath Mathews, *Genesis 11:27-50:26*, 272를 참고하라.

22) John Calvin, *The First Book of Moses Called Genesis* (Grand Rapids: Eerdmans, 1948), 548.

쉬' גָּרַשׁ) 아브라함은 하갈을 내어 보냈다('샤라' שָׁלַח).[23] 내어 보냈다는 말은 내어 쫓는 것보다 훨씬 온건한 태도를 표현한다. 하갈은 아브라함이 살고있는 브엘세바 인근 네게브 광야에서 머물렀다(14, 33절). 하갈이 '방황했다'는 말의 히브리어 동사는 '타아' תָּעָהּ이며, 창세기 20:13에서 아브라함이 하나님이 그를 '방황하게 하였다'의 히브리어 동사와 동일하다.

15~16절

가죽 부대의 물이 떨어지자 하갈은 이스마엘을 관목 아래에 내려놓았다. 17살이나 되었지만 뜨거운 사막의 열기에 기진맥진한 이스마엘을 부축하며 사막길을 가다가 더이상 견디지 못하고 하갈은 모든 것을 포기하며 이스마엘을 관목 아래에 털썩 내려놓았다.[24] 사막에서 물이 떨어졌다는 것은 죽음의 그림자가 밀려오기 시작했다는 것이다. 이스마엘도 먹지 못하고 마시지 못해서 거의 인사불성의 상태에 있었다. 이런 이스마엘을 하갈이 던져 놓았다는 것은 그녀의 마음이 원망과 분노와 슬픔으로 가득하였기 때문이다. 관목 아래에 던져 놓은 것도 이스마엘을 살리겠다는 의도가 아니다. 사막의 관목은 쉴만한 그늘을 만들지 못하기 때문에 물이 공급되지 않으면 죽음을 피할 수 없다. 그렇지만 뜨거운 사막의 태양 아래 있는 것보다는 조금이라도 낫기 때문에 하갈은 이스마엘을 그 관목 아래 내려놓고, 그가 죽어 가는 것을 지켜보면서 차마 가까이에서 아들의 죽음을 보지 못해 멀찍이 떨어져 대성통곡하였다. 아들의 죽음을 눈앞에 두고 있는 하갈의 모습은 창세기 22장에서 전개될 이삭의 죽음을 눈앞에

23) Aron Pinker, "The Expulsion of Hagar and Ishmael (Gen 21:9-21)," *Women in Judaism: A Multidisciplinary Journal Spring* 6 (2009): 1~24.

24) "내려 놓았다"의 히브리어는 '와타스렉'(וַתַּשְׁלֵךְ)이며 동사 '사락' שלך의 와우 계속법 미완료형이다. 이 동사가 주로 '던지다'의 의미를 가지고 있기 때문에 하갈이 이스마엘을 나무 아래 던졌다고 생각하고 이스마엘을 어린 아이 때 이 사건이 일어났다고 생각하는 학자들이 더러 있다. 비록 어린 아이라 할지라도 하갈이 자식을 죽어가는 자식을 집어 던졌다고 생각하는 것은 어리석다. 이 단어의 의미는 '던지다'로 해석하기 보다는 털썩 내려 놓는 것으로 해석하는 것이 더 적절하다. Victor P. Hamilton, *Genesis 18-50*, 83; Aron Pinker, "The Expulsion of Hagar and Ishmael (Gen 21:9-21)," 1~24. Aron Pinker에 의하면, 이스마엘에 17살의 건장한 소년의 나이인데 반해 본문은 그를 연약한 자로 묘사하기 때문에 유대인들은 이스마엘을 신체가 허약하고 신장이 작은 사람으로 생각하였다.

둔 아브라함의 모습과 유사하다. 이 유사성을 통해 창세기 저자가 보여 주려고 하는 의도는 창세기 22장에서 살펴보겠다.

하갈은 이스마엘을 관목 아래에 내려놓고, 활을 쏴서 날아가는 정도의 거리까지 가서 앉았다. 하갈은 아들의 죽음을 지켜볼 수 없어서 멀찍이 떨어져 간다고 갔지만, 그녀는 이스마엘 맞은 편에 그의 모습이 보이는 거리에 앉았음을 16절은 두 차례에 걸쳐 말한다. 그리고 하갈은 소리 높여 울었다. 아무도 없는 사막에서 소리 높여 운 것은 슬픔과 서러움 때문이지만, 이전에 창 17:11에서 이스마엘을 임신한 상태에서 사막을 배회하다가 하나님이 하갈의 소리를 듣고 찾아왔던 것을 기억하고 하나님께 자신의 슬픔의 울음소리를 들리게 하려고 소리를 높였을 것이다.

17~18절

버림받아 절망감 속에 울고 있는 하갈과 이스마엘에게 하나님이 오셔서 아브라함에게 이미 말한 이스마엘을 위한 약속을 말한다. 하갈이 울음소리를 올리자(와팃사 에트-콜라 וַתִּשָּׂא אֶת־קֹלָהּ she lifted up her voice), 하나님의 천사가 하늘로부터 하갈을 부른다. 하갈에 대한 하나님의 호칭에 변화가 생겨났다. 창 16:8에서 하나님이 하갈에게 처음 나타났을 때에는 그녀를 “사래의 여종 하갈아”라고 불렀다. 그러나 17절에서 하나님은 ‘사라의 여종’을 빼고 그냥 “하갈아”라고 부르고 있다. 이것은 하나님이 하갈에게 제시할 문제 해결의 방법이 이전과 같지 않을 것임을 예고한다. 하갈은 더이상 사라의 여종이 아니라 자유인이고 그리고 이스마엘 민족의 시조의 역할을 하게 된다. 그러나 정작 하나님의 사자가 하갈을 부른 이유는 하나님이 하갈의 소리를 들었기 때문이 아니라 “하나님이 그 소년의 소리를 들었기” 때문이다. 16절에서 통곡한 사람은 하갈인데, 17절에서 하나님은 두 번이나 이스마엘의 소리를 들으셨다고 한다. 17절 후반부에서 하나님의 사자는 “저기 있는 아이의 소리를 들으셨나니”라고 하는 말에서 짐작할 수 있듯이 16절에는 표현되지 않았지만 그리고 하갈은 통곡하느라 듣지 못했겠지만 이스마엘이 죽음의 문턱에서 하나님께 기도하였고 하나님께서는 그 기도를 들은 것으로 여겨진다(17절에서 반복을 통해 강조하고 있다). 이스마엘이 무슨 기도를 하였는지 알 수 없지만, 자신의 행위에 대한 회개와 살려달라는 기도를 하였을 것이다. 창세기 16장에서 하갈이 사라에 의해 쫓겨난 이유는 하갈 자신 때문이었지만 창세기 21장에서는 이스마엘 때문에 쫓겨났음을 생각하자. 17절 첫 문장에서 "하나님이 그 소년의 소리를 들었다"의 히브리어는 '와이스마 엘로힘'이다.[25]

וַיִּשְׁמַע אֱלֹהִים אֶת־קוֹל הַנַּעַר 와이스마 엘로힘 에트-콜 한나아르

접속사 '와우' ו를 빼고 발음하면 '이스마 엘'로힘이 된다. 이 발음은 이스마엘의 이름을 포함하고 있으며, 이스마엘의 이름의 뜻은 '하나님이 들으신다'이다. 아마 17절 첫 문장은 이스마엘의 이름을 이렇게 패러디하려 했을 가능성이 있다.

하나님은 하갈에게 "네게 무슨 일이 있느냐"고 하면서 모두 네 차례에 걸쳐 명령문으로 "두려워 말라", 그리고 18절에서는 이어서 "일어나라, 그 소년을 돌보라, 강하게 하라..."고 한다. 네 명령문의 시작과 끝을 장식하는 "두려워 말라... 강하라"는 구약 성경의 거룩한 전쟁 주제의 대표적인 표현이다. 창 15:1에서 하나님이 메소포타미아 연합군을 격퇴시키고 돌아온 아브라함에게 "두려워 말라. 나는 너의 방패이니라"고 한 말도 거룩한 전쟁과 관련된 표현이지만, "두려워 말라, 강하라"가 더 보편적으로 사용된다. 하지만 하갈이 당면한 상황은 비록 이스마엘이 활 쏘는 자가 된다는 말이 20절에 있어도 거룩한 전쟁과 직접적인 관계가 없다. 오히려 이 말씀의 배경은 창세기 15장의 상황과 더 부합된다. 창세기 15장에서 하나님이 아브라함에게 "두려워 말라. 나는 너의 방패이니라"고 말한 후 이어지는 메시지에서 그에게 그의 후손을 하늘의 별과 같이 많게 해 주겠다고 하였다. 마찬가지로 하나님은 하갈에게 이 말씀과 함께 이스마엘을 큰 민족으로 만들어 주겠다고 한다. 하나님은 이스마엘과 하갈의 기도를 듣고 응답하지만 그들을 이전 관계와 상황으로 되돌려 보내지 않고, 이들을 새로

25) Kenneath Mathews, *Genesis 11:27-50:26*, 273.

운 환경과 상황에서 일으켜 미래를 열어가는 주인공이 되게 한다. 그래서 하나님은 이스마엘이 아직 어리기 때문에 하갈에게 이스마엘을 돌보고 그를 위해 네 손을 강하게 하라고 하였다. 그리고 하나님은 이스마엘이 성장하는 동안 그와 함께 하였다(20절).

19~21절

하나님께서는 하갈과 이스마엘의 먼 미래의 일에만 관심 있는 것이 아니고 그들의 현재의 상황에 관심을 가지고 돌보신다.[26] 창세기 16장에서 하나님은 하갈을 아브라함의 집으로 돌아가서 사라에게 복종하게 함으로 문제를 해결하였지만, 이번에는 별개의 일가를 이루게 한다. 먼저 하나님은 이스마엘을 한 나무 아래 눕혀 놓고 죽기를 기다리고 있는 하갈의 눈을 밝혀 샘물을 발견하게 한다. 그리고 그 물을 가죽 부대에 채워 이스마엘에게 마시게 하였다. 비슷한 일이 1200년이 지난 후에 엘리야에게 일어난다. 왕상 19:3~8에서 브엘세바 인근에서 엘리야가 로뎀 나무 아래에서 죽기를 원하고 있을 때, 천사가 와서 엘리야에게 떡과 물병을 준다. 하갈은 눈만 크게 뜨면 볼 수 있는 거리에 우물이 있었지만 그것을 보지 못하고 있을 때 하나님 또는 하나님의 천사가 그녀의 눈을 열어 우물을 보게 해 주었다. 하갈은 즉시 일어나 우물물을 길어 가죽 부대에 채워 꼼짝도 못하고 관목 아래 누워 있는 이스마엘에게 주어 마시게 하였다.

20절에 의하면 하나님은 이스마엘과 함께하였다. 이스마엘이 하나님과 동행한 것이 아니라, 하나님이 그와 함께 동행하였다. 하나님의 동행은 일시적인 현상이 아니라 그가 성장하는 동안 지키고 보호하는 지속적인 동행이다(20절). 22절에서 아비멜렉은 아브라함에게 하나님이 그와 함께하는 것을 알고 있다고 말한 것과 유사하다. 하갈이 이스마엘이 죽는 것을 보지 않으려고 화살 한 바탕 거리 떨어진 곳에서 아들을 지켜보고 있었는데, 이스마엘은 성장하여 활 쏘는 사냥꾼이 된다. 이스마엘의 직업은 에서의 직업과 유사하다.

21절에 의하면 이스마엘이 바란 광야에 거주하는 동안 이집트 태생인 하갈

26) Victor P. Hamilton, *Genesis 18-50*, 84~85.

은 바란의 서남쪽에 있는 이집트에서 여인을 데려다가 이스마엘의 아내로 삼게 한다. 이것은 창세기 24장에서 아브라함이 이삭의 아내를 구하기 위해 그의 종을 북동쪽 하란으로 보낸 것과 대조된다. 하갈과 이스마엘은 브엘세바 인근 네게브에서 더 남쪽으로 이동하여 바란 광야 깊숙이 들어가 정착하였다. 이들의 이사는 창 16:7에서 하갈이 이집트로 가는 길목에 위치한 술 광야로 들어가 방황했던 것과 대조된다. 창 21:34에 의하면 아브라함이 브엘세바와 그랄 인근에 계속 살았는데 하갈이 바란 광야로 이주한다. 이것은 아브라함의 활동 반경을 벗어나려는 의도를 가진 것으로 보인다. 하갈은 하나님이 이스마엘을 큰 민족으로 만들어 주겠다는 약속에 대한 희망 때문에 독립된 민족을 꿈꾸며 바란 광야로 이주한 것으로 생각된다. 바란 광야는 출애굽한 이스라엘 백성들이 40년 동안 광야 생활하는 동안 주로 머물렀던 장소이다.

22~34절. 아브라함과 아비멜렉

22 그 때에 아비멜렉과 그의 군대 장관 비골이 아브라함에게 말하여 이르기를 "하
나님이 네가 행하고 있는 모든 일에 너와 함께 하시는도다. **23** 이제 내게 하나님 안
에서 여기서 맹세하라. 너는 나와 내 자손과 내 후손들에게 거짓말을 하지 말고 내
가 너와 함께 행한 신실함처럼 너는 나와 네가 체류하고 있는 땅에 행하라." **24** 아브
라함이 말하기를 "내가 맹세하노라." **25** 아브라함이 아비멜렉의 신하들이 빼앗은
우물 때문에 아비멜렉을 책망하니라. **26** 아비멜렉이 말하기를 "나는 누가 이 일을
행하였는지 알지 못하였노라. 그리고 너도 역시 내게 말하지 않았느니라. 그리고 나
도 역시 오늘 외에 듣지 못하였노라." **27** 아브라함이 양과 소를 취하여 아비멜렉에
게 주어 그들 둘이 언약을 체결하니라. **28** 아브라함이 그것들 외에 양떼에서 일곱
마리 암양을 세우니라. **29** 아비멜렉이 아브라함에게 이르기를 "네게 따로 세운 이
일곱 양들은 무엇이냐?" **30** 그러자 그가 말하기를 "일곱 마리 양들을 너는 내 손에
서 취하여 그것이 내가 이 우물을 팠다는 나의 증거가 되게 하라." **31** 그러므로 그
가 그 땅을 브엘세바라고 불렀으니 이는 거기서 그들 두 사람이 맹세하였음이라. **32**
그들이 브엘세바에서 언약을 맺고 아비멜렉과 그의 군대 장관 비골이 일어나 블레

셋 땅으로 돌아가니라. **33** 그리고 그가 에셀 나무를 브엘세바에 심고 그가 거기서 영존하시는 하나님 여호와의 이름을 불렀더라. **34** 아브라함이 많은 날 동안 블레셋 땅에서 체류하니라.

창 21:22~34는 창 21:9~21과 같은 주제 둘을 가지고 있다. 20절에서 창세기 저자가 하나님이 이스마엘과 함께하였다고 한 것처럼 22절은 아비멜렉이 아브라함에게 하나님이 그와 함께한다고 말한다. 창 21:19에서 하나님은 하갈의 눈을 밝혀 샘물을 보게 하고 물을 이스마엘에게 마시게 했다. 창 21:22~34에서는 아브라함이 판 우물을 두고 아브라함과 아비멜렉은 언약을 체결한다. 아비멜렉은 이 언약에서 아브라함에게 거짓말을 하지 말라고 요구하고, 아브라함은 아비멜렉에게 자신의 우물의 소유권을 인정받는다. 이 언약의 배경에는 아브라함의 영원한 후손과 영원한 기업, 그리고 영존하시는 하나님에 대한 고백이 담겨 있다.

22절

아브라함과 아비멜렉의 언약 사건은 "그때에" 일어났다고 한다. "그때에"는 불특정한 시간을 나타내는 표현이다. 그러나 저자는 이 표현을 통해 하갈과 이스마엘이 분가하여 바란 광야에 이주하던 시기와 연결 지으려는 의도를 가지고 있다.[27] 아브라함은 하갈이 이주한 바란 광야와 반대 지역인 브엘세바에 살고 있었고, 아비멜렉이 자신의 군사령관 비골을 대동하고 아브라함에게 찾아왔다. 군사령관과 함께 다수의 군사들도 당연히 함께 왔을 것이다. 이것은 아비멜렉이 아브라함에게 위협을 가하려는 의도가 있음을 보여 주며, 동시에 아브라함 일행도 아비멜렉과 비교할 바는 아니지만 제법 큰 무리를 이룬 것으로 짐작할 수 있다. 아비멜렉이 아브라함에게 와서 한 첫 말은 "하나님이 네가 하는 모든 일에 너와 함께하고 있다"이다. 창 21:20에서 하나님이 이스마엘과 함께 있었다고 했는데, 22절은 그 하나님이 아브라함과 함께하고 있음을 아비멜렉이

27) Ibid., 87.

인증하고 있다. 이스마엘과 함께하였음을 밝힐 때에는 전치사를 공간에 비중을 둔 '에트' אֵת(함께)를 사용하였는데 반해 아브라함과 함께한다고 할 때에는 관계에 비중을 둔 '임' עִם(함께)을 사용하였다. 아비멜렉이 이렇게 말한 이유가 아브라함이 아비멜렉을 위해 했던 중보 기도의 결과 때문인지(20:17) 아니면 이삭의 출생 때문인지 분명하지 않다. 하지만 "네가 하는 모든 일에"라고 한 것을 보면, 중보 기도의 결과와 이삭 출생뿐만 아니라, 창세기에 기록되지 않은 아브라함이 행한 더 많은 일들에서 아비멜렉과 같은 사람이 삼자의 입장에서 보기에도 하나님의 손길이라고 말할 수밖에 없는 일들이 생겨났을 것이다.[28]

23절

이어서 아비멜렉은 아브라함에게 지금(아타 עַתָּה) 이 자리에서(헨나 הֵנָּה) 하나님 앞에서 맹세하라고 한다. 아비멜렉이 아브라함에게 맹세시킨 내용은 안타깝게도 자신에게 거짓말을 하지 말라는 것이었다. 아브라함의 입장에서는 굴욕적인 맹세를 강요당한 이유는 아브라함의 누이 사칭 때문에 아비멜렉이 불임의 재앙을 겪었고 더 나아가 죽음의 재앙을 겪을뻔 하였기 때문이다.[29] 아비멜렉은 이 말을 하면서 아브라함을 뼈아프게 만드는 표현인 '헤세드' חֶסֶד(충성심, 신실함, 은혜, 사랑)를 사용한다. 헤세드는 구약 성경에서 하나님의 언약적 사랑을 나타내는 말로 종종 사용되지만, 여기서는 신실함의 의미를 가지고 있다. 중요한 것은 이 말을 이전에 아브라함이 사라에게 했던 표현이라는 점이다. 창 20:13에서 아브라함은 사라에게 가나안 땅에 들어가면 누이와 오빠로 부르자고 하면서, 이렇게 거짓말을 하는 것이 사라가 아브라함에게 보여줄 수 있는 '헤세드'라고 하였다.

창 20:13 זֶה חַסְדֵּךְ אֲשֶׁר תַּעֲשִׂי עִמָּדִי

창 21:23 כַּחֶסֶד אֲשֶׁר־עָשִׂיתִי עִמְּךָ תַּעֲשֶׂה עִמָּדִי

28) Gordon Wenham, *Genesis 16-50*, 92.
29) Victor Hamilton, *Genesis 18-50*, 88~89.

아비멜렉은 아브라함이 사라에게 했던 것과 똑같은 표현을 사용하고 있다. 아비멜렉은 아브라함에게 자신만이 아니라 자기의 아들과 후손들에게도 거짓을 행하지 않도록 요구를 하고 있다. 아비멜렉은 하나님이 아브라함의 후손들과도 동행하며 형통케 할 것이라는 불안감 때문에 이렇게 맹세시키고 있다. 아비멜렉의 이런 불안감은 아브라함의 입장에서는 하나님의 영원한 은혜와 축복에 대한 제 삼자적인 증거이다. 아비멜렉은 더 나아가 아브라함이 체류하고 있는 그 땅에 대해서도 그가 아브라함에게 신실하게(헤세드 חֶסֶד) 행하는 것처럼 아브라함도 행하도록 맹세시키고 있다. 창 20:11에서 아브라함이 하나님 경외함이 없고 남의 아내를 뺏기 위해 남편을 죽이는 땅이라고 생각한 그 땅에 대해 아비멜렉은 아브라함에게 거짓되게 대하지 말고 신실하게 대하도록 맹세시키고 있다. 아비멜렉이 아브라함에게 보여준 호의는 그가 아브라함에게 사라를 돌려주고, 양과 소를 주며, 그리고 그랄 지역에서 살게 해 준 것이다.

24~25절

아비멜렉이 맹세를 요구하자 아브라함은 아주 간결하게 "내가 맹세하리라"고 대답한다. 이렇게 간단명료하면서도 퉁명스럽게 맹세한 이유는 두 가지 때문이다. 첫째는 그가 하나님의 자손에 대한 약속에 대한 오해가 완전히 해소되었기 때문이다. 사라의 출산은 아브라함이 더이상 그녀를 누이라고 사칭하지 못하게 만들었다. 둘째는 비록 아비멜렉이 아브라함에게 거짓을 행하지 말라고 요청하며 자신의 호의를 말하지만, 실상은 그의 부하들이 아브라함을 공격하여 우물을 빼앗아 가버렸기 때문이다. 우물을 빼앗는 것은 소유권을 차지했다는 말일 수도 있지만, 우물을 파괴하여 사용하지 못하게 만들었다는 말일 수도 있다. 창 26:15에 의하면 아비멜렉의 종들이 아브라함의 종들이 판 모든 우물들을 흙으로 메웠다고 한다. 팔레스타인에서 우물은 재산으로서 가치뿐만 아니라 생존을 위해 가장 중요한 것이었기 때문에 우물을 빼앗는 것은 다른 재산을 빼앗아 가는 것과 비교가 안 될 정도로 심각한 공격이었다.[30] 아비

30) John H. Walton, *Genesis*, 497.

멜렉은 창세기 20장에서 사라를 빼앗아 갔었는데, 이번에는 그의 신하들이 아브라함이 판 우물을 빼앗아 갔다. 그럼에도 불구하고 아비멜렉이 아브라함에게 자신과 그의 자손들에게 거짓되게 행하지 말라고 했다. 이것은 아브라함에 대한 아비멜렉의 말과 행동이 일치하지 않고 그가 아브라함에게 말한 것처럼 신실하지(헤세드 חֶסֶד) 않았음을 보여준다. 아브라함은 아비멜렉이 사라를 빼앗아 갈 때 아무런 저항을 하지 않았고, 사라를 돌려받을 때에도 궁색한 변명만 늘어놓았었다. 하지만 이번에는 아브라함이 당당하게 아비멜렉에게 그의 부하들의 잘못을 지적한다.

26절

아비멜렉은 아브라함의 우물 파괴를 누가 했는지 모른다고 한다. 어쩌면 아비멜렉이 아브라함을 찾아온 이유가 이 우물 파괴 사건과 관련 있을 수 있다. 아비멜렉의 부하들은 아브라함의 우물을 한 번만 파괴시킨 것이 아니라 아브라함이 우물 파괴 사건을 복수(오도트 אֹדוֹת '이유')로 표현한 것에서 볼 수 있듯이 여러 차례에 걸쳐 파괴를 일삼았다. 아비멜렉이 비골과 함께 아브라함을 찾아온 것도 이처럼 반복된 우물 파괴에도 불구하고 아브라함이 잘 되는 것을 보고, 하나님이 아브라함과 함께 한다는 것을 강하게 깨닫게 되었기 때문일 것이다. 그럼에도 불구하고 아비멜렉은 자신의 잘못을 인정하지 않을 뿐만 아니라, 사라를 자신의 아내라고 말하지 않았던 것처럼 우물 파괴에 대해 말하지 않은 아브라함에게 있다며 모든 책임을 전가시키고 있다.[31] 아비멜렉은 자신이 인지하지 못했음을 강조하기 위해 너도 역시 말하지 않았고, 나도 역시 듣지 못했다고 한다.

וְגַם־אַתָּה לֹא הִגַּדְתָּ לִּי
וְגַם אָנֹכִי לֹא שָׁמַעְתִּי בִּלְתִּי הַיּוֹם

아비멜렉은 '감-아타' וְגַם־אַתָּה(너도 역시)와 '감 아노키' וְגַם אָנֹכִי(나도 역시)를

31) Gordon Wenham, *Genesis 16-50*, 93.

문장 앞에 첨가하였고, "말하지 않았다"와 "듣지 못했다"를 대조시키고 있다.

27~31절

아비멜렉의 대답이 끝나자 아브라함은 아비멜렉과 두 가지 언약을 체결한다. 아브라함은 거짓을 행하지 말라는 아비멜렉의 요청에 따라 그와 일종의 평화 언약을 체결한다. 이 언약을 통해 아브라함은 가나안 땅으로 가면서부터 시작된 사라를 누이라고 사칭한 거짓을 공식적으로 청산한다. 언약 체결을 위해 아브라함은 아비멜렉에게 양떼와 소떼를 주었다. 고대 근동의 전통에서 이처럼 강자와 약자가 언약을 체결할 때에는 짐승을 쪼개어 놓고 그 사이에 들어갔었다. 아브라함이 이 전통을 따르지 않는 것은 아비멜렉이 아브라함을 위협하며 강제로 언약을 체결하지 않고 우호적으로 언약을 체결하려고 하였기 때문일 것이다. 이런 우호적인 언약체결은 아비멜렉의 인격과 의로움 때문이 아니라, 아브라함이 하나님의 선지자이고 하나님이 아브라함의 모든 일에 함께하는 것을 알았고, 하나님을 두려워했기 때문일 것이다.

28절에서 아브라함은 양떼와 소떼 외에 일곱 암양 새끼를 따로 아비멜렉에게 주었다. 언약과 맹세를 위해 아브라함이 짐승을 모두 준비하는 것은 아비멜렉이 그에게 짐승을 준 것과 비교될 수 있다. 하지만 아브라함이 짐승을 준 것은 브엘세바 우물에 대한 소유권을 확보하려는 계획을 성취하기 위해 아비멜렉에게 자신을 낮추려는 제스처이다. 29절에서 아비멜렉은 아브라함의 행동을 미처 예상하지 못했고, 그 이유를 짐작하지 못했음을 보여 준다. 이것은 아브라함이 준비한 일곱 암양 새끼는 27절의 언약과 별개의 언약을 위한 것임을 보여준다.[32] 일곱 암양 새끼는 아브라함이 자신이 판 우물의 소유권을 인정받기 위해 아비멜렉에게 증거로 준 것이다. 암양을 일곱 마리를 택한 이유는 아비멜렉이 아브라함에게 맹세하게 한 것에 빗대어 이번에는 아브라함이 아비멜렉에게 맹세로 약속받으려는 의도 때문이다. 일곱의 히브리어 표현 '세바' שֶׁבַע는 맹세의 히브리어 표현 '사바' שׁבע와 자음이 동일하다. 31절은 이 맹세에 근거하여 브엘세바의 지명

32) Nahum Sarna, *Genesis*, 149.

이 생겨나게 되었다고 말한다. 브엘세바의 의미는 맹세의 우물도 될 수 있고 일곱의 우물이 될 수도 있다. 하지만 아브라함의 의도는 맹세의 우물이다. 이 우물은 아브라함이 가나안 땅에서 소유권을 주장할 수 있는 첫 부동산이다.

32절

아브라함과 언약을 체결한 아비멜렉은 자신의 군사령관 비골과 함께 그랄로 돌아갔다. 32절은 아비멜렉이 돌아간 곳을 블레셋 땅이라고 한다. 아브라함 시대에 블레셋이란 이름을 쓴 것은 시대착오적인 표현으로 간주되고 있다. 이 문제에 관한 설명은 이 주석의 전편인 창세기 1~11장 주석의 서론에 있는 내용을 여기에 옮겨 놓는 것으로 대신하겠다.

창세기의 기록 연대를 추정할 때 가장 걸림돌이 되는 것은 창 14:14의 단이란 지명과 창세기 21:32~34의 블레셋이란 이름이다. 블레셋은 가나안 서부 해안 지역의 5개 도시인 가드, 가사, 아스돗, 아스글론, 에그론에 정착해 살았던 비셈족인들이다. 일반적으로 이들은 기원전 12~13세기 에게 해 지역에서 소아시아 지역을 경유하여 가나안에 정착한 것으로 여겨진다. 이들에 의해 고대 힛타이트 제국이 멸망 당한 것으로 알려져 있다. 문제는 이들이 가나안 땅에 등장한 시기가 기원전 12~13세기인데 이들보다 수백 년 전에 가나안에 들어왔던 아브라함이 블레셋 땅에 거주하였고 그들의 왕이라고 불리는 아비멜렉과 언약을 체결하고 있다는 것이다. 이 문제를 해결하기 위해 먼저 생각해야 할 것은 블레셋이란 명칭의 성격을 파악해야 한다. 블레셋이란 이름이 주로 기원전 12~13세기에 가나안에 정착한 사람들을 지칭하기 위해 사용된 것은 사실이지만, 구약성경에서 '블레셋'은 에게 해 지역에서 이주해 온 사람들을 총칭하는 명칭으로 사용되었음을 알아야 한다. 에게 해로부터 온 이주민들을 부르는 이름이 또 있었다. 사무엘상 30:14에 나오는 '그렛'이 바로 그들이다. 그렛은 에게 해에 있던 크레테라는 섬에서 이주해 온 사람들로서 에스겔 25:16과 스바냐 2:5에서 그렛 사람들은 블레셋 사람들과 동일시 되고 있다.

그러므로 나 주 여호와가 말하노라. "내가 블레셋 사람 위에 손을 펴서 그렛 사람을 끊으며 해변에 남은 자를 진멸하되" (겔 25:16)

"해변 거민 그렛 족속에게 화 있을진저 블레셋 사람의 땅 가나안아. 여호와의 말이 너희를 치나니 내가 너를 멸하여 거민이 없게 하리라."(습 2:5)

사무엘상 30:14과 열왕기상 1:44에 언급된 지명을 참고로 하면 이 그렛 사람들은 다윗 시대에 아브라함과 이삭이 거주하였던 그랄과 브엘세바에 여전히 살고 있었고, 솔로몬의 용병으로 활동하였다. 블레셋 사람을 호칭하는 또 다른 용어가 있었다. 신명기 2:23에는 '갑돌 사람'이란 말이 나온다(cf. 수 13:3).

갑돌에서 나온 갑돌 사람이 가사까지 각 촌에 거하는 아위 사람을 멸하고 그들을 대신하여 거기 거하였었느니라.

창 10:14, 대상 1:12, 렘 47:4, 암 9:7에 의하면 블레셋 사람들이 바로 이 갑돌에서 나왔다고 말한다. 갑돌은 에게 해에 있는 크레테(Crete)와 키프로스(Cyprus) 지역을 총칭하는 지역이다. 이처럼 구약 성경은 에게 해 지역에서 이주해 온 사람들을 블레셋 사람, 그렛 사람, 그리고 갑돌 사람이라고 불렀다. 이들 이름이 구약 성경에 등장하는 빈도로 보아 '블레셋 사람'이 더 대중적인 명칭이었다. 그렇다면 에게 해 지역 사람들이 언제부터 가나안으로 이주해 오기 시작했을까? 일반적으로 알려진 블레셋 사람의 이주는 기원전 12~13세기에 있었다. 그러나 이들보다 수백 년 앞서 시리아 팔레스타인 지역에 소수의 블레셋 사람들이 이주하였음을 보여주는 기록이 있다. 중기 청동기 시대에 에게 해 지역 사람들과 시리아 팔레스타인 지역 사람들 간에 지속적인 교류가 있었다는 사실은 마리 문서(B.C. 1830~1760) 등을 통해 잘 알려져 있다.[33] 기원전 1490~1436년에 이집트를 통치한 투트모세 3세가 카르낙의 신전 벽에 자신의 아시아 원정 업적을 기록해 놓았다. 그의 아홉 번째 아시아 원정 기록에 의하

33) Gösta W. Ahlström, *The History of Ancient Palestine* (Minneapolis: Fortress, 1993), 176.

면, 그는 다히(Djahi), 케프티(Keftiu), 비블로스(Byblos), 그리고 섹투(Sektu)라는 동부 지중해 연안의 도시들로부터 백향목을 가져왔다. 이 도시들 중에서 케프티(Keftiu)는 그레데의 이집트식 명칭이다(ANET 241). 기원전 1600년대에 파괴된 하솔 인근의 텔 카브리에서 기원전 2700~1450년 사이에 그리스 반도에 번성한 미노스 문명의 유적이 대량으로 발굴되었다. 이 지역에서는 크레테 스타일의 프레스코도 발굴되었다.[34] 아브라함이 머물기도 했던 그랄로 알려진 텔 하롤에서는 중기 청동기 시대(B.C. 2200~1550)에 해당하는 유물들이 발굴되었는데, 이 중에는 키프로스 항아리들과 미노스 스타일로 된 잔이 발굴되었다.[35] 이것들은 모두 가나안 지역 도시 국가들이 에게 해 지역과 교역을 하고 있었다는 것 뿐만 아니라, 소수일지라도 그 지역 사람들이 시리아 팔레스타인 지역에 교역을 위한 정착지를 확보하고 있었음을 보여 준다.[36]

Stone 'Communion' Chalices from the palace of Kato Zakro, Crete. 1700-1450 B.C.

그러므로 아브라함이 만난 블레셋은 기원전 12~13세기에 시리아 팔레스타인으로 대규모로 이주한 에게 해 지역 사람들이 아니라, 그 이전에 이주한 사람들일 가능성이 매우 높다. 그렇다면 왜 그들을 블레셋이라고 불렀을까? 블레셋이란 말은 라암셋 3세의 신전 벽화에 기록된 문서에서 처음 나타난다.[37] 그런데 크레데에서 발굴된 미노스 시대의 파이스토스 디스크(최소한 기원전 1700

34) 텔 에드-다바(Tell ed-Dab'a)라는 힉소스 시대에 크레데 스타일의 벽화가 지난 1991~1993년 사이에 대량으로 발견되었다. Amelie Kuhrt, *The Ancient Near East: c. 3000-330*, vol. 1 (New York: Routledge, 1995), 179.

35) Joel D. Klenck, *The Canaanite Cultic Milieu: The zooarchaeological evidence from Tel Haror, Israel* (B.C. 2000~1500), Britich Archaeological Reports International Series 1029 (Oxford, England: Archaeopress, 2002), 30. Eliezer D. Oren, "A Minoan Graffito from Tel Haror (Negev, Israel)," *Cretan Studies* 5 (1996): 91–118.

36) K. A. Kitchen, *On the Reliability of the Old Testament*, 341.

37) 블레셋이란 말은 라암셋 3세의 신전 벽화에 기록된 문서에서 처음 나타난다. ANET, 262. 기원전 800~900년대에 앗시리아를 통치한 아닷-니라리 3세와 사르곤 2세의 연대기에서는 블레셋 사람들을 팔라쉬투 또는 필리스투라고 불렀으며, Herodotus는 가나안을 블레셋이라고 불렀다(Histories 7:89).

년 이전에 만들어진 토판)에 새겨진 그림들에는 이집트의 라암셋 3세의 신전에 새겨져 있는 블레셋 전사와 아주 유사한 그림들이 새겨져 있다.[38] 아래 그림에서 볼 수 있는 것처럼 블레셋 전사들은 머리카락을 꼿꼿이 세운 헤어 스타일을 하고 있다. 이로 보아 일반적으로 알려진 블레셋 용사는 이들이 가나안에 오기 500~600년 전부터 크레데에 실존한 인물들이었음을 알 수 있다. 이들을 언제부터 블레셋이라고 불렀는지는 확실히 알 수 없다. 혹시 아브라함 때에는 블레셋이라고 부르지 않았다고 하더라도 '블레셋'이란 이름은 과거의 지명을 후대에 생겨난 보편화된 지명으로 바꾸는 필사자들의 스타일에 따른 현상일 수 있다. 이런 현상은 창세기 14:14의 '단'이란 지명에서도 확인할 수 있다. '단'이란 지명

은 아브라함의 손자 야곱의 아들 단의 이름이며, 언급된 지명 이름이 생겨난 것은 가나안에 정착한 단 지파가 새로 이주한 지역에 붙인 이름이며, 그 전에는 레센 또는 라이스라고 불렸다(수 19:47; 삿 18:29).

33절

아브라함은 브엘세바에 에셀 나무를 심고 거기서 영생하시는 하나님 여호와의 이름을 불렀다. 에셀 나무는 높이 18m까지 자라는 나무로서 소금기가 있는 땅에서도 잘 자라며, 강수량이 적은 사막 지역에서 보기 드문 큰 나무이다. 목동들이 그늘을 만들기 위해 심었고 부드러운 잎은 가축들이 먹기에 좋았다. 이 나무를 심은 정확한 의미는 알 수 없지만, 고대 근동 사회에서 에셀 나무는 부정을 정결하게 하는 거룩한 나무로 인식되었다.[39] 아비멜렉이 거짓을 행하지 말라고 요구한 것을 아브라함이 염두에 두고 에셀 나무를 심었을 가능성이 있다.

---

38) 파이스토스 디스크(Phaistos Disk)는 1908년 남부 크레테에 있는 한 미노안 궁전 유적지에서 발굴되었다. Andrew Robinson, *Lost Languages: The Enigma of the World's Undeciphered Scripts* (New York: McGraw-Hill, 2001), 297~315.

39) John Walton, *Genesis*, 497.

아브라함은 그 나무 아래 제단을 쌓고 하나님의 이름을 '엘-올람'(영원한 하나님)이라고 불렀다(וַיִּקְרָא־שָׁם בְּשֵׁם יְהוָה אֵל עוֹלָם). 아브라함은 창 12:8과 13:4에서도 제단을 쌓고 하나님의 이름을 불렀다.

브엘세바에 에셀 나무를 심고 영원한 하나님의 이름을 부르며 기도한 것은 아비멜렉과 세운 언약과 맹세와 함께 중요한 신앙적 상징을 보여 주기 위해서이다. 아브라함이 양과 소를 주며 아비멜렉과 언약을 세운 것은 하나님이 그와 그의 후손들과 시간적으로 영원히 함께하며 번성하게 하시는 것과 관련 있다. 아비멜렉이 아들과 후손들을 언급한 것은 영원한 시간 속에서 하나님이 아브라함과 그의 후손들과 함께한다는 것에 대한 확신이었고, 이에 근거하여 아브라함과 아비멜렉은 서로 언약을 맺은 것이다. 일곱 마리 양을 통한 맹세에서 아브라함은 아비멜렉에게서 하나님께서 주실 번성의 중요한 원천이 되는 우물을 보증받았다. 구약 성경에서 가나안 땅을 부르는 별칭인 "단에서 브엘세바까지"에서 남쪽 끝에 해당하는 브엘세바에서 아브라함은 가나안 땅에 들어와서 처음으로 모든 살아있는 것들의 젖줄인 우물을 확보한 것이다.[40] 그리고 그 우물가에서 생명과 번영을 상징하는 에셀나무를 심고 하나님의 이름을 부름으로 영존하시는 하나님께서 가나안이라는 공간에서 영원히 자신과 자신의 후손들에게 에셀나무의 그늘처럼 복 주시기를 사모하였다.[41] 그리고 아브라함은 브엘세바 우물에 올 때마다 이 거룩한 나무의 그늘 아래에서 아비멜렉뿐만 아니라 하나님 앞에서 다른 모든 사람들에게 다시는 아내를 누이라고 부르는 것을 비롯한 거짓을 행하지 않겠다는 다짐을 해야 했을 것이다.

40) Kenneath Mathews, *Genesis 11:27-50:26*, 281~283.
41) Bruce K. Waltke, *Genesis*, 300.

Chapter 12

창세기 22장

창세기 22장은 2000년 동안 기독교와 유대교 그리고 이슬람교가 특별한 의미를 부여한 본문이다. 유대인들은 창세기 22장에 '아케다'(묶음)라는 이름을 붙였으며, 이 본문을 통해 아브라함처럼 하나님께 순종하며 이삭처럼 순교적인 삶을 사는 모델로 여기고 주로 유월절에 즐겨 읽었다. 기독교는 아브라함을 독생자를 십자가에 못 박은 하나님 아버지의 모델로 그리고 이삭을 예수 그리스도의 모델로 여겼다. 전통적으로 교회는 이 숫양을 그리스도의 대속적 죽음을 나타내는 것으로 여겨 왔으며 심지어 예수님도 요 8:56에서 '너희 조상 아브라함은 나의 때 볼 것을 즐거워하다가 보고 기뻐하였느니라'고 했다.[1] 이슬람교는 이삭을 이스마엘로 대체하고, 아브라함이 이스마엘을 대신하여 양을 바친 것을 기념하는 축제를 하즈(Hajj) 축제 때에 거행한다.[2] 창세기 22장이 왜 이렇게

1) Epistle of Barnabas 7:3. "because He also Himself was to offer in sacrifice for our sins the vessel of the Spirit, in order that the type established in Isaac when he was offered upon the altar might be fully accomplished."

2) Laurence H. Kant, "Restorative Thoughts on an Agonizing Text: Abraham's Binding of Isaac and the Horror of Mt. Moriah (Genesis 22): Part 1," *Lexington Theological Quarterly* 38 (2003): 77~78.

큰 주목을 받아 왔을까? 그 이유는 창세기 22장에서 하나님은 아브라함에게 아들 이삭을 번제로 바치게 하는 어느 누구도 예상하지 못한 시험을 하였고, 아브라함은 그 하나님의 요구에 순종하였기 때문이다. 사실상 하나님의 시험은 여러모로 충격적이고 이해하기 힘들며, 많은 질문을 불러일으킨다. 이삭은 아브라함이 100살에 낳은 아들인데, 하필이면 이런 아들을 번제로 바치게 하다니. 더군다나 바로 앞장에서 아브라함은 그의 장자 이스마엘을 사라의 요구와 하나님의 지시에 따라 집에서 쫓아 보냈다. 그러자마자 하나님은 아브라함에게 아들 이삭을 번제의 제물로 바치라고 했다. 하나님의 이런 요구를 쉽게 이해할 수 있을까? 창세기 11:27에서 시작되는 아브라함 이야기의 핵심 플롯(plot)은 이삭의 출생이다. 그런 이삭의 출생을 창세기 21장에 기록하고, 곧이어서 그를 번제물로 죽이라는 하나님의 요구를 기록한 창세기 저자의 의도는 무엇일까? 하나님께서 이삭을 번제물로 바치게 한 것은 이삭의 잘못 때문일까? 아브라함의 잘못 때문일까? 하나님이 이삭의 죄 문제를 해결하기 위해서가 아니고 아브라함을 시험하기 위해 이삭을 번제물로 바치게 했기 때문에 하나님이 아브라함을 시험한 이유를 이삭이 아니라 아브라함 자신에게서 찾아야 한다.[3] 제물을 바치는 것은 바치는 사람 자신의 죄나 감사 때문이지 제물의 문제 때문이 아니다. 구약 성경 어디에도 제물의 문제 때문에 제물을 바치게 하는 경우는 존재하지 않는다. 그렇다면 아브라함의 문제는 무엇일까? 창세기 22장에서 유일하게 제시된 힌트는 12절에 있다. '내가 이제야 네가 하나님을 경외하는 줄을 알겠노라.' 하나님이 아브라함의 하나님 경외 문제를 거론한 이유는 무엇일까? 창세기 12:1~3에서 하나님이 아브라함에게 본토 친척 아비의 집을 떠나 가나안 땅으로 가면 그의 이름을 크게 하고 큰 민족을 만들어 주고 그를 축복의 근원이 되게 해 주겠다는 말을 듣고 하란을 떠날 때부터 그는 하나님의 부르심과 약속에 대해 큰 오해를 하였다. 하나님은 아브라함에게 그와 사라 사이에 태어날 자손을 통해 그를 큰 민족으로 만들어 주겠다고 했지만 그는 단 한 번도 이 약속을

3) George W. Coats, "Abraham's Sacrifice of Faith: A Form-Critical Study of Genesis 22," *Interpretation* 27 (1973): 393; Bruce K. Waltke, *Genesis* (Grand Rapids: Zondervan, 2001), 304.

제대로 이해하고 믿고 행동하지 못했다. 이 모든 원인은 아브라함과 사라가 늙었고, 사라는 불임 여성이었기 때문이다. 그런 아브라함과 사라의 반복된 **오해**에도 불구하고 하나님은 사라를 통해 기적적으로 이삭을 낳게 함으로 하나님의 전능하심을 그들에게 보여 주었다. 하나님은 이제 더 늙어 버린 아브라함에게 이삭을 번제로 드리게 함으로 그가 그와 사라의 자손을 통해 큰 민족을 만들어 주겠다는 하나님을 진정으로 신뢰하고 경외하는지를 확인하려고 시험하고 있다. 이 시험을 통해 아브라함의 하나님 경외 문제가 그의 나이와 불임이라는 상황 때문에 생겨난 문제인지, 아니면 그의 근본적인 신앙의 문제인지를 가늠하게 해 준다. 이것이 하나님이 아브라함을 시험한 이유와 목적이다.

창세기 22장의 이삭의 번제 사건은 또 다른 중요한 이슈를 가지고 있다. 이삭의 번제 사건은 창세기 21장의 이스마엘을 내 쫓는 사건과 유사한 점이 많다는 것이다.[4] 하나님은 아브라함에게 이스마엘을 집에서 내어 보내어 죽음의 위기를 겪게 한 것처럼 이번에는 아브라함에게 이삭을 번제 제물로 죽이기 위해 집에서 데려나가게 한다. 아브라함이 이스마엘을 아침 일찍 일어나 내어 보낸 것처럼, 그는 아침 일찍 일어나 아들 이삭을 데리고 나간다. 이스마엘이 죽을 위기에 처했을 때 하늘의 천사가 하갈을 불러 말한 것처럼, 이삭이 죽음의 위기를 맞이했을 때 천사가 하늘에서 아브라함을 불렀다. 천사가 이스마엘을 큰 민족을 만들겠다고 한 것처럼, 이삭을 통해 큰 민족을 만들어 주겠다고 말한다. 왜 이런 유사한 이야기 틀을 가지고 있을까? 그것은 이삭이 이스마엘과 다른 점을 부각시키기 위해서이다. 이스마엘은 활 쏘는 자이며(창 21:20), 그리고 모든 사람을 치며 모든 형제와 대항하며 살게 된다(창 16:12). 반면에 이삭은 그를 통해 천하만민이 복을 받게 된다. 이렇게 대조된 형제의 미래가 아브라함과 사라가 창 12:1~3의 하나님 약속을 오해함으로 생겨났다. 이런 의의를 가진 창세기 22장의 내용은 아래와 같은 구조로 되어 있다.

4) 창세기 21장과 22장의 유사점에 대하여는 David W. Cotter, *Genesis* (Collegeville, MN.: Michael Glazier Book, 2003), 147~151를 참고하라.

1~2절.　하나님이 아브라함을 시험함

3~6절.　모리아 산으로 가며 일어난 일

7~10절.　이삭을 번제로 드리려 함

11~14절.　아브라함이 시험에 합격, 여호와 이레

15~19절.　아브라함의 자손에 대한 축복

20~24절. 나홀의 자손들의 계보와 리브가의 출생

1~2절. 하나님이 이삭을 두고 아브라함을 시험함

1 이 일들 후에 하나님이 아브라함을 시험하시니라. 그가 그에게 말하기를 "아브라
함아!" 그가 말하기를 "내가 여기 있나이다!" **2** 그가 말하기를 "네 아들 네가 사랑
하는 너의 독자 이삭을 취하여 모리아 땅으로 가라. 너는 그를 거기 내가 네게 말할
산들 중에 하나에서 번제로 드리라."

1절

1절은 하나님이 아브라함을 시험한 시기를 언급함으로 시작된다. 6절에서 아브라함이 번제에 사용할 나무를 이삭에게 지우는 것을 참고한다면 하나님이 아브라함을 시험한 때는 이삭이 출생한 후 최소한 십수 년이 지나 청소년으로 성장하였을 때일 것이다. 하지만 1절은 이삭의 번제 희생 사건이 일어난 시기를 '이 일들 후에'(와여히 아하르 핟데바림 하에레 וַיְהִי אַחַר הַדְּבָרִים הָאֵלֶּה)라고 했다. 이 말은 기본적으로 창세기 22장의 이삭의 번제물 사건 이전에 일어난 사건들을 가리키며, 복수 '일들'은 하나의 사건이 아니라 다수의 여러 사건을 지시하는 표현이다. 이 표현은 그 사건들을 창세기 22장의 사건과 연결시키려는 의도로 사용되었다. '이 일들'이 지칭할 수 있는 사건들은 가깝게는 창세기 21장의 사건들이며 그 이전에 아비의 집을 떠나면서부터 지금까지 일어난 아브라함 이야기에 포함된 모든 사건들을 가리키는 것으로 볼 수 있다.[5] 이 표현은 창 15:1

5) 미쉬나는 창세기 22장의 아브라함의 시험을 아브라함이 겪은 10개의 시련의 절정이라고 여긴다. "With ten trials was our father Abraham tired and he withstood them all, to make known how great was the love of Abraham, our father" (Mishna Avot 5:4)

에서도 사용되었고, 이때에 하나님은 아브라함에게 '나는 너의 지극히 큰 상급이요, 너의 방패이니라'라고 하며, 하나님은 자신의 약속을 신실하게 지키시는 분임을 아브라함에게 확신시키는 말과 행동과 사건을 수반하였다. 하지만 창세기 22장에서는 이 표현과 함께 하나님은 하나님께 대한 아브라함의 신뢰성을 테스트하고 있다. 하나님이 시험한 것을 강조하기 위해 일반적인 히브리어 구문 순서와는 달리 주어 엘로힘이 동사 앞으로 나왔다. 뿐만 아니라 엘로힘에 정관사를 붙여 아브라함을 시험하는 하나님이 아브라함이 알고 있는 그 하나님이고, 이 일들과도 밀접한 관계를 가진 하나님이며, 결과적으로 아브라함을 시험하게 된 하나님이라는 뜻이다.

'시험하다'(나사, נסה)는 말은 창세기에서 오직 여기에서만 사용되었다. 하나님이 사람을 시험하는 경우에는 그 사람의 믿음과 신실성을 시험하기도 하고, 극한 상황에서 순종하는지 여부를 살피기도 한다(신 8:2, 삿 3:4).[6] 그렇다면 하나님은 창세기 22장에서 아브라함을 시험하려는 이유와 목적이 무엇일까? 아브라함의 믿음과 신실성을 시험하려는 것일까? 12절에서 하나님이 아브라함에게 '이제 내가 네가 하나님을 두려워한다는 것을 알겠노라'고 말한 것에서 볼 수 있듯이 하나님이 아브라함을 시험한 이유는 그가 하나님을 두려워하는지 여부를 알고자 함이었다. 그렇다면 아브라함은 지금까지 하나님을 두려워하는 신앙을 가지지 않았다는 말일까? 아브라함의 하나님 경외 문제가 무엇인지는 하나님이 아브라함을 시험하는 내용을 통해 짐작할 수 있다. 2절은 그의 하나님 경외 문제는 그의 자손에 대한 그의 태도와 관련되어 있음을 보여 준다.

1절에서 하나님은 자신의 정체를 밝히지 않고 곧바로 아브라함의 이름을 부른다. 이것은 아브라함이 소리만으로도 하나님의 정체를 충분히 인식할 수 있

Jo Milgrom, *The Binding of Isaac: The Akedah, a Primary Symbol in jewish Thought and Art* (Berkeley, CA: Bibal Press, 1988), 1~62; Shubert Spero, "Abraham's Trials: Tests of Strength or Learning Experiences," *Jewish Bible Quarterly* 28 (2000): 73~79; Nahum M. Sarna, *Genesis* (Jerusalem: Jewish Publication Society, 1989), 150.

6) David W. Cotter, *Genesis*, 152. 사람이 하나님을 시험하는 경우에는 주로 하나님의 인내(출 17)나 신실성(민 14:22)을 살핀다. 사람이 다른 사람을 시험하는 경우에는 그 사람의 지혜와 처세를 테스트한다(왕상 10:1).

었음을 의미한다. 하나님의 부름에 아브라함은 '내가 여기 있나이다'라고 간단하게 대답한다.

2절

2절은 아브라함이 풀어야 할 시험의 내용을 알려 준다. 하나님은 아브라함의 이름을 부른 후 단도직입적으로 테스트 제목을 그에게 제시했다. 아브라함이 풀어야 할 시험은 그의 아들 이삭을 번제로 드리는 것이다. 하나님은 이삭을 강조하여 세 차례에 걸쳐 '네 아들, 네 독자, 너의 사랑하는 자, 이삭'이라고 한다.[7] 100살에 아들을 얻은 아브라함의 부성을 자극하기 위한 표현들이 나열되어 있다. 이삭은 아브라함과 사라 사이에 태어난 유일한 아들이었다. 하나님의 입장에서는 하나님이 아브라함에게 처음 큰 민족으로 만들어 주겠다고 약속할 때부터 염두에 두었던 아들이다. 이 이삭을 아브라함이 각별하게 사랑하였기 때문에 하나님은 '너의 사랑하는 독자'라고 하며, 이어서 그가 다름 아닌 이삭이란 점을 못 박기 위해 '이삭을' 취하여 가라고 한다. 사람을 취한다는 말은 소유의 의미도 가지지만, 강제성의 성격을 가진다. 이삭 본인과 사라의 의사와 관계없이 데려가라는 말일 수 있다. 하나님은 아브라함에게 명령문 '취하라'와 '가라' 그리고 '바치라'를 반복했지만, 첫 명령문에 청유형 감탄사 '나' נָא(please)를 첨가하였다. 하나님이 사람에게 말하면서 청유형 감탄사 '나'를 사용한 것은 구약 성경에서 모두 5차례 있다(창 13:14; 15:5; 22:2; 출 11:2; 사 7:3). 이것은 하나님이 아브라함에게 이삭을 바치라고 명령문을 사용했지만, 하나님이 그 시험에 강제성이 아닌 자율성과 선택권을 주어 시험에 대한 순응 여부를 아브라함에게 맡겼음을 의미한다.[8] 그래서 하나님은 아브라함이 이삭을 번제로 바치는 것뿐만

7) 하나님은 번제로 드릴 대상을 처음에는 포괄적이고 애매하게 표현하였다. 그래서 처음 두 표현을 통해서는 그 아들이 이스마엘인지 이삭인지 판단하기 어렵다. 이런 점을 염두에 두고 창세기 랍바 50:7은 하나님과 아브라함의 대화를 다음과 같이 꾸며 표현하였다.
"your son." "Which son?" "your only son." "This one is the only son of his mother, and that one is the only son of his mother." "whom you love." "Where are the dividing walls within the womb? I love them both." "Isaac."

8) 창세기 랍바 50:7은 청유형 감탄사 '나' נָא는 하나님의 시험을 받아 들일지 여부가 아브라함에게 달려 있음을 나타낸다고 여긴다. Jacob Neusner, *Genesis Rabbah: The Judaic Commentary*

아니라, 이삭을 번제로 바치는 과정에 그가 행하는 모든 것을 시험의 내용에 포함시키고 있다.

하나님은 아브라함에게 이삭을 취하여 모리아 땅으로 가서 그곳에서 지시하는 한 산으로 가라고 한다. 이 말은 하나님이 창 12:1에서 했던 말과 매우 흡사하다.[9] 창 12:1에서 하나님이 아브라함에게 지시할 땅으로 가라고 했던 것처럼, 창 22:2에서 하나님은 아브라함에게 하나님이 말해 줄 산으로 가라고 한다. 창 12:1에서 하나님은 아브라함에게 아비의 집을 떠나라고 하였는데, 이번에는 아들을 버리라고 말한다. 중요한 차이점은 창 12:1~3에서 하나님은 아비의 집을 떠나라는 말과 함께 큰 민족과 축복 그리고 기업에 대한 약속을 함께 주었지만, 창 22:2에서 하나님은 특별한 약속 없이 이삭을 번제로 드리게 하고 있다. 독자들은 17~18절에서 하나님이 창 12:2~3과 동일한 약속을 주는 것을 알고 있고 창 12:1~3의 상황과 유사하다고 생각할 수 있지만, 당장 2절에서 이삭을 번제로 바치라는 말만 들은 아브라함의 입장에서 볼 때 하나님의 말씀은 창 12:1~3에서 약속한 것을 모두 폐기하는 말씀이며 그를 큰 민족으로 만들겠다는 미래의 희망의 불을 끄는 것이다.[10]

2절에서 하나님은 아브라함이 시험칠 장소로 모리아 산을 지명하고 있다. 4절에 의하면 모리아 산은 브엘세바에서(22:19) 걸어서 3일 걸리는 곳에 위치해 있다는 것 외에 다른 정보가 없다.[11] 성경에서 모리아라는 지명은 대하 3:1에서만 나타난다. 대하 3:1은 아브라함의 시험에 대한 말은 하지 않고 이 모리아 산이 예루살렘 성전이 위치한 곳이며 다윗이 오르난의 타작마당에서 제사를 지낸 곳이라고 한다. 역대상 21장은 대하 3:1에서 언급된 사건을 더 구체적으로 기

---

to the Book of Genesis, vol. 2 (Atlanta: Scholars Press, 1985), 271.

9) Yair Mazor, "Genesis 22: The Ideological Rhetoric and the Psychological Composition," *Biblica* 67 (1986): 83.

10) David C. Hopkins, "Between Promise and Fulfillment: Von Rad and the Sacrifice of Abraham," *Biblische Zeitschrift* 24 (1980): 180~193; James Crenshaw, *A Whirlpool of Torment: Israelite Tradition of God as an Oppressive Presence* (Philadelphia: Fortress Press, 1984), 19.

11) Baldwin은 모리아 산과 브엘세바의 거리가 70 km 정도라고 한다. Joyce G. Baldwin, *The Message of Genesis 12-50* (Downers Grove, IL.: Inter-Varsity Press, 1986), 90.

록하고 있지만, 모리아 산이라는 지명을 언급하지는 않는다. 모리아 산의 지명이 언제 생겨났는지 확신할 수 없지만, 이 지명은 창세기 22장의 사건과 밀접하게 관계되어 있을 가능성이 높다. '모리아' מֹרִיָּה가 동사 '라아' רָאָה(보다, 나타나다)의 분사형과 하나님의 이름 여호와의 약어 '야' יָהּ(여호와)를 합하여 만든 지명일 가능성이 있으며, 이런 경우 그 뜻은 '야웨가 보시는 곳'이란 뜻일 수 있다.[12] 14절에서 모리아의 지명을 '여호와가 보고 있다'로 지은 것은 그 가능성을 뒷받침해 준다.

하나님이 아브라함에게 제시한 시험 내용은 이삭을 번제로 드리는 것이었다. 번제는 제물을 토막 내어서 전체를 제단에서 불태우는 제사이다. 번제를 드리는 목적은 두 가지이다. 첫째 목적은 하나님께 선물로 바치는 것이다. 레위기 1:3에서 '그 예물이 소의 번제이면'이라는 말에서 예물은 말 그대로 귀중한 선물이다. 둘째 목적은 레 14:20에서 말하는 것처럼 속죄이며,[13] 짐승의 죽음을 통해 제물 바치는 자의 죄가 정결하게 되었다. 이삭을 번제로 바치는 것은 이 둘 중에 무엇과 관련 있을까? 욥이 자식들의 부지중에 지었을 죄를 염려하여 제사를 지낸 것처럼 이삭의 죄를 속죄하기 위해 번제로 바치라고 한 것으로 생각할 수도 있다. 하지만 구약에서는 사람을 죽여 다른 사람의 죄를 대신하는 제물로 바치게 하지 않는 점을 고려한다면 그 가능성은 높지 않다. 더군다나 이삭을 번제물로 바치게 한 것은 이삭의 죄 때문이 아니라 아브라함을 시험하기 위해서이다. 그리고 하나님이 12절과 16절에서 아브라함에게 '네 독자도 아끼지 아니하였으므로'라고 말한 것을 염두에 둔다면 이삭을 번제물로 바치는 것은 그의 생명을 하나님께 예물로 바치는 것으로 볼 수 있다.

일평생 하나님을 의지하면서 살아온 아브라함을 하나님이 이런 방식으로 시험하는 것을 어떻게 생각하면 좋을까? 의로우신 하나님이 아브라함에게 이런 시험을 한다는 것은 너무 충격적이고 납득하기 어려웠기 때문에 B.C. 1세기의

12) David W. Cotter, *Genesis*, 154; Gordon Wenham, *Genesis 16-50* (Nashville: Thomas Nelson, 2000), 104~105.

13) "제사장은 그 번제와 소제를 단에 드려 그를 위하여 속죄할 것이라. 그리하면 그가 정결하리라."

유대인들의 문학 작품인 Jubilees는 '시험'이란 말에 근거해서 욥의 경우처럼 하나님이 사탄의 충동에 의해 아브라함을 시험하였다고 한다.[14)]

> 그리고 군주 마스테마(Mastema-사탄)가 와서 하나님 앞에서 말했다. "보소서, 아브라함이 이삭 그의 아들을 사랑합니다. 그리고 그가 어떤 것 보다도 그를 더 즐거워합니다. 그에게 그를 제단 위에서 번제로 바치라고 말하소서. 그리고 당신은 그가 이 일을 행하는지 여부를 볼 것입니다. 그리고 당신은 그를 시험한 모든 일에서 신실한지 여부를 알 것입니다."

이러한 가능성도 있을 수 있겠지만, 사탄의 개입과는 별개로 하나님은 종종 자기 백성들을 테스트한 예들이 있기 때문에 Jubilees의 견해를 굳이 따를 필요는 없다. 하나님은 만나를 통해 이스라엘 자손들을 테스트하였고(출 15:25), 사사기에서 가나안 거주민들을 통해 이스라엘을 테스트하였다(삿 2:22). 시편 26:2에서 시편 기자는 자신이 하나님만 의지하고 완전함 가운데 행하였음을 증명하기 위해 하나님께 자신을 살피고 시험하기를 청하고 있다.

하나님이 이삭을 번제물로 바치는 시험을 한 목적이 무엇일까? 고대 가나안에는 자식을 죽여 제사 드리는 종교의식이 있었다. 모압과 암몬 지역에 유행한 몰렉 신 숭배가 대표적인 경우이다. 하나님은 몰렉 신처럼 아브라함에게 자식을 제물로 바치라고 했을까? 몰렉 신 숭배자들은 자신들의 번영이나 국가의 이익을 위해 자식을 희생시켰다. 아브라함의 이삭 번제 사건에는 이런 배경이 깔려있을까? 하나님이 이삭을 번제로 드리게 한 목적이 무엇일까? 그것은 창 22:12에서 말하는 것처럼 그가 하나님을 경외하는지를 확인하는 것이다. 하나님 경외는 아브라함이 그의 후손에 대한 하나님의 약속을 제대로 이해하지 못하고 하나님을 믿고 신뢰하지 못한 것을 두고 하는 말이다. 아브라함은 그와 사라 사이에서 태어날 자식을 통해 큰 민족을 만들어 주겠다고 한 하나님의 약속을 제대로 이해하지 못하고 롯과 이스마엘에게 집착하였다. 롯과 이스마엘을

14) Jubilees 17:16. Banylonian Talmud Sanhedrin 89b.

구속사의 무대에서 내려보내고 이삭만 남은 상황에서, 하나님은 아브라함이 이삭을 바치라는 말을 듣고도 그와 사라를 통해 태어난 아들을 통해 큰 민족을 만들어 주겠다고 한 하나님의 약속을 이제는 제대로 이해하고 믿고 있는지를 확인하기 위해 테스트하고 있다.

3~6절. 모리아 산을 향하여

3 아브라함이 아침에 일찍 일어나 그의 나귀를 채비하고 그의 소년 둘을 그와 함께
취하고 그리고 그의 아들 이삭을 취하니라. 그리고 그가 번제용 나무를 쪼개고 일
어나 하나님이 그에게 말한 그 장소로 가니라. **4** 제 삼 일째에 아브라함이 그의 눈
을 들어 그 장소를 멀리서 보니라. **5** 아브라함이 그의 소년들에게 말하니라. "너희들
은 여기에 그 나귀와 함께 머물라. 그리고 나와 그 소년은 저기까지 가서 우리가 경
배드리고 우리가 너희에게 돌아오리라." **6** 아브라함이 번제용 나무를 취하여 그의
아들 이삭에게 짊어 지우고 그리고 그는 그의 손에 불과 칼을 취하니라. 그리고 그
들 둘이서 함께 가니라.

3절

3절은 하나님의 시험에 대한 아브라함의 첫 반응을 기록하고 있다. 이삭을 번제로 바치라는 하나님의 말씀에 아브라함은 순종하여 즉각 실천에 옮긴다. 3절 첫 문장 '아브라함이 아침에 일찍 일어났다'는 두 가지 시사점을 가지고 있다. 첫째 이 문장은 아브라함이 하나님의 지시를 받은 때가 밤중이었음을 암시하며, 하나님의 지시를 받고 아브라함이 즉각적으로 순종하였음을 보여준다. 아브라함의 즉각적인 순종은 놀랍고 또 의아스럽다. 아브라함은 너무 늙어서 아들을 번제로 바치라는 말의 의미를 파악하지 못했을까? 아들을 죽이라는 기괴한 요구를 한 하나님을 너무나 두려워한 나머지 극도의 공포 속에 순종했을까? 아니면 이삭의 생명에 대해 하나님을 절대적으로 신뢰했기 때문에 순종했을까?[15] 특이한 것은 이삭을 번제로 바치러 가면서 사라와 이 문제를 의논

15) Howard Moltz, "God and Abraham in the Binding of Isaac," *JSOT* 96 (2001): 59~69. Howard

한 흔적이 보이지 않는다. 이삭이 자신이 번제 제물이 된다는 사실을 모리아 산에 도착할 때까지 몰랐음을 감안하면 아브라함이 사라에게 숨겼을 가능성이 매우 높다.[16] 둘째, 아브라함이 아침에 일찍 일어났다는 표현은 창 21:14에서도 사용되었다. 사라가 아브라함에게 하갈과 이스마엘을 내어 쫓으라는 말을 듣고 아브라함이 근심하고 있을 때 하나님이 아브라함에게 이스마엘의 미래에 대해 말씀하며 사라의 말을 따르라고 한다. 하나님의 말씀에 즉각 순종하여 아브라함은 아침 일찍 일어나 하갈과 이스마엘을 내쫓을 준비를 한다. 유사하게 창 22:1~2에서 아브라함은 이삭을 번제로 드리라는 말을 듣고 3절에서 즉각 순종하여 아침에 일찍 일어나 떠날 준비를 한다. 두 사건에서 아브라함의 즉각적인 순종은 이스마엘과 이삭을 모두 죽음의 위기로 내몰게 된다. 하지만 이스마엘의 경우 아브라함이 하나님의 말씀에 즉각 순종한 이유는 이스마엘의 미래에 대한 하나님의 계획을 들었기 때문이다. 하지만 이삭의 경우 아브라함이 들은 것은 그의 죽음이다.

아브라함은 나귀에 안장을 채비하고, 두 소년과 이삭을 취했다. 나귀는 아브라함 자신이 타기 위해 준비 했고(cf. 민 22:21), 두 소년은 번제용 나무와 불과 칼을 운반하기 위해 데려간 것으로 생각된다. 하지만 아브라함의 행동에 의문스러운 점이 있다. 상식적으로 생각한다면, 이삭을 번제로 드리기 위해 아브라함은 종들을 취한 후 그들에게 나무를 쪼개게 하고, 그리고 나귀를 준비한 후 이삭을 데리고 출발하는 것이 정상적인 순서일 것이다. 하지만, 아브라함은 제일 먼저 나귀에 안장을 채우고, 두 소년을 취한 후 이들이 기다리는 가운데 나무를 쪼개었다. 왜 이렇게 아브라함은 두서없이 준비를 하였을까? 아브라함의 심리적 상태를 나타내는 것일까? 그럴 가능성도 높지만, 아브라함이 이삭을 번

Moltz는 아브라함이 이전에 바로와 멜기세덱에게 사라를 넘겨 주었던 것처럼 용기 없는 아브라함이 하나님의 보복을 두려워한 나머지 이삭을 죽이려 했다고 주장한다.

16) Sebastian Brock에 따르면, 이삭의 번제 사건에서 사라의 부재에 관하여 유대인 주석가들은 창세기 23장에서 사라가 죽는다는 것을 감안하여 이 때에 사라는 이미 임종 시기에 이르렀다고 생각한다. 이들은 이삭의 번제 사건 때의 그의 나이를 37세 정도로 여겼다. 반면에 초대 교회는 창세기 21장의 이삭의 출생과 연관 지어 이시기에 이삭의 나이가 어렸다고 생각한다. Sebastian Brock, "Genesis 22: Where was Sarah?," *Expository Times* 96 (1984): 15.

제 제물로 불태우기 위해 사용할 나무를 직접 마련하였고, 나무 쪼개는 작업을 가장 나중에 하는 것을 미루어 볼 때, 그는 가장 중요한 일을 마지막에 하고 있을 가능성이 높다.[17] 이삭을 두 소년들보다 뒤에 언급하는 것도 유사한 차원에서 이해할 수 있다.

아브라함이 번제에 쓸 나무를 직접 쪼개는 것은 매우 특이한 일이다. 이삭의 몸을 불태우려면 제법 많은 나무가 필요했을 텐데 아브라함은 왜 나무를 직접 장만하여 그렇게 먼 길을 가지고 갈까? 살렘 왕 멜기세덱과 이미 친분을 가졌기 때문에 예루살렘에서 나무를 사거나 종들을 시켜 모리아 산에서 장만할 수 있었을 것이다. 그런데 왜 아브라함은 직접 나무를 쪼개어 가지고 갔을까?[18] 실제로 이삭을 대신했던 양은 나무에 걸려 있었다. 아브라함이 브엘세바에서 나무와 번제에 필요한 불과 칼을 모두 준비해 감으로 하나님의 지시에 순종하겠다는 자신의 의지를 확실하게 보여 주려 하였을 것이다. 그리고 아브라함은 나무를 보면서 아들 이삭의 죽음에 대해 그리고 하나님의 의도에 대해 목적지에 도착할 때까지 고뇌 가운데 되새기려는 의도를 가지고 있었다.

4~5절

4~5절은 아브라함이 시험을 풀 장소를 눈앞에 두고 그와 그의 두 소년들 그리고 이삭과 나눈 대화를 기록하고 있다. 이 대화에서 아브라함은 이삭의 번제 사건에 대한 그의 기대를 표현하고 있다. 4절은 아브라함이 브엘세바를 떠난 지 제3일에 모리아가 멀리 보이는 곳에 도착하였다고 말한다. '멀리 보이는 곳'은 아브라함이 이삭을 번제로 드릴 장소 모리아를 이미 알고 있음을 전제한다. 구약 성경에서 3일은 일반적으로 중요한 일을 준비하는 기간으로 사용된다(cf. 창

17) Gordon Wenham, *Genesis 16-50*, 106.

18) Jonathan Jacobs은 아브라함이 나무를 직접 준비했던 것은 하나님이 그에게 내린 명령을 취소하기를 기대하며 시간을 끌려는 이유 때문이라고 주장한다. 하지만 아브라함이 시간을 끌려는 생각을 가지고 있었더라면, 굳이 아침 일찍 일어날 필요도 없었을 것이다. 그리고 아브라함이 이 나무를 이삭에게 짊어지게 하는 것을 감안하면 Jacobs의 주장은 설득력이 떨어진다. Jonathan Jacobs, "Willing Obedience with Doubts: Abraham at the Binding of Isaac," *Vetus Testamentum* 60 (2010): 554.

42:18; 출 19:11). 아브라함은 이미 번제에 필요한 것들을 출발하면서 모두 준비하였기 때문에 이 3일은 번제를 위한 준비 기간이 아니라 '이삭을 죽여 번제로 드릴 것이냐 아니냐'하는 심리적 갈등을 정리하는 준비 기간이었을 것이다. 3일 동안 아브라함의 마음은 어땠을까? 100살에 낳은 아들 이삭을 죽여야 하는 아버지 아브라함의 마음은 심히 아팠을 것이다. 게다가 아브라함은 이삭을 그 자리에서 즉각 번제로 드리기 위해 죽이는 것이 아니라 3일동안 나란히 함께 길을 가며 먹고 마시며 누워 자기를 반복한 후에 죽여야 했다. 3일동안 아버지 아브라함이 겪었을 마음의 고통은 말로 표현할 수 없었을 것이다. 뿐만 아니라 아들 이삭의 죽음도 그렇지만 하나님이 아브라함에게 약속하고 언약한 것은 어떻게 되는 것인가? 홀로 남은 이삭을 죽여도 이렇게 늙은 자신과 사라 사이에서 태어날 아들을 통해 큰 민족을 만들어 주겠다고 한 하나님의 약속은 도대체 어떻게 되는 것일까? 왜 하나님은 나에게 이런 요구를 했을까? 아브라함은 이런 의문들을 생각하며 고뇌하였을 것이다.

이 3일동안 아브라함과 이삭 그리고 두 소년 사이에 무슨 대화가 오고 갔는지, 무슨 일이 있었는지 철저히 침묵하고 있다. 3일 만에 아브라함이 한 첫 말이 5절에 기록되어 있으며, 아브라함은 모리아 산이 멀리 보이는 곳에서 사환들에게 나귀와 함께 머물도록 하고 이삭을 소년이라고 부르면서 자신은 이삭과 함께 가서 경배하고 함께 돌아오겠다고 한다.[19] 하지만 아브라함의 말과 행동은 상당한 의문을 남긴다. 우선 아브라함이 왜 사환들을 나귀와 함께 남겨 두고 갔는지 궁금증을 유발시킨다. 사환들의 반대와 방해를 염두에 두었기 때문일 수도 있다. 그러나 120살에 가까운 노인이 젊은 이삭을 자신의 힘만으로 죽이는 것은 쉽지 않았을 것이고 사환들의 도움을 받는 것이 더 나았을 것이다. 남아 있는 거리를 구체화하기 힘들지만, 모리아 산 정상까지 나귀를 타는 것이 더 낫다. 하지만 아브라함은 나귀를 타지 않고 이삭과 함께 모리아 산을 걸어서 올라갔다. 모리아 산은 그에게 어떤 의미를 지녔기에 나귀를 타지 않고 이삭과 함

19) Gordon Wenham은 아브라함이 이삭을 소년이라고 부른 이유를 그의 마음은 이삭을 이미 하나님께 바쳤기 때문에 이삭을 더 이상 그의 아들이 아니라고 생각했기 때문일 것이라고 한다, *Genesis 16-50*, 107.

께 걸어서 올라갔을까? 14절에서 모리아 산을 여호와의 산이라고 부르고 있으며, 이것은 모리아 산을 시내 산과 시온 산처럼 하나님의 성소로 생각하였을 가능성을 보여 준다. 그렇다면 아브라함이 소년들과 나귀를 두고 이삭만 데리고 올라간 것은 출 19:11~13에서 하나님이 모세에게 하나님의 시내 산 강림을 앞두고 시내 산 경계를 정하고 사람들과 짐승들이 침범하지 못하게 한 후 모세만 홀로 산에 오른 것과 비슷하다.[20)]

아브라함은 두 소년과의 대화에서 번제라는 말을 사용하지 않고 경배(베니스타하베 וְנִשְׁתַּחֲוֶה)라는 말을 사용하고 있다. 이 말의 일차적인 의미는 엎드려 절한다는 것이다. 즉 경배는 번제를 동반하지 않을 수도 있다. 그렇다면 아브라함은 하나님의 요구가 단순한 시험이라는 것을 알았다는 것일까? 아브라함은 사환들에게 이삭과 함께 하나님께 경배한 후 이삭과 함께 돌아오리라고 말한다. '너희에게 돌아오리라'(베나수바 וְנָשׁוּבָה)의 주어는 1인칭 단수가 아니라 1인칭 복수이다. 1인칭 복수에는 아브라함뿐만 아니라 이삭도 함께 돌아온다는 말이다. 아브라함은 이삭의 죽음을 감추기 위해 거짓말하고 있는 것일까? 아니면 히 11:17~19에서 말하는 것처럼 이삭을 번제로 바쳐 죽이더라도 하나님께서 다시 살릴 것을 믿었기 때문에, 즉 죽은 자의 부활에 대한 신앙이 있었기 때문에 이런 말을 하였을까?

> **17** 아브라함은 시험을 받을 때에 믿음으로 이삭을 드렸으니 저는 약속을 받은 자로되 그 독생자를 드렸느니라. **18** 저에게 이미 말씀하시기를 "네 자손이라 칭할 자는 이삭으로 말미암으리라." 하셨으니 **19** 저가 하나님이 능히 죽은 자 가운데서 다시 살리실 줄로 생각한지라. 비유컨대 죽은 자 가운데서 도로 받은 것이니라.

소년들에게 한 아브라함의 말은 그가 이삭의 죽음을 모든 것의 끝으로 생각하지 않았을 가능성을 충분히 보여 준다. 아브라함의 말은 이삭의 번제 사건

20) Gordon Wenham, *Genesis 16-50*, 107.

의 긍정적인 결말을 예고한다.[21)]

6절

아브라함의 시험에서 이삭은 희생양이었다. 6절에서 아브라함은 그런 이삭에게 예상치 못한 행동을 한다. 아브라함의 행동은 이삭의 번제 사건 전 과정에 특별한 의미가 있지 않을까 하는 생각을 하게 만든다. 당혹스럽게도 아브라함은 나귀와 사환들을 남겨 두고 모리아로 가면서 번제용 나무를 취하여 이삭에게 지웠고 그는 손에 불과 칼을 들고 갔다. '취했다'는 표현은 아브라함이 지금까지 나무와 칼과 불을 직접 들고 오지 않았다는 사실을 보여준다. 그런데 아브라함은 모리아 산을 향해 걸어가면서부터 번제용 나무를 이삭에게 짊어 지운다. 평범한 아버지의 입장에서 볼 때 아버지 아브라함의 행동이 너무 이상하다. 자식이 잠시 후에 죽게 된다면 평범한 아버지들은 어떻게 할까? 아마도 너무 가슴이 아파서 아들을 쳐다볼 수도 없을 것이고, 마지막 가는 아들을 위해 그가 원하는 모든 것을 하려 할 것이다. 그런데 아브라함은 그 아들을 죽이는 데 사용할 나무를 그 아들에게 짊어 지웠다. 그리고 멀리 보이는 모리아 산을 걸어서 올라가게 하였다. 사람을 죽여 불태워 재로 만들려면 나무가 어느 정도 필요할까? 그 많은 양을 이삭에게 지우다니! 왜 아브라함은 나귀를 타지 않고 그리고 나무를 나귀에 싣지 않고 이삭에게 지웠을까? 아브라함은 나무를 쪼갤 때 종들의 일을 대신했고, 이삭은 나귀의 일을 대신하고 있다. 아브라함은 모질게도 아들을 불태울 번제용 나무를 자신이 직접 준비하였고, 그때부터 그 나무를 이삭에게 짊어 지우려고 계획하였다. 결국 이삭은 아버지 아브라함의 치밀한 계획하에 준비된 자신을 죽여 태울 나무를 직접 짊어지고 가고 있다. 왜 이런 이상한 행동을 할까? 창 21:16에서 나무 아래에서 하갈은 죽어가는 이스마엘을 차마 보지 못하겠다고 하며 멀찍이 떨어져서 통곡을 하였다. 하갈의 행동과 너무나 대조적으로 아브라함은 죽음을 향해 무거운 나무를 짊어지고 가는 이삭 곁에서 나란히 모리아 산을 향해 올라갔다. 아브라함이 이삭과 나란히 걸

21) George W. Coats, "Abraham's Sacrifice of Faith," 394.

어가는 모습을 강조하려고 6절과 8절에서 두 차례에 걸쳐 '그들 둘이 함께 걸어간' 사실을 기록하고 있다. 아브라함의 의도가 무엇일까? 본문은 그 의도에 대해 침묵하고 있을 뿐이다. 그런데 성경에는 모리아 산에서 자신의 죽음에 쓰일 나무를 짊어지고 걸어간 사람이 또 한 명이 있다. 예수 그리스도이다. 혹 요 19:17의 예수님처럼 'via dolorosa'(비아 돌로로사, 고난의 길, 십자가의 길)를 연출하는 것은 아닐까?[22] 자신을 매달아 죽일 나무를 짊어지고 모리아 산으로 가는 이삭과 십자가를 짊어지고 모리아 산에서 골고다로 가는 예수 그리스도의 모습 사이에 유사점이 있다고 생각되지 않는가? A.D. 200년경에 만들어진 유대인들의 창세기 주석인 창세기 랍바(Genesis Rabbah)는 56:3에서 나무를 짊어지고 가는 이삭의 모습을 두고 '그것은 자기 십자가를 자기 어깨에 메고 가는 자와 같았다'고 말한다.[23] 예수님은 아브라함의 이런 태도를 두고 요 8:56에서 '너희 조상 아브라함은 나의 때 볼 것을 즐거워하다가'라고 말씀하였다. 이와 관련된 구체적인 논의는 14절에서 하겠다.

7~10절. 이삭을 번제로 드리려 함

7 그리고 이삭이 그의 아버지 아브라함에게 말하기를 "내 아버지여." 그리고 "그가 말하기를 내가 여기 있노라. 내 아들아." 그리고 그가 말하기를 "보소서. 불과 나무는 있는데 번제로 드릴 양은 어디에 있나이까?" **8** 아브라함이 이르기를 "하나님이 친히 번제로 드릴 양을 보고 있느니라. 내 아들아." 그리고 그들 둘이 함께 걸어갔더라. **9** 그들이 하나님이 그에게 말한 그 장소에 도착했고 거기서 아브라함이 제단을 만들고 나무들을 정돈하여 놓고 그가 그의 아들 이삭을 결박하여 그를 그 제단 위에 나무 위에 놓았더라. **10** 아브라함이 손을 내밀어 칼을 잡아 그의 아들을 죽이려 하니라.

22) Victor P. Hamilton, *The Book of Genesis Chapters 18-50* (Grand Rapids: Eerdmans, 1995), 108~109.

23) Jacob Neusner, *Genesis Rabbah*, 280.

7절

7절에는 이삭의 목소리가 처음으로 기록되었으며, 이삭은 번제용 제물에 대한 궁금증을 풀어놓는다. 이삭은 모리아 산 근처에 오는 동안에는 번제용 제물이 없어도 목적지 근처에서 구할 것이라고 생각하였을 것이다. 그러나 종들을 뒤에 남겨두고 번제 드릴 때 사용할 도구들을 챙겨 모리아 산으로 올라가면서 여전히 번제용 양이 없고 멜기세덱이 살았던 예루살렘에서 번제물을 구할 생각도 하지 않는 아브라함의 이상한 행동을 보면서 이삭이 궁금증을 참지 못하고 마침내 아버지 아브라함을 불렀다. 그의 궁금증은 이삭이 사용한 감탄사 '힌네' הִנֵּה(보소서!)에서도 엿볼 수 있다. 이삭은 불과 나무는 있는데 번제용 양은 어디에 있느냐고 물었다. 전통적으로 제물을 자신이 키우는 짐승 중에서 선택했던 것을 고려한다면, 아마도 이삭은 출발할 때부터 이 점을 이상하게 생각하였을지도 모른다. 3일 길을 걸어가서 제사 드리는 것도 의아스러웠지만 모리아 산이 눈앞에 있음에도 불구하고 여전히 번제용 양을 마련하지 않는 아버지 아브라함을 보고 이삭은 궁금증을 참을 수 없었다. 이삭의 질문은 아브라함 이야기에서 여기가 유일한 것이다. 그는 심지어 아브라함이 자신을 죽이려는 순간에도 아무 말도 하지 않았었다. 하지만 저자가 여기에서 이삭의 질문을 기록한 이유는 이삭의 목소리를 들려주려는데 있지 않다. 창세기 저자가 여기에 이삭의 목소리를 기록한 의도는 아브라함의 대답, 즉 '하나님이 친히 보여 줄 것이다'는 말을 이삭에게 미리 했다는 것을 독자들에게 알려 주는 것이다. 아브라함은 이삭의 질문에 아버지의 정이 가득한 마음으로 대답하고 있다.[24] 5절에서 종들에게 이삭을 '소년'이라고 호칭한 것과는 달리 7절에서 아브라함은 '힌네니 베니'(내가 여기 있노라. 내 아들아.)라고 대답하였고, 8절에서 이삭의 질문에 대답을 할 때에도 마지막에 '내 아들아'라며 아버지의 정을 담아 대답한다. 아브라함의 이런 모습과 아들에게 번제용 나무를 짊어 지우는 것은 상호 모순된다.

24) Jonathan Jacobs, "Willing Obedience with Doubts: Abraham at the Binding of Isaac," *Vetus Testamentum* 60 (2010): 555. Jonathan Jacobs는 아브라함의 태도에서 그의 고뇌를 발견할 수 있다고 한다.

8절

이삭의 당혹하게 만드는 질문을 받고 아브라함은 번제용 제물에 대해 난해한 대답을 하였다. 아브라함은 이삭에게 '하나님이 친히 번제에 쓸 양을 보고 있다'고 했다. 한글 성경을 비롯하여 많은 번역 성경들이 동사 '일에' יִרְאֶה(보고 있다)를 '준비할 것이다'로 번역하고 있다. 이렇게 번역하는 것도 가능하지만, 이 동사는 주로 '보다' 또는 '보여 주다' 그리고 이 동사의 닢알 수동형에서는 '나타나다'의 의미를 가진다. '일에'는 칼 미완료 3인칭 단수이며, 이 미완료는 미래를 나타낼 수도 있지만, 현재를 나타낼 수도 있다. 여기에서는 미래로 보아야 할지 현재로 보아야 할지 명확하지 않지만, 14절에서 아브라함이 '야웨 일에'라고 한 것과 조화를 이루기 위해서 '보고 있다'로 번역하는 것이 더 적절하다. 아브라함의 이 말은 13절에 기록된 수풀에 뿔이 걸려 있는 숫양을 염두에 두고 하나님이 미리 준비할 것이라는 의미에서 한 말일까? 애매모호하게도 아브라함은 '하나님이 친히 번제용 양을 보고 있다'고 말한 후 그 뒤에 '내 아들'이라는 표현을 덧붙였다. 이것은 아브라함이 질문자였던 이삭의 이름을 부르면서 수사학적으로 '알겠니'라는 의미로 말을 했을 수도 있지만, 경우에 따라서는 번제로 드릴 그 양이 곧 '내 아들 이삭 너다'라고 말하려 했을 수도 있다.[25] 이와 관련하여 14절에서 좀 더 명확하게 다루는 것이 좋겠다.

'보여 줄 것이다'라는 말에 하나님의 준비가 함축되어 있다면, 아브라함은 하나님이 실제로 준비할 것으로 알았는가? 아니면 이삭에게 궁색한 변명과 거짓말을 한 것일까? 아브라함의 대답은 이삭을 번제로 드리러 모리아 산으로 가고 있는 사실과 번제에 쓸 나무를 직접 장만하여 온 것과는 모순되지만, 5절에서 종들에게 이삭과 함께 경배를 드리고 함께 돌아오겠다고 했던 말과 일관성을 가지고 있다. 이런 문제를 감안하면 이삭에게 한 대답에서 아브라함의 태도는 진실 아니면 거짓 둘 중에 하나이다. 만약 그가 진실되게 말하고 있다면, 그는 이삭을 대신할 어린 양을 기대하고 있다고 볼 수 있다. 하지만 그가 곧 이삭을

25) David W. Cotter, *Genesis*, 155. Kenneth A. Mathews, *Genesis 11:27-50:26* (Nashville: Broadman & Holman, 2005), 294.

죽이려고 한 것을 감안한다면 아브라함은 히브리서 기자가 말한 것처럼 이삭의 죽음과 부활을 염두에 두고 있을 가능성이 높다(히 11:17~19).[26]

9절

아브라함은 마침내 시험 장소, 즉 이삭을 번제로 드릴 장소인 모리아 산에 도착하였다. 9절은 이 장소를 이전에 하나님이 이미 아브라함에게 알려 주었던 것으로 기록하고 있다. '그 장소'를 수식하는 관계 대명사절 '아셀 아말-로 하엘로힘'에서 '말한'은 동사 '아말'의 완료형이며 과거의 의미를 가지고 있다. 4절에서도 아브라함은 모리아 산을 눈으로 확인할 때 하나님의 말씀이 전혀 언급되지 않았고 9절에서도 마찬가지이다. 그렇다면 2절에서 하나님이 모리아 산을 언급할 때 이미 말씀하셨고, 아브라함은 이 산에 대해 이미 알고 있었다는 것을 암시한다. 창 12:1에서 하나님이 아브라함에게 '내가 지시할 땅'으로 가라고 했을 때 아브라함은 추가적인 하나님의 메시지를 받지 않은 상태에서 가나안 땅으로 갔다. 9절에서도 동일한 것으로 생각된다. 모리아 산이 예루살렘에 있고, 아브라함이 창세기 14장에서 멜기세덱을 만났던 점을 고려하면, 그가 모리아 산에 대해서 이미 가 보았거나 아니면 듣고 알고 있었을 가능성이 있다. 4절에서 아브라함이 제 삼일에 그곳을 멀리 바라보았다고 한 것은 이를 뒷받침한다.

아브라함이 모리아 산에 도착하자 그곳에 제단을 쌓았다. 제단이란 표현에 정관사가 붙어 있는 것으로 볼 때, 창세기의 저자는 이 제단이 독자들에게 이미 잘 알려져 있는 것으로 전제하는 듯하다. 일반적으로 제단은 큰 돌로 쌓았으며, 나무와 이삭을 올려놓을 수 있을 정도의 크기로 만들어야 되었기 때문에 아브라함 혼자서 이 제단을 쌓는 것은 불가능했다. 이삭이 이 모든 과정에서 아버지 아브라함을 도와준 것이 분명하다. 그럼에도 불구하고 9절은 아브라함 혼자 제단을 쌓고 나무를 배열한 것으로 기록하고 있다. 이삭을 번제로 드리기 위해서

26) 아브라함은 시험을 받을 때에 믿음으로 이삭을 드렸으니(17)… 저가 하나님이 능히 죽은 자 가운데서 다시 살리실 줄로 생각한지라(19).

는 나무 위에 올려 놓는 것이 당연하지만, 이 행동은 하갈이 목말라 죽어 가는 이스마엘을 관목 아래에 놓아둔 것과 대조를 이룬다. 하갈은 나무 아래에서 죽어가는 아들 이스마엘을 보지 못하겠다며 통곡하였는데 반해 아브라함은 말없이 이삭을 죽여 번제물로 드릴 제단을 쌓고 있다.

모리아 산에는 아브라함이 8절에서 이삭에게 말한 것과는 달리 번제용 양이 없었고, 아브라함은 이삭을 번제로 드리기 위해 결박하여 제단 위의 나무에 올려놓았다. 동사 '아카드' עָקַד(결박하다)는 구약 성경에서 창 22:9에서만 사용되었으며, 아브라함이 이삭을 묶는 행동을 나타내는 동사이다. '아카드'는 포로후기 시대에 제물로 바칠 짐승의 앞발과 뒷발을 묶는 행동을 나타내는 말로 사용되었다.[27)] 이 모습은 통상적인 번제의 제물 처리 방식과 다르다. 통상적인 방식은 제물 전체를 그대로 나무에 올리는 것이 아니라, 제물이 불에 잘 탈 수 있도록 토막을 내어 나무에 올렸다. A.D. 1세기에 이르러 유대인들은 동사 '아카다' עָקַד를 이삭의 번제 사건을 일컫는 전통적인 명칭으로 사용하였다. A.D. 1세기 이후의 유대인들의 문헌들에서는 A.D. 1세기 이전 문헌들과는 달리 번제단 위의 이삭을 순교자로 해석하는 전통이 생겨났으며, 유대인들은 이삭을 유월절 어린양과 비교하였다.[28)] 이 전통에 따르면 이삭은 자신의 죽음을 기쁨으로 순종하였다고 한다.[29)] 유대인들의 전통처럼 아브라함이 이삭을 번제로 드리는 과정에는 이삭의 순종이 은근히 드러난다. 최소한 115세 이상 된 아브라함이 이삭을 묶은 후에 이삭을 들어서 나무 위에 올려놓을 수 있을까? 이삭이 나무 위로 걸어 올라갔거나 아니면 아브라함이 이삭을 나무 위에 들어 올릴 때 그가

27) Nahum Sarna, *Genesis*, 153.

28) Philip Davies, "The Aqedah: A Revised Tradition History," *Catholic Biblical Quarterly* 40 (1978): 519. Leroy Andrew Huizenga, "The Aqedah at the End of the First Century of the Common Era: Liber Antiquitatum Biblicarum, 4 Maccabees, Josephus' Antiquities, 1 Clement," *Journal for the Study of the Pseudepigrapha* 20 (2010): 134.

29) Palestinian Targum(Neofiti). Gen 22:10. "Abraham stretched his hand and took up the knife to slaughter Isaac his son. Isaac spoke up and said to Abraham his father, Father, tie me well so that we[= I] do not kick you with the result that your sacrifice will be disqualified and we shall be thrust into the pit of destruction in the world to come. The eyes of Abraham were upon the eyes of Isaac, while the eyes of Isaac were scanning the angels on high, while Abraham did not see them."

적극적으로 협조해 주지 않으면 불가능했을 것이다. 이삭은 자신이 번제물로 죽임을 당한다는 사실을 알면서도 아버지 아브라함의 뜻에 따라 행동하고 있었다. 하지만 9절은 이삭의 순종하는 모습에 대해서는 침묵하고 오히려 아브라함의 행동만 언급하고 있다. 창세기 22장의 관심은 하나님의 시험의 대상인 아브라함에게 있기 때문에 창세기의 저자는 그가 시험에 응하는 자세를 보여 주기 위해 그에게 포커스를 맞추고 있다.

10절

10절은 사실상 아브라함의 시험의 절정에 해당되는 부분이다. 10절에는 긴장이 극에 달한 표현들이 사용되고 있다. 아브라함은 손을 뻗어 칼을 취하여 제단에 누워 있는 아들 이삭을 죽이려 했다. '죽이다'의 히브리어 동사 '사하트' שָׁחַט는 제물을 죽이는 행위를 묘사하기 위해 사용되며 주로 목을 찔러 죽이는 행위를 나타낸다.[30] 아브라함이 사용하는 칼은 구약 성경에서 매우 드물게 사용되는 칼로써 창 22:6, 10, 삿 19:29 그리고 잠 30:14에서만 사용되었다. 삿 19:29에서 이 칼은 레위인이 베냐민 지파의 패륜아들에 의해 죽은 첩의 시신을 12지파에게 보내기 위해 자를 때 사용되고 있다. 아브라함이 이삭을 어떻게 죽이려고 하는지를 충분히 짐작하게 해 주는 표현들이다.

아브라함이 이삭을 묶어 나무에 눕히고 그리고 칼을 취하고 이삭을 죽이려 한 것은 일순간에 연속으로 일어난 행동이다. 각각의 행동 사이에 시간적인 간격이 없이 아브라함은 이삭을 단번에 죽여 번제로 드리려 하였다. 이 모든 과정에서 이삭의 목소리가 들리지 않는다. 8절에서 번제용 양이 어디 있는지 아브라함에게 질문한 것이 이 사건 전체에서 유일한 이삭의 말이다. 그렇다면 이삭은 아버지의 행동에 아무 말도 하지 않고 순종한 것일까? 성경은 이삭의 반응에 대해 침묵하고 있다. 그러나 그의 침묵은 이 사건에 대한 그의 태도를 강하게 암시해 주고 있다. 이삭은 늙고 힘든 아버지가 자신을 묶고 죽이려는 과정에서 전혀 저항하지 않고 전적으로 순종하고 있다. 아브라함은 처음부터 이삭을 번

30) Gordon Wenham, *Genesis 16-50*, 109~110.

제로 바치라는 하나님의 말씀에 순종하려고 하였다. 하지만 자신을 번제로 불태울 나무를 짊어지고 갈 수 있을 정도로 성장한 이삭이 저항했더라면 늙은 아브라함은 하나님께 순종하고 싶어도 결코 할 수 없었을 것이다.[31] 이삭의 순종은 아버지 아브라함의 순종을 가능하게 하였다.

이삭을 번제로 바치려는 아브라함의 행동의 진정성은 12절과 16절의 하나님의 사자의 말을 통해 확인할 수 있다.[32] 10절은 아브라함이 5절과 8절에서 자신의 종들과 이삭에게 했던 말들의 진정성을 의심하게 한다. 그의 말이 진실이었다면, 아브라함은 자신이 이삭을 죽여 번제로 드려도 하나님이 이삭을 살려 그와 함께 되돌아가게 해 준다고 믿은 것으로 보아야 한다.

11~14절. 아브라함의 시험 합격 그리고 여호와 이레

11 여호와의 사자가 그에게 하늘로부터 불러 이르기를 "아브라함 아브라함" 그리고 그가 말하기를 "내가 여기 있나이다." **12** 그가 이르기를 "너는 네 손을 그 소년에게 내밀지 말라. 너는 그에게 어떤 일도 행하지 말라. 이는 이제 내가 네가 하나님을 경외하는 것과 그리고 네가 네 아들 네 독자를 내게 아끼지 아니함을 알았느니라." **13**
아브라함이 그의 눈을 들어 보니 보라! 다른 숫양이 그 뿔이 관목에 걸려 있는지라. 아브라함이 가서 그 양을 취하여 그의 아들을 대신하여 번제로 드렸더라. **14** 아브
라함이 그 장소의 이름을 여호와 이레라고 불렀으니, 그 날에 이르기를 '그가 여호와의 산에 그가 나타나셨느니라.'

31) Bruce K. Waltke, *Genesis*, 302.

32) Gen. Rab. 56:5. 아브라함이 이삭을 죽이기 위해 칼을 잡았을 때 천사들이 울었다고 한다. Moshe Bernstein은 Shir ha-Shirim Zutta의 아가서 1:1 주석을 소개하며, 이 주석에 의하면 천사들이 노래 두 곡을 불렀는데 그 중에 하나는 이삭을 묶을 때였고 또 다른 하나는 홍해에서라고 말한다. Shir ha-Shirim Zutta는 아브라함이 이삭을 죽이려는 장면을 비극으로 생각하지 않고 하나님의 시험을 합격하는 기쁨의 순간이었고, 하나님의 이름이 온 세상에 크게 되는 순간으로 이해했다. "Therefore it says "Song of Songs," teaching that the angels on high recited these two songs, "From the mouth of babes and sucklings you have established strength. Lord our Master, how mighty is your name throughout the world." Moshe J. Bernstein, "Angels at the Aqedah: A Study in the Development of a Midrashic Motif," *Dead Sea Discoveries* 7 (2000): 281~284.

11절

11~12절에서 하나님은 아브라함에게 그가 시험에 합격했음을 알린다. 아브라함이 이삭을 죽이려는 순간 여호와의 사자가 갑자기 나타나 그를 제지 하기 위해 급하게 그를 불렀다. 하나님이 아브라함에게 나타나시는 방법이 이전과는 판이하게 다르다. 지금까지 하나님은 아브라함에게 환상과 직접적인 신현을 통해 만나고 말씀하였지만, 이번에는 하늘에서 소리만 들리는 형태로 아브라함에게 찾아왔다. 이것은 창 21:17에서 하나님이 하갈에게 나타났던 것과 동일하며 표현도 똑같다.

창 21:17 וַיִּקְרָא מַלְאַךְ אֱלֹהִים ׀ אֶל־הָגָר מִן־הַשָּׁמַיִם
창 22:11 וַיִּקְרָא אֵלָיו מַלְאַךְ יְהוָה מִן־הַשָּׁמַיִם

둘 사이에는 두 가지 차이점이 있다. 첫째는 하나님이 하갈을 부를 때에는 그녀의 이름을 언급하고 있지만, 아브라함에게는 이름 대신에 대명사 접미사를 전치사 '엘'(~에게)에 붙여 사용하였다. 그리고 아브라함을 부른 것을 강조하기 위해 '그에게'를 주어 '여호와의 사자' 앞에 도치하여 붙였다. 도치한 이유는 하나님이 그를 다급하게 부른 사실을 강조하려는 목적 때문이다. 둘째 차이점은 하갈을 부른 천사의 정체는 '하나님의 사자'라고 한데 반해 아브라함을 부른 천사의 정체는 '여호와의 사자'라고 했다. 여호와의 사자라고 밝힌 것은 두 가지 의미를 가진다. 우선 하나님의 사자라고 하지 않고 하나님의 신명 여호와를 붙인 것은 하나님과 아브라함의 언약적 관계를 강조하려는 목적을 가지고 있을 수 있다. 또한 여호와의 사자는 하갈과 아브라함을 부른 천사가 동일한 천사일 수도 있지만 둘이 서로 다른 존재일 가능성을 보여 준다. 하나님의 사자는 일반적으로 하나님을 섬기는 천사를 지칭하지만, 여호와의 사자는 단순히 천사가 아니라 종종 여호와 하나님과 동일시 되는 분으로서 성자 하나님으로 여길 수 있는 분이다. 여호와의 사자의 등장은 이삭의 번제 사건의 의미를 이해하는 데 중요한 역할을 하며, 이 부분은 14절에서 다시 설명하도록 하겠다. 여호와의 사자는 아브라함의 이름을 두 번 연속으로 반복하여 불렀으며, 이렇게 부른 것은 하나님의 다급한 마음을 표시한다.[33] 하나님의 부름에 아브라함은 '내가 여기 있나이다'라고 대답한다. 하나님의 부름과 아브라함의 대답은 1절의 하나님의 부름과 아브라함의 대답과 대조를 이룬다. 1절에서 하나님은 아브라함을 시험하기 위해 한 번 불렀고 11절에서 하나님은 그 시험의 결과를 말해 주기 위해 아브라함을 두 번 불렀다.

12절

하나님은 아브라함과의 대화에서 그의 행동을 즉각 멈출 것을 강조하기 위해 반복법을 계속해서 사용한다.

11절. 아브라함아 / 아브라함아

12절. 너는 네 손을 그 아이에게 대지 말라. / 너는 그에게 아무 것도 하지 말라.

12절. 네 아들 / 네 독자

12절. 네가 하나님을 경외하고 있다. / 네가 네 아들 네 독자도 내게 아끼지 아니했다.

아브라함을 다급하게 부른 하나님은 그에게 이삭에게 아무것도 하지 말고 손을 대지 말라고 제지한다. 그리고 하나님은 그에게 시험에서 합격했음을 알리고, 아브라함의 합격 이유로 두 가지를 제시한다. 첫째는 아브라함이 하나님을 경외하고 있다는 것이다. 이 질문은 아브라함의 신앙과 관련하여 중요한 의문을 가지게 한다. 하나님은 이제야 아브라함이 하나님을 경외하는 것을 알겠다고 했다. 그렇다면 아브라함은 지금까지 하나님을 경외하지 않았다는 말인가? 아브라함은 하나님의 말씀에 따라 본토 친척 아비의 집을 떠나 가나안으로 떠났던 사람이 아닌가? 그리고 하나님은 창 15:6에서 그의 믿음을 보고 그의 의로 여겼다고 하지 않았는가? 그리고 그는 창세기 17장에서 하나님이 할례를 행하게 하였을 때, 그의 집안의 모든 남자들을 당일에 할례받게 할 정도로 순

33) Gordon Wenham, *Genesis 16-50*, 110.

종적이었지 않는가? 아브라함은 창 20:11에서 아비멜렉에게 가나안 땅에는 하나님을 두려워하는 자가 없다고 생각했다고 말했다. 즉 이 말은 자신은 하나님을 두려워하는 사람이란 뜻이다. 그럼에도 불구하고 하나님이 아브라함을 시험한 이유가 그가 하나님을 두려워하는지 여부를 알기 위함이었다고 말한다. 그렇다면 도대체 아브라함의 무엇과 관련하여 하나님은 그의 경외의 문제에 의문을 가졌단 말인가? 그것은 이어서 하나님이 아브라함에게 한 말에서 힌트를 얻을 수 있으며, 곧 아브라함의 아들과 관련된 것이다. 이어지는 말씀에서 하나님은 아브라함에게 그가 그의 아들을 아끼지 아니하였다고 말하면서, 아브라함의 아들 이삭을 그의 유일한 아들이라고 한다. 창세기 22장에서 하나님은 아브라함에게 이삭을 그의 유일한 아들이라는 사실을 세 번 반복하였다(2, 12, 16절). 아브라함에게 그의 아들을 유일한 아들이라고 반복하여 말하는 이유는 그가 그의 기업을 이어갈 유일한 자손이라는 말이며, 그를 큰 민족으로 만드는데 필요한 유일한 통로라는 말이다. 그렇기 때문에 여호와의 사자는 아브라함에게 두 번째 말하면서 그의 자손을 하늘의 별과 같이 바닷가의 모래같이 많게 해주겠다는 말을 하고 있다(17절). 이삭의 독생자라는 사실과 큰 민족을 문제를 두고 하나님이 아브라함을 시험한 이유는 아브라함이 창세기 12:1~3에서 하나님의 말씀을 듣고 하란을 떠날 때부터 창세기 21장에 이르기까지 끊임없이 그의 기업을 이을 자손 문제로 하나님의 약속의 내용을 바르게 이해하지 못하고 하나님을 믿고 신뢰하지 못하였기 때문이다. 아브라함은 큰 민족을 만들어주겠다는 하나님의 말씀을 곡해하여 조카 롯을 그의 후사로 생각한 나머지 아내 사라를 두 번씩이나 누이라고 했다가 바로와 아비멜렉에게 빼앗겼었다. 롯이 그의 곁을 떠나가자 그는 다메섹 엘리에셀을 양자로 삼으려 하였고, 하갈을 통해 이스마엘을 낳았다. 하나님이 그와 사라를 통해 태어날 자가 그의 후손이라고 했을 때에도 아브라함은 하나님을 믿고 신뢰하지 못하고 이스마엘이나 하나님 앞에 살기를 바란다고 말했다. 심지어 이삭이 태어났을 때조차도 아브라함은 이스마엘에게 집착하는 모습을 보였다. 이렇게 아브라함은 자손의 문제만큼은 하나님 경외와 전혀 다른 모습으로 일관하였다. 이제 롯과 이스마엘이 모두 구속사의 무대에서 떠난 현 시점이 하나님이 그에게 큰 민족을 만들어 주겠다고 한 약속을 아브라함이 어떻게 신뢰하며 경외하는지를 확인해 볼 수 있는 적절한 시기였다. 그렇기 때문에 창세기 22장은 창세기 21장에서 하갈과 이스마엘 기사와 유사한 상황을 설정하며 비교하고 있다. 이삭만 남겨진 이 시점에서 하나님은 가나안 땅으로 갈 때부터 지금까지 아브라함이 자손 때문에 일으킨 모든 문제들이 그가 하나님께 대한 경외심이 없기 때문에 일어난 것인지 아니면 하나님의 약속에 대한 이해의 부족 때문인지를 확인하려고 아브라함을 시험한 것이다. 그런 하나님의 시험 앞에서 아브라함은 자신이 하나님의 명령을 따라 독자 이삭을 번제로 바칠지라도 하나님은 그와 사라 사이에 태어난 자손을 통해 그의 자손을 하늘의 별과 같이 많게 해 주겠다고 한 약속을 반드시 이루시는 분으로 확실하게 믿고 경외하고 있음을 보여 주었다. 이삭의 번제 사건에서 아브라함은 하나님 나라의 자손에 대한, 하나님께 대한 절대적인 신앙 곧 진정한 여호와 경외심을 확고하게 보여 주었다.

13절

아브라함이 시험에 합격하자, 하나님은 아브라함의 독생자 이삭을 대신할 하나님의 희생양을 그에게 보여 주었다. 아브라함이 하나님의 소리를 듣고 눈을 들어 보니 수풀에 숫양 한 마리가 뿔에 걸려 있는 것이 보였다. 하나님은 희생양을 보여 주었고, 하나님이 보여 줄 것을 기대하였던 아브라함은 그 희생양을 마침내 보았다. 그리고 그 희생양은 나무에 매달려 있었다.[34] 이 숫양의 발견 시간은 너무너무 절묘했다. 이 숫양이 조금만 일찍 발견됐다면, 아브라함은 그가 하나님을 진심으로 경외한다는 사실을 하나님께 완벽하게 보여 주지 못했을 것이다. 이 숫양이 조금만 늦게 발견됐다면, 아브라함은 천사의 만류에도 불구하고 이삭을 죽였을 것이다. 너무나 절묘한 시간에 발견된 이 숫양은 몇 가지 중요한 이슈를 가지고 있다.

34) Victor P. Hamilton, *Genesis 18-50*, 113. Victor P. Hamilton에 의하면 숫양과 번제 그리고 동사 '라아'(보다)가 모두 함께 사용된 경우는 레위기 8~9장의 제사장들의 위임식과 레위기 16장의 속제일 제의 둘 뿐이라고 한다.

1) '한 숫양이 뒤에 있는데.' 한글 성경을 비롯한 많은 영어 번역본들이 '뒤에'라는 말을 가지고 있지만, 이 표현은 본문 비평 상의 문제를 가지고 있다. 마소라 본문(MT)은 '와힌네 아일 아하르'(보라 뒤에 숫양이 וְהִנֵּה־אַיִל אַחַר)라고 표기하고 있지만, 사마리아 오경, 70인역, 시리아 역본 그리고 탈굼은 '아일 아하르' אַיִל אַחַר가 아니라 '아일 에하드' (מאר נֶאֱיִל אֶחָד)로 표기하고 있다.[35] 아마도 성경 필사자가 '에하드' אֶחָד의 알파벳 '다렛' ד을 '레쉬' ר로 잘못 읽고 필사한 오류로 판단된다. 그러므로 본문의 원래 형태는 '아일 에하드' אַיִל אֶחָד(한 숫양)이다. 이를 감안하면 하나님의 말씀을 듣고 아브라함이 눈을 들어 보았고, 아브라함의 눈에 숫양 한 마리가 들어 왔다. 아마도 아브라함은 8절에서 이삭에게 '하나님이 친히 보여 줄 것이다'고 말했기 때문에 그가 제단을 쌓고 이삭을 결박하는 동안 하나님이 보여주실 번제용 제물을 찾아보기 위해 주변을 두리번거렸을 것이다. 그의 기대와는 달리 번제 제물이 보이지 않았기 때문에 하나님이 의도한 번제 제물이 이삭이라고 생각하며 그를 죽이려 했을 것이다. 그가 애타게 찾아도 보이지 않았던 번제용 제물이 하나님의 말씀이 끝나고 눈을 들자마자 그의 눈앞에 숫양이 갑자기 등장한 것이다. 아브라함이 얼마나 놀랐는지 히브리어 성경은 시각적 표현을 통해 그 분위기를 잘 나타내고 있다.

וַיִּשָּׂא אַבְרָהָם אֶת־עֵינָיו וַיַּרְא וְהִנֵּה־אַיִל אֶחָד

와잇사 아브라함 에트-에나브 와 야레 베힌네 아릴 에하드

아브라함은 시각적 표현을 세 번이나 반복하며 숫양의 등장에 대해 경이감을 표시하고 있다: 1) 눈을 들어(וַיִּשָּׂאאֶת־עֵינָיו), 2) 보니(וַיַּרְא), 그리고 3) 보라(וְהִנֵּה). 반복된 이 표현들은 이 숫양이 지금 갑자기 나타났다는 사실을 보여준다. 숫양의 갑작스러운 출현은 하나님이 이 숫양을 이삭을 대신하여 바치도록

35) Marvin H. Pope, "Enigmatic Bible Passages: The Timing of the Snagging of the Ram, Genesis 22:13," *Biblical Archaeologist* 49 (1986): 114~117.

주었음을 의미한다.[36)]

2) 아브라함이 양을 보자 왜 갑자기 양을 번제로 드려야만 한다고 생각하였을까? 아브라함의 눈앞에 등장한 숫양은 주인이 있었을 것이고, 숫양은 야생동물이 아니므로 길을 잃지 않는 한 혼자서 배회하지 않는다. 아브라함은 왜 그 길 잃은 양을 주인에게 돌려주지 않고 번제로 드렸을까? 출 23:4는 원수의 길 잃은 소나 나귀도 반드시 그 사람에게 돌려주라고 하고 있다. 레 6:3은 남의 잃은 물건을 줍고도 은폐하면 죄로 여겼다(cf. 신 22:1~4). 그럼에도 불구하고 아브라함이 이 양을 번제물로 드린 이유는 그가 이 양을 이삭을 대신한 제물로 생각하였고, 하나님이 예비한 것으로 여겼기 때문이다. 그가 이렇게 판단한 이유는 그 양이 나무에 걸려 있었기 때문이다. 나무에 걸려 있다는 것은 그 양이 하나님의 심판 아래 있다는 것을 의미한다(예: 압살롬 삼하 18:10). 아브라함은 이 양이 하나님의 심판 아래 있는 것으로 생각하고 아들을 대신하여 번제로 드렸다(신 21:23).[37)]

3) 요 8:56~58에서 예수님이 이런 말을 하였다.

> **56** "너희 조상 아브라함은 나의 때 볼 것을 즐거워하다가 보고 기뻐하였느니라." **57**
> 유대인들이 이르되 "네가 아직 오십 세도 못되었는데 아브라함을 보았느냐?" **58** 예
> 수께서 이르시되 "진실로 진실로 너희에게 이르노니 아브라함이 나기 전부터 내가 있느니라." 하시니

36) Kenneth A. Mathews, *Genesis 11:27-50:26*, 297.

37) 신 21:23 "그 시체를 나무 위에 밤새도록 두지 말고 그 날에 장사하여 네 하나님 여호와께서 네게 기업으로 주시는 땅을 더럽히지 말라 나무에 달린 자는 하나님께 저주를 받았음이니라."
1928~29년 고고학자 레오나드 울리(Leonard Woolley)는 기원전 2600~2400년경에 갈대아 우르 지역에 세워졌던 우르 왕국의 왕실 무덤에서 한 쌍의 염소 형상을 발굴하였다.
이 한 쌍의 염소는 높이가 16.5인치이며 나무로 만든 후 바깥부분을 금과 은과 각종 보석으로 입히고 장식하였다. 머리와 발은 역청을 가지고 금을 붙혀 입혔고 귀는 구리, 뿔과 어깨 털은 청금석으로 만들었고, 몸통의 털은 조개 껍질로 만들었으며, 성기는 금으로 만들었고, 배는 은판으로 붙었다. 이 염소들은 각각 금으로 만든 나무 위에 올라타고 있다. 이 나무는 생명 나무를 상징했고, 염소는 담무즈를 상징했으며, 신들에게 제사 드리는 제단 받침대로 사용된 것으로 알려져 있다. 중요한 것은 작은 나무에 올라 서 있는 염소의 모습이 창 22:13에서 아브라함이 이삭을 대신하여 번제로 드리기 위해 잡은 양을 발견했을 때 광경과 동일하다는 것이다.
이를 두고 많은 학자들이 둘 사이의 관계에 대해 다양한 의견을 제시하고 있지만, 원래 용도가 무엇이었는지 명확하게 알 수 없다.

예수님의 말씀에 유대인들은 어리둥절해하다가 예수님이 '아브라함이 나기 전부터 내가 있느니라'는 말에 유대인들이 돌로 치려고 하였다. 예수님의 말씀은 예수님 자신이 아브라함을 보았다는 것이 아니라, 아브라함이 예수님을 보았다는 것이다. 그리고 예수님의 말씀의 포커스는 아브라함이 예수님의 때를 '볼 것을' 즐거워하다가 '보고' 기뻐하였다는 것이다. 볼 것은 미래형이고 보고 기뻐하였다는 과거형이다. 즉 아브라함이 그의 삶의 어느 시점에서부터인가 예수님의 때를 보려고 기대하였고, 어느 시점에서는 마침내 보았다는 것이다. 여기에서 때란 무엇일까? 요한복음 8:20, 12:23~28, 32~33을 근거로 할 때 이 '때'라는 것은 틀림없이 그리스도의 십자가 사건 곧 예수님의 대속적 죽음과 영광을 뜻한다. 아브라함이 예수님의 십자가 사건을 그 현장에서 본 적이 있다고 주장하는 것은 말이 안 된다. 그러면 예수님은 어떤 차원에서 아브라함이 예수님의 때를 볼 것을 즐거워하다가 보고 기뻐하였다고 말씀하시는가? 만약에 예수님의 이 말씀이 단순한 망상이 아니고 혹은 유대인들이 생각한 것처럼 정신 이상자가 아니라면, 그 분명한 근거를 가지고 있어야만 한다. 그러면 예수님이 무슨 근거로 이런 말씀을 하였을까? 바로 이삭이 번제물로 바쳐지기 위해 겪었던 것과 13절의 관목에 사로잡혀 있는 숫양을 아브라함이 번제로 드린 것에 예수님의 말씀은 근거를 두고 있다. 예수님이 모리아 산에 있는 예루살렘 성전 북서쪽에 있는 안티커스 요세에서 골고다로 십자가를 짊어지고 가서 그 나무 십자가에 매달려 죽은 것처럼, 이삭은 자신을 불태워 죽일 나무를 짊어지고 모리아 산으로 올라갔다. 그리고 그를 대신하여 죽을 숫양이 공교롭게도 나무에 매달려 있었고, 아브라함은 이 숫양을 이삭을 대신하여 번제로 드렸다. 14절에 있는 속담은 예수님의 말씀에서 '볼 것을 즐거워하다가 보고 기뻐하였느니라'를 뒷받침한다.

14절

14절은 창세기의 저자 모세나 아브라함 자신이 22장에 일어난 사건 중간에 삽입한 설명이다. 중간에 삽입한 이유는 숫양 출현의 중요성과 숫양의 상징성 때문이며, 그 중요성을 알리려고 중간에 삽입하였다. 아브라함은 이 숫양 사건 때문에 모리아 산의 이름을 '여호와 이레'라고 불렀다. 이어지는 표현 '에아멜 하욤' הַיּוֹם יֵאָמֵר(오늘날까지 이르기를)은 이 이름이 모리아 산의 별명이 되어 후대에 전해졌음을 알려준다. 그리고 그 이유를 설명하기를 '베할 야웨 에라에' יֵרָאֶה בְּהַר יְהוָה라고 하였다. 이 표현을 개역 성경은 '여호와의 산에서 준비되리라'로 번역하고 있다. 그러나 '여호와 이레' יְהוָה יִרְאֶה의 뜻은 '여호와가 보여 주다'이며, '베할 야웨 에라에' 때문에 '여호와 이레'라고 표현하게 되었다. '에라에' יֵרָאֶה는 '라아' רָאָה의 닢알 수동형이며, 이 경우에는 '나타나다'의 의미를 가진다. '여호와 이레' יְהוָה יִרְאֶה의 의미를 염두에 두면서 '에라에' יֵרָאֶה를 닢알형의 의미를 살려 직역을 하면 '베할 야웨 에라에' בְּהַר יְהוָה יֵרָאֶה는 '그 날에 여호와의 산에서 그가 나타나다'이다. '에라에' יֵרָאֶה는 미완료형이며, 이 본문에서 미완료형은 과거에 지속적이거나 반복적으로 일어났다는 의미를 함축하고 있다. 쥬빌리 18장은 이를 "하나님께서 보여 주다"로 번역하고 있으며, 타낙(TNK)은 '그날에 보임이 있었다'(On that day there is vision)로 번역하고 있다. 그리고 KJV는 이 문장을 "In the mount of the Lord it shall be seen"으로 번역하였다. 그렇다면 '그가 나타나다'에서 '그가' 지칭하는 것은 무엇일까? 문법상 주어는 여호와이다. 70인의 해석은 이를 뒷받침해 준다.[38)]

הַיּוֹם בְּהַר יְהוָה יֵרָאֶה

σήμερον ἐν τῷ ὄρει κύριος ὤφθη

MT는 '여호와의 산에서 그가 나타났다'고 하고 있는 데 반해 70인역은 '산에서 주가 나타났다'로 번역하여 MT의 동사 '이라에' יֵרָאֶה의 주어인 '그'가 다름 아닌 '여호와'(κύριος)임을 밝히고 있다. MT에서 야웨 יְהוָה(여호와)는 하르 הַר(산)을 수식하고 있는데 반해 70인역의 '큐리오스'κύριος(주)는 소유격이 아니라 주격이다. 그런데 창세기 22장에서 여호와 하나님은 모습을 드러낸 적이 없고, 심지어 아브라함에게 말하고 있는 여호와의 천사도 모습을 나타내지 않

38) Kenneth A. Mathews, *Genesis 11:27-50:26*, 297.

고 음성만 들려주었다. 아브라함과 이삭에게 가시적으로 모습을 보여 준 것은 나무에 걸린 숫양밖에 없다.[39] 그렇다면 아브라함은 어린 양을 여호와의 사자 또는 여호와 하나님으로 여겼는가? 모세가 떨기나무에 붙은 불과 함께 나타난 여호와의 사자의 경우를 생각하면 숫양을 여호와의 사자와 동일시하는 것이 불가능하지 않다.

아브라함이 14절에서 모리아 산의 지명을 명명하는 것을 비교해 보면 중요한 사실을 발견할 수 있다. 이미 살펴보았지만 14절에서 아브라함은 동사 '라아'와 주어인 '야웨'를 가지고 뉘앙스가 다른 두 가지 표현을 만들었다. 첫째는 모리아 산의 이름을 '야웨 일에' יְהוָה יִרְאֶה라고 했고 둘째는 '베하르 야웨 에라에' בְּהַר יְהוָה יֵרָאֶה라고 하였다. '야웨 일에' יְהוָה יִרְאֶה는 '여호와가 보고 있다'라는 뜻을 가지고 있고 '베하르 야웨 에라에' בְּהַר יְהוָה יֵרָאֶה는 '여호와의 산에서 그(여호와)가 나타나다'이다. '야웨 일에'는 8절에서 아브라함이 이삭에게 한 말과 직접적으로 연관되어 있다.

8절.	אֱלֹהִים יִרְאֶה־לּוֹ הַשֶּׂה לְעֹלָה בְּנִי
14절.	יְהוָה ׀ יִרְאֶה

8절에서 아브라함은 번제로 드릴 양이 어디 있는지 묻는 이삭에게 '엘로힘 일에'(하나님이 보고 계신다)라고 하였다. 아브라함에 의하면 하나님이 번제로 쓸 양을 친히 보고 계시거나, 보실 것이다. 이 양이 내 아들 이삭인지 아닌지는 8절을 '엘로힘 일에'를 14절의 '야웨 일에'와 비교해 보면 알 수 있다. 둘을 비교해 보면 주어만 각각 '엘로힘'과 '야웨'로 차이가 나고 동사는 모두 '라아'의 미완료형인 '일에'라는 것을 알 수 있다. 당연히 '엘로힘'과 '야웨'는 동일한 하나님이고 8절과 14절에서 동사는 동일하고 하나님의 이름만 바뀌어 사용되었다. 14절의 '야웨 일에'는 아브라함이 모리아 산에서 이삭을 번제로 드리려고 했던 과정을 '여호와께서 보고 있다'는 뜻이다. 미래가 아니라 현재 보고 있다는 말이다.

39) Nahum Sarna, *Genesis*, 154.

그렇다면 여호와 하나님이 보고 있는 것은 양이 아니라 이삭이다. 그리고 자연스럽게 8절에서 아브라함이 하나님이 보고 있다고 한 양은 이삭일 가능성이 높다. 14절에서 아브라함이 모리아 산을 두고 한 둘째 표현은 '야웨 에라에'이다. 이 표현을 첫째 표현과 비교해 보면, 첫째 표현 '일에'는 동사 '라아'의 칼 미완료 3인칭 남성 단수인데 반해 둘째 표현 '에라에'는 동사 '라아'의 닢알 미완료 3인칭 남성 단수이다.

וַיִּקְרָא אַבְרָהָם שֵׁם־הַמָּקוֹם הַהוּא יְהוָה יִרְאֶה
אֲשֶׁר יֵאָמֵר הַיּוֹם בְּהַר יְהוָה יֵרָאֶה

칼과 닢알의 차이는 두 표현의 의미를 너무 다르게 만든다. 첫째는 '여호와가 보고 있다'이고 둘째 표현은 여호와 '그가 나타나다'이다. 첫째 표현은 여호와 하나님이 아브라함이 번제로 드리는 이삭을 보고 있었다는 말이고, 둘째 표현에서 아브라함은 이삭을 대신하여 번제로 바친 희생양을 두고 여호와라고 하였다. 더 나아가 아브라함은 '야웨 일에'와 '야웨 에라에'를 통해 번제로 드릴 이삭과 이삭을 대신한 희생양을 동일시하려고 자음은 같고 모음만 다른 두 표현을 의도적으로 사용하고 있다. 요 8:46에서 예수님은 창세기 22장의 이삭과 어린 양이 자신을 나타내는 것으로 암시하고 있다. 그래서 '너희 조상 아브라함은 나의 때 볼 것을 즐거워하다가 보고 기뻐하였느니라'고 말했다. 아브라함은 나무를 짊어지고 죽음을 향해 걸어가는 이삭과, 나무에 매달린 희생양을 통해 메시아의 대속적 죽음을 미리 보고 그 의미를 충분히 인식하며 즐거워하였다.

여호와께서 나타나셨다는 말은 구약 계시 역사에서 또 다른 중요한 의미를 가지고 있다. 창세기 저자가 모리아 산을 여호와의 산이라고 말하였으며, 이것은 출 15:17에서 모세가 시내 산을 여호와의 거하시는 처소라고 노래한 것처럼 하나님의 성소를 가리키는 표현이기도 하다.[40] 이런 점을 감안한다면, '여호와

40) André LaCocque, "About the Aqedah in Genesis 22: A Response to Laurence A. Kant," *Lexinton Theological Quarterly* 40 (2005): 197.

의 산에 그가 나타났다'는 말은 미래의 예루살렘 성전에 하나님이 임재 하실 것을 미리 예견하는 비전으로도 볼 수 있다.

15~19절. 아브라함의 자손을 축복하리라는 하나님의 맹세

15 여호와의 사자가 아브라함을 두 번째 하늘로부터 부르니라. **16** 그가 이르기를
"나를 두고 내가 맹세하노니, 여호와의 말씀이라. 네가 이 일을 행하여 네가 네 아들
네 독자를 아끼지 아니하였으니, **17** 내가 정녕 너를 축복하리니. 내가 정녕 네 씨를
하늘의 별들과 같이 그리고 바닷가의 모래 같이 많게 하리라. 그리고 네 씨가 그의
대적들의 문을 차지 하리라. **18** 땅의 모든 민족들이 네 자손 안에서 스스로 축복하
리니 이는 네가 내 목소리에 순종하였음이니라." **19** 그리고 아브라함이 그의 소년들
에게 돌아가서 그들이 함께 일어나 브엘세바로 가니라.

15~16절

11~12절에서 아브라함에게 다급하게 말하던 여호와의 사자는 아브라함이 나무에 걸려있는 숫양을 잡아 번제를 드리는 동안 침묵을 지켰다. 그리고 번제를 드리는 동안 두 번째로 여호와의 사자가 아브라함을 불렀다. 이것은 이어지는 메시지가 매우 중요하다는 것을 알려 준다. 독특하게도 여호와의 사자가 여전히 자신의 정체를 드러내지 않고 음성으로만 아브라함을 부르고 있다는 것이다. 이렇게 함으로 아브라함은 여전히 여호와의 사자를 눈으로 보지 못하고 여호와의 사자의 소리를 듣기만 한다. 결과적으로 14절에서 아브라함은 여호와 하나님이 나타났다고 말했음에도 불구하고 여전히 아브라함이 본 것은 나무에 매달려 있었던 숫양 밖에 없게 된다. 하지만 이 순간 숫양은 번제로 불태워 드려 연기가 되어 하늘로 올라가고 있었다. 그러한 가운데 여호와의 사자의 소리가 하늘로부터 다시 들렸다.

16절

여호와의 사자의 말을 통해 16절에서 하나님은 아브라함에게 맹세한다. 창

21:24에서 아브라함은 아비멜렉에게 사라를 누이라고 하는 등의 거짓된 행동을 하지 않겠다고 맹세하였었다. 그런데 16절에서는 하나님이 아브라함에게 그의 후손에 대해 맹세하며 약속하고 있다.

내가 나를 두고 맹세한다. 여호와의 말씀이라.

하나님은 자신을 두고 맹세하며, 이 맹세를 강조하기 위해 '나를 두고'의 의미를 가진 히브리어 전치사구 '비' בִּי를 문장의 서두로 도치하였고, 이어서 발화 표현 '여호와의 말씀'(네움 야웨 נְאֻם־יְהוָה)을 문장의 뒤에 두어 '여호와께서 맹세한다'는 사실을 강조하고 있다. 하나님은 16절에서 아브라함에게 처음으로 맹세하였으며, 더군다나 하나님이 자신을 가리켜 직접 맹세하는 것은 모세 오경에서 유일하다.[41] 고대 메소포타미아 사람들은 신들의 이름으로 맹세하였지만, 하나님의 경우에는 이들과는 달리 하나님 외에 그 이름을 빌려 맹세할 신이 없기 때문에 자기 보증으로서 '나를 두고' 맹세하였다. 이 맹세는 창세기에서 하나님이 아브라함의 자손들에게 가나안 땅을 주겠다고 약속할 때 그 약속의 근거가 된다. 창 26:3에서 하나님은 이삭에게 '내가 네 아버지 아브라함에게 맹세한 것을 이루겠다'고 하며, 창 50:24에서 요셉은 임종을 앞두고 형제들에게 하나님이 그들을 '아브라함과 이삭과 야곱에게 맹세하신 땅에 이르게 하시리라'며 유언을 남긴다. 하나님이 맹세를 통해 아브라함에게 약속하는 이유는 아브라함이 '이 일을 행하였다'는 것이다. 즉 이삭을 하나님께 바치라는 명령에 따라 실행하려 했다는 것이다. 하나님이 아브라함에게 네 자식을 아끼지 아니했다고 한 말을 잘못 이해하면, 하나님이 아브라함에게 그의 자식의 생명이냐 하나님이냐라는 시험을 한 것으로 오해할 수 있다. 하나님은 결코 이삭의 생명을 경시하라고 이 시험을 한 것이 아니다. 하나님은 아브라함이 그의 자손에 관한 문제에 있어서 하나님께 대한 절대적인 신앙 곧 하나님 경외를 확실히 가지고 있는지

41) Kenneth A. Mathews, *Genesis 11:27-50:26*, 298. 하나님이 자신을 가리켜 맹세하는 것은 창 22:16외에 사 45:23; 렘 22:5; 49:13에서 볼 수 있다.

를 보려고 시험하였다. 이러한 하나님의 의도는 하나님이 아브라함에게 한 맹세의 내용을 통해 확인할 수 있다.

17~18절

하나님은 맹세를 통해 아브라함에게 축복하며, 그 축복은 아브라함의 자손에게 집중된다. 하나님은 자손과 관련된 3가지 맹약을 한다. 첫째는 아브라함의 자손을 많게 해 주겠다는 것이며, 이를 강조하기 위해 부정사 절대형을 두 번(בָּרֵךְ אֲבָרֶכְךָ וְהַרְבָּה אַרְבֶּה) 사용하였고 그리고 두 개의 직유법을 사용하였다. 즉 아브라함의 자손을 하늘의 별과 같이 그리고 바다의 모래 같이 많은 자손을 약속한다. 창 15:5에서 아브라함에게 그의 자손을 하늘의 별과 같이 많게 해 주겠다고 한 약속을 반복하고 있으며, 창 13:16에서 사용된 땅의 티끌을 대신하여 바다의 모래라는 비유를 처음으로 사용하고 있다.

둘째 맹약은 첫째와 셋째와는 달리 이전에 아브라함에게 준 하나님의 약속의 세부 사항에 속하지 않는 새로운 것이다. 그 내용은 아브라함의 씨가 그 대적의 문을 얻는 것이다. 이 씨와 그 대적은 누구이며 대적의 문을 연다는 것은 무엇을 의미하는가? 창 22:17의 씨(제라 זֶרַע)가 단수이지만, '제라' זֶרַע는 집합명사라는 점을 간과해서는 안 된다. 창세기에서 이 씨에 대한 약속은 종종 집합적으로 사용되어 이 말을 들은 사람의 친자식을 비롯하여 그의 후손들을 포함한다. 그러나 이 씨는 여기에 그치지 않고 메시아에 대한 희망을 함께 포함하고 있다.[42] 그렇기 때문에 이 씨의 정체를 두고 갈라디아서 3:16은 여러 씨들이 아니라 오직 하나 곧 그리스도라고 한다. 그렇다면 대적은 누구이며 대적의 문은 무엇인가? 씨가 단순히 아브라함의 자손들을 의미할 경우에 대적은 가나안 인근의 민족들을 의미할 것이다. 그러나 이 씨가 그리스도를 가리킬 때 그 대적은 사탄이다. 이것은 창 3:15의 말씀에 있는 여자의 후손과 뱀과 뱀의 후손의 적대적 관계에 대한 또 다른 언급으로 볼 수 있다. 문을 얻는다는 것은 창 4:7에서 하나님이 가인에게 했던 말과 유사하다. '죄가 문 앞에 엎드려 삼키려 하나…'

42) Kenneth A. Mathews, *Genesis 11:27-50:26*, 298~299.

결국 죄는 가인을 삼켜 버린다. 창 22:17은 이와 반대되는 양상이다. 죄가 아니라 아브라함의 씨가 대적과 싸워 대적의 문을 장악하여 그 세력을 멸망시킨다. 문은 뱀의 머리처럼 집과 도시를 공격하는데 가장 중요한 부분이다. 창 3:15과 창 4:7에 비추어 창 22:17을 이해하면, 아브라함의 씨인 메시아가 그 대적 사탄을 무찔러 승리한다는 뜻이다.

셋째 맹약은 창 12:3의 약속과 창 18:18에서 소돔 심판을 앞두고 아브라함에게 했던 하나님의 독백의 내용과 흡사하다. 차이점이 있다면, 창 12:3과 18:18에서는 땅의 모든 민족들이 아브라함을 통하여 축복받는 것이었지만, 창 22:18에서는 아브라함이 아니라 그의 후손을 통해 열방이 축복을 받게 된다. 그들의 의로운 삶을 통해 열방들이 자신들의 삶의 도덕적 기준을 얻게 될 것이고, 이들의 번영을 통해 열방들도 그 혜택을 누리게 될 것이다. 아브라함의 후손을 메시아로 볼 경우에는 이 말은 대적의 문을 얻은 메시아를 통해 열방이 축복을 받게 된다는 의미이다. 열방이 받을 축복은 다름 아닌 메시아를 통해 대적의 권세로부터 해방되는 것이며, 구원의 은총이다. 구속사적 은총을 계획하고 진행하는 데에는 하나님의 말씀에 대한 아브라함의 경외와 순종이 필요했다.

19절

하나님의 사자의 둘째 메시지가 끝나자 아브라함은 자신에게 주어진 시험을 훌륭하게 마치고 자신의 종들에게 돌아갔고 그리고 모두 함께 브엘세바로 돌아가서 그곳에서 거주하였다. 5절에서 아브라함이 그의 종들에게 하나님께 경배하고 돌아오겠다고 했을 때에는 '돌아오다'의 뜻을 가진 히브리어 동사 '수브' שׁוּב의 복수형(נָשׁוּבָה 나수바)을 사용하였는데 반해, 19절에서는 이삭과 함께 종들에게 돌아갔음에도 불구하고 동사 '수브' שׁוּב의 단수형(יָשָׁב 야삽)을 사용하고 있다. 중세 때에 유대인들은 아브라함이 이삭과 함께 돌아왔다는 표현이 없는 점을 비약시켜, 이삭이 이때에 죽은 것으로 생각한다. 그리고 천사들이 아브라함에게 이삭을 죽이지 못하게 한 것이 아니라, 이삭을 부활시킨 것으로 생각한다. 하지만 '수브'의 단수형을 쓴 것은 창 22:1~19의 사건의 주체가 아브

라함이란 사실을 보여준다.[43]

20~24절. 나홀의 자손들: 리브가의 출생

20 이 일들 후에 아브라함에게 소식이 전해지기를, "보라. 밀가 그녀도 역시 아들들
을 네 형제 나홀에게 낳았으니 **21** 그의 장자인 우스와 그의 형제 부스와 그리고 아
람의 아버지 그무엘과 **22** 게셋과 하소와 빌다스와 이들랍과 그리고 브두엘이라. **23**
브두엘은 리브가를 낳았더라. 이 여덟 명을 밀가가 아브라함의 형제 나홀에게 낳았
더라. **24** 그리고 그의 첩의 이름은 르우마이며 그녀도 역시 데바와 가함과 다하스
와 마아가를 낳았더라."

창 11:21에 의하면 데라가 아브라함과 함께 갈대아 우르를 떠날 때 나홀에 대한 언급을 하지 않는다. 나홀이 갈대아 우르에 남겨졌는지 명확하지 않지만, 아브라함의 종이 이삭의 아내를 구하기 위해 밧단 아람 또는 하란으로 가는 것을 볼 때 나홀도 함께 하란까지 온 것으로 생각된다. 20~24절은 창 11:27~32과 유사하게 데라의 후손 나홀의 족보를 기록하고 있다. 주로 나홀의 아내 밀가와 나홀의 첩 르우마가 낳은 12명의 자식들에 대한 소식이다. 갑자기 왜 나홀의 소식을 기록하고 있을까? '밀가 그녀도 역시 아들들을 낳았다'는 말은 사라의 이삭 출산을 염두에 둔 표현이다.[44] 하지만 이 족보를 통해 창세기 저자는 밀가의 소식을 전하려는 것이 아니라 아브라함과 사라의 아들 이삭의 아내가 될 리브가의 소식을 알리려 한다.

1) '이 일 후에' 아브라함이 나홀의 소식을 들었다고 한다. 이 일 후에는 며칠이 아니라 몇 년이 흘렀을 수도 있다. 하지만 창 22:1에서 사용된 '이 일 후에'를 20절에서 반복한 이유는 나홀의 소식을 들었던 시기를 이삭을 번제로 바치는 사건과 바로 연결시키려는 장치일 수 있다. 한글 성경에는 생략되어 있지만, 20절은 감탄사 '보라'(힌네 הִנֵּה)를 기록한 후 나홀의 자녀를 기록하고 있다. 하지

43) Shalom Spiegel, *The Last Trial* (New York: Behrman House, 1969), 42~44.
44) Gordon Wenham, *Genesis 16-50*, 120.

만 나홀의 족보는 나홀을 포함하여 브두엘과 그의 딸 리브가까지 3대를 기록함으로 관심이 리브가에 집중되어 있음을 보여 준다.

2) 나홀의 아내 밀가는 창 11:27에 의하면 하란의 1남(롯) 2녀(밀가와 이스가) 중의 한 명이다. 아브라함은 그의 여동생 사라와 결혼하였고, 나홀은 작고한 그의 동생 하란의 딸, 즉 조카인 밀가와 결혼하였다. 나홀의 자식들에 대한 기록은 23절에서 밀가가 8명의 자식들을 낳았다는 말로 끝나지만, 이에 앞서 막내 브두엘이 리브가를 낳았다는 말을 먼저 기록하고 있다. 리브가는 20~24절에 기록된 나홀의 자손 중에 유일하게 여자이다. 나홀의 다른 아들들도 아들 딸을 낳았을 텐데 브두엘이 리브가를 낳은 사실을 기록하고 있는 것은 관심사가 무엇인지 분명하게 알 수 있다. 브두엘에게 리브가의 오라비 라반이 있음에도 불구하고 부계 중심의 족보인 나홀의 족보에 그를 소개하지 않고 리브가만 언급하고 있다는 것은 그 목적을 충분히 짐작할 수 있다.

3) 아브라함이 이삭을 번제로 바치는 사건이 마무리되자마자 이삭의 아내가 될 리브가가 출생한 사실을 여기에 기록하는 것은 아브라함과 이삭에 대한 하나님의 예비하시는 은혜를 드러내기 위함이다. 이것은 아브라함의 아들 이삭을 통해 이루실 하나님의 축복의 서막이다. 창 22:17~18에서 하나님은 아브라함의 후손이 하늘의 별과 같고 대적의 문을 얻으며 열방이 복을 받는다고 했다. 이것들은 이삭이 결혼해야만 실현될 수 있는 축복으로서 리브가와 함께 이루게 된다. 창 24:60에서 리브가를 떠나 보내는 브두엘과 오빠 라반이 '우리 누이여 너는 천만인의 어미가 될지어다. 네 씨로 그 원수의 성 문을 얻게 할지어다'라고 축복했다. 창 24:60의 히브리어 성경은 창 22:17의 하나님의 메시지와 매우 흡사하다.

창 22:17 וְיִרַשׁ זַרְעֲךָ אֵת שַׁעַר אֹיְבָיו

창 24:60 וְיִירַשׁ זַרְעֵךְ אֵת שַׁעַר שֹׂנְאָיו

두 표현의 차이점은 '네 씨'에서 창 22:17은 하나님이 아브라함에게 하는 말이기 때문에 2인칭 남성 단수이고, 창 24:60은 라반이 여동생 리브가에게 하는 말이기 때문에 2인칭 여성 단수이다. 창 22:17의 '그의 원수'와 창 24:60의 '그의 대적'은 모두 동사 분사형 남성 복수에 대명사 접미사 3인칭 남성 단수가 첨가되어 있다. 두 동사의 뜻은 약간의 차이가 있지만 유사한 뜻을 가지고 있다. '오에바브' אֹיְבָיו(그의 대적자들)의 동사 원형 '아압' אָיַב은 '적대적이다'는 뜻을 가지며, '손아브' שֹׂנְאָיו(그의 미워하는 자들)의 동사 원형 '사나' שָׂנֵא는 '미워하다'의 뜻을 가지고 있다. 창 22:17과 창 24:60은 둘 다 아브라함의 후손 이삭을 통한 하나님의 구속 역사가 어떻게 전개될지를 암시하는 복선 역할을 한다.

Chapter 13

창세기 23장

이삭이 죽음의 고비를 넘기자마자 창세기 23장에는 그의 어머니 그리고 아브라함의 아내 사라가 죽는 내용이 기록되어 있다. 왜 이렇게 아브라함의 기사의 마지막이 죽음으로 일관하고 있을까? 창세기 22장에서 후손 문제로 일관한 아브라함 기사가 정점에 도달하였고 이제 이삭을 통한 하나님의 구속 역사가 전개될 준비를 하기 위해서이다. 창세기 23장에서 사라의 죽음을 기록한 후 창세기 24장이 이삭의 배우자를 찾는 내용으로 이어지는 것을 보면 충분히 저자의 의도를 확인할 수 있다. 창 24:67에서 창세기 저자가 이삭이 '그의 어머니를 장례한 후에 위로를 얻었더라'고 언급한 것은 창세기 23~24장의 주제의 연속성을 보여준다. 하지만 창세기 23장에서 독자들이 주목해야 할 보다 더 중요한 것이 있다. 그것은 아브라함의 사라의 매장지 구매를 통해 보여주려는 창세기 신학이다. 창세기 23장은 사라의 임종 기사이지만 창세기 저자의 관심사는 그녀의 임종 소식에 머물러 있지 않고, 오히려 그녀를 위한 아브라함의 매장지 구입에 더 관심을 가지고 있다. 창세기 23장의 내용은 아래와 같이 구분할 수 있다.

A. 사라의 죽음 1~2절

B. 사라의 매장지 막벨라 굴 매입 3~18절

A'. 사라의 매장 19~20절

아브라함은 왜 막벨라 굴에 집착하며, 창세기 저자는 막벨라 굴 매입 과정을 왜 이렇게 길게 기록하고 있을까? 사라의 매장지 매입 사건에는 자손과 기업이라는 아브라함 기사의 핵심 주제가 그 바탕에 깔려있다. 사라의 매장지 매입을 통해 아브라함은 자신을 철저히 낮추면서 가나안 땅의 일부를 소유함으로 가나안 땅 전체를 영원한 소유로 주겠다고 한 하나님의 약속에 대한 자신의 신앙을 보여준다(창 17:8). 이것은 창세기 22장에서 아브라함이 이삭의 번제 사건을 통해 자손에 대한 하나님께 절대적인 신뢰성을 보여 준 것과 대비를 이룬다. 이삭의 번제 사건에서 하나님은 그에게 그의 자손을 하늘의 별과 같게 해 주겠다는 약속을 재확증해 주었다. 반면에 사라의 죽음을 통해 아브라함은 하나님의 가나안 약속에 대한 확고한 신앙을 보여준다.

사라의 죽음 기사는 아브라함 기사 전체에서 볼 때 엔딩에 해당되며, 창세기 11:27~32의 내용과 대비된다. 공교롭게도 사라의 죽음은 창 22:20~24에서 데라의 자손인 나홀의 족보가 기록된 후에 언급되고 있다. 창 22:20~23:20에 데라 자손의 족보와 사라의 죽음이 기록된 것처럼 아브라함의 기사의 시작 부분인 창 11:27~32에 데라의 족보와 데라와 하란의 죽음이 기록되어 있다. 비록 아브라함의 죽음 기사가 창 25:1~10에 기록되어 있지만 사라의 죽음은 사실상 아브라함 기사의 시작 부분과 대비되고 있음을 알 수 있다. 창세기 24장에서도 아브라함이 이삭의 배우자를 찾기 위해 그의 종을 보내는 내용이 기록되어 있지만, 창세기 24장은 아브라함에서 이삭으로 기사의 내용이 전환되는 장이다.

1~2절. 사라의 죽음

1 이것들이 사라가 산 날이니, 사라의 연수가 127년이었더라. **2** 사라가 기럇 아르바

에서 죽었으니 이는 가나안 땅에 있는 헤브론이라. 아브라함이 들어가서 사라를 위해 슬퍼하며 그녀를 위해 곡을 하니라.

아브라함의 인생의 파트너였고, 가나안 땅과 아브라함의 후손에 대한 하나님의 약속을 함께 받았던 사라가 127살에 죽었다. 가나안 땅에 들어온 지 62년 만에 사라는 죽었으며 그때 이삭의 나이는 37살이었다. 인생의 거의 절반을 가나안 땅에서 살았던 사라의 인생은 파란만장했다. 아브라함도 가나안 땅에서 살아가는 것이 쉽지 않았겠지만, 사라는 아브라함과 비교가 되지 않을 정도로 고통스러웠다. 사라 자신에게도 문제가 있었지만 그녀의 파란만장한 삶은 아브라함 때문이었다. 사라는 자식을 낳지 못하는 신세로 90년을 살았다. 65살에 가나안 땅으로 남편과 함께 떠날 때, 아브라함은 조카 롯을 양자로 삼아 데리고 함께 갔다. 아브라함은 하나님이 그에게 큰 민족 만들어 주겠다고 했지만 그 큰 민족을 사라와 함께 만들어 준다고 전혀 생각하지 않았다. 아브라함은 사라가 얼굴은 예쁘지만 불임 여성이라고 생각했기 때문이다. 아브라함은 오히려 사라의 미모 때문에 죽을 가능성이 높다고 생각해서 아예 사라에게 가나안 땅에서 가는 곳마다 누이라고 부르자고 했다(창 20:13). 결국 사라는 남편 아브라함의 잘못된 생각 때문에 두 번씩이나 이방 왕들의 첩으로 들어가야 했던 수모와 슬픔을 겪었다. 사라는 하갈을 아브라함에게 아내로 주는 치명적인 잘못을 하였다. 그 잘못 때문에 사라는 남편을 하갈에게 빼앗겼고 그녀의 아들 이스마엘때문에도 분노에 떨어야 했다. 사라는 아들 이삭을 낳고 마음껏 웃을 수 있는 꿈같은 하나님의 은혜를 받았었다. 하갈과 이스마엘을 쫓아내고 아들 이삭을 아브라함의 유일한 상속자의 자리에 끌어 올렸지만, 남편 아브라함이 아들 이삭을 번제로 드리려 했다는 소식에 가슴을 쓸어내려야 했던 충격도 맛보았다. 사라는 남편 아브라함이 사라를 정말 사랑했을까 하고 의문을 품게 하는 행동도 하였다. 멀쩡한 아내를 두고 아브라함은 그두라를 첩으로 거두어 그녀를 통해 아들을 다섯씩이나 두기도 하였다(창 25:2). 그럼에도 불구하고 사라에 대한 아브라함의 사랑과 존경과 애정을 그의 애곡과 매장지 구입 과정을 통해 확인할 수 있다. 창세기의 저자도 1절에서 사라의 임종 시 나이가 127살이었다고 기록함으로 사라에 대한 존중을 표시하고 있다.[1] 구약 성경에서 수명이 기록된 여성은 사라가 유일하다. 이런 이유 때문에 사라의 수명에 대한 다양한 해석을 랍비들은 내놓았다. 랍비 아키바는 사라의 생존 연령과 에스더가 아하수에르 왕의 왕후로서 페르시아 127 지방을 다스린 것과 연결시키려는 시도를 하였다(Genesis Rabbah 58:3). 반면에 Genesis Rabbah는 사라의 수명 127년이 그녀의 흠 없음을 나타내며, 100은 죄에 대하여 20살처럼 순전한 것을 나타내며, 20은 미에 대하여 7살과 같음을 나타낸다고 말한다(Genesis Rabbah 58:1). 그러나 창세기에서 믿음의 조상들의 나이를 기록하는 기본적인 의도는 이들 조상들이 하나님의 은혜로 장수하다가 하나님께로 돌아갔다는 사실을 알리는 데 있으며, 사라의 수명도 이 같은 기본적인 취지에서 기록되었다.[2] 창세기 기자는 사라의 수명을 강조하기 위해 문장의 시작과 마지막에 두 번씩이나 '사라의 연수'라는 표현을 기록했다. 창세기 저자가 이렇게 강조한 또 하나의 이유는 그녀가 다름아닌 이스라엘 민족의 시조 아브라함의 아내 곧 이스라엘 민족의 어머니라는 사실을 보여준다.

2절

2절은 사라의 임종 장소가 헤브론이라고 밝히고 있다. 2절은 이에 더해 창세기를 기록했던 시기의 이스라엘 사람들은 누구나 알고 있는 두 가지 내용을 첨가하고 있다. 창세기 저자는 헤브론의 또 다른 이름이 기럇아르바라는 사실과 헤브론이 가나안 땅에 있다는 사실을 덧붙였다. 왜 헤브론이 가나안 땅에 있다는 사실을 덧붙였을까? 창세기 저자는 이를 통해 사라가 아브라함과 함께 하나님이 약속한 가나안 땅을 떠나지 않고 그 땅에서 죽었다는 사실을 강조하고 있다. 사라가 임종한 헤브론은 예루살렘 남쪽 브엘세바 방향으로 35km 떨어진 곳에 위치하며 마므레와 아주 가까운 곳에 위치해 있다. 헤브론의 옛 이름은 기

1) Nahum M. Sarna, *Genesis* (Jerusalem: Jewish Publication Society, 1989), 157.
2) Robert Alter, *Genesis* (New York: Norton & Company, 1996), 108.

랏아르바였다(수 14:15). 기랏아르바는 숫자 4의 도시란 의미를 가지고 있다. 창 14:13에 의하면 헤브론에 마므레와 그의 형제 에스골 그리고 아넬이 살고 있었다고 한 것과 아브라함이 이들과 동맹을 맺었다는 말을 고려한다면, 헷 자손은 이들과 함께 네 민족이 동맹을 이루며 살고 있었기 때문에 기랏아르바라는 도시 이름이 생겨났을 가능성이 있다(Genesis Rabbah 58:4).[3] 또 다른 가능성은 수 14:15의 헤브론에 대한 설명이다. 수 14:15에 의하면 기랏은 도시란 뜻이고, 아르바는 아르바라는 사람의 이름을 따서 붙였다. 기랏아르바에는 아낙 자손들이 살고 있었고, 아르바는 아낙 자손들 중에서 가장 큰 사람이었다고 말한다. 그래서 수 15:13은 아르바를 아낙의 아버지 또는 조상이라고 말한다. 수 14:15의 배경에 되는 민 13:18에 의하면 모세가 가나안 땅에 보냈던 열 두 정탐꾼들은 출애굽 때에 아낙 자손들이 이곳 헤브론 또는 기랏아르바에 살고 있었다고 한다. 민 13:22에서 헤브론이 애굽 소안보다 칠 년 전에 세운 곳이라고 하는 것을 볼 때 민수기 저자는 헤브론의 역사에 대해 상당한 정보를 가지고 있었던 것 같다. 열두 정탐꾼들이 헤브론에 아낙 자손들이 살고 있다는 사실을 보고했을 때 갈렙과 여호수아를 제외한 모든 이스라엘 백성들이 가나안 땅으로 가지 않고 이집트로 되돌아가겠다며 밤새도록 통곡하며 울부짖었다. 아브라함 시대에 아르바와 그의 후손 아낙 자손들이 이미 이곳에 살고 있었는지는 명확하지 않다. 하지만 아브라함은 그의 후손들이 통곡하며 들어가기를 거부하게 만들었던 헤브론 또는 기랏아르바에 사라의 매장지를 사려고 그곳 사람들에게 자신을 지극히 낮추는 모습을 연출한다.

아브라함은 사라가 죽자 사라를 위해 통곡하였다고 한다. 아브라함은 사라의 시신이 있는 곳으로 들어가서(cf. 3절) 시신 앞에서 슬퍼하며 통곡하였다.[4]

3) Nahum M. Sarna, *Genesis*, 157. Genesis Rabbah 58:4에서 볼 수 있는 것처럼, 기랏아르바를 이들 아브라함의 동맹자들과 연관시키는 것이 유대인들의 오랜 전통이었다. 하지만 Genesis Rabbah는 4와 관련된 다른 여러 가지 전통도 소개하고 있다.

4) Zornberg에 의하면, 중세 유대인 주석가 Rabbi Eliezer은 사라의 죽음은 아브라함이 이삭을 번제로 바쳤다는 소식을 사탄으로부터 전해 듣고 슬퍼하다가 죽었고, 아브라함은 모리아에서 돌아와서 그 소식을 듣고 사라에게 들어가서 통곡하였다고 한다(cf. Genesis Rabbah 58:5 "Whence did he come? He came from Mount Moriah"). Avivah Gottlieb Zornberg, *Genesis: The Beginning of Desire* (Philadelphia: Jewish Publication Society, 1995), 124. 하지만 '들어

아마도 아브라함은 전통적인 관습에 따라 옷을 찢고, 머리를 풀어헤치고, 수염을 자른 후에 머리에 먼지를 뒤집어쓴 후 금식했을 것이다(cf. 레 21:5, 10:2, 삼하 1:11, 12, 13:31, 욥 1:20, 2:12). 사라를 위한 아브라함의 통곡은 아내의 죽음 앞에 당연한 반응이다. 하지만, 창세기 기자는 창 11:27~32에서 아버지 데라와 동생 하란이 죽었지만 아브라함이 이들을 위해 운 사실을 기록하지 않았다. 하나님의 약속을 붙잡고 자신과 함께 가나안 땅에 들어와 일평생 거친 풍파와 맞서 싸운 것 때문에 아브라함은 사라를 위해 통곡하였을 것이다. 창세기 저자는 아브라함의 깊은 슬픔을 표현하기 위해 2절은 슬픔(사파드 סָפַד)과 애곡(바카 בָּכָה)을 의미하는 동사를 반복하여 사용하였다. '바카'는 다양한 종류의 슬픔을 나타내는 표현이지만, 야곱과 모세의 장례식 애곡의 경우처럼 공식적인 장례 애곡을 나타낼 때 사용된다.

3~6절. 아브라함과 헷 자손의 대화

3 아브라함이 그의 죽은 자 앞에서 일어나서 그가 헷의 자손들에게 말하여 이르기를 **4** "나는 나그네와 거주자로 당신들과 함께 있나니 당신들은 내게 당신들과 함께 소유 매장지를 주어 내가 나의 죽은 자를 내 앞에 묻게 하라." **5** 헷 자손들이 아브라함에게 대답하여 그에게 이르기를 **6** "우리에게 들으소서 내 주여. 당신은 하나님의 높임받은 자로 우리 가운데 있나이다. 우리의 매장지 가운데 좋은 곳에 당신의 죽은 자를 묻으소서. 우리 가운데 어떤 사람도 자기 무덤에 당신의 죽은 자를 묻지 못하도록 당신에게 아끼지 아니하리라."

3~18절은 아브라함이 사라의 매장지를 매입하기 위해 헷 자손과 대화를 나누는 내용을 기록하고 있다. 3~6절에서는 아브라함과 헷 자손과의 대화이고 7~11절은 아브라함과 에브론의 첫 대화이며, 12~18절은 아브라함이 에브론과 나눈 두 번째 대화를 기록하고 있다.

왔다'는 말은 장례 예식과 관련된 표현일 가능성이 더 높다. Gordon Wenhan, *Genesis 16-50* (Nashville: Thomas Nelson, 2000), 126.

3~4절

아브라함이 사라의 시신 앞에서 일어나 헷(히타이트) 자손들에게 사라의 매장지와 관련하여 대화하기 위해 일어났다고 한다.[5] 아브라함은 사라의 이름을 말하지 않고 죽은 자라고 말한다. 아브라함뿐만 아니라 헷 자손들도 사라를 '메트'(죽은 자)라고 부르며 이름을 부르지 않는다. 특이한 것은 죽은 사라가 여성임에도 불구하고 아브라함과 헷 자손들이 사용한 '죽은 자'의 히브리어 '메트' מֵת는 동사 '무트' מוּת의 칼 분사 남성 단수이다.

아브라함과 헷 자손들 사이에 협상이 3단계에 걸쳐 이루어지는데, 매 단계마다 아브라함은 제안을 하고 헷 자손들은 받아들이는 입장이다. 첫 제안에서 아브라함은 사라를 묻기 위한 매장지를 소유하고 싶다고 말한다. 이때 아브라함은 자신을 나그네로 소개하면서, 나그네라는 사실을 강조하기 위해 동의어인 '게르' גֵּר와 '토사브' תּוֹשָׁב를 반복한다. 아브라함은 왜 이렇게 자신을 나그네로 강조하며 소개했을까? 4절에서 아브라함이 헷 자손들에게 말하면서 '당신들과 함께'를 반복해서 말하는 것을 고려하면 아브라함은 자신을 '나그네'라고 강조함으로 헤브론의 시민인 헷 자손들에게 예의를 갖추기 위해 자신을 최대한 낮추려한 것 같다. 또한 아브라함은 히 11:13~16에서 아브라함이 본향을 찾고 있었다고 말하는 것처럼 자신을 항상 나그네로 생각하였기 때문일 수도 있다.[6] 자신을 낮춘 아브라함의 의도는 그가 매장지 앞에 '소유'(아후자 אֲחֻזָּה)를 덧붙여 표현한 것에 드러나 있다. '아후자' אֲחֻזָּה는 창 17:8에서 하나님이 아브라함에게 가나안 땅을 영원한 소유가 되게 해 주겠다고 하면서 사용한 표현이다. 이 표현은 창 23:4, 9, 그리고 20절에서 '매장지'와 함께 세 차례 사용되었다. 이 표현을 반복한 이유는 아브라함이 사라의 매장지 확보에만 관심 있는 것이 아니라 가나안 땅에 대한 하나님의 약속을 이루고자 소원했기 때문이었다.

5) 아브라함 시대에 힛타이트 민족 일부가 가나안에 존재했었는지 여부에 대해 논쟁이 이어져 왔다. 이 지역에 힛타이트 민족의 존재를 옹호하는 견해에 대해서 Victor P. Hamilton, *The Book of Genesis: Chapters 18-50* (Grand Rapids: Eerdmans, 1995), 127~128; Nahum M. Sarna, *Genesis*, 396~397을 참고할 것.

6) 히 11:13~16에 의하면 아브라함은 더 나은 본향을 사모하였으며, 그 본향은 바로 하늘에 있는 본향이다.

5~6절

5~6절에는 아브라함의 말에 대한 헷 자손들의 첫 대답이 기록되어 있다. 헷 자손의 대답을 보면 그들이 아브라함을 아주 존경했다는 것을 알 수 있다. 아브라함이 헷 자손들에게 '나는 당신들 중에 나그네요 우거한 자니'라고 자신을 낮추었지만, 헷 사람들은 아브라함을 '아도니' אֲדֹנִי(주 lord)라고 불렀다. 헷 자손들은 비록 아브라함이 자신들과 함께 나그네로 살고 있지만 그를 주라고 부를 정도로 존경하였다. 그리고 헷 자손들은 아브라함을 '네시 엘로힘' אֱלֹהִים נְשִׂיא이라고 불렀다. NIV 영어 성경은 mighty prince라고 번역하고 한글 성경은 '우리 중의 하나님의 방백'이라고 번역했는데, '네시 엘로힘' נְשִׂיא אֱלֹהִים을 직역하면 엘로힘 또는 하나님의 지도자 또는 하나님께 속한 지도자, 하나님이 높이 세우신 자란 뜻이다. NIV 영어 성경처럼 '엘로힘' אֱלֹהִים은 '강력한'으로 번역할 수도 있지만, 137살이나 된 늙은 나그네 아브라함에게 '강력한 지도자'라고 말했을 가능성은 그리 높지 않다.[7] 오히려 마치 아비멜렉이 아브라함에게 '네가 무슨 일을 하든지 하나님(엘로힘 אֱלֹהִים)이 너와 함께 계시도다'라고 말했던 것처럼 헷 자손들은 아브라함이 특이하게 나이 많은 것과 하나님이 그와 함께 하는 것 때문에 그를 하나님께서 높이 세운 자로 여겼을 가능성이 더 높다(창 21:22).[8] 창세기 14장에서 볼 수 있는 것처럼 헤브론 사람들은 아브라함이 마므레와 에스골과 아넬과 함께 북방 4개 연합군을 단과 호바까지 추격하여 쳐부수고 사람과 모든 재물을 되찾아 온 것을 경험하였고, 멜기세덱이 이 모든 전과가 하나님이 그에게 승리를 안겨준 결과라는 사실을 보고 들었던 경험이 있다. 중요한 것은 헷 자손이 아브라함의 하나님을 '엘'이라고 부르지 않고 '엘로힘'이라고 부른 것이다. 이것은 헷 사람들이 가나안의 신인 엘과 아브라함의

7) Moshe Goshen-Gottstein, " נשיא אלהים (GEN. XXIII 6)," *Vetus Testamentum* 3 (1953): 298~299. Moshe Goshen-Gottstein은 '나시 엘로힘' נשיא אלהים 을 헷 자손들의 행동에 비추어 볼 때 조롱으로 보아야 된다고 주장한다. 하지만 '나시 엘로힘'을 이렇게 이해하는 것은 너무 전통적인 해석과 어긋난다. LXX은 헷 자손들이 아브라함에게 부른 '나시 엘로힘'을 '바실레우스 파라 데우'βασιλεὺς παρὰ θεοῦ 즉 '하나님에 의한 왕'이라고 번역하였다. LXX은 다른 본문에서는 이 단어를 주로 '아르콘'ἄρχων(지도자)으로 번역한다.

8) Nahum M. Sarna는 이 표현에 종교적인 함의가 없는 것으로 이해한다. Nahum M. Sarna, *Genesis*, 158.

하나님인 '엘로힘'을 구분할 수 있었고, 그들 가운데 살고있는 아브라함을 보면서 엘로힘께서 아브라함을 선택하여 높이 세웠음을 깨닫고 존경하였다는 것이다.[9] 헷 자손이 엘로힘을 구분하여 알게 되었던 것은 순전히 아브라함 때문이었다. 헷 자손들이 아브라함에게 이런 존경과 인정을 표현한 것은 아비멜렉이 그에게 거짓말을 하지 말라고 맹세하게 한 것과 대조된다(창 21:23). 헷 자손들은 자신들의 무덤 중에 가장 좋은 무덤에 사라를 매장하라고 한다. 그리고 그들 중에 어느 누구도 사라의 매장을 반대하고 방해할 사람이 없다고 말한다. 이 두 말을 하면서 헷 사람들은 '우리 무덤들 중에서 가장 좋은 곳'과 '우리 중에 어느 누구도 그의 무덤을'을 문장의 앞에 도치시켜 강조하고 있다. 이 표현들은 모두 헷 자손들이 아브라함을 얼마나 존중하고 있는지를 보여준다.[10] 하지만 이렇게 관대한 듯한 표현에는 헷 자손들이 아브라함이 매장지를 소유하는 것을 원치 않는다는 태도가 들어 있다. 헷 자손들은 아브라함에게 '소유 매장지'는 허락해 줄 수 없고 그들의 무덤 중에 한 곳을 선택하여 사라를 매장하라고 했다.

7~11절. 아브라함의 막벨라 굴 요청과 에브론의 첫 대답

7 아브라함이 일어나서 그 땅의 백성들 곧 헷 자손들에게 엎드려 절하니라. **8** 그가
그들에게 말하여 이르기를 "나의 죽은 자를 내 앞에서 묻는 것이 당신들의 원하는
바이면 당신들은 내게 들으소서. 나를 위해 소할의 아들 에브론에게 중재하여 **9** 그
가 내게 그의 들 끝자락에 있는 그의 소유인 막벨라 굴을 주게하소서. 충분한 가격
에 그가 그것을 내게 당신들이 있는 가운데서 소유 매장지로 주게 하소서." **10** 에브
론은 헷 자손들 가운데 앉아 있었으니. 헷 자손 에브론이 아브라함에게 그 성문으
로 들어오는 모든 헷 자손들이 듣는 가운데 대답하여 이르기를 **11** "아닙니다. 내 주
여 내 말을 들으소서. 그 땅을 내가 당신께 드리며 그 안에 있는 굴을 당신께 내가
드리리니, 내 백성들의 눈 앞에서 내가 그것을 당신에게 드리리니, 당신은 당신의 죽

9) Bruce K. Waltke, *Genesis* (Grand Rapids: Zondervan, 2001), 318.
10) Bruce K. Waltke, *Genesis* (Grand Rapids: Zondervan, 2001), 318.

은 자를 매장하소서."

7~9절

헷 사람들의 우호적인 대답을 들은 아브라함은 그들에게 자신을 매우 낮추며 정중하게 행동했다. 7절에 의하면 아브라함은 헷 사람들이 그를 '나시 엘로힘'이라고 불렀음에도 불구하고 그들을 향하여 몸을 굽히고 절을 하였다. 단순히 예의를 표시한 것이 아니라, 하나님께 예배 드릴 때, 또는 왕이나 상관에게 엎드려 절하는 그런 자세를 취하고 있다. 아브라함은 창 22:5에서 두 소년에게 자신과 이삭은 하나님께 경배하고 돌아오겠다고 했을 때 '경배하다'는 말이 이 동사이다. 그리고 아브라함은 창 18:1~2에서 바로 이 근처에서 동일한 자세로 하나님과 두 천사에게 절한 적이 있다. 아브라함은 그가 사고 싶어하는 막벨라 굴 앞에 있는 마므레 상수리나무 앞에 나타난 여호와 하나님과 천사들 일행을 만났을 때 이렇게 절하였다. 아브라함은 한 번만 이렇게 하는 것이 아니라 12절에서 한 번 더 헷 자손들에게 엎드려 절하고 있다. 매장지를 사기하기 위해서 137살이나 된 노인이 이렇게 해야만 될까? 왜 아브라함은 이렇게 했을까? 아브라함이 '나의 죽은 자를 내 앞에서 묻는 것이 당신들의 원하는 바이면'이라고 할 정도로 헷 자손의 반응이 긍정적이었지만, 소유권을 넘겨주는 매매는 하지 않고 사용권을 주겠다는 말이다.[11] 고대 사회에서 토지의 사용권은 원소유자나 그의 자손이 언제든지 회수할 수 있었다.[12] 그래서 아브라함이 원하는 것은 이런 사용권을 얻는 것이 아니라 가나안 땅의 일부를 자신의 항구적인 소유로 구매하는 것이다. 그래서 창세기 저자는 아브라함이 절한 헷 자손들에게 특별한 호칭을 덧붙였다. 창세기 저자는 아브라함이 절한 대상을 '그 땅의 백성'(레암-하아레츠 לְעַם־הָאָרֶץ)이라고 한 후 이어서 '헷 자손'이라고 한다. 12절과 13절에서도 아브라함이 다시 절한 대상을 '그 땅의 백성'이라고 하였다. 이렇게 헷 자손을 '그 땅의 백성'이라고 한 이유는 2절과 17절에서 헤브론이 가나안 땅에 있

11) Bruce K. Waltke, *Genesis*, 318.
12) Nahum M. Sarna, *Genesis*, 157.

었다고 밝히는 것과 같은 차원에서 이해해야 된다. 아브라함은 그 땅의 사람들에게서 그 땅의 일부를 사서 소유하고자 하는 마음에서 헷 자손들에게 절하였던 것이다.[13)]

8절에서 아브라함은 그들에게 자신의 속마음을 드러냈다. 우선 아브라함은 일반적으로 마음을 나타내는 명사 '레밥' לֵבָב보다 더 강력한 표현인 '네페쉬'(נֶפֶשׁ 영혼, 생명, 소원, 감정)를 사용하여 헷 사람들이 사라를 그들 가운데 매장할 수 있도록 허락해 준 것을 활용한다. 그리고 아브라함은 6절에서 헷 자손들이 아브라함에게 했던 표현 '우리에게 들으소서'을 모방하여 그들에게 친근하게 들리도록 '내게 들으소서'라고 하며 말을 이어간다. 이어서 아브라함은 매우 정중하고 적극적인 자세로 헷 자손에게 에브론의 소유였던 막벨라 굴을 매장지로 사용하게 도와 달라고 요청한다. 구약 성경은 일반적으로 이방인의 이름을 언급하면서 그 사람의 아버지의 이름을 표기하지 않는다. 하지만 아브라함은 사라의 매장지를 구매하여 소유하려는 일념에 에브론의 이름에 그의 아버지 이름을 붙여 에브론 벤 소할이라고 존중의 마음을 담아 말했다.

9절에서 아브라함은 헷 자손들에게 에브론의 땅에 있는 막벨라 굴을 사라의 매장지로 사고 싶다고 하며, 자신이 원하는 매장지를 명확하게 말하기 위해 에브론 소유의 들판 끝에 있는 것이라고 말한다.[14)] 아브라함은 자신이 막벨라 굴의 사용권을 얻으려는 것이 아니라 소유권을 사고자 한다는 의사를 명확하게 하기 위해 마지막 문장 첫 부분에 '정가'의 의미를 가진 '케셉 마레' כֶּסֶף מָלֵא(충분한 은)를 동사 앞에 도치시켰고, 그리고 마지막 부분에 '무덤'과 나란히 '소유권'(아후자트 אֲחֻזַּת)이란 표현을 덧붙였다.[15)] 아브라함은 막벨라 굴을 사겠

13) Gene M. Tucker, "Legal Background of Genesis 23," *Journal of Biblical Literature* 85 (1966): 77; Bruce K Waltke, *Genesis*, 318; Kenneth A. Mathews, *Genesis 11:27-50:26*, 318. Waltke은 '그 땅의 백성'을 한 지역의 사람들을 총칭하는 말로서 헤브론의 헷 사람들을 지시하는 표현으로 여긴다.

14) 막벨라는 '쌍 굴'(double-cave)이란 의미를 가지고 있다. 요세푸스는 헤브론에 있는 Haram El-Khalil을 막벨라 굴이라고 했으며, 이 건물은 헤롯에 의해 건설되었고, 십자군 시대에 재건되었다. 막벨라 굴의 역사와 고고학적 발굴에 관하여는 Nancy Miller, "Patriarchal burial Site Explored for First Time in 700 Years: Twelve-year-old girl lowered into Cave of Machpelah," *Biblical Archaeology Review* 11 (1985): 30~42; Nahum M. sarna, *Genesis*, 159를 참고하라.

15) 아브라함이 정가대로 막벨라 굴을 사려는 모습은 대상 21:24에서 다윗이 오르난의 타작마당

다는 의사를 에브론에게 직접하지 않고 헷 자손들에게 하였다. 그 이유는 막벨라 굴의 소유권을 헷 자손 모두로부터 인정받기 위해 거래 자체를 헷 자손들이 있는 자리에서 그들이 보는 가운데 하려는 의도 때문이다. 아브라함은 그들의 공적인 증언을 받기 위해 그들이 자신과 에브론의 거래를 위해 중재해 달라고 한다.

10~11절

10절에 의하면 아브라함이 사라의 무덤 때문에 헷 사람을 만난 곳이 고대 근동 사회에서 재판과 계약 체결 때 주로 사용되는 공공장소인 성문이었음을 알 수 있다. 에브론도 다른 헷 자손들과 함께 성문 입구에 앉아 있다가 아브라함의 말을 듣고 대답했다. '그 성문으로 들어 오는 모든 사람'은 헤브론의 장로들을 지칭하는 관용어적인 표현이며, 이곳에 앉아 있는 장로들은 그 도시의 모든 법적인 문제의 결정자와 증인의 역할을 하였다. 에브론이 이들 가운데 함께 앉아 있었다는 것은 그가 헤브론에서 차지하는 비중을 엿보게 해 준다.

막벨라 굴을 소유 매장지로 구입하고 싶다는 아브라함의 말을 들은 에브론은 11절에서 아브라함에게 '아닙니다. 내 주여'라고 하면서 매장지를 '내가 당신에게 주리라'(나탓티 락 נָתַתִּי לָךְ)고 한다. 이 말은 아주 마음씨 좋게 아브라함에게 공짜로 주겠다는 말이 아니라, 아브라함을 존중하여 그 굴을 매장지로 제공해 주지만 자신은 팔지는 않겠다는 말이다. 에브론은 매장지 제공 의사를 강조하기 위해 '내가 당신에게 주리라'를 세 번 반복하였으며, '내 백성이 보는 데서'(레에네 베니-암미 לְעֵינֵי בְנֵי־עַמִּי)를 동사 앞에 도치하여 재차 강조하였다. 하지만 에브론은 이 말을 아브라함보다는 헷 자손들을 염두에 두고 하고 있을 가능성이 더 높다. 즉 에브론 자신은 아브라함에게 매장지를 제공해 주기는 하지만 이방인인 아브라함에게 팔 의사가 없음을 헷 자손들에게 보여주려고 과장되게 이 말을 했을 가능성이 있다. 고대 사회에서는 토지를 조상으로부터 물려받은 가족의 재산으로 생각하였기 때문에 토지 매매에 부정적이었다. 하

을 살 때 나누는 대화와 흡사하다.

지만 에브론은 아브라함에게 매장지뿐만 아니라 토지 거래를 통해 자신의 욕심을 채우려는 생각을 가진 듯하다. 이렇게 생각할 수 있는 이유는 에브론이 아브라함에게 막벨라 굴을 매장지로 제공하겠다는 말을 하기에 앞서 이 굴의 주변 토지 전체를 제공하겠다고 먼저 말하고 이어서 굴을 제공하겠다고 말한다. 에브론은 굴뿐만 아니라 주변 토지를 포함하여 아브라함과 거래하려는 의도를 가지고 있다.

12~18절. 토지 가격 지불

12 아브라함이 그 땅의 백성들 앞에 엎드려 절하니라. **13** 그리고 그가 에브론에게
그 땅의 백성들이 듣는 가운데 대답하여 가로되 "진실로 당신이 내게 듣기를 원하노
니 내가 그 땅 값을 주리니 내게서 취하소서. 그리하면 내가 나의 죽은 자를 그 곳에
매장하리이라." **14** 에브론이 아브라함에게 대답하여 그에게 이르기를 **15** "내 주여
내게 들으소서. 땅은 은 4백 세겔이니 나와 당신 사이에 그것이 무엇이겠나이까? 당
신의 죽은 자를 매장하소서." **16** 아브라함이 에브론을 따랐으니 아브라함이 에브론
에게 그가 헷 자손들이 듣는 가운데 말한 은을 상인들이 통용하던 무게로 4백 세겔
을 달아 주니라. **17** 그래서 마므레 앞에 있는 막벨라에 있는 에브론의 땅 곧 그 땅과
그 안에 있는 굴과 그 땅에 있는 모든 나무와 그 땅의 경계 사방으로 있는 모든 것이
18 그 성 문으로 들어 오는 모든 헷 자손들의 눈 앞에서 아브라함의 소유가 되니라.

12~13절

12절에서 에브론의 말을 듣고 토지 거래가 제대로 되어질 것을 예상한 아브라함은 다시 헷 자손에게 절을 한다. 아브라함은 막벨라의 소유자인 에브론에게 절하지 않고 헤브론의 헷 사람 모두에게 절하고 있으며, 창세기 저자는 아브라함이 절한 대상을 헷 자손이라고 말하지 않고 '그 땅의 백성'이라고 한다. 도대체 아브라함은 왜 이렇게 반복해서 헷 자손들에게 절할까? 아브라함은 나그네로서 땅을 사는 것이 쉽지 않았기 때문에, 땅을 사더라도 그 지역 사람들의 토지 소유 인정을 받기 쉽지 않았기 때문에, 헷 자손 장로들의 증인 역할을 통

해 공적으로 법적으로 완전한 자신의 소유 매장지를 사려고 헷 사람들에게 자신을 낮추고 또 낮추고 있다. 이렇게 자신을 낮추는 배경에는 가나안 땅을 주겠다고 한 하나님의 약속이 있다.

13절에서 아브라함은 에브론에게 토지 거래 요청을 하면서 그 땅의 백성들이 듣는 데서 하였다. 아브라함은 헤브론의 장로들을 자신과 에브론의 토지 거래 증인으로 만든다. 아브라함은 에브론에게 충분한 토지 값을 줄 테니 받으라고 하면서 자신은 그 땅을 구매한 후 사라를 매장하겠다고 한다.[16] 일반적으로는 파는 사람이 가격을 말하고 사는 사람은 가격을 깎기 위해 흥정을 하기 마련이지만, 아브라함과 에브론의 경우는 구매자인 아브라함이 먼저 매도자인 에브론에게 요구하는 대로 가격을 주겠다고 제안하고 있다. 가격 제안을 통해 아브라함은 소유 매장지를 구입하려는 의지를 강하게 보여주고 있다.

14~15절

아브라함이 막벨라 굴을 사려는 의지가 강한 만큼 막벨라 굴을 통해 이익을 남기려는 에브론의 욕심도 강력했다. 14절에서 에브론은 아브라함을 다시 '주'라고 부르며 정중하게 대답한다. 에브론은 자기 민족 헷 사람들을 의식하지 않고 아브라함에게 곧바로 대답했다. '가라사대'라고 해석되는 '레모르' לֵאמֹר가 일반적인 용례(cf. 13절)와는 다르게 14절에서 '레모르' לֵאמֹר 뒤에 '그에게'의 의미를 가진 '로' לוֹ를 수반하였다. 에브론이 아브라함에게 집중적으로 말하고 있음을 보여준다. 15절에서 그는 땅을 사려는 아브라함의 의지를 이용하여 막벨라 굴만 팔겠다고 하지 않고 막벨라 굴과 주변 땅을 모두 사라고 하면서 땅 값으로 은 400 세겔을 요구했다.[17] 고대의 토지 가격을 정확

16) '충분한 땅 값'의 히브리어 '케셉 말레' כֶּסֶף מָלֵא는 거래의 마지막 단계로서 충분한 값을 지불하고 나면 거래를 돌이킬 수 없다. Gene M. Tucker, "Legal Background of Genesis 23," *Journal of Biblical Literature* 85 (1966): 79.

17) 힛타이트에는 토지의 일부를 팔면 판 사람이 토지 소유 의무를 부담해야 했고, 토지 전부를 팔면 산 사람이 소유 의무를 다해야 하는 토지 거래법이 있었다. Victor P. Hamilton은 에브론이 아브라함에게 토지의 일부가 아니라 전부를 팔려고 한 것은 이런 힛타이트 토지 거래법 때문일 것이라고 생각한다. Victor P. Hamilton, *The Book of Genesis: Chapters 18-50*, 130~131. Hittite law code 47 "If anyone holds fields as a gift from the king, he shall not render the services. The

하게 알 수 없지만 다윗이 오르난의 타작마당을 산 가격을 비교해 보면 에브론은 실제 땅 값보다 훨씬 더 많은 돈을 요구했다.[18] 다윗은 아브라함이 이삭을 바치러 갔던 모리아 산, 나중에 솔로몬이 그 위에 성전을 지었던 터이기도 한 오르난의 타작마당을 살 때, 은 50 세겔을 지불하였다(삼하 24:24). 그런데 다윗보다 천 년 이전 시대에 막벨라 굴과 인근 땅 값으로 오르난의 타작마당보다 무려 8배나 되는 값을 에브론은 아브라함에게 요구하였다. 에브론은 아마도 기럇아르바의 지명을 염두에 두면서 땅 값을 부른 것 같다. 그래서 에브론은 땅 값을 '아르바 메오트 세겔' אַרְבַּע מֵאֹת שֶׁקֶל(4백 세겔)이라고 하지 않고 '땅'(에레츠 אֶרֶץ)을 먼저 말하고 이어서 기럇아르바의 '아르바' אַרְבַּע를 붙여 '에레츠 아르바 메오트 세겔' אֶרֶץ אַרְבַּע מֵאֹת שֶׁקֶל(4백 세겔의 땅)이라고 했다. 그러면서 에브론은 아브라함에게 이 정도의 돈이 당신과 나 사이에 무슨 문제가 되겠느냐고 말한다. 지나치게 높은 가격을 부른데 따른 양심의 부끄러움을 희석시키기 위해 자신과 아브라함과 같은 부자에게 이 정도의 돈은 큰돈이 아니지 않느냐는 뜻이다.

16~18절

16절 첫 문장에서 아브라함은 에브론에게 들었다고 한다. 이것은 아브라함과 헷 자손들 그리고 에브론이 대화의 첫 부분에서 종종 쉐마로 시작한 것처럼 창세기 23장의 대화 전개의 중요한 특징이다. 동시에 '아브라함이 에브론에게 들었다'는 말은 아브라함이 에브론이 제시한 가격에 동의했다는 말이다. 그리고 아브라함은 에브론이 헷 자손들이 듣는 가운데 요구한 땅 값으로 은 사백 세겔에서 한 푼도 깍지 않고 모두 지불했다. 아브라함은 은의 무게에 대한 시빗거리를 차단하기 위해 당대에 상인들이 사용하는 은의 무게 기준 즉 상거래의 표준

king will take a loaf from his table and give it to him. - If anyone buys a great part of the fields he shall not render the services. If he usurps the fields or the people of the village give them, he shall render the services." *ANET*, 191.

18) Nancy Miller, "Patriarchal burial Site Explored for First Time in 700 Years: Twelve-year-old girl lowered into Cave of Machpelah," 30. Nahum M. Sarna, *Genesis*, 160; John H. Walton, *Genesis* (Grand Rapids: Zondervan, 2001), 528~529.

무게를 따라 은을 달아서 지급하였다. 그래서 에브론이 소유하였던 막벨라 굴과 주변 모든 땅과 나무들까지 모두 다 아브라함의 소유가 되었다.[19] 왜 아브라함이 이렇게 많은 돈을 들여 막벨라 굴을 샀을까? 이 땅을 사기 위해 아브라함은 왜 그렇게 헷 사람들 앞에서 자신을 낮추며 반복해서 엎드려 절했을까? 그 이유는 막벨라 굴의 위치를 보면 알 수 있다. 17절은 아브라함이 에브론에게 구입한 막벨라 굴이 마므레 앞에 있다고 한다. 헤브론의 마므레는 아브라함이 정착하여 하나님께 제단을 쌓은 곳이고(창 13:18), 사라에게 가장 행복한 추억이 담긴 장소이다. 창 18:1~15에 의하면 하나님께서 사라에게 일 년 안에 아들을 낳을 것이라고 약속했던 곳이 마므레이다.[20] 뿐만 아니라, 창세기 17장에서 하나님께서 아브라함에게 가나안 땅을 기업으로 주겠다고 약속한 곳이기도 하다. 자식과 기업에 대한 약속과 소망을 심어 줬던 그 장소를 사라의 매장지로 삼음으로 아브라함은 가나안 땅 일부를 법적으로 그리고 공개적으로 소유함으로 가나안 땅 전체를 주겠다는 하나님의 약속을 굳게 잡고자 한 것이다.[21] 아브라함은 이런 의미가 담긴 마므레 앞 막벨라 굴에 사라의 시신을 매장하려고 두 번이나 큰절을 하였고, 그리고 막대한 돈을 지불하였다. 마침내 사라는 약속의 땅에 묻히게 되었고 막벨라 굴은 아브라함과 이삭과 야곱과 이들의 아내들의 육신이 쉴 무덤이 된다. 또 다른 한편으로, 막벨라 굴을 구입한 것은 브엘세바의 우물과 함께 아브라함과 그의 후손이 가나안 땅을 소유하는 첫 단계라고도 할 수 있다. 그래서 창세기 저자는 헤브론이 가나안에 있는 땅임을 거듭 밝히고 있고(23:2, 19), 그리고 이 땅을 헤브론의 장로들 앞에서 공적으로 구입했음을 거듭 밝히고 있다(23:10, 13, 16, 18).

19~20절. 아브라함이 막벨라 굴에 사라를 매장

19 그 후에 아브라함이 그의 아내 사라를 가나안 땅에 있는 마므레 곧 헤브론 입구

19) 17절의 '쿰' קום은 일반적으로 '세우다'의 뜻을 가지지만 여기서는 '속하다'의 의미를 가진다. Cf. 레 25:30; 27:14, 17, 19.

20) Bruce K. Waltke, *Genesis*, 319.

21) Walter Brueggemann, *Genesis* (Atlanta: John Knox Press, 1982), 196.

에 있는 막벨라 들의 동굴에 매장하였더라. **20** 그들과 그 안에 있는 굴이 헷 자손에
게서 아브라함의 소유 매장지가 되었더라.

19~20절은 사라의 매장 사실을 기록함과 동시에 막벨라가 아브라함의 소유 매장지가 되었다는 사실을 다시 요약하고 있다. 19절은 사라가 매장된 막벨라 굴의 위치를 다시 한번 매우 자세하게 기록하고 있다. 막벨라 굴은 마므레 앞에 있다는 사실과 마므레는 헤브론이라고 부연 설명한다. 그리고 더 나아가 헤브론의 마므레는 가나안 땅에 있다는 말도 덧붙인다. 왜 이렇게 마므레가 가나안 땅에 있다는 사실을 거듭 밝혀야 할까? 하나님이 약속한 가나안 땅의 일부를 아브라함이 소유했음을 말하기 위해서이다. 20절은 막벨라 들과 굴이 헷 자손의 소유에서 아브라함의 소유가 되었다고 다시 언급한다. 그야말로 불필요한 듯한 요약 설명이다. 하지만 이 요약 설명은 창 17:8에서 하나님이 아브라함에게 가나안 땅을 그의 영원한 소유로 주겠다고 한 말씀의 성취를 희망하면서 에브론의 땅을 샀다는 것을 보여주려는 의도를 가지고 있다. 19절의 마지막 표현 '가나안 땅' אֶרֶץ כְּנָעַן과 20절 후반부의 '라아후자트-카베르' לַאֲחֻזַּת־קָבֶר(소유 매장지)는 창 17:8의 '콜 에레츠 케나안 라아후자트 올람' כָּל־אֶרֶץ כְּנַעַן לַאֲחֻזַּת עוֹלָם(가나안 땅 모두를 영원한 소유로)를 분산 인용하고 있다.

창 23:19~20

창 17:8

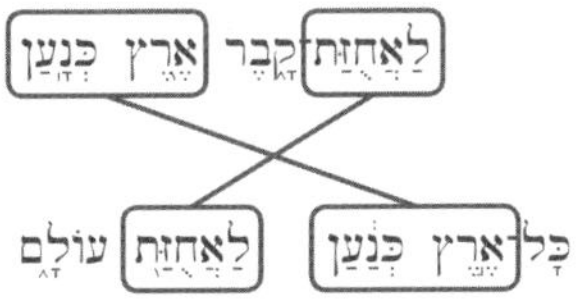

차이점은 창 17:8은 영원한 소유라고 했는데 반해 창 23:20은 소유 매장지라고 했다. 하지만 무덤과 영원은 유사점이 있다. 막벨라가 무덤으로 사용되기 전에는 상거래가 가능했지만, 무덤이 되고 나면 상거래를 일반적으로 하지 않는다. 즉 무덤은 그 소유자에게 항구적으로 속하게 된다는 점에서 창 23:19의 소유 매장지는 창 17:8의 영원한 소유와 같은 맥락에 속한다. 막벨라 굴은 사라만

을 위한 무덤이 아니라 아브라함과 그의 아들과 손자 부부들의 매장지가 되며, 이스라엘 자손들이 영원히 기억할 장소가 된다.

Chapter 14

창세기 24장

사라가 죽은 후 창세기 기사는 곧바로 이삭의 결혼으로 옮겨가며, 그의 관심은 그의 아들 이삭을 통한 아브라함의 후손이 어떻게 가나안 땅에서 번성하게 될 것인가에 관한 문제에 초점을 맞춘다. 이 문제는 자연스럽게 이삭의 배우자가 어떤 사람이 어떤 과정을 통해 되는가에 대한 문제이다. 그렇기 때문에 창세기 24장은 이삭의 결혼을 기록하고 있지만, 이삭 자신보다는 그의 아내 리브가에 대해 더 많은 관심을 가지고 있다. 뿐만 아니라 이삭은 자신의 배우자를 직접 선택하지 못한다. 대신에 그의 아버지 아브라함이 자기 자손의 번성을 위해 필수적인 일인 며느리 선택에 나선다. 아브라함의 며느리 선택에는 그가 일평생 삶의 원칙으로 삼았던 것들을 반영시키고 있다. 첫째는 자신의 며느리는 자기 친족의 딸이어야 한다는 것이다. 이것은 단순히 인종 차별적인 색깔 때문이 아니라 여호와 신앙 때문이다. 둘째는 며느리는 반드시 가나안 땅으로 와야 된다는 것이다. 그 며느리는 자신이 본토 친척 아비의 집을 떠났던 것처럼 그녀도 아비의 집을 떠나 가나안 땅으로 올 수 있어야 하며, 결코 이삭이 가나안 땅을 떠나서는 안 된다. 셋째, 이삭의 배우자는 올바른 인품을 가져야 한다는 것이다.

이러한 원칙을 바탕으로 창세기 24장은 이삭의 배우자를 찾는 과정을 5개의 무대를 배경으로 전개된다.

1~9절. 아브라함이 종에게 이삭의 아내를 찾게 함 - 아브라함의 집
10~27절. 종이 리브가를 만남 - 우물가
28~49절. 종이 라반을 만남 - 라반의 집(34장~49:1~27의 반복)
50~61절. 종과 리브가가 떠남 - 브엘라해로이
62~67절. 종과 이삭을 만남 - 브엘라해로이

창세기 24장은 아브라함의 종의 여행과 리브가 선택에 대해 매우 서술적으로 기록하고 있으며, 고대 근동의 왕들이 그들과 그들의 자녀들의 배우자를 구하기 위해 다른 나라에 자신의 충신을 보내는 기록과 유사한 특징을 가지고 있다.[1] 하지만 창세기 24장에서 가장 두드러지는 점은 이삭의 배우자를 찾는 모든 과정에 하나님이 인도하셨다는 것이다.

1~9절. 아브라함이 종에게 이삭의 아내를 찾게 함

1 아브라함이 나이 많고 아주 늙었더라. 그리고 하나님이 아브라함에게 만사에 복
을 주었더라. **2** 아브라함이 그의 집안에 그에게 속한 모든 것을 관리하는 늙은 종에
게 말하기를, "청컨대 너는 너의 손을 나의 허벅지 아래에 넣으라. **3** 내가 너로 하늘
의 하나님 땅의 하나님 여호와로 맹세하게 하여 네가 내 아들의 아내를 내가 그 가
운데 살고있는 가나안 사람들의 딸들 중에서 취하지 말고 **4** 나의 땅 나의 태어난 곳
으로 네가 가서 네가 내 아들 이삭의 아내를 취하라." **5** 그에게 그 종이 말하기를
"만약 그 여인이 내 뒤를 따라 이 땅으로 오기를 원하지 않으면 내가 반드시 당신의
아들을 당신이 나온 그 땅으로 데려가리이까?" **6** 그에게 아브라함이 이르기를 너는
스스로 지켜 내 아들을 그곳으로 데려가지 않게 하라. **7** 여호와 나를 내 아비의 집

1) Jack Sasson, "The Servant's Tale: How Rebekah Found a Spouse," *Journal of Near Eastern Studies* 65 (2006): 242~243. Jack Sasson은 "The Fated Prince," "Keret," 마리 왕국의 "Zimri-Lim"을 창세기 24장과 유사한 내용을 가졌다고 소개한다.

에서 그리고 내가 태어난 땅에서 나를 취하여 내게 이르시고 내게 맹세하여 이르시기를 '네 자손에게 내가 이 땅을 주리라.' 하신 하늘의 하나님 그가 그의 사자를 네 앞에 보내시리니 너는 내 아들의 아내를 거기서 취하라. **8** 만약 그 여인이 네 뒤를 따라 오기를 원하지 않으면 너는 나의 이 맹세로부터 자유 하려니와, 오직 나의 아들을 그곳으로 데려가지 말라." **9** 그 종이 그의 손을 그의 주인 아브라함의 허벅지 아래 넣고 그에게 이 모든 말에 대하여 맹세하니라.

1~9절에는 아브라함이 창 22:20~24절에 소개되었던 동생 나홀의 집으로 이삭의 아내를 찾기 위해 늙은 종을 보내는 내용이 기록되어 있다. 1~9절은 사실상 아브라함의 마지막 말이며, 아브라함은 늙은 종에게 시킨 맹세와 이삭에 대한 태도를 통해 며느리 선택과 약속의 땅 가나안에 대한 자신의 신앙을 분명하게 드러낸다. 2절과 9절의 '손을 허벅지 아래에 넣고'는 1~9절의 시작과 끝을 알려준다.

1절

1절은 아브라함의 정확한 나이를 말하지 않고 그의 나이가 많고 늙었다는 말로 시작한다. 하지만 아브라함의 나이가 어느 정도였는지 짐작할 수 있다. 사라가 127살에 죽었고, 이때 아브라함의 나이는 137살이었으며 이삭의 나이는 37살이었다. 그리고 이삭은 40살에 결혼했다. 그러므로 창세기 24장에서 아브라함이 이삭의 아내를 찾기 위해 그의 종을 보냈을 때의 나이는 137살에서 140살 사이였을 것이다. '베아브라함 자켄 바 바야밈' וְאַבְרָהָם זָקֵן בָּא בַּיָּמִים(아브라함이 나이 많고 늙었고)은 단순히 어떤 사람의 신체적 나이를 말하는 표현이 아니라 믿음의 조상들의 임종을 앞두고 한 행동이나 말을 도입할 때 사용하는 특별한 표현이다.[2] 수 13:1에서 하나님은 이 말과 함께 여호수아에게 이스라엘 12지파에게 땅을 분배하여 그들에게 가나안 정복 활동을 맡기게 하며, 수 23:1에서는 여호수아가 이 말과 함께 마지막으로 이스라엘 백성들에게 신앙의 결

2) Kenneth A. Mathews, *Genesis 11:27-50:26* (Nashville: Broadman & Holman publishers, 2005), 326.

단을 하게 한다. 왕상 1:1 이하는 이 말과 함께 늙은 다윗의 임종을 앞두고 일어난 아비삭과 아도니야 사건과 솔로몬 즉위에 관한 내용을 기록하고 있다. 아브라함의 경우에도 이 말과 함께 창세기 저자는 아브라함의 노년에 일어난 일들 중에서 마지막으로 하나를 기록하고 있다. 하나님께서 아브라함의 모든 일에 복을 주셨다는 말도 문자 그대로의 사실을 기록하고 있기도 하지만, 이 표현도 믿음의 조상들에 대한 기록을 마감할 때 사용되는 표현으로 생각된다. 욥기 42:12에서 하나님은 욥의 이후의 삶을 더 축복하였다고 한다. 그러므로 1절은 아브라함이 매우 늙었고 하나님의 축복을 많이 받았다는 사실과 함께 그에 관한 일을 마지막으로 소개하려는 목적으로 기록되었다.

2절

아브라함의 마지막 일은 그의 종에게 이삭의 아내를 찾는 일을 맡기는 것이었다. 2절은 우선 이 일을 맡게 된 아브라함의 종을 소개하고 있다.[3] 그 종은 '그에게 속한 모든 것을 관리하는 그의 집의 늙은 종'이라고 한다. 그 종을 '늙은' 종이라고 하지 않고 '그의 집의 늙은' 종이라고 한 것은 이 종이 단순히 나이 많고 늙은 것만 말하는 것이 아니라, 마을의 장로처럼 종들 가운데 가장 권위 있고 지혜 있는 종이라는 의미이다. 이것은 이어지는 표현에서 확인할 수 있다. 이 종은 아브라함에게 속한 모든 것을 관리 또는 다스리는 자이다. '관리하는 자'는 히브리어 동사 '마샬' משל의 분사형이며, 뜻은 '다스리다'이다. 창 45:8에서 요셉은 재회한 형들에게 하나님이 자신을 이집트 온 땅을 다스리는 자로 세웠다고 말하는데, 이때 '다스리는 자'와 아브라함에게 속한 모든 것을 '관리하는 자'는 동일한 히브리어이다. 이 표현은 아브라함과 이 늙은 종이 어떤 관계였는지를 충분히 짐작하게 만들어 준다. 그는 요셉처럼 아브라함 집안의 전권을 위임받은 사람이었다. 이런 종에게 이삭의 아내를 찾는 일을 맡겼다는 것은 아브라함이 이 일을 얼마나 중요하게 생각했으며, 얼마나 신중하게 다루려 했는지

3) 이 종을 창 15:2~3의 다메섹 엘리에셀과 동일시하는 학자들도 있다. Nahum M. Sarna, *Genesis* (Jerusalem: Jewish Publication Society, 1989), 162; Bruce K. Waltke, *Genesis* (Grand Rapids: Zondervan, 2001), 327.

를 보여 준다. 이 같은 사실은 아브라함이 이 종에게 하는 말에서도 확인할 수 있다. 먼저 아브라함은 '청컨대'라는 말로 종에게 간곡히 부탁하고 있다. 명령을 하지 않고 부탁을 한 것은 아브라함 자신의 나이 때문에 자신의 생전에 종이 임무를 완수할 수 없을 수도 있기 때문일 수 있고, 또는 임무의 중요성 때문에 신뢰하는 종에게 특별히 당부하고자 하는 차원일 수도 있다. 그리고 아브라함은 종에게 그의 손을 허벅지 아래 넣고 맹세를 시킨다. 허벅지 아래는 남자의 생식기 아래를 말한다. 고대 근동 사회에서는 종종 손을 들어 맹세하거나 종교적 성물을 잡고 맹세하는 경우는 있었지만 생식기 아래에 손을 넣고 맹세하는 경우는 아직 그 유사한 예를 발견할 수 없다.[4] 허벅지의 히브리어 '야렉' יָרֵךְ은 모세오경에서 종종 친자식을 가리키는 은유적 표현으로 사용된다. 창 46:26과 출 1:8은 야곱의 자손들을 '허벅지에서 나온 생명들'이라고 한다. 삿 8:30은 기드온의 자식들을 '그의 허벅지에서 나온 아들들'이라고 한다. 아브라함이 그의 종에게 허벅지 아래에 손을 넣고 맹세시킨 이유가 이삭을 통한 그의 후손의 번성과 관련되어 있기 때문일 수도 있다. 아브라함과 동일하게 창 47:29에서 야곱은 임종을 앞두고 요셉에게 손을 그의 허벅지 아래에 넣게 한 후 맹세를 시킨다. 야곱은 요셉에게 자신의 주검을 이집트에 매장하지 말고 헤브론의 막벨라 굴에 묻어 달라고 맹세시킨다. 아브라함과 야곱의 맹세 사건의 내용은 이삭의 아내 찾기와 야곱의 주검의 매장이라는 점에서 차이가 있지만, 그러나 둘 다 관련성을 가지고 있다. 즉 야곱이 헤브론에 묻히는 것은 가나안 땅 때문이며, 이삭의 아내 구하는 문제는 가나안 땅을 소유할 아브라함의 후손의 어머니를 찾는 것이다. 그러므로 아브라함과 야곱의 허벅지 맹세는 하나님이 아브라함에게 언약하신 약속의 기본 내용 때문에 생겨났다는 공통점을 가지고 있다.

3~4절

아브라함은 종에게 손을 허벅지 아래 넣게 할 뿐만 아니라, 종에게 여호와의

4) Nahum M. Sarna, *Genesis*, 162. 창세기 랍바(Genesis Rabbah 59:8)는 자손에 대한 약속을 할례를 통해 받았기 때문에 허벅지 아래에 손을 넣고 맹세시켰다고 한다.

이름으로 맹세시킨다. 그리고 아브라함은 그 여호와에 대해 두 가지 표현을 쓴다: 하늘의 하나님, 땅의 하나님. 하나님의 이름 여호와를 통해 아브라함은 자신의 종을 언약의 하나님 앞에 세웠고, 하늘과 땅의 하나님을 통해 창세기 1장의 창조주 하나님 앞에 세웠다. 그리고 아브라함은 언약의 하나님과 창조주 하나님을 증인으로 모시고 종에게 맹세를 시키고 있다. 이 하늘과 땅의 하나님을 맹세의 증인으로 내세우면서 아브라함은 자신의 종에게 지금 맡기는 일이 우주적 차원의 매우 중요한 일임을 상기시키며 반드시 맹세를 지켜야 한다는 책임감을 불러일으키고 있다.[5] 하늘과 땅의 하나님을 언급한 것은 또한 자손에 대한 하나님의 약속 때문이기도 하다. 하나님은 종종 아브라함에게 하늘의 별과 땅의 티끌같이 셀 수 없이 많은 자손을 약속하였다.

아브라함이 종에게 시킨 맹세에는 두 가지 내용이 담겨 있다. 첫째는 3절에서 아브라함은 자신이 함께 살고있는 가나안 사람들의 딸 중에서 이삭의 아내를 택하지 말라고 한다. 아브라함은 헤브론 사람들과 동맹을 맺고 그들 가운데 사라의 매장지를 택했지만, 그러나 그들의 딸들 중에서 이삭의 아내를 택하기 원하지 않았다. 그 이유는 가나안 사람들이 아브라함과 다른 종족이기 때문이 아니라 오히려 그들이 하나님을 두려워하지 않았기 때문이다(창 20:11). 아브라함은 이삭이 가나안 여인과 결혼하면 하나님의 약속을 이루어 가는데 지장이 생겨날 것으로 생각했다. 아브라함이 종에게 이삭을 가나안 밖으로 데려나가지 못하게 한 것은 이런 가정을 가능하게 해 준다.

둘째 내용은 4절에서 아브라함이 그의 종에게 하란으로 가서 그의 친족의 딸들 중에서 이삭의 배우자를 선택하게 한 것이다. 가볍게 생각하면 이것은 이집트 출신인 하갈이 아들 이스마엘을 위해 이집트 여인을 아내로 취하여 준 것과 비슷해 보인다. 하지만 아브라함의 경우는 그의 친족들이 우상 숭배로 빠져들긴 했지만 여호와 하나님께 대한 신앙을 여전히 가지고 있으리라고 생각했기 때문이다(cf. 31, 50, 51절).[6] 창세기 23장의 헷 족속이 하나님의 이름을 알고 있

5) Kenneth Mathews, *Genesis 11:27-50:26*, 326.
6) Cf. 수 24:2. John H. Walton, *Genesis* (Grand Rapids: Zondervan, 2001), 529.

었지만, 이것은 그들이 신앙을 가졌음을 의미하지 않는다(cf. 출 34:16; 민 25; 신 7:3).

종에게 맹세시키면서 아브라함은 창 12:1에서 하나님이 그에게 가나안으로 가라고 말하면서 사용한 표현과 유사하게 '나의 땅 그리고 나의 친족에게' 가라고 한다.

둘 사이에 주목할만한 차이점은 '아비의 집'이란 표현이 사용되지 않은 것이다. 그 이유는 이미 그의 아버지가 사망하고 없었기 때문일 수도 있지만 그보다는 이삭의 배우자 대상을 특정하게 한정 짓지 않음으로 하나님의 인도를 기다리고자 하는 의도 때문일 것이다. 이 표현을 통해 아브라함은 자신이 하나님의 명령에 순종하는 신앙을 보였던 것처럼 종을 하란으로 보내어 본토 친척의 땅에서 가나안 땅으로 떠나올 며느리를 얻으려는 자신의 뜻을 드러내고 있다.

5절

아브라함의 종은 이삭의 아내 될 사람을 찾을 수는 있지만, 그 여자를 가나안 땅으로 데려오는 것은 확신할 수 없었다. 부자인 아브라함의 며느리가 되는 것이 매력적일지 모르지만, 신랑의 얼굴도 모르고 친정 가족을 남겨두고 먼 타국으로 시집을 가는 것은 그렇게 마음이 내키는 일은 아니다. 그래서 아브라함의 종은 여자가 따라오지 않으려고 하면 이삭을 신붓감이 있는 메소포타미아로 데려가도 되는지를 묻는다. 종의 질문은 가나안 땅에 대한 이슈를 건드리고 있다. 종은 우선 아브라함이 현재 살고있고 이삭의 배우자가 오기를 거부할지도 모를 '이 땅'(엘-하아레츠 하조트 אֶל־הָאָרֶץ הַזֹּאת, 가나안 땅)과 '당신이 나온 그 땅'(엘-하아레츠 아셀-야차타 미샴 אֶל־הָאָרֶץ אֲשֶׁר־יָצָאתָ מִשָּׁם, 하란)을 대조시킨다. 그리고 종은 '그 땅' 곧 하란을 두고 '내가 반드시 당신의 아들을 데리고 돌아갈' 땅과 '당신이 거기에서 나온' 땅으로 대조를 시킨다. 즉 하란을 '데리고 돌아갈' 장소와 '나온' 장소로 대조시킨다. 그러면서 종은 강조점을 '데리고 돌아가는 것'에 두기 위해 부정사 절대형 '하셉' הָשֵׁב을 정동사 앞에 첨가하여 말했다. 이삭의 배우자가 오려고 하지 않기 때문에 이삭이 하란으로 가게 된다면, 그것은 이삭이 가나안 땅을 포기하게 만들게 할 수 있다. 그러므로 종의 질문은 이삭의 배우자와 가나안 땅 중에서 어느 것을 포기할 것인지를 묻는 질문이다.

6~7절

창세기 저자는 아브라함이 종의 질문에 대답한 것을 강조하기 위해 '그에게'를 주어 '아브라함' 앞으로 도치시켰다. 아브라함은 종에게 이삭을 데리고 가나안 땅을 떠나는 것을 아주 분명하게 금지하였다. 아브라함은 종에게 이 점을 마음에 새겨 지키라고 했다. 아브라함에게는 며느리보다 이삭이 가나안을 소유하는 것이 더 중요했다. 그리고 7절에서 아브라함은 여호와 하늘의 하나님이 그가 이삭의 아내를 찾는 일을 인도할 것이라고 말한다. 하나님의 인도에 대한 아브라함의 말에는 세 가지 이유가 제시되고 있다. 첫째는 하나님께서 아브라함을 아버지의 집과 본토를 떠나게 했다는 것이다. 이를 강조하기 위해 아브라함은 하나님을 언약의 주인 여호와와 창조주 하나님으로 언급하였고, 그리고 그 하나님이 '나를 내 아버지의 집과 내 친족의 땅으로부터 취하여 내었다'고 말한다. 이 말 속에는 하나님이 나를 취하여 낸 곳으로 이삭을 다시 되돌려 보낼 수 없다는 뜻이 포함되어 있다. 그리고 이 말에서 아브라함은 이삭의 배우자는 자신이 본토 친척 아비의 집을 떠나던 것과 같은 자세를 가지고 있어야 한다는 그의 의도를 내포시키고 있다. 둘째는 하나님이 가나안 땅을 이삭에게 주겠다고 약속했다는 것이다. 하나님이 가나안 땅을 이삭에게 주겠다고 한 것을 아브라함이 종에게 말하기 위해 창 12:7을 그대로 인용한다: '네 씨에게 내가 이 땅을 주리라.'

창 12:7 וַיֵּרָא יְהוָה אֶל־אַבְרָם וַיֹּאמֶר לְזַרְעֲךָ אֶתֵּן אֶת־הָאָרֶץ הַזֹּאת

창 24:7 יְהוָה אֱלֹהֵי הַשָּׁמַיִם אֲשֶׁר לְקָחַנִי מִבֵּית אָבִי וּמֵאֶרֶץ מוֹלַדְתִּי
וַאֲשֶׁר דִּבֶּר־לִי וַאֲשֶׁר נִשְׁבַּע־לִי לֵאמֹר לְזַרְעֲךָ אֶתֵּן אֶת־הָאָרֶץ הַזֹּאת

아브라함은 이를 강조하여 '하나님이 나에게 말하였고, 나에게 맹세까지 하였다고 한다. 아브라함이 인용한 말은 창 12:7의 하나님의 말씀이고, 하나님이 아브라함에게 직접 맹세한 것은 창 22:16이다. 아브라함의 인용과 인유는 그가 하란에서 가나안 땅으로 올 때부터 이삭을 모리아 산에서 번제물로 바칠 때까지 그의 전 생애에 걸쳐 하나님께서 그의 아들과 가나안 땅에 대해 약속한 것을 포괄하는 효과를 가져온다. 하나님이 가나안 땅을 주겠다는 약속을 할 때 그와 그의 후손에게 주겠다는 말을 더 많이 했음에도 불구하고, 아브라함은 자신은 빼고 아들 이삭만 언급하고 있다. 이것은 자신의 시대가 끝나고 이제 이삭을 통해 하나님이 가나안 땅을 그의 후손에게 주는 구속 역사를 전개할 것을 염두에 두고 있기 때문이다. 아브라함은 하나님이 과거에 그에게 한 말과 행동에 근거하여 이삭을 하란으로 데려가지 말라고 한다.

셋째 이유는 첫째와 둘째 이유와는 달리 하나님이 이삭의 신부를 찾도록 인도해 주실 것이라는 확신에 근거하고 있다. 아브라함은 종에게 여호와 창조주 하나님 그가 자신의 사자를 그보다 앞서 보내실 것이라고 한다. 아브라함은 하나님을 자신을 아비의 집에서 취하여 낸 분과 아들 이삭에게 가나안 땅을 주겠다고 약속한 하나님으로 규정한 후 그 하나님이 자신의 사자를, 모리아 산에서 강림하여 이삭에게 가나안 땅을 주고 그를 통해 하늘의 별과 바다의 모래처럼 많은 후손을 주겠다는 약속을 전해 준 그 여호와의 사자를 보내어 인도하실 것이라고 한다. 아브라함의 말은 하나님이 모세에게 이스라엘 백성들에 앞서 그의 사자를 가나안 땅으로 보내겠다고 한 것과 매우 유사하다.

8~9절

아브라함이 모든 것을 맡길 수 있었던 종이었지만 그는 가나안 땅과 관련하여 아브라함과 같은 신앙을 가지고 있지 않았고 자신의 미션을 실패할 것을 염려하였다. 아브라함은 이것을 인식하고 '만일 여자가 너를 좇아 오고자 아니하면' 너는 이 맹세로부터 자유롭지만 결코 이삭을 데리고 가서는 안 된다고 한다. 그리고 9절에서 종은 아브라함에게 맹세한다. 왜 아브라함은 이삭을 메소포타미아로 보내려 하지 않았을까? 아브라함은 이삭이 가나안을 떠나면, 다시는 돌아오지 않을 것을 우려하고 있기 때문이다. 왜 아브라함은 이삭에 대해 이런 생각을 할까? 이삭에게 가나안 땅에서 떠나지 못하게 하는 하나님의 메시지가 창 26:1~2에 기록되어 있다. 가나안 땅에 기근이 들자 이삭이 아버지 아브라함처럼 이집트로 내려가려 했다. 그때 하나님은 이삭에게 이집트로 가지 못하게 하고 가나안 땅에 남을 것을 당부한다. 이삭의 아버지 아브라함이 이집트로 갈 때 하나님은 반대하지 않았었고, 이삭의 아들 야곱이 하란으로 갈 때에도 하나님은 반대가 아니라 오히려 그와 함께하겠다고 약속하였다. 그런데 왜 하나님과 아브라함은 이삭을 떠나지 못하게 하였을까? 분명한 이유를 본문이 밝히고 있지 않기 때문에 아무것도 장담할 수 없다. 굳이 추정을 한다면 창세기에 기록된 이삭의 기사에서 이삭이 보여주는 그의 수동적 성격이 그 이유라고 생각된다.

10~27절. 우물가에서 종과 리브가의 만남

10 그래서 그 종이 그의 주인의 낙타들 중에서 열 마리를 취하여 갔으며 그리고 그의 주인의 모든 좋은 것들을 손에 가졌더라. 그리고 그가 일어나 아람 나하라임 곧 나홀의 도시로 갔더라. **11** 그리고 그가 낙타들을 그 성의 바깥 우물가에 앉혔으니, 곧 저녁 시간 물 긷는 여자들이 나오는 때였더라. **12** 그리고 그가 이르기를 "여호와 내 주인 아브라함의 하나님 청컨대 오늘 내 앞에 일이 일어나게 하시고 내 주인 아브라함에게 자비를 베푸소서. **13** 보소서. 내가 우물가에 서 있사오며 그 성 사람의 딸들은 물을 길러 나오고 있나이다. **14** 내가 소녀에게 말하기를 '청컨대 너는 네 물 두레박을 내밀어 내가 마시게 하라.' 하리니 그녀가 말하기를 '마시라. 그리고 당신의 낙타들도 역시 내가 마시게 하리이다.' 하면 그것을 당신은 당신의 종 이삭을 위해 정하소서. 그것으로 내가 당신이 내 주인에게 자비를 베푸시는 줄로 알겠나이다."

15 그가 말을 마치기 전에, 보라. 리브가가 나오고 있었으니 그녀는 아브라함의 형제
나홀의 아내 밀가의 아들 브두엘에게 난 자라. 그녀의 두레박이 그 어깨에 있더라.
16 그 소녀는 보기에 심히 아름답고 처녀이고 남자를 모르는 자라. 그녀가 샘에 내
려가서 그녀의 두레박을 채워 올라 왔더라. **17** 그 종이 그녀를 맞이하러 달려 가서
말하기를 "청컨대 너는 내가 네 두레박에서 물을 조금 마시게 하라." **18** 그녀가 말하
기를 "마시소서 내 주여." 그리고 그녀가 서둘러서 그녀의 손 위의 두레박을 내려 그
로 마시게 주었더라. **19** 그리고 그녀가 그로 마시기를 마친 후 말하기를 "당신의 낙
타들을 위해서도 역시 내가 그것들이 마시기를 마칠 때까지 물을 긷겠나이다." **20**
그리고 그녀가 서둘려 그녀의 두레박을 물통에 비우고 그녀는 다시 그 우물에 긷기
위해 달려 가서 그녀가 그의 모든 낙타들을 위해 물을 긷더라. **21** 그리고 그 사람이
그녀를 말 없이 응시하며 여호와께서 그의 길을 형통케 하시는지 아닌지 알고자 하
더라. **22** 낙타들이 마시기를 마치자 그 사람이 반 세겔짜리 금 코걸이와 그녀의 팔
을 위해 금 열 세겔 짜리 팔찌 둘을 취하였더라. **23** 그리고 그가 말하기를 "그대는
누구의 딸인지 청컨대 내게 알게 하라. 그대의 아비의 집에 우리가 기거할 장소가
있는가?" **24** 그리고 그녀가 그에게 말하기를 "나는 나홀에게 낳은 밀가의 아들 브
두엘의 딸이라." **25** 그리고 그녀가 그에게 말하기를 "짚도 사료도 우리에게 많으며
기거할 장소도 있나이다." **26** 그 사람이 엎드려 여호와께 경배 하니라. **27** 그리고 그
가 이르기를 "여호와 내 주인 아브라함의 하나님을 찬양 하리니, 그가 그의 자비와
신실함을 내 주인에게서 버리지 아니하였나이다. 나를 여호와께서 내 주인의 형제
들의 집으로 인도하셨나이다."

아브라함의 종은 이삭의 신부를 구하기 위해 메소포타미아의 밧단 아람에 있는 나홀의 성으로 가며, 그곳에서 리브가를 만나게 된다. 아브라함의 종이 신부를 위해 준비하는 태도를 주목할 만하다. 그는 많은 재물을 준비했지만, 특별히 하나님의 인도를 파악하기 위해 낙타를 준비하였고 그리고 신붓감을 찾는 과정에 하나님의 인도를 바르게 확인할 수 있도록 하나님께 구체적인 기도를 하였다. 리브가는 종이 하나님께 기도한 것 이상으로 리브가는 하나님의 인도

의 결과라는 것을 보여준다. 10~27절은 종의 기도로 시작하여 종의 경배로 마무리된다.

10~11절

아브라함에게 맹세하고 나서 종은 이삭의 신부를 찾으러 가기 위해 준비를 한다. 종은 신붓감과 그녀의 가족들에게 줄 결혼 예물을 많이 준비하였다. 종은 이삭의 신붓감이 부모의 집과 고향을 떠나 가나안으로 오려 하지 않을 수 있다고 생각했고, 그런 신붓감이 가나안으로 떠나는 것을 긍정적으로 생각하게 만들 방편으로 많은 재물을 준비했을 것이다. 종은 다른 재물들보다 낙타를 먼저 챙겼다. 10절은 종이 아브라함 소유의 낙타 10마리를 취한 것에 특별한 초점을 맞추고 있다. 그 이유는 아브라함이 그에게 하나님이 그의 사자를 보내어 인도하실 것이라고 하였기 때문에, 그는 하나님의 인도를 정확하게 파악하기 위한 수단으로 낙타 10마리를 취한 것이다.[7] 많은 고고학자들이 아브라함이 낙타를 소유했다는 것을 시대착오적인 기록이라고 주장한다. 하지만 낙타는 수메르 시대에 이미 가축으로 길러지기 시작했었고 아직 보편화되지 않은 사막 운송 수단이었다.[8] 그리고 아브라함의 낙타들 중에 10마리를 취했다는 것은 숫자 10을 통해 아브라함의 부를 나타내려 했을 수도 있지만 종이 곧 전개될 신붓감 시험을 위한 최상의 마릿수를 준비했음을 의미한다. 아브라함의 종은 준비한 것들을 가지고 나홀의 성으로 갔다. 아브라함 시대와 비슷한 시기에 나홀이란 성이 있었지만, 이 이름이 아브라함의 형제 나홀의 이름을 따서 지은 것인지는 분명하지 않으며 우연의 일치일 가능성이 더 높다.

---

7) Andrew Schein, "The Test of Rebecca," *Tradition* 31 (1997): 30.

8) 기원전 2000년대에 만들어진 수메르 시에는 두무지 신이 낙타의 우유를 마시는 장면이 기록되어 있다. http://www.etcsl.orient.ox.ac.uk/section4/tr40816.htm, Segment C, lines 18~27.
"Make the milk yellow for me, my bridegroom, make the milk yellow for me, and I will drink the milk with you, my bridegroom! Wild bull Dumuzid, make the milk yellow for me, and I will drink the milk with you, my bridegroom! .... the goat's milk ...... the fold; lord (?) of all things, fill my holy churns. Dumuzid, ... camel's milk. The milk of the camels .... Their butter and milk are sweet, ... Lord Dumuzid, ... I will drink the milk with you."

아람 나하라임(두 강의 아람)의 나홀의 집까지는 최소한 한 달은 걸렸을 것이다.[9] 하지만 창세기 저자는 긴 여정에서 아브라함의 종이 겪었을 사건들을 모두 생략하고 종이 낙타들을 나홀 성 밖에 있는 우물가에 앉힌 것으로 넘어가고 있다. 아브라함의 종이 주인의 부탁을 듣고 이삭의 신부를 찾기 위해 준비할 때부터 낙타를 통해 하나님의 인도를 확인할 계획을 세웠으며, 특별히 낙타를 샘물가에 앉히고 있었던 것도 이와 관련 있다. 11절은 낙타를 우물가에 앉혔을 때를 저녁 시간이라고 하며 그때에 물긷는 여자들이 물 길러 나오는 시간이라고 한다. 종은 의도적으로 이 시간에 낙타를 샘물가에 앉히고 물긷는 여자들이 나오기를 기다리고 있었다. 고대 근동 지역의 건기는 기온이 높고 덥기 때문에 주로 아침 저녁 시간에 우물에서 물을 긷곤 하였다.

12절

낙타를 우물가에 앉히고 종은 하나님께 인도를 통해 이삭의 신부를 찾게 해 달라고 기도하였다. 기도에서 종은 아브라함처럼 하나님을 여호와라고 불렀지만, 아브라함이 하나님을 하늘과 땅의 하나님이라고 부른 것과는 달리 종은 하나님을 내 주인 아브라함의 하나님이라고 불렀다. 종은 하나님이 주인 아브라함과 관계가 있지 자신과는 무관한 사이였기 때문에 이렇게 부른 것이 아니라, 창 17:9~14에서 아브라함이 자기 집안 모든 남자들을 여호와 하나님 앞에서 할례를 베풀며 언약의 대표가 되었기 때문이다.[10] 아브라함과 맺은 언약을 통해 하나님은 여호와 아브라함과 이삭과 야곱의 하나님으로 불리게 되었으며 종은 하나님을 아브라함의 하나님으로 부른 첫 인물이다.[11]

종은 비록 이삭의 아내를 찾으러 왔지만 아브라함을 위해 하나님께 간구하

9) Victor P. Hamilton, *The Book of Genesis: Chapters 18~50* (Grand Rapids: Eerdmans, 1995), 144. Gordon Wenham에 의하면 아람 나하라임은 텔-엘 아마르나 문서에서 나흐리마로 불린다. Gordon Wenham, *Genesis 16-50* (Nashville: Thomas Nelson, 2000), 143; John H. Walton, *Genesis*, 530; Kenneth Mathews, *Genesis 11:27-50:26*, 332.

10) Derek Kidner, *Genesis* (Downers Grove: Inter-varsity Press, 1967), 147.

11) 창 26:24; 28:13; 31:42; 31:53; 32:9; 48:15, 출 3:6, 15, 16; 4:5, 왕상 18:36, 대상 29:18; 30:6, 시 47:9, 마 22:32, 막 12:26, 눅 20:37, 행 3:13; 7:32.

고 있다. 종은 '나의 주인 아브라함'을 반복하고 있고, 하나님께서 종 자신이 아니라 자신의 주인 아브라함에게 '헤세드' חסד(신실함, 자비)를 베풀어 주시도록 간구한다. '헤세드' חסד는 구약에서 하나님의 언약의 사랑을 나타내는 말이다. 아브라함의 종은 하나님이 자기 주인과 맺은 언약에 근거하여 '헤세드'를 베풀어 달라고 기도하고 있다. 종이 원하는 하나님의 자비는 그가 이삭의 신부를 찾는 일이 형통하게 되는 것이다. 종은 이 기도가 즉각 신속하게 응답되게 해 달라고 '하욤' הַיּוֹם(오늘날)을 기도 첫 문장에 붙였다. 신속한 응답을 요청하는 기도는 종의 기도가 처음이다.[12] 종은 자신의 편리를 위해 일이 형통하기를 바라지 않고 주인 아브라함을 위해 하나님께 '헤세드'를 베풀어 달라고 기도하는 신실한 모습을 가지고 있다.

13~14절

종은 먼저 자신이 지금 서 있는 환경을 하나님께 말하고, 이삭의 신부를 하나님이 예비하셨음을 확인할 수 있도록 구체적인 표징을 제안한다. 그것은 종이 우물에서 물 긷는 여인에게 자신이 마실 물을 부탁하면 상대방이 자신뿐만 아니라 낙타들에게도 물을 마시게 하는 것이다. 고대 근동 사회에서는 여행자들이 한 지역을 방문하면 그 지역의 우물을 사용할 수 있도록 허락을 받아야 했다. 요청을 하면 지역 사람들은 친절하게 물을 주는 것이 전통이었다. 일반적으로 하나님의 뜻을 물을 때 가-불가 여부를 주로 물었는데, 종은 하나님의 뜻을 확인하기 위해 아주 창의적인 방법을 사용하였다. 단순히 자기에게 물을 주는 것을 사인으로 요청했다면, 근동의 풍습을 감안하면 그가 요청한 사인은 별로 신뢰할 수 없는 사인이며, 차라리 물을 주지 않는 것을 사인으로 요청하는 것이 더 낫다. 그래서 아브라함의 종은 아브라함의 집에서 미리 준비해 온 10마리의 낙타에게도 자발적으로 물을 주려 하면 이를 하나님이 준비하신 이삭의 신부로 여기겠다고 했다. 그리고 하나님이 아브라함에게 자비를 베풀고 계시다는 것을 믿겠다고 한다. 낙타는 물을 마시지 않고 며칠을 지낸 경우 한번에 약

12) Victor P. Hamilton, *Genesis: Chapters 18-50*, 145.

95리터를 마실 수 있다고 한다.[13] 낙타 10마리는 약 950리터이다! 고대 근동 사람들이 일반적으로 사용하던 물 두레박은 보통 약 10리터의 물을 담을 수 있는 크기였다. 여자의 몸으로 이렇게 하는 것은 거의 불가능한 것을 제시하였다. 하지만 누구든지 요청하지도 않았는데도 자발적으로 물을 달라는 사람뿐만 아니라 낙타 10마리에게 물을 주려고 두레박질을 한다면, 그 사람의 인품은 결코 평범하지 않고 대단히 훌륭하다고 여길 수밖에 없고, 하나님의 특별한 인도와 섭리의 결과로 볼 수 있을 것이다.

15절

종의 기도에 대한 응답은 완벽했다. 종이 하나님께 '오늘날' 속히 응답해 달라고 기도하였는데, 하나님은 종의 요청보다 더 빨리 응답하셔서 종이 말을 끝내기도 전에 리브가를 나타나게 하였다.[14] 여러 여인 중의 한 명이 아니라, 처음 나타난 여자가 창 22:20~24에서 소개된 것처럼 아브라함의 동생 나홀의 손녀 리브가라고 창세기 저자는 소개하고 있다. 아직 종은 리브가의 정체를 알지 못하고 있지만 리브가가 물 항아리를 어깨에 메고 우물가로 나오고 있는 것은 완벽한 타이밍이다.

16절

16절은 리브가의 특징을 기록하고 있다. 리브가는 사라처럼 매우 아름다운 외모를 가지고 있으며, 결혼하지 않은 여성으로서 남자를 알지 않은 처녀라고 기록한다. 사르나에 의하면 처녀로 번역되곤 하는 '베투라' בְּתוּלָה는 그 자체로는 처녀라는 의미보다는 결혼할 나이가 된 여성으로서 결혼한 여성과 결혼하지 않은 여성 모두를 가리킬 수 있다고 한다.[15] 16절은 리브가를 '베투라' בְּתוּלָה라고 하였고 이어서 '남자를 알지 않았더라'를 첨가하여 그녀가 결혼하지 않은

13) Bruce K. Waltke, *Genesis*, 328; John H. Walton, *Genesis*, 530.
14) John H. Sailhamer, *The Pentateuch as Narrative* (Grand Rapids: Zondervan, 1992), 181.
15) Nahum M. Sarna, *Genesis*, 165. 요엘 1:8에서 '베투라' בְּתוּלָה는 남편이 있는 여자이다.

처녀라는 사실을 확인하고 있다. 리브가는 우물가에 와서 아브라함의 종과 낙타가 있음에도 불구하고 아랑곳하지 않고 곧바로 우물로 내려가서 물바가지에 물을 채워 올라 왔다. 고대 근동 지역에는 우물의 입구의 폭이 약 1~2m 정도로서 우물 입구에서 두레박을 내려 물을 긷는 종류의 우물도 있고, 드물게 계단을 30~40m 정도 걸어 내려가서 물을 긷는 우물이 있었다. 리브가의 경우 그녀가 물을 길러 내려갔다가 올라왔다고 표현하지만, 이 우물이 창 29:2의 야곱과 라헬이 만났던 우물과 동일하거나 유사한 형태의 우물이었을 가능성을 고려한다면 아마도 그녀가 물 두레박을 내리고 올린 것을 이렇게 표현한 듯하다.

17~20절

종은 즉시 리브가에게 달려가서 물 항아리의 물을 조금 마시게 해 달라고 한다. 이에 리브가는 종을 '내 주여'라고 호칭하며 신속하게 물 항아리를 손에 내려 그에게 마시게 하였다(18절). 이어서 리브가는 종이 요청하지 않았는데도 자원하여 낙타들에게도 물을 다 마실 때까지 물을 긷겠다고 말한다(19절). 그리고 리브가는 물동이의 물을 짐승들의 구유에 신속하게 쏟아 붇고 다시 물을 긷기 위해 우물로 달려가기를 모든 낙타들이 다 마실 때까지 반복하였다(20절). 창 18:2~7에서 아브라함이 손님들을 대접하기 위해 소떼들을 향해 달렸던 것처럼 리브가도 손님과 낙타들을 대접하기 위해 달렸다.[16)]

21절

리브가가 이렇게 수십 번에 걸쳐 물을 긷는 동안 아브라함의 종은 바라만 보고 있었다. 그리고 아무 말도 하지 않았다. 아브라함의 종은 리브가의 미모와 인품을 파악하려고 말없이 바라보고 있었던 것이 아니다. 그는 이 모든 일이 과연 하나님이 자신의 길을 형통케 한 결과인지 하나님의 인도와 섭리와 역사의 결과인지 아닌지를 파악하기 위해 지켜보았다(21절). 유사한 이야기가 기록된 야곱(창세기 29장)과 모세의 우물 기사(출애굽기 2장)와 비교해 보면 종의 행

16) Gordon Wenham, *Genesis 16-50*, 144.

동에는 특별한 점이 또 있다. 야곱과 모세의 경우 그들이 가축들을 위해 물을 긷거나(야곱) 태도가 불량한 목동들을 쫓아버리는 영웅의 모습을 보여준다. 아브라함의 종의 경우에는 그는 영웅다운 행동을 전혀 하지 않고 대신에 야곱과 모세와는 달리 리브가가 여걸의 행동을 하고 있다. 종은 이런 리브가의 행동에서 하나님의 인도를 확인하려 하고 있었다.[17)]

22~25절

리브가가 낙타들에게 물 주기를 마치자 아브라함의 종은 이 소녀가 하나님께서 예비하신 이삭의 신붓감이라는 확신을 가지고 이제 아브라함의 친족인지 확인하기 위해 리브가에게 금 코걸이(반 세겔-약 6그램 또는 1.6돈)와 금팔찌(10세겔-약 120그램 또는 32돈)를 주었다(22절).[18)] 아마도 리브가는 생각지도 못한 큰 선물을 받아 들고 깜짝 놀랐을 것이다. 그런 리브가에게 아브라함의 종은 누구의 딸인지 질문한다. 그리고 그녀의 집에 자신이 하룻밤 잘 수 있는 방이 있는지를 물었다(23절). 아브라함의 종의 물음에 대한 리브가의 대답이 특별하다. 우선 리브가는 자신의 아버지가 누구인지 말한다. 일반적으로 구약 성경에서는 자신을 소개할 때, 자신의 아버지의 이름을 언급한다. 하지만 리브가는 자신의 아버지 브두엘만 말하지 않고 자신의 할머니 밀가와 할아버지 나홀을 함께 소개한다. 특이하게도 리브가는 아브라함의 종을 만난 소식을 전하러 자신의 어머니 집으로 달려가고, 그녀의 어머니와 라반이 함께 그녀를 가나안으로 떠나 보내기로 결정하는 순간까지 그녀의 아버지의 이름 브두엘을 언급하지 않았다. 이에 반해 리브가는 할머니 밀가의 이름을 말하였다.[19)] 밀가는 아브라함의 동생 라반의 딸이었고 아브라함과 함께 가나안으로 갔던 조카 롯의 여동생인데 아브라함의 또 다른 동생 나홀의 아내가 되었다.

17) Victor Hamilton, *Genesis: Chapters 18-50*, 148.
18) John H. Walton, *Genesis*, 531.
19) Gordon Wenham, *Genesis 16-50*, 145.

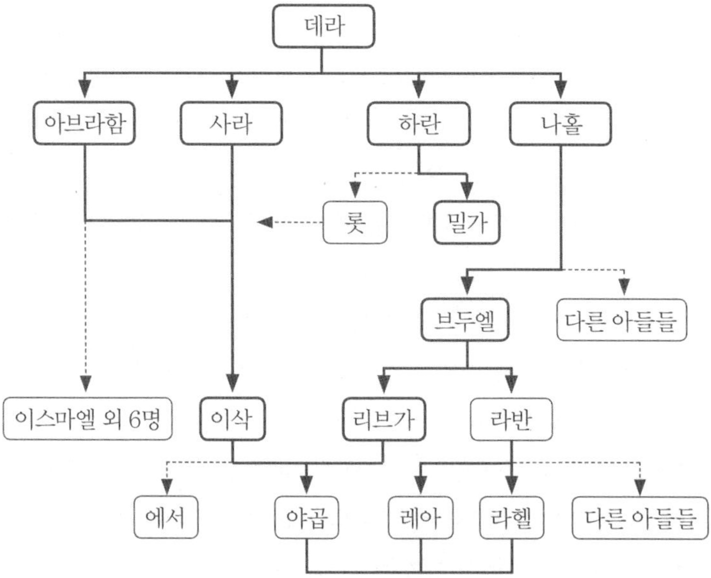

리브가는 하란을 언급하지 않았지만 사실상 아브라함의 두 동생 나홀과 하란의 친손녀이자 친 외손녀이다. 리브가는 어머니 대신에 할머니 밀가를 언급한 것은 결코 우연이 아니다. 리브가의 말을 통해 하나님은 리브가가 종이 찾는 가장 완벽한 아브라함의 친족이라는 사실을 보여주려 했을 것이다.[20] 리브가의 가족 소개는 창 22:23의 정보와 동일하며, 그야말로 아브라함의 종이 리브가의 신분을 단번에 인식하게 해주는 교과서적인 정답이었다.

창 24:24 בַּת־בְּתוּאֵל אָנֹכִי בֶּן־מִלְכָּה אֲשֶׁר יָלְדָה לְנָחוֹר׃

창 22:23 וּבְתוּאֵל יָלַד אֶת־רִבְקָה שְׁמֹנָה אֵלֶּה יָלְדָה מִלְכָּה לְנָחוֹר אֲחִי אַבְרָהָם׃

25절에서 리브가는 아브라함의 종에게 그가 질문한 것 이상으로 그녀의 집

20) 이런 이유 때문에 아브라함의 종은 27절에서 '여호와께서 내 주인의 형제들의 집으로 인도 하셨도다'라며 아브라함의 동생 나홀 한 명을 지칭하는 '형제'(아히 אָחִי)가 아니라 나홀과 라반을 모두 지칭하는 복수형 '형제들'(아헤이 אַחֵי)이라고 했을 것이다. E.A. Speiser는 MT의 '아헤이'를 본문 비평상의 오류라고 주장한다. E.A. Speiser, *Genesis* (Garden City, NY: Doubleday & Company, 1982), 180.

에는 낙타가 먹을 짚과 먹이가 충분하다는 말을 먼저 말하고 이어서 숙소도 있다고 말한다. 아브라함의 종은 10마리의 낙타를 통해 물을 마시게 하는 시험을 리브가에게 하려고 했었는데, 리브가는 기대치 이상으로 낙타에게 물을 마시게 했을 뿐만 아니라, 숙소에 대한 질문에서도 덩치 큰 낙타들의 먹이까지 충분히 배려하는 모습을 보여 주었다. 리브가의 행동은 아브라함의 종에게 그녀가 하나님이 인도하고 정한 이삭의 신부라는 확신을 심어 주게 되었다. 리브가는 손님 대접을 큰 미덕으로 생각하던 고대 근동의 전통에 비추어 볼 때 최고의 인품을 가진 여성이다.

26~27절

리브가의 행동과 말을 다 듣고 난 아브라함의 종은 여호와 하나님께서 이삭의 신부를 찾는 일에 확실하게 개입하고 계시며 주인 아브라함에게 자비를 베풀고 계시다는 것을 깨달을 수 있었다. 종은 리브가에게 자초지종을 말하는 것을 뒤로 돌리고 먼저 하나님께 경배하며 감사한다. 그는 리브가가 보는 데서 먼저 머리를 땅에 대고 엎드려 하나님께 경배하며 감사하였다(26절). 아브라함의 종과 리브가의 만남은 기도로 시작하여 기도로 끝나며, 시작 기도와 종료 기도의 내용이 매우 유사하다. 시작 기도에서 종은 하나님을 '여호와 내 주인 아브라함의 하나님'이라고 부르며 하나님이 형통하게 해 주시고 자기 주인에게 자비를 베풀어 달라고 했다. 마지막 기도에서 종은 하나님을 역시 '여호와 내 주인 아브라함의 하나님'이라고 부르며 하나님을 찬양한다. 이어서 종은 하나님이 시작 기도에서 구했던 자비(헤세드 חֶסֶד)를 하나님이 저버리지 않았다고 하며, 이에 더해 하나님이 아브라함과의 관계에 대한 하나님의 신실함을 저버리지 않았다고 말한다. 시작 기도에서 종은 자신이 몰고 온 낙타를 통한 구체적인 증표를 요청하였는데, 마지막 기도에서 종은 하나님께서 자신을 자기 주인의 형제의 집으로 인도하여 이삭의 신붓감을 찾게 한 것을 감사하고 있다. 이를 강조하기 위해 종은 독립 인칭 대명사 일인칭 단수 '아노키' אָנֹכִי(나, 내가)를 문두에 첨가하였고, 전치사구 '받데렉' בַּדֶּרֶךְ(길에서)를 동사 앞에 도치시켜서 '나를 길에서 여호와께서 내 주인의 형제들의 집으로 인도 하셨도다'라고 했다. 아브라함의 종은 하나님께 구체적으로 기도하였고 구체적인 기도 응답을 받고 하나님께 감사기도하며 경배드렸다.

28~49절. 리브가의 가족을 만남

28 그 소녀가 달려가서 그녀의 어미의 집에 이 일들을 알리니라. **29** 리브가에게 오
빠가 있었으니, 그의 이름은 라반이라. 라반이 밖으로 그 사람에게 달려가 우물가
에 이르니라. **30** 코걸이와 여동생의 팔에 있는 팔찌를 보고, 그의 여동생 리브가의
말들 곧 '내게 그 사람이 이렇게 말하였다'는 것을 듣고는 그가 그 사람에게 들어가
니 보라 낙타들이 우물가에 서 있더라. **31** 그가 이르기를 "여호와께 복을 받은 자
여, 오소서. 왜 당신은 밖에 서 있나이까? 내가 직접 집과 낙타를 위한 장소를 예비
하였나이다." **32** 그 사람이 그 집으로 들어갔고 그리고 그가 낙타들의 짐을 부리고
짚과 사료를 낙타들에게 주며 그리고 물을 그의 발과 그와 함께 한 사람들의 발을
씻도록 주니라. **33** 그의 앞에 먹을 것이 놓여지자 그가 말하기를 "내가 내 일을 말
할 때까지 먹지 않겠나이다." 그리고 그가 말하기를 "말하소서." **34** 그리고 그가 말
하기를 "나는 아브라함의 종이라. **35** 여호와께서 내 주인을 심히 축복하셔서 그가
번성하였나이다. 그가 그에게 양떼와 소떼와 은과 금과 종들과 여종들과 낙타들과
나귀들을 주었나이다. **36** 내 주인의 아내 사라가 노년에 내 주인에게 아들을 낳았으
니 그가 그에게 자기에게 속한 모든 것들을 주었나이다. **37** 내 주인이 내게 맹세시
켜 이르기를 '너는 내 아들의 아내를 내가 거주하고 있는 땅 가나안 사람들의 딸들
중에서 취하지 말라. **38** 대신에 내 아비의 집에 너는 가서 내 친족에게 이르러 내 아
들의 아내를 취하라. **39** 그리고 내가 내 주인에게 이르기를 '아마 그 여인이 나를 따
라오지 않으리이다.' **40** 그가 내게 이르기를 '여호와 내가 그 앞에서 행한 이가 그의
사자를 너와 함께 보내리니, 그가 너의 길을 형통케 할 것인즉 너는 내 아들의 아내
를 내 친족 내 아비의 집으로부터 취하라. **41** 너는 내 맹세로부터 자유 하리니 이는
네가 내 친족에게 갔음에도 불구하고 그들이 네게 주지 않았음이라. 네가 내 맹세로
부터 자유하리라.' **42** 내가 오늘 그 우물에 이르러서 내가 여호와 내 주인 아브라함

의 하나님께 말하기를 '청컨대 당신은 내가 가고 있는 내 길을 형통케 하소서. **43** 보
소서 내가 우물가에 서 있사오니 물을 길러 나오는 처녀가 있어서 내가 그녀에게 청
컨대 '내게 네 물 항아리로부터 물을 조금 마시게 하라.' 하리니 **44** 그녀가 내게 말하
기를, '당신도 마시고 당신의 낙타들도 내가 물을 길으리이다.' 하면 그녀가 여호와께
서 내 주인의 아들을 위해 정하신 그 여인이리이다. **45** 내가 내 마음에 말하기를 마
치기 전에 보소서 리브가가 나오니 그녀의 어깨에 물 항아리가 있었고 그리고 그녀
가 우물가로 내려가서 물을 길렀나이다. 그리고 내가 그녀에게 이르기를 '청컨대 나
를 마시게 하라.' **46** 그녀가 신속하게 물 항아리를 위에서 내려 말하기를 '마시소서.
당신의 낙타들도 내가 마시게 하리이다.' 그리고 내가 마셨고 낙타들도 그녀가 마시
게 하였나이다. **47** 내가 그녀에게 물어 내가 이르기를 '그대는 누구의 딸인가?' 그리
고 그녀가 밀가가 낳은 나홀의 아들 브두엘의 딸이라고 하였나이다. 그래서 내가 코
걸이를 그녀의 코에 그리고 팔찌를 그녀의 팔에 주었나이다. **48** 그리고 내가 엎드려
여호와께 경배하였고 내가 여호와 내 주인 아브라함의 하나님을 찬양하였으니, 이
는 그가 나를 길에서 신실하게 인도하여 내 주인의 형제의 딸을 그의 아들을 위해
얻게 하였나이다. **49** 이제 만약 당신이 내 주인에게 자비롭고 신실하게 행하려 한다
면 당신들은 내게 말하고 만약 그렇지 않다면 내게 말하소서. 그리하면 내가 좌우
를 정하리이다."

28~49절에서 아브라함의 종은 라반을 비롯한 리브가의 가족들을 만나서 아브라함이 자신을 맹세시켜 보낸 것에서부터 시작하여 지금까지 일어난 일들을 요약하여 그들에게 말해 준다. 그렇기 때문에 28~33절과 49절을 제외하고 나머지는 1~27절의 내용의 반복에 해당된다. 28-33절은 라반이 아브라함의 종을 자신의 집으로 안내하여 들이는 과정을 기록하고 있으며, 34-48절은 지금까지 일어난 일들의 요약이며, 49절은 리브가의 가족들에게 결정을 요청하는 내용을 기록하고 있다. 그의 반복 목적은 리브가의 가족들에게 이삭의 아내 리브가를 만나는 모든 과정에 여호와 하나님이 전적으로 인도하셨다는 것을 알

리고 설득시켜서 그들의 허락을 받는 것이었다.[21)]

28~30절

리브가는 종의 감사 기도를 통해 아브라함의 소식을 듣고 놀라서 집으로 달려갔다. 특이하게도 리브가는 아버지에게 연락하지 않고 어머니의 집으로 가서 이 모든 것을 말했다고 한다. 브두엘이 아직 살아 있음에도 불구하고 어머니의 집을 구별하여 말하는 것은 그들의 가족사를 암시할 수 있지만, 브두엘이 이미 거동이 힘들 정도로 늙었기 때문일 수도 있다.[22)] 어머니를 언급한 또 다른 의도는 아브라함이 아버지의 집을 떠난 것과 대조적으로 리브가는 어머니의 집을 떠나게 된다는 것을 보여주려는 것이다.

29절은 곧바로 라반을 소개하며, 29~32절은 라반이 아브라함의 종의 일행을 집으로 안내하여 손님 접대하는 모습을 기록하고 있다. 라반의 등장은 야곱의 기사의 전개에 앞서 복선을 깔고 있다. 라반은 창세기 29~31장에 재등장하며 야곱의 장인이 된다. 하지만 라반은 야곱에게 항상 우호적인 것이 아니라 그의 재산을 둘러싸고 야곱과 갈등을 일으키게 된다. 두 사람의 관계에 대해 창세기 24장은 라반의 성품을 미리 예고하는 내용을 담고 있다.[23)]

30절에 의하면 라반이 리브가의 말을 듣고 그녀의 코걸이와 팔찌를 보고 아브라함의 종을 마중하러 나갔지만, 29절은 리브가에게 라반이라는 오빠가 있다는 말을 하자마자 라반이 아브라함의 종을 만나러 달려갔다고 말한다. 이렇게 한 이유는 라반의 성급한 이미지를 보여주려는 의도 때문일 수도 있지만, 그의 욕심을 보여주려는 창세기 저자의 의도 때문이다.[24)] 그리고 라반은 아브라함의 종의 소식을 듣고 아버지를 대신하여 주도적으로 호스트 역할을 한다. 그는 아브라함의 종의 일행이 씻을 물을 주고 식물을 베풀어 접대하고 있다(32

21) Gordon Wenham, *Genesis 16-50*, 146.

22) Bruce K. Waltke, *Genesis*, 330.

23) Nahum Sarna, *Genesis*, 166; Robert Alter, *Genesis* (New York: W.W. Norton & Company, 1996), 117; Bruce K. Waltke, *Genesis*, 330.

24) Kenneth A. Mathews, *Genesis 11:27-50:26*, 337~338.

절). 왜 라반이 이렇게 호의를 베풀까? 라반의 욕심이 작용하고 있기 때문일 것이다. 30절은 라반이 아브라함의 종을 만났을 때 그의 반응을 다음과 같이 표현하고 있다.

וְהִנֵּה עֹמֵד עַל־הַגְּמַלִּים עַל־הָעָיִן　　베힌네 오메드 알–학게말림 알–하아인

감탄사 '힌네' וְהִנֵּה(보라)를 통해 라반이 아브라함의 종을 만났을 때 그가 경이로움을 느꼈음을 먼저 표시하였다. '힌네' הִנֵּה는 반가운 감정을 나타낼 수도 있지만, 본문이 라반은 '낙타들 곁에 서 있는' 종을 보았다고 한 것은 라반의 시선이 낙타에 박혀 있음을 보여주며, 라반이 낙타들을 보고 놀랐음을 보여 준다. 리브가는 종의 일행을 보았을 때 우물로 바로 가버렸지만, 라반은 종의 일행을 보았을 때 낙타를 먼저 보고 깊은 관심을 표출하고 있다.

31~32절

라반은 아브라함의 종에게 '여호와께 복 받은 자여'(베룩 야웨 בְּרוּךְ יְהוָה)라고 인사한다. 라반이 여호와의 이름을 언급한 것은 이를 아무리 부정적으로 평가하더라도 그가 여호와 하나님을 알고 있었다는 사실을 입증한다. 창세기에서 가나안 사람들은 아브라함에게 종종 하나님을 언급하였고 그때마다 이들은 하나님을 '엘로힘'으로 말했지 여호와의 이름을 말하지는 않았다. 반면에 라반은 메소포타미아의 달의 신을 의미하는 이름을 가질 정도로 배교의 길을 걷고 있었지만 그가 여호와의 이름을 말했다는 것은 그가 최소한 현재까지 여호와의 이름을 알고 있었음을 의미한다.[25] 아마 라반은 아브라함이 여호와 하나님만 섬기는 신앙을 때문에 가나안으로 떠난 것을 알고 있었기 때문에 아브라함의 종에게 이렇게 인사하였을 수 있다(cf. 수 24:2~3). 아브라함의 종은 늙었지만 라반이 보기에 여호와께 복 받은 사람으로 생각할만한 모습을 하

25) '라반' לָבָן의 뜻은 흰색이며, 여성 명사 '레바나' לְבָנָה는 달의 신 Sin을 가리키는 시적인 표현이다. Nahum Sarna, *Genesis*, 166.

고 있었다. 이어서 라반은 아브라함의 종에게 자신의 집으로 갈 것을 제안하면서 자신이 낙타들을 위한 공간을 예비하였다는 말을 빼놓지 않고 말한다(31절). 아브라함의 종의 일행이 라반의 집으로 들어가자 라반은 먼저 낙타들에게 먹이와 물을 준 후 그리고 종의 일행의 발을 씻을 물을 주고 음식을 차린다(32~33절). 라반은 왜 약대를 먼저 돌보아 줄까? 하나님은 아브라함의 종에게 리브가의 일을 주관하고 있음을 좀 더 분명하게 확증하려는 의도일 수 있다. 즉 낙타를 친근하게 돌보는 것은 종이 사인으로 요청한 것의 연장 선상에 있다고 볼 수 있다. 하지만 창세기 저자는 낙타를 돌보는 라반의 태도를 반복함으로 그의 욕심스러운 성품을 보여 주려 하고 있다. 30~32절에서 라반이 보물과 낙타에 관심을 집중하고 있는 것은 호기심의 차원을 넘어 그가 물질에 대한 탐욕을 가지고 있었음을 보여주며, 이러한 욕심이 나중에 야곱을 만났을 때 여과 없이 나타난다.

33~36절

라반이 아브라함의 종의 일행 앞에 식사를 준비하자 종은 자신의 말을 끝내기 전에는 먹지 않겠다고 한다(33절). 아브라함에 대한 종의 충성심이 매우 돋보이는 행동이다. 종은 리브가와 라반 그리고 그의 부모들을 설득하기 위해 지금까지 있었던 일들을 말하기 시작한다. 종은 자신의 이름을 밝힘으로 자신을 드러내려 하지 않고 자신을 단지 아브라함의 종이라고 말한다. 종은 자신의 주인 아브라함이 거부이며, 그의 부는 하나님께서 엄청난 축복을 주신 결과라고 한다. 이를 강조하기 위해 주어 '여호와'를 문두에 도치시켰고, 동사 '축복하다'(베락 בֵּרַךְ)를 강조하기 위해 부사 '매우'(메오드 מְאֹד)를 첨가하였다. 라반이 종에게 '여호와의 복 받은 자여'라는 인사를 했지만 종은 자신을 부각시키지 않고 오히려 하나님이 아브라함에게 복을 주어 가축과 보물과 종들을 많이 주셨다고 하며, 이 사실을 수사학적인 대조를 통해 아브라함의 부를 각인시킨다.

양떼와 소떼

금과 은

남녀 종들

나귀들과 낙타들

낙타와 리브가가 받은 보물 그리고 함께한 종의 일행들은 라반에게 아브라함이 받은 축복을 확신시켜 주고도 남았을 것이다. 이어서 종은 사라가 아들을 낳은 사실을 말하며, 이를 앞서 아브라함이 받은 축복에 대해 했던 진술과 대구를 이루게 표현한다.

35ab 하나님이 아브라함을 번창케 함

34c 하나님이 아브라함에게 가축과 보물 그리고 종들을 줌(וַיִּתֶּן־לוֹ)

36a 사라가 아들을 낳음

36b 아브라함이 모든 소유를 아들에게 줌(וַיִּתֶּן־לוֹ)

아브라함의 종은 하나님이 아브라함에게 복을 주신 것과 사라가 노년에 아들을 낳은 것을 대표적인 은총으로 제시하고 있다. 아마도 아브라함의 종은 나홀의 집안 사람들이 이미 사라가 가나안으로 떠날 때 불임 상태로 늙었다는 것을 알고 있었기 때문에 사라의 노산을 알렸을 것이고, 지금 자신이 찾고 있는 신부가 다름 아닌 아브라함과 사라의 아들이라는 사실을 분명하게 밝히려는 목적으로 이렇게 말했을 것이다. 그리고 사라가 노년에 낳은 아들이기 때문에 리브가의 남편이 될 만큼 충분히 젊다는 점을 라반에게 알리려고 사라의 노산을 언급하였을 것이다.[26] 더 나아가 아브라함의 종은 하나님께서 아브라함에게 준 복을 아브라함이 지금 종이 찾고 있는 신붓감의 신랑인 그의 아들에게 모두 주었다는 사실을 밝히기 위해 34c에서 사용한 '와이텐-로' וַיִּתֶּן־לוֹ(그리고 그가 그에게 주었다)를 36b에서 반복하여 사용하였다. 이것은 라반에게 리브가가

26) Bruce K. Waltke, *Genesis*, 330; Gordon Wenham, *Genesis 16-50*, 147.

결혼할 이삭이 아브라함의 모든 부를 상속받을 사람이라는 점을 각인시켜 주는 효과를 가졌을 것이다. 종은 라반을 비롯한 리브가의 가족들을 설득시키기 위해 핵심적인 말을 간결하면서도 효과적으로 말하고 있다. 특별히 아브라함의 종은 지금까지 있었던 모든 일들을 구체적으로 반복하며 설명한다. 67절에서는 아브라함의 종이 이삭에게 리브가를 데려오게 된 과정을 말하면서 28~49절처럼 구체적으로 반복하지 않는다. 이런 차이점을 생각한다면 아브라함의 종의 반복 설명은 단순 요약 반복 그 이상의 목적을 가지고 있음을 알 수 있다. 그의 반복 설명의 목적은 리브가의 가족들에게 리브가가 이삭의 신붓감이라는 확신을 가지도록 설득하는 것이다.

37~41절

37~38절에서 종은 이삭의 아내를 찾기 위해 하란까지 오게 된 것은 아브라함이 지금 살고 있는 가나안 소녀들 중에서 며느리를 찾지 않고 자신의 친족의 딸들 중에서 찾으려는 의지 때문이라고 말한다. 이렇게 시작된 아브라함의 종의 설명은 아브라함이 자신에게 맹세시키고 하란으로 보낼 때부터 지금까지 일어난 일들을 기록한 3-28절의 내용과 매우 유사하다. 중요한 차이점은 아브라함의 말을 변경시킨 것과 아브라함의 말과 행동의 일부를 생략한 것이다. 아브라함의 종이 지금까지 일어난 일들과 대화들을 판박이처럼 반복할 필요가 없었기 때문에 모든 변경과 생략에 의미를 부여할 수는 없지만 특별히 관심을 가져야 되는 것이 두 가지가 있다. 변경과 관련하여서는 4절에서 아브라함이 종에게 '나의 땅 나의 친척'(엘-알치 베엘-모라드티 אֶל־אַרְצִי וְאֶל־מוֹלַדְתִּי)에게 가서 신붓감을 찾아오라고 했는데 반해 종은 이를 바꾸어 '나의 아비의 집과 나의 친족에게'라고 했다(38, 40절). 즉 종은 한편으로는 대상을 좁혀서 '나의 아비의 집'으로 바꾸었고 다른 한편으로는 대상을 넓혀 '나의 친족'으로 바꾸었다. 38절에서 종은 '내 아비의 집에'(엘-베이트-아비 אֶל־בֵּית־אָבִי)를 강조하기 위해 동사 '가서'(테렉 תֵּלֵךְ) 앞으로 도치시켰고, '그리고 내 친족에게'(베엘-미스파흐티 וְאֶל־מִשְׁפַּחְתִּי)를 따로 떼어 동사 없는 문장으로 만들어 버렸다. 이렇게 바꾼

의도는 분명히 리브가가 아브라함의 친동생 나홀과 하란의 직계 후손이기 때문일 것이다. 대상을 좁힘으로 리브가가 그 신부라는 인상을 주게 하며, 대상을 넓힘으로 리브가의 가족들이 거부하면 다른 많은 친족들 중에서 찾을 수 있다는 압박을 느끼게 만든다.

종이 생략한 것들도 있다. 종은 아브라함이 맹세시킬 때 허벅지 아래에 손을 넣게 하였던 것을 생략하였고, 신부가 가나안으로 오기를 거부하면 이삭을 하란으로 데려가도 되는지 말했던 것을 생략하였다. 생략한 이유는 그가 리브가를 만나는 과정에서 하나님의 분명한 인도를 느꼈기 때문에 굳이 불신의 말을 할 필요가 없었기 때문일 수도 있지만, 이 말들을 함으로 이삭의 배우자를 구하려는 아브라함의 절박한 마음을 노출시키고 또 리브가의 가족들이 리브가를 보내는 대신에 이삭을 데려오게 하는 방법도 있다는 아이디어를 제공함으로 리브가를 가나안으로 데려가는데 불리한 상황을 만들 가능성이 있기 때문일 것이다.[27] 그리고 종은 아브라함이 여호와 하나님을 자신을 그의 아비의 집으로부터 인도하여 내었던 분이라고 한 것도 생략하였다. 대신에 아브라함의 종은 신붓감이 가나안으로 오지 않을 것을 우려하는 자신에게 아브라함이 '여호와께서 천사를 보내어 그의 길을 형통하게 할 것이라'는 말로 이어 붙였다(40절). 이렇게 함으로 아브라함의 종은 리브가를 만난 것이 하나님의 인도의 결과라는 것을 부각시킨다.

42~49절

42~49절에서 아브라함의 종은 우물가에서 일어난 일을 거의 똑같이 반복 진술하고 있다. 그는 진술에서 특별히 여호와 하나님의 인도를 강조한다. 아브라함의 종은 33~48절에서 '여호와' 또는 '여호와 내 주인 아브라함의 하나님'이란 표현을 다섯 번 사용했다. 반복적인 표현을 통해 아브라함의 종은 여호와께서 아브라함에게 축복하셨고(35절), 아브라함이 여호와께서 천사를 보내어 주셔서 형통하게 해 줄 것이라고 했는데(40절), 자신도 그 여호와께 형통하게 해 주시도

27) Victor Hamilton, *Genesis 18-50*, 153; Gordon Wenham, *Genesis 16-50*, 147.

록 기도하였으며(42절), 낙타와 관련된 구체적인 사인을 통해 여호와 하나님께서 정한 소녀를 만나게 해달라고 기도했으며(44절), 여호와께서 자신의 기도대로 리브가를 만나게 하였으므로 그 여호와께 경배하였다고 말을 끝낸다(48절).

아브라함의 종은 우물가에서 일어난 일을 라반에게 설명하면서 변형시킨 것들도 있다. 우선 그는 22~23절에서 리브가에게 선물을 먼저 준 후에 누구의 딸인지 물었는데, 47절에서 종은 누구인지 묻고 나서 보물을 주었다고 말한다. 즉 그가 준 선물은 불특정인에게 준 것이 아니라 그 여자가 아브라함의 형제의 딸이라는 사실을 알고 그래서 주었다는 말이 되며, 이 변형은 그가 라반에게 말하는 동안 리브가를 이삭의 신붓감으로 하나님께서 준비하였다는 사실에 집중시키려고 의도된 것이다. 또 다른 변형은 그가 리브가의 정체를 묻고 난 후 하나님께 기도한 내용이다. 27절에서 종은 하나님께 자신을 '내 주인의 동생 집에 이르게 하셨나이다'고 감사 기도하였다. 하지만 48절에서 그가 라반에게 말할 때는 그는 '내 주인의 동생의 딸을 그의 아들을 위하여 택하게 하셨으므로' 경배하고 찬송하였다고 말한다.[28] 이것은 종이 라반에게 말하는 목적이 다분히 리브가를 하나님께서 이삭을 위해 예비하셨음을 부각시키려는 의도 때문이다.

48절에서 아브라함의 종은 여호와 하나님께서 '에메트' אֱמֶת(신실함)로 자신을 인도하여 내 주인의 형제의 딸을 이삭의 아내로 취하도록 인도하였다고 못을 박아버렸다. 그리고 49절에서 종은 자신이 하나님께 구하고 경험했던 '헤세드' חֶסֶד(자비)와 '에메트' אֱמֶת를 라반과 리브가의 가족들에게 그들도 하나님처럼 자신의 주인 아브라함에게 행할지 여부를 정하고 자신에게 말하라고 촉구한다. 이 말을 통해 아브라함의 종은 그들이 리브가를 주지 않으면 하나님의 헤세드와 에메트를 거스르는 행위로 느끼게 만들어 버렸다. 그리고 아브라함의 종은 라반과 리브가의 가족들의 결정에 따라 자신도 어떻게 할지를 판단하겠다고 하면서 갑작스런 아브라함의 소식과 그의 부 그리고 하나님의 인도 소식에 혼이 빠진 듯한 그들에게 지체하지 않고 리브가를 이삭의 아내로 줄지 여부

28) Lieve M. Teugels, "The Anonymous Matchmaker: An Enquiry into the Characterization of the Servant of Abraham in Genesis 24," *Journal for the Study of the Old Testament* 65 (1995): 19.

를 즉시 결정하라며 몰아붙였다.[29)]

50~60절. 리브가가 가나안으로 출발함

50 라반과 브두엘이 대답하여 이르기를 "여호와께로부터 그 일이 나왔으니 우리는
당신에게 선악간에 말할 수 없노라. **51** 보라. 리브가가 당신 앞에 있으니 당신은 취
하여 가라. 그녀가 당신 주인의 아들의 아내가 되리니 여호와께서 말씀하신 바 대로
니라." **52** 아브라함의 종이 그들의 말을 듣자 그가 땅에 엎드려 여호와께 경배하니
라. **53** 그 종이 은 그릇과 금 그릇과 옷들을 가져다가 리브가에게 주었고 값진 선물
을 그녀의 오빠와 어머니에게 주었더라. **54** 그와 그리고 그와 함께한 사람들이 먹고
마셨더라. 그리고 그들이 잠자고 아침에 일어나서 그가 말하기를 "나를 내 주인에게
가게 하소서." **55** 그녀의 오빠와 어머니가 말하기를 "그 소녀를 우리와 함께 여러 날
또는 십 일을 머물게 하소서 그 후에 당신은 떠나소서." **56** 그가 그들에게 이르기를
"나를 지체하지 말게 하소서. 여호와께서 나의 길을 형통케 하시니 당신들은 나를
떠나게 하사 내가 내 주인에게 가게 하소서." **57** 그들이 말하기를 "우리가 그 소녀를
불러 우리가 그녀에게 묻게 하소서." **58** 그들이 리브가를 불러 그녀에게 이르기를
네가 이 사람과 함께 가려느냐?" 그녀가 말하기를 "내가 가리이다." **59** 그들이 그들
의 누이 리브가와 그녀의 유모와 아브라함의 종과 그의 사람들을 내 보내니라. **60**
그들이 리브가를 축복하여 그녀에게 말하기를 "우리 누이여 너는 천만인이 되며 네
씨가 그 원수들의 문을 차지하리라."

50~52절

브두엘이 라반과 함께 리브가의 결혼 문제를 결정하고 있지만, 사실상 라반이 주도하고 있다. 리브가가 아브라함의 종을 만났을 때에도 그녀는 그녀의 어머니 집으로 갔다고 말하며(28절), 아브라함의 종에게 대답할 때에도 문장의 주어는 라반이고 브두엘은 라반 다음에 첨가되어 있다(50절). 아브라함의 종이 리브가의 가족들에게 결혼 예물을 줄 때에도 브두엘을 전혀 언급하지 않는다

29) Victor Hamilton, *Genesis 18-50*, 155; Gordon Wenham, *Genesis 16-50*, 148.

(53절). 리브가가 떠날 때에도 라반과 어머니는 그녀에게 축복하지만 브두엘은 전혀 언급되지 않는다. 아브라함의 종이 리브가의 가족을 만나는 전 과정에서 브두엘이 매우 수동적인 역할을 하고 있는 점을 감안하면, 그는 이미 매우 늙었거나 질병에 걸려 집안의 중대사 결정권을 라반에게 넘겨준 것으로 여겨진다.[30] 브두엘이 소극적으로 언급되고, 창세기 저자가 리브가의 유모의 이름(59절 드보라 cf. 창 35:8)을 창세기 저자가 기록하고 있음에도 불구하고 리브가의 어머니의 이름을 언급하지 않는 것은 아브라함 세대에서 이삭과 리브가 그리고 라반 세대로 교체되는 것을 보여주려는 의도도 있다.

라반과 브두엘은 이 모든 일이 여호와의 섭리 가운데 있음을 절대적으로 받아들였다. 아브라함의 종이 여호와 하나님의 인도를 강조하며 말한 영향 때문이기도 하고, 그리고 그들은 리브가가 모든 낙타에게 물을 마시게 하는 것은 결코 쉽지 않은 일이며 하나님이 그녀에게 역사하지 않았으면 불가능한 일이라고 판단했기 때문일 것이다. 그들은 이 일과 관련하여 이렇다저렇다 판단하고 말할 위치에 있지 않다며 하나님의 결정을 전적으로 받아들이겠다는 입장을 취한다. 그래서 51절에서 라반과 브두엘은 리브가의 의견을 물어보지도 않고 놀랍게도 즉석에서 감탄사 '힌네'와 함께 '리브가가 네 앞에 있으니' 리브가를 이삭의 아내로 데려가라고 한다. 그들은 다시 한번 이 일이 여호와 하나님께서 말씀한 일이라고 한다. '말씀하다'의 히브리어 동사는 '다발' דָּבַר의 피엘 강조형이며, 라반과 브두엘이 리브가의 일이 하나님이 정한 일로 확신하고 있음을 보여준다. 이들의 태도는 라반이 아브라함의 종을 만났을 때 그에게 여호와의 이름을 축복한 것과 함께 이들이 여호와 신앙을 어느 정도 유지하고 있었음을 보여준다. 이들의 말을 듣자마자 아브라함의 종은 즉시 땅에 엎드려 하나님께 경배하였다. 종은 이삭의 아내 찾는 모든 일에 여호와 하나님의 자비와 신실함이 작용하고 있음을 느끼고 고백하고 여호와께 두 번째 경배를 드렸다(26절, 52절).

30) Nahum Sarna, *Genesis*, 168; Kenneth A. Mathews, *Genesis 11:27-50:26*, 342~343; Gordon Wenham, *Genesis 16-50*, 149. BHS는 브두엘을 후대의 첨가로 여기고 이를 생략하도록 추천한다. 하지만 브두엘을 첨가로 생각할 만한 사본들의 증거가 전혀 없다. Hamilton은 창세기 24장의 리브가의 계보가 모계 중심으로 기록되어 있기 때문에 브두엘의 역할이 소극적으로 기록되어 있을 가능성을 제기한다. Victor P. Hamilton, *Genesis 18-50*, 157.

53절

아브라함의 종은 가나안에서 가져온 금은보석과 옷들을 리브가와 그의 가족들에게 선물로 주었다. 이 선물들은 고대 근동 사회의 결혼 전통과 관련 있다. 고대 사회에서 결혼은 양가의 아버지들에 의해 이루어졌는데, 아버지가 죽은 경우에는 어머니나 오빠가 아버지 역할을 대신했다. 아버지가 아들을 위해 신부를 택하면, 신부의 아버지와 약조를 만든다. 이삭의 경우 아브라함의 종이 이 역할을 대신하고 있으며, 리브가의 경우 라반과 그의 어머니가 혼사를 주도하고 있다. 이것은 리브가의 아버지 브두엘의 건강 상태를 암시한다. 신랑 신부의 아버지는 혼인 계약을 체결하며, 이 계약을 체결하지 않은 경우에는 부부관계가 인정되지 않았다(Hammurabi Code 128).[31] 혼인 계약을 체결할 때 아버지는 다른 가족을 위해 잔치를 벌였고, 이때 미래의 신부는 그녀의 변화된 신분을 나타내는 기름 부음을 받았다. 함무라비 법전에 의하면 신랑은 음식과 신부값으로 은을 신부에게 주었다. 아브라함의 종이 리브가와 그녀의 가족에게 준 금은 보물과 옷들은 이에 해당되며, 독특하게도 그가 선물을 준 사람들 명단에 브두엘이 없다. 신부 값은 신부가 가져올 결혼 지참금의 금액과 비슷했다. 결혼 지참금은 신부가 아버지에게 받는 상속 재산이었고, 남편의 소유와 엄격하게 구분되었다(Hammurabi Code 138).[32] 결혼 지참금은 남편 사후 과부의 생계를 위한 재산이었고, 이 재산은 그녀가 죽은 후 자식에게 물려주게 되었으며, 자식이 없이 죽은 경우 결혼 지참금은 친정 가족에게 되돌려 주게 되어 있었다(Hammurabi Code 162~163).[33] 결혼식은 5~7일 동안 지속되었으며, 리브가의 가족들이 리브가가 '여러 날 혹은 십일'을 머물도록 요청한 것은 이런 결혼 기간 전통과 관련 있다. 결혼식에서 여성은 얼굴에 베일을 착용했고 이를 신랑이 벗겼다. 65절에서 리브가가 면박을 취하여 가리우는 것은 바로 이 전통을 보여주고 있다. 바벨론에서는 결혼한 여자들은 베일을 쓰지 않았지만, 앗시리아에

31) ANET, 172.
32) ANET, 172.
33) ANET, 173.

서는 베일을 착용하였다.

54~56절

아브라함의 종은 그날 밤 리브가의 가족들이 베푼 잔치에서 먹고 마시고 그리고 잠을 잔 후 아침에 일어나자마자 곧바로 가나안으로 리브가를 데리고 떠나게 해달라고 라반과 어머니에게 요청한다(55절). 종의 이 같은 태도는 그가 아브라함이 맡긴 일에 얼마나 충직한지를 보여준다. 종의 충직한 모습은 24장 곳곳에서 볼 수 있다. 창세기 24장에서 주인공은 아브라함의 종이다. 하지만 종은 항상 익명으로 남아 있고, 자신을 종이라고 하였으며, 리브가가 그의 정체를 모를 때 '주'(아돈)이라고 한 것을 제외하고는 종과 사람으로 불렸다. 하지만 그는 주인의 일을 할 때에는 주인공이었고, 그는 주인의 일 때문에 하나님께 감사하였다.[34] 26~27절에서 종은 하나님이 아브라함을 위해 예비하시는 것에 진심으로 감격해 하며 하나님께 머리를 숙여 경배하였다. 33절에서 자신의 임무를 마치기 전에는 먹지 않겠다는 말에서 그가 얼마나 아브라함에게 충성된 종인지 보여준다. 뿐만 아니라 종은 리브가의 가족들에게 지금까지 되어진 일들을 설명하는 가운데 시종일관 자신을 드러내지 않고 하나님의 축복(35, 40, 42, 44, 48)과 아브라함을 자신의 주인이라는 사실을(주인-10번, 종-15번) 강조한다. 54절에서 종은 최소한 10일을 머물기를 원하는 라반과 브두엘에게 자신을 지체하게 하지 말라고 간청하며 종은 아브라함과 무엇보다도 이삭에게 리브가를 알리고 싶어 즉시 떠나기를 원했다.[35] 이 말을 하면서 아브라함의 종은 하나님을 앞세워서 '여호와께서 자신의 길을 형통하게 하고 있다'면 나를 주인에게 돌려보내 달라고 한다. 종의 신앙과 인품을 충분히 알게 만들어 준다(56절).

34) Lieve Teugels, "The Anonymous Matchmaker: An Enquiry into the Characterization of the Servant of Abraham in Genesis 24," *Journal for the Study of the Old Testament* 65 (1995): 17.

35) '여러 날들'은 일 년으로도 해석될 수 있다. Nahum Sarna, *Genesis*, 169; Gordon Wenham, *Genesis 16-50*, 150. Cf. 레 25:29.

57~58절

리브가의 가족들이 할 수만 있다면 고대 메소포타미아의 혼례 전통에 따른 결혼 기간을 채운 후에 리브가를 보내려 하고, 리브가를 좀 더 집에 머물게 하려고 노력했다. 하지만 종의 집요한 요청에 리브가의 가족들은 리브가를 이삭의 아내로 줄 때는 그녀의 의견을 묻지 않았었는데, 떠나는 문제에 있어서는 리브가 본인의 뜻을 따르자고 결정권을 그녀에게 넘긴다. 아마도 이들은 리브가가 자신들의 생각처럼 좀 더 친정에 머물기를 원한다고 생각했을 것이다. 아브라함의 종도 그의 주인이 신붓감을 구하러 자신을 하란으로 보낼 때 신붓감이 자신을 따라오지 않을 것을 우려했었다. 그래서 최악의 경우 이삭을 하란으로 데려가도 되느냐고 질문하였었다. 종이 서둘러 떠나려 한 이유에는 아브라함이 너무 늙었기 때문에 그의 임종을 우려했을 수도 있고 또한 리브가와 그의 가족들의 변심에 대한 우려가 포함되어 있을 수도 있다.[36] 종의 우려와는 달리 리브가의 반응은 매우 분명했다. 라반과 그녀의 어머니가 리브가에게 종을 따라갈 것이냐고 묻자, 리브가는 '에렉' אֵלֵךְ(나는 가겠습니다)이라며 단 한 단어로 자신의 의사를 밝혔다. 부모와 형제의 집을 떠나 가나안으로 가겠느냐는 말에 리브가는 이런저런 말을 부연하지 않고 두말하지 않고 가겠다고 대답했다. 리브가의 태도는 이삭의 경우와 분명한 대조를 이룬다.[37] 아브라함은 이삭에게 그의 결혼에 대해서 묻지 않았고 그가 가나안을 떠나는 것을 허락하지도 않았지만, 리브가의 가족들은 그녀의 의사를 물었고 리브가는 스스로 자신의 가나안행을 단호하게 결정하였다. 그녀의 모습은 아브라함이 가나안으로 가던 것과 매우 흡사하다. 아브라함이 그의 아버지와 친척과 고향을 떠난 것처럼 리브가는 그녀의 어머니와 친척과 고향을 떠났다.[38] 아브라함이 손님을 대접했던 것처럼 리브가는 아브라함의 종을 극진하게 대접하는 인품을 이미 보여 주었다. 이로

36) Gordon Wenham, *Genesis 16-50*, 150.

37) Mary Donovan Turner, "Rebekah: Ancestor of Faith," *Lexington Theological Quarterly* 20 (1985): 43~44.

38) Menorah Rotenberg, "A Portrait of Rebecca: The Devolution of a Matriarch into a Patriarch," *Conservative Judaism* 54 (2002): 48.

써 리브가는 아브라함의 며느리로서 이삭의 아내로서 이스라엘의 여자 조상으로서의 신앙과 인품과 기상을 충분하게 갖추었음을 보여주었다.

59~60절

가나안으로 떠나려는 리브가의 의지를 확인한 라반과 어머니는 리브가를 유모와 함께 여종들을 딸려서 아브라함의 종을 따라가도록 허락한다. 유모를 딸려 보낸 것은 리브가의 나이가 그렇게 많지 않은 소녀였음을 보여준다.[39] 아마도 고대 메소포타미아에서 일반적으로 여자들이 14~15세에 결혼한 것을 감안하면 리브가도 이 정도의 나이였을 것이다. 리브가를 떠나 보내면서 라반과 어머니는 그녀를 아주 특별하게 축복하였다. 라반은 리브가(레베카 רִבְקָה)의 이름을 패러디하여 '천만인이 되며'(레바바 רְבָבָה)라고 하였을 수 있다.[40] 하지만 이들의 축복은 창 22:17에서 하나님이 아브라함과 그의 후손에게 하였던 축복과 매우 비슷하다.

창 22:17 내가 너를 크게 축복하리니 네 씨를 하늘의 별과 같이 그리고 바다의 모래 같이 크게 번성하리니 네 씨가 그 대적의 성문을 차지하리라.

창 24:60 그들이 리브가를 축복하여 그녀에게 이르기를 "우리 누이여 너는 천만인이 되며 네 씨가 그 대적의 성문을 차지하리라."

두 축복은 세 가지의 동일한 주제로 구성되어 있다: 축복, 많은 자손, 대적의 성문 차지. 대적의 성문을 차지하는 것은 전쟁에서 승리를 기원하는 말이며 다분히 정치와 전쟁과 관련된 용어다. 즉 리브가의 자손이 왕으로서 대적과의 싸움에서 승리를 기원하는 축복이다(사 45:1).[41] 이 '대적의 문'은 창세기에서 구속사적 사건과 밀접하게 관련 있으며, 여러 차례 반복하여 등장한다. 창 4:7에

39) Nahum Sarna, *Genesis*, 169; Bruce K. Waltke, *Genesis*, 332.
40) Gordon Wenham, *Genesis 16-50*, 151.
41) Kenneth A. Mathews, *Genesis 11:27-50:26*, 345.

서 하나님은 가인에게 경고하면서 죄가 문 앞에서 너를 삼키려 하나 너는 죄를 다스리라고 했다. 그러나 가인은 실패한다. 창 22:17에서 하나님은 아브라함의 씨가 대적의 문을 얻게 된다고 했다. 이 메시지는 하나님이 이삭의 번제 사건 즉 나무에 달린 숫양 사건 이후에 아브라함에게 했으며 메시아의 승리를 예고하는 표현이다. 이렇게 중요한 의미를 가지고 있는 축복과 동일한 내용을 라반과 그의 어머니가 리브가에게 하고 있다. 이와 유사한 축복을 창 49:8에서 야곱이 임종을 앞두고 유다에게 한 축복에서도 볼 수 있다. 야곱은 유다에게 '네 손이 네 대적의 목을 잡으리라'고 했다.

61~67절

61 리브가가 그녀의 소녀들과 함께 일어나서 그녀들이 낙타들을 타고 그 사람의 뒤
를 따라 가니라. 그 종이 리브가를 취하여 가니라. **62** 이삭이 브엘라해로이 입구에
서 왔으니 그가 네게브 땅에 기거하고 있었더라. **63** 이삭이 저녁 무렵에 그 들판에
묵상하러 나가니라. 그가 눈을 들어서 보니 보라. 낙타들이 들어오고 있더라. **64** 리
브가가 눈을 들어 이삭을 보고 낙타에서 내리니라. **65** 그리고 그녀가 그 종에게 이
르기를 "들판에서 우리를 만나러 오고 있는 이 사람은 누구입니까?" 그 종이 이르
기를 "그는 내 주인이나이다." 그리고 그녀가 면사포를 취하여 가리니라. **66** 그 종
이 이삭에게 그가 겪은 모든 일들을 설명하니라. **67** 이삭이 그녀를 그의 어머니 사
라의 장막에 들여서 그가 리브가를 취하니라. 그리고 그녀가 그의 아내가 되었으니
그가 그녀를 사랑하였으니 이삭이 그의 어머니 이후에 위로를 받았더라.

61절

61~67절에서 주인공은 전격적으로 리브가와 이삭으로 바뀐다. 그동안 리브가를 찾는 일을 주도하며 창세기 24장의 주인공 역할을 하였던 아브라함의 종은 이제 조연의 자리로 돌아간다. 61절은 리브가와 종의 일행이 하란에서 가나안으로 돌아가는 노정을 기록하고 있으며, 첫 문장의 주어가 리브가이다. 둘째 문장에서 아브라함의 종이 '리브가를 취하여 가니라'고 한 것은 그가 아브라함

이 요청한 사역을 성공적으로 이루었음을 보여주기 위한 표현이다.[42] 종은 일행의 앞에서 가고 있지만 안내자에 지나지 않는다.

리브가는 유모를 함께 딸려 보내야 할 정도로 어린 소녀였지만 신앙과 용기에 있어서는 대단한 여장부였다. 57~58절에 의하면 리브가는 이삭을 본 적도 없고 더군다나 가까운 이웃으로 시집가는 것이 아니라 가나안으로 가는데, 그리고 두 번 다시 가족들을 볼 수 없을지도 모르는데 어머니와 라반이 지금 떠나려느냐고 물었을 때 '내가 가겠나이다'고 대답했다. 그리고 그 대답과 함께 61절에서 리브가는 자신의 여종들을 데리고 즉시 종이 가져왔던 낙타들을 올라타고 가나안으로 출발해 버렸다.

62~63절

이때 이삭은 네게브 남서쪽에 있는 브엘라해로이 인근에 살고 있었다. 브엘라해로이는 하갈이 사라의 박해를 피해서 도망가다가 하나님의 사자를 만나고 지은 우물을 갖춘 오아시스 이름이다(창 16:14). 이것은 두 가지 때문에 매우 인상적이다. 첫째는 아브라함이 종에게 이삭을 데리고 가나안 북쪽에 위치한 하란으로 가지 못하게 하였는데, 지금 이삭이 가나안에서 가장 남쪽에 위치한 브엘라해로이에 머물고 있다. 아브라함이 이삭을 이곳으로 보냈다는 암시는 창세기 24장에서 전혀 발견되지 않는다. 둘째는 아브라함의 종이 리브가를 우물가에서 만났는데 이삭도 우물가에 있었다는 것이다.[43] 더 놀라운 것은 종이 저녁 무렵에 이삭의 신부를 찾기 위해 우물가에서 기도를 하고 있었고 거기에서 리브가를 만났는데 이삭도 저녁 시간에 브엘라해로이 오아시스 주변 들판에서 묵상하고 있었고 그곳에서 리브가를 만난다.[44] 브엘라해로이에서 하나

42) Victor Hamilton, *Genesis 18-50*, 159; Gordon Wenham, *Genesis 16-50*, 151.

43) Menakhem Perry, "Counter-Stories in the Bible: Rebekah and her Bridegroom, Abraham's Servant," *Prooftexts* 27 (2007): 282~284.

44) 이삭이 브엘라해로이에서 헤브론으로 돌아 왔을 수도 있다. 이렇게 생각할 수 있는 이유는 그가 리브가를 사라의 장막에 들였다고 하기 때문이다(67절). 그리고 이삭은 들판에 묵상하러 나갔다고 한다. 들판의 히브리어 '사데' הַשָּׂדֶה에는 정관사가 붙어 있다. 이것은 이삭이 묵상하며 거닐고 있는 들판이 창세기의 원독자들이 모두 알고 있는 장소라는 사실을 전제한다. 아브라함의 기사에서 정관사를 붙여 특정한 들판을 적시할 수 있는 곳은 막벨라 굴이 있는 들판 밖에

님은 하갈의 아들에게 이스마엘, 즉 '하나님이 들으신다'는 이름을 지어 주면서 아브라함에게 하나님께 기도할 것을 암시해 주었는데, 아브라함의 아들 이삭이 이곳에서 묵상하고 있었다. '묵상하다'로 번역된 히브리어 동사 '수아흐' שׂוּחַ는 구약 성경 전체에서 여기에서만 사용된 표현(Hapaxlegomena)이다.[45] '수아흐' שׂוּחַ의 뜻에 대해 다양한 제안이 있지만, 70인역은 이를 '아돌레스크세사이'ἀδολεσχῆσαι로 번역했으며, 헬라어 '아돌레스크세사이'의 원형 '아돌레스케오'ἀδολεσχέω의 기본적인 뜻은 '말하다'이지만 70인역에서는 대부분 '묵상하다'로 번역되었다. 아마 이삭도 들판에서 혼잣말로 말하면서 묵상하였을 가능성이 매우 높다. 어떤 학자들은 67절의 '이삭이 그의 어머니 이후에 위로를 얻었더라'라는 말에 근거해서 이삭이 어머니에 대한 그리움과 외로움 때문에 들에서 배회하고 있었다고 말한다. 그러나 70인역에서 이 용어는 주로 하나님의 율법과 하나님께서 행하신 일들이나 하나님의 성품을 묵상할 때 사용하는 말이다. 이삭의 경우 무엇을 묵상하였을까? 하나님께서 자기 배우자 선택하는 일에 어떻게 역사하실까에 대해 묵상하지 않았을까? 아브라함의 종이 이삭의 아내를 찾아가는 길에 하나님께 기도하는 장면으로 시작하는데, 그가 여행을 마치고 가나안으로 돌아올 때에는 이삭이 기도하는 있는 것은 결코 우연이 아니다. 묵상을 하다가 이삭은 눈을 들어 낙타가 들어 오는 것을 발견하고 리브가와 종의 일행을 향하여 다가왔다.

64~65절

리브가도 이삭이 들에서 자신들에게 다가오는 것을 보았다. 63절과 64절에서 이삭처럼 리브가도 '눈을 들어 이삭을 바라보았다'고 하며 이 말은 두 사람

없다(창 23:9, 11, 13, 17, 19, 20). 아브라함의 기사가 기록된 창 11:27~25:10에서 '사데' שָׂדֶה는 창 14:7과 창세기 23장 그리고 창 24:63, 65 그리고 창 25:9~10에서만 사용 되었다. 창 14:7은 아말렉 들판을 가리키며 북방 연합군과 소돔과 고모라 연합군의 전투에서 사용 되었고, 아브라함과 직접적인 관련이 없다. 나머지는 모두 막벨라 굴이 있는 들판이다.

45) '수아흐'의 의미에 대한 다양한 견해가 있으며, 이 견해들에 대해서는 Gregory Vall, "What was Isaac Doing in the Field (Genesis xxiv 63)," *Vetus Testamentum* 44 (1994): 513~523.

사이에 직감적인 교감이 이루어졌음을 의미한다.[46] 직감적으로 리브가는 느끼는 바가 있어서 낙타에서 내렸다. 그리고 리브가는 아브라함의 종에게 자신들을 맞이하러 오는 사람이 누구인지 질문하고, 자기 주인이라는 종의 말에 리브가는 베일을 취하여 얼굴을 가렸다. 부모와 가족을 남겨 두고 가나안 땅으로 즉시 떠나는 용기를 가진 리브가였지만 이삭을 만났을 때 리브가는 고대 메소포타미아의 전통에 따라 부부의 예를 이삭에게 분명하게 표시했다.[47] 아브라함의 종이 이삭을 주인이라고 말한 이유를 아브라함이 죽었기 때문이라고 하는 학자들도 있다.[48] 하지만 창세기 저자가 종이 이삭에게 리브가를 데려다 주는 것을 기록한 후 굳이 아브라함에게 보고하는 것을 기록할 필요성을 느끼지 못했기 때문에 생략했을 수 있다. 주인의 아들에게 동일하게 주인이라고 표현한 것에서 특별한 의미를 부여하는 것이 적절하지 않다. 하지만 이삭을 주인이라고 표현한 것을 아브라함 시대의 폐막과 이삭 시대의 서막으로 여길 수 있을 것이다.

66~67절

아브라함의 종이 이삭에게 그동안 일어난 일들을 자세히 설명해 주자, 이삭은 우선 리브가를 자신의 장막이 아닌 그의 어머니 사라의 장막으로 데리고 들어갔다.[49] 이 장막은 틀림없이 아브라함이 여호와와 두 명의 천사를 손님으로 대접할 때 사라가 머물러 있었던 그 장막이며, 사라가 하나님으로부터 이삭의 출생 예고를 듣고 웃었던 그 장막이다. 이 장막에 리브가를 데리고 들어감으로 이삭은 자신이 아브라함의 대를 잇듯이 리브가가 사라의 대를 이어 아브라함 가문의 어머니 역할을 하게 됨을 상징화시키고 있다.[50] 이로써 이삭과 리브가를 통한 구원 역사가 시작되었다. 67절에서 이삭은 리브가를 사랑하였다(아헵

46) Nahum Sarna, *Genesis*, 170.

47) Nahum Sarna, *Genesis*, 170.

48) Claus Westermann, *Genesis* (Grand Rapids: Eerdmans, 1987), 174; Victor Hamilton, *Genesis 18-50*, 162; Gordon Wenham, *Genesis 16-50*, 152.

49) Gordon Wenham, *Genesis 16-50*, 152.

50) Nahum Sarna, *Genesis*, 170.

אָהֵב)고 한다. 창세기 저자는 이삭과 관련하여 사랑이라는 말을 자주 사용하였다. 이삭은 성격이 수동적이었지만 사랑의 감정이 풍부하였던 것으로 여겨진다. 창 22:2에 의하면 그는 아브라함의 사랑을 많이 받았고, 에서를 사랑하였으며(창 25:28), 그리고 에서가 만든 음식을 사랑하였다(창 27:4, 9, 15). 이삭과 리브가는 매우 정상적인 부부로서 서로 사랑하였고, 이삭은 리브가를 통해 어머니를 대신한 위로와 평안을 얻게 되었다.

창세기 24장은 이삭의 아내를 찾는 과정을 기록하고 있지만, 내용 전개의 바탕에는 창 12:1에서 아브라함이 하나님을 신뢰하며 본토 친척 아비의 집을 떠나 가나안으로 들어간 주제가 깔려있다. 하나님은 아브라함에게 '내가 보여줄 땅'으로 가라고 하면서 하나님의 인도를 약속하셨고 또 이루셨다. 이삭의 아내를 찾는 과정에서 아브라함은 하나님의 인도를 확신하였고, 그의 종은 하나님의 인도를 경험하며 감사 하였다. 결국 리브가는 아브라함처럼 본토 친척 어머니의 집을 떠나 보지도 못한 이삭이 있는 가나안 땅을 향해 떠났다. 창세기 24장은 아브라함에게서 보기 어려웠던 모습도 볼 수 있다. 창세기 기자는 아브라함이 사라를 위해 기도했다는 말을 기록하지 않았다. 하지만 이삭의 아내를 찾는 과정에서 아브라함의 종은 항상 기도하였고, 창 24:62~63에서 이삭은 브엘라해로이에 머물며 묵상하였다. 이삭의 묵상하는 습관은 창 25:21~22에서 리브가의 임신과 태중의 자식들을 위한 기도 주제를 이어간다.

Chapter 15

창세기 25장 1~11절

아브라함이 이삭을 리브가와 결혼하게 한 후 무려 35년이 지난 후 아브라함의 기사가 마침내 끝나고, 하나님의 구속의 역사는 이삭에게로 넘어간다. 창 25:1~11은 아브라함의 마지막을 매우 간략하게 기록하고 있다. 아브라함은 야곱과 모세처럼 그의 후손들의 미래에 대한 마지막 유언이나 예언시도 남기지 않는다. 하지만 창 25:1~11은 아브라함의 마지막에 대해 몇 가지 중요한 기록을 남기고 있다. 1~4절에 의하면 그는 사라와 하갈을 통해 이삭과 이스마엘만 낳은 것이 아니라 그두라를 통해 6명의 아들을 더 두었다. 아브라함은 이 모든 아들들을 모두 가나안에서 떠나 동방으로 가서 살게 했다(5~6절). 이삭을 위해 모든 것을 정리한 후 아브라함은 175살에 죽어 사라가 묻힌 막벨라 굴에 묻혔으며(7~10절), 그의 사후 하나님은 그의 많은 아들들 중에서 이삭에게 복을 주어 아브라함에게 한 약속을 이어가게 하셨다(11절).

1~4절. 그두라와 6명의 아들들

1 아브라함이 다시 아내를 취하였으니, 그녀의 이름은 그두라라. **2** 그녀가 그에게 시

므란과 욕산과 므단과 미디안과 이스박과 수아를 낳았고 **3** 욕산은 스바와 드단을 낳
았으며 드단의 자손은 앗수르 족속과 르두시 족속과 르움미 족속이며 **4** 미디안의
아들은 에바와 에벨과 하녹과 아비다와 엘다아이니 모두 그두라의 자손이었더라.

1~4절은 놀라운 기록을 남기고 있다. 아브라함이 사라와 하갈 외에 그두라를 아내로 취하여 6명의 아들을 낳았다고 한다. 히브리어 '이사' אִשָּׁה는 일반적으로 '아내'로 번역되지만, 6절의 '베리베네 핲필락심 아세르 레아브라함' וְלִבְנֵי הַפִּילַגְשִׁים אֲשֶׁר לְאַבְרָהָם(아브라함에게 속한 첩들의 아들들 - 하갈과 그두라를 지칭하는 표현)을 고려한다면 그두라의 경우에는 정식 '아내'라기 보다는 '첩'이라고 보아야 할 것이다(대상 1:32). 아브라함이 언제 그두라를 취하여 6명의 아들을 낳았는지 분명하지 않았다. 사라가 이삭을 낳을 때에 이미 그가 늙어서 자손을 낳을 수 없는 나이가 되었다고 말한 것을 고려한다면 그는 최소한 99살 이전에 그두라를 취하고 아들을 낳았어야 한다. 그가 하갈을 통해 이스마엘을 낳기 전에는 자식이 없었고 다메섹 엘리에셀을 양자 삼으려 한 것을 고려해 볼 때(창 15:2~4), 아브라함은 이스마엘을 낳고 이삭을 낳기 이전에 그두라를 취하여 아들을 낳았을 가능성이 가장 높아 보인다. 사라가 죽은 후에 아브라함이 그두라를 취했을 가능성도 있지만, 창 24:1에서 아브라함이 이삭의 아내를 찾는 일을 창세기 저자는 그의 인생의 마지막 사건으로 기록하고 있는 점을 고려한다면 그 가능성은 매우 낮아 보인다. 아브라함과 그두라의 아들들이 사라의 사후 즉 아브라함이 137세 이후에 태어났다면, 이들은 이삭보다 더 기적적으로 태어났다고 보아야 할 것이다. 이것은 창세기 저자가 전혀 의도하지 않은 신학적인 문제를 야기할 수밖에 없다.[1] 무엇보다도 6절에서 그두라를 첩이라고 부른 것은 아브라함이 그녀를 사라가 살아 있는 동안에 취하였기 때문에 정식 아내가 되지 못했음을 보여준다.[2]

1) Bruce K. Waltke, *Genesis* (Grand Rapids: Zondervan, 2001), 337.
2) Nahum M. Sarna, *Genesis* (Jerusalem: Jewish Publication Society, 1989), 172; Derek Kidner, *Genesis* (Downers Grove, IL: Inter-Varsity Press, 1967), 150.

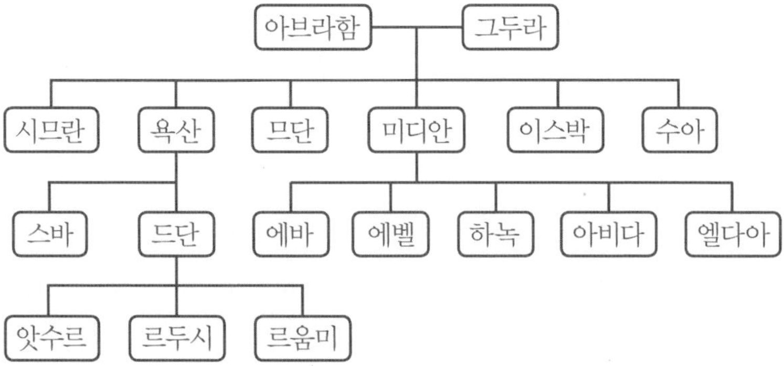

2~4절에는 아브라함과 그두라 사이에 태어난 6명의 아들들이 기록되어 있다. 아브라함과 그두라 사이에 난 6명의 아들들 중에서 오직 욕산과 미디안만 후손이 기록되어 있다. 욕산의 자손들 중에서 앗술은 나중에 앗시리아를 형성한 민족이 아니고, 아라비아 지역에 있었던 민족이다. 미디안의 자손들이 언급된 것은 창세기 저자인 모세 시대에 일어난 일들 때문에 특별히 언급되었을 것이다. 모세의 장인이 미디안 사람 이드로(르우엘)였고(출 2:16~18, 18:1), 그는 모세에게 이스라엘 민족의 십부장, 백부장, 천부장 시스템을 도입하게 했으며, 그의 아들 호밥은 유다 지파와 함께 유다 광야 지역 정복에 동참하였었다. 하지만 미디안은 이스라엘 자손에게 심각한 해악을 끼치기도 하였다. 발람이 광야에서 이스라엘 자손들을 유혹할 때에 동참하였던 민족이 미디안의 후손들이며(민 22:1~4, 25:1~6), 사사시대에는 이스라엘 민족을 학대하다가 기드온의 공격을 받기도 했다(사사기 6-8장). 창 25:2~4에서 미디안의 자손들을 특별히 언급한 것은 창세기 저자가 창세기를 기록할 때 아직 그들과 큰 갈등이 없었던 시기였을 것이라는 추측을 낳게 한다. 창 25:1~4에서 그두라의 6명의 아들들을 언급한 이유는 창 17:5~6에서 하나님께서 그에게 많은 왕들과 민족들을 주겠다고 한 약속이 이루어지고 있음을 보여주기 위해서이다. 하지만 첩의 아들이라도 이스마엘의 경우 하나님께서 하갈을 통해 그의 미래에 대한 특별한 약속을 하였지만, 그두라의 아들들에게는 하나님이 그들의 미래에 대해 어떠한 약속도 하지 않았다.

5~6절. 아브라함이 자식들을 분가시킴

5 아브라함이 그에게 속한 모든 것을 이삭에게 주었더라. **6** 아브라함에게 난 첩들의
자식들에게 아브라함이 선물을 주었고 그리고 그가 살아있는 동안 그들을 그의 아
들 이삭으로부터 동방 땅으로 내어 보내었더라.

창 25:5~6은 아브라함의 첩을 통해 태어난 아들들을 언급한 후 곧바로 그가 자신의 자식들과 재산을 모두 정리한 것을 기록하고 있다. 첩들은 하갈과 그두라를 두고 한 표현이다. 아브라함의 정리는 이삭을 중심으로 이루어졌다. 그는 자신의 모든 소유를 이삭에게 주었다. 6절에서 그가 첩들의 자식들에게 선물을 주었다는 것을 고려한다면 이 말은 다른 자식들에게는 재산을 전혀 나누어지지 않았다는 뜻이 아니고, 대부분의 재산과 특별히 가나안 땅과 관련된 모든 상속권을 이삭에게 넘겨 주었음을 의미할 것이다. 아브라함이 첩들의 자식들에게 선물을 나누어 준 것은 그가 다른 자식들을 자신의 아들들로 인정하였고 그래서 그들에게 아버지로서의 관대함을 가지고 있었음을 보여준다. 함무라비 법전 170~171항에 의하면 고대 근동에서 첩들의 자식들은 아버지의 재산에 대한 상속권을 주장할 수 없었고, 아버지가 그들을 본처의 자식과 동등하게 여겨 재산을 나누어 주면 받을 수 있었다.[3] 그런 점에서 아브라함은 첩들의 자식들에게 선물을 주었다는 것은 그가 그들에게 잘해 주었음을 알 수 있다. 아브라함이 이삭에게 모든 것을 주었다는 것은 그가 밧단 아람으로 가는 야곱에게 축복한 것처럼(창 28:3~4) 하나님께서 자신에게 약속한 모든 것을 이삭에게 물려주었다는 의미이다. 아브라함의 자식 정리의 또 다른 특징은 이삭을 제외한

3) Hammurabi Code 170~171 "When a seignior's first wife bore him children and his female slave also bore him children, if the father during his lifetime has ever said "My Children!" to the children whom the slave bore him, thus having counted them with the children of the first wife, after the father has gone to his fate, the children of the first wife and the children of the slave shall share equally in the goods of the paternal estate, with the first-born, the son of the first wife, receiving a preferential share. 171 However, if the father during his lifetime has never said "My children!" to the children whom the slave bore him, after the father has gone to his fate, the children of the slave may not share in the goods of the paternal estate along with the children of the first wife; freedom for the slave and her children shall be effected, with the children of the first wife having no claim at all against the children of the slave for service.

모든 자식들을 선물을 주어 이삭을 떠나 동방으로 가게 하였다. 아브라함은 그두라의 아들들을 이삭의 거주지 가까이 있지 못하게 했다. 비록 아브라함은 가나안 땅에서 막벨라 굴과 브엘세바 우물에 대한 소유권만 가지고 있었고 나머지 광대한 땅들의 미래에 대해 아무것도 알 수 없지만, 먼 훗날 하나님이 가나안 땅을 그의 아들 이삭과 그의 후손에게 줄 것을 믿고 미리 이삭에게 주어진 하나님의 언약에 대한 내부적인 위협 요소를 차단하려는 의도로 다른 자식들을 내어 보냈다. 아브라함은 이들을 동방으로 내어 보냈으며, 이들은 요르단 강 동쪽과 아라비아 반도에 정착하였다.[4] 아담과 하와의 에덴동산에서 추방과 가인의 추방에서 볼 수 있듯이 창세기에서 동방으로 이주하는 것은 종종 하나님의 징벌의 결과이거나 사람들의 죄의 결과였다. 6절의 아브라함의 후손들의 경우 이런 차원은 아니지만, 그들의 동방 이주는 하나님의 언약 백성의 대열에서 배제되었음을 의미한다.

7~10절. 아브라함의 죽음

7 이는 아브라함이 산 년 수이니 175살이라. **8** 아브라함이 숨을 거두고 백발이 되어
죽었으니 늙고 천수를 누리고 그의 백성에게로 돌아가니라. **9** 그의 아들 이삭과 이
스마엘이 그를 마므레 앞에 있는 헷 자손 소할의 아들 에브론의 들에 있는 막벨라
굴에 묻으니라. **10** 그 들 곧 아브라함이 헷 자손으로부터 산 그 곳에 아브라함과 그
의 아내 사라가 묻히니라.

아브라함이 175세에 죽었다. 그의 아들 이삭이 에서와 야곱을 낳은 후 15년을 더 살았다. 가나안에 들어와서 100년을 살았고, 이삭보다는 5년 짧고(창 35:28), 야곱보다는 22년(창 47:28), 요셉보다는 65년 더 살았다(창 50:26). 8절에서 아브라함은 창 15:15에서 하나님이 약속한 대로 천수를 누리다가 마지막 숨을 거두고 '그의 백성에게로 돌아가니라'고 한다. 이 표현은 모세 오경에서만 10번 사용되었다. 이 표현들에 따르면 죽은 자의 사망 과정을 4단계로 표현한

4) Robert Alter, *Genesis* (New York: W.W. Norton & Company, 1996), 124.

다. 1) 마지막 숨을 쉼, 2) 죽음, 3) 백성에게로 돌아감, 그리고 4) 매장. '와예아셒 엘-암마브' וַיֵּאָסֶף אֶל־עַמָּיו(그리고 그가 그의 백성들, 친족들에게 돌아가니라)를 가족 묘에 묻히는 것으로 해석하기도 한다. 그러나 아닐 가능성이 더 많다. 모세 오경에서 아브라함(25:8), 이스마엘(25:17), 이삭(35:29), 야곱(49:29), 모세(민 27:13, 신 32:50), 아론(민 20:24, 신 32:50)이 죽을 때 이 표현들을 사용하였다. 이들 중에 아브라함, 이스마엘, 모세 그리고 아론은 가족들의 무덤에 묻히지 않았다. 이 표현은 아마도 저 세상에서 계속되는 삶이나, 죽은 자의 혼이 저 세상에서 조상들과 만나게 된다는 신앙을 함축하는 듯하다.[5)]

아브라함이 죽자 이삭과 이스마엘은 그의 시신을 사라가 묻혀있는 막벨라 굴에 장사한다. 그두라의 자손들의 장례 참석 여부는 알 수 없다. 야곱과 에서가 서로 화해한 후 그들의 아버지 이삭의 주검을 함께 매장했던 것처럼 이삭과 이스마엘도 함께 아브라함의 시신을 매장하였다.[6)] 이스마엘이 아브라함의 첫 아들이었지만, 이삭의 이름이 먼저 기록되었다. 이삭이 사라의 아들이기도 하지만, 그가 아브라함의 기업을 상속받을 장자권을 가지고 있기 때문이다. 이삭과 이스마엘은 아브라함을 마므레 앞에 있는 막벨라 굴에 매장하였다. 막벨라 굴의 위치와 이 굴의 소유권에 관한 내용이 바로 앞장인 창세기 23장에 기록되었음에도 불구하고 9~10절은 이에 대하여 매우 자세하게 기록하고 있다. 그 이유는 이 무덤이 가나안 땅과 자손의 번성에 대한 하나님의 약속에 대한 아브라함의 믿음을 나타내는 상징성 때문이다.[7)] 이 막벨라 굴에 아브라함과 그의 아내 사라만 함께 묻혔고 첩들은 함께 묻히지 않았다.

11절. 이브라함의 아들 이삭

11 아브라함이 죽은 후 하나님이 그의 아들 이삭을 축복하니라. 이삭이 브엘라해로이에 거하였더라.

5) Nahum M. Sarna, *Genesis*, 174; Victor Hamiltonn, *Genesis 18-50*, 168; Bruce K. Waltke, *Genesis*, 340.

6) Derek Kidner, *Genesis*, 150.

7) Victor Hamiltonn, *Genesis 18-50*, 356.

창 11:27에서 시작된 데라의 톨레도트의 마지막 장 마지막 절인 11절은 아브라함의 사후에 하나님이 이삭에게 복을 주었다는 말과 이삭이 브엘라해로이에 정착하였다는 말로 끝난다. 이 두 메시지는 아브라함의 아들 시대의 두 가지 특징을 시사한다. 첫 번째 메시지는 창 12:1~3을 염두에 둔 메시지이다.[8] 하나님이 아브라함에게 본토 친척 아비의 집을 떠나게 하고 그로 복의 근원이 되게 하겠다는 말로 아브라함의 가나안 생활을 시작하게 하였다. 아브라함의 사후에는 그에게 주신 하나님의 축복이 그의 아들 이삭으로 이어졌고, 가나안 땅과 자손에 대한 약속도 그에게 넘겨졌다. 11절이 '이삭에게' 다음에 '그의 아들'을 첨가한 것은 이런 의도를 보여 준다.[9]

둘째 메시지는 하나님의 축복을 받은 이삭이 아버지와 어머니의 무덤이 있는 헤브론에 살지 않고 브엘라해로이에 정착했다고 한다. 브엘라해로이는 하갈이 사라의 박해를 피해 도망하였다가 하나님의 사자를 만나고 이름을 지어 주었던 오아시스이다. 아브라함이 죽었을 때 이삭이 이스마엘과 함께 아버지를 매장한 것으로 보아 둘 사이의 관계가 나쁘지는 않았던 것으로 보이며, 따라서 이스마엘이 이삭의 브엘라해로이 거주에 장애가 되지는 않았을 것으로 여겨진다.[10] 헤브론에 여전히 헷 족속을 비롯한 다른 민족들이 주인으로 살고 있었기 때문에 이삭이 자신의 기업을 세우기에 여의치 않았을 것이다. 그래서 유목 생활을 하던 이삭은 가나안 토착민들이 많지 않은 네게브 남부에 위치한 브엘라해로이로 이동하며 살았을 가능성이 있다. 하지만 창 24:62~67을 고려한다면, 이삭은 브엘라해로이의 이름이 의미하는 것처럼 자신을 보고 있는 살아 계신 하나님을 바라보면서 묵상하고 기도하는 삶을 살기 위해 그곳으로 이주하였을 가능성이 더 크다. 창세기 기자는 이삭이 그곳에서 리브가의 출산과 그녀의 태중의 자식들을 위해 기도했던 것처럼 아브라함에게 한 하나님의 약속이 이루어

8) Kenneth A. Mathews, *Genesis 11:27-50:26* (Nashville: Broadman & Holman Publishers, 2005), 348.

9) Gordon Wenham, *Genesis 16-50* (Nashville: Thomas Nelson, 2000), 160; Kenneth A. Mathews, *Genesis 11:27-50:26*, 356.

10) Walter Brueggemann, *Genesis* (Atlanta: John Knox Press, 1982), 203.

지기를 소망하며 기도하며 살았음을 보여줌으로 데라의 톨레도트 곧 아브라함의 기사를 끝맺고 있다.